세상의 속도를
따라잡고 싶다면

# Do it!

코딩 초보도 끝까지 따라 하는 실습형 입문서

# 자바 JAVA
# 프로그래밍
# 입문

개정판

자바 개발 10년, 강의 20년 차
**박은종** 지음

변수부터 스레드까지 **3단계 로드맵**으로 배운다!

286개
예제

152개
복습 문제

Java 23
반영

**이지스 퍼블리싱**

세상의 속도를 따라잡고 싶다면 **Do it!**
변화의 속도를 즐기게 됩니다.

# Do
# it!

## Do it!
## 자바 프로그래밍 입문 개정판

**개정판 발행** • 2025년 1월 10일

**초판 발행** • 2018년 8월 6일
**초판 14쇄** • 2024년 10월 30일

**지은이** • 박은종
**펴낸이** • 이지연
**펴낸곳** • 이지스퍼블리싱(주)
**출판사 등록번호** • 제313-2010-123호
**주소** • 서울특별시 마포구 잔다리로 109 이지스빌딩 3층(우편번호 04003)
**대표전화** • 02-325-1722 | **팩스** • 02-326-1723
**홈페이지** • www.easyspub.co.kr | **인스타그램** • instagram.com/easyspub_it
Do it! **스터디룸 카페** • cafe.naver.com/doitstudyroom | **페이스북** • www.facebook.com/easyspub

**총괄** • 최윤미 | **기획 및 책임편집** • 신지윤 | **기획편집 2팀** • 신지윤, 박재연, 이소연
**베타테스터** • 김한백, 유소영, 이성희, 이호철, 임수연, 최인주, Alan
**교정교열** • 박명희 | **표지 디자인** • 김근혜 | **본문 디자인** • 트인글터, 김근혜 | **인쇄** • 보광문화사
**마케팅** • 권정하 | **독자지원** • 박애림, 김수경 | **영업 및 교재 문의** • 이주동, 김요한(support@easyspub.co.kr)

ISBN 979-11-6303-665-4 13000
가격 29,000원

## 베타테스터의 한마디

## "다른 책은 어려워서 포기했는데, 이 책은 진짜 쉽고 친절해요.
## 그림, 예제, 복습 문제까지 차근차근 따라 하면 어느새 자바와 친해져요!"

친절한 설명과 그림으로 풀어내어 학습할 수 있도록 세심하게 배려한 입문서입니다. 다소 어렵게 느낄 수 있는 자바 개발의 개념을 유쾌한 삽화와 함께 소개하여 초보자도 재미있게 익힐 수 있습니다. **클래스, 인터페이스, 상속 등 객체 지향 개념을 체계적이고 쉽게 정리**하여 학습 효율을 높이고, **수업 교재로도 활용**할 수 있는 실용적인 내용이 돋보입니다.

_ SW 프로그래밍 전문 강사 | 김한백 님

입문서인데도 깊이 있게 다뤄 초보자뿐만 아니라 기초 프로그래밍 지식을 갖춘 사람에게도 유익한 3단계 학습 로드맵을 제공합니다. **컴퓨터 구조나 자료구조 같은 기초 과목과 자바 프로그래밍의 연결 고리를 명확히 이해**할 수 있도록 도와주며, 체계적으로 구성한 예제와 실습으로 **혼자서도 효과적으로 학습**할 수 있습니다. 귀여운 캐릭터와 친절한 해설로 학습에 재미를 더해서 프로그래밍을 시작하려는 모든 분께 강력히 추천할 만한 책입니다.

_ 컴퓨터공학과 | 유소영 님

코딩 초보자부터 중급 개발자까지 자바의 기본을 체계적으로 배우는 데 도움을 줍니다. **자바 기초 문법, 객체 지향 프로그래밍, 예외 처리 등** 핵심 개념을 예제와 함께 쉽게 설명하고, 실습으로 학습의 재미와 실전 감각을 동시에 제공합니다. 초보자도 어려움 없이 따라 할 수 있도록 구성했으며, **비전공자도 이해하기 쉬워** 자바를 처음 배우는 분들께 적합한 입문서로 추천하고 싶습니다.

_ 백엔드 개발 취준생 | 이성희 님

자바 기본부터 **컬렉션, 람다, 스트림까지** 필수 개념을 그림과 함께 알기 쉽게 설명하고, **실습 예제로 학습 효과**를 높여 줍니다. 특히 장이 끝날 때마다 '되새김 문제'가 있어서 자바 입문자들이 앞에서 배운 내용을 체계적으로 정리하고 이해할 수 있도록 돕습니다. 꼭 필요한 내용만 알차게 담아 초보자와 실무자 모두에게 적합한 학습서로 추천합니다.

_ 프런트엔드 개발자 | 이호철 님

자바 입문자들이 컴퓨팅 사고력을 자연스럽게 키울 수 있도록 구성한 개발 입문서입니다. 개념을 쉽게 풀어내고 차근차근 코딩하면서 학습할 수 있으며, **좋은 코드를 작성할 수 있는 유용한 팁**을 책 곳곳에 소개해 전공생에게도 큰 도움을 줍니다. 단원 끝마다 제공하는 '되새김 문제'는 복습해서 성장할 수 있도록 유도합니다.

_ 컴퓨터소프트웨어공학과 | 임수연 님

개발 환경 설정부터 기본 문법과 자바 코드의 내부 흐름을 이해할 수 있게 구성했습니다. **그림과 함께 자바 개발의 개념을 상세히 설명**해 초보자도 쉽게 따라갈 수 있습니다. 책 후반부에서는 자바 8에 새롭게 추가된 **람다식과 스트림, 예외 처리 등을 다뤄 완성도 높은 코드를 작성하는 방법**을 익힐 수 있습니다. 기초부터 고급 기능까지 아우르는 내용으로 자바 학습의 길잡이가 되는 책입니다.

_ 백엔드 개발자 | 최인주 님

풍부한 설명과 실습 코드로 비전공자도 쉽게 이해할 수 있도록 구성해서 자바를 처음 접하는 초보자나 기초를 다지고 싶은 개발자 모두에게 적합한 입문서입니다. **비용 계산, 고객 분석 등 실전 예제를 활용해 실무 감각을 키우고 기초 문법부터 프로젝트까지** 폭넓게 다뤄 자바 프로그래밍을 자연스럽게 익힐 수 있습니다. 이론과 실습으로 실력을 다지고 자바를 효과적으로 배울 수 있습니다.

_ 스타트업 개발직 | Alan 님

# 머리말

## 수만 명의 학생들과 함께한 20년간 강의 경험으로
## 프로그래머의 첫걸음을 책임지는 자바 입문서를 만들었습니다!

자바가 세상에 나온 지 30년이 되었습니다. 그 사이에 수많은 프로그래밍 언어가 탄생하고 사라질 동안, 자바는 시대의 변화에 맞춰 발전하며 IT 분야에서 가장 널리 사용하는 언어로 자리 잡았습니다. 국내 IT 업계에서도 사용률 1위를 지키는 자바는 프로그래머를 꿈꾸는 분이라면 반드시 배워야 하는 언어입니다.

### 최신 개발 환경에 맞춰 자바 17 버전을 학습하고, 인텔리제이 환경에서 실습합니다

이 책은 **자바 17 버전 이상에 맞춰 개정**했습니다. 프로그래밍 입문자도 쉽게 따라 할 수 있도록 객체 지향 언어로서의 기본 개념을 충실히 담았습니다. 특히 IDE 점유율 60% 이상을 자랑하는 **인텔리제이 환경에서 학습**하도록 설계해 실무에서 바로 활용할 수 있습니다. 자바를 처음 배우는 분, 자바를 이미 사용하고 있지만 새로운 버전과 기능이 낯선 분들에게도 도움이 될 것입니다.

### 체계적인 '3단계 로드맵'으로 구성해 효과적으로 학습할 수 있습니다

이 책은 자바에 입문하는 분을 위해 20년간의 강의 경험을 살려 우선순위가 높은 문법 위주로 담았습니다. 독자 분들이 가장 효과적으로 학습할 수 있길 바라는 마음으로 **3단계 로드맵**을 준비했습니다.

> ▶ 1단계: 개발 환경 설정과 변수, 메서드와 같은 기초 개념을 익힙니다.
> ▶ 2단계: 클래스, 객체, 상속, 인터페이스 등 객체 지향 프로그래밍을 이해합니다.
> ▶ 3단계: 자바 개발에 날개를 달아 줄 컬렉션, 람다, 스트림, 스레드 등 실무에 활용할 고급 기능을 경험합니다.

개념을 익히고 나면 이어지는 **실습 예제로 코드를 직접 작성하면서** 손이 자바를 기억할 수 있도록 설계했습니다. 눈으로만 보고 이해해서는 절대 실력을 향상할 수 없습니다. **'은종쌤 질문 있어요'**는 개발과 강의 현장에서 나온 **질문을 엄선**해서 자바 개발에 도움이 될 만한 내용 위주로 전달합니다. 마지막으로 한 장씩 공부할 때마다 반드시 기억해야 할 **내용은 '되새김 문제'**로 복습하면서 나만의 지식을 차곡차곡 쌓아 보세요.

### 5년 만에 개정판, 새로운 마음으로 독자들과 만납니다

프로그래밍 언어를 학습하는 것은 굳게 마음먹었다 해도 결코 쉬운 일이 아닙니다. 이제 막 프로그래밍을 배우기 시작한 분에게는 용어를 익히는 것부터 어려울 수 있습니다. 교육 현장에서 학생들을 만나면서 '어떻게 하면 자바를 쉽게 알려 줄 수 있을까?'를 자주 고민했습니다. 예비 개발자 분들에게 조금이라도 도움을 주고 싶은 마음으로 초판을 썼고, 개정판도 같은 마음으로 다시 썼습니다. 수정하고 추가할 부분이 많아서 생각보다 오래 걸렸지만, 새로운 버전으로 독자분들을 만날 수 있어서 감사한 마음입니다.

책을 쓰는 내내 같이 고민하고 도와주신 신지윤 편집자님께 감사드립니다. 또한 초판부터 여러모로 지원하고 도움을 주신 이지스퍼블리싱 이지연 대표님께도 마음 깊이 고마움을 전합니다. 무엇보다 제가 IT 교육 현장에서 계속 일하고 노력할 수 있도록 에너지의 근원이 되어 준 청년 분들의 열정에 감사드립니다. 마지막으로 제가 세상에서 가장 사랑하는 세 남자, 이해심 많은 남편 안재용 씨와 바쁜 엄마를 이해해 주고 멋지게 자라 준 두 아들 연수와 승연에게 이 책을 바칩니다.

박은종 드림
eunjong.park@gmail.com

# 추천사

## "진심으로 독자를 생각하는 저자가 가장 쉽게 만든 자바 책!"

국내 출간된 자바 기본서는 다양하지만 차례나 내용이 비슷해 자바를 처음 배우는 분이라면 어떤 책을 골라야 할지 고민할 것입니다. 교육자로 10년 동안 지내면서 자바 기본서를 추천해 달라는 요청을 수없이 받았지만, 그럴 때마다 제 답변은 항상 같았습니다.

"자신이 공부하는 방식에 맞는 책이 있어요. 그러니 서점에 가서 직접 책을 살펴보고, 자신에게 맞는 책을 고르는 것이 중요합니다. 책을 선택하는 것도 학습의 일환이라고 생각합니다."

이 책을 추천하기에 앞서, 저자가 어떤 사람인지 소개해 독자분들이 이 책을 선택하는 데 도움을 드리고자 합니다. 저자는 독자를 진심으로 생각하는 분입니다. 출판사에서 초보자에게 어렵다는 피드백을 받았을 때 원고를 처음부터 다시 써 내려가고, 그 당시 초등학생인 아들도 이해할 수 있는 수준으로 내용을 고쳐 먼저 읽혀 볼 정도였죠. 저자가 독자에 대해 얼마나 진지하게 고민했는지를 느낄 수 있는 부분입니다. 그 뿐만 아니라 학생들이 어려움을 겪을 때마다 스터디 그룹을 만들고 추가 강의를 자처하며 그들이 성장하는 모습을 지켜보는 데서 진정한 보람을 느끼는 분이기도 합니다. 그 모습에서 저는 프로그래밍을 공부하는 학생들을 향한 저자의 진심 어린 애정을 느꼈습니다.

박은종 저자에게 독자와 학생의 성장은 고생을 감수할 만큼 중요한 일입니다. 이러한 마음으로 쓴 책이라면 수많은 자바 책 중에서 골라 읽어 볼 만한 가치가 있다고 생각합니다. _넥스트스텝 | 박재성 대표

## "백엔드 개발의 기초를 탄탄히! 실전 경험으로 완성한 자바 입문서!"

C, C++, 최근 인공지능(AI) 붐과 함께 주목받는 파이썬과 더불어 자바는 세계에서 널리 사용받는 프로그래밍 언어입니다. 특히 자바는 국내 IT 업계, 그중에서도 백엔드 개발 분야에서 독보적인 입지를 자랑하며 신뢰받는 주요 언어로 자리 잡았습니다. 프로그래밍을 처음 시작하는 분들에게 자바를 배우는 것은 곧 소프트웨어 개발의 핵심 개념을 이해하는 중요한 과정이 됩니다.

이번 개정판에서는 베스트셀러였던 초판의 성공을 이어받아 입문자의 눈높이에 맞춘 실습과 학습 과정을 충실히 담았습니다. 저자인 박은종 선생님은 소프트웨어 개발 교육자로서 다년간 여러 부트캠프에서 백엔드 과정을 기획하고 강의한 경험을 바탕으로 이 책을 집필했습니다. 또한 다양한 강의 현장에서 수많은 예비 개발자들과 소통하며 실전에 바로 써먹을 수 있는 자바 교육을 해왔습니다.

이 책은 자바의 기초 문법과 객체 지향 프로그래밍을 포함해 최신 자바 버전에 맞춘 내용을 체계적으로 다룹니다. 특히 자바 17 버전 이상의 최신 환경과 인텔리제이를 활용한 실습으로 독자들이 실무에서 곧바로 활용할 수 있도록 구성했습니다. 프로그래밍 입문자는 물론, 자바를 이미 사용하는 개발자들에게도 새로운 영감을 줄 수 있는 책입니다.

저자는 학습자들이 자바를 통해 프로그래밍의 본질과 구조를 쉽게 이해할 수 있도록 이론과 실습의 균형을 맞춰 교육하고자 했습니다. 또한 개정판에서는 '되새김 문제'를 추가해 앞에서 배운 내용을 복습하며 지식을 쌓을 수 있도록 돕습니다. 이 책은 독자에게 단순한 코딩 지식을 넘어 소프트웨어 개발자로서의 첫 걸음을 내딛을 수 있는 방향을 제시합니다. 이 책은 자바를 배우려는 모든 이들에게 최고의 선택이 될 것입니다. 자바 입문서 시장에서 다시 한번 압도적인 베스트셀러가 될 것을 기대합니다. _국민대학교 소프트웨어학부 | 이민석 교수

## "자바를 처음 배우는 분에게 프로그래머가 되는 법을 제대로 알려 줍니다"

'자바를 처음 배울 때 이 책이 있었다면 얼마나 좋았을까' 이런 생각을 먼저 했습니다. 그 당시 저는 자바의 특장점을 이해하지도 못한 채 그저 코드를 작성하고 동작시키는 데만 급급했습니다. 이 책을 보면서 그때 제 모습이 떠오르더군요. 만약 이 책이 있었다면 부담을 가지지 않고 프로그래밍을 배울 수 있었겠다 싶었습니다.

자바는 가장 이식성이 좋은 언어로 손꼽힙니다. 쉽게 말해 자바는 다양한 환경에서도 안정된 성능을 자랑합니다. 이 책 역시 마찬가지입니다. 단순히 자바 사용법만 알려 주는 데 그치지 않고, 자바가 필요한 까닭은 무엇인지 근본 이유와 철학까지 다뤄서 공부하는 사람이 학습 목표를 명확히 설정할 수 있도록 돕습니다. 또한 이 책으로 자바의 기초부터 고급 개념까지 차근차근 따라가다 보면, 어느새 자바의 원리를 자연스럽게 이해할 수 있도록 구성했습니다. 기존 자바 입문서와 달리 프로그래밍의 기본 원리와 컴퓨팅 사고력까지 튼튼히 다져 준다는 것을 알 수 있을 것입니다.

자바 입문서로서 가치가 있으려면 기계적으로 '코드 짜는 법'을 설명하는 정도로 머물러선 안 됩니다. 이 책은 자바라는 프로그래밍 언어가 다양한 산업에서 오랫동안 사랑받아 온 이유는 무엇인지 깨닫게 해줍니다. 프로그래머가 되려면 자바 언어를 배우는 것에서 뛰어넘어 프로그래밍의 전반적인 기초 지식을 갖추는 것이 무엇보다 중요하기 때문입니다.

자바와 프로그래밍이라는 두려움 앞에서 망설이는 분에게 이 책을 강력히 추천합니다. 자바의 진정성과 원리를 배우는 여정을 시작하기에 이보다 더 좋은 동반자는 없을 것입니다. 그동안 기계적으로 코드만 작성해 왔다면 이 책이 자바를 제대로 배울 수 있는 새로운 길을 열어 줄 것입니다. 여러분이 발전하고 도약하는 데 큰 도움이 될 것이 확실합니다.

_ 상명대학교 소프트웨어학과 | 박희민 교수

## "코드 작성부터 컴퓨터 과학의 기초까지! 자바에 입문할 완벽한 신호탄"

자바 입문서로 이미 수많은 사람에게 검증되고 인정받은 이 책이 더욱 친절하고 체계적인 구성으로 개정판을 선보여서 참 반가웠습니다. 실무 경험을 체험할 수 있다는 기존의 장점은 그대로 유지한 채 누구나 쉽게 이해할 수 있도록 한층 다듬어졌더군요.

저도 가끔 기술을 가르칠 기회가 있는데, 입문자에게 적절히 설명하는 일이 얼마나 어려운지 매번 깨닫곤 합니다. 이 책의 저자는 오랜 시간 개발자와 교육자로 활동하면서 쌓은 노하우를 바탕으로, 입문자에게 어떻게 하면 효과적으로 전달할 수 있을지 치밀하게 고민하고 실행한 흔적이 책 곳곳에 엿보입니다. 지나치게 어렵지도, 또한 가볍지도 않게 균형감을 끝까지 잃지 않아서 읽는 내내 감탄을 자아냅니다.

이 책보다 더 쉽게 자바를 설명한 책이 있을지도 모릅니다. 하지만 이 책이 돋보이는 이유는 단순히 코드를 배우는 데 그치지 않고, 기회가 있을 때마다 컴퓨터 과학 이론을 조금이라도 다루려는 저자의 노력 덕분입니다. 프로그래밍에 처음 입문하는 독자도 컴퓨터 과학의 기본 개념을 자연스럽게 접해 이론의 토대를 다질 수 있도록 구성한 점이야말로 이 책을 더욱 가치 있게 만듭니다.

또한 이 책은 단순히 자바를 배우는 것을 넘어, 앞으로 개발자로서 기초를 탄탄히 쌓을 수 있도록 돕습니다. 저자의 세심한 설명과 배려가 담긴 이 책으로 자바라는 언어의 본질을 배우고 프로그래밍의 즐거움을 느낄 수 있을 것입니다. 첫 언어로 자바를 배운다면 이보다 더 좋은 시작점은 없을 것입니다. 이번 새 개정판으로 자바와 프로그래밍의 탄탄한 토대를 다지며 자신만의 개발 여정을 시작해 보세요!

_ 컬리 | 박성철 풀필먼트 프로덕트 본부장

## 이 책 미리 보기

# 다양한 그림과 재미있는 비유로 개념 이해!
# 풍부한 예제와 복습 문제로 비전공자도 끝까지 학습할 수 있어요.

---

### 140개의 그림과 비유로 자바 개념 꽉 잡기!

객체 지향, 상속, 다형성과 같은 어려운 자바 개념을 재미있는 그림과 비유로 초보자도 쉽게 이해할 수 있습니다.

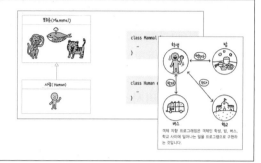

---

### 286개의 실습 예제와 152개의 복습 문제로 자바 기초 다지기!

개념 이해 → 코딩 실습 → 복습으로 이어지는 학습 설계로, 체계적으로 공부하고 프로그래밍 자신감을 얻을 수 있습니다.

---

### 강의 20년 차 저자의 노하우로 실무 개발에 한 걸음 더 다가가기!

'은종쌤 질문 있어요'에서는 저자가 강의하며 자주 받은 질문 위주로, '꼭! 알아 두세요'에서는 저자가 협업에서 얻은 경험 위주로 여러분에게 노하우를 전달합니다.

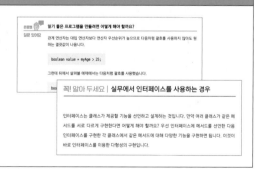

## 이렇게 공부하세요

# 이 책을 공부하는 데 도움이 되도록
# 다양한 학습 자료를 제공합니다!

## 저자와 함께 공부하세요!

앞에서 배운 내용을 '되새김 문제'로 복습할 때 이지스퍼블리싱 유튜브 채널에서 저자가 직접 찍은 문제 풀이 영상을 함께 시청해 보세요. 이해되지 않는 내용 없이 학습할 수 있습니다. 그리고 저자 유튜브도 방문해 보세요. 선배 개발자들의 생생한 경험을 들으면 개발자로서 성장하는 데 큰 도움을 받을 것입니다.

| | |
|---|---|
| 이지스 퍼블리싱 | **이지스퍼블리싱**<br>@easyspub · 구독자 2.79만명 · 동영상 1.4천개<br>'사람을 구체적으로 도와주는 책을 만드는 ...더보기<br>easyspub.co.kr 외 링크 3개<br>🔔 구독중 ∨ |

**은종쌤의 IT 이야기들**
@silverbellpark · 구독자 1.47천명 · 동영상 101개
IT 분야의 개발자, 교육, 프로그래밍 등 다양한 이야기와 사람,
회사들을 소개합니다.
🔔 구독중 ∨

▶ 이지스퍼블리싱 유튜브: youtube.com/@easyspub       ▶ 저자 유튜브: youtube.com/@silverbellpark

## 학습에 필요한 실습 파일을 내려받아 활용하세요!

이 책에서 사용하는 실습 예제와 복습 문제 코드는 이지스퍼블리싱 홈페이지와 저자 깃허브에서 내려받을 수 있습니다.

▶ 이지스퍼블리싱 홈페이지 | www.easyspub.co.kr → [자료실] → 도서명 검색
▶ 저자 깃허브 | github.com/easyspubjava/JavaSecondEdition

## 'Do it! 최종 프로젝트'로 실전에 다가가 보세요!

개발 공부는 무엇이든 실제로 손으로 직접 만들어 봐야 의미가 있습니다. 무료로 제공하는 전자책(PDF) 〈학점 산출 프로그램 만들기〉를 e-book으로 내려받아 책에서 배운 자바의 여러 기술과 라이브러리를 활용해 간단한 프로그램을 만들어 봅시다.

## 학습 계획표

# 실현할 수 있는 목표를 세우고
# 이를 달성하면 성취감도 큽니다!

프로그래밍 경험이 없다면

## 초보자 30일 코스

프로그래밍 경험이 없다면 하루 2시간씩 자바를 꼼꼼히 공부할 수 있는 30일 코스를 추천합니다. 책에 나오는 코드를 눈으로만 읽지 말고 반드시 하나하나 직접 실습해 보세요!

| 1일차 │ 월 일 | 2일차 │ 월 일 | 3일차 │ 월 일 | 4일차 │ 월 일 | 5일차 │ 월 일 |
|---|---|---|---|---|
| 01장 | 02-1~02-3 | 02-4~03-1 | 03-2~04-1 | 04-2~<br>04장 되새김 문제 |
| **6일차 │ 월 일** | **7일차 │ 월 일** | **8일차 │ 월 일** | **9일차 │ 월 일** | **10일차 │ 월 일** |
| 05-1~05-4 | 05-5~<br>05장 되새김 문제 | 06-1~06~3 | 06-4~07-1 | 07-2~<br>07장 되새김 문제 |
| **11일차 │ 월 일** | **12일차 │ 월 일** | **13일차 │ 월 일** | **14일차 │ 월 일** | **15일차 │ 월 일** |
| 08-1~08-2 | 08-3~08-5 | 08-6~09-1 | 09-2~<br>09장 되새김 문제 | 10-1~10-3 |
| **16일차 │ 월 일** | **17일차 │ 월 일** | **18일차 │ 월 일** | **19일차 │ 월 일** | **20일차 │ 월 일** |
| 10-4~<br>10장 되새김 문제 | 11-1~11-2 | 11-3~11-4 | 11-5~<br>11장 되새김 문제 | 12-1~12-2 |
| **21일차 │ 월 일** | **22일차 │ 월 일** | **23일차 │ 월 일** | **24일차 │ 월 일** | **25일차 │ 월 일** |
| 12-3~12-4 | 12-5~13-1 | 13-2~13-3 | 13-4~<br>13장 되새김 문제 | 14-1~14-2 |
| **26일차 │ 월 일** | **27일차 │ 월 일** | **28일차 │ 월 일** | **29일차 │ 월 일** | **30일차 │ 월 일** |
| 14-3~<br>14장 되새김 문제 | 15-1~15-3 | 15-4~<br>15장 되새김 문제 | 16-1~16-3 | 16-4~ |

모든 코스를 마무리하고
최종 프로젝트에 도전해 보세요!

프로그래밍 경험이 있다면

## 중급자 15일 코스

다른 프로그래밍 언어를 사용해 본 경험이 있다면 조금 속도를 내어 15일 코스로 공부해 보세요. 기초 문법을 다루는 첫째마당까지는 가벼운 마음으로 훑어봐도 좋습니다.

| 1일차 │ 월 일 | 2일차 │ 월 일 | 3일차 │ 월 일 | 4일차 │ 월 일 | 5일차 │ 월 일 |
|---|---|---|---|---|
| 01장~02-3 | 02-4~04-1 | 04-2~05-4 | 05-5~06-2 | 06-3~07-3 |
| **6일차 │ 월 일** | **7일차 │ 월 일** | **8일차 │ 월 일** | **9일차 │ 월 일** | **10일차 │ 월 일** |
| 07-4~08-4 | 08-5~<br>09장 되새김 문제 | 10장 | 11장 | 12-1~12-3 |
| **11일차 │ 월 일** | **12일차 │ 월 일** | **13일차 │ 월 일** | **14일차 │ 월 일** | **15일차 │ 월 일** |
| 12-4~13-1 | 13-2~<br>13장 되새김 문제 | 14-1~15-3 | 15-4~16-1 | 16-2~<br>16장 되새김 문제 |

# 차례

## 셋째마당 ┃ 자바 JDK로 프로그래밍 날개 달기

# 자바 기본 익히기

자바 프로그래밍의 세계에 온 것을 환영합니다. 첫째마당에서는 개발 환경 설정부터 프로그래밍 기본 문법 등 자바 프로그래밍을 할 때 알아야 할 기초 내용을 배웁니다. 내용이 어렵지 않으니 차근차근 실습하며 진행해 봅시다.

# 01장

# 자바 프로그래밍
# 시작하기

우리가 배울 자바 언어와 자바 프로그램은 어떤 특성이 있는지 알아봅시다. 또한 자바 프로그램을 만들고 실행할 수 있는 개발 환경을 구축해 보겠습니다.

# 01-1 프로그래밍과 자바

### 프로그래밍이란 무엇일까?

컴퓨터 프로그램 만드는 일을 **프로그래밍**(programming)이라 하고, 프로그램 만드는 사람을 **프로그래머**(programmer)라고 합니다. 프로그래밍을 한다는 것은 컴퓨터 언어로 명령을 만들고 컴퓨터가 그 명령을 실행하게 하는 것을 말합니다. 그러면 '프로그램'이란 무엇일까요? 한마디로 **프로그램**은 컴퓨터에게 일을 시키는 명령의 집합이라고 할 수 있습니다. 예를 들어 컴퓨터에게 1부터 100까지 더하라고 명령할 때 우리말로 '1부터 100까지 더하라'고 쓸 수는 없지요. 인공 지능 로봇이 아닌 한 컴퓨터는 그 명령을 알아들을 수 없으니까요. 그래서 프로그래밍 언어를 사용하여 명령 집합, 곧 프로그램을 만드는 것입니다.

이렇게 만든 프로그램이 프로그래밍 언어 문법에 잘 맞는지 확인하고, 컴퓨터가 이해할 수 있는 언어로 번역하는 것을 **컴파일**(compile)이라 하고, 컴파일 작업을 하는 프로그램을 **컴파일러**(compiler)라고 합니다. 결국 우리가 말하는 프로그램이란 컴퓨터가 일을 하도록 컴퓨터 언어로 만든 명령(소스 코드) 집합과 컴파일된 결과물까지 포함한다고 생각하면 됩니다.

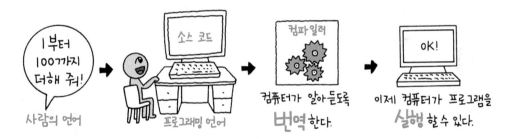

우리가 공부할 자바(Java)는 프로그래밍 언어이고, 자바 개발 환경을 설치하면 컴파일러도 함께 설치됩니다.

 은종쌤

**질문 있어요** | **컴퓨터가 이해할 수 있는 언어란 무엇일까요?**

컴퓨터가 이해할 수 있는 언어는 기계어입니다. 기계어는 2진수 0과 1로만 이루어져 있습니다. 컴퓨터는 0과 1의 조합만 이해할 수 있기 때문입니다. 프로그래밍 언어는 사람이 이해하기 쉬울수록 고급 언어이고, 컴퓨터가 이해하기 쉬울수록 저급 언어입니다. 우리가 배울 자바는 고급 언어이며 대표적인 저급 언어에는 어셈블리어(Assembly language)가 있습니다.

## 자바를 쓰면 왜 좋을까?

이 책에서는 자바 언어로 프로그램 만드는 방법을 배웁니다. 자바는 1991년 제임스 고슬링을 비롯한 선 마이크로시스템스 연구원들이 처음 개발했습니다. 그 당시에 가장 많이 사용하던 프로그래밍 언어는 C와 C++였는데, 가전제품이나 휴대용 장치 등에 사용하는 소프트웨어를 만들려면 독립적으로 작동하는 더 안정된 프로그래밍 언어가 필요했습니다. 이러한 이유로 개발된 언어가 바로 자바입니다. 그러면 자바의 특성을 좀 더 살펴볼까요?

### 플랫폼에 영향을 받지 않으므로 다양한 환경에서 사용할 수 있다

자바는 '한 번 작성하면, 어디서든 돌아간다(write once, run anywhere)'는 슬로건이 있습니다. 다시 말해 자바로 플랫폼에 종속되지 않는 프로그램을 개발하면 여러 플랫폼에서 실행할 수 있습니다. 여러 플랫폼에서 실행할 수 있다는 것이 무슨 뜻일까요?

> 플랫폼(platform)이란 프로그램이 실행되는 환경을 말합니다. 우리가 사용하는 컴퓨터의 운영체제(OS), 즉 윈도우, 맥, 리눅스(Linux) 등이 바로 플랫폼입니다.

예를 들어 윈도우 운영체제에서 C 언어로 개발한 프로그램이 있다고 합시다. 프로그램 이름을 Test라고 해보죠. 이 프로그램을 컴파일하면 Test.exe가 만들어집니다. Test.exe는 윈도우에서 실행되는 **실행 파일**이라고 합니다. 이 실행 파일은 윈도우 운영체제에 맞게 만들어졌으므로 리눅스 운영체제에서는 실행할 수 없습니다. 만약 이 Test.exe 파일을 리눅스 운영체제에서 실행하려면, 리눅스 환경에서 다시 컴파일해서 리눅스 운영체제에 맞는 실행 파일을 새로 만들어야 합니다.

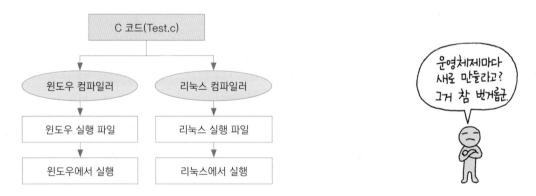

하지만 자바에서 Example이라는 이름의 프로그램을 만들고 컴파일하면 Example.class 파일이 생성됩니다. 이 파일을 바이트 코드라고 하는데 완벽한 실행 파일이 아닙니다. 다시 말하면 운영체제에 맞는 완벽한 기계어가 아닌 중간 기계어입니다.

이 바이트 코드를 실행하려면 운영체제에 맞는 자바 가상 머신이 필요합니다. 운영체제에서 직접 실행하는 게 아니라 가상 머신에서 먼저 실행하고, 이 가상 머신이 운영체제에 맞는 완벽한 실행 파일로 바꿔 줍니다. 즉 .class 파일을 만들어 두면 운영체제에 맞는 가상 머신을 이용하여 어느 환경에서나 실행할 수 있습니다.

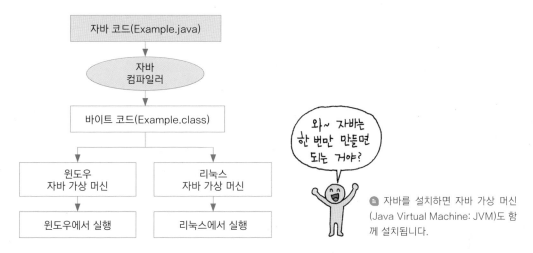

자바를 설치하면 자바 가상 머신 (Java Virtual Machine: JVM)도 함께 설치됩니다.

이러한 특성 때문에 처음 자바가 발표되었을 때 프로그램 실행 속도가 느리다는 평이 많았고 실제로 느리기도 했습니다. 하지만 하드웨어가 발전하면서 자바 컴파일러도 JIT(Just In Time) 컴파일 방식으로 개선되어 이제 자바 프로그램의 실행 속도는 아무 문제가 없습니다.

 은종쌤

질문 있어요

### 자바 가상 머신과 JIT 컴파일러는 각각 무엇인가요?

자바 가상 머신(Java Virtual Machine: JVM)은 자바 프로그램의 실행 환경을 만들어 주는 소프트웨어입니다. 자바 코드를 컴파일하여 .class 바이트 코드로 만들면 이 코드가 자바 가상 머신 환경에서 실행됩니다. 현재 사용하는 컴퓨터의 운영체제에 맞는 자바 실행 환경(Java Runtime Environment: JRE)이 설치되어 있다면 자바 가상 머신이 설치되어 있는 것입니다.

JIT(Just In Time) 컴파일러는 실행 시점에 기계어 코드를 생성하는데, 같은 코드가 반복되면 매번 기계어 코드를 새로 생성하지 않고 이전에 만든 기계어를 재사용합니다. 또한 JIT 컴파일러는 운영체제에 맞게 바이트 실행 코드로 한 번에 변환하여 실행하기 때문에 이전의 자바 해석기(Java interpreter) 방식보다 성능이 10~20배 좋습니다.

## 객체 지향 언어여서 유지·보수하기 쉽고 확장성이 좋다

자바는 객체 지향 언어입니다. 자바가 나오기 전에 대표

적인 객체 지향 언어는 C++였습니다. 기술이 발전하면

서 가전제품 내부에 사용할 수 있는 안정된 프로그램을 개발하는 데 기존의 C++가 적합하지

않았고, 여러 기계 환경에서 독립적으로 작동하는 안정된 프로그램을 개발하기 위해 자바를

만들었습니다.

> 📄 객체란 프로그램의 대상을 말합니다. 자세한 내용은 05-1절에서 다룹니다.

**객체 지향 프로그래밍**이란 일의 순서대로 프로그래밍하는 것이 아닌 여러 객체가 협력하여

프로그램을 구현하는 것입니다. 어떤 회원이 쇼핑몰 사이트에 접속하여 상품을 주문하고 상

품이 집까지 배송되는 과정을 생각해 봅시다. 이때 회원, 상품, 주문, 배송 등이 객체입니다.

즉 회원, 상품, 주문 배송이라는 객체를 기반으로 각 객체의 상호 관계를 이용하여 프로그래

밍하는 것입니다. 객체 지향 언어로 프로그래밍하면 공통으로 사용하는 부분을 수정하지 않

고도 프로그램에 새 기능을 쉽게 추가할 수 있습니다. 따라서 객체 지향 언어로 프로그램을

잘 설계하면 유지·보수하기가 쉽고 확장성이 좋습니다.

## 프로그램이 안정적이다

자바는 비교적 최근에 출시된 언어로 기존 언어의 모호성과 불안정한 부분을 과감히 없애고 개

선했습니다. 자바는 C나 C++에서 제공하는 문법인 포인터를 사용하지 않아 메모리를 직접 제

어할 수 없습니다. 하지만 프로그램에서 메모리를 직접 제어하면 오류가 발생할 수 있는데, 자

바는 이러한 위험성이 없으므로 훨씬 안정된 코드를 만

들 수 있습니다. 또한 프로그래머가 동적 메모리를 수거

하지 않고 가비지 컬렉터(Garbage Collector: GC)를 이용

하므로 메모리를 효율적으로 관리할 수 있습니다.

> 📄 가비지 컬렉터란 이름 그대로 쓰레기를 수집하는 기능입니다. 여기에서 쓰레기란 더 이상 사용하지 않는 메모리를 의미합니다. C나 C++에서는 필요 없는 메모리 사용 해제를 프로그래머가 직접 해야 했지만, 자바는 가비지 컬렉터가 사용하지 않는 동적 메모리를 주기적으로 수거합니다.

## 풍부한 기능을 제공하는 오픈 소스이다

기존의 다른 언어에서는 특정 기능을 대부분 개발자가 직접 개발하여 사용했습니다. 자바에

는 기본 기능을 제공하는 클래스뿐 아니라 자료 구조, 네트워크, 입출력, 예외 처리 등에 최적

화된 알고리즘 라이브러리를 제공하는 자바 개발 키트(Java Development Kit: JDK)가 있습니

다. 그래서 프로그램을 빠르게 완성할 수 있습니다. 즉, 자바는 오픈 소스이고, 자바를 활용한

오픈 소스가 이미 많이 개발되어 있으므로 이들 오픈 소스를 연동하여 더 풍부한 기능을 빠르

게 구현할 수 있다는 것이 장점입니다.

## 자바로 어떤 프로그램을 만들 수 있을까?

자바는 현재 가장 많이 사용하는 프로그래밍 언어입니다. 자바를 활용하면 웹 서버나 모바일용 앱 등 다양한 프로그램을 개발할 수 있습니다.

### 웹 서버

웹 사이트를 운영하려면 반드시 서버(server)가 필요합니다. 사용자가 웹 사이트에 접속해서 뉴스나 메일 서비스를 요청하면 서버에 그 요청이 전달되고 요청 결과를 응답으로 받습니다. 이때 사용자에게 요청을 받아 응답을 주는 프로그램이 **서버**입니다. 검색 사이트, 쇼핑몰, 금융 사이트 등 우리가 흔히 이용하는 사이트가 자바로 개발한 웹 서버 프로그램으로 운영되고 있습니다.

서버란 서비스를 제공하는 프로그램을 뜻합니다. 서버 프로그램이 설치된 컴퓨터를 가리키기도 합니다.

이러한 웹 서버를 구현할 때 가장 많이 사용하는 언어가 바로 자바입니다. 웹 서버를 구현할 때 자바에 기반한 프레임워크를 많이 사용합니다. 현재 오픈소스로 제공되는 유용한 웹 서버용 프레임워크로 스프링, 스프링 부트 등이 있으며, 데이터베이스를 위한 프레임워크를 함께 활용하면 서버를 구현하는 데 더욱 효율적입니다. 이러한 이유로 자바를 배우고 나서 서버 프로그래머로 진로를 가장 많이 선택합니다.

### 안드로이드 앱

현재 우리가 사용하는 스마트폰은 크게 안드로이드폰과 아이폰이 있습니다. 이 중 안드로이드폰에서 사용하는 앱을 만들 수 있는 대표적인 프로그래밍 언어가 바로 자바입니다. 멋진 앱을 개발하고 싶다면 자바를 잘 아는 게 중요하겠죠?

### 게임

'마인크래프트'라는 게임을 들어 보았나요? 초등학생들도 즐겨 하는 이 게임은 자바로 구현되었습니다. 게임을 만들 때는 C++와 C를 주로 사용하지만 마인크래프트처럼 자바도 게임을 구현하는 데 종종 사용됩니다.

> 언어를 정복하는 것은 산을 오르는 것과 같습니다. 처음 시작할 때는 별 어려움이 없어 보이지만 더 깊이 배울수록 어려움을 느끼게 마련입니다. 이 책은 여러분이 끝까지 포기하지 않을 수 있도록 학습 설계를 해두었습니다. 코딩은 눈으로만 보고 이해해서는 절대 실력이 늘지 않는다는 것을 기억하세요.

# 01-2 자바 개발 환경 설치하기

자바로 프로그램을 개발할 때 필요한 환경을 구성해 보겠습니다. 자바 개발 통합 환경 (Integrated Development Environment: IDE)으로는 인텔리제이(IntelliJ)와 이클립스(Eclipse)를 가장 많이 사용합니다. 이 책에서는 인텔리제이를 활용하여 자바를 실습하겠습니다.

## 인텔리제이 설치하기

**1.** 젯브레인 사이트(https://www.jetbrains.com/ko-kr/idea/)를 방문하면 인텔리제이를 내려받을 수 있습니다. 화면의 오른쪽 상단 또는 다음과 같이 화면 하단에 있는 [다운로드] 버튼을 클릭합니다.

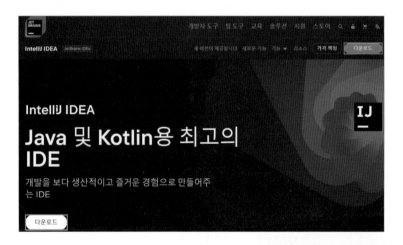

**2.** IntelliJ IDEA Ultimate 또는 Community 버전을 내려받을 수 있는 화면이 등장합니다. 우리는 무료 버전인 Community를 설치해 봅시다. [다운로드]를 눌러 설치 파일을 내려받습니다.

🔵 인텔리제이 Community 버전은 자바 개발자를 위해 무료로 제공되는 개발 도구입니다. 웹 개발을 할 때 좀 더 많은 기능을 사용하고 싶다면 유료인 Ultimate 버전을 사용하는 것이 좋습니다.

🔵 MacOS 사용자라면 그에 맞는 설치 파일을 선택해 내려받을 수 있습니다. 이 책에서는 윈도우를 기반으로 설명하지만 MacOS 사용자도 학습할 수 있습니다.

**3.** 내려받은 설치 파일을 실행해 인텔리제이를 설치해 봅시다. 다음 창이 등장하면 [다음]을 눌러 설치를 진행 합니다.

📧 '이 앱이 디바이스를 변경할 수 있도록 허 용하시겠어요?'라고 묻는 창이 등장하면 [예] 를 클릭하고 다음 단계로 넘어갑니다.

**4.** 설치 위치를 선택합니다. 기본적으로 제공되는 위치에 설치해도 되고, 원하는 위치를 지정 해 설치해도 됩니다. 다만 남은 디스크 공간의 여유가 충분한지 확인할 것을 권장합니다. 인텔리제이의 설치 위치를 선택했다면 [다음]을 클릭합니다.

📧 인텔리제이의 설치 위치와 프로젝트를 생 성할 때 소스 파일이 저장되는 위치는 다르게 지정할 수 있습니다.

**5.** 설치 옵션을 선택합니다. '데스크탑 바로가기 생성'을 선택하면 바탕화면에 인텔리제이 아이콘이 생성됩니다. 선택한 후 [다음]을 클릭합니다.

**6.** 설치 옵션에서 '데스크탑 바로가기 생성'에 체크한 다음, 같이 시작 메뉴의 폴더명을 선택합니다. 인텔리제이는 JetBrains이라는 회사의 제품이므로 JetBrains 폴더에 위치하도록 선택하고 [설치]를 클릭합니다.

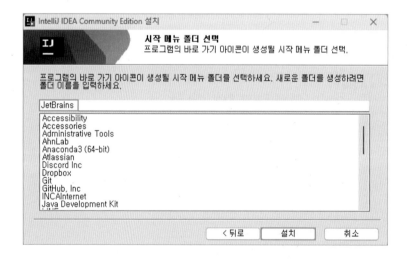

**7.** 다음과 같이 인텔리제이 설치가 진행되는 창이 등장합니다.

**8.** 인텔리제이를 실행하도록 다음과 같이 체크 박스를 클릭한 뒤, [마침]을 클릭합니다.

## 인텔리제이 실행하기

**1.** 왼쪽 화면은 기존에 작업하던 인텔리제이 또는 비주얼 스튜디오 코드가 있다면 설정 내용을 그대로 가져올 수 있는 화면입니다. 인텔리제이에서는 화면이나 단축키, 코딩 작성 스타일, 플러그인 등의 설정을 그대로 가져와서 사용할 수 있습니다. 인텔리제이는 기존 개발 환경을 유지할 수 있어서 새로 설정하는 번거로움이 없다는 것이 장점입니다.

만약 새로운 설정을 하고 싶다면 [Skip Import]를 클릭하고 오른쪽 화면에서 설정합니다.

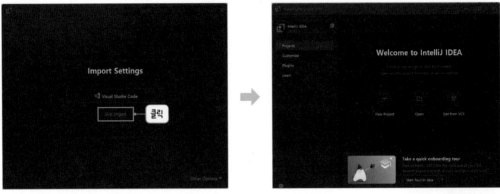

 PC에 따라 왼쪽 화면이 등장하지 않을 수 있습니다.

---

**은종쌤**

**질문 있어요**

### 화면이 어두운색인데 밝은색으로 바꿀 수 있나요?

인텔리제이를 설치한 뒤, [Customize]를 클릭하면 화면의 테마를 변경할 수 있습니다. Appearance 창에서 Theme(테마)의 드롭다운 메뉴를 클릭하고, Light를 선택해 봅시다. 그러면 다음과 같이 라이트 모드 즉, 밝은 테마로 변경됩니다.

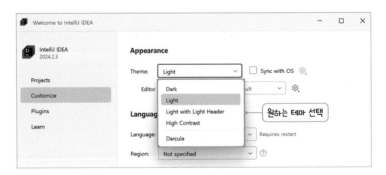

여기서 Dark와 Darcula는 어두운 테마를 말하고, Light와 Light with Light Header는 밝은 테마를 말합니다. High Contrast는 고대비 테마를 말합니다. [Get More Themes]를 클릭하면 기본 테마 외에 다른 테마를 선택해 사용할 수도 있습니다.

---

**2.** 다음과 같이 새로운 프로젝트를 시작할 수 있는 창이 등장합니다. 여기서 [New Project]를 선택해 자바 프로젝트를 시작해 봅니다.

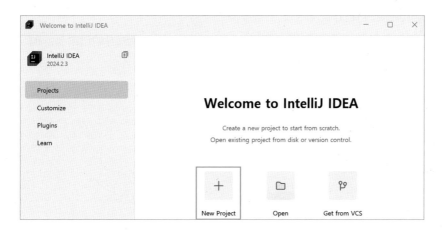

**3.** 지금까지 개발 도구로 인텔리제이를 설치했습니다. 하지만 아직 자바를 설치한 것은 아닙니다. JDK는 Java Development Kit의 줄임말로 자바 프로그램을 개발하는 데 필요한 라이브러리와 플랫폼이 포함되어 있습니다. 자바를 설치한다는 것은 자바 JDK를 설치한다는 뜻이기도 한데, 자바 프로그램을 만드려면 반드시 이러한 JDK가 있어야 합니다.

앞서 [New Project]를 선택하면 다음 창이 나타납니다. 'JDK'라고 써 있는 드롭다운 메뉴를 클릭한 뒤, [Download JDK...]를 선택합니다.

이전에 자바를 설치한 적이 있다면 드롭다운 메뉴에서 바로 자바 버전을 선택하면 됩니다.

**4.** 'Download JDK' 창이 등장하면 여기서 자바 라이브 러리를 내려받을 수 있습니다. 여기에서는 자바 23 버전을 선택한 뒤, [Select]를 클릭합니다.

자바 버전은 지금도 계속 업그레이드 되고 있습니다. 이 책을 집필할 당시 최종 버전은 23 지만, 이후에 계속 업그레이드될 것입니다. 자바는 하위 버전에 대해 호환성이 대부분 보장 되므로 시간이 지나 더 높은 버전을 설치해도 이 책으로 학습하는데 문제가 없을 것입니다.

**5.** JDK가 자동으로 선택됩니다. 지금은 JDK가 설치되어 있지 않으므로 프로젝트가 생성됨과 동시에 JDK가 설치됩니다.

**6.** 새로운 프로젝트를 생성하기 위한 설정을 마저 진행해 봅시다. 프로젝트 이름을 작성하고, 프로젝트 폴더는 새로이 생성해서 설정합니다. 이때, 이 폴더에 실행 파일이 저장되므로 폴더의 위치를 꼭 기억해 두도록 합니다. 여기서 빌드 시스템은 인텔리제이(IntelliJ)를 선택합니다. **빌드 시스템**이란 실행 파일을 만들고 실행해 주는 도구를 말합니다. 자바 파일만을 빌드하여 실행하므로 [IntelliJ]를 선택합니다. 나머지 Maven이나 Gradle은 주로 웹 서버를 구현할 때 사용합니다. [Create]를 클릭하면 새로운 프로젝트가 생성됩니다.

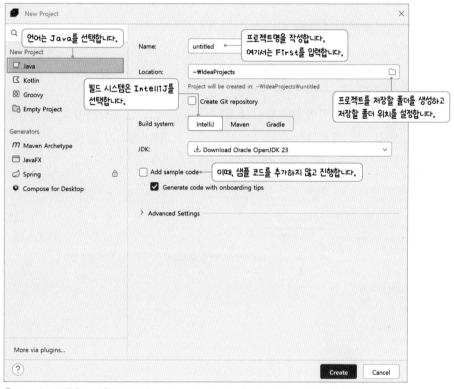

💬 프로젝트 이름은 개발할 프로그램의 목적이나 특성에 어울리게 작성하는 게 좋습니다.

여기까지 잘 따라왔다면 자바로 프로그램을 개발하기 위한 통합 개발 툴(IDE)인 인텔리제이와 자바 라이브러리인 JDK 설치를 완료했을 것입니다.
이제 자바를 활용해 우리의 첫 번째 자바 프로그램을 만들어 볼까요?

# 01-3 인텔리제이로 첫 프로그램 만들기

자바로 프로그램을 개발할 환경을 갖췄으니 이제 첫 번째 프로그램을 만들어 보겠습니다. 화면에 간단히 한 문장을 출력해 봅시다. 당장 이해가 되지 않더라도 일단 따라 해보세요. 개발 환경에 익숙해지는 것이 중요하니까요.

## Hello, World!를 출력하는 프로그램 작성하기

**1.** 프로젝트를 생성하면 다음 화면이 등장합니다. 왼쪽은 프로젝트 관리 영역이고, 오른쪽은 코드를 작성하는 영역입니다. 프로젝트 관리 영역에서는 프로젝트, 패키지, 클래스 파일 등을 관리하고, 코드 작성 영역에서는 자바 코드를 입력합니다.

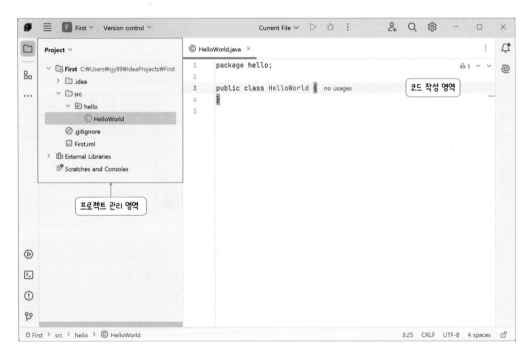

**2.** 자바로 프로그램을 만들려면 먼저 화면 왼쪽에서 src 폴더를 선택한 뒤, 마우스 오른쪽 버튼을 눌러 [New → Package]를 클릭해 패키지(package)를 만듭니다.

🖱 메뉴에서 [File → New]를 클릭해도 새로운 프로젝트, 패키지, 클래스를 생성할 수 있습니다.

🖱 패키지란 프로그램 소스 묶음으로, 패키지를 생성한 뒤 하위에 자바 클래스를 만드는 것을 권장합니다. 클래스와 패키지는 05장에서 자세히 설명합니다.

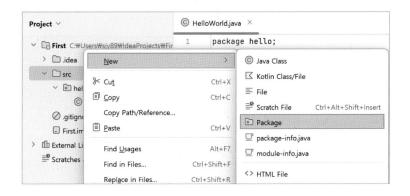

**3.** 'New Package' 창에 'hello'라고 입력하고 Enter 를 누릅니다.

**4.** 이번에는 화면 왼쪽에 방금 생성한 hello 패키지를 선택한 뒤, 마우스 오른쪽 버튼을 눌러 [New → Java Class]를 클릭해 클래스(class)를 만듭니다.

📌 클래스란 객체를 자바 코드로 나타낸 것입니다. 패키지와 함께 클래스도 05장에서 자세히 설명합니다.

**5.** 'New Java Class' 창에 'HelloWorld'라고 입력하고 Enter 를 누릅니다.

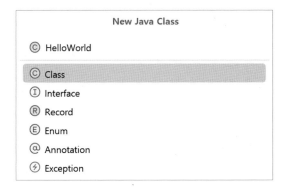

**6.** 코드 작성 영역에 자바 프로그램을 구현할 수 있습니다.

코드가 자동으로 생성됩니다.

💬 HelloWorld의 전체 이름은 패키지 이름을 포함해 hello.HelloWorld입니다. 패키지가 다르다면 클래스 이름이 같더라도 다른 클래스가 됩니다.

**7.** 이제 HelloWorld.java 파일에 다음과 같이 자바 코드를 입력해 봅시다. 중괄호({ }) 사이에 코드를 입력하면 됩니다. 각 줄의 코드는 앞으로 하나씩 배울 것이니 일단 인텔리제이에 작성해 봅니다.

**Do it!**    Hello, World 출력하기        · 참고 파일 HelloWorld.java

```
01  package hello;
02
03  public class HelloWorld {
04      public static void main(String[] args) {
05          System.out.println("Hello, World!");
06      }
07  }
```

화면에 Hello, World를 출력하라는 명령문

---

 은종쌤     **코드가 빨간색으로 표시되고 실행되지 않아요!**

질문 있어요

인텔리제이는 자동으로 코드의 문법 오류를 찾아 빨간색으로 표시합니다. 예를 들어 명령어인 System의 첫 글자는 대문자여야 하는데 소문자로 쓰면 빨간색으로 표시됩니다.

```
public class HelloWorld {
    public static void main(String[] args) {
        system.out.println("Hello, World!");
    }
}
```

코드가 빨간색으로 표시됨

이렇게 코드가 빨간색으로 표시되면 이를 수정해 컴파일한 뒤, 다시 실행해야 합니다.

---

**8.** 코드 영역의 왼쪽에서 초록색 화살표를 클릭해 코드를 실행합니다. 초록색 화살표가 두 개가 보이는데 아무거나 클릭하세요. 메뉴가 등장하면 [Run 'HelloWorld main( )'] 을 선택합니다.

📧 화면 왼쪽 상단에 있는 ☰(메뉴)에서 [Run → Run 'HelloWorld.java']를 클릭하거나 화면 가운데 상단에 있는 ▷을 클릭해도 코드를 실행할 수 있습니다.

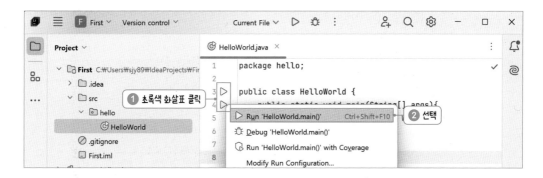

 **인텔리제이는 별도의 컴파일 과정이 없나요?**

질문 있어요

빌드(build)란 컴파일러가 소스를 컴파일해 실행 파일을 만드는 과정을 말합니다. 자바에서 .class 파일이 바로 실행 파일인데, 앞 예제에서는 HelloWorld.class가 바로 실행 파일입니다. 인텔리제이는 따로 컴파일 과정을 거치지 않고 바로 코드를 실행하면서 빌드할 수 있습니다. 물론 코드를 실행하기 전에 따로 [Build → Build Project]를 클릭해 .class 파일을 만들 수도 있지만, 앞선 실습과 같은 과정을 거친다면 컴파일러가 빌드를 먼저 하고 작성한 코드를 실행합니다.

**9.** 잠시 뒤 화면 하단에 콘솔 창이 등장하고 여기에 우리가 작성한 문장이 출력된 것을 확인할 수 있습니다.

마침내 첫 번째 Hello, World 출력하기 프로그램을 완성했습니다. 시작이 반이라고 했던가요? 개발 환경을 잘 설치하고 첫 프로그램까지 만들었으니 이제 자바를 본격적으로 배워 봅시다!

## 우리가 만든 실행 파일은 어디에 있나요?

질문 있어요

프로젝트 관리 영역에서 out 폴더를 클릭하면 하위에 우리가 앞서 생성한 순서대로 First(프로젝트) > hello(패키지) > HelloWorld(클래스)가 있는 것을 확인할 수 있습니다. 실제 하드 디스크 디렉터리에서도 이와 같이 구성되어 있습니다. 01-2절에서 새로운 프로젝트를 만들 때 생성한 폴더 위치로 가면 우리가 앞서 만든 자바 실행 파일인 .class 파일이 저장되어 있는 걸 확인할 수 있습니다.

프로젝트 관리 영역

하드 디스크 디렉터리

### 인텔리제이 단축키가 있나요?

인텔리제이에서도 단축키를 사용할 수 있습니다.
자주 사용하는 단축키 몇 개만 알아 두면 작업 속도가 빨라집니다.

- 코드를 작성하다가 프로젝트 관리 영역으로 이동하고 싶다면 Alt + 1 을 누릅니다.
- 새로운 클래스나 패키지 등을 생성하고 싶다면 Ctrl + Alt + Insert 를 동시에 누릅니다. 그러면 오른쪽과 같이 새 메뉴 창이 나오고 원하는 파일을 생성할 수 있습니다.
- 프로그램을 빌드할 때는 Ctrl + F9 를 누릅니다.
- 프로그램을 실행할 때는 Shift + F10 을 누릅니다.

## 주석으로 코드 정보 표시하기

주석은 프로그램에 설명을 추가하거나 특정 코드가 컴파일되지 않도록 처리할 때 사용합니다. 코드 설명을 주석으로 잘 작성해 놓으면 나중에 자신은 물론이고 다른 개발자가 프로그램을 볼 때 이해하기 쉽습니다. 프로그램 설명서로 사용할 수 있는 JavaDoc으로 만들어 문서화할 수도 있습니다. 주석은 한 줄로 표시할 수도 있고 여러 줄로 표시할 수도 있습니다.

### 한 줄 주석 표시하기

다음과 같이 문장 앞에 // 표시를 하면 주석으로 처리되고 컴파일되지 않습니다. 한 줄 주석은 간단한 테스트 코드를 작성하거나 코드 바로 옆에서 설명할 때 주로 쓰입니다.

```
package hello;

public class HelloJava {
    public static void main(String[] args) {
        //System.out.println("Hello, Java"); 한 줄 주석 연습입니다.
    }
}
```

### 여러 줄 주석 표시하기

여러 줄 주석은 /*, */ 기호로 주석의 시작과 끝을 나타낼 수 있습니다. 여러 줄 주석은 코드 여러 줄을 한꺼번에 주석 처리하거나 코드를 길게 설명할 때 사용합니다.

오른쪽과 같이 프로그램 시작 부분에 프로그램을 만든 날짜, 만든 사람, 마지막 업데이트 날짜 그리고 프로그램 설명을 쓰기도 합니다.

```
/*
Date : 2024년 5월 8일
Author : 박은종
Description : 첫 번째 자바 프로그램입니다.
Version : 1.0
*/
package hello;

public class HelloJava {
    public static void main(String[] args) {
        System.out.println("Hello, Java");
    }
}
```

지금까지 공부한 내용을 떠올려 보면서 다음 문제를 해결해 보세요.

▶ 01장 정답 및 풀이: 624쪽

**01** 프로그램(코드)을 기계(컴퓨터)가 이해할 수 있는 언어로 바꾸는 작업을 [ 컴          ] (이)라고 합니다.

**02** [ 객                ] 언어는 자바나 C++와 같이 대상이 되는 객체를 기반으로 프로그램을 구현합니다.

**03** 자바로 만든 프로그램은 [ 자              ] 이(가) 설치되어 있으면 운영체제와 상관없이 실행할 수 있습니다.

**04** 자바 개발을 위해 설치하는 자바 라이브러리를 [ J        ] (이)라고 합니다.

**05** 자바 프로그램이 실행되는 자바 실행 환경을 [ J        ] (이)라고 합니다.

**06** ★ 01-3절에서 만든 첫 번째 자바 프로그램을 참고해 이번에는 인텔리제이에서 'Hello, World' 대신 여러분의 이름을 출력해 보세요.

**07** 다음 빈칸에 { , } , ; , // 중 하나를 골라서 써 넣어 보세요.

```
package hello;

public class HelloJava {
  public static void main(String[] args) {
    ❶ [        ]  ← 화면에 문장을 출력함
    System.out.println("자바 프로그래밍 재미있다!") ❷ [        ]
    ❸ [        ]
  }
}
```

# 02장

# 변수와 자료형

기계가 정보를 이해하는 방법은 사람과 다를 수밖에 없습니다. 우리가 평소에 사용하는 숫자나 알파벳 문자를 컴퓨터 내부에 어떻게 저장하고 표현하는지, 그리고 이러한 값을 컴퓨터가 어떻게 이해할 수 있게 해야 하는지 알아봅시다.

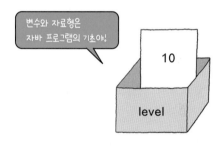

변수와 자료형은 자바 프로그램의 기초야!

10

level

# 02-1 컴퓨터는 데이터를 어떻게 표현할까?

## 컴퓨터에서 수를 표현하는 방법

사람은 대화할 때 언어를 사용하고 상대방의 뜻을 이해함으로써 의사 소통을 할 수 있습니다. 그러면 컴퓨터는 프로그래밍 언어를 어떻게 이해할까요?

우리가 사용하는 데이터는 컴퓨터 내부에서 0과 1로 이루어져 있습니다. 컴퓨터 내부를 구성하는 반도체가 데이터를 0과 1로만 표현할 수 있기 때문입니다. 집에서 사용하는 전구처럼 불이 켜지는 경우와 꺼지는 경우 두 가지밖에 없다고 생각하면 됩니다. 이렇게 0 또는 1로 표현할 수 있는 최소 단위를 비트(bit)라고 하며, 8비트가 모이면 1바이트

> (🔒) 컴퓨터 내부에서 데이터를 어떻게 표현하는지 이해하면, 프로그래밍 언어를 배우기가 훨씬 수월해집니다.

꺼짐(0)   켜짐(1)

(byte)가 됩니다. 컴퓨터 내부에서 모든 정보를 0과 1로만 인식한다면, 실제 우리가 사용하는 숫자는 어떻게 표현될까요?

## 10진수와 2진수

우리가 일상생활에서 사용하는 숫자는 0부터 9까지 한 자릿수이고 10부터는 두 자릿수입니다. 두 자릿수를 10진수라고 합니다. 하지만 앞에서 배운 것처럼 컴퓨터 내부에서

> (🔒) 이 책에서는 2진수와 10진수를 서로 변환하는 방법은 다루지 않습니다. 자세한 방법이 궁금하다면 수학 전문 서적을 참고하세요.

는 모든 데이터를 0과 1로 표현해야 합니다. 이때 사용하는 것이 바로 2진수입니다. 2진수란 0과 1 두 개로만 표현되는 수를 말합니다. 0부터 10까지의 10진수를 2진수로 표기하면 다음과 같습니다.

| 10진수 | 0 | 1 | 2 | 3 | 4 | 5 | 6 | 7 | 8 | 9 | 10 |
|---|---|---|---|---|---|---|---|---|---|---|---|
| 2진수 | 0 | 1 | 10 | 11 | 100 | 101 | 110 | 111 | 1000 | 1001 | 1010 |

컴퓨터 내부에서는 숫자뿐만 아니라 문자도 2진수로 표현합니다. 예를 들어 A라는 문자가 있을 때 A는 숫자 65라는 값으로 표현하도록 약속되어 있습니다.

따라서 컴퓨터 내부에서 A는 2진수 1000001로 표현됩니다. 이 값을 A 문자의 아스키(ASCII) 코드값이라고 합니다. 즉 모든 문자는 컴퓨터가 이해할 수 있는 아스키 코드값이 미리 정해져 있습니다.

아스키(ASCII)란 American Standard Code for Information Interchange의 줄임말로 미국 표준 협회(ANSI)에서 제정한 규칙입니다. 알파벳, 숫자, 특수 문자 등 8비트값의 수로 미리 정의해 놓았습니다.

은종쌤
질문 있어요

### 비트로 표현할 수 있는 수의 범위는 어느 정도인가요?

컴퓨터는 몇 비트로 표현하느냐에 따라 수의 범위를 결정합니다. 컴퓨터는 2진수로 수를 표현하기 때문에 비트 수가 n개일 때 2진수로 나타낼 수 있는 숫자의 개수는 $2^n$개입니다. 비트가 한 개라면 $2(2^1)$개의 수를 표현할 수 있으므로 범위는 0~1이고, 비트가 두 개라면 $4(2^2)$개의 수를 표현할 수 있으므로 범위는 0~3입니다.

- 한 개의 비트로 나타낼 수 있는 수의 범위 → 0, 1 (0~1)
- 두 개의 비트로 나타낼 수 있는 수의 범위 → 00, 01, 10, 11 (0~3)
- 세 개의 비트로 나타낼 수 있는 수의 범위 → 000, 001, 010, 011, 100, 101, 110, 111 (0~7)

## 2진수, 16진수, 8진수

자바 프로그램에서는 2진수, 8진수, 16진수를 사용할 수 있습니다. 2진수는 비트값을 그대로 표현할 수 있지만 길이가 너무 길어서 불편하므로 간단하게 8진수나 16진수로 바꿔서 사용합니다. 8진수를 2진수로 표현하려면 3개의 비트가 필요하고, 16진수를 2진수로 표현하려면 4개의 비트가 필요합니다. 0부터 16까지 수를 10진수, 2진수, 8진수, 16진수로 나타내면 다음과 같습니다.

| 10진수 | 0 | 1 | 2 | 3 | 4 | 5 | 6 | 7 | 8 |
|---|---|---|---|---|---|---|---|---|---|
| 2진수 | 0000 | 0001 | 0010 | 0011 | 0100 | 0101 | 0110 | 0111 | 1000 |
| 8진수 | 0 | 1 | 2 | 3 | 4 | 5 | 6 | 7 | 10 |
| 16진수 | 0 | 1 | 2 | 3 | 4 | 5 | 6 | 7 | 8 |

| 10진수 | 9 | 10 | 11 | 12 | 13 | 14 | 15 | 16 |
|---|---|---|---|---|---|---|---|---|
| 2진수 | 1001 | 1010 | 1011 | 1100 | 1101 | 1110 | 1111 | 10000 |
| 8진수 | 11 | 12 | 13 | 14 | 15 | 16 | 17 | 20 |
| 16진수 | 9 | A | B | C | D | E | F | 10 |

앞의 표에서 보듯 8진수는 2진수 3비트를, 16진수는 2진수 4비트를 합쳐서 간단하게 표현할 수 있습니다. 프로그램에서 2진수를 사용할 때는 숫자 앞에 0B를 붙이고, 8진수를 사용할 때는 0, 16진수를 사용할 때는 0X를 붙입니다. 알파벳 대문자 B, X 대신 예를 들어 10진수 10은 코드에서 2진수 0B1010, 8진수 012, 16진수 0XA로 표현할 수 있습니다. 소문자 b와 x도 사용할 수 있습니다.

## 부호 있는 수를 표현하는 방법

컴퓨터에서 숫자를 표현할 때 양수와 음수는 어떻게 표현할까요? 컴퓨터는 숫자를 0과 1로만 표현할 수 있기 때문에 부호 또한 0과 1로 표현합니다. 부호를 나타내는 비트는 맨 앞에 붙이며 부호 비트(Most Significant Bit: MSB)라고 부릅니다. 부호 비트가 0이면 양수, 1이면 음수를 나타냅니다. 8비트로 5라는 숫자를 표현하면 다음과 같습니다.

🔑 보수와 음수를 만드는 방법을 이해하기 어렵다면 넘어가도 됩니다. 필요할 때 다시 살펴보세요.

양수를 위와 같이 표현했다면 음수는 어떻게 표현할까요? 부호 비트가 있다고 했으니 다음처럼 맨 앞 비트만 1로 바꾸면 이 값이 −5일까요?

| 1 | 0 | 0 | 0 | 0 | 1 | 0 | 1 |
|---|---|---|---|---|---|---|---|

이 값이 정말 −5인지 확인해 보기 위해 앞에서 살펴본 5(00000101)와 더해 봅시다. 5+(−5)는 당연히 0이 될 테니까요.

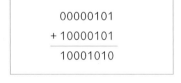

🔑 2진수의 덧셈은 10진수의 덧셈과 크게 다르지 않습니다. 다만 2진수는 0과 1로만 이루어지므로 더한 결괏값이 2가 되면 자릿수가 하나 올라갑니다. 예를 들어 2진수로 1+1을 하면 2가 되는 것이 아니라 10(일영)이 됩니다.

그런데 결과를 보니 0이 나오지 않네요. 맨 앞 비트만 1로 바꾼다고 해서 음수가 되는 것은 아닌가 봅니다. 그렇다면 어떻게 해야 −5를 표현할 수 있을까요? 컴퓨터에서 표현할 −5는 5와 더했을 때 0이 되는 값이어야 합니다. 프로그래밍에서는 이 값을 2의 보수라고 합니다.

## 2의 보수란?

보수는 말 그대로 보충해 주는 수입니다. 어떤 특정한 10진수 N이 있을 때 3에 대한 N의 보수라고 하면 3과 어떤 수를 합하여 N이 되는 수를 의미합니다. 즉 3에 대한 N의 보수는 N-3인 것이지요. 쉽게 이야기해서 N=10이라고 하면, 3에 대한 10의 보수는 7이 됩니다.

그러면 컴퓨터가 사용하는 2진수에서 2의 보수는 무엇일까요? 2진수에서 2의 보수는 음수를 나타냅니다. 왜 2의 보수가 음수인지 차근차근 살펴보겠습니다.

10진수에서 10의 보수는 더해서 10(십)이 되는 수라고 했습니다. 따라서 2진수에서 2의 보수는 더해서 2, 즉 10(일영)이 되는 수입니다. 즉 맨 왼쪽 한 비트가 1로 증가하고 나머지는 0이 됩니다.

⚑ 이렇게 맨 앞의 1비트가 없어지는 것을 '트렁케이트(truncate)된다'고 표현합니다.

예를 들어 4비트만 사용하는 컴퓨터가 있다면 이 컴퓨터에서 0011에 대한 2의 보수는 이 수와 더해서 맨 왼쪽 한 비트가 1이 되고 나머지는 0인 10000이 되어야 합니다. 0011과 더해 10000이 되는 2의 보수는 1101입니다. 그런데 이 컴퓨터는 4비트만 사용한다고 했으므로 이러한 경우 맨 앞의 1비트는 없어집니다. 맨 앞의 1이 사라져 0000, 즉 0이 되는 것입니다. 앗, 그리고 보니 0011에 대한 2의 보수를 구해서 두 값을 더했더니 0이 되었네요. 그래서 2진수에서 2의 보수를 음수라고 합니다.

지금까지 컴퓨터 내부에서 수를 표현하는 방법과 부호가 있는 수를 표현하는 방법을 알아보았습니다. 숫자뿐 아니라 문자나 기호 등 모든 값은 2진수로 표현할 수 있습니다. 따라서 컴퓨터 내부에서 값을 어떻게 표현하는지 알아 두는 게 좋습니다.

### 2의 보수(음수)를 구하는 과정을 더 알고 싶어요

앞에서 예로 든 -5를 만드는 방법을 살펴보겠습니다. 10진수 5를 2진수 8비트로 나타내면 00000101입니다.

#### 1. 1의 보수 구하기

2의 보수를 구하려면 일단 1의 보수를 만들어야 합니다. 어떤 수 A가 있을 때 이 수와 더해서 1이 되는 수를 'A에 대한 1의 보수'라고 합니다. 10진수 5를 2진수 8비트로 나타낸 00000101에 대한 1의 보수는 11111010입니다. 즉 2진수에 대한 1의 보수는 0과 1의 값이 그대로 반전됩니다. 00000101과 11111010을 더하면 오른쪽과 같습니다.

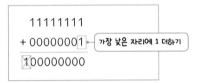

#### 2. 가장 낮은 자리에 1 더하기

아직 우리가 원하는 0을 만들지 못했습니다. 이 수를 0으로 만들려면 어떻게 해야 할까요? 가장 낮은 자리에 1을 더하면 됩니다. 11111111과 00000001을 더하면 원래는 100000000으로 총 아홉 자리인데 여기에서는 8비트만 사용하므로 맨 앞의 1은 버려집니다. 드디어 값 0이 되었습니다.

결론적으로 2의 보수(음수)를 구하는 방법은 1의 보수를 구해서 더한 후 그 값에 1을 더하면 됩니다. 즉 00000101에 대한 2의 보수는 11111010의 가장 낮은 자리에 1을 더한 11111011입니다. 이 2진수 값이 바로 10진수 -5입니다.

# 02-2 변수란?

## 변하는 값, 변수

게임을 프로그래밍한다고 생각해 봅시다. 게임 캐릭터는 모두 레벨이 있지요? 처음에는 1이었던 레벨이 시간이 지나거나 여러 목표를 달성하면 2나 3으로 업그레이드됩니다. 이처럼 우리가 프로그래밍할 때 처음에 사용한 값과 다르게 변하는 값이 있습니다. 사람의 나이가 그렇고, 학년이 그렇고, 통장 잔액도 입금과 출금이 발생하면 변합니다. 프로그래밍에서는 이렇게 변하는 값을 **변수**라고 합니다. 변수는 말 그대로 변하는 수입니다. 그러면 변하는 수는 어떻게 선언하여 사용하는지 살펴봅시다.

## 변수 선언하고 값 대입하기

조금 전에 설명한 것처럼 컴퓨터에 게임 레벨값을 저장하려면 저장할 공간이 필요하겠죠? 이 공간의 이름이 바로 변수입니다. 변수를 사용하려면 어떤 형태의 자료를 저장할 것인지 정해야 합니다. 사람의 나이를 저장하려면 정수 형태를 써야 하고, 이름을 저장하려면 문자 형태를 써야겠죠. 이 형태를 **변수의 자료형**이라고 합니다. 변수의 자료형을 선택했다면 변수의 이름도 정해주어야 합니다. 이렇게 변수의 자료형을 선택하고 이름을 정하는 것을 '변수를 선언한다'라고 합니다.

변수는 값을 넣을 수 있는 빈 그릇과 같습니다.

그러면 게임 레벨을 변수로 선언하고 이 변수에 값 10을 넣어 보겠습니다. 게임 레벨은 정수입니다. 정수로 된 변수는 다음 형식으로 선언하고 선언한 변수에는 자료형에 맞는 값을 대입할 수 있습니다.

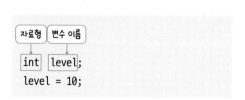

```
자료형  변수 이름
int  level;
level = 10;
```

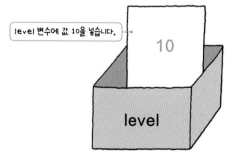

level 변수에 값 10을 넣습니다.

앞 코드에서 int는 정수를 나타내는 자료형이고, level은 게임 레벨을 의미하는 변수 이름입니다. = 기호는 수학에서 오른쪽과 왼쪽이 같다는 의미이지만 프로그램에서는 '오른쪽 값을 왼쪽에 대입한다'는 의미로 사용합니다. 앞 코드의 두 문장을 해석하면 'level이라는 이름의 변수를 정수 자료형으로 선언한다. 선언한 level 변수에 값 10을 넣는다(대입한다)'입니다. 정리하자면, 프로그램에서 게임 레벨을 나타내려면 일단 레벨을 의미하는 변수를 먼저 선언해야 합니다. 변수를 선언하면 변수에 값을 넣을 수도 있고, 변수 이름을 사용하여 변수에 들어 있는 값을 가져올 수도 있습니다.

이번에는 변수를 선언하고 값을 대입하고 출력하는 프로그램을 만들어 보겠습니다. 이 프로그램에서 패키지 이름은 chapter2이고 클래스 이름은 Variable1입니다.

📖 01-3절에서 만들어 본 Hello, World! 출력 프로그램을 기억하고 있나요? 프로그램을 만드는 순서가 잘 기억나지 않는다면 01-3절을 참고하세요.

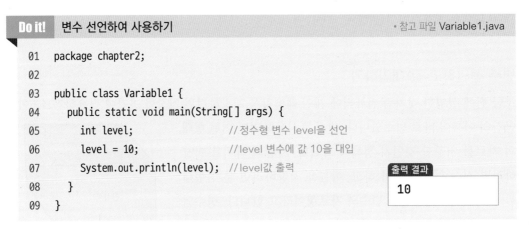

**Do it!** 변수 선언하여 사용하기

• 참고 파일 Variable1.java

```
01  package chapter2;
02
03  public class Variable1 {
04      public static void main(String[] args) {
05          int level;                      // 정수형 변수 level을 선언
06          level = 10;                     // level 변수에 값 10을 대입
07          System.out.println(level);      // level값 출력
08      }
09  }
```

출력 결과
```
10
```

📖 프로그램을 실행하는 단축키는 Shift + F10 입니다(윈도 기준). 반드시 프로그램을 한 번 저장한 후 실행하세요!

위 프로그램을 좀 더 살펴보겠습니다. level이라는 정수형 변수를 선언하고 값 10을 대입했습니다. level값을 출력해 보면 변수에 대입한 값인 10을 볼 수 있네요. Variable1이라는 이름으로 클래스를 새로 만들었습니다. 4행에 나오는 main( )은 자바 프로그램의 첫 시작을 나타내는 함수입니다.

## 변수 초기화하기

앞의 프로그램에서 우리는 level 변수를 먼저 선언한 후 값 10을 대입했습니다. 이번에는 다음 프로그램을 따라 입력해 봅시다.

**Do it!** 변수 초기화하기 · 참고 파일 Variable2.java

```
01   package chapter2;
02
03   public class Variable2 {
04     public static void main(String[] args) {
05       int level = 10;      // level 변수 선언과 동시에 값을 대입(변수 초기화)
06       System.out.println(level);
07     }
08   }
```

출력 결과
```
10
```

변수를 선언한 방식이 약간 다르지요? level 변수를 선언함과 동시에 값 10을 넣어 주었습니다. 이처럼 변수를 선언할 때 변숫값을 바로 대입할 수도 있습니다. 변수에 처음 값을 대입하는 것을 **초기화**라고 합니다. 그러면 변수의 초기화는 언제 해야 할까요? 변수를 사용할 때마다 다릅니다. 반드시 변수 선언과 동시에 초기화를 해야 하는 것은 아닙니다. 위에서 보듯이 변수 선언과 동시에 초기화할 수도 있고, 변수를 선언한 이후 대입할 값이 정해지는 시점에 초기화할 수도 있습니다.

## 변수 이름 정하는 방법

자바에서 변수 이름은 용도에 맞게 지으면 됩니다. 다만 제약 사항이 있습니다.

| 제약 사항 | 예시 |
|---|---|
| 변수 이름은 영문자(대문자, 소문자)나 숫자를 사용합니다. 특수 문자 중에는 $, _만 사용할 수 있습니다. | g_level(O), count100(O), _master(O), $won(O) |
| 변수 이름은 숫자로 시작할 수 없습니다. | 27day(X), 1abc(X) |
| 자바에서 이미 사용하는 중인 예약어는 사용할 수 없습니다. | while, int, break, … (X) |

🔎 예약어(reserved word)란 프로그래밍 언어에서 특별한 의미로 미리 약속되어 있는 단어를 말합니다.

변수 이름은 프로그램에서 계속 사용하므로 사용 목적에 맞게 의미를 잘 부여해서 만드는 것이 좋습니다. 변수 길이

변수 이름을 한글로 만들어도 오류가 나지는 않지만 보통 사용하지 않습니다.

는 제한이 없으므로 줄임말보다 의미를 풀어서 쓰면 프로그램을 작성하고 이해하는 데 편리합니다. 만약 학생 수를 뜻하는 변수를 선언한다면 ns와 numberOfStudent 둘 중 어느 이름이 더 이해하기 쉬울까요? 당연히 학생 수라는 뜻을 바로 알 수 있는 number OfStudent입니다. 또 변수 이름은 대부분 소문자로 시작하는데, 변수 이름을 여러 단어로 만들 경우 중간에 다른 뜻의 단어가 등장할 때 첫 글자를 대문자로 사용하는 것도 변수 이름을 알아보기 쉽게 만드는 요령입니다. 이것은 함수를 선언할 때도 사용하는 표기법인데, 중간에 튀어나온 대문자가 낙타의 등과 같다고 하여 카멜 표기법(camel notation)이라고도 합니다.

# 02-3 변수가 저장되는 공간의 특성, 자료형

## 변수와 메모리의 관계

변수는 컴퓨터 내부의 메모리 공간에 저장됩니다. 메모리는 프로그램이 실행되는 작업 공간입니다. 즉 int level; 문장을 선언하면, 메모리에 4바이트(int형) 크기의 공간이 level이라는 이름으로 할당됩니다. 앞으로 이 메모리를 변수 level로 사용하겠다는 뜻이지요.

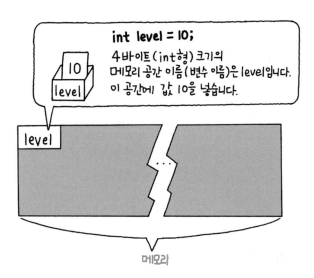

이후에 level 변수를 연산에 사용하거나 값을 출력할 일이 있으면 이 공간에 있는 값을 가져와야 합니다. 이때 변수 이름을 사용해서 값을 가져옵니다. 즉 변수를 선언한다는 것은 선언한 변수 이름으로 어떤 위치에 있는 메모리를 얼마만큼의 크기로 사용하겠다는 뜻입니다.

## 기본 자료형의 종류

자바에서 제공하는 자료형은 기본 자료형과 참조 자료형이 있습니다. **기본 자료형**은 자바 라이브러리에서 기본으로 제공하며, 얼마만큼의 메모리를 어떻게 사용할 것인지가 이미 정해져 있습니다.

> 🐢 참조 자료형은 나중에 배울 클래스형입니다. 이러한 참조 자료형은 자바에서 제공하는 것도 있고, 개발자가 직접 만든 클래스도 있습니다. 클래스를 공부하는 05-6절에서 자세히 설명합니다.

다음은 자바에서 제공하는 기본 자료형입니다. 기본 자료형은 각 자료형이 사용할 공간의 크기, 즉 바이트 수가 정해져 있습니다.

| 바이트 수 | 정수형 | 문자형 | 실수형 | 논리형 |
|---|---|---|---|---|
| 1바이트 | byte | — | — | boolean |
| 2바이트 | short | char | — | — |
| 4바이트 | int | — | float | — |
| 8바이트 | long | — | double | — |

## 정수 자료형

정수 자료형은 양수, 음수, 0을 나타내는 데 사용합니다. 앞 표에서 보면 정수는 byte형, short형, int형, long형으로 나타낼 수 있습니다. 자료형은 메모리에서 사용하는 바이트 수와 용도가 다릅니다.

컴퓨터 내부에서 모든 정보는 0과 1로 표현된다고 했지요? 예를 들어 정수 자료형 중 가장 많이 사용하는 int형(4바이트, 32비트)에 10진수 10을 저장한다면 어떻게 표현될지 생각해 봅시다. 다음은 4바이트(32비트)로 표현된 10진수 10을 보여 주는 그림입니다.

부호가 있는 수를 표현할 때 맨 앞의 비트는 부호를 나타냅니다. 부호 비트가 0이면 양수, 1이면 음수입니다. 위에서 10은 양수이므로 맨 앞의 비트값이 0입니다. int는 4바이트이므로 나타낼 수 있는 수의 범위는 맨 앞의 부호 비트를 제외하면 $-2^{31} \sim 2^{31}-1$입니다. 0은 모든 비트가 0이므로 양수의 범위는 0을 뺀 $2^{31}-1$까지입니다. 정수의 자료형에 따라 표현할 수 있는 수의 유효 범위는 다음과 같습니다.

| 자료형 | 바이트 수 | 수의 범위 |
|---|---|---|
| byte | 1 | $-2^{7} \sim 2^{7}-1$ |
| short | 2 | $-2^{15} \sim 2^{15}-1$ |
| int | 4 | $-2^{31} \sim 2^{31}-1$ |
| long | 8 | $-2^{63} \sim 2^{63}-1$ |

그러면 각 정수형의 특징을 하나씩 살펴보겠습니다.

### byte형

1바이트는 8비트입니다. 바이트 단위의 정보를 저장하거나 통신할 때 주로 사용합니다. 예를 들어 동영상이나 음악 파일을 재생할 때 또는 네트워크로 데이터를 전송할 때 byte형을 사용합니다.

byte형으로 표현할 수 있는 수의 범위는 $-2^7 \sim 2^7 - 1(-128 \sim 127)$이고, 이 범위를 초과하는 값을 대입하면 다음 화면처럼 밑줄이 생기면서 오류가 납니다.

```
public class ByteVariable {
    public static void main(String[] args) {
        byte bs1 = -128;
        byte bs2 = 128;    byte 자료형 변수에 128을 대입하면 오류 발생
```

### short형

2바이트로 정수를 표현하는 자료형입니다. 유효 범위는 $-2^{15} \sim 2^{15} - 1(-32,768 \sim 32,767)$입니다. byte형과 마찬가지로 범위를 넘어서는 값은 허용되지 않습니다.

### int형

정수를 표현할 때 가장 많이 사용하는 자료형입니다. 유효 범위는 $-2^{31} \sim 2^{31} - 1(-2,147,483,648 \sim 2,147,483,647)$로 꽤 큰 범위의 정수를 나타낼 수 있습니다. 정수 자료형으로 int형을 가장 많이 사용하는 이유는 컴퓨터에서 정수로 연산할 때 4바이트 단위로 처리하는 것이 가장 효율적이기 때문입니다.

 은중쌤
질문 있어요

### 자료형이 다른 정수끼리 더하면 어떻게 되나요?

다음은 byte형 변수와 short형 변수의 값을 더하여 결괏값을 출력하는 프로그램입니다. 이 경우를 살펴봅시다.

```
public class IntegerVariable {
    public static void main(String[] args) {
        short sVal = 10;
        byte bVal = 20;
        System.out.println(sVal + bVal);
    }
}
```

출력 결과
```
30
```

프로그램이 실행되어 정숫값을 연산할 때 4바이트를 기본 단위로 사용하기 때문에, 두 정수를 더하기 전에 두 정수는 모두 int형으로 변환됩니다. 또한 더한 결괏값도 int형으로 저장됩니다. 즉 정수의 기본형은 int형이고, byte형이나 short형은 컴퓨터가 연산을 편리하게 하려고 내부적으로 int형으로 변환합니다. 그러면 정수에서 int형 외에 다른 자료형은 필요 없을까요? 그렇지는 않습니다. 1바이트 단위로 데이터를 조작하는 경우도 있고, 다른 언어(C나 C++)와 호환이 가능하도록 short형을 사용하는 경우도 있습니다.

### long형

long형은 자바에서 정수를 표현하는 가장 큰 단위의 자료형입니다. 유효 범위는 $-2^{63} \sim 2^{63}-1$ 이며 int형 범위를 넘어서는 정수를 사용할 때 long형을 사용합니다. 그런데 long형을 사용할 때는 주의할 점이 있습니다. 다음 예시를 봅시다.

```
int num1 = 12345678900;
long num2 = 12345678900;
```

이와 같이 선언하면 두 문장 모두 오류가 납니다. 첫 번째 문장은 int형으로 표현할 수 있는 범위를 넘어섰기 때문에 오류가 발생합니다. 그러면 두 번째 문장은 왜 오류가 날까요? 자바는 모든 정숫값을 int형을 기본으로 처리하기 때문입니다. 즉 숫자 12,345,678,900을 int형으로 처리하기 때문이지요. 이런 경우에는 이 숫자를 long형으로 처리하라고 컴파일러에게 알려 주어야 합니다. 그러려면 long형을 나타내는 식별자인 L이나 l을 사용할 숫자 뒤에 붙입니다.

> 📖 여기에서 사용하는 식별자 L은 02-4절에서 자세히 설명합니다.

```
long num = 12345678900L;
```

그런데 다음과 같은 경우에는 long형을 쓰더라도 오류가 발생하지 않습니다. 1,000이라는 숫자가 int형 범위를 넘지 않고 int형이 long형으로 자동 형 변환되기 때문입니다. 즉 범위 내부에 있는 값을 사용할 때는 식별자가 필요 없습니다.

> 📖 정숫값 1,000은 long형 변수로 자동 변환되어 저장됩니다. 02-5절에서 자세하게 설명합니다.

```
long num = 1000;
```

> 📖 자바에서는 정수를 사용할 때 양수, 음수를 모두 표현합니다. 다른 언어와 달리 자바에는 양수만 표현할 수 있도록 제공하는 unsigned형이 없습니다.

## 문자 자료형

문자를 컴퓨터 내부에서 어떻게 나타내야 할지 생각해 봅시다. 컴퓨터는 0과 1로만 표현할 수 있으므로 문자 역시 0과 1의 조합으로 나타내야 합니다. 따라서 어떤 문자를 컴퓨터 내부에서 표현하려면 특정 정숫값으로 정하자고 약속합니다.

예를 들어 A를 얼마로 표현할지 약속하는데, 이런 코드값을 모아 둔 것을 문자 세트라고 하고 문자를 정해진 코드값으로 변환하는 것을 문자 **인코딩**(encoding)이라고 합니다. 반대로 코드값을 다시 문자로 변환하는 것은 문자 **디코딩**(decoding)이라고 합니다.

가장 기본이 되는 문자 인코딩은 아스키(ASCII) 코드입니다. 아스키 코드는 알파벳, 숫자, 특수 문자 등을 나타내는 문자 세트입니다. 알파벳은 대문자, 소문자, 특수 문자, 기호를 포함해도 1바이트($2^8$=256개)로 표현할 수 있기 때문에 아스키 코드는 1바이트만 사용합니다.

하지만 한글과 같은 다른 언어 문자는 복잡하고 다양해서 1바이트만으로 모든 문자를 표현하기 어렵습니다. 그래서 2바이트 이상을 사용하게 되는데, 이때 각 언어의 표준 인코딩을 정의해 놓은 것이 **유니코드**(unicode)입니다. 유니코드의 1바이트는 아스키 코드값과 호환되고, 그 밖의 문자를 2바이트나 그 이상의 조합으로 표현합니다. 자바는 유니코드에 기반하여 문자를 표현하기 때문에, 자바의 문자 자료형인 char형은 2바이트를 사용합니다. 문자형 변수는 다음과 같이 선언할 수 있습니다.

ⓔ 유니코드를 자세히 알고 싶다면 www.unicode.org를 참고하세요.

```
char myChar = 'A';
```

문자를 변수에 대입하면 문자 그대로 저장되는 것이 아니라 그 문자에 해당하는 정숫값(아스키 코드값)이 저장됩니다.

다음 예제를 통해 확인해 보겠습니다.

```
01    package chapter2;
02
03    public class CharacterEx1 {
04      public static void main(String[] args) {
05        char ch1 = 'A';
06        System.out.println(ch1);            // 문자 출력
07        System.out.println((int)ch1);       // 문자에 해당하는 정숫값(아스키 코드값) 출력
08
09        char ch2 = 66;                      // 정숫값 대입
10        System.out.println(ch2);            // 정숫값에 해당하는 문자 출력
11
12        int ch3 = 67;
13        System.out.println(ch3);            // 문자 정숫값 출력
14        System.out.println((char)ch3);      // 정숫값에 해당하는 문자 출력
15      }
16    }
```

**출력 결과**
```
A
65
B
67
C
```

📝 오른쪽 그림은 위에서부터 순서대로 예제 코드 6행, 7행, 10행, 13행, 14행의 출력 결과입니다.

변수 ch1에 저장된 문자를 int형으로 변환하여 출력하면 그 문자에 해당하는 정숫값을 알 수 있습니다. 또한 ch2처럼 문자형 변수에 정숫값을 대입하면 그 정숫값에 해당하는 문자가 출력됩니다. 마지막으로 ch3과 같이 정수형 변수를 문자형으로 변환하여 출력하면 그 정숫값에 해당하는 문자가 출력됩니다.

📝 문자형을 int형으로 출력하고 싶다면 char형으로 선언한 변수를 사용할 때 앞에 (int)를 붙입니다. int형을 char형으로 출력하고 싶을 때는 (char)를 붙입니다. 이러한 형 변환은 02-5절에서 자세히 설명합니다.

프로그램에서 문자를 사용할 때는 항상 작은따옴표(' ')를 사용합니다. 문자를 여러 개 이은 문자열을 사용할 때는 큰따옴표(" ")를 사용합니다. 문자열은 "Hello"처럼 여러 개의 문자를 큰따옴표로 감싸 표현하고 기본 자료형으로는 표현할 수 없습니다. 그리고 문자열 끝에는 항상 널 문자('\0')가 있습니다. 널 문자는 문자열의 끝을 나타냅니다. 문자와 문자열은 전혀 다른 값을 가집니다. 즉 'A'와 "A"는 다른 값이지요. 'A'는 정숫값 65로 정해져 있는 문자이고, "A"는 그 내부를 살펴보면 "A\0"과 같이 쓰입니다. 자바에서 문자열을 다룰 때는 String 클래스를 사용합니다.                          📝 String 클래스는 11-2절에서 설명합니다.

또한 다음과 같이 유니코드값을 직접 사용할 수도 있습니다. 유니코드는 전 세계의 모든 문자를 처리할 수 있도록 만든 표준 문자 전산 처리 방식입니다.

문자형 연습: 유니코드 활용　　　　　　　　　　　　　• 참고 파일 CharacterEx2.java

```
01  package chapter2;
02
03  public class CharacterEx2 {
04    public static void main(String[] args) {
05      char ch1 = '한';
06      char ch2 = '\uD55C';
07                    \(백슬래시)는 키보드의 W 와 같습니다.
08      System.out.println(ch1);
09      System.out.println(ch2);
10    }
11  }
```

출력 결과
```
한
한
```

\uD55C는 '한'이라는 글자의 유니코드값이고 16진수로 나타냅니다. 16진수 숫자 하나가 4비트를 사용하므로 한글 '한'이라는 글자를 표현하는 데 4비트 4개, 즉 2바이트를 사용합니다.

한글 유니코드는 www.unicode.org/charts/PDF/UAC00.pdf에서 확인할 수 있습니다.

### 문자형 변수에 숫자를 저장한다면 어떻게 될까?

char형은 문자 자료형이지만 다른 자료형과 마찬가지로 컴퓨터 내부에서는 정숫값으로 표현되므로 정수 자료형으로 분류하는 경우도 있습니다. 다른 정수 자료형과 차이점은 char형은 음숫값을 표현할 수 없다는 것입니다. 다음 예제를 통해 확인해 봅시다.

문자형 연습: 음수 오류 확인　　　　　　　　　　　　• 참고 파일 CharacterEx3.java

```
01  package chapter2;
02
03  public class CharacterEx3 {
04    public static void main(String[] args) {
05      int a = 65;
06      int b = -65;
07
08      char a2 = 65;
09      //char b2 = -65;
```

문자형 변수에 음수를 넣으면 오류가 발생하므로 이와 같이 주석 처리함

```
10
11          System.out.println((char)a);
12          System.out.println((char)b);
13          System.out.println(a2);
14    }
15 }
```

출력 결과
```
A
□
A
```

char형으로 선언한 변수에 음숫값을 대입하면 오류가 발생합니다. 음숫값을 대입한 정수형
변수 b를 char형으로 출력해 보면 두 번째 줄과 같은 출력 결과가 나오는데, 이는 알 수 없는
문자라는 의미입니다.

 은종쌤

질문 있어요

### 자바는 어떤 인코딩 방법을 사용하나요?

유니코드를 표현하는 인코딩 방법은 UTF-8과 UTF-16이 있습니다. 자바의 기본 인코딩 방식은
모든 문자를 2바이트로 표현하는 UTF-16입니다. 그런데 모두 2바이트로 표현하면 1바이트로 표
현할 수 있는 알파벳 같은 자료를 저장하는 경우에 메모리가 낭비될 수 있습니다. 반면에 UTF-8은
문자마다 1바이트에서 4바이트까지 사용하여 나타내는 방식입니다. UTF-16에 비해 메모리 낭비
가 적고 전송 속도가 빠릅니다. 이러한 특성으로 UTF-8은 인터넷에서 많이 사용합니다.

## 실수 자료형

실수를 컴퓨터 내부에서 표현한다고 생각해 봅시다. 실숫값 3.14를 표현할 때 간단히 3이라는
정수 부분과 .14라는 소수 부분을 따로 구분할 수 있겠네요. 하지만 0과 1 사이에는 무한 개의
실수가 있습니다. 이 무한 개의 실수를 모두 표현하는 데 이와 같은 방식은 한계가 있습니다. 따
라서 컴퓨터에서 실수는 정수와는 조금 다른 방식으로 표현해야 합니다.

### 부동 소수점 방식

실숫값 0.1은 $1.0 \times 10^{-1}$으로도 표현할 수 있습니다. 이처럼
실수를 가수 부분(1.0)과 지수 부분(-1)을 나누어서 나타내
는 방식을 **부동 소수점 방식**이라고 합니다. 이 방식을 사용
하면 실수를 좀 더 세밀하게 표현할 수 있습니다.

🔖 밑수는 주로 2, 10, 16 등을 사용합니다.

은종쌤 **부동 소수점 방식을 좀 더 알려 주세요**

질문 있어요

컴퓨터 내부에서는 숫자를 표현할 때 $2^n$으로 표현하기 때문에 실수를 나타낼 때도 밑수를 2로 씁니다. 그리고 지수 부분과 가수 부분을 각각 비트에 표현합니다. 예를 들어 값 0.2를 표현한다면 밑수 2인 경우는 $0.4 \times 2^{-1}$입니다. 여기에서 가수를 밑수보다 작은 한 자리짜리로 표현하는 것을 정규화라고 합니다. 즉 밑수 값이 2인 상황에서 가수는 2 이하가 되어야 하므로, 값 0.2가 정규화되면 $1.6 \times 2^{-3}$입니다(결국 밑수가 2일 때 가수 부분을 정규화하면 가수 부분의 첫째 자리 숫자는 항상 1이 됩니다). 이때 1.6이 가수 부분이 되고 -3이 지수 부분이 됩니다. 식으로 표현해 보면, 모든 실수는 밑수 2로 정규화할 때 $1.m \times 2^n$과 같이 표현할 수 있습니다. 이 내용이 잘 이해되지 않는다고 걱정하지 않아도 됩니다. 실수는 정수와 표현 방식이 다르며, 지수와 가수를 구분해서 표현하는 방식이 부동 소수점 방식이라는 사실만 기억해도 됩니다.

## float형과 double형

실수 자료형에는 float형과 double형이 있습니다. float형은 부호 1비트, 지수부 8비트, 가수부 23비트로 총 32비트(4바이트)를 사용합니다. double형은 부호 1비트, 지수부 11비트, 가수부 52비트로 총 64비트(8바이트)를 사용합니다.

부호 비트 지수부(8비트) 가수부(23비트)

float형

부호 비트 지수부(11비트) 가수부(52비트)

double형

자바에서 실수는 double형을 기본으로 사용합니다. float형(4바이트)에 비해 double형(8바이트)이 실수를 더 정밀하게 표현할 수 있습니다.

**Do it!** 실수형 변수를 선언하고 값을 출력하기 · 참고 파일 DoubleEx1.java

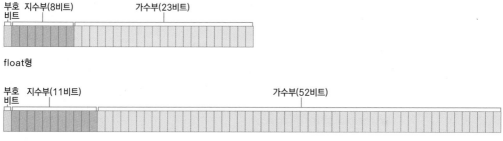

```java
01  package chapter2;
02
03  public class DoubleEx1 {
04    public static void main(String[] args) {
05      double dnum = 3.14;
06      float fnum = 3.14F;   ┐ 식별자
07
08      System.out.println(dnum);
```

```
09        System.out.println(fnum);
10    }
11 }
```

3.14는 double형으로 컴퓨터 내부에 저장되어 dnum값에 대입됩니다. 그러나 float형으로 대입되는 값 3.14는 double형이 아닌 float형 값이 대입된다는 의미로 숫자 뒤에 F 또는 f를 붙여서 식별해 주어야 합니다. 앞에서 배운 long형의 식별자인 L, l과 비슷합니다.

 은종쌤

**부동 소수점 방식에 오차가 있다는데, 무슨 말인가요?**

질문 있어요

지수와 가수로 나타내는 부동 소수점 방식은 지수로 표현되는 값이 0을 나타낼 수 없습니다. 따라서 부동 소수점 값을 연산하면 오차가 약간 발생할 수 있습니다. 다음 예제를 살펴봅시다.

```
package chapter2;

public class DoubleEx2 {
    public static void main(String[] args) {
        double dnum = 1;

        for (int i = 0; i < 10000; i++) {
            dnum = dnum + 0.1;
        }
        System.out.println(dnum);
    }
}
```

> for문은 지정한 문장을 정해진 횟수만큼 반복해서 수행하는 반복문입니다. 여기에서는 더하기를 10,000번 반복하라는 의미입니다.

이 예제의 실행 결과는 1에 0.1을 10,000번 더했으므로 1001일 것 같지만 다음과 같은 결괏값이 나옵니다.

출력 결과
**1001.000000000159**

📄 for문은 04-2절에서 자세히 설명합니다.

하지만 약간의 오차를 감수하고라도 더 넓은 범위의 실숫값을 표현하기 위해 부동 소수점 방식을 사용합니다.

## 논리 자료형

논리 자료형은 어떤 변수의 참, 거짓의 값을 나타내는 데 사용합니다. 종류는 boolean형 한 가지뿐입니다. 결혼 여부, 프로그램 수행이 잘 되었는지 여부, 값이 존재하는지 여부 등을 참, 거짓으로 나타낼 수 있겠네요. boolean형은 다음과 같이 선언합니다.

```
boolean isMarried;
```

boolean형 변수는 1바이트로 값을 저장합니다. true(참), false(거짓) 두 가지 값만 가집니다.

**Do it!** 논리형 변수를 선언하고 값을 출력하기 · 참고 파일 : BooleanEx.java

```
01  package chapter2;
02
03  public class BooleanEx {
04    public static void main(String[] args) {
05      boolean isMarried = true;        //boolean 변수를 선언하고 초기화
06      System.out.println(isMarried);
07    }
08  }
```

출력 결과
```
true
```

이 예제는 boolean형 변수 하나를 선언하고 출력합니다. boolean형 변수는 true나 false만 대입할 수 있고 그 결괏값도 true, false로 출력됩니다.


## 자료형 없이 변수 선언하기

자바 10 버전이 발표되면서 변수를 사용할 때 문법적인 변화가 생겼습니다. 앞에서 배웠듯이 자바의 모든 변수를 사용할 때는 자료형을 정확히 명시해야 합니다. 즉 어떤 변수가 얼마만큼 의 메모리를 사용하고 어떤 방식으로 그 값을 저장할지 자료형으로 선언해 주는 것입니다. 그런데 자바 10부터는 자료형을 쓰지 않고도 변수를 사용할 수 있습니다. 이를 **지역 변수 자료형 추론**(local variable type inference)이라고 합니다. 그러면 자료형을 쓰지 않고 변수를 어떻게 사용할 수 있을까요? 변수에 대입되는 자료를 보고 컴파일러가 추측하여 알 수 있습니다.

```
var num = 10;
var dNum = 10.0;
var str = "hello";
```
var로 자료형 없이 변수 선언

컴파일 →

```
int num = 10;
double dNum = 10.0;
String str = "hello";
```
컴파일러에 의해 자료형 선언

이렇게 쓰면 num은 정수(int), dNum은 실수(double), str은 문자열(String)로 컴파일됩니다. 사실 var를 사용하여 변수를 선언하는 방법은 자바스크립트 같은 다른 프로그래밍 언어에서 이미 사용하고 있습니다. 다만 자바에서 var를 사용할 때는 다음 사항을 유의해야 합니다.

첫째, 한번 선언한 자료형 변수를 다른 자료형으로 사용할 수 없습니다. 오른쪽 첫 번째 str 변수는 이미 String으로 선언했기 때문에 다시 정숫값을 넣을 수 없습니다.

```
str = "test";        (O)
str = 3;             (X)
```

둘째, var로 자료형 없이 변수를 선언하는 방법은 지역 변수만 가능합니다. 지역 변수는 프로그램의 { } 내에서 사용할 수 있는 변수입니다. 다음 예제로 var를 익혀 봅시다.

📄 지역 변수는 06-4절에서 자세히 설명합니다.

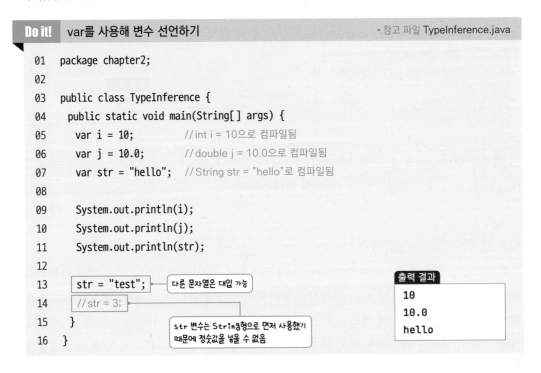

Do it! var를 사용해 변수 선언하기 • 참고 파일 TypeInference.java

```java
01  package chapter2;
02
03  public class TypeInference {
04    public static void main(String[] args) {
05      var i = 10;          // int i = 10으로 컴파일됨
06      var j = 10.0;        // double j = 10.0으로 컴파일됨
07      var str = "hello";   // String str = "hello"로 컴파일됨
08
09      System.out.println(i);
10      System.out.println(j);
11      System.out.println(str);
12
13      str = "test";    ← 다른 문자열은 대입 가능
14      // str = 3;
15    }            str 변수는 String형으로 먼저 사용했기
16  }              때문에 정숫값을 넣을 수 없음
```

출력 결과
```
10
10.0
hello
```

자바 10에서 var를 사용하여 변수를 선언하는 기능을 제공하지만 자바 하위 버전과의 호환성을 위해 이 책에서는 모든 변수를 사용할 때 자료형을 명시하겠습니다.

# 02-4 상수와 리터럴

## 상수 선언하기

지금까지 변수와 그 변수의 특성을 나타내는 자료형을 알아보았습니다. 변수는 말 그대로 변하는 수입니다. 그런데 프로그램에서는 변하지 않는 수도 필요합니다. 예를 들어 원의 넓이를 구할 때 필요한 원주율을 3.14라고 정했다면 이 값은 변하지 않는 값이지요. 1년은 12개월이라는 값도 변하지 않습니다. 이렇게 항상 변하지 않는 값을 **상수**(constant)라고 합니다. 자바에서 상수는 다음처럼 final 예약어를 사용해 선언합니다.

```
final double PI = 3.14;
final int MAX_NUM = 100;
```

상수 이름은 대문자를 주로 사용하는데, 여러 단어를 조합할 때 _ 기호를 사용하면 보기 좋습니다. 한 번 선언한 상수는 변하지 않기 때문에 선언과 동시에 값을 지정하는 것이 좋습니다. 가끔 선언만 하고 사용하기 전에 값을 지정하기도 합니다. 다음 예제를 살펴보겠습니다.

**Do it!** 상수 사용하기 • 참고 파일 Constant.java

```
01  package chapter2;
02
03  public class Constant {
04    public static void main(String[] args) {
05      final int MAX_NUM = 100;      ← 선언과 동시에 초기화
06      final int MIN_NUM;
07
08      MIN_NUM = 0;      ← 초기화하지 않으면 오류가 발생하므로 사용하기 전 반드시 초기화
09
10      System.out.println(MAX_NUM);
11      System.out.println(MIN_NUM);
12
13      //MAX_NUM = 1000;      ← 상수는 값을 변경할 수 없으므로, 이 코드를 입력하면 오류 발생
14    }
15  }
```

```
출력 결과
100
0
```

5행에서는 상수 MAX_NUM을 선언과 동시에 초기화했습니다. 6행의 MIN_NUM은 선언만 하고 사용하기 전에 8행에서 값을 대입했습니다. 상수는 10, 11행처럼 값을 가져와서 사용할 수 있을 뿐 13행처럼 한 번 대입한 값을 변경하려고 하면 오류가 발생합니다.

## 상수를 사용하면 편리한 이유

프로그램 내부에서 반복적으로 사용하고, 변하지 않아야 하는 값을 상수로 선언하여 사용하면 편리합니다. 예를 들어 어떤 학급의 학생 수가 최대 30명이라는 코드를 작성하는 경우를 생각해 봅시다. 다음 예시에서 왼쪽은 값을 코드에 바로 사용하는 경우입니다. 그런데 만약 최대 학생 수가 30명에서 35명으로 늘어난다면 어떻게 해야 할까요? 프로그램에서 값 30을 쓴 부분을 모두 찾아서 고쳐야 하므로 굉장히 번거롭습니다. 하지만 오른쪽처럼 상수로 선언해 사용했다면 상수를 선언한 부분의 값만 변경해 주면 됩니다.

```
if(count == 30) { … }    //값이 30이라면
while(i < 30) { … }      //30보다 작은 동안
```

값을 코드에 직접 사용한 경우

```
final int MAX_STUDENT_NUM = 35;
//값이 MAX_STUDENT_NUM이라면
if(count == MAX_STUDENT_NUM) { … }
//MAX_STUDENT_NUM보다 작은 동안
while(i < MAX_STUDENT_NUM) { … }
```

상수로 선언하여 사용한 경우

## 리터럴

리터럴(literal)이란 프로그램에서 사용하는 모든 숫자, 문자, 논리값(true, false)을 일컫습니다. 오른쪽에서 사용한 'A', 10, 3.14와 같은 문자와 숫자를 **리터럴** 혹은 **리터럴 상수**라고 합니다. 리터럴은 변수나 상숫값으로 대입할 수 있

```
char ch = 'A';
int num = 10;
final double PI= 3.14;
```

습니다. 리터럴은 프로그램이 시작할 때 시스템에 같이 로딩되어 특정 메모리 공간인 상수 풀(constant pool)에 놓입니다. 예를 들어 int num = 3; 문장에서 값 3이 메모리 공간 어딘가에 존재해야 num 변수에 그 값을 복사할 수 있습니다. 즉 숫자가 변수에 대입되는 과정은 일단 숫잣값이 어딘가 메모리에 쓰여 있고, 이 값이 다시 변수 메모리에 복사되는 것입니다.

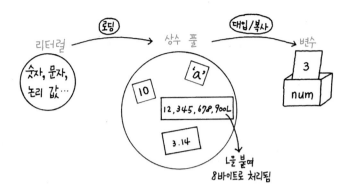

자바에서 정수를 표현하는 메모리의 기본 크기는 4바이트입니다. 이는 상수 풀에서도 마찬가지입니다. 예를 들어 리터럴 10은 int형(4바이트)으로 처리됩니다. 그런데 long num = 12,345,678,900;은 12,345,678,900이 4바이트 크기에 들어갈 수 없기 때문에 long형, 즉 8바이트로 처리하라고 컴파일러에 알려 주어야 합니다. 따라서 '이 리터럴은 long형으로 저장되어야 한다'는 의미로 리터럴 뒤에 식별자 L이나 l를 써줘야 합니다.

실수도 마찬가지입니다. 모든 실수 리터럴은 double형(8바이트)으로 처리됩니다. float pi = 3.14;의 경우 3.14는 double형이고, 변수 pi는 float형이므로 값을 대입할 수 없습니다. 따라서 3.14를 float형으로 처리하도록 float PI = 3.14F;와 같이 식별자 F나 f를 사용해야 합니다.

# 02-5 형 변환

## 형 변환이란 무엇일까?

정수와 실수는 컴퓨터 내부에서 표현되는 방식이 전혀 다릅니다. 따라서 정수와 실수를 더해야 한다면 그대로 연산을 수행할 수 없습니다. 먼저 자료형을 하나로 통일한 후 연산을 하는데, 이때 형 변환(type conversion)이 이루어집니다.

```
int n = 10;          // int형 변수 n에 정숫값 10을 대입
double dnum = n;     // int형 변수 n의 값을 double형 변수 dnum에 대입
```

위 문장에서 변수 n은 int형이고 변수 dnum은 double형입니다. **형 변환**이란 이렇게 각 변수의 자료형이 다를 때 자료형을 같게 바꾸는 것을 말합니다.

형 변환은 크게 묵시적 형 변환(자동 형 변환)과 명시적 형 변환(강제 형 변환)으로 나뉩니다. 형 변환의 기본 원칙은 다음과 같습니다.

1. 형 변환은 바이트 크기가 작은 자료형에서 큰 자료형으로 자동으로 이뤄집니다.
2. 형 변환은 정밀하지 않은 자료형에서 더 정밀한 자료형으로 자동으로 이뤄집니다.

이 두 가지 원칙에 기반하여 묵시적 형 변환이 이루어지는 과정을 살펴보면 다음과 같습니다.

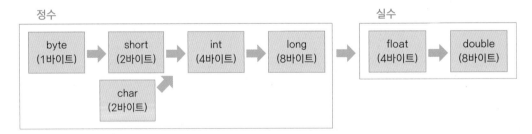

이 그림에서 화살표 방향과 반대로 형 변환을 하려면 강제로 해야 합니다. long형이 8바이트이고 float형이 4바이트인데 자동 형 변환이 되는 이유는 실수가 정수보다 표현 범위가 더 넓고 정밀하기 때문입니다. 화살표 방향으로 형 변환이 이루어질 때는 자료 손실이 없지만, 그 반대인 경우에는 자료 손실이 발생할 수 있습니다.

## 묵시적 형 변환은 언제 일어날까?

묵시적 형 변환이 일어나는 경우는 크게 3가지입니다. 하나씩 살펴봅시다.

### 바이트 크기가 작은 자료형에서 큰 자료형으로 대입하는 경우

```
byte bNum = 10;
int iNum = bNum;    //byte형 변수 bNum값을 int형 변수 iNum에 대입함
```

bNum의 크기는 1바이트이고 iNum의 크기는 4바이트이므로 자료 손실 없이 bNum에 들어 있는 값이 모두 iNum에 저장됩니다. 남은 3바이트에는 0으로 채워집니다.

### 덜 정밀한 자료형에서 더 정밀한 자료형으로 대입하는 경우

두 변수의 크기가 같은 4바이트라도 float형인 fNum이 더 정밀하게 데이터를 표현할 수 있으므로 실수형인 float형 으로 변환됩니다.

```
int iNum2 = 20;
float fNum = iNum2;
```

### 연산 중에 자동으로 형 변환되는 경우

dNum = fNum + iNum에서 형 변환이 두 번 일어납니다. 먼저 fNum + iNum 연산에서 int형이 float형으로 변환되 고, 두 변수를 더한 결괏값이 dNum에 대입되면서 double 형으로 변환됩니다. 이렇듯 바이트 크기가 작은 수에서 큰 수로, 덜 정밀한 수에서 더 정밀한 수로 자료형이 변환되는 경우에 자동 형 변환이 일어납니다.

```
int iNum = 20;
float fNum = iNum;
double dNum;
dNum = fNum + iNum;
           ↑
       float형
double형으로 자동 변환
```

다음 예제를 보며 묵시적 형 변환이 어떻게 일어나는지 확인해 봅시다.

**Do it!** 묵시적 형 변환 확인하기    • 참고 파일 ImplicitConversion.java

```
01    package chapter2;
02
03    public class ImplicitConversion {
04      public static void main(String[] args) {
05        byte bNum = 10;
06        int iNum = bNum;        byte형 값이 int형 변수로 대입됨
07
```

```
08          System.out.println(bNum);
09          System.out.println(iNum);
10
11          int iNum2 = 20;
12          float fNum = iNum2;        int형 값이 float형 변수로 대입됨
13
14          System.out.println(iNum);
15          System.out.println(fNum);
16
17          double dNum;
18          dNum = fNum + iNum;
19          System.out.println(dNum);
20      }
21  }
```

출력 결과
```
10
10
10
20.0
30.0
```

실행 결과를 보면 각각 바이트 크기가 작은 자료형에서 큰 자료형으로, 덜 정밀한 자료형에서 더 정밀한 자료형으로 형 변환이 잘 이루어지고 그 자료형의 값이 잘 유지된 것을 확인할 수 있습니다.

## 명시적 형 변환은 언제 일어날까?

명시적 형 변환은 묵시적 형 변환과 반대의 경우에 주로 일어납니다.

### 바이트 크기가 큰 자료형에서 작은 자료형으로 대입하는 경우

```
int iNum = 10;
byte bNum = (byte)iNum;   // 강제로 형을 바꾸려면 바꿀 형을 괄호 안에 명시해야 함
```

byte형은 1바이트로 int형보다 크기가 작기 때문에 자료 손실이 발생할 수 있습니다. 따라서 프로그래머가 변환할 자료형을 명시적으로 써 주어야 하며 이를 **강제 형 변환**이라고도 합니다. 이 경우에는 대입된 값 10을 1바이트 안에 표현할 수 있으므로 자료 손실이 발생하지 않습니다. 그러나 다음처럼 byte형이 표현할 수 있는 범위를 넘으면 자료 손실이 발생할 수 있습니다.

```
int iNum = 1000;
byte bNum = (byte)iNum;
```

이 경우에는 값 1000이 byte형 범위(-128~127)를 넘기 때문에 자료 손실이 발생해 대입된 값이 -24로 출력됩니다.

**출력 결과**
```
1000
-24
```

### 더 정밀한 자료형에서 덜 정밀한 자료형으로 대입하는 경우

실수 자료형에서 정수 자료형으로 값이 대입되는 경우에도 역시 형 변환을 명시적으로 해주어야 합니다.

```
double dNum = 3.14;
int iNum2 = (int)dNum;    //실수 자료형 double을 정수 자료형 int로 형 변환
```

이 경우에는 실수의 소수점 이하 부분이 생략되고 다음처럼 정수 부분만 대입됩니다.

**출력 결과**
```
3.14
3
```

### 연산 중 형 변환되는 경우

다음은 연산 중에 명시적으로 형 변환을 하는 예제입니다.

**Do it!** 명시적 형 변환 확인하기 · 참고 파일 ExplicitConversion.java

```
01  package chapter2;
02
03  public class ExplicitConversion {
04    public static void main(String[] args) {
05      double dNum1 = 1.2;
06      float fNum2 = 0.9F;
07
08      int iNum3 = (int)dNum1 + (int)fNum2;    //두 실수가 각각 형 변환되어 더해짐
09      int iNum4 = (int)(dNum1 + fNum2);       //두 실수의 합이 먼저 계산되고 형 변환됨
10      System.out.println(iNum3);
11      System.out.println(iNum4);
12    }
13  }
```

**출력 결과**
```
1
2
```

8행과 9행의 연산 결과가 다른 것을 알 수 있습니다. 8행에서는 두 실수가 각각 명시적으로 형 변환이 일어납니다. 따라서 1과 0으로 변환된 두 값을 합하여 결괏값이 1이 됩니다. 하지만 9행에서는 dNum1과 fNum2의 합을 먼저 계산합니다. 이때 두 실수의 자료형이 다르지만, float형이 double형으로 변환되는 묵시적 형 변환이 일어나면서 두 수가 더해져 결괏값이 2.1이 되고, 이후에 int형으로 명시적 형 변환이 되어 결괏값이 2가 됩니다. 이처럼 같은 연산이라도 형 변환이 언제 이루어졌는지에 따라 결괏값이 다르게 나타날 수 있습니다.

## 되새김 문제

▶ 02장 정답 및 풀이: 624쪽

**01** 바이트 크기가 작은 자료형을 더 큰 자료형으로 대입하는 형 변환은 자동으로 이루어집니다. ( O / X )

**02** 실수를 정수형 변수에 대입하는 경우에 형 변환이 자동으로 이루어지고, 소수점 이하 부분만 없어집니다. ( O / X )

**03** 더 많은 실수를 표현하기 위해 비트를 가수부와 지수부로 나누어 표현하는 방식을
부 [              ] (이)라고 합니다.

**04** ★ 변수 두 개를 선언해서 10과 2.0을 대입하고, 두 변수의 사칙 연산 결과를 정수로 출력해 보세요.

**05** ★ '글'이라는 한글 문자의 유니코드값을 찾아서 char형으로 선언한 변수에 저장한 뒤, 그 변수를 출력하여 확인해 보세요.

**06** ★ 44쪽 '변수 선언하여 사용하기' 예제에서 변수 이름을 나이를 뜻하는 age로 바꾸고 여러분의 나이를 대입해 보세요.

**07** ★ 'int형 변수 year에 값 2018을 대입한다'를 의미하는 코드를 완성해 보세요.

| 자료형 | 변수 이름 | 대입 | 값 | 세미콜론 |
|---|---|---|---|---|
| ❶ | ❷ | ❸ | ❹ | ❺ |

**08** 다음 중 적합하지 않은 변수 이름을 모두 고르세요.

| ① 2018 | ② _hello | ③ int | ④ MAX_COUNT | ⑤ numberOfBaby |
|---|---|---|---|---|

**09** 다음 설명과 일치하는 자료형을 찾아 선으로 연결해 보세요.

① 4바이트 정수 자료형 ●　　　　　　　　　　● ⓐ char
② 2바이트 문자 자료형 ●　　　　　　　　　　● ⓑ long
③ 8바이트 정수 자료형 ●　　　　　　　　　　● ⓒ int

**10** 52쪽에서 실습한 '문자형 연습' 예제에서 ch1 = 'Z', ch2 = 38, ch3 = 97로 바꾸어 대입하면 출력 결과가 어떻게 될까요?

➡ 

**★**
**11** MY_AGE 상수를 선언하고 출력하도록 코드를 완성해 보세요.

```
public class Constant {
  public static void main(String[] args) {
    ❶          int MY_AGE = 22;     // 상수 MY_AGE를 선언하고 값 22를 대입함
    System.out.println( ❷          );    // MY_AGE값을 출력함
  }
}
```

**★**
**12** 52쪽에서 실습한 '문자형 연습' 예제에서 형 변환을 사용했던 것을 기억하고 있나요? 주석 내용에 맞게 코드를 완성해 보세요.

```
public CharacterEx1  {
  public static void main(String[] args) {
    char ch1 = 'A';
    System.out.println( ❶          );  // 문자에 해당하는 정숫값 출력

    int ch2 = 67;
    System.out.println( ❷          );  // 정숫값에 해당하는 문자 출력
  }
}
```

# 03장

# 여러 가지 연산자

프로그램에서 사용하는 값을 연산해야 하는 경우가 자주 있습니다. 이때 사용하는 연산자는 간단한 사칙 연산부터 값을 비교하는 연산자, 비트 단위 연산자까지 종류가 다양합니다. 이 장에서는 연산자의 종류를 살펴보고, 여러 연산자를 동시에 사용할 때 적용되는 연산자 우선순위를 알아보겠습니다.

연산자의 종류와
연산 순서를 배워 볼까?

10 - 2 * (5 + 3) ÷ 5 + 20

# 03-1 기본 연산자

## 항과 연산자

연산에 사용하는 기호를 **연산자**(operator)라고 합니다. 수학 시간에 배운 더하기, 빼기 등이 연산자입니다. 그리고 연산에 사용하는 값을 **항**(operand)이라고 합니다. 예를 들어 3+4에서 3과 4는 항이고 +는 연산자이지요. 연산자는 항의 개수에 따라 단항 연산자, 이항 연산자, 삼항 연산자로 나눌 수 있습니다. 단항 연산자는 항이 한 개인 연산자입니다. 이항 연산자는 항이 두 개인 연산자로 사칙 연산이 대표 예입니다. 그리고 프로그램에서 사용하는 조건 연산자가 있는데, 바로 항이 세 개가 필요한 삼항 연산자입니다.

| 연산자 | 설명 | 연산 예 |
|--------|------|---------|
| 단항 연산자 | 항이 한 개인 연산자 | ++num |
| 이항 연산자 | 항이 두 개인 연산자 | num1 + num2; |
| 삼항 연산자 | 항이 세 개인 연산자 | (5 > 3) ? 1 : 0; |

사칙 연산을 할 때 곱셈과 나눗셈은 덧셈, 뺄셈보다 먼저 계산하지요? 이러한 연산 순서를 **연산자 우선순위**라고 합니다. 프로그램에서 사용하는 연산자도 우선순위가 있습니다. 단항 연산자가 가장 높고 이항, 삼항 연산자 순서입니다. 이제부터 연산자를 자세히 살펴보겠습니다.

> 🔋 자바의 연산자 우선순위는 85쪽에서 자세히 설명합니다.

## 대입 연산자

대입 연산자(assignment operator)는 말 그대로 변수에 값을 대입하는 연산자입니다. 대입 연산자는 우선순위가 가장 낮습니다. 즉 하나의 문장에 여러 연산자가 있을 때 모든 연산을 다 끝낸 후 마지막에 연산 결과를 변수에 대입하는 것입니다. 대입 연산자를 간단히 표현하면 오른쪽과 같습니다. 오른쪽 변숫값이나 식의 연산 결괏값을 왼쪽 변수에 대입합니다.

> 왼쪽 변수 = 오른쪽 변수(또는 식)

```
int age = 24;
```
나이를 의미하는 age 변수에 값 24를 대입함

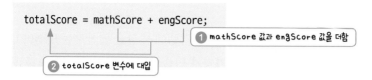

앞으로 공부할 대부분의 연산을 수행하고 나면 결괏값이 만들어지는데, 그 결괏값을 변수에 대입할 것입니다. 따라서 대입 연산자는 프로그래밍에서 가장 많이 사용하는 연산자입니다.

 **왼쪽 변수(lValue)와 오른쪽 변수(rValue)는 다르게 쓰이나요?**

질문 있어요

대입 연산자를 기준으로 왼쪽에 있는 변수를 lValue(left value), 오른쪽에 있는 변수를 rValue (right value)라고 합니다. 대입 연산자를 사용하면 항상 rValue(오른쪽 변수)값을 가져와서 lValue(왼쪽 변수)에 대입하는 것을 알 수 있습니다. 따라서 값이 대입되는 lValue에는 10 같은 숫자가 올 수 없고 항상 변수나 상수가 와야 합니다. rValue에는 변수나 숫자(상수)가 올 수 있습니다.

## 부호 연산자

부호 연산자는 +, − 두 가지가 있습니다. 더하기, 빼기 연산에 쓰는 이항 연산자이면서 부호를 나타내는 단항 연산자로도 사용합니다. 예를 들어 +3은 양수, −3은 음수를 나타내지요.

| 연산자 | 기능 | 연산 예 |
|---|---|---|
| + | 변수나 상숫값을 양수로 만듭니다. | +3 |
| - | 변수나 상숫값을 음수로 만듭니다. | -3 |

그런데 변수에 - 연산자만 사용한다고 해서 값 자체가 음수로 바뀌는 것은 아닙니다. 다음 예시를 봅시다.

```
int num = 10;

System.out.println(+num);   // 값 10이 그대로 출력됨
System.out.println(-num);   // 값 10에 -가 붙어서 -10이 출력되지만 num값이 실제로 바뀌지는 않음
System.out.println(num)     // 값 10이 그대로 출력됨

num = -num;                 // num값을 음수로 바꿔서 다시 num에 대입함
System.out.println(num);    // 값 -10이 출력됨
```

앞 코드에서 값 자체를 음수로 바꾸려면 = 연산자(대입 연산자)를 사용하여 값을 대입해야 합니다. 따라서 num = −num의 결괏값은 음수가 되는 것을 알 수 있습니다.

## 산술 연산자

사칙 연산에서 사용하는 연산자가 산술 연산자입니다. 프로그램에서 산술 연산자는 덧셈(+), 뺄셈(-), 곱셈(*), 나눗셈(/), 나머지(%) 이렇게 다섯 가지가 있습니다. 프로그래밍할 때 곱셈 기호는 ×가 아닌 *를 사용하며 나눗셈 기호는 ÷ 대신 /를 사용합니다.

| 연산자 | 기능 | 연산 예 |
|:---:|:---|:---:|
| + | 두 항을 더합니다. | 5 + 3 |
| - | 앞에 있는 항에서 뒤에 있는 항을 뺍니다. | 5 - 3 |
| * | 두 항을 곱합니다. | 5 * 3 |
| / | 앞에 있는 항에서 뒤에 있는 항을 나누어 몫을 구합니다. | 5 / 3 |
| % | 앞에 있는 항에서 뒤에 있는 항을 나누어 나머지를 구합니다. | 5 % 3 |

우리가 평소에 사용하지 않던 % 연산자가 있지요? % 연산자는 나머지를 구하는 연산자입니다. 프로그램을 만들 때 % 연산자는 종종 유용하게 사용할 수 있습니다.

이런 경우를 생각해 볼까요? 학생 30명이 이지스 리조트로 수학 여행을 갔습니다. 리조트에는 방이 10개 있고 방 번호는 0번부터 9번까지입니다. 30명의 학생이 각각 번호표를 받아 한 방에 3명씩 배정받는다고 합시다. 이 과정을 어떻게 처리하는 것이 효율적일까요? 이때 % 연산자를 사용하면 됩니다. 어떤 학생의 번호가 23번이라면 23%10=3으로 계산해서 3번 방을 배정하면 됩니다. 정리하자면 방 번호는 0~9, 즉 10이란 수의 나머지 중 하나이므로 % 연산자를 사용해 0~9 사이의 방을 배정하는 것입니다. 일정 범위 안의 수를 사용해야 할 때 % 연산자를 유용하게 쓸 수 있습니다.

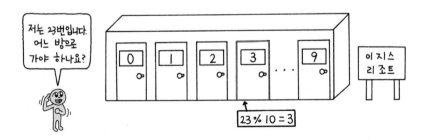

## 산술 연산자의 우선순위

산술 연산자의 우선순위는 일반 수학의 산술 연산과 같습니다. 나머지를 구하는 % 연산자의 우선순위는 *, / 연산자의 우선순위와 동일합니다. 다음은 산술 연산자를 사용하여 수학 점수(mathScore)와 영어 점수(engScore)의 총점과 평균을 구하는 예제입니다.

```
01   package operator;
02
03   public class OperationEx1 {
04     public static void main(String[] args) {
05       int mathScore = 90;
06       int engScore = 70;
07
08       int totalScore = mathScore + engScore;          총점 구하기
09       System.out.println(totalScore);
10
11       double avgScore = totalScore / 2.0;        평균 구하기
12       System.out.println(avgScore);
13     }
14   }
```

출력 결과
```
160
80.0
```

## 증가·감소 연산자

증가·감소 연산자는 단항 연산자입니다. 피연산자 앞이나 뒤에 사용하며 값을 1만큼 늘리거나 1만큼 줄입니다. 증가·감소 연산자는 사용하므로 잘 익혀 두세요.

| 연산자 | 기능 | 연산 예 | 설명 |
|---|---|---|---|
| ++ | 항의 값에 1을 더합니다. | val = ++num; | 먼저 num값이 1 증가된 뒤, val 변수에 대입합니다. |
| | | val = num++; | val 변수에 기존 num값을 먼저 대입한 뒤, num값을 1 증가합니다. |
| -- | 항의 값에서 1을 뺍니다. | val = --num; | 먼저 num값이 1 감소된 뒤, val 변수에 대입합니다. |
| | | val = num--; | val 변수에 기존 num값을 먼저 대입한 뒤, num값을 1 감소합니다. |

연산자를 피연산자 앞에 쓰는 경우와 뒤에 쓰는 경우 결괏값이 전혀 다르므로 주의해야 합니다. 그러면 증가·감소 연산자를 변수 앞에 사용하는 실습을 해봅시다.

```
01   package operator;
02
03   public class OperationEx2 {
04     public static void main(String[] args) {
05        int gameScore = 150;              // 게임에서 획득한 점수는 150점
06
07        int lastScore1 = ++gameScore;     // gameScore에 1만큼 더한 값을 lastScore1에 대입
08        System.out.println(lastScore1);   // 151을 출력
09
10        int lastScore2 = --gameScore;     // gameScore에서 1만큼 뺀 값을 lastScore2에 대입
11        System.out.println(lastScore2);   // 150을 출력
12     }
13   }
```

출력 결과
```
151
150
```

### 증가 · 감소 연산자의 위치

증가·감소 연산자의 기능을 더 잘 이해하려면 프로그램에 서 문장의 의미를 알아 두는 것이 중요합니다. 프로그램에

> 🔵 프로그래밍 언어에서는 한 문장을 sentence 또는 statement라고 부릅니다.

서 한 문장은 우리말에서 하나의 문장과 의미가 같다고 생각하면 됩니다. 한글에서 문장의 끝에는 .(마침표)를 사용하지요? 자바 프로그램에서는 문장 끝에 ;(세미콜론)을 사용합니다. 즉 ; 까지가 하나의 문장입니다.

증가·감소 연산자가 피연산자 앞에 있으면 문장이 끝나기 전에 피연산자값이 증가하거나 감소합니다. 다음 코드를 봅시다.

```
int value = 10;
int num = ++value;    // num에 11이 대입됨
```

위 코드에서는 증가 연산자가 피연산자 value 앞에 있으므로 이때 num값은 11이 됩니다.

반대로 증가·감소 연산자가 피연산자 뒤에 있으면 문장이 끝난 후에 피연산자값이 증가하거나 감소합니다. 설명이 좀 어렵나요? 다음 예를 보겠습니다.

```
int value = 10;
int num = value++;    // num에 10이 대입됨
```

위 코드처럼 증가 연산자가 피연산자 value 뒤에 있으면 value값을 num에 먼저 대입한 후 1을 더하기 때문에 num값은 10입니다.

## 관계 연산자

관계 연산자는 항이 두 개인 이항 연산자입니다. 두 개의 항 중 어느 것이 더 큰지, 작은지, 같은지 등을 검사합니다. 수학 시간에 배운 부등호가 이 연산자에 해당합니다. 관계 연산자의 결괏값은 참(true) 또는 거짓(false)을 반환합니다.

> '반환한다'는 말은 연산의 결괏값을 되돌려준다는 의미입니다. 더 자세한 내용은 메서드를 설명하는 05-3절에서 배웁니다.

| 연산자 | 기능 | 연산 예 |
|---|---|---|
| > | 왼쪽 항이 오른쪽 항보다 크면 참을, 아니면 거짓을 반환합니다. | num > 3; |
| < | 왼쪽 항이 오른쪽 항보다 작으면 참, 아니면 거짓을 반환합니다. | num < 3; |
| >= | 왼쪽 항이 오른쪽 항보다 크거나 같으면 참, 아니면 거짓을 반환합니다. | num >= 3; |
| <= | 왼쪽 항이 오른쪽 항보다 작거나 같으면 참, 아니면 거짓을 반환합니다. | num <= 3; |
| == | 두 개 항의 값이 같으면 참, 아니면 거짓을 반환합니다. | num == 3; |
| != | 두 개 항의 값이 다르면 참, 아니면 거짓을 반환합니다. | num != 3; |

은종쌤

질문 있어요

### 읽기 좋은 프로그램을 만들려면 어떻게 해야 할까요?

관계 연산자는 대입 연산자보다 연산자 우선순위가 높으므로 다음처럼 괄호를 사용하지 않아도 원하는 결괏값이 나옵니다.

```
boolean value = myAge > 25;
```

그런데 뒤에서 살펴볼 예제에서는 다음처럼 괄호를 사용했습니다.

```
boolean value = (myAge > 25);
```

이렇게 괄호를 사용한 이유는 읽기 좋은 프로그램, 즉 가독성이 좋은 코드를 만들기 위해서입니다. 괄호를 사용하면 관계 연산의 결괏값이 value에 대입되는 것을 좀 더 명확하게 알 수 있습니다.

읽기 좋은 프로그램을 만드는 것은 매우 중요합니다. 프로그램은 나 혼자만 만들고 끝나는 것이 아니기 때문입니다. 팀 프로젝트를 할 때 다른 팀원이 내 코드를 봐야 하는 경우도 많고, 내가 나중에 코드를 수정할 때 보기도 합니다. 따라서 좋은 프로그래머가 되는 첫걸음은 가독성이 좋은 코드를 작성하는 습관을 들이는 것임을 명심하세요.

다음과 같은 경우에 value값은 참이 되어 true값을 가집니다.

```
int myAge = 27;
boolean value = (myAge > 25);
System.out.println(value);  //true를 출력
```

관계 연산자는 이렇게 두 값을 비교하여 결괏값을 반환하므로 비교 연산자라고도 부릅니다.
이 연산자는 나중에 배울 조건식이나 반복문을 제어하는 데 자주 사용합니다.

## 논리 연산자

논리 연산자는 중학교 수학 시간에 배운 명제를 생각하면 됩니다. 두 명제가 모두 참이면 논
리 곱은 참이고, 두 명제 중 하나만 참이면 논리 합은 참입니다. 참의 부정은 거짓, 거짓의 부
정은 참입니다. 이러한 논리 연산을 프로그래밍 언어로 구현한 연산자가 논리 연산자입니다.
논리 연산자는 주로 관계 연산자와 함께 사용합니다. 관계 연산자의 우선순위가 논리 연산자
보다 높으므로, 관계 연산자의 결괏값을 기반으로 논리 연산자의 결괏값을 계산합니다.

| 연산자 | 기능 | 연산 예 |
|---|---|---|
| &&<br>(논리 곱) | 두 항이 모두 참인 경우에만 결괏값이 참입니다. 그렇지 않은 경우는 거짓입니다. | `boolean val =`<br>`    (5 > 3) && (5 > 2);` |
| ‖<br>(논리 합) | 두 항 중 하나만 참이면 결괏값은 참입니다. 두 항이 모두 거짓이면 결괏값은 거짓입니다. | `boolean val =`<br>`    (5 > 3 ) ‖ (5 < 2);` |
| !<br>(부정) | 단항 연산자입니다. 참인 경우는 결괏값을 거짓으로 바꾸고, 거짓인 경우는 참으로 바꿉니다. | `boolean val = !(5 >`<br>`3);` |

간단한 예를 통해 논리 연산자의 기능을 알아
봅시다. 오른쪽 코드를 보면 논리 곱(&&) 연
산에서 두 항의 결괏값이 모두 참인 경우에만
참이고 그렇지 않으면 거짓이 됩니다. 그에
비해 논리 합(‖) 연산은 두 항 중 하나만 참인
경우에도 결괏값은 참이 됩니다.

```
int num1 = 10;
int num2 = 20;

boolean flag = (num1 > 0) && (num2 > 0);
System.out.println(flag);    flag는 참

flag = (num1 < 0) && (num2 > 0);
System.out.println(flag);    flag는 거짓

flag = (num1 < 0) ‖ (num2 > 0);
System.out.println(flag);    flag는 참
```

## 논리 연산에서 모든 항이 실행되지 않는 경우 — 단락 회로 평가

앞에서 설명한 대로 논리 곱(&&) 연산은 두 항이 모두 참일 때만 결괏값이 참이 됩니다. 다시 말해 하나의 항이라도 거짓이면 결괏값이 거짓이 되지요. 반면에 논리 합(||) 연산은 항 하나만 참이면 나머지 항과 상관없이 결괏값은 무조건 참이 됩니다. 다음 예를 살펴보겠습니다.

**Do it! 단락 회로 평가 실습하기** · 참고 파일 OperationEx3.java

```
01  package operator;
02
03  public class OperationEx3 {
04    public static void main(String[] args) {
05      int num1 = 10;
06      int i = 2;
07
08      boolean value = ((num1 = num1 + 10) < 10) && ((i = i + 2) < 10);
09      System.out.println(value);
10      System.out.println(num1);
11      System.out.println(i);
12
13      value = ((num1 = num1 + 10 ) > 10) || ((i = i + 2) < 10);
14      System.out.println(value);
15      System.out.println(num1);
16      System.out.println(i);
17    }
18  }
```

> 논리 곱에서 앞 항의 결괏값이 거짓이므로 이 문장은 실행되지 않음

> 논리 합에서 앞 항의 결괏값이 참이므로 이 문장은 실행되지 않음

**출력 결과**
```
false
20
2     논리 곱에서 앞 항이 거짓이면 뒤 항이 실행되지 않아 i값이 그대로!
true
30
2     논리 합에서 앞 항이 참이면 뒤 항이 실행되지 않아 i값이 그대로!
```

8행의 (num1 = num1 + 10) < 10에 num1값 10을 대입하면 20 < 10이기 때문에 결괏값은 거짓입니다. 논리 곱은 앞 항의 결괏값이 거짓이면 뒤에 나오는 항과 관계없이 거짓이죠. 따라서 그다음에 오는 (i = i + 2) < 10 문장은 아예 실행조차 되지 않기 때문에 i값을 출력해 보면 값이 증가하지 않습니다. 그리고 논리 곱 연산의 결괏값은 거짓인 false를 반환합니다. 13행의 (num1 = num1 + 10) > 10에 num1값 20을 대입하면 결괏값은 참입니다. 논리 합은 앞 항의 결괏값이 참이면 뒤에 나오는 항과 상관없이 결괏값은 참이 됩니다. 따라서 (i = i + 2) < 10의 결괏값은 살펴볼 필요가 없으므로 실행조차 되지 않아 i값은 증가하지 않습니다.

이처럼 논리 곱 연산과 논리 합 연산을 할 때 두 항을 모두 실행하지 않더라도 결괏값을 알 수 있는 경우에, 나머지 항은 실행되지 않는 것을 **단락 회로 평가**(Short Circuit Evaluation: SCE)라고 합니다. 프로그램을 만들면서 예상한 실행 결과와 다를 수 있으므로 주의해야 합니다.

## 복합 대입 연산자

복합 대입 연산자란 대입 연산자와 다른 연산자를 조합해 하나의 연산자처럼 사용하는 연산자입니다. 산술 연산자, 비트 연산자와 함께 사용하여 코드를 간결하게 표현할 수 있습니다. 대입 연산자는 연산자 우선순위가 가장 낮습니다. 연산이 모두 끝난 후 마지막으로 결괏값을 변수에 대입하지요. 복합 대입 연산자 역시 연산한 결괏값을 변수에 대입합니다. 복합 대입 연산자는 특히 산술 연산자와 함께 자주 사용하므로 잘 이해해 두면 좋습니다.

| 연산자 | 연산 예 | 설명 |
|---|---|---|
| += | num1 += 2;<br>(num1 = num1 + 2;와 같음) | 두 항의 값을 더해서 왼쪽 항에 대입합니다. |
| -= | num1 -= 2;<br>(num1 = num1 - 2;와 같음) | 왼쪽 항의 값에서 오른쪽 항의 값을 뺀 뒤, 그 값을 왼쪽 항에 대입합니다. |
| *= | num1 *= 2;<br>(num1 = num1 * 2;와 같음) | 두 항의 값을 곱해서 왼쪽 항에 대입합니다. |
| /= | num1 /= 2;<br>(num1 = num1 / 2;와 같음) | 왼쪽 항의 값을 오른쪽 항의 값으로 나눈 뒤, 그 몫을 왼쪽 항에 대입합니다. |
| %= | num1 %= 2;<br>(num1 = num1 % 2;와 같음) | 왼쪽 항을 오른쪽 항으로 나누어 그 나머지를 왼쪽 항에 대입합니다. |
| <<= | num1 <<= 2;<br>(num1 = num1 << 2;와 같음) | 비트를 왼쪽으로 이동하고 그 값을 왼쪽 항에 대입합니다. |
| >>= | num1 >>= 2;<br>(num1 = num1 >> 2;와 같음) | 비트를 오른쪽으로 이동하고 그 값을 왼쪽 항에 대입합니다 (왼쪽에 채워지는 비트값은 부호 비트와 동일합니다). |
| >>>= | num1 >>>= 2;<br>(num1 = num1 >>> 2;와 같음) | 비트를 오른쪽으로 이동하고 그 값을 왼쪽 항에 대입합니다 (왼쪽에 채워지는 비트값은 0입니다). |
| &= | num1 &= num2;<br>(num1 = num1 & num2;와 같음) | 두 항의 & 비트 연산 후 그 값을 왼쪽 항에 대입합니다. |
| \|= | num1 \|= num2;<br>(num1 = num1 \| num2;와 같음) | 두 항의 \| 비트 연산 후 그 값을 왼쪽 항에 대입합니다. |
| ^= | num1 ^= num2;<br>(num1 = num1 ^ num2;와 같음) | 두 항의 ^ 비트 연산 후 그 값을 왼쪽 항에 대입합니다. |

🈺 비트 연산자는 03-2절에서 배웁니다.

표에서 설명한 내용을 보면 알 수 있듯이 복합 대입 연산자를 사용하면 변수를 반복해서 사용하지 않아도 된다는 장점이 있습니다. num1 = num1 + num2;를 num1 += num2;와 같이 쓰면 훨씬 간결합니다.

## 조건 연산자

조건 연산자는 연산에 필요한 항의 개수가 세 개입니다. 그래서 삼항 연산자라고 합니다. 조건 연산은 주어진 조건식이 참인 경우와 거짓인 경우에 다른 결괏값이 나옵니다.

| 연산자 | 기능 | 연산 예 |
|---|---|---|
| 조건식 ? 결과1 : 결과2; | 조건식이 참이면 결과1, 조건식이 거짓이면 결과2가 선택됩니다. | int num = (5 > 3) ? 10 : 20; |

연산 예에서 5가 3보다 크므로 조건식이 참입니다. 따라서 num값은 10이 됩니다. 그러면 조건 연산자를 사용하여 어머니와 아버지의 나이를 비교하는 예제를 따라 해봅시다.

**Do it!** 조건 연산자를 사용하여 부모님의 나이 비교하기 • 참고 파일 OperationEx4.java

```java
01  package operator;
02
03  public class OperationEx4 {
04    public static void main(String[] args) {
05      int fatherAge = 45;
06      int motherAge = 47;
07
08      char ch;
09      ch = (fatherAge > motherAge) ? 'T' : 'F';
10
11      System.out.println(ch);
12    }
13  }
```

출력 결과

```
F
```

조건 연산자를 사용한 9행을 살펴볼까요? 아버지의 나이를 의미하는 fatherAge와 어머니의 나이를 의미하는 motherAge를 비교하여 fatherAge가 motherAge보다 크면 'T', 그렇지 않으면 'F'를 변수 ch에 대입합니다. 여기서는 fatherAge가 motherAge보다 값이 작으므로 변수 ch에는 문자 'F'가 대입됩니다.

조건 연산자는 항을 세 개 사용하므로 처음 사용할 때 조금 어색할 수 있습니다. 하지만 조건 연산자는 04-1절에서 배우는 조건문을 간결하게 표현할 수 있는 연산자이기 때문에 종종 쓰이니 잘 이해해 두기 바랍니다.

# 03-2 비트 연산자

지금까지 변수나 상수를 다루는 연산자를 배웠다면, 이번에는 비트값을 기반으로 하는 연산자를 소개하겠습니다.

## 비트값을 연산하는 비트 연산자

비트 연산자는 말 그대로 비트 단위로 연산이 이루어집니다. 비트 단위의 연산은 암호화 작업처럼 임의의 숫자를 만들거나, 어떤 변수의 특정 비트를 꺼내보는(마스킹; masking) 경우에 사용합니다. 혹은 하드웨어에 내장되는 임베디드 시스템 프로그램에서 메모리 용량이 부족하거나 계산이 복잡해서 속도가 느려질 때, 곱셈이나 나눗셈을 비트 이동 연산자를 사용하면 어떤 수의 2배수, 4배수를 만들어 속도를 빠르게 할 수 있습니다. 자바는 이런 환경은 아니지만 프로그램에서 특정 값을 만들거나 연산할 때 비트 연산자를 사용합니다.

## 비트 논리 연산자

비트 논리 연산자는 비트 단위로 &, |, ^, ~ 연산이 이루어집니다. 하나씩 예를 들어 살펴보겠습니다.

### & 연산자

&(AND) 연산자는 두 개의 비트값이 모두 1인 경우에만 연산의 결괏값이 1이 됩니다. 앞에서 본 논리 연산과 유사하지요? 이제 실제 비트값이 어떻게 나타나는지 알아봅시다. 다음은 5와 10을 & 연산하는 과정입니다. 컴퓨터 내부에서는 5와 10이 비트 단위로 연산되기 때문에 오른쪽처럼 2진수 형태로 연산됩니다(간단히 보기 위해 8비트만 표시하겠습니다.).

```
int num1 = 5;
int num2 = 10;
int result = num1 & num2;
```

```
num1     : 0 0 0 0 0 1 0 1
& num2   : 0 0 0 0 1 0 1 0
result   : 0 0 0 0 0 0 0 0
```

ⓔ 0과 1을 AND 연산하면 0 & 0 → 0, 0 & 1 → 0, 1 & 0 → 0, 1 & 1 → 1입니다.

5와 10을 & 연산하면 결괏값은 0이 됩니다.

## | 연산자

|(OR) 연산자는 비트값이 하나라도 1이면 연산 결괏값이 1이 됩니다. 이번에는 5와 10을 | 연산해 봅시다. 앞에서 보았듯이 5를 8비트의 2진수로 표현하면 00000101, 10은 00001010입니다.

```
int num1 = 5;
int num2 = 10;
int result = num1 | num2;
```

```
num1 : 0 0 0 0 0 1 0 1
|  num2 : 0 0 0 0 1 0 1 0
   result : 0 0 0 0 1 1 1 1
```

💬 0과 1을 OR 연산하면 0 | 0 → 0, 0 | 1 → 1, 1 | 0 → 1, 1 | 1 → 1입니다.

5와 10을 | 연산한 결과는 2진수로 00001111입니다. 이 값을 10진수로 변환하면 15가 나옵니다.

## ^ 연산자

^(XOR) 연산자는 같은 값이면 0, 다른 값이면 1이라는 결괏값을 갖습니다.

```
int num1 = 5;
int num2 = 10;
int result = num1 ^ num2;
```

```
num1 : 0 0 0 0 0 1 0 1
^  num2 : 0 0 0 0 1 0 1 0
   result : 0 0 0 0 1 1 1 1
```

💬 0과 1을 XOR 연산하면 0 ^ 0 → 0, 0 ^ 1 → 1, 1 ^ 0 → 1, 1 ^ 1 → 0입니다.

^ 연산한 결과는 2진수로 00001111이 됩니다.

## ~ 연산자

~(반전) 연산자는 비트값을 0은 1로, 1은 0으로 바꿉니다. 그래서 반전 연산자라고도 합니다. 다음은 10진수 10을 반전해 보는 예시입니다. 0은 1이 되고 1은 0이 될 테니 결과는 다음과 같이 나옵니다.

```
int num = 10;
int result = ~num;
```

```
num  : 0 0 0 0 1 0 1 0
~ num  : 1 1 1 1 0 1 0 1
```

💬 0과 1을 반전 연산하면 ~0 → 1, ~1 → 0입니다.

위 경우는 부호 비트가 1로 바뀌었기 때문에 음수가 되었습니다. 음수는 02-1절에서 살펴본 것처럼 양수로 다시 변환해야 값이 얼마인지 알 수 있습니다. 2진수 11110101을 10진수로 변환하면 11이 되고 따라서 ~num값은 -11입니다.

💬 양수·음수 변환이 잘 기억나지 않는다면 40쪽의 '부호 있는 수를 표현하는 방법'을 다시 한 번 읽어 보세요.

## 비트 이동 연산자

비트 이동 연산자는 〈〈, 〉〉, 〉〉〉 이렇게 세 가지가 있습니다. 이를 시프트(shift) 연산자라고도 부릅니다. 세 연산자의 기능을 자세히 살펴보겠습니다.

### 〈〈 연산자

〈〈 시프트 연산자는 비트를 왼쪽으로 이동합니다.

00000101을 왼쪽으로 두 비트만큼 이동했습니다. 이때 앞의 두 자리 비트 00은 없어지고 뒷부분은 0으로 채워집니다. 왼쪽으로 n비트 이동한다는 것은 기존 값에 $2^n$만큼 곱한다는 뜻입니다. 따라서 왼쪽으로 2비트 이동한 00010100은 $5*2^2=20$, 즉 값 20이 됩니다.

### 〉〉 연산자

〉〉 시프트 연산자는 비트를 오른쪽으로 이동합니다.

```
int num = 10;
num >> 2;
```
num        : 00001010
num >> 2 : 00000010

00001010을 오른쪽으로 n비트만큼 이동하면 기존 값을 $2^n$만큼 나눕니다. 위 경우 $10/2^2$이 되므로 결괏값은 2가 됩니다. 왼쪽에 채워지는 비트값은 기존 값의 부호 비트와 동일합니다.

### 〉〉〉 연산자

〉〉〉 시프트 연산자는 〉〉 연산과 동일하게 비트를 오른쪽으로 이동합니다. 차이가 있다면 〉〉〉 연산자는 왼쪽에 채워지는 비트값이 부호 비트와 상관없이 무조건 0이 됩니다. 다음 예제를 통해 확인해 보겠습니다.

**Do it!** 비트 이동 연산자를 사용하여 연산하기 · 참고 파일 OperationEx5.java

```
01    package operator;
02
03    public class OperationEx5 {
04      public static void main(String[] args) {
05        int num = 0B00000101;   ← 5를 8비트 2진수로 나타냄
06
```

```
07    System.out.println(num << 2);   // 왼쪽으로 2비트 이동 00010100 (20)
08    System.out.println(num >> 2);   // 오른쪽으로 2비트 이동 00000001 (1)
09    System.out.println(num >>> 2);  // 오른쪽으로 2비트 이동 00000001 (1)
10
11    System.out.println(num);        ┌ num에 값을 대입하지 않았으므로 비트
                                      └ 이동과 관계없이 기존 값 그대로 출력
12
13    num = num << 2;    ← 왼쪽으로 2비트 이동한 값을 다시 num에 대입
14    System.out.println(num);
15  }
16 }
```

**출력 결과**
```
20
1
1
5
20
```

이 예제에서 주의할 점은 비트를 이동했다고 해서 num값이 바로 변하지 않는다는 것입니다. 왜냐하면 num값을 참조해서 이동했을 뿐 이동한 값을 num에 대입하지 않았기 때문입니다. 따라서 11행에서 num값은 비트 이동과 관계없이 5가 됩니다. 13행처럼 결괏값을 직접 num에 대입해 주어야 num값이 바뀌는 것을 알 수 있습니다.

# 꼭! 알아 두세요 | 연산자 우선순위

지금까지 배운 연산자에는 우선순위가 있습니다. 우선순위에 따라 컴퓨터가 연산을 수행하고 그 결과가 달라지기 때문에 우선순위를 이해해야 합니다. 연산자의 일반적인 우선 순위는 다음과 같습니다.

- 단항 연산자가 가장 높고 이항, 삼항 연산자 순서입니다.
- 대입 연산자의 우선순위가 가장 낮습니다.
- 산술, 관계, 논리, 대입 연산자 순서로 우선순위가 있으며, ( )의 우선순위가 가장 높습니다.

좀 더 다양한 연산자 우선순위를 다음 표로 정리했습니다. 표의 맨 오른쪽 화살표는 연산을 진행하는 방향을 나타냅니다.

| 우선순위 | 형 | 연산자 | 연산 방향 |
|---|---|---|---|
| 1 | 일차식 | ( ) [ ] . | → |
| 2 | 단항 | ! ++ -- + - | ← |
| 3 | 산술 | % / | → |
| 4 | 산술 | + - | → |
| 5 | 비트 이동 | << >> | → |
| 6 | 관계 | < > <= >= | → |
| 7 | 관계 | == != | → |
| 8 | 비트 곱 | & | → |
| 9 | 비트 차 | ^ | → |
| 10 | 비트 합 | \| | → |
| 11 | 논리 곱 | && | → |
| 12 | 논리 합 | \|\| | → |
| 13 | 조건 | ? : | → |
| 14 | 대입 | = += -= *= %= /= | ← |

01 다음 코드의 빈칸을 채워 보세요.

```java
package chapter3;

public class OperationEx1 {
  public static void main(String[] args) {
    int myAge ❶          23;
    int teacherAge = 38;

    boolean value = (myAge > 25);
    System.out.println(value);

    System.out.println(myAge <= 25);
    System.out.println(myAge ❷          teacherAge);

    char ch;
    ch = (myAge > teacherAge) ❸          'T' ❹          'F';

    System.out.println(ch);
  }
}
```

> myAge 변수에 값 23을 대입할 때 사용하는 연산자

> myAge 변숫값과 teacherAge 변숫값이 같은지 비교하는 연산자

> 조건식이 참인 경우와 거짓인 경우 다른 결괏값을 출력하는 연산자

02 다음 코드가 수행될 때 출력되는 값을 적어 보세요.

```java
int num;
num = -5 + 3 * 10 / 2;
System.out.println(num); ❶
```

➡ ❶

힌트 연산자 우선순위를 기억해 보세요.

**03** 다음 코드가 수행될 때 출력되는 값을 적어 보세요.

```
int num = 10;

System.out.println(num);    ①
System.out.println(num++);  ②
System.out.println(num);    ③
System.out.println(--num);  ④
```

➡ ❶

➡ ❷

➡ ❸

➡ ❹

힌트 증가 · 감소 연산자의 위치에 주의하세요!


**04** 다음 코드가 수행될 때 출력되는 값을 적어 보세요.

```
int num1 = 10;
int num2 = 20;
boolean result;

result = ((num1 > 10) && (num2 > 10)); ①
System.out.println(result);
result = ((num1 > 10) || (num2 > 10));
System.out.println(result); ②
System.out.println(!result); ③
```

➡ ❶

➡ ❷

➡ ❸

힌트 단락 회로 평가를 주의하세요!


**05** 다음 코드가 수행될 때 출력되는 값을 적어 보세요.

```
int num1 = 2;
int num2 = 10;

System.out.println(num1 & num2);  ①
System.out.println(num1 | num2);  ②
System.out.println(num1 ^ num2);  ③
System.out.println(~num1);        ④
```

➡ ❶

➡ ❷

➡ ❸

➡ ❹

힌트 10진수 2는 2진수 00000010, 10진수 10은 2진수 00001010입니다.

**06**  다음 코드가 순서대로 수행될 때 출력되는 값을 적어 보세요.

```
int num = 8;

System.out.println(num += 10); ❶
System.out.println(num -= 10); ❷
System.out.println(num >>= 2); ❸
```

➡ ❶ [                    ]

➡ ❷ [                    ]

➡ ❸ [                    ]

**07**  다음 코드가 수행될 때 출력되는 값을 적어 보세요.

```
int num = 10;
int num2 = 20;

int result = (num >= 10) ? num2 + 10 :
num2 - 10;
System.out.println(result); ❶
```

➡ ❶ [                    ]

★
**08**  73쪽에서 실습한 '총점과 평균 구하기' 예제에서 국어 점수를 의미하는 korScore 변수를 추가하고 여러분이 원하는 점수를 대입해 보세요. 그리고 국어 점수까지 포함한 총점(totalScore)과 평균 점수(avgScore)를 구해서 결괏값을 출력하도록 예제를 수정해 보세요.

★
**09**  74쪽에서 실습한 '증가·감소 연산자를 사용하여 값 연산하기' 예제에서 7행의 ++gameScore를 gameScore++로, 10행의 --gameScore를 gameScore--로 바꾼 후 출력해 보세요.

★
**10**  다음 문제에서 단락 회로 평가에 주의하여 각 번호별 출력 결과를 예상해 적어 보세요.

```
int num = 5;
int i = 10;

boolean value = ((num = num * 10) > 45) || ((i = i - 5) < 10);
System.out.println(value); ──❶
System.out.println(num); ───❷
System.out.println(i); ───❸
```

**11** 다음 코드를 복합 대입 연산자를 사용해서 변경해 보세요.

```
num1 = num1 + 5;
```
➡ **①** 

```
num1 = num1 * num2;
```
➡ **②** 

**12** 조건 연산자를 사용하여 10이 짝수면 true, 그렇지 않으면 false를 출력하도록 빈칸을 채워 보세요.

```
int num = 10;
boolean isEven;
①           = ②            ? true : false;
System.out.println(isEven);
```

**13** 다음 연산자를 우선순위가 높은 순으로 배치해 보세요.

```
&&, ++, +=, ==
```
➡ 

**14** 정수의 비트를 반대로 뒤집는 프로그램을 만들어 보세요. 5의 이진수는 0101입니다. 이를 뒤집으면 1010이 됩니다. 부호 비트까지 변경되므로 음수로 출력되어야 합니다. 정수 5의 비트가 반대로 바뀐 값을 출력해 보세요. 이때, Integer.toBinaryString(n)라고 작성하면 n에 대한 이진수 값이 출력됩니다.

```
System.out.println("이진수로 표현한 원래 값: " + Integer.toBinaryString(n));
```

```
출력 결과
원래 값: 5
비트를 반대로 뒤집은 값: -6
이진수로 표현한 원래 값: 101
이진수로 표현한 뒤집은 값: 11111111111111111111111111111010
```

# 04장

# 제어 흐름 이해하기

프로그램은 어떤 작업을 특정 조건에 맞게 수행하거나 반복하도록 제어할 수 있습니다. 예를 들어 도로에서 자동차가 시속 80km 이상으로 주행하면 사진을 찍는 속도 측정 프로그램이나 장난감을 조립할 때 나사못을 10번 반복해서 돌리는 로봇 프로그램처럼 말이지요. 이때 사용하는 것이 바로 제어문입니다. 이 장에서는 제어문을 배워 보겠습니다.

04-1  조건문이란?
04-2  반복문이란?

# 04-1 조건문이란?

## 조건문 이해하기

조건문이란 말 그대로 주어진 조건에 따라 다른 명령을 선택할 수 있도록 프로그래밍하는 것을 말합니다. 다음은 조건문과 유사한 형태를 아주 쉽게 표현한 것입니다. 예를 들어 '만약 나이가 8살 이상이면 학교에 다닙니다'라는 문장에서는 나이가 조건이 됩니다.

```
만약 (나이가 8살 이상이면) {
    학교에 다닙니다          수행할 문장은 { }로 묶어서 나타냄.
}                          중괄호 안을 블록이라고 표현함
그렇지 않다면 {
    학교에 다니지 않습니다
}
```

> 🖐 여기서 배우는 조건문과 04-2절에서 설명할 반복문을 사용할 때 주어진 조건에 따라 수행할 문장은 이와 같이 중괄호({ })로 묶어서 나타냅니다.

## if문과 if-else문

조건문의 가장 단순한 형식은 if문입니다. if를 우리말로 해석하면 '만약 ~이라면'입니다. if문을 사용하는 형태를 간단히 나타내면 오른쪽과 같습니다. 주어진 조건식이 참일 경우에 중괄호 안에 있

```
if (조건식) {
    수행문;      조건식이 참일 경우에 이 문장을 수행
}
```

는 문장을 수행합니다. 조건식에는 결과가 참, 거짓으로 판별되는 식이나 참, 거짓의 값을 가진 변수, 상수를 사용할 수 있습니다. 그래서 조건식에는 연산의 결과가 참, 거짓이 되는 관계 연산자를 자주 사용합니다.

'만약 나이가 8살 이상이면 학교에 다닙니다'라는 문장을 if문으로 나타내면 다음과 같습니다.

```
int age = 10;          age값이 8 이상이면
if (age >= 8) {
    System.out.println("학교에 다닙니다");      이 문장을 수행함
}
```

조건식을 만족하는 경우와 만족하지 않는 경우를 모두 나타낼 때는 if-else문을 사용합니다.
if-else문은 '만약 ~이라면, 그렇지 않다면'으로 해석할 수 있는데요. 주어진 조건식이 참일
경우에는 if문 블록 안에 있는 문장을 수행하고 거짓일 경우에는 else문 블록 안에 있는 문장
을 수행합니다. 따라서 else문에는 조건식을 사용하지 않습니다. if-else문은 어떤 조건식이
참인 경우와 그 반대인 경우를 구현하기 때문입니다.

if-else문을 간단한 그림으로 나타내 볼까요? 오른쪽 그림
을 순서도(flow chart)라고 부릅니다. 조건이 참인 경우와
거짓인 경우에 따라 다르게 수행하는 것을 알 수 있습니다.

💬 if문 다음에 반드시 else문이 와야 하는
것은 아닙니다. 상황에 맞게 적절하게 사용
하세요.

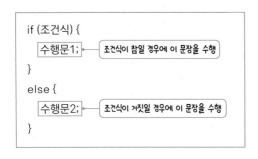

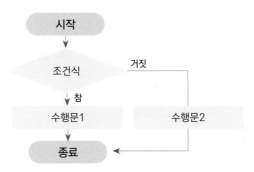

 **순서도를 좀 더 알고 싶어요**

질문 있어요

순서도는 프로그램의 논리 흐름을 순서대로 그림으로 나타낼 때 사용합니다. 순서도에는 다음과 같
은 구성 요소가 있습니다.

| 요소 | 설명 |
|---|---|
|  | 프로그램의 시작과 끝을 나타냅니다. |
|  | 변수를 선언하거나 대입하는 처리문을 나타냅니다. |
|  | 조건을 나타냅니다. |
| ⟶ | 프로그램의 흐름을 표현합니다. |

이 외에도 여러 요소가 있지만 이 정도만 알아도 우리가 구현할 프로그램의 논리 흐름을 표현할 수
있습니다.

코딩할 때 보통 '변수와 연산자가 필요하고, 조건에 따라 어떤 결과를 만들겠어!'라는 생각을 합니다. 그런데 막상 생각한 것을 바로 코드로 옮기는 것이 쉽지 않습니다. 이럴 때는 종이에 적어 봅시다. 순서도도 좋고, 슈도 코드도 좋습니다. 이렇게 손코딩을 하면 구현하고 싶은 프로그램에 필요한 변수나 흐름 등이 정리됩니다. 앞으로 조건문이나 반복문과 같이 제어문을 공부하면서 손코딩하는 습관을 가져 봅시다.

🔖 슈도 코드(pseudo code, 의사 코드)는 프로그래밍 언어를 비슷하게 흉내 낸 코드로, 프로그램 구성이나 알고리즘을 표현할 때 활용됩니다. 때문에 슈도 코드를 작성할 때는 한글로 작성해도 상관 없습니다.

if-else문을 사용하면 처음에 설명한 '만약 나이가 8살 이상이면 학교에 다닙니다. 그렇지 않으면 학교에 다니지 않습니다'라는 문장을 코드로 나타낼 수 있습니다. 코드를 보기 전에 먼저 순서도를 확인해 봅시다.

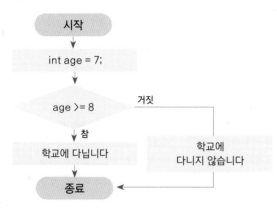

지금까지 배운 내용을 실제로 코딩해 보면서 살펴볼까요?

---

**Do it!** 나이에 따라 다른 문장 출력하기 • 참고 파일 IfExample1.java

```
01   package ifexample;
02
03   public class IfExample1 {
04     public static void main(String[] args) {
05       int age = 7;
06       if (age >= 8) {
07         System.out.println("학교에 다닙니다.");
08       }
09       else {
10         System.out.println("학교에 다니지 않습니다.");
11       }
12     }
13   }
```

출력 결과
학교에 다니지 않습니다.

🔖 사용자가 키보드로 내용을 직접 입력하는 방법은 15-2절에서 자세히 설명합니다.

예제에서 age 변숫값이 7이므로 '학교에 다니지 않습니다.'라는 결괏값이 나왔습니다.

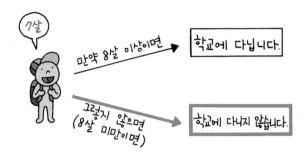

**제어문에서 중괄호와 들여쓰기를 사용할 때 규칙이 있나요?**

수행문이 두 개 이상인 경우에는 반드시 중괄호를 사용하여 조건식을 만족할 때 괄호 안 문장을 수행하라고 표시해 주어야 합니다. 조건식을 만족할 때 수행할 문장이 하나인 경우에는 다음처럼 중괄호를 사용하지 않아도 오류가 발생하지 않습니다.

```
if (age >= 8) System.out.println("학교에 다닙니다.");
```

그러면 수행문이 하나인 IfExample1.java 예제에서는 if (age >= 8){System.out.println("학교에 다닙니다.");와 같이 왜 중괄호를 썼을까요? 필자가 경험한 바로는, 수행문이 하나이든 두 개 이상이든 항상 중괄호로 표시해 주는 것이 가독성도 좋고 나중에 다른 수행문을 추가했을 때 오류를 방지할 수 있었습니다. 따라서 제어문을 구현할 때는 중괄호를 쓰는 습관을 들이기 바랍니다.

그리고 중괄호를 사용하면 블록 내부의 문장은 들여쓰기를 해야 합니다. 인텔리제이에서는 보통 자동으로 들여쓰기가 되긴 하지만 코드를 작성할 때 들여쓰기는 매우 중요합니다. 들여쓰기를 하면 제어에 해당하는 문장을 한눈에 알아보기 쉽습니다. 앞에서도 말했지만, 보기 좋은 코드가 좋은 프로그램의 중요한 요소임을 꼭 기억하세요.

## if-else if-else문

지금까지는 하나의 조건을 만족하는 경우와 그렇지 않은 경우를 살펴보았습니다. 그런데 조건이 여러 개인 경우는 if-else if-else문으로 표현할 수 있습니다. 간단히 슈도 코드로 표현하면 다음과 같습니다.

```
if(조건식1) {
    수행문1;    ← 조건식1이 참일 경우에 수행함
}
else if(조건식2) {
    수행문2;    ← 조건식2가 참일 경우에 수행함
}
else if(조건식3) {
    수행문3;    ← 조건식3이 참일 경우에 수행함
}
else {
    수행문4;    ← 위의 조건이 모두 해당하지 않는 경우에 수행함
}
수행문5;    ← if-else if-else문이 끝난 후 수행함
```

예를 들어 놀이 공원 입장료를 계산한다고 생각해 봅시다. 취학 전 아동(8살 미만)은 1,000원, 초등학생(14살 미만)은 2,000원, 중고등학생(20살 미만)은 2,500원, 그 이상은 3,000원이라고 하겠습니다. 놀이 공원 입장료 계산 프로그램을 순서도로 나타내 볼까요?

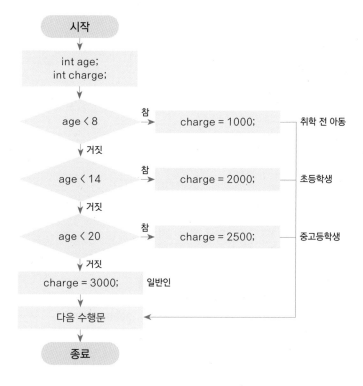

순서도를 보면 나이에 따라 요금이 다르게 부과되는 것을 알 수 있습니다. 9살 어린이를 생각해 볼까요? 처음 조건식에서 age < 8인지를 비교합니다. 값이 9이므로 이 조건은 맞지 않습니다. 그다음 조건식이 age < 14이지요. 이 조건식은 만족하므로 이 어린이가 내야 하는 요금은 2,000원입니다. 그리고 더 이상 다른 조건식은 비교하지 않고 바로 다음 수행문을 수행합니다. 즉 if-else if-else문에서는 하나의 조건을 만족하면 이후의 조건은 비교하지 않습니다. 이 순서도를 구현한 코드를 함께 살펴봅시다.

**Do it!** if-else if-else문으로 입장료 계산하기　　　　　• 참고 파일 IfExample2.java

```java
01  package ifexample;
02
03  public class IfExample2 {
04    public static void main(String[] args) {
05      int age = 9;
06      int charge;
07
08      if (age < 8) {
09        charge = 1000;
10        System.out.println("취학 전 아동입니다.");
11      }
12      else if (age < 14) {
13        charge = 2000;
14        System.out.println("초등학생입니다.");
15      }
16      else if (age < 20) {
17        charge = 2500;
18        System.out.println("중고등학생입니다.");
19      }
20      else {
21        charge = 3000;
22        System.out.println("일반인입니다.");
23      }
24      System.out.println("입장료는 " + charge + "원입니다.");
25    }
26  }
```

출력문에서 +를 사용하면 여러 단어를 연결하여 출력 가능

**출력 결과**
초등학생입니다.
입장료는 2000원입니다.

⑧ 두 문자열을 연결하는 내용은 11-2절에서 자세히 설명합니다.

이 프로그램에서는 나이대를 8살 미만, 8살 이상 14살 미만, 14살 이상 20살 미만, 20살 이상으로 구분했는데, 12행을 보면 age >= 8 && age <14가 아니라 age < 14라고만 썼습니다. 왜 그럴까요? if-else if-else문은 여러 조건 가운데 하나만 만족하면 다른 조건은 더 이상 비교하지 않는다고 했습니다. 즉 이미 8행의 조건에서 age < 8을 비교했기 때문에 이 조건식으로 모두 처리된 것입니다. 따라서 다음 조건식인 age < 14는 당연히 8살 이상인 경우를 포함하므로 age < 14라고만 써도 됩니다.

### if-else if문과 if-if문의 차이

앞의 예제에서 놀이 공원 입장료를 계산할 때 else if문을 사용했습니다. 그런데 어차피 조건을 비교한다면 굳이 else if문을 사용하지 않고 if문만 사용해서 코드를 만들 수도 있지 않을까요? 다음 코드를 봅시다.

```
int age = 9;

if (age < 8) {
    charge = 1000;
    System.out.println("취학 전 아동입니다.");
}
if (age < 14) {
    charge = 2000;
    System.out.println("초등학생입니다.");
}
if (age < 20) {
    charge = 2500;
    System.out.println("중고등학생입니다.");
}
else {
    charge = 3000;
    System.out.println("일반인입니다.");
}
System.out.println("입장료는 " + charge + "원입니다.");
```

if-else if문은 여러 조건 가운데 하나만 만족하면 나머지 조건을 비교하지 않고 다음 수행문으로 넘어갑니다. 하지만 if문으로만 이루어진 코드는 조건마다 각각 비교합니다. 즉 위의 코드에서 보면 age가 9이므로 이미 if (age < 14) 조건문에서 입장료가 2,000원으로 결정됩니다. 그런데 그다음 비교문이 else if문이 아닌 if (age < 20) 조건문이어서 또 비교를 하고, 비교 결괏값이 참이므로 다음처럼 원하지 않는 출력 결과가 나옵니다.

초등학생입니다.
중고등학생입니다.
입장료는 **2500**원입니다.

따라서 코드를 작성할 때 같은 상황에서 여러 조건을 비교하는 경우에는 if-else if문으로 구현해야 합니다. 그래야 하나의 조건을 만족하면 그렇지 않은 경우를 더 이상 비교하지 않습니다. 만약 성별처럼 개별 조건을 비교해야 하는 상황이라면 if문을 따로 사용해야 합니다. 그러므로 앞에서 살펴본 프로그램에서는 나이라는 동일 조건을 구분해야 하므로 if-else if문을 사용하는 것이 맞습니다.

## 조건문과 조건 연산자 비교

if-else문은 03장에서 배운 조건 연산자로도 구현할 수 있습니다. 서로 다른 두 수 a, b를 비교해서 둘 중 더 큰 수를 max 변수에 대입하는 코드를 구현할 때 if-else문과 조건 연산자를 사용한 코드는 다음과 같습니다.

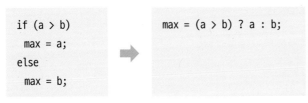

if-else문 사용        조건 연산자 사용

두 코드 중 어느 것을 사용하는 것이 좋을까요? if-else문으로 구현한 코드가 아무래도 가독성이 더 좋습니다. 하지만 이처럼 선택 요소가 두 가지인 간단한 조건문에서는 조건 연산자도 사용한다는 것을 기억해 두기 바랍니다.

## switch-case문

조건문을 구현할 때 if문을 사용하면 번거로운 경우가 있습니다. 예를 들어 경기에 참가한 선수의 순위에 따라 메달 색을 정하는 프로그램을 생각해 봅시다. 이때 조건은 선수의 순위가 되겠죠. 이를 if-else if문으로 구현하면 다음 왼쪽 코드와 같습니다. 사실 이렇게 구현한다고 해서 잘못된 코드는 아닙니다. 하지만 조건(메달을 주는 순위)이 더 많아지면 중괄호도 많아지고 코드 또한 길어집니다.

```
if (rank == 1) {
    medalColor = 'G';
}
else if (rank == 2) {
    medalColor = 'S'
}
else if (rank == 3) {
    medalColor = 'B'
}
else {
    medalColor = 'A'
}
```

```
switch (rank) {
    case 1 : medalColor = 'G';
             break;
    case 2 : medalColor = 'S';
             break;
    case 3 : medalColor = 'B';
             break;
    default : medalColor = 'A';
}
```
조건

if-else if문                    switch-case문

조건식의 결과가 정수 또는 문자열값이고 그 값에 따라 수행되는 경우가 각각 다른 때에는 오른쪽처럼 switch-case문으로 구성해야 코드도 깔끔하고 가독성도 좋습니다. case문에서 문장이 여러 개일 때에도 { }를 여러 번 사용하지 않습니다.

case : ~ break;까지가 조건에 해당하는 문장입니다. rank값이 1이면 case 1의 코드가 수행됩니다. rank값이 2이면 case 2, rank값이 3이면 case 3의 코드가 수행됩니다. rank값과 일치하는 case가 없다면 default 문장이 수행됩니다.

이 내용을 슈도 코드로 나타내면 다음과 같습니다.

```
if (조건식1) {
    수행문1;
}
else if (조건식2) {
    수행문2;
}
else if (조건식3) {
    수행문3;
}
else {
    수행문4;
}
```

```
switch(조건) {
    case값1 : 수행문1;
              break;
    case값2 : 수행문2;
              break;
    case값3 : 수행문3;
              break;
    default : 수행문4;
}
```

if-else if문을 살펴보면 모든 조건을 만족하지 않을 경우에 맨 마지막 else문이 수행됩니다. switch-case문에서는 default문이 그런 역할을 합니다. 주어진 값이 어떤 case에도 해당하지 않으면 맨 마지막 default문을 수행합니다. 그리고 break문은 switch-case문의 수행을 멈추고 빠져나가도록 만듭니다.

📌 switch-case문에서 default문은 생략할 수 있습니다.

그러면 어떤 경우에 switch-case문을 사용할까요? 주로 조건이 하나의 변숫값이나 상숫값으로 구분될 때 사용합니다. 조건이 복잡한 식으로 이루어진다면, 예를 들어 10 < age < 20과 같은 경우는 switch-case문이 적합하지 않습니다. 예를 들어 학점 A, B, C처럼 대상을 하나의 값으로 비교할 수 있을 때 switch-case문을 사용합니다.

이제 switch-case문을 직접 구현해 봅시다. 다음은 순위에 따라 선수에게 수여하는 메달 색을 정하는 프로그램입니다. 선수가 순위에 들지 못하면 'A'값을 부여합니다.

**Do it!** switch-case문으로 메달 색 정하기                    • 참고 파일 SwitchCase.java

```java
01  package ifexample;
02
03  public class SwitchCase {
04    public static void main(String[] args) {
05      int ranking = 1;
06      char medalColor;
07
08      switch (ranking) {
09        case 1 : medalColor = 'G';
10                break;
11        case 2 : medalColor = 'S';
12                break;
13        case 3 : medalColor = 'B';
14                break;
15        default:
16                medalColor = 'A';
17      }
18      System.out.println(ranking + "등 메달의 색깔은 " + medalColor + "입니다.");
19    }
20  }
```

**출력 결과**
1등 메달의 색깔은 G입니다.

## case문 동시에 사용하기

case문은 여러 경우를 동시에 처리할 때도 자주 사용합니다. 각 달의 날짜를 출력하는 예제를 생각해 봅시다. 1, 3, 5, 7, 8, 10, 12월은 31일까지이고 4, 6, 9, 11월은 30일까지입니다. 편의상 2월은 28일까지로 하겠습니다. 그러면 오른쪽과 같이 열두 달을 case문 조건에 하나씩 넣어서 1월은 31일, 2월은 28일, 3월 31일, … 이렇게 코딩할 수 있을 것입니다.

```
case 1 : day = 31;
        break;
case 2 : day = 28;
        break;
case 3 : day = 31;
        break;
case 4 : day = 30;
        break;
case 5 : day = 31;
        break;
…
case 12 : day = 31;
         break;
```

그런데 코드를 유심히 살펴보면 case문의 값은 다르지만 같은 패턴의 수행문이 반복됩니다. 1, 3, 5, 7, 8, 10, 12월은 모두 day = 31인 것처럼 말입니다. 이런 경우 다음과 같이 case문을 동시에 사용할 수 있습니다.

```
case 1 : case 3 : case 5 : case 7 : case 8 : case 10 : case 12 : day = 31;
        break;
case 4 : case 6 : case 9 : case 11 : day = 30;
        break;
case 2 : day = 28;
        break;
```

## switch-case문에서 break문의 역할

break문은 switch-case문의 수행을 멈추고 빠져나가도록 만든다고 했습니다. 그런데 switch-case문에서 실수로 break문을 쓰지 않으면 결괏값이 어떻게 되는지 확인해 볼까요?

```
public static void main(String[] args) {
    int ranking = 1;
    char medalColor;

    switch (ranking) {
      case 1 : medalColor = 'G';
```

```
    case 2 : medalColor = 'S';
    case 3 : medalColor = 'B';
    default : medalColor = 'A';
  }
  System.out.println(ranking + "등 메달의 색깔은 " + medalColor + " 입니다.");
}
```

원래 1등의 메달 색은 'G'입니다. 그런데 다음 출력 결과를 보면 '1등 메달의 색깔은 A입니다.'라고 나왔습니다.

**출력 결과**

**1등 메달의 색깔은 A입니다.**

이렇게 break문을 사용하지 않으면 첫 번째 case 조건을 만족해서 메달 색(medalColor 변수)에 'G'가 대입되었더라도 switch-case문을 빠져나오지 않습니다. 따라서 잇따라 나오는 문장까지 모두 수행해서 맨 마지막 default문에 있는 'A'값이 medalColor 변수에 대입된 것입니다. switch-case문에서는 조건에 맞는 수행문을 수행한 후에 swtich-case문을 빠져나올 수 있도록 break문을 꼭 사용해야 합니다.

## case문에 문자열 사용하기

자바 7부터는 switch-case문의 case값에 정숫값뿐 아니라 문자열도 사용할 수 있습니다. 이전에는 문자열을 사용할 수 없었기 때문에 오른쪽처럼 문자열을 비교하는 equals( ) 메서드를 이용해야 했습니다.

```
if (medal.equals("Gold")) {
  …
}
```

😄 메서드는 05-3절에서 자세히 설명합니다.

하지만 자바 7부터는 문자열을 직접 case문에 사용할 수 있으므로 프로그램을 좀 더 간결하게 구현할 수 있습니다. 다음 예제를 살펴보겠습니다.

**Do it!** case문에 문자열 사용하기 · 참고 파일 SwitchCase2.java

```
01  package ifexample;
02
03  public class SwitchCase2 {
04    public static void main(String[] args) {
05      String medal = "Gold";
06
07      switch (medal) {
08        case "Gold":
```

```
09          System.out.println("금메달입니다.");
10          break;
11      case "Silver":
12          System.out.println("은메달입니다.");
13          break;
14      case "Bronze":
15          System.out.println("동메달입니다.");
16          break;
17      default:
18          System.out.println("메달이 없습니다.");
19          break;
20      }
21    }
22  }
```

**출력 결과**

금메달입니다.

메달 색을 의미하는 Gold, Silver, Bronze 문자열을 case문에 직접 사용했습니다. medal의 값이 Gold이므로 '금메달입니다.'라고 출력됩니다.

## break문 없이 switch-case문 사용하기

앞선 실습에서는 switch-case문을 사용할 때 break문을 함께 사용해야 조건에 맞는 명령문을 수행한 후 반복에서 빠져나올 수 있었습니다. 하지만 자바 14부터는 좀 더 간결하게 switch-case문을 사용할 수 있게 되었습니다. break문을 함께 사용하지 않아도 switch문을 빠져 나갈 수 있습니다. 이때, 명령문을 실행하는 연산자는 :(콜론) 이 아닌 '->'를 사용합니다. 다음은 break문 없이 조건에 맞는 메달을 출력하는 예제를 구현한 것입니다.

**Do it!** break문 없는 switch-case문 구현하기 · 참고 파일 SwitchCase3.java

```
01  package ifexample;
02
03  public class SwitchCase3 {
04      public static void main(String[] args) {
05          String medal = "Gold";
06
07          switch(medal) {
08              case "Gold" -> System.out.println("금메달입니다.");
09              case "Silver" -> System.out.println("은메달입니다.");
10              case "Bronze" -> System.out.println("동메달입니다.");
11              default -> System.out.println("메달이 없습니다.");
```

```
12          }
13      }
14  }
```

102쪽에서 break문이 없는 경우 마지막 명령문까지 모두 실행했지만, 이 예제에서는 "금메달입니다."가 있는 명령문까지만 수행하고 break문이 없어도 조건을 만족했으므로 실행이 끝납니다.

## switch-case 표현식

코드를 더 간결하게 작성하기 위해 각 case의 결과를 바로 변수에 대입할 수도 있습니다. 다음은 앞서 살펴본 예제에서 4개의 출력문이 하나만 되도록 변경한 것입니다. message 변수에 메달의 색(Gold, Silver, Bronze)을 각각 대입하고 조건에 맞는 결과를 출력합니다. 이와 같은 switch-case문을 **switch-case 표현식**이라고 합니다.

switch-case 표현식을 switch-case문과 비교했을 때 가장 큰 차이는 반환값이 있다는 점입니다. 굳이 '표현식'이라고 부르는 이유는 switch-case 표현식이 하나의 문장(expression)처럼 수행되기 때문입니다. 따라서 switch-case 표현식의 맨 마지막에는 반드시 식의 끝을 나타내는 ;(세미콜론)을 붙여야 합니다.

**Do it!** switch-case 표현식 구현하기 · 참고 파일 SwitchCase4.java

```
01  package ifexample;
02
03  public class SwitchCase4 {
04      public static void main(String[] args) {
05          String medal = "Gold";
06
07          String message = switch(medal) {
08              case "Gold" -> "금메달입니다.";
09              case "Silver" -> "은메달입니다.";
10              case "Bronze" -> "동메달입니다.";
11              default -> "메달이 없습니다.";
12          };
13
14          System.out.println(message);    반드시 마지막에 ;을 입력
15      }
16  }
```

출력 결과
금메달입니다.

메달 색을 영문 문자열로 입력받아 한글로 출력해주는 예제입니다. "Gold"를 입력하면 이에 해당하는 "금메달입니다."라는 문자열이 반환되어 message 변수에 대입됩니다. message 변수에 저장된 값을 출력하면 이와 같이 '금메달입니다.'가 출력됩니다.

## 결과를 반환하기 위한 yield 사용하기

yield는 switch-case문 내에 있는 복잡한 제어문이 수행된 결과를 반환하는 예약어로 사용합니다. 앞선 예제처럼 ->을 사용해 switch-case문을 수행하고 난 결과가 아니라 조건문이나 제어문을 수행하고 난 결과를 반환하는 경우에 yield를 사용합니다. 또한 일반적인 swich-case문이 아니라 앞선 실습과 같이 switch-case 표현식을 쓸 때 이 예약어를 사용합니다.

다음은 한 달이 며칠까지 있는지 출력하는 예제입니다. 1~12 중에 한 숫자를 입력하면 해당하는 달이 며칠까지 있는지를 알려 줍니다. 단, 해당 월이 없는 경우(1~12 외의 숫자를 입력한 경우)에는 '없는 달입니다.'라는 메시지를 출력합니다. 이때 if문이 사용되는데 이러한 제어문에서는 yield를 통해 0을 반환합니다.　🄴 이 예제에서는 윤년을 고려하지 않았습니다.

**Do it!**  **yield문으로 결과 반환받기**　　　　　　　　　• 참고 파일 SwitchCase5.java

```java
01    package ifexample;
02
03    public class SwitchCase5 {
04        public static void main(String[] args) {
05            int month = 10;
06            int day = switch(month) {
07                case 1, 3, 5, 7, 8, 10, 12 -> 31;
08                case 4, 6, 9, 11 -> 30;
09                case 2 -> 28;
10                default -> {
11                    if (month < 1 || month > 12) {
12                        System.out.println("없는 달입니다.");
13                    }
14                    else {
15                        System.out.println("알 수 없는 오류입니다.");
16                    }
17                    yield 0;
18                }
19            };
20
21            System.out.println(month + "월의 날짜는 " + day + "일까지 있습니다.");
22        }
23    }
```

조건에 없는 숫자를 입력하면 yield를 통해 0을 반환

10월의 날짜는 31일까지 있습니다.

4, 6, 9, 11처럼 case의 결과가 동일한 상수나 문자열이라면 ,(쉼표)로 구분해 사용합니다. 여기서는 10을 입력했으므로 31과 문자열을 함께 결과로 출력한 것입니다. 만약 month 변수에 존재하지 않는 달인 13을 입력하면 if문에 이어 yield가 실행된 뒤, 0이 반환되어 다음과 같은 결과가 출력됩니다.

없는 달입니다.
13월의 날짜는 0일까지 있습니다.

swich-case문은 자바 버전이 업그레이드될 때마다 점점 간결하게 발전하고 있습니다. 자바 문법은 이렇게 늘 발전을 거듭하고 있습니다. 자바를 비롯한 프로그래밍 언어, 개발 도구, 프레임워크 등은 계속 발전하고 새롭게 등장하고 있습니다. 그러므로 끊임없이 새로운 것에 호기심을 가지고 학습하는 것이 개발자의 가장 큰 덕목이라고 할 수 있습니다.

# 04-2 반복문이란?

## 반복문 이해하기

1부터 10까지 더하여 합이 얼마인지 알아 볼까요? 지금까지 배운 것만으로 코드를 작성한다면 다음과 같을 것입니다.

**Do it!** 1부터 10까지 더하기 · 참고 파일 BasicLoop.java

```
01  package loopexample;
02
03  public class BasicLoop {
04      public static void main(String[] args) {
05          int num = 1;
06          num += 2;          num=num+2;와 같음
07          num += 3;
08          num += 4;
09          num += 5;
10          num += 6;
11          num += 7;
12          num += 8;
13          num += 9;
14          num += 10;
15
16          System.out.println("1부터 10까지의 합은 " + num + "입니다.");
17      }
18  }
```

**출력 결과**

```
1부터 10까지의 합은 55입니다.
```

보기에도 별로 효율적이지 않은 것 같죠? 이렇게 반복되는 일을 처리하기 위해 사용하는 것이 반복문입니다.

> 📧 반복문은 영어로 루프(loop), 반복문을 수행하는 것을 '루프가 돈다'라고 표현하기도 합니다.

자바 프로그램에서 사용하는 반복문의 종류에는 while문, do-while문, for문 이렇게 세 가지가 있습니다. 모두 반복 수행한다는 것은 동일하지만 사용 방법에 조금씩 차이가 있습니다.

## while문

반복문 중 먼저 while문을 살펴보겠습니다. while문은 조건식이 참인 동안 명령을 반복해서 수행합니다. while문의 문법을 살펴보면 다음과 같습니다.

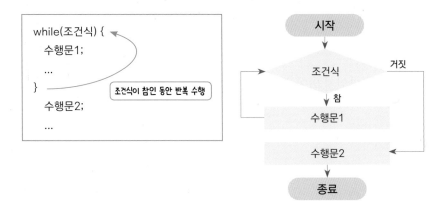

어떠한 조건식을 만족하는 동안 중괄호 {} 안의 수행문을 반복해서 처리합니다. 조건문과 마찬가지로 수행문이 하나인 경우에는 {}를 사용하지 않을 수 있습니다.

그러면 만든 1부터 10까지 더하는 프로그램을 while문으로 만들어 보겠습니다. 반복문은 조건식을 만족하는 동안에 수행문을 반복해서 처리한다고 했습니다. 그러면 조건식을 어떻게 만들면 될까요? 다음 그림을 봅시다.

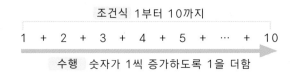

'1부터 10까지 숫자가 커지는 동안'을 조건으로 하고, 1씩 증가한 숫자를 더하는 작업을 합니다. 숫자를 1씩 늘려 나갈 변수를 하나 선언하고, 증가한 숫자를 모두 더한 결괏값은 다른 변수에 저장하겠습니다. 이 내용을 순서도로 보면 다음과 같습니다.

num이 1씩 증가하다가 숫자가 10을 넘어가는 순간 while문이 끝납니다. 즉 num이 10일 때까지 1씩 더한 값이 sum에 저장됩니다.

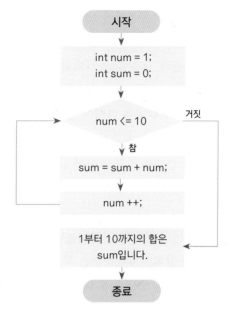

다음은 while문이 반복되는 과정을 보여 줍니다.

| num | num = 1 | num = 2 | num = 3 | num = 4 | num = 5 | ... | num = 9 | num = 10 | num = 11 |
|---|---|---|---|---|---|---|---|---|---|
| sum = sum + num | sum = 0 + 1 | sum = 1 + 2 | sum = 3 + 3 | sum = 6 + 4 | sum = 10+5 | ... | sum = 36 + 9 | sum = 45 + 10 | while문 종료 |
| sum | sum = 1 | sum = 3 | sum = 6 | sum = 10 | sum = 15 | ... | sum = 45 | sum = 55 | |

코드는 다음과 같습니다.

**Do it!** while문 활용하여 1부터 10까지 더하기　　　　　　• 참고 파일 WhileExmaple1.java

```java
01  package loopexample;
02
03  public class WhileExample1 {
04    public static void main(String[] args) {
05      int num = 1;
06      int sum = 0;
07
08      while (num <= 10) {   //num값이 10보다 작거나 같을 동안
09        sum += num;         //합계를 뜻하는 sum에 num을 더하고
10        num++;              //num에 1씩 더해 나감
11      }
12      System.out.println("1부터 10까지의 합은 " + sum + "입니다.");
13    }
14  }
```

조건식이 참인 동안 반복 수행

**출력 결과**
1부터 10까지의 합은 55입니다.

이 예제에서 5~6행을 보면 num 변수와 sum 변수를 선언하면서 동시에 초깃값을 저장했습니다. 변수를 항상 초기화해야 하는 것은 아니지만, 이 예제에서는 반드시 초기화를 해야 합니다. 만약 변수를 초기화하지 않고 프로그램을 실행하면 오류가 납니다. 왜 그럴까요? while문 내부를 보면 sum에 num값을 더해 줍니다. 그런데 num값이 먼저 정해져 있지 않다면 sum에 무엇을 더해야 할지 알 수 없습니다. 또 sum값도 정해져 있지 않다면 어떤 값에 num값을 더해야 할지 알 수 없겠죠. 즉 변수를 사용하여 연산을 하거나 그 값을 가져다 사용하려면 변수는 반드시 어떤 값을 가지고 있어야 합니다. 따라서 이 예제에서는 num과 sum을 먼저 초기화해야 합니다.

### while문이 무한히 반복되는 경우

앞에서 살펴본 while문은 특정 조건을 만족하는 동안 명령을 반복해서 수행하고, 그렇지 않으면 수행을 중단한 후 while문을 빠져나옵니다. 그런데 어떤 일을 수행할 때 멈추면 안 되고 무한 반복해야 하는 경우도 있습니다. 가장 쉬운 예로 인터넷 쇼핑몰을 생각해 봅시다. 인터넷 쇼핑몰이 24시간 서비스를 하려면 쇼핑몰의 데이터를 저장하는 웹 서버가 멈추지 않고 끊임없이 돌아가야 합니다. 웹 서버가 멈추면 당연히 고객의 항의를 받겠지요?

📌 웹 서버처럼 끊임없이 돌아가는 시스템을 데몬(daemon)이라고 부릅니다. 데몬 서비스를 구현할 때에는 무한 반복을 사용합니다.

while문의 구조를 보면 조건식이 참이면 반복합니다. 따라서 while문을 오른쪽과 같이 사용하면 조건이 항상 참이 되어 무한 반복하겠죠? 이렇게 반복문을 이용하면 멈추지 않는 서비스를 구현할 수 있습니다.

```
while (true) {
  …
}
```

### do-while문

while문은 조건을 먼저 검사하기 때문에 조건식에 맞지 않으면 반복 수행이 한 번도 일어나지 않습니다. 하지만 do-while문은 { } 안의 문장을 무조건 한 번 수행한 후에 조건식을 검사합니다. 즉 조건을 만족하는지 여부를 마지막에 검사하는 것입니다. 따라서 중괄호 안의 문장을 반드시 한 번 이상 수행해야 할 때에는 while문 대신 do-while문을 사용합니다. do-while문의 문법 구조와 순서도는 다음과 같습니다.

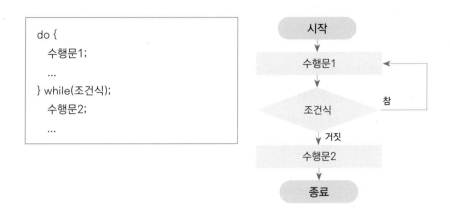

```
do {
   수행문1;
   ...
} while(조건식);
   수행문2;
   ...
```

시작 → 수행문1 → 조건식 → (참) → 수행문1
조건식 → (거짓) → 수행문2 → 종료

while문으로 만든 1부터 10까지 더하는 프로그램을 do-while문으로 바꿔 봅시다.

**Do it!** do-while문으로 1부터 10까지 더하기 · 참고 파일 DoWhileExample.java

```
01   package loopexample;
02
03   public class DoWhileExample {
04      public static void main(String[] args) {
05         int num = 1;
06         int sum = 0;
07
08         do {
09            sum += num;        조건식이 참이 아니더라도 무조건 한 번 수행함
10            num++;
11         } while (num <= 10);
12
13         System.out.println("1부터 10까지의 합은 " + sum + "입니다.");
14      }
15   }
```

출력 결과
1부터 10까지의 합은 55입니다.

## for문

반복문 중에서는 for문을 가장 많이 사용합니다. for문의 구조는 while문이나 do-while문보다 조금 더 복잡합니다. 왜냐하면 반복문을 구현하는 데 필요한 여러 요소(변수의 초기화식, 조건식, 증감식)를 함께 작성하기 때문이지요. 처음에는 for문이 좀 낯설겠지만, 익숙해지면 어떤 조건부터 어떤 조건까지 반복 수행하는지 한눈에 알아볼 수 있어 편리합니다.

## for문의 기본 구조

for문의 구조를 살펴보면서 반복문의 요소도 함께 알아봅시다. 초기화식은 for문이 시작할 때 딱 한 번만 수행하며 사용할 변수를 초기화합니다. 조건식에서 언제까지 반복 수행할 것인지를 구현하고, 증감식에서는 반복 횟수나 for문에서 사용하는 변숫값을 1만큼 늘리거나 줄입니다.

```
for(초기화식; 조건식; 증감식) {
    수행문;
}
```

for문의 수행 순서를 이해하기 쉽도록 간단한 예를 들어 보겠습니다. 1부터 5까지 출력하는 프로그램을 for문으로 만들어 볼까요? 화살표와 번호는 이 예제가 수행되는 순서를 나타냅니다. 조건식이 참인 동안 ②~④ 순서로 반복

```
int num;
for (num = 1;  num <= 5;  num++)
{
    System.out.println(num);
}
```

문을 계속 수행합니다. for문은 증감식에서 사용한 변수가 조건식의 참과 거짓을 결정합니다.

① 처음 for문이 시작할 때 출력할 숫자인 num을 1로 초기화합니다.

↓

② 조건식 num <= 5를 검사했을 때 num은 1이므로 참입니다.
③ 조건식이 참이기 때문에 for문의 System.out.println(num);을 수행하고 1을 출력합니다.
④ 증감식 num++를 수행하여 num값은 2가 됩니다.

↓

② 조건식 num <= 5를 검사했을 때 num값은 2이므로 참입니다.
③ 조건식이 참이기 때문에 for문의 System.out.println(num);을 수행하고 2를 출력합니다.
④ 증감식 num++를 수행하여 num값은 3이 됩니다.

↓

…

↓

② 조건식 num <= 5를 검사했을 때 num값은 6이므로 거짓입니다. for문이 끝납니다.

이 내용을 표로 정리하면 다음과 같습니다.

| num값 | 1(초기화) | 2 | 3 | 4 | 5 | 6 |
|---|---|---|---|---|---|---|
| 조건식 (num <= 5) | 참 | 참 | 참 | 참 | 참 | 거짓 |
| 출력값 | 1 | 2 | 3 | 4 | 5 | for문 종료 |
| 증감식 | 수행 | 수행 | 수행 | 수행 | 수행 | x |

1부터 10까지 더하는 과정을 for문으로 구현한 전체 프로그램은 다음과 같습니다.

**Do it!** for문으로 1부터 10까지 더하기 · 참고 파일 ForExample1.java

```
01   package loopexample;
02
03   public class ForExample1 {
04     public static void main(String[] args) {
05       int i;
06       int sum;                    ┌─ for문에서 가장 자주 사용하는 변수
07       for (i = 1, sum = 0; i <= 10; i++) {   이름은 i로, 주로 반복 횟수를 표현
08         sum += i;
09       }
10
11       System.out.println("1부터 10까지의 합은 " + sum + "입니다.");
12     }
13   }
```

출력 결과
1부터 10까지의 합은 55입니다.

초기화 부분과 증감식 부분은 쉼표(,)로 구분하여 여러 문장을 사용할 수 있습니다. 예를 들어 7행을 보면 i = 1, sum = 0으로 두 개의 변수를 초기화한 것을 볼 수 있습니다.

### for문을 자주 사용하는 이유

for문을 가장 많이 사용하는 이유는 반복 횟수를 관리할 수 있기 때문입니다. 물론 while문에서도 반복 횟수에 따라 구현할 수 있습니다. 1부터 10까지 더하는 프로그램을 while문과 for문으로 만들어 비교해 보겠습니다.

```
int num = 1;        // 초기화
int sum = 0;
while (num <= 10) { // 조건 비교
  sum += num;
  num++;            // 증감식
}
```

```
int sum = 0;
for (int num = 1; num <= 10; num++) {
  sum += num;
}
```

while문으로 구현                     for문으로 구현

while문으로 작성한 코드를 살펴보면 변수 num의 초기화와 조건 비교, 증감식을 따로 구현했습니다. 하지만 for문을 사용하여 구현하면 초기화, 조건 비교, 증감식을 한 줄에 쓸 수 있어서 편리할 뿐더러 가독성도 좋습니다.

또 for문은 배열과 함께 자주 사용합니다. 배열은 같은 자료형이 순서대로 모여 있는 구조인데, 배열 순서를 나타내는 색인(index)은 항상 0부터 시작합니다. 따라서 배열의 전체 요소 개수가 n개일 때, 요소 위치는 n-1번째로 표현할 수 있습니다. 이러한 배열의 특성과 증감에 따른 반복을 표현하는 데 적합한 for문의 특성 때문에 for문과 배열을 함께 자주 사용하는 것입니다.

😊 배열은 07-1절에서 자세히 설명합니다.

은종쌤

질문 있어요

**i + 1;과 i++;는 서로 다른 가요?**

03장에서 잠깐 언급했듯이 i + 1이라고 쓴다고 i값이 증가하지는 않습니다. i + 1은 현재 i값에 1을 더한 값을 사용한다는 뜻입니다. 예를 들어 i가 3이라 3에 1을 더한 4를 사용한다는 뜻이지요. 이 경우 i는 계속 3인 것입니다. i값이 증가하려면 대입 연산자까지 사용해야 합니다. 즉 i = i + 1; 이렇게 사용해야 i값이 1만큼 증가하는 것이지요. 증감 연산자를 사용한 i++는 그 뜻이 i = i + 1과 같다고 했지요? 그렇기 때문에 i++만 사용해도 i값이 증가하는 것입니다.

## for문 요소 생략하기

for문을 구성하는 요소는 코드가 중복되거나 논리 흐름상 사용할 필요가 없을 때 생략할 수 있습니다.

| 생략 요소 | 설명 | 코드 예 |
|---|---|---|
| 초기화식 | 이미 이전에 다른 곳에서 변수가 초기화되어 중복으로 초기화할 필요가 없을 때 초기화식을 생략합니다. | int i = 0;<br><br>for( ; i < 5; i++) {<br>…<br>}<br>└ 초기화식 생략 |
| 조건식 | 어떤 연산 결괏값이 나왔을 때 바로 for문의 수행을 멈추려면 조건식을 생략하고 for문 안에 if문을 사용하면 됩니다. 예를 들어 1부터 시작해 수를 더해 나갈 때 더한 결괏값이 200을 넘는지를 검사하려면 조건식을 생략하고 for문 안에 if문을 사용합니다. | 조건식 생략 ┐<br>for(i = 0; ; i++) {<br>sum += i;<br>if(sum > 200) break;<br>} |
| 증감식 | 증감식 자체가 복잡하거나 다른 변수의 연산 결괏값에 좌우된다면 증감식을 생략합니다. | for(i = 0; i < 5; ) {<br>…  └ 증감식 생략<br>i = (++i) % 10;<br>} |
| 모든 요소 | 주로 무한 반복하는 명령을 작성할 때 모든 요소를 생략합니다. | for( ; ; ) {<br>…  └ 모든 요소 생략<br>} |

## 중첩된 반복문

반복문 안에 또 다른 반복문을 중첩해서 사용하는 경우가 종종 있습니다. 간단한 예로 구구단을 출력해 보겠습니다.

**중첩된 반복문으로 구구단 계산하기**  · 참고 파일 NestedLoop.java

```java
01  package loopexample;
02
03  public class NestedLoop {
04    public static void main(String[] args) {
05      int dan;
06      int times;
07
08      for (dan = 2; dan <= 9; dan++) {
09        for (times = 1; times <= 9; times++) {
10          System.out.println(dan + "X" + times + "=" + dan * times);
11        }
12        System.out.println( );   //한 줄 띄워서 출력
13      }
14    }
15  }
```

2단부터 9단까지 반복하는 외부 반복문

각 단에서 1~9를 곱하는 내부 반복문

출력 결과
```
2X1=2
2X2=4
2X3=6

9X7=63
9X8=72
9X9=81
```

ⓔ 실제 출력 결과에는 2부터 9단까지 모두 출력됩니다.

반복문을 중첩해서 사용할 때 외부 for문과 내부 for문이 어떤 순서로 실행되는지 잘 이해해야 합니다. 구구단은 2단부터 9단까지 단이 증가합니다. 그리고 각 단은 1부터 9까지 곱하는 수가 증가하죠. 그러면 '단이 증가'하는 부분과 '곱하는 수가 증가'하는 부분 중 무엇을 먼저 반복 수행해야 할까요?

```
for(2단 ~ 9단) {

    for(1 ~ 9) {
                ❷ 내부 반복 수행      ❶ 외부 반복 수행
    }

}
```

먼저 외부 for문에서 초깃값이 dan = 2이므로 구구단 2단부터 시작합니다. 그리고 내부 for문으로 들어가면 초깃값으로 times = 1부터 시작해 1씩 증가하면서 9보다 작거나 같을 때까지 곱합니다. times값이 10이 되면 내부 for문은 끝나고 외부 for문으로 돌아갑니다.

외부 for문에서 dan++를 수행하고 증가한 단의 값이 9보다 작은지 확인합니다. 증가한 단의 값이 9보다 작으므로 다시 내부 for문으로 들어와 1부터 9까지 곱합니다. 이 내용을 표로 정리하면 다음과 같습니다.

> 내부 반복을 수행하기 전에 곱하는 수를 반드시 초기화(예를 들어 times=1)해야 합니다. 그렇게 하지 않으면 이전에 증가한 times값이 그대로 유지됩니다.

| 외부 | dan = 2 | | | | | | | | |
|---|---|---|---|---|---|---|---|---|---|
| 내부 | times = 1 | times = 2 | times = 3 | times = 4 | times = 5 | times = 6 | times = 7 | times = 8 | times = 9 |
| 출력 | 2×1=2 | 2×2=4 | 2×3=6 | 2×4=8 | 2×5=10 | 2×6=12 | 2×7=14 | 2×8=16 | 2×9=18 |

⬇

| 외부 | dan = 3 | | | | | | | | |
|---|---|---|---|---|---|---|---|---|---|
| 내부 | times = 1 | times = 2 | times = 3 | times = 4 | times = 5 | times = 6 | times = 7 | times = 8 | times = 9 |
| 출력 | 3×1=3 | 3×2=6 | 3×3=9 | 3×4=12 | 3×5=15 | 3×6=18 | 3×7=21 | 3×8=24 | 3×9=27 |

⬇
...
⬇

| 외부 | dan = 9 | | | | | | | | |
|---|---|---|---|---|---|---|---|---|---|
| 내부 | times = 1 | times = 2 | times = 3 | times = 4 | times = 5 | times = 6 | times = 7 | times = 8 | times = 9 |
| 출력 | 9×1=9 | 9×2=18 | 9×3=27 | 9×4=36 | 9×5=45 | 9×6=54 | 9×7=63 | 9×8=72 | 9×9=81 |

정리하자면, 중첩 반복문을 쓸 때는 어떤 반복문을 먼저 수행해야 하는지 그리고 내부 반복문을 수행하기 전에 초기화해야 할 값을 잘 초기화했는지를 살펴야 합니다. for문 외에 다른 반복문도 중첩해서 사용할 수 있습니다.

지금까지 세 가지 반복문(while문, do-while문, for문)을 살펴보았습니다. 이 세 가지 반복문은 언제, 어떤 경우에 사용하는 것이 가장 좋을까요? 반복 횟수가 정해진 경우에는 for문을 사용하는 것이 좋습니다. 그리고 수행문을 반드시 한 번 이상 수행해야 하는 경우에는 do-while문이 적합합니다. 이 두 경우 외에 조건의 참·거짓에 따라 반복문을 수행하는 경우에는 while문을 사용합니다. 물론 반복 횟수가 정해진 반복문을 while문으로 구현할 수도 있습니다. 그리고 조건의 참·거짓에 따른 반복문을 for문으로 구현할 수도 있죠. 하지만 좋은 프로그래밍 습관을 가지고 싶다면 상황에 맞는 적절한 문법을 사용하는 것이 중요합니다.

## continue문

continue문은 반복문과 함께 쓰입니다. 반복문 안에서 continue문을 만나면 이후 문장은 수행하지 않고 for문의 처음으로 돌아가 증감식을 수행합니다. 다음 예제를 봅시다. 1부터 100까지 수를 더할 때 홀수일 때만 더하고 짝수일 때는 더하지 않는 프로그램을 continue문으로 작성해 보겠습니다.

📝 % 연산자는 나머지 값을 반환합니다. num값이 짝수라면 2로 나눴을 때 나머지가 0이기 때문에 num%2==0이 짝수 조건을 의미합니다.

---

**Do it!** continue문을 활용해 1부터 100까지 홀수만 더하기    • 참고 파일 ContinueExample.java

```java
01  package loopexample;
02
03  public class ContinueExample {
04    public static void main(String[] args) {
05      int total = 0;
06      int num;
07
08      for (num = 1; num <= 100; num++) {    // 100까지 반복
09        if (num % 2 == 0)                   // num값이 짝수인 경우
10          continue;                         // 이후 수행을 생략하고 num++ 수행
11        total += num;                       // num값이 홀수인 경우에만 수행
12      }
13      System.out.println("1부터 100까지의 홀수의 합은 " + total + "입니다.");
14    }
15  }
```

> **출력 결과**
> 1부터 100까지의 홀수의 합은 2500입니다.

continue문은 언제 사용할까요? 예제를 보면 반복문 안의 조건문에서 변수 num이 짝수일 때는 이후 수행을 생략하고 for문의 증감식으로 돌아가서 num에 1을 더합니다. num이 홀수일 때는 계속 진행(continue)해서 total += num; 문장을 수행합니다. 이렇듯 continue문은 반복문을 계속 수행하는데, 특정 조건에서는 수행하지 않고 건너뛰어야 할 때 사용합니다.

## break문

switch-case문에서 break문을 사용할 때 조건을 만족하면 다른 조건을 더 이상 비교하지 않고 switch문을 빠져나왔지요? 반복문에서도 마찬가지입니다. 반복문에서 break문을 사용하면 그 지점에서 더 이상 수행문을 반복하지 않고 반복문을 빠져나옵니다.

다음 예제를 살펴보겠습니다. 0부터 시작해 숫자를 1씩 늘리면서 합을 계산할 때 숫자를 몇까지 더하면 100이 넘는지 알고 싶습니다. 지금까지 배운 반복문을 사용해 봅시다.

```java
public class BreakExample1 {
  public static void main(String[] args) {
    int sum = 0;
    int num = 0;

    for (num = 0; sum < 100; num++) {
      sum += num;
    }
    System.out.println("num : " + num);
    System.out.println("sum : " +sum);
  }
}
```

> 합한 값이 100보다 클 때 종료

이 코드를 실행해 보면 다음 출력 결과가 나옵니다.

**출력 결과**
```
num : 15
sun : 105
```

합은 105가 되었고 이때 num값은 15가 출력되었습니다. 그렇다면 1부터 15까지 더했을 때 100이 넘는 걸까요? 그렇지 않습니다. 합이 105가 되는 순간 num값은 14였습니다. 즉 1부터 14까지 더해서 105가 되었고 num값이 1씩 증가하여 15가 되었을 때 조건을 비교해 보니 합이 100보다 커서 반복문이 끝난 것입니다. 따라서 우리가 원하는 정확한 값인 14를 얻으려면 증감이 이루어지기 전에 반복문을 끝내야 하죠. 그러면 반복문 안에 break문을 사용하여 수행을 중단해 보겠습니다.

**Do it!** break문으로 반복문 빠져나가기                    · 참고 파일 BreakExample2.java

```java
01   package loopexample;
02
03   public class BreakExample2 {
04     public static void main(String[] args) {
05       int sum = 0;
06       int num = 0;
07
08       for (num = 0;  ; num++) {
```

> 여기에 조건식을 생략하는 대신 break문을 사용

```
09          sum += num;
10          if (sum >= 100)              // sum이 100보다 크거나 같을 때(종료 조건)
11            break;
12        }  ┌─────────┐
            │ 반복문 중단 │
13        System.out.println("num : " +num);
14        System.out.println("sum : " +sum);
                                                    ┌──────────┐
                                                    │ 출력 결과 │
                                                    ├──────────┤
15      }                                           │ num : 14 │
16  }                                               │ sun : 105│
                                                    └──────────┘
```

이 예제는 0부터 시작해 1씩 늘린 숫자를 sum에 더합니다. 그리고 sum값이 100보다 크거나 같으면 반복문을 바로 빠져나옵니다. 프로그램을 실행하면 num값이 14일 때 합이 105가 되는 것을 알 수 있습니다. 종료 조건을 for문 안에 사용하면 num값을 늘리는 증감식을 먼저 수행하므로 num값이 15가 됩니다. 따라서 프로그램 실행 중에 반복문을 중단하려면 break문을 사용해야 정확한 결괏값을 얻을 수 있습니다.

## break문의 위치

앞의 예제에서 봤듯이 반복문이 중첩된 경우가 있습니다. 이 경우에 break문을 사용하면 모든 반복문을 빠져나오는 것이 아니고 break문을 감싸고 있는 반복문만 빠져나옵니다.

```
while (조건식1) {
    while (조건식2) {
        if(조건식)   // 조건에 해당하는 경우          ┌──────────┐        ┌──────────┐
          ❶ break; // 내부 반복문만 빠져나옴  ●──── │ 내부 반복문 │ ◀──── │ 외부 반복문 │
    }                                              └──────────┘        └──────────┘
}
```

위 코드의 ❶ 위치에서 break문을 사용하면 if 조건문만 빠져나온다고 생각할 수도 있는데, 반복문 안의 break문은 해당 반복만 수행을 중지한다는 것을 기억하기 바랍니다. 즉 이 경우에는 내부 반복문만 빠져나오고 외부 반복문은 계속 수행합니다.

정리하자면, continue문은 반복문을 계속 수행하지만 특정 조건에서 수행문을 생략하는 경우에 사용하고, break문은 반복문을 더 이상 수행하지 않고 빠져나올 때 사용합니다.

# 04장

▶ 04장 정답 및 풀이: 624쪽

## 되새김 문제

지금까지 공부한 내용을 떠올려 보면서 다음 문제를 해결해 보세요.

★
**01** operator값이 +, -, *, /인 경우에 사칙 연산을 수행하는 프로그램을 if-else if문과 switch-case 문을 사용해 작성해 보세요.

```
int num1 = 10;
int num2 = 2;
char operator = '+';
```

★
**02** 구구단에서 짝수 단만 출력하도록 프로그램을 만들어 보세요.

**힌트** continue문을 사용합니다.

★
**03** 구구단을 단보다 곱하는 수가 작거나 같은 경우까지만 출력하는 프로그램을 만들어 보세요.

**힌트** break문을 사용합니다.

★
**04** 반복문을 사용하여 다음 모양을 출력하는 프로그램을 만들어 보세요.

★
**05** 반복문과 조건문을 사용하여 다음 모양을 출력하는 프로그램을 만들어 보세요.

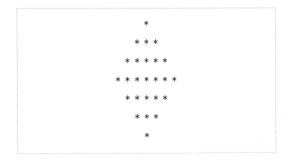

**06** gender 변숫값이 'F'인 경우 '여성입니다.'라고 출력하고, 그렇지 않은 경우 '남성입니다.'를 출력하도록 코드를 완성해 보세요.

```
public IfExample1 {
  public static void main(String[] args) {
    char gender = 'F';
    ❶_____ (gender ❷_____) {   // 만약 gender가 'F'라면
      System.out.println("여성입니다.");
    }
    ❸_____ {    // 그렇지 않다면
      System.out.println("남성입니다.");
    }
  }
}
```

**07** ★ 96쪽에서 실습한 'if-else if-else문으로 입장료 계산하기' 예제에서 age가 60살 이상인 경우에 '경로우대입니다.'와 '입장료는 0원입니다.'를 출력하도록 수정해 보세요.

**08** ★★ 96쪽에서 실습한 'if-else if-else문으로 입장료 계산하기' 예제를 바탕으로 성적에 따라 학점을 부여하는 프로그램을 만들어 보세요. 100~90점은 A, 89~80점은 B, 79~70점은 C, 69~60점은 D, 나머지는 F입니다. int형 변수 score와 char형 변수 grade를 사용하여 score에 따른 grade를 출력해 보세요.

**09** 다음 조건식을 조건 연산자 형태로 바꾸어 보세요.

```
if (score >= 90) {
  grade = 'A';
} else {
  grade = 'B';
}
```
⇒ grade = ( ❶_____ ) ? 'A' : ❷_____ ;

**10** ★★ 5층 건물이 있습니다. 1층은 약국, 2층은 정형외과, 3층은 피부과, 4층은 치과, 5층은 헬스 클럽입니다. 건물의 층을 누르면 그 층이 어떤 곳인지 알려 주는 엘리베이터가 있다고 할 때, 104쪽 예제를 참고해서 switch-case문으로 구현해 보세요(5인 경우 '5층 헬스 클럽입니다'라고 출력).

**11** while문을 사용해 1부터 50까지 더하는 프로그램입니다. 코드를 완성해 보세요.

```
public WhileExample1  {
 public static void main(String[] args) {
   int num = 1;
   int sum = 0;

      ❶            (num <= 50) {
       sum += num;
         ❷
   }
   System.out.println("1부터 50까지 합은" + sum + "입니다.");
 }
}
```

**12** 'num이 1부터 10이 될 때까지 num값을 증가하며 반복한다'를 의미하는 for문을 완성해 보세요.

**13** for문과 변수를 사용하여 '안녕하세요1, 안녕하세요2, …, 안녕하세요10'까지 차례로 출력하는 프로그램을 작성해 보세요.

**14** 115쪽에서 실습한 '중첩된 반복문으로 구구단 계산하기' 예제를 수정해 구구단을 3단부터 7단까지만 출력해 보세요.

**15** 1부터 100까지 수 중에서 3의 배수만 출력하는 코드를 완성해 보세요.

```
int num;

for ( ❶            ; ❷            ; num++) {
   if ( ❸            )
      continue;
   System.out.println(num);
}
```

**16** 1부터 시작해서 1씩 숫자를 늘려 더했을 때 그 합이 500이 넘는 순간 마지막으로 더한 자연수는 얼마인가요? 다음 코드의 빈칸을 채우고 프로그램을 직접 실행해 출력 결과도 확인해 보세요.

```
int sum = 0;
int num;
for (num = 1; ; ❶            ) {
    sum += num;
    ❷
    ❸
}
System.out.println(sum);
System.out.println(num);
```

★★
**17** 다음 자바 코드를 활용해 사용자로부터 정수 n을 입력받아, 1부터 n까지 수 중 소수를 찾아 출력하는 프로그램을 작성해 보세요. 이때 소수는 1과 자기 자신으로만 나누어지는 수를 의미합니다.

```
Scanner scanner = new Scanner(System.in);
System.out.print("숫자를 입력하세요 : ");
int n = scanner.nextInt();
```

**출력 결과**
숫자를 입력하세요: 10
1부터 10사이의 소수는
2 3 5 7 입니다

★★
**18** 사용자로부터 정수 n을 입력받아 n의 팩토리얼을 계산하는 프로그램을 작성해 보세요. 이때 팩토리얼은 1부터 n까지의 모든 정수를 곱한 값입니다.

**출력 결과**
팩토리얼 계산할 숫자를 입력하세요: 10
10 팩토리얼은 3628800입니다.

# 둘째마당

# 자바의 핵심,
# 객체 지향 프로그래밍

첫째마당에서 자바 프로그래밍의 기본 내용을 학습했습니다. 둘째마당에서는 객체 지향 프로그램을 공부해 봅시다. 자바로 코딩하면서 객체 지향 프로그램을 어떻게 만들고 어떤 특징이 있는지 잘 익혀 두면 다른 응용 프로그램을 개발하는 데도 많은 도움이 됩니다. 자, 그러면 둘째마당을 시작해 볼까요?

# 05장

# 클래스와 객체 1

세상의 모든 일은 사물 간의 협력으로 이루어집니다. 목적지로 가기 위해 대중교통을 이용하거나, 물건을 사기 위해 온라인 쇼핑몰에서 주문하는 것 역시 사물 간의 협력입니다. 앞으로 배울 객체 지향 프로그램은 이러한 사물의 흐름과 움직임을 중심으로 프로그래밍하는 것을 말합니다. 그리고 그 시작에 클래스가 있습니다. 그러면 클래스부터 함께 살펴볼까요?

우리가 사는 세상의 일을 객체 지향 프로그램으로 표현한다고!

# 05-1 객체 지향 프로그래밍과 클래스

## 객체와 객체 지향 프로그래밍

국어 사전에서 객체의 뜻을 찾아보면 '의사나 행위가 미치는 대상'이라고 설명합니다. 우리 주위에서 객체를 찾아본다면 사람, 자동차, 건물 등을 예로 들 수 있습니다. 즉 눈에 보이는 사물은 모두 객체라고 할 수 있죠. 그런데 눈에 안 보이는 것도 객체가 될 수 있습니다. 주문, 생산, 관리 등 어떤 행동을 나타내는 단어도 객체가 될 수 있습니다. 이제부터 배울 자바 객체 지향 프로그래밍(Object-Oriented Programming: OOP)은 객체를 기반으로 하는 프로그램입니다. 아직 감이 안 잡히지요? 일단 머릿속에 객체 지향 프로그램이란 어떤 대상(객체)으로 프로그래밍한다는 개념을 넣어 두고 시작해 봅시다.

## 생활 속 객체 찾아보기

이런 상황을 생각해 봅시다. 아침에 일어나 학교에 갑니다. 학교에 가기까지 여러 가지 일을 하게 됩니다. 어떤 일이 일어나는지 서술해 볼까요?

'아침에 일어난다. 씻는다. 밥을 먹는다. 버스를 탄다. 요금을 지불한다. 학교에 도착한다.' 이 정도가 되겠죠? 이렇게 순서대로 일어나는 일을 시간순으로 프로그래밍하는 것을 **절차 지향 프로그래밍**이라고 합니다.

📝 절차 지향 프로그래밍 언어를 대표하는 언어로 C 언어가 있습니다.

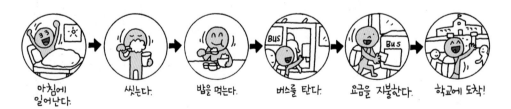

아침에 일어난다. / 씻는다. / 밥을 먹는다. / 버스를 탄다. / 요금을 지불한다. / 학교에 도착!

반면에 **객체 지향 프로그래밍**이란 객체를 정의하고 객체 간 협력을 프로그래밍하는 것을 말합니다. 먼저 앞의 상황에서 객체와 객체 간의 협력을 생각해 볼까요? 일단 대상이 되는 객체를 찾아보면 학생, 밥, 버스, 학교 등이 있습니다.

그리고 '밥을 먹는다'는 행동은 '학생'이라는 객체와 '밥'이라는 객체가 있어 학생이 밥을 먹는 협력으로 이루어집니다. '버스를 탄다'는 행동을 생각해 보면 '학생' 객체가 '버스' 객체에 타는 행동이 발생하는 것이지요.

이렇듯 객체 지향 프로그램은 먼저 객체를 만들고 객체 사이에 일어나는 일을 구현하는 것입니다. 따라서 우리가 객체 지향 프로그래밍을 할 때는 객체를 먼저 정의하고 각 객체가 어떤 기능을 제공하고 객체 간 협력을 어떻게 구현할 것인지를 고민해야 합니다.

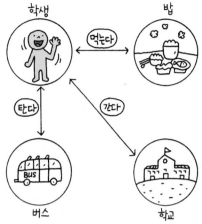

객체 지향 프로그래밍은 객체인 학생, 밥, 버스, 학교 사이에 일어나는 일을 프로그램으로 구현하는 것입니다.

## 클래스란 무엇일까?

앞에서 객체가 무엇인지 간단하게 살펴보았습니다. 객체 지향 프로그램은 클래스를 기반으로 프로그래밍합니다. **클래스**는 객체의 속성과 기능을 코드로 구현한 것입니다. 객체를 클래스로 구현하는 것을 '클래스를 정의한다'라고 합니다. 클래스를 정의하려면 우선 클래스 이름과 속성 또는 특성이 필요합니다.

객체를 코드로 구현한다는 말이 잘 이해되지 않을 테니 '학생'이라는 객체를 클래스로 살펴봅시다. '학생' 객체를 생각해 보면, 먼저 객체를 표현할 클래스의 이름이 필요합니다. 프로그래밍에서 우리말은 사용할 수 없으니 Student라

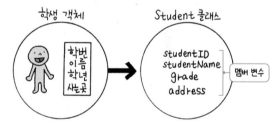

고 해보겠습니다. 이제 학생 객체가 가지는 일반적인 속성을 생각해 봅시다. 학번, 이름, 학년, 사는 곳 등이 있겠네요. 이런 클래스 속성은 특성이라고도 하고 클래스 내부에 변수로 선언하기도 합니다. 이렇게 선언하는 클래스의 속성을 **멤버 변수**라고 합니다.

🖐 사실 자바에서는 멤버 변수보다 인스턴스 변수라는 용어를 자주 사용합니다. 여기서는 멤버 변수와 인스턴스 변수가 같다는 사실만 알고, 05-4절에서 자세히 설명하겠습니다.

클래스를 정의하는 문법을 간단히 나타내면 다음과 같습니다.

```
(접근 제어자) class 클래스 이름 {
    멤버 변수;
    메서드;
}
```

ℓ 클래스 이름 앞에 있는 public 예약어는 접근 제어자라고 합니다. 05-7 절에서 자세히 배웁니다. 여기에서는 public class인 경우에 클래스 이름과 자바 파일 이름이 같아야 한다는 정도만 알고 넘어갑시다.

인텔리제이에서 다음 코드로 학생 클래스를 정의해 봅시다.

**Do it! 학생 클래스 만들기** • 참고 파일 Student.java

```
01    package classpart;              ← 클래스를 만드는 예약어
02                                    ← 클래스 이름
03    public class Student {
04        int studentID;          //학번
05        String studentName;     //학생 이름     ← 멤버 변수
06        int grade;              //학년
07        String address;         //사는 곳
08    }
```

작성한 코드를 하나하나 살펴봅시다. 클래스를 만들 때는 class 예약어를 사용합니다. 그리고 클래스 이름은 Student라고 정했습니다. { } 안에는 클래스 내용을 구현합니다. 앞에서 학생이라는 객체의 속성을 이야기했습니다. 프로그램에서 사용할 객체의 속성을 클래스의 변수로 선언합니다. 변수를 선언할 때는 02-2절에서 배운 것처럼 변수 속성에 맞는 자료형을 사용해야 합니다. 또한 자바 프로그램은 모든 요소가 클래스 내부에 있어야 하므로 클래스 외부에는 package 선언과 import문 외에 아무것도 선언하지 않습니다.

참고로 import문은 외부 package에 있는 클래스를 참조할 때 사용합니다. 다른 package의 클래스를 사용할 때 import.util.ArrayList;와 같이 명시합니다. 같은 package 안에 있다면 import문을 쓰지 않아도 클래스를 참조할 수 있습니다.

### 클래스 이름 짓는 규칙

자바에서 클래스 이름은 알파벳 대문자로 시작합니다. 소문자로 시작한다고 해서 오류가 발생하는 것은 아니지만, 대문자로 시작하는 것이 개발자들 사이의 규칙입니다. 소셜 컨벤션(social convention)이 사회적 관습을 뜻하는 것처럼 코딩 동네에서는 이런 규칙을 코딩 컨벤션(coding convention)이라고 합니다. 코딩 컨벤션이란 코딩할 때 읽기 쉽고 이해하기 쉽도록 정한 규칙이지요. '클래스 이름은 대문자로 시작한다'는 것도 그중 하나라고 볼 수 있습니다.

# 05-2 클래스

## 클래스 속성을 구현하는 멤버 변수

앞서 생성한 Student 클래스를 다시 살펴보면 학생 객체가 가지는 속성(학번, 이름, 학년, …)을 변수로 선언하였습니다. 이렇게 클래스 내부에 선언하여 객체 속성을 나타내는 변수가 **멤버 변수**(member variable)라고 합니다.

```
public class Student {
    int studentID;          //학번
    String studentName;     //학생 이름        멤버 변수
    int grade;              //학년
    String address;         //사는 곳
}
```

클래스에 선언하는 멤버 변수는 다른 말로 속성(property), 특성(attribute) 등으로 표현하기도 합니다. 멤버 변수는 속성이 무엇이냐에 따라 알맞은 자료형을 선언해 주어야 합니다.

| 속성 | 자료형 | 변수 이름 | 설명 |
|------|--------|-----------|------|
| 학번 | int | studentID | 학번은 정수로 나타내므로 int형으로 선언합니다. |
| 이름 | String | studentName | 학생 이름은 문자로 되어 있습니다. 그런데 이름은 'A' 같이 하나의 문자가 아니라 여러 개의 문자로 이루어진 문자열로 표현합니다. 문자열은 자바에서 제공하는 String 클래스를 사용합니다. |
| 학년 | int | grade | 학년은 정수로 나타내므로 int형으로 선언합니다. |
| 사는 곳 | String | address | 문자열을 나타내기 위해 String형을 사용합니다. |

🔅 문자열을 표현하는 String은 아직 배우지 않았습니다. String은 11-2절에서 자세히 설명합니다. 여기에서는 우선 '홍길동'이나 '서울시 영등포구'처럼 문자가 여러 개 이어진 문자열은 String형으로 선언한다는 정도만 이해하고 넘어갑시다.

그러면 이번에는 사람 객체를 구현하는 Person 클래스를 만들면서 멤버 변수를 더 알아보겠습니다. 사람 속성은 여러 가지가 있습니다. 이를테면 이름, 나이, 직업, 주소, 키, 몸무게 등이 있지요. classpart 패키지에 Person 클래스를 추가한 뒤, 다음 코드를 작성해 봅시다.

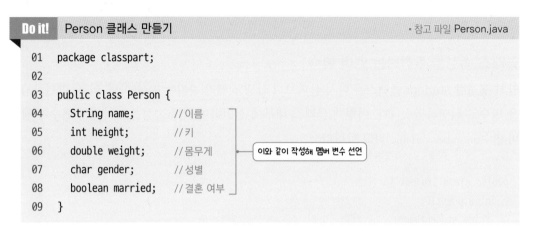

**Do it!** Person 클래스 만들기 • 참고 파일 Person.java

```java
01  package classpart;
02
03  public class Person {
04      String name;        //이름
05      int height;         //키
06      double weight;      //몸무게         이와 같이 작성해 멤버 변수 선언
07      char gender;        //성별
08      boolean married;    //결혼 여부
09  }
```

Person 클래스의 멤버 변수로 이름, 키, 몸무게, 성별, 결혼 여부를 선언했습니다. 이와 같이 멤버 변수는 int형, double형 같은 기본 자료형(primitive data type)으로 선언할 수도 있고, 또 다른 클래스형으로 선언할 수도 있습니다. **클래스형**이 란 다른 말로 **객체 자료형** 또는 **참조 자료형**이라고 합니 다. 참조 자료형으로 String, Date와 같이 이미 JDK에서 제공하는 클래스를 사용하거나 직접 만든 Student, Person과 같은 클래스를 사용할 수 있습니다.

> 🔖 기본 자료형이 잘 기억나지 않는다면 02-3절을 참고하세요.

> 🔖 이 책에서는 참조 자료형으로 통일합니다. 참조 자료형은 05-6절에서 자세히 설명합니다.

## 클래스 기능을 구현하는 메서드

지금까지 클래스를 선언하고 클래스 속성인 멤버 변수를 선언했습니다. 그런데 클래스에서는 학생 객체가 가지는 속성을 사용해 학생과 관련된 기능을 구현할 수 있습니다. 예를 들어 '학생에게 이름을 부여한다', '학생이 사는 곳을 출력한다'처럼 말이지요. 이렇게 클래스 내부에서 멤버 변수를 사용하여 클래스 기능을 구현한 것을 **멤버 함수**(member function) 또는 **메서드** (method)라고 합니다. 이 책에서는 메서드로 통일해서 사용하겠습니다. 메서드를 자세히 알아보기 전에 Student.java로 돌아가 다음과 같이 학생 이름과 주소를 출력하는 메서드를 만들어 보겠습니다.

> 📝 함수와 메서드는 05-3절에서 자세히 설명합니다.

**Do it!** 학생 이름과 주소를 출력하는 메서드 만들기
· 참고 파일 Student.java

```
01  package classpart;
02
03  public class Student {
04      int studentID;
05      String studentName;
06      int grade;
07      String address;
08
09      public void showStudentInfo( ) {
10          System.out.println(studentName + "," + address);   //이름, 주소 출력
11      }
12  }
```

> 메서드 추가

코드를 보면 Student 클래스 안에 showStudentInfo( ) 메서드를 추가했습니다. 이 메서드는 학생 이름과 주소를 출력하는 기능을 합니다. 여기서는 메서드의 개념을 익히고 메서드를 구현해 사용하는 방법은 05-3절에서 자세히 다루겠습니다.

## 패키지란 무엇일까?

패키지는 간단히 말하면 클래스 파일의 묶음입니다. 패키지를 만들면 프로젝트 하위에 물리적으로 디렉터리가 생성됩니다. 또한 패키지는 계층 구조를 가질 수 있습니다. 프로젝트를 수행할 때 패키지의 계층 구조를 구성하는 것은 전체 프로젝트의 소스 코드를 어떻게 관리할지와 관련이 있습니다. 예를 들어 학교와 관련된 프로젝트를 수행한다고 합시다. 이 프로젝트는 학생, 과목, 교실, 담당 교수, 학과 등의 클래스로 만들 수 있습니다. 그리고 그러한 클래스와 협력하는 여러 다른 클래스가 있을 수 있습니다.

학생이 신청한 과목 정보를 담고 있는 클래스나 모든 정보를 관리하는 데이터베이스에서 학생 정보를 가져오는 클래스, 또는 학생의 학점이나 학교 정보를 등록하거나 관리할 수 있는 화면을 구성하는 부분 등의 코드가 있을 것입니다. 패키지의 계층 구조를 만드는 작업은 이러한 소스 코드를 어떠한 계층 구조로 관리할지 구성하는 것입니다.

예를 들어, 오른쪽과 같이 패키지 구조가 있다고 가정해 봅시다. course와 student와 같이 기본이 되는 클래스를 기반으로 하위의 협력 클래스를 패키지로 구분하여 구성되어 있습니다. 물론 다른 형태의 계층 구조로 구성할 수도 있습니다.

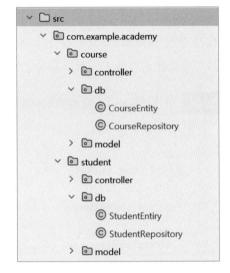

여기에서 알아야 할 부분은 패키지가 단순히 클래스 묶음이 아니라 프로젝트 전체 소스 코드를 구성하는 계층 구조이고, 이 계층 구조를 잘 구성해야 소스 코드를 관리하고 유지·보수하기가 편리하다는 사실입니다. 아직은 입문 단계이므로 이 책에서는 이렇게 복잡한 패키지 구조를 구성하지 않지만, 패키지를 구성하는 의미가 무엇인지 기억하기 바랍니다.

### 패키지 선언하기

자바 코드에서 패키지 선언은 다음과 같이 맨 윗줄에서 합니다.

클래스 이름은 StudentView이지만, 클래스의 전체 이름(class full name)은 domain.student.view.StudentView입니다. 클래스 이름이 같다고 해도 패키지 이름이 다르면 클래스 전체 이름이 다른 것이므로 다른 클래스가 됩니다. 다시 말해 같은 이름의 클래스라도 다른 패키지에 속해 있으면 서로 연관이 없습니다.

# 05-3 메서드

메서드는 함수의 한 종류입니다. 함수란 무엇인지 먼저 살펴보고, 자바에서 사용하는 메서드를 자세히 알아보겠습니다.

## 함수란 무엇일까?

함수(function)란 하나의 기능을 수행하는 일련의 코드를 말합니다. 말이 조금 어렵지요? 예를 들어 오른쪽 그림처럼 두 숫자를 더하는 세 가지 경우가 있다고 해봅시다. 사실 세 경우 모두 '두 수를 더해서 결괏값을 보여 준다'는 기능을 가지고 있습니다. 이런 경우에 더하기 기능을 수행하는 코드를 묶어서 '더하기 함수'로

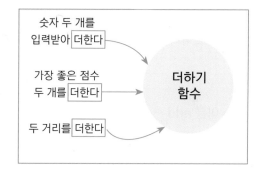

만들 수 있습니다. 그리고 더하기 기능이 필요할 때마다 이 함수를 불러서 연산을 수행합니다. 이처럼 함수는 어떤 기능을 수행하도록 미리 구현해 놓고 필요할 때마다 호출하여 사용할 수 있습니다.

## 함수의 입력과 반환

함수는 이름이 있고 입력값과 결괏값을 갖습니다. 다음은 앞에서 예로 든 '두 수를 더하는 함수'를 그림으로 나타낸 것입니다. 두 수를 입력받아서 '더하기 함수'를 거치면 두 수의 합을 반환합니다. 이 내용을 간단한 코드 형식으로 적어 보면 오른쪽 그림과 같습니다.

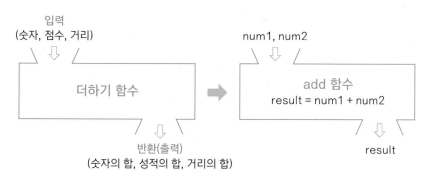

함수에 이름을 붙일 때는 함수의 기능을 알 수 있는 단어를 사용하는 것이 좋습니다. 앞의 예는 두 수를 더하는 함수이므로 add라고 이름을 지었습니다. 그리고 더할 두 수는 각각 num1, num2라고 정했습니다. 이때 num1, num2와 같이 함수의 입력으로 받는 변수를 매개변수라고 합니다. 그리고 두 수를 더한 결괏값을 result 변수에 저장하여 돌려줍니다. 이를 '결과를 반환한다'고 하며, 이렇게 함수를 수행한 후 결과로 되돌려 주는 값이므로 result를 반환값이라고도 부릅니다.

## 함수 정의하기

'더하기 함수'를 코드로 작성해 봅시다. 이렇게 함수가 하는 일을 코드로 구현하는 것을 '함수를 정의한다'라고 합니다. 오른쪽 예시를 살펴보겠습니다.

```
int add (int num1, int num2) {
    int result;
    result = num1 + num2;
    return result;
}
```

### 함수 이름 add

함수 이름은 add라고 썼습니다. ❶ 위치가 함수 이름을 적는 부분입니다. 함수 이름은 변수 이름처럼 프로그래머가 임의로 만들면 되는데, 함수 기능과 관련 있어야 나중에 호출하기도 쉽고 이해하기도 좋습니다.

### 매개변수 num1, num2

add 함수는 두 값을 더하는 일을 합니다. 덧셈을 수행하려면 먼저 함수에 두 값이 입력되어야 겠죠. 이 두 값은 함수를 호출할 때 괄호 안의 자료형에 맞게 함수에 전달됩니다. 함수는 넘겨받은 값으로 덧셈을 수행합니다. 이렇게 함수 내부에서 사용할 괄호 안의 변수가 바로 매개변수입니다. 여기서는 ❷ num1과 num2가 매개변수입니다.

add 함수와 달리 오른쪽 예시의 getTen Total( )처럼 매개변수가 필요 없는 함수도 있습니다. getTenTotal( ) 함수는 1부터 10까지 더한 합을 반환합니다. 따라서 함수에 전달할 값이 굳이 필요하지 않습니다. 이런 경우에 함수는 매개변수가 필요 없고 함수를 수행한 결괏값만 있게 됩니다.

```
int getTenTotal( ) {
    int i;
    int total = 0;
    for (i = 1; i <= 10; i++) {
        total += i;
    }
    return total;    // 1부터 10까지 더한 값을 반환
}
```

## return 예약어와 함수 반환형

add( ) 함수를 수행한 후 결괏값은 변수 result에 저장됩니다. result에 저장된 결괏값은 함수를 호출했을 때 반환되는 값이므로 반환값이라고 합니다. '이 함수의 결괏값을 반환합니다'를 뜻하는 예약어가 바로 return입니다. 즉 ❸ return 예약어를 사용하여 result값을 반환하는 것입니다. 반환값의 자료형을 함수 반환형이라고 하는데 ❹ 위치에 써 줍니다. 이 함수에서 변수 result의 반환형은 정수형이므로 ❹ 위치에 int라고 적었습니다.

오른쪽 예제처럼 반환값이 없는 함수도 있습니다. 반환값이 없다고 해서 반환형을 쓰는 ❹ 위치를 비워 두면 오류가 발생하니 이때는 ❹ 위치에 void라고 씁니다. void는 비어 있다는 의미로 '반환할 값이 없다'는 뜻의 예약어입니다.

```
void printGreeting(String name) {
    System.out.println(name + "님 안녕하세요");
    return; //반환값 없음
}
```
전달받은 매개변수 name을 사용하여 인사말 출력

return 예약어는 함수 수행을 끝내고 프로그램 흐름 중에서 호출한 곳으로 다시 되돌아갈 때도 사용할 수 있습니다.

```
void divide(int num1, int num2) {
  if (num2 == 0) {
    System.out.println("나누는 수는 0이 될 수 없습니다");
    return;  //함수 수행 종료
  }
  else {
    int result = num1 / num2;
    System.out.println(num1 + "/" + num2 + "=" + result + "입니다.");
  }
}
```

divide( ) 함수는 두 수를 매개변수로 전달받아서 나눗셈을 한 후 몫을 출력하는 함수입니다. 그런데 만약 나누는 수가 0이라면 당연히 수행하면 안 되겠죠. 이 경우에는 함수 수행을 종료하는 예약어 return을 사용합니다. return은 함수 수행을 종료하는 목적으로 사용하므로 그 뒤에 반환값을 적지 않아도 됩니다.

## 함수 호출하고 값 반환하기

지금까지는 함수를 정의하고 직접 사용하지는 않았습니다. 이제 두 정수를 더한 후 결괏값을 돌려주는 함수를 만들고 사용해 보겠습니다. 이렇게 함수를 사용하는 것을 '함수를 호출한다' 라고 합니다. 다음 예제는 객체 지향을 반영하기 보다 일반적인 함수를 어떻게 사용하는지에 중점을 두었습니다.

> 📧 객체 지향 메서드를 만드는 방법은 139쪽에서 설명합니다.

---

**Do it!** 함수 구현하고 호출하기 · 참고 파일 FunctionTest.java

```java
01   package classpart;
02
03   public class FunctionTest {
04     public static void main(String[] args) {
05       int num1 = 10;
06       int num2 = 20;
07
08       int sum = add(num1, num2);          add( ) 함수 호출
09       System.out.println(num1 + " + " + num2 + " = " + sum + "입니다.");
10     }
11
12     public static int add(int n1, int n2) {
13       int result = n1 + n2;                    add( ) 함수
14       return result;  //결괏값 반환
15     }
16   }
```

**출력 결과**
```
10 + 20 = 30입니다.
```

---

이 코드는 add( ) 함수를 구현하고 이를 실행했습니다. add( ) 함수는 두 개의 매개변수에 int 형 값을 전달받아 두 수의 합을 돌려줍니다. 결괏값이 정수이기 때문에 반환형도 int형입니다. 8행에 add( ) 함수를 호출하는 코드가 보입니다. 반환값이 int형이기 때문에 결괏값이 저장되는 sum 변수 앞에 int라고 써주었습니다.

### 매개변수 살펴보기

8행에서 add( ) 함수를 호출할 때 두 변수 num1, num2를 넘겼습니다. 그리고 12행의 함수를 구현하는 부분에서는 add(int n1, int n2)와 같이 n1, n2를 사용했습니다. 프로그래밍을 처음 공부하는 사람이라면 함수를 호출할 때 넘겨주는 변수 이름과 함수를 구현할 때 사용한 매개변수 이름이 같아야 한다고 생각할 수 있습니다. 그런데 이 둘은 전혀 상관이 없습니다.

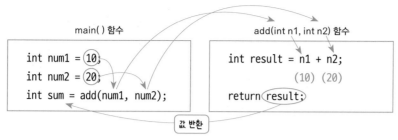

main( ) 함수

```
int num1 = (10);
int num2 = (20);
int sum = add(num1, num2);
```

add(int n1, int n2) 함수

```
int result = n1 + n2;
              (10) (20)
return (result);
```

값 반환

add( ) 함수를 호출할 때 값이 전달되는 과정

여기에서 num1, num2는 main( ) 함수의 변수입니다. add(num1, num2)로 사용하면 add( ) 함수에 두 값을 넘겨줄 수 있습니다. 매개변수 n1, n2는 실제 함수로 넘어온 두 값을 받아 주는 역할을 합니다. 다시 말해 n1, n2는 add( ) 함수에서 선언한 새로운 변수입니다. 따라서 함수를 호출할 때 사용하는 변수와 호출되는 함수에서 사용하는 변수는 서로 다른 변수이므로 이름이 같아도 되고 달라도 상관없습니다.

## 함수 호출과 스택 메모리

함수가 수행될 때 컴퓨터 메모리를 어떻게 사용하는지 살펴보겠습니다. 조금 어려울 수 있지만 중요한 내용이므로 꼭 이해하고 넘어가세요. 함수를 호출하면 그 함수만을 위한 메모리 공간이 할당되는데, 이 메모리 공간을 **스택**(stack)이라고 부릅니다. 그러면 함수가 사용하는 스택 메모리 구조를 그림으로 확인해 보겠습니다. 다음 그림은 add( ) 함수를 호출하면서 메모리를 생성하는 과정입니다.

📧 스택은 자료가 상자처럼 쌓이는 자료 구조를 말합니다. 스택은 마지막에 추가된 자료부터 순서대로 꺼내서 사용할 수 있으며 LIFO(Last In First Out) 구조라고 부릅니다.

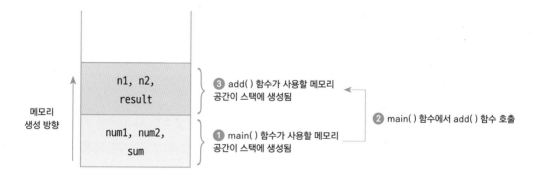

메모리 생성 방향

n1, n2, result

num1, num2, sum

❸ add( ) 함수가 사용할 메모리 공간이 스택에 생성됨

❷ main( ) 함수에서 add( ) 함수 호출

❶ main( ) 함수가 사용할 메모리 공간이 스택에 생성됨

함수가 호출되면 그 함수가 사용할 메모리 공간이 스택에 생성됩니다. 프로그램을 시작할 때 main( ) 함수부터 호출하기 때문에 가장 먼저 main( ) 함수에 포함된 변수 num1, num2, sum을 저장할 메모리 공간이 생성됩니다. 그리고 main( ) 함수에서 add( ) 함수를 호출하면 add( ) 함수를 저장할 메모리 공간이 스택에 새롭게 생성됩니다. 다음 그림은 add( ) 함수를 모두 수행한 후 함수에 할당한 메모리 공간을 해체하는 과정을 보여 줍니다.

add( ) 함수를 수행하고 결괏값이 반환되면 add( ) 함수가 사용하던 메모리 공간은 자동으로 사라집니다. 프로그램에서 여러 함수를 사용하는 경우에는 함수를 호출한 순서대로 메모리 공간이 만들어지고 맨 마지막에 호출한 함수부터 반환됩니다. 따라서 메모리 공간도 맨 마지막에 추가된 것부터 스택에서 사라집니다. 즉 A( ) → B( ) → C( ) 함수의 순서로 호출했다면 C( ) → B( ) → A( ) 순서로 반환되고 스택 메모리도 이 순서대로 소멸됩니다.

그리고 그림에서 보듯 main( ) 함수에서 사용하는 num1, num2 변수와 add( ) 함수에서 사용하는 n1, n2 변수는 서로 다른 메모리 공간을 사용하므로 이름이 같든 다르든 상관없습니다. 이렇게 함수 내부에서만 사용하는 변수를 **지역 변수**라고 합니다. 지역 변수는 스택 메모리에 생성됩니다. 🗒 지역 변수는 06-4절에서 자세히 설명합니다.

## 함수의 장점

복잡해 보이는 함수를 굳이 사용하는 이유는 뭘까요? 첫째, 함수를 사용하면 기능을 나누어 코드를 효율적으로 구현할 수 있습니다. 간단한 경우를 생각해 보죠. 계산기를 구현하려면 먼저 숫자를 입력받아야 합니다. 그리고 사칙 연산을 한 후 결괏값을 출력하겠죠. 이 과정을 구현하는 코드를 main( ) 함수 안에 한꺼번에 작성할 수도 있지만 덧셈, 뺄셈, 곱셈, 나눗셈으로 기능을 나누어 기능마다 연산을 수행하는 함수를 만든 후 main( ) 함수에서 필요할 때마다 해당하는 함수를 호출할 수도 있습니다. 이렇게 기능을 분리해서 구현하면 프로그램 코드의 가독성이 좋아집니다. 너무 긴 코드가 main( ) 함수에 모두 들어 있으면 이해하기 어렵기 때문이죠.

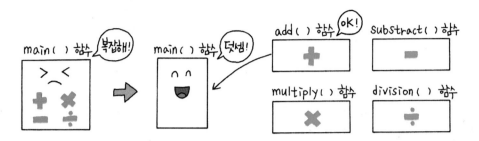

둘째, 기능별로 함수를 구현해 놓으면 같은 기능을 매번 코드로 만들지 않고 그 기능의 함수를 호출하면 되니까 편리합니다. 또 중복되는 코드를 막을 수도 있습니다.

셋째, 프로그램을 실행할 때 생긴 오류를 수정하는 디버깅 작업을 할 때도 편리합니다. 하나의 기능이 하나의 함수로 구현되어 있기 때문에 오류가 난 기능만 찾아서 수정하면 되기 때문입니다.

### 하나의 함수에 하나의 기능 구현하기

앞에서 우리는 더하기 연산을 위해 add( ) 함수를 만들었습니다. 그러면 이 함수는 어떤 기능을 해야 할까요? 당연히 '더하기'입니다. 만약 하나의 함수에 여러 기능이 섞여 있으면 앞에서 이야기한 함수의 장점을 활용할 수 없습니다. 무조건 코드를 나누어 호출한다고 해서 함수를 구현하는 것이 아닙니다. 함수 코드의 행 수가 길고 짧은 것을 의미하는 것도 아닙니다. 필요한 기능이 담긴 함수를 만들고, 그 이름에 맞는 하나의 기능을 구현하는 것이 중요합니다.

### 클래스 기능을 구현하는 메서드

지금까지 설명한 함수는 많은 프로그래밍 언어에서 이미 사용하고 있는 중요한 코드 구현 방법 중 하나입니다. 자바에서도 클래스 내부에서 멤버 변수를 사용해 클래스 기능을 구현하는 함수가 있는데, 이를 **메서드**(method)라고 합니다. 즉 메서드는 함수에 객체 지향 개념이 포함된 용어로 이해하면 됩니다. 앞에서 설명한 함수의 스택 메모리 사용 방법과 함수의 장점 등도 모두 메서드에 동일하게 적용됩니다. 그러면 Student 클래스에 메서드를 직접 구현해 봅시다.

📣 메서드의 호출은 05-4절에서 클래스를 생성한 후 자세히 설명합니다.

• 참고 파일 Student.java

```
01   package classpart;
02
03   public class Student {
04       int studentID;
05       String studentName;
06       int grade;
07       String address;
08
09       public String getStudentName( ) {
10           return studentName;
11       }
12   }
```

studentName을 반환하는 get( ) 메서드 구현

메서드 이름은 해당 클래스를 사용하는 코드의 입장에서 짓는 것이 좋습니다. 예를 들어 Student 클래스를 사용하는 A 클래스가 있다고 하면 A 클래스에서 학생 이름(studentName)을 가져오는(get) 기능을 제공하는 메서드 이름으로 getStudentName이 적절합니다. 이 메서드의 반환 값은 studentName인데 studentName 자료형이 String이므로 반환형도 String입니다.

앞선 예제에서 11행 다음에 다음과 같이 학생 이름을 멤버 변수에 대입하는 setStudent Name( ) 메서드를 만들어 봅시다.

• 참고 파일 Student.java

```
12       …
13       public void setStudentName(String name) {
14           studentName = name;
15       }
16   }
```

학생 이름을 매개변수로 전달

setStudentName( ) 메서드는 Student 클래스를 사용하는 다른 코드에서 학생 이름을 새로 지정하거나 바꾸어 줍니다. 즉 setStudentName 메서드는 studentName값을 지정하는(set) 기능을 제공합니다. 이 메서드는 이름을 전달받아 지정하는 것이기 때문에 매개변수 name이 필요합니다. 매개변수 name을 멤버 변수 studentName에 대입하면 학생 이름이 지정되겠지요? 반환값은 없으므로 반환형은 void로 지정합니다.

get( ), set( ) 메서드가 필요한 이유는 05-7 절에서 자세히 설명합니다. 여기에서는 이런 메서드가 있다는 정도만 알아 두세요.

## 자바에서 이름 짓는 방법

자바에는 이름 짓기 규약(naming convention)
이 정해져 있는 것은 아닙니다. 다만 앞에서 이
야기했듯이 클래스 이름은 대문자로 시작합니
다. 하나의 자바 파일에 클래스가 여러 개 있을
수도 있지만, public 클래스는 단 하나이고 이
public 클래스 이름과 자바 파일 이름은 같아
야 합니다. 반면에 패키지 이름은 모두 소문자
로 만듭니다.

그리고 45쪽에서도 잠깐 언급했지만 변수와 메서드 이름은 소문자로 시작하며, 이름이 길어
지는 경우에는 중간에 새 단어로 바뀔 때마다 대문자를 써줌으로써 가독성을 좋게 합니다. 중
간중간 대문자가 위로 튀어나온 모양이 마치 낙타의 등과 같다고 해서 이렇게 이름 짓는 방법
을 카멜 표기법(camel notation)이라고 부릅니다.

# 05-4 클래스와 인스턴스

## 클래스 더 살펴보기
지금까지 우리가 만든 클래스를 다시 한번 살펴보겠습니다.

```java
public class Student {
    int studentID;
    String studentName;       ▭ 멤버 변수
    int grade;
    String address;

    public String getStudentName( ) {
        return studentName;
    }
                                          ▭ 메서드
    public void setStudentName(String name) {
        studentName = name;
    }
}
```

Student 클래스는 멤버 변수와 메서드로 구성됩니다. 멤버 변수는 클래스 속성을 나타내고, 메서드는 멤버 변수를 이용하여 클래스 기능을 구현합니다. 그런데 지금까지 우리는 클래스를 열심히 만들어 놓고 이렇다 할 출력 화면을 한 번도 보지 못했습니다. 이제 이렇게 만든 클래스를 직접 사용해서 결괏값을 출력해 봅시다.

## 프로그램을 시작하는 main( ) 함수
클래스를 사용하여 프로그램을 실행하려면 먼저 main( ) 함수를 알아야 합니다. main( ) 함수는 자바 가상 머신(Java Virtual Machine: JVM)이 프로그램을 시작할 때 호출하는 함수입니다. 클래스 내부에 만들지만 클래스의 메서드는 아닙니다.

main( ) 함수에서 클래스를 사용하는 방법은 두 가지가 있습니다. 하나는 우리가 만든 클래스 내부에 main( ) 함수를 만드는 것이고, 또 하나는 외부에 테스트용 클래스를 만들어 사용하는 것입니다. 먼저 지금까지 만든 Student 클래스에 main( ) 함수를 넣어 보겠습니다.

## Student 클래스에 main( ) 함수 포함하기

Student 클래스 안에 다음 예제의 13~19행을 따라 입력합니다. 14행을 보면 Student를 자료형처럼 사용한 변수에 무언가를 대입하는 코드도 있고, 15~18행에는 처음 보는 도트(.) 연산자도 있습니다. 이런 코드가 어떤 역할을 하는지 추측하면서 따라 입력해 봅시다.

**Do it!**  Student 클래스에 main( ) 함수 추가하기 • 참고 파일 Student.java

```java
01  package classpart;
02
03  public class Student {
04      int studentID;
05      String studentName;
06      int grade;
07      String address;
08
09      public String getStudentName( ) {
10          return studentName;
11      }
12
13      public static void main(String[] args) {
14          Student studentAhn = new Student( ); //Student 클래스 생성
15          studentAhn.studentName = "안연수";
16
17          System.out.println(studentAhn.studentName);
18          System.out.println(studentAhn.getStudentName( ));
19      }
20  }
```

main( ) 함수

**출력 결과**
안연수
안연수

이와 같이 클래스 내부에 main( ) 함수를 만들면 이 클래스가 프로그램의 시작 클래스가 됩니다. 클래스가 제대로 수행되는지 알아볼 때 이렇게 클래스 내부에 main( ) 함수를 만들고 직접 실행할 수 있습니다. main( ) 함수 내부에서 14행은 새로운 Student 클래스를 생성하는 코드이고, 15행은 클래스의 멤버 변수에 값을 대입하는 코드입니다.

📎 클래스를 생성하는 new 예약어를 145쪽에서 설명합니다.

그런데 이런 식으로 클래스 테스트를 수행하면 거의 모든 클래스가 main( ) 함수를 포함해야 겠죠? 하지만 프로젝트를 수행하거나 소프트웨어를 개발할 때 모든 클래스에 main( ) 함수가 있는 것은 아닙니다. 여기에서는 클래스 내부에 main( ) 함수를 만들지 않고, 다음과 같이 테스트용 클래스를 따로 만들어 실행하는 방식을 사용하겠습니다.

### main( ) 함수를 포함한 테스트용 클래스 따로 만들기

Student 클래스를 실행하기 위해 같은 패키지(classpart)에 StudentTest.java 파일을 만들어 봅시다. 01-3절에서 배운 것과 같이 패키지 이름 위에서 마우스 오른쪽 버튼을 클릭하고, [New → Java Class]를 선택하면 다음 창이 등장합니다. 이때 새로운 자바 클래스의 이름은 StudentTest로 합니다.

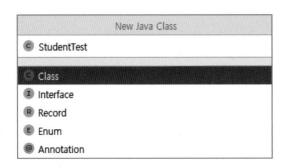

StudentTest.java 파일을 만들었다면 main( ) 함수에 다음과 같이 Student 클래스를 생성하는 코드를 구현합니다.

**Do it!**   StudentTest 실행 클래스 생성하기   • 참고 파일 StudentTest.java

```
01   package classpart;
02
03   public class StudentTest {
04     public static void main(String[] args) {
05       Student studentAhn = new Student( ); // Student 클래스 생성
06       studentAhn.studentName = "안승연";
07
08       System.out.println(studentAhn.studentName);
09       System.out.println(studentAhn.getStudentName( ));
10     }
11   }
```

main( ) 함수

출력 결과
안승연
안승연

현재 Student와 StudentTest 클래스가 같은 패키지에 있기 때문에 패키지 이름이 classpart
로 동일합니다. 이런 경우는 이와 같이 코드를 작성해도 문제가 되지 않습니다. 그런데 만약
패키지가 다르다면 import문으로 함께 사용하고 싶은 클래스를 불러와야 합니다. 우리는 아
직 import문을 배우지 않았으므로 두 클래스를 같은 패키지에 두고 코드를 작성했습니다.

**은종쌤 질문 있어요** **패키지가 다른데 클래스 이름이 같으면 같은 클래스인가요?**

Student라는 같은 이름의 두 클래스를 하나의 패키지에 구현하면 같은 이름의 클래스가 존재한
다고 오류가 날 것입니다. 하지만 패키지가 다르면 문제가 되지 않습니다. 왜냐하면 앞에서도 말
했지만 aaa 패키지 하위의 Student 클래스의 실제 이름은 aaa.Student이고, bbb 패키지 하
위의 Student 클래스의 실제 이름은 bbb.Student이기 때문입니다. 이를 클래스 전체 이름
(class full name)이라고 합니다. 따라서 패키지가 다르면 클래스 이름이 같아도 다른 클래스라
는 걸 알아 두세요.

## 클래스 생성하기

클래스를 만들고 실행하는 과정을 살펴볼까요? 클래
스를 사용하려면 먼저 클래스를 생성해야 합니다. 클
래스를 생성하는 코드는 오른쪽과 같습니다.

```
클래스형 변수 이름 = new 생성자;
```

📖 생성자는 05-5절에서 자세히 설명합니다.

자바에서 클래스를 생성할 때는 new 예약어를 사용하고 이어서 생성자를 써줍니다. 클래스
자료형 변수를 선언하고 new 예약어로 생성자를 호출하여 대입하면 새로운 클래스가 생성
됩니다. 클래스가 생성된다는 것은 클래스를 실제 사용할 수 있도록 메모리 공간(힙 메모리)
을 할당받는다는 뜻입니다. 이렇게 실제로 사용할 수 있도록 생성된 클래스를 **인스턴스**라고
합니다. 그리고 인스턴스를 가리키는 클래스형 변수를 **참조 변수**라고 합니다.

우리가 앞에서 따라 입력하기만 하고 넘어갔던
코드를 다시 한번 봅시다. 이 코드는 Student 클
래스형(클래스 자료형)으로 studentAhn 변수를

```
Student studentAhn = new Student( );
```

선언하고 new Student( );로 Student 클래스를 생성하여 studentAhn에 대입한다는 뜻입니
다. 이때 studentAhn을 참조 변수라고합니다. 참조 변수는 생성된 인스턴스를 가리킵니다.

## 인스턴스와 참조 변수

객체란 '의사나 행위가 미치는 대상'이며 이를 코드로 구현한 것이 클래스입니다. 그리고 클래스가 메모리 공간에 생성된 상태를 인스턴스라고 했습니다. 또한 생성된 클래스의 인스턴스를 객체라고도 합니다. 클래스와 인스턴스의 관계를 그림으로 나타내면 다음과 같습니다.

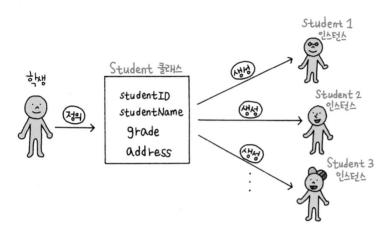

클래스의 생성자를 호출하면 인스턴스가 만들어집니다. 아직 우리는 인스턴스를 하나만 만들었는데 여러 개 생성할 수도 있습니다. 클래스는 하나이지만, 이 클래스에서 각각 다른 인스턴스를 여러 개 생성할 수 있습니다. 예를 들어 어떤 학교에서 학생이란 추상어는 뜻이 하나이지만, 그 학교에 다니는 학생 개개인은 여러 명인 것과 마찬가지입니다. 학생마다 이름이 다르고, 학번이 다르고, 학년이 다릅니다. 즉 클래스라는 틀에서 인스턴스를 여러 개 만들어 프로그램을 구현할 수 있습니다.

## 인스턴스 여러 개 생성하기

인스턴스는 하나 이상 만들 수 있습니다. 다음과 같이 학생을 한 명 더 만들어 보겠습니다.

**Do it!** 인스턴스 여러 개 생성하기    • 참고 파일 StudentTest1.java

```
01  package classpart;
02
03  public class StudentTest1 {
04      public static void main(String[] args) {
05          Student student1 = new Student( );  // 첫 번째 학생 생성
06          student1.studentName = "안연수";
07          System.out.println(student1.getStudentName( ));
08          Student student2 = new Student( );  // 두 번째 학생 생성
09          student2.studentName = "안승연";
```

```
10          System.out.println(student2.getStudentName( ));
11      }
12  }
```

출력 결과
| |
|---|
| 안연수 |
| 안승연 |

이와 같이 생성자를 두 번 사용해서 서로 다른 변수 이름으로 클래스를 두 개 생성했습니다. 즉 서로 다른 인스턴스(student1, student2)가 두 개 생성되었습니다. 그러면 이렇게 만든 인스턴스를 어디에, 어떻게 참조하여 사용할 수 있는지 알아보겠습니다.

### 참조 변수 사용하기

참조 변수를 사용하면 객체의 멤버 변수와 메서드를 참조하여 사용할 수 있는데 이때 도트(.) 연산자를 사용합니다. 다음은 studentAhn 참조 변수로 studentName 멤버 변수에 이름을 저장하고 getStudentName( ) 메서드를 사용하는 코드입니다.

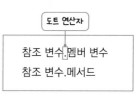

도트 연산자

참조 변수.멤버 변수
참조 변수.메서드

```
studentAhn.studentName = "안연수";                //멤버 변수 사용
System.out.println(studentAhn.getStudentName( ));  //메서드 사용
```

### 인스턴스와 힙 메모리

이제 인스턴스가 생성되는 과정을 조금 더 자세히 살펴보겠습니다. new Student( )를 선언하면 Student 하나가 생성되는데 여기에서 Student는 studentID, studentName 등의 멤버 변수를 가지고 있습니다. 그런데 이들 변수를 저장할 공간이 있어야 합니다. 이때 사용하는 메모리가 힙 메모리(heap memory)입니다. 클래스 생성자를 하나 호출하면 인스턴스가 힙 메모리에 생성되는 것입니다.

```
Student studentAhn = new Student( );
```

여기에서 생성된 클래스를 studentAhn 변수에 대입하면, 인스턴스가 저장된 메모리를 studentAhn 변수가 가리킵니다. 그림으로 표현하면 다음과 같습니다.

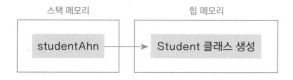

그림의 studentAhn 변수는 지역 변수입니다. 05-3절에서 설명했듯이 지역 변수는 스택 메모리에 생성됩니다. 그리고 인스턴스는 힙 메모리에 생성됩니다. 지역 변수 studentAhn에 생성된 인스턴스를 대입하는 것은 studentAhn에 인스턴스가 생성된 힙 메모리의 주소를 대입한다는 것과 같은 의미입니다.

**은종쌤**

**질문 있어요**

**힙 메모리가 정확히 뭐예요?**

힙(heap)은 프로그램에서 사용하는 동적 메모리(dynamic memory) 공간을 말합니다. 일반적으로 프로그램은 스택, 힙, 데이터 이렇게 세 영역을 사용하는데, 객체가 생성될 때 사용하는 공간이 힙입니다. 힙은 동적으로 할당되며 사용이 끝나면 메모리를 해제해 주어야 합니다. C나 C++ 언어에서는 프로그래머가 메모리를 직접 해제해야 하지만, 자바에서는 가비지 컬렉터(garbage collector)가 자동으로 메모리를 해제해 줍니다.

그러면 다음과 같이 두 개의 인스턴스를 생성해 보겠습니다. 생성된 두 인스턴스는 당연히 각각 다른 메모리 공간을 차지합니다. 따라서

```
Student student1 = new Student( );
Student student2 = new Student( );
```

student1.studentName과 student2.studentName은 서로 다른 값을 가집니다.

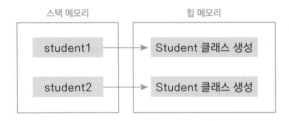

클래스가 생성될 때마다 인스턴스는 다른 메모리 공간을 차지합니다. 다시 말하면 멤버 변수를 저장하는 공간이 매번 따로 생긴다는 의미입니다. 이런 이유 때문에 클래스에 선언한 멤버 변수를 다른 말로 **인스턴스 변수**라고도 합니다.

⬅ 자바에서는 멤버 변수보다 인스턴스 변수를 더 많이 사용합니다. 인스턴스의 개념을 익혔으니 여기서부터는 인스턴스 변수를 사용하겠습니다.

### 참조 변수와 참조값
참조 변수는 힙 메모리에 생성된 인스턴스를 가리킵니다. 그러면 참조 변수에 실제로 어떤 내용이 들어 있는지 출력해 보겠습니다.

```
01   package classpart;
02
03   public class StudentTest2 {
04     public static void main(String[] args) {
05        Student student1 = new Student( );
06        student1.studentName = "안연수";
07
08        Student student2 = new Student( );
09        student2.studentName = "안승연";
10
11        System.out.println(student1);
12        System.out.println(student2);
13     }
14   }
```

참조 변숫값 출력

출력 결과
classpart.Student@30f39991
classpart.Student@452b3a41

힙 메모리에 생성된 인스턴스의 메모리 주소는 참조 변수에 저장됩니다. 출력 내용을 확인해 보면 '클래스 이름@주솟값'입니다. 여기에 나오는 주솟값은 다른 말로 해시 코드(hash code)값이라고도 합니다. 이 값은 자바 가상 머신에서 객체가 생성되었을 때 생성된 객체에 할당하는 가상 주솟값입니다. 따라서 student1 변수를 사용하여 student1 인스턴스를 참조할 수 있습니다. 이때 student1을 참조 변수라 하고 주솟값을 참조값이라고 합니다.

해시 코드는 11-1절의 hashCode( ) 메서드에서 설명합니다.

이 장에서 객체 지향 개념을 배우기 시작하면서 많은 용어가 새롭게 등장했지요? 다음 표에 객체 지향 프로그램 관점에서 용어를 정리했습니다. 이 용어가 헷갈리면 이후에 나오는 새로운 용어의 개념도 이해하기 어려우므로 반드시 기억해 두기 바랍니다.

| 용어 | 설명 |
|---|---|
| 객체 | 객체 지향 프로그램의 대상, 생성된 인스턴스 |
| 클래스 | 객체를 프로그래밍하기 위해 코드로 만든 상태 |
| 인스턴스 | 클래스가 메모리에 생성된 상태 |
| 인스턴스 변수 | 클래스의 속성, 특성 |
| 메서드 | 인스턴스 변수를 이용하여 클래스의 기능을 구현 |
| 참조 변수 | 메모리에 생성된 인스턴스를 가리키는 변수 |
| 참조값 | 생성된 인스턴스의 메모리 주솟값 |

# 05-5 생성자

앞서 우리는 new 예약어로 생성자를 호출해 대입하여 새로운 클래스를 만들었습니다. 생성자(constructor)를 더 자세히 살펴봅시다.

## 생성자란 무엇일까?

먼저 다음과 같이 Person과 PersonTest 클래스를 만들어 보겠습니다.

**Do it! 생성자 만들기**　　　　　　　　　　　　　　　　　　•참고 파일 Person.java

```
01  package constructor;
02
03  public class Person {
04     String name;
05     float height;
06     float weight;
07  }
```

**Do it! 생성자 테스트하기**　　　　　　　　　　　　　　　•참고 파일 PersonTest.java

```
01  package constructor;
02
03  public class PersonTest {
04     public static void main(String[] args) {
05        Person personLee = new Person( );
06     }                              생성자
07  }
```

이 예제에서 자바에서 클래스를 생성할 때 사용하는 Person( ) 같은 함수를 **생성자**라고 합니다. 클래스의 인스턴스 변수는 메서드에 의해 값이 변경될 수도 있지만, 처음 클래스를 생성할 때 값을 정해야 하는 경우도 있습니다. 생성자가 하는 일은 클래스를 처음 만들 때 인스턴스 변수나 상수를 초기화하는 것입니다.

**디폴트 생성자**

생성자는 클래스를 생성할 때만 호출합니다. 생성자 이름은 클래스 이름과 같고, 생성자는 반환 값이 없습니다. 그런데 Person 클래스를 살펴보면 Person( ) 생성자가 따로 없지요? 앞에서 만든 Student 클래스도 생성자가 따로 없었습니다. 그래도 new Student( )를 사용해서 객체를 만들 수 있었습니다. 어떻게 된 걸까요?

생성자가 없는 클래스는 클래스 파일을 컴파일할 때 자바 컴파일러가 생성자를 자동으로 만들어 줍니다. 이렇게 자동으로 만든 생성자를 **디폴트 생성자**(default constructor)라고 합니다. 디폴트 생성자는 매개변수가 없고 구현 코드도 없습니다. 다음 예제를 봅시다.

> 🖉 프로그래머가 디폴트 생성자를 직접 만드는 경우에는 필요에 따라 직접 코드를 구현할 수도 있습니다.

---

**Do it!** 디폴트 생성자 · 참고 파일 Person.java

```
01  package constructor;
02
03  public class Person {
04      String name;
05      float height;
06      float weight;
07
08      public Person( ) { }        자바 컴파일러가 디폴트
09  }                               생성자를 자동으로 제공
```

---

따로 생성자를 만들지 않아도 8행처럼 자동으로 디폴트 생성자가 만들어집니다.

## 생성자 구현하기

필요에 따라 프로그래머가 직접 생성자를 구현할 수도 있습니다. 어떤 경우에 생성자를 직접 구현할까요? 생성자는 주로 인스턴스 변숫값을 매개변수로 받아서 인스턴스가 새로 생성될 때 인스턴스 변숫값들을 초기화하는 역할을 합니다. 즉 인스턴스가 생성됨과 동시에 인스턴스 변수의 값을 지정하고 인스턴스를 초기화하기 위해 생성자를 직접 구현하여 사용합니다.

Person 클래스를 생성할 때 이름을 매개변수로 받는 생성자를 구현해 보겠습니다.

```
01   package constructor;
02
03   public class Person {
04       String name;
05       float height;
06       float weight;
07
08       public Person(String pname) {
09           name = pname;
10       }
11   }
```

> 사람 이름을 매개변수로 입력받아서 Person 클래스를
> 생성하는 생성자를 구현

새로 만든 생성자는 문자열 String형 매개변수를 하나 입력받아서 이름을 지정합니다. 그런데 이때 Person 클래스를 저장하면 컴파일되는 순간 이전에 만든 PersonTest.java에서 오류가 발생합니다. 테스트 프로그램을 작성해서 확인해 봅시다.

```
01   package constructor;
02
03   public class PersonTest {
04       public static void main(String[] args) {
05           Person personLee = new Person( );
06       }
07   }
```

> 오류 발생

오류가 난 이유는 생성자를 직접 구현하여 디폴트 생성자가 없기 때문입니다. 자바 컴파일러는 생성자가 하나도 없는 경우에만 자동으로 디폴트 생성자를 제공합니다. 프로그래머가 생성자를 직접 추가하면 디폴트 생성자는 만들어지지 않습니다. 따라서 PersonTest.java에서는 디폴트 생성자가 없어서 오류가 난 것입니다. 오류를 없애려면 매개변수가 있는 생성자로 호출하거나 프로그래머가 디폴트 생성자를 직접 구현하면 됩니다.

```
01    package constructor;
02
03    public class Person {
04        String name;
05        float height;
06        float weight;
07
08        public Person( ) { }          디폴트 생성자 직접 추가
09
10        public Person(String pname) {
11            name = pname;
12        }
13    }
```

디폴트 생성자를 직접 추가하면 PersonTest.java 파일을 실행했을 때 오류가 더 이상 발생하지 않습니다. 이제 Person 클래스를 생성할 때 두 생성자 중 하나를 선택해 사용할 수 있습니다.

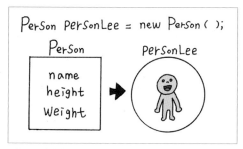

디폴트 생성자로 클래스를 생성한 경우

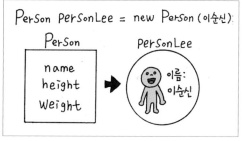

이름을 매개변수로 받아 클래스를 생성한 경우

## 생성자 오버로드

이렇게 클래스에 생성자가 두 개 이상 제공되는 경우를 **생성자 오버로드**(constructor overload)라고 합니다. 필

📌 객체 지향 프로그램에서 메서드 이름이 같고 매개변수만 다른 경우를 오버로드라고 합니다.

요에 따라 매개변수가 다른 생성자를 여러 개 만들 수 있습니다. 클래스에 생성자를 여러 개 제공하면 이 클래스를 사용하는 코드에서는 원하는 생성자를 선택해 사용할 수 있습니다. 경우에 따라서는 클래스에서 일부러 디폴트 생성자를 제공하지 않기도 합니다.

다음 Student 클래스를 살펴봅시다.

```
public class Student {
    int studentID;
}
```

학생이 생성될 때는 반드시 학번이 있어야 한다면 오른쪽처럼 생성자를 제공할 수 있습니다. 이러한 경우에 항상 학번을 사용하여 Student 클래스를 생성할 수 있는데, 이때 디폴트 생성자를 구현하지 않습니다. 왜냐하면 학생이 생성될 때 학번이 꼭 필요하기 때문이죠. 즉 매개변수가 있는 생성자를 추가한다고 해서 프로그래머가 꼭 디폴트 생성자를 추가로 작성해야 하는 것은 아닙니다.

```
public class Student {
    int studentID;

    public Student(int studentID) {
        this.studentID = studentID;
    }
}
```
학번을 매개변수로 입력받아 Student 클래스를 생성하는 생성자

ⓔ this는 생성된 인스턴스 스스로를 가리키는 예약어입니다. 06-1절에서 자세히 설명합니다.

생성자 오버로드를 좀 더 살펴보겠습니다. 앞에서 생성자는 주로 인스턴스 변수를 초기화하는 역할을 한다고 설명했습니다. 다음과 같이 Person 클래스에서 여러 가지 생성자를 제공한다면 이 클래스를 사용하여 인스턴스를 만드는 경우에 필요한 생성자를 골라서 사용할 수 있습니다.

**Do it!** 생성자 사용하기 · 참고 파일 Person.java

```
01  package constructor;
02
03  public class Person {
04      String name;
05      float height;
06      float weight;
07
08      public Person( ) { }        디폴트 생성자
09
10      public Person(String pname) {
11          name = pname;           이름을 매개변수로 입력받는 생성자
12      }
```

```
13    public Person(String pname, float pheight, float pweight) {
14      name = pname;
15      height = pheight;
16      weight = pweight;
17    }
18  }
```

> 이름, 키, 몸무게를 매개변수로
> 입력받는 생성자

이러한 Person 클래스가 있을 때 이 클래스를 사용하는 PersonTest 클래스는 다음과 같이
구현할 수 있습니다.

**Do it!** 테스트 클래스 구현하기 · 참고 파일 PersonTest.java

```
01  package constructor;
02
03  public class PersonTest {
04    public static void main(String[] args) {
05      Person personKim = new Person( );
06      personKim.name = "김유신";
07      personKim.weight = 85.5F;
08      personKim.height = 180.0F;
09
10      Person personLee = new Person("이순신", 175, 75);
11    }
12  }
```

> 디폴트 생성자로 클래스를 생성한 후
> 인스턴스 변숫값을 따로 초기화

> 인스턴스 변수를 초기화하는
> 동시에 클래스 생성

이 예제는 디폴트 생성자를 사용하는 경우와 매개변수가 있는 생성자를 사용하는 두 가지 경우
를 보여 줍니다. 디폴트 생성자를 사용하는 5~8행을 보면 클래스를 생성한 후 인스턴스 변숫
값을 따로 초기화합니다. 하지만 10행처럼 매개변수가 있는 생성자를 사용하면 생성자 내부에
서 변수를 초기화할 수 있도록 구현되어 있으므로 코드도 간결하고 사용하기도 편리합니다.

05-7절에서 소개하겠지만 어떤 인스턴스 변수는 6~8행처럼 외부 클래스에서 값을 가져오
지 못하는 경우도 있습니다. 따라서 매개변수가 있는 생성자를 구현하고 이를 사용하는 것이
편리한 경우가 많습니다.

# 05-6 참조 자료형

크기가 정해진 기본 자료형(int, char, float, double 등)으로 선언하는 변수가 있고, 클래스 자료형으로 선언하는 참조 자료형 변수가 있습니다. 참조 자료형 변수의 특징을 좀 더 자세히 살펴보고, 클래스를 선언하여 참조형을 이용하는 프로그램을 구현해 봅시다.

## 참조 자료형으로 변수 선언하기

국어와 수학 과목을 수강하는 학생이 시험을 본 후 국어와 수학 성적 정보를 저장하는 프로그램을 만든다고 생각해 봅시다. 객체 지향 프로그래밍을 시작할 때는 일단 클래스를 어떻게 만들지 생각해야 합니다. 먼저 클래스가 제공해야 할 인스턴스 변수와 메서드를 생각해 볼 수 있습니다. 이를 바탕으로 다음처럼 학생 클래스를 만들어 보았습니다.

**Do it! 학생 클래스 만들기(1)**                                             • 참고 파일 Student1.java

```
01    package reference;
02
03    public class Student1 {
04        int studentID;
05        String studentName;
06        int koreaScore;
07        int mathScore;
08    }
```

여기에서 String이 JDK(Java Development Kit)에서 제공하는 참조 자료형입니다. 나머지 변수는 기본 자료형을 사용했습니다.

> 📖 JDK에서 제공하는 기본 클래스는 '11장 기본 클래스'에서 자세히 설명합니다.

그런데 한 가지 생각해 봅시다. 성적을 저장하는 변수가 두 개(int koreaScore, int mathScore) 있는데, 만약 성적뿐만 아니라 이 학생이 수강하는 과목의 이름도 함께 저장해야 한다면 어떻게 해야 할까요? 아주 간단한 방법으로는 다음과 같이 String을 사용해서 과목 이름 변수까지 추가할 수 있습니다.

```
01    package reference;
02
03    public class Student2 {
04        int studentID;
05        String studentName;
06        int koreaScore;
07        int mathScore;
08        String koreaSubject;    과목 이름 변수 추가
09        String mathSubject;
10    }
```

이렇게 구현하고 보니 뭔가 개운하지 않은 것 같습니다. 이 클래스는 학생에 대한 클래스인데 과목에 대한 변수가 계속 늘어나고 있습니다. 이 문제를 해결하기 위해 과목의 이름과 성적을 Subject라는 클래스로 분리하고, 학생 클래스에 Subject 변수를 과목별로 추가해 보겠습니다. 그러면 다음과 같은 클래스의 관계도가 나올 것입니다.

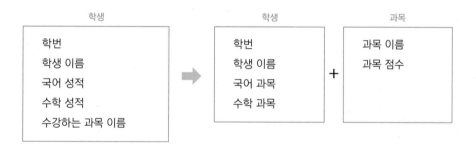

위 내용을 변수로 정리하면 다음과 같습니다.

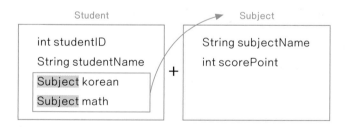

과목을 의미하는 Subject라는 클래스를 새로 만들었습니다. Subject 클래스는 과목 이름과 점수를 인스턴스 변수로 가지고 있습니다. 이렇게 수정하면 과목과 관련한 내용은 Subject 클래스로 분리하여 구현할 수 있습니다. 또한 Student 클래스는 Subject 클래스를 인스턴스 변수로 가질 수 있습니다. 이 학생은 두 과목을 수강하므로 Subject형 변수를 두 개 선언했습니다.

```
01   package reference;
02
03   public class Subject {
04     String SubjectName;
05     int scorePoint;
06   }
```

```
01   package reference;
02
03   public class Student3 {
04     int studentID;
05     String studentName;
06     Subject korean;        Subject형을 사용하여 선언
07     Subject math;
08   }
```

이렇게 구현하면 달라지는 것이 무엇일까요? 기존의 Student2 클래스에 과목 이름을 추가해야 한다면, koreanSubjectName, mathSubjectName 이렇게 두 개의 변수를 추가해야 할 것입니다. 하지만 Subject로 클래스를 분리해 subjectName은 Subject 클래스에 선언했으므로, 국어 과목 이름은 korean.subjectName으로 사용하고, 수학 과목 이름은 math. subjectName으로 사용할 수 있어 편리합니다.

지금까지 Student 클래스와 Subject 클래스를 분리하고 참조 자료형을 어떻게 사용하는지 알아보았습니다. 참조 자료형으로 프로그래머가 필요에 따라 만든 클래스를 사용할 수도 있고, JDK에서 제공하는 클래스를 이용할 수도 있습니다. 기본 자료형을 사용하듯이 클래스 자료형 변수를 선언해서 사용한다고 생각하면 이해하기 쉽습니다.

## 참조 자료형과 객체

그럼 이렇게 만든 참조 자료형은 어떻게 사용할까요? 참조 자료형은 객체의 자료형으로 선언되었기 때문에 사용하기 전에 해당 객체를 생성해야 합니다. 02-3절에서 살펴본 기본 자료형의 경우 변수 선언과 동시에 사용하는 메모리의 크기가 정해져 있어서 별도로 메모리를 생성할 필요가 없지만, 참조 자료형의 경우에는 다른 객체와 마찬가지로 new 예약어를 이용해서 인스턴스로 생성한 후 생성해야 합니다.

우선 참조 자료형으로 사용할 과목 클래스를 만들어 보겠습니다

Do it! 참조 자료형으로 사용할 과목 클래스 만들기 　　　　　　　　　　· 참고 파일 Subject2.java

```java
01  public class Subject2 {
02
03      private String subjectName;
04      private int scorePoint;
05
06      public String getSubjectName() {
07          return subjectName;
08      }
09
10      public int getScorePoint() {
11          return scorePoint;
12      }
13
14      public void setSubjectName(String subjectName) {
15          this.subjectName = subjectName;
16      }
17
18      public void setScorePoint(int scorePoint) {
19          this.scorePoint = scorePoint;
20      }
21  }
```

이렇게 만든 과목 클래스는 과목을 변수로 하는 Student 클래스에서 인스턴스 변수로 선언하고 사용할 수 있습니다.

다음 예제의 Subject2 korean;과 같이 과목 클래스를 인스턴스 변수로 선언한 경우에는 생성자로 인스턴스 변수를 초기화할 수 있습니다. 생성자로 초기화하는 코드는 다음과 같습니다.

Do it! 참조 자료형 변수의 인스턴스 생성하기 　　　　　　　　　　　· 참고 파일 Student4.java

```java
01  package reference;
02
03  public class Student4 {
04      int studentID;
05      String studentName;
06      Subject2 korean;
07      Subject2 math;
```

```
08
09      public Student4(int studentID, String studentName) {
10          this.studentID = studentID;
11          this.studentName = studentName;
12
13          korean = new Subject2();          변수 korean과 math의
14          math = new Subject2();            인스턴스를 생성
15      }
16
17      public void showStudentInfo() {
18          System.out.println(studentName + "님의 " + korean.getSubjectName() +
19  " 과목의 점수는 "
20              + korean.getScorePoint() + "점이며 " + math.getSubjectName() +
21  " 과목의 점수는 "
22              + math.getScorePoint() + "점입니다.");
23      }
24
25  public void setKoreanSubject(String subjectName, int score) {
26          korean.setSubjectName(subjectName);          매개 변수로 넘긴 값을 이용해
27          korean.setScorePoint(score);                 Subject 메서드를 호출하고
28      }                                                값을 대입
29
30      public void setMathSubject(String subjectName, int score) {
31          math.setSubjectName(subjectName);
32          math.setScorePoint(score);
33      }
34  }
```

클래스 외부에서 Student4 클래스를 사용한다면, 이 클래스의 생성자가 먼저 호출됩니다. Student4 클래스의 생성자는 studentID와 studentName을 매개변수로 받아 인스턴스 변수를 초기화합니다. 그리고 두 변수인 korean과 math를 새로운 Subject2 객체로 초기화합니다. 참조 자료형 인스턴스 변수인 korean과 math는 사용하기 전에 생성되어야 하는데, 이 예제에서는 Student4 클래스의 생성자가 호출될 때 생성합니다.

외부에서 Student4 클래스를 테스트할 때 사용하는 코드는 다음과 같습니다.

```
01    package reference;
02
03    public class StudentTest {
04
05        public static void main(String[] args) {
06            Student4 studentLee = new Student4(1001, "Lee");
07
08            studentLee.setKoreanSubject("국어", 100);
09            studentLee.setMathSubject("수학", 50);
10
11            Student4 studentKim = new Student4(1002, "Kim");
12
13            studentKim.setKoreanSubject("국어", 70);
14            studentKim.setMathSubject("수학", 85);
15
16            studentLee.showStudentInfo();
17            studentKim.showStudentInfo();
18        }
19    }
```

과목 정보를 저장하는 메서드 호출

출력 결과

Lee님의 국어 과목의 점수는 100점이며 수학 과목의 점수는 50점입니다.
Kim님의 국어 과목의 점수는 70점이며 수학 과목의 점수는 85점입니다.

Student4 객체를 생성할 때 Subject2 클래스에서 선언한 두 변수 korean과 math의 인스턴스가 각각 생성됩니다. 그 후 setKoreanSubject( )와 setMathSubject( ) 메서드를 호출해 korean과 math 인스턴스에 과목 이름과 점수를 설정할 수 있습니다. 이렇게 하면 Subject2 클래스의 인스턴스 변수인 subjectName과 scorePoint에 값을 대입할 수 있습니다.

🔖 '07장 배열과 ArrayList'에서는 이와 같이 변수를 각각 나누지 않고 한꺼번에 배열로 관리할 수 있는 방법을 자세히 설명합니다.

# 05-7 정보 은닉

지금까지 클래스를 만들고 인스턴스 변수, 메서드, 생성자 등을 만들 때 public 예약어를 많이 사용했습니다. 이제 이 예약어의 의미를 살펴봅시다.

## 접근 제어자 살펴보기

객체 지향 프로그램에서는 예약어를 사용해 클래스 내부의 변수나 메서드, 생성자에 대한 접근 권한을 지정할 수 있습니다. 이러한 예약어를 **접근 제어자**(access modifier)라고 합니다. public이라고 선언한 변수나 메서드는 외부 클래스에서 접근이 가능하며 외부 클래스가 사용할 수 있다는 뜻입니다. 반대로 접근 제어자를 private으로 선언한 변수나 메서드는 외부 클래스에서 사용할 수 없습니다.

다음 예제에서 변수를 private으로 선언하면 결괏값이 어떻게 출력되는지 알아봅시다.

**Do it!** private 사용하기 · 참고 파일 Student.java

```
01  package hiding;
02
03  public class Student {
04      int studentID;
05      private String studentName;   ← studentName 변수를 private으로 선언
06      int grade;
07      String address;
08  }
```

앞 예제에서 studentName 변수를 private으로 작성해 보았습니다. 그리고 파일을 저장한 후, 다음 코드를 작성해 봅시다.

**Do it!** private 변수 테스트하기 · 참고 파일 StudentTest.java

```
01  package hiding;
02
```

```
03    public class StudentTest {
04       public static void main(String[] args) {
05          Student studentLee = new Student( );
06          studentLee. studentName  = "이상원";
07                       └──── 오류 발생
08          System.out.println(studentLee.getStudentName( ));
09       }
10    }
```

Student.java 파일의 실행 클래스인 StudentTest.java 파일에서 오류가 발생합니다. 그 이유는 무엇일까요? studentName 변수의 접근 제어자가 public이라면 외부 클래스인 StudentTest 클래스에서 이 변수에 접근할 수 있지만, private이라면 외부 클래스의 접근이 허용되지 않기 때문입니다.

### get( ), set( ) 메서드

private으로 선언한 studentName 변수를 외부 코드에서 사용하려면 어떻게 해야 할까요? studentName 변수를 사용할 수 있도록 public 메서드를 제공해야 합니다. public 메서드가 제공되지 않는다면 studentName 변수에 접근할 수 있는 방법은 없습니다. 이때 사용할 수 있는 것이 바로 앞에서 간단히 배운 get( ), set( ) 메서드입니다. 다음처럼 get( ), set( ) 메서드를 사용할 수 있도록 코드를 수정해 봅시다.

📌 값을 얻는 get( ) 메서드를 getter, 값을 지정하는 set( ) 메서드를 setter라고도 부릅니다.

**Do it!** get( ), set( ) 메서드 사용하기　　　　　　　　　　　　　　　　• 참고 파일 Student.java

```
01    package hiding;
02
03    public class Student {
04       int studentID;
05       private String studentName;
```

```
06      int grade;
07      String address;
08
09      public String getStudentName( ) {
10          return studentName;
11      }
12
13      public void setStudentName(String studentName) {
14          this.studentName = studentName;
15      }
16  }
```

private 변수인 studentName에 접근해 값을 가져오는 public get( ) 메서드

private 변수인 studentName에 접근해 값을 지정하는 public set( ) 메서드

학생 이름을 받아 오거나 지정할 수 있도록 getStudentName( ) 메서드와 setStudentName( ) 메서드를 추가했습니다.

**get, set 메서드를 더 쉽게 만드는 방법은 없나요?**

질문 있어요

인텔리제이에서는 모든 인스턴스 변수에 대해 get 메서드와 set 메서드를 자동으로 만들 수 있는 기능을 제공합니다. 일일이 코드를 입력하지 않아도 된다는 의미입니다. 코드를 작성한 뒤, 인스턴스 변수를 선언한 클래스가 적힌 영역에서 마우스 오른쪽 버튼을 클릭하면 다음과 같이 [Generate…] 메뉴가 보입니다.

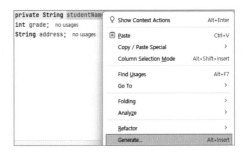

[Generate… → Getter and Setter]를 선택합니다. 그리고 각 인스턴스 변수에 대한 Getter와 Setter가 자동으로 완성되는 창에서 원하는 변수를 선택하면 get, set 메서드가 자동으로 생성됩니다.

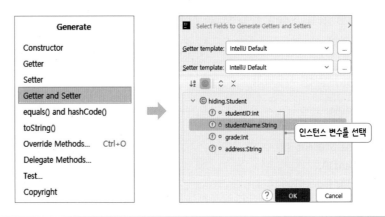

이번에는 StudentTest.java 파일을 수정합니다.

private 변수에 접근하기          • 참고 파일 StudentTest.java

```
01    package hiding;
02
03    public class StudentTest {
04      public static void main(String[] args) {
05        Student studentLee = new Student( );
06        //studentLee.studentName = "이상원";
07        studentLee.setStudentName("이상원");
08
09        System.out.println(studentLee.getStudentName( ));
10      }
11    }
```

> studentName 접근 제어자가 private이므로 오류가 발생해 주석 처리

> setStudentName( ) 메서드를 활용해 private 변수에 접근 가능

출력 결과
이상원

studentName 인스턴스 변수에 이름값을 직접 대입하는 것이 아니라 setStudentName( ) 메서드를 활용하여 값을 대입할 수 있습니다. 즉 외부 클래스에서 private 변수에 직접 접근할 수는 없지만, public 메서드를 통하면 private 변수에 접근할 수 있습니다.

## 정보 은닉이란 무엇일까?

변수를 public으로 선언하는 것과 변수를 private으로 선언하고 나서 그 변수를 사용할 수 있도록 public 메서드를 제공하는 것은 어떤 차이가 있을까요? 어차피 변수에 접근하는 것은 마찬가지인데 말이지요. 다음 예제를 함께 생각해 봅시다.

```
public class MyDate {
  public int day;
  public int month;
  public int year;
}
```

이 코드에서 MyDate 클래스의 day, month, year를 모두 public으로 선언했습니다. 따라서 외부 클래스에서 MyDate를 사용할 때 값을 마음대로 넣을 수 있습니다. 그리고 이 클래스를 사용한 다음 코드를 보면 2월은 28일이나 29일까지인데 31일로 대입되었습니다.

```
public class MyDateTest {
  public static void main(String[] args) {
    MyDate date = new MyDate( );
    date.month = 2;
    date.day = 31;
    date.year = 2018;
  }
}
```

즉 클래스의 인스턴스 변수를 public으로
선언하면 접근이 제한되지 않으므로 정보
의 오류가 발생할 수 있습니다. 이런 경우
에는 오류가 나더라도 그 값이 해당 변수에
대입되지 못하도록 오른쪽과 같이 변수를
private으로 바꾸고 public 메서드를 별도
로 제공하는 게 좋습니다.

```java
public class MyDate {
    private int day;
    private int month;
    private int year;

    public void setDay(int day) {
        if (month == 2) {
            if (day < 1 || day > 28) {
                System.out.println("오류입니다");
            } else {
                this.day = day;
            }
        }
    }
}
```

📝 예제에서 윤년은 고려하지 않았습니다.

이처럼 클래스 내부에서 사용할 변수나 메서드는 private으로 선언해서 외부에서 접근하지
못하도록 하는 것을 객체 지향에서는 **정보 은닉**(information hiding)이라고 합니다. 정보 은닉
은 객체 지향 프로그래밍의 특징이며 자바에서는 접근 제어자를 사용하여 정보 은닉을 구현
합니다. 모든 변수를 private으로 선언해야 하는 것은 아니지만, 필요한 경우에는 private으
로 선언하면 오류를 막을 수 있습니다.

자바에서 사용하는 접근 제어자를 정리하면 다음과 같습니다.

| 접근 제어자 | 설명 |
| --- | --- |
| public | 외부 클래스 어디에서나 접근할 수 있습니다. |
| protected | 같은 패키지 내부와 상속 관계인 클래스에서만 접근할 수 있고 그 외 클래스에서는 접근할 수 없습니다. |
| 아무것도 없는 경우 | default이며 같은 패키지 내부에서만 접근할 수 있습니다. |
| private | 같은 클래스 내부에서만 접근할 수 있습니다. |

# 05-8 캡슐화

## 캡슐화란 무엇일까?

정보 은닉과 더불어 캡슐화도 객체 지향 프로그래밍의 가장 큰 특징입니다. **캡슐화**(encapsulation)는 간단히 말하면 필요한 정보와 기능을 하나의 클래스에 모아 놓는 것입니다.

핸드폰을 구매하러 통신사 대리점에 간 상황을 생각해 보겠습니다. 그런데 핸드폰을 구매할 때에는 데이터를 새 핸드폰으로 이동하고 통신사에 가입하고 요금제를 계약하는 등 여러 가지 일이 일어납니다. 카드 할인이나 가족 할인도 다시 등록해야 하는 경우도 있겠죠. 그 모든 과정을 고객이 혼자 알아서 처리해야 한다며 부담스러울 것입니다. 이러한 상황을 객체 지향 프로그래밍의 캡슐화로 적용해 보면, 고객이 해야 하는 일과 통신사 대리점 직원이 해야 하는 일로 분리할 수 있습니다. 직원이 요구하는 몇 가지 일이나 서명 과정 등을 고객이 수행하면 나머지 복잡한 과정은 대리점 직원이 처리합니다.

이처럼 어떤 기능을 수행하는 데 필요한 정보를 하나에 모아 두고 사용자에게 필요한 기능만을 공개해 객체의 정보가 외부로 나가지 않고 사용할 때 오류가 발생하지 않도록 하는 것이 바로 캡슐화입니다. 이때도 숨겨야 하는 속성이나 메서드는 private으로, 외부에 공개해도 되는 속성이나 메서드는 public으로 제공합니다.

## 캡슐화 구현하기

앞서 예로 든 핸드폰을 구매하러 가는 내용으로 통신사 대리점과 고객의 상황을 간단한 예제로 만들어 봅시다.

**Do it!** 핸드폰 클래스 구현하기 · 참고 파일 Phone.java

```
01  package encapsulation;
02
03  public class Phone {
04      private String model;          모델(model), 가격(price) 두 인스턴스
05      private double price;          변수를 private으로 선언
06
```

```
07          public Phone(String model, double price) {
08              this.model = model;
09              this.price = price;
10          }
11
12          public String getModel() {
13              return model;
14          }
15
16          public double getPrice() {
17              return price;
18          }
19      }
```

Phone 클래스는 핸드폰 객체를 생성하고, 핸드폰의 모델명과 가격을 읽습니다. 이 코드에서는 모델명과 가격이라는 두 인스턴스 변수를 private으로 선언했으며, 두 인스턴스 변수에 접근할 수 있는 get( )과 set( ) 메서드를 제공합니다.

이번에는 핸드폰을 구매하는 고객 클래스를 구현해 봅니다.

**Do it!** 핸드폰 구매 고객 클래스 구현하기 · 참고 파일 Customer.java

```
01  package encapsulation;
02
03  public class Customer {
04      private String name;          이름(name), 예산(budget)
05      private double budget;        두 속성 모두 private로 선언
06
07      public Customer(String name, double budget) {
08          this.name = name;
09          this.budget = budget;
10      }
11
12      public double getBudget() {    getBudget( ) 메서드는
13          return budget;             budget(예산)을 반환
14      }
15
```

```
16        public void buyPhone(PhoneStore store) {
17            Phone phone = store.sellPhone("아이폰", budget);
18            if (phone != null) {
19                System.out.println("고객: 핸드폰 구입이 완료되었습니다.");
20            }
21            else {
22                System.out.println("고객: 핸드폰을 구입하지 못했습니다.");
23            }
24        }
25    }
```

> buyPhone( ) 메서드는 PhoneStore 객체를 매개변수로 받아 고객이 핸드폰을 구매하는 기능을 구현

이 예제는 고객이 통신사 대리점에서 원하는 핸드폰(아이폰)을 예산 내에서 구매할 수 있는 지를 확인하고, 그 결과를 메시지로 출력하는 클래스를 구현했습니다. Customer 클래스에는 name(이름), budget(예산) 이렇게 두 인스턴스 변수가 있으며, 앞선 예제와 마찬가지로 private으로 선언되어 클래스 외부에서는 접근할 수 없습니다. 생성자는 Customer 객체를 생성할 때 호출되고, 고객의 이름과 예산을 매개변수로 받아 인스턴스 변수를 초기화합니다.

buyPhone( ) 메서드는 Phostore(대리점)를 매개변수로 받아 고객이 핸드폰을 구매하는 기능을 구현합니다. store.sellPhone( ) 메서드는 대리점에서 고객이 예산 내에서 아이폰을 구매하려고 할 때, phone 객체가 null이 아니면 핸드폰을 구매할 수 있다는 메시지를 출력하고, null이면 핸드폰을 구매할 수 없다는 메시지를 출력하게 됩니다.

이번에는 대리점 클래스를 구현해 봅니다.

**Do it!** 대리점 클래스 구현하기                                      • 참고 파일 PhoneStore.java

```
01    package encapsulation;
02
03    public class PhoneStore {
04        private Phone phone;      → phone은 대리점에서 판매하는
05                                     핸드폰을 의미하는 Phone의 객체
06        public PhoneStore(Phone phone) {      → PhoneStore 객체를
07            this.phone = phone;                  생성할 때 호출
08        }
09
10        //구입하려는 모델과 예산이 매개변수
11        public Phone sellPhone(String model, double budget) {
```

```java
12          String phoneModel = phone.getModel();
13
14          // 고객이 원하는 모델과 대리점에서 가지고 있는 핸드폰 모델이 같고,
15          // 핸드폰의 가격이 예산보다 작거나 같으면
16          if (model.equals(phoneModel) && budget >= phone.getPrice()) {
17              registerPayment();
18              discountPromotion();
19              saveData();
20              return phone;
21          }
22          else return null;
23      }
24
25      private void registerPayment() {
26          System.out.println("대리점: 요금제를 등록합니다. 약정을 등록합니다.");
27      }
28
29      private void discountPromotion() {
30          System.out.println("대리점: 프로모션으로 할인합니다.");
31      }
32
33      private void saveData() {
34          System.out.println("대리점: 데이터를 저장하고 새로운 폰으로 이동합니다.");
35      }
36  }
```

> 핸드폰 구입 절차를 표현한 메서드 (lines 17-19)

이 예제에서는 PhoneStore(대리점) 클래스를 정의했습니다. 이 대리점에는 핸드폰을 하나 가지고 있습니다. 즉, 인스턴스 변수로 phone이 있습니다. sellPhone( ) 메서드는 고객이 구입하려는 모델과 예산을 매개변수로 받습니다. 대리점이 보유한 핸드폰의 모델과 고객이 원하는 모델이 같고, 가격이 고객의 예산과 작거나 같다면 핸드폰 구입 과정이 진행됩니다.

판매 절차로 registerPayment, discountPromotion, saveDate 등의 메서드를 호출합니다. 사실 고객은 이 판매 절차를 신경 쓰지 않아도 됩니다. 대리점에서 제공하는 sellPhone( ) 메서드 하나만 호출함으로써 이후에 필요한 모든 일이 처리됩니다. 즉 PhoneStore 클래스는 외부 Customer 클래스에게 sellPhone( ) 메서드를 public으로 제공하고 핸드폰 구입 시 내부에서 동작해야 하는 여러 메서드를 private으로 제공합니다.

이와 같이 외부에 공개할 정보(sellPhone( ))와 외부에 공개하지 않을 정보를 구분하고 내부적으로 처리하는 부분을 묶어서 외부에는 접근 가능한 클래스나 메서드로 제공하는 것을 캡슐화라고 합니다.

마지막으로 PhoneStoreTest 클래스를 정의하고, 앞서 작성한 코드를 테스트해 봅시다.

**Do it!** 고객이 대리점에서 핸드폰 구매하기 · 참고 파일 PhoneStoreTest.java

```
01  package encapsulation;
02
03  public class PhoneStoreTest {
04      public static void main(String[] args) {
05          Phone phone = new Phone("아이폰", 1000000);
06          PhoneStore store = new PhoneStore(phone);
07          Customer customer = new Customer("김유영", 1000000);
08          customer.buyPhone(store);
09      }
10  }
```

출력 결과
```
대리점: 요금제를 등록합니다. 약정을 등록합니다.
대리점: 프로모션으로 할인합니다.
대리점: 데이터를 저장하고 새로운 폰으로 이동합니다.
고객: 핸드폰 구입이 완료되었습니다.
```

이 예제에서는 Phone, PhoneStore, Customer 세 객체가 사용됐습니다. PhoneStore가 생성될 때 Phone 인스턴스가 생성자의 매개변수로 전달됩니다. buyPhone( ) 메서드에서는 매개변수로 PhoneStore의 인스턴스를 받고 buyPhone( ) 메서드 내부에서는 PhoneStore 클래스의 sellPhone( ) 메서드를 호출합니다. 이 코드는 buyPhone( )에서 Store 객체를 매개변수로 받고 매개변수로 받은 객체의 메서드가 호출됩니다. 지금까지 살펴보지 않은 객체 간의 협력이 이루어지는 코드입니다. 이 부분은 06-2절에서 좀 더 자세히 학습하겠습니다.

**01** 클래스를 생성할 때 호출하는 [생       ]은(는) 인스턴스 변수를 초기화하는 데 사용합니다.

**02** 클래스를 생성하여 메모리에 있는 상태를 **❶** [인       ](이)라 하고, 멤버 변수를 다른 말로 **❷** [인       ]라고 합니다.

**03** [메       ]은(는) 일반 함수에 객체 지향의 개념을 추가하여, 클래스 내부에 선언하고 클래스 인스턴스 변수를 사용하여 클래스 기능을 구현합니다.

**04** 캡슐화와 정보 은닉이 객체 지향 프로그래밍에서 중요한 이유는 무엇인가요?

**05** [디       ]은(는) 아무런 클래스에 그 어떤 생성자도 구현되지 않았을 때 컴파일러가 자동으로 만들어 주는 생성자입니다.

**06** 167쪽 예시로 나온 MyDate와 MyDateTest 클래스를 완성해 봅시다.

> **MyDate 클래스 완성하기**
> - day, month, year 변수는 private으로 선언합니다.
> - 각 변수의 get, set 메서드를 p ublic으로 만듭니다.
> - MyDate(int day, int month, int year) 생성자를 만듭니다.
> - public boolean isValid( ) 메서드를 만들어 날짜가 유효한지 확인합니다.
> - MyDateTest 클래스에서 생성한 MyDate 날짜가 유효한지 확인합니다

```
class MyDateTest {
    MyDate date1 = new MyDate(30, 2, 2000);
    System.out.println(date1.isValid( ));
    MyDate date2 = new MyDate(2, 10, 2006);
    System.out.println(date2.isValid( ));
}
```

➡ **출력 결과**
유효하지 않은 날짜입니다.
유효한 날짜입니다.

07  사람 객체를 구현하는 Person 클래스를 만들고 이름, 나이, 성별을 인스턴스 변수로 정의해 보세요.

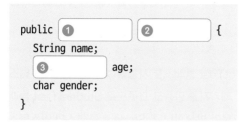

```
public ①          ②          {
    String name;
    ③          age;
    char gender;
}
```

08  FunctionTest.java 코드에 사칙 연산을 수행하는 함수를 모두 구현하고 결괏값을 출력해 봅시다.

★★
09  다음 예제의 클래스를 만들고 결괏값을 출력해 봅시다.

나이가 40살, 이름이 James라는 남자가 있습니다. 이 남자는 결혼을 했고, 자식이 셋 있습니다.

출력 결과
이 사람의 나이
이 사람의 이름
이 사람의 결혼 여부
이 사람의 자녀 수

힌트 1 클래스 이름은 보편적인 것으로 만드는 것이 좋습니다(Person 또는 Man).
힌트 2 클래스에서 사용할 인스턴스 변수를 생각해 보세요.
힌트 3 각 인스턴스 변수에 맞는 자료형을 생각해 보세요
         (결혼 여부: boolean isMarried).

★★
10  온라인 쇼핑몰에서 주문할 때 다음과 같이 주문 정보가 출력되도록 클래스를 만들고 결괏값을 출력해 봅시다.

출력 결과
주문 번호 : 20240731
주문자 아이디 : abc123
주문 날짜 : 2024년 7월 31일
주문자 이름 : 홍길순
주문 상품 번호 : PD0345-12
배송 주소 : 서울시 영등포구 여의도동 20번지

**11** 152쪽에서 Person 클래스에 이미 추가된 생성자 외에 이름, 키, 몸무게를 매개변수로 받는 생성자를 추가하세요. 그리고 PersonTest.java에서 추가된 생성자를 사용하여 인스턴스를 생성해 보세요.

**12** 163~165쪽에서 만든 Student와 StudentTest 클래스를 사용하여 접근 제어자를 테스트해 봅시다. Chapter5 패키지 폴더 아래에 test 패키지를 만들고 그곳으로 StudentTest 클래스를 옮깁니다. 그러면 StudentTest 클래스에 오류가 발생합니다. Student 클래스의 인스턴스 변수에 접근 제어자를 변경하여 오류를 수정하세요.

```java
public class StudentTest {

    public static void main(String[] args) {
        Student studentLee = new Student();
        studentLee.address = "서울 양천구";
        studentLee.setStudentName("이상원");

        System.out.println(studentLee.getStudentName());
    }
}
```

# 06장

# 클래스와 객체 2

05장에서는 객체란 무엇이고, 코드로 객체를 어떻게 구현하고 생성하는지 알아보았습니다. 이 장에서는 클래스와 객체에 관련된 새로운 용어를 살펴보고, 객체 간에 어떻게 협력할 수 있는지 알아보겠습니다.

# 06-1 this 예약어

this는 간단히 설명하면 생성된 인스턴스 스스로를 가리키는 예약어입니다. 이 외에 다른 역할로 this를 사용할 수 있습니다. 예제를 통해 내용을 살펴보겠습니다.

## 자신의 메모리를 가리키는 this

생년월일을 의미하는 BirthDay 클래스를 만들고, this가 어떤 역할을 하는지 알기 위해 this를 출력하는 메서드 printThis( )를 추가해 보겠습니다.

**Do it!** this 출력하기 • 참고 파일 ThisExample.java

```
01   package thisex;
02
03   class BirthDay {
04     int day;
05     int month;
06     int year;
07
08     public void setYear(int year) {        ← 태어난 연도를 지정하는 메서드
09       this.year = year;
10     }                                       ← bDay.year = year;와 같음
11
12     public void printThis( ) {              ← this 출력 메서드
13       System.out.println(this);
14     }                                       ← System.out.println(bDay);와 같음
15   }
16
17   public class ThisExample {
18     public static void main(String[] args) {
19       BirthDay bDay = new BirthDay( );
20       bDay.setYear(2000);                   // 태어난 연도를 2000으로 지정
21       System.out.println(bDay);             // 참조 변수 출력
22       bDay.printThis( );                    // this 출력 메서드 호출
23     }
24   }
```

출력 결과
```
thisex.BirthDay@30f39991
thisex.BirthDay@30f39991
```

🔵 인스턴스가 생성된 동적 메모리(힙) 주소는 실제 주소가 아닌 자바 가상 머신이 생성한 주소입니다.

05장에서 인스턴스를 가리키는 변수가 참조 변수이며, 참조 변수를 출력하면 '클래스 이름@ 메모리 주소' 문자열값이 나온다고 했습니다. 출력 결과를 보면 bDay.printThis( ) 메서드를 호출하여 출력한 this값이 참조 변수 bDay를 출력한 값과 같습니다. 즉 클래스 코드에서 사용하는 this는 생성된 인스턴스 자신을 가리키는 역할을 합니다. 따라서 this.year = year; 문장으로 참조하면 동적 메모리에 생성된 인스턴스의 year 변수 위치를 가리키고 그 위치에 매개변숫값을 넣어 주는 것입니다. 그림으로 나타내면 다음과 같습니다.

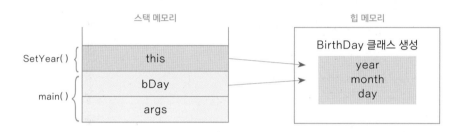

이 그림에서 main( ) 함수는 ThisExample 클래스의 시작 메서드입니다. 그림을 보면 main( ) 함수에서 bDay 변수가 가리키는 인스턴스와 BirthDay 클래스의 setYear( ) 메서드에서 this 가 가리키는 인스턴스가 같은 곳에 있음을 알 수 있습니다.

 은종쌤
질문 있어요

**이전과 달리 클래스가 왜 두 개인가요?**

이 예제의 프로그램 구성은 이전까지의 예제와 좀 다릅니다. 지금까지 살펴본 예제는 클래스를 만들고 나서 테스트하는 클래스를 따로 만들었는데, 이번에는 한 파일에 클래스가 두 개 존재하는 것을 알 수 있습니다. BirthDay 클래스는 객체를 코드로 만든 클래스이고, ThisExample 클래스는 this 출력값의 의미를 알기 위해 main( ) 함수를 포함하여 만든 테스트용 클래스입니다.

앞에서도 설명했듯이 하나의 자바 파일에 하나의 클래스가 있는 경우가 대부분이지만, 이번 예제처럼 하나의 파일에 클래스가 여러 개 존재할 수도 있습니다. 이때 주의할 점은 public 클래스는 하나뿐이며 public 클래스와 자바 파일 이름은 같아야 합니다. 예제를 보면 main( ) 함수를 포함한 클래스가 ThisExample이므로 이 클래스를 public으로 선언했고, 자바 파일 이름도 ThisExample 이라는 것을 알 수 있습니다. 이처럼 간단한 클래스를 활용하는 경우에 하나의 자바 파일에 여러 개의 클래스가 존재할 수도 있다는 것을 알아 두세요.

## 생성자에서 다른 생성자를 호출하는 this

클래스에 생성자가 여러 개 있을 때 한 생성자에서 다른 생성자를 호출하는 경우가 종종 있습니다. 이때 this를 사용해 클래스의 생성자에서 다른 생성자를 호출할 수 있습니다. 예제 코드를 먼저 보고 자세히 설명하겠습니다.

**Do it!** this로 다른 생성자 호출하기 · 참고 파일 CallAnotherConst.java

```java
01  package thisex;
02
03  class Person {
04      String name;
05      int age;
06
07      Person( ) {
08          this("이름 없음", 1);      // this를 사용해 Person(String, int) 생성자 호출
09      }
10
11      Person(String name, int age) {
12          this.name = name;
13          this.age = age;
14      }
15  }
16
17  public class CallAnotherConst {
18      public static void main(String[] args) {
19          Person noName = new Person( );
20          System.out.println(noName.name);
21          System.out.println(noName.age);
22      }
23  }
```

**출력 결과**
```
이름 없음
1
```

Person 클래스에는 Person( ) 디폴트 생성자와 매개변수가 포함된 Person(String, int) 생성자가 있습니다. 클래스가 생성될 때 Person(String, int)가 호출되어 이름과 나이를 전달받고, Person( ) 디폴트 생성자가 호출되는 경우에는 초깃값으로 "이름 없음"과 1 값을 대입하고자 합니다. 물론 디폴트 생성자 코드 안에서 직접 써도 되지만, 이미 다른 생성자에 이 코드가 작성되어 있으므로 8행처럼 this를 활용하여 다른 생성자를 호출할 수 있습니다.

그런데 this로 다른 생성자를 호출할 때는 주의할 점이 있습니다. this를 사용하여 생성자를 호출하는 코드 이전에는 다른 코드를 넣을 수 없다는 것입니다. 만약 다른 코드를 넣으면 다음과 같은 오류 메시지가 나타납니다.

```
Person(){
    this.name = "nonmame";
    this("이름 없음", 1);  // Person(String, int) 생성자 호출
}
        Call to 'this()' must be first statement in constructor body
```

생성자는 클래스가 생성될 때 호출되므로 클래스 생성이 완료되지 않은 시점에 다른 코드가 있다면 오류가 발생할 수 있습니다. 즉 디폴트 생성자에서 생성이 완료되는 것이 아니라 this를 사용해 다른 생성자를 호출하므로, 이때는 this를 활용한 문장이 가장 먼저 와야 합니다.

### 자신의 주소를 반환하는 this

마지막으로 this를 사용하여 생성된 클래스 자신의 주솟값을 반환할 수 있습니다. 인스턴스 주솟값을 반환할 때는 this를 사용하고 반환형은 클래스 자료형을 사용합니다.

다음 코드를 같이 살펴봅시다.

**Do it!** this를 사용하여 주솟값 반환하기 · 참고 파일 CallAnotherConst.java

```
01   package thisex;
02
03   class Person {
04       String name;
05       int age;
06
07       Person( ) {
08           this("이름 없음", 1);    ← Person(String, int) 생성자 호출
09       }
10
11       Person(String name, int age) {
12           this.name = name;
13           this.age = age;
14       }
                    반환형은 클래스형
16       Person returnItSelf( ) {
17           return this;    // this 반환
```

```
18        }
19     }
20
21     public class CallAnotherConst {
22        public static void main(String[] args) {
23           Person noName = new Person( );
24           System.out.println(noName.name);
25           System.out.println(noName.age);
26
27           Person p = noName.returnItSelf( );      // this값을 참조 변수에 대입
28           System.out.println(p);                   // noName.returnItSelf( )의 반환값 출력
29           System.out.println(noName);              // 참조 변수 출력
30        }
31     }
```

**출력 결과**
```
이름 없음
1
thisex.Person@30f39991
thisex.Person@30f39991
```

클래스 자료형과 상관없이 클래스 내에서 this를 사용하
면 자신의 주솟값을 반환할 수 있다는 것을 알아 두세요.

## 자신을 반환하는 this의 활용

this는 자기 자신의 객체 자료형으로 해 인스턴스를 반환하는 예약어이기도 합니다. 메서드가
this를 반환하면 해당 인스턴스 자체를 반환하는 것이므로 같은 인스턴스의 메서드를 연속하
여 호출할 수 있습니다. 여러 메서드를 호출하면서 객체의 값을 채워 가는 코드를 작성해 보겠
습니다.

**Do it!** this로 객체 자신의 인스턴스를 반환하기                    · 참고 파일 ReturnItSelf.java

```
01     package thisex;
02
03     class Student{
04        private int id;
05        private String name;
06        private int grade;
07
08        public int getId() {
09           return id;
10        }
11
12        public String getName() {
```

```
13            return name;
14        }
15
16        public int getGrade() {
17            return grade;
18        }
19
20        public Student setId(int id) {        this로 현재 객체를 참조해
21            this.id = id;                     인스턴스 변수 id를 매개변수로
22            return this;                      설정하고 이를 반환
23        }
24
25        public Student setName(String name) {
26            this.name = name;
27            return this;
28        }
29
30        public Student setGrade(int grade) {
31            this.grade = grade;
32            return this;
33        }
34
35        public void showStudentInfo() {
36            System.out.println(name +" 님의 학번은 " + id + "이고, " + grade + "학년입니다.");
37        }
38    }
39
40    public class ReturnItSelf {
41        public static void main(String[] args) {
42            Student studentLee = new Student();
43            studentLee.setId(12345).setName("김원상").setGrade(3).showStudentInfo();
44            // 연속 호출
45        }
46    }
```

**출력 결과**

김원상 님의 학번은 12345이고, 3학년입니다.

이전 예제들은 set 메서드에서 void를 반환했었습니다. 하지만 이 코드의 set 메서드들은 void 대신 객체 자신의 참조값인 this를 반환하고 있습니다. this를 반환함으로써 다음과 같이 또 다른 메서드를 연속하여 호출할 수 있습니다.

```
studentLee.setId(12345).setName("김원상").setGrade(3). showStudentInfo();
```

이 코드를 좀 더 풀어서 표현하면 다음과 같습니다.

```
Student student1= studentLee.setId(12345);
Student student2 = student1.setName("김원상");
Student student3 = student2.setGrade(3);
student3.showStudentInfo();
```

setId( ), setName( ), setGrade( ) 메서드는 모두 this를 반환하고 showStudentInfo( )는 void를 반환하고 있습니다. 메서드가 this를 반환하면 반환되는 자료형이 자신이기 때문에 여러 줄의 코드로 작성하지 않고 연속하여 호출하는 방식으로 작성할 수 있습니다.

## this와 빌더 패턴

클래스에서 인스턴스를 생성할 때 사용하는 방법으로 빌더 패턴이 있습니다. **빌더 패턴**(builder pattern)이란 객체를 생성할 때 복잡함을 줄이기 위해 사용하는 디자인 패턴입니다. 특히 인스턴스를 생성할 때 생성자나 매개변수가 많은 경우에 유용합니다. 예를 들어 앞의 예제에서 사용한 Student 클래스보다 더 많은 인스턴스 변수가 있고, 많은 변수를 다양한 방법으로 초기화할 경우엔 여러 생성자가 오버로딩되어야 합니다.

다음은 앞서 작성한 Student 클래스를 수정한 코드로, 생성자 세 개를 포함하고 있습니다. 각 생성자는 학생 객체를 초기화합니다.

```
class Student {
    private int id;
    private String name;
    private int grade;                    학생 객체의 속성이 인스턴스
    private String major;                 변수로 선언됨
    private String phoneNumber;
```

```
    public Student(int id, String name) {
        this.id = id;
        this.name = name;
    }

    public Student(int id, String name, int grade) {
        this(id, name);
        this.grade = grade;
    }

    public Student(int id, String name, int grade, String major, String phoneNumber) {
        this(id, name, grade);
        this.major = major;
        this.phoneNumber = phoneNumber;
    }
```

이 코드는 생성자 오버로딩을 통해 다양한 방법으로 Student 객체를 생성할 수 있도록 합니다. 이때 객체 생성을 좀 더 명시적으로 나타내는 빌더 패턴을 사용할 수 있습니다.

생성자가 여러 개로 오버로딩된 경우 매개변수의 순서를 다르게 전달하면 개발자가 의도한 것과 다른 값이 생성될 수 있습니다. 다음과 같이 매개변수가 5개인 생성자를 살펴봅시다.

```
public Student(int id, String name, int grade, String major, String phoneNumber)
```

이때 major와 phoneNumber는 같은 String 매개변수를 가지는데, 두 생성자로 인스턴스를 생성할 경우 다음과 같이 매개변수에 들어갈 값의 순서가 바뀌어도 컴파일 오류가 생기지 않습니다. 즉 코드에서 잘못된 점을 알아차리기가 어렵습니다.

```
Student studentLee = new Student(12345, "김원상", 3, "010-2222-3333", "컴퓨터공학");
```

이러한 일이 발생하지 않도록 매개변수가 다양하게 입력될 경우에는 빌더 패턴을 활용하면 유용합니다.

빌더 패턴을 사용해 Student 클래스를 정의하는 코드를 수정하면 다음과 같습니다.

```
01    package thisex.builder;
02
03    public class Student {
04        private int id;
05        private String name;
06        private int grade;
07        private String major;
08        private String phoneNumber;
09
10        private Student(Builder builder) {
11            this.id = builder.id;
12            this.name = builder.name;
13            this.grade = builder.grade;
14            this.major = builder.major;
15            this.phoneNumber = builder.phoneNumber;
16        }
17
18        public static class Builder {
19            private int id;
20            private String name;
21            private int grade;
22            private String major;
23            private String phoneNumber;
24
25            public Builder(int id, String name) {
26                this.id = id;
27                this.name = name;
28            }
29
30            public Builder grade(int grade) {
31                this.grade = grade;
32                return this;
33            }
34
35            public Builder major(String major) {
36                this.major = major;
37                return this;
38            }
39
```

> Student 객체에 Builder 클래스를 매개변수로 받는 생성자를 만들고 Builder의 속성값을 Student 속성값으로 대입

> Builder 클래스를 선언해 Student 클래스의 각 속성에 값을 각각 대입해 줄 수 있는 메서드를 구현

> Builder 클래스의 생성자로, id와 name을 받음

> Student 클래스의 속성에 값을 대입해 줄 수 있는 메서드를 구현

```java
40          public Builder phoneNumber(String phoneNumber) {
41              this.phoneNumber = phoneNumber;
42              return this;
43          }
44
45          public Student build() {
46              return new Student(this);
47          }
48      }
49
50      public void showInfo() {
51          System.out.println("학번 :" + id);
52          System.out.println("이름 :" + name);
53          System.out.println("학년:" + grade);
54          System.out.println("전공 :" + major);
55          System.out.println("전화번호 :" + phoneNumber);
56      }
57
58      public static void main(String[] args) {
59          Student student = new Student.Builder(12345, "김원상")
60                  .grade(3)
61                  .major("컴퓨터공학")
62                  .phoneNumber("123-456-7890")
63                  .build();
64
65          student.showInfo();
66      }
67  }
```

build( ) 메서드로 Student 인스턴스를 생성해 반환

showInfo( ) 메서드로 Student 객체 정보를 출력

Student.Builder 내부 클래스 생성 후 각 속성값을 넣을 메서드를 호출 하고 마지막에 build() 메서드를 호출

**출력 결과**

```
학번 :12345
이름 :김원상
학년:3
전공 :컴퓨터공학
전화번호 :123-456-7890
```

여기서는 Student 클래스 안에 내부 클래스로 Builder 클래스를 사용했습니다. 사실 내부 클래스는 13-1절에서 자세히 다룹니다. 여기서 내부 클래스를 다룬 이유는 this를 사용해 인스턴스 자신을 반환함으로써 좀 더 유연하게 객체를 생성할 수 있다는 점을 살펴보기 위함입니다. 이러한 빌더 패턴은 자바 웹 개발 프레임워크로 많이 활용하는 스프링 부트(Spring Boot)에서 객체를 생성할 때 종종 사용하는 방식이니 참고하세요.

# 06-2 객체 간 협력

객체 지향 프로그램은 객체를 정의하고 객체 간 협력으로 만든다고 했습니다. 그러면 실제로 객체 간의 협력이 어떻게 이루어지는지 살펴보겠습니다.

05장에서 학생이 학교에 갈 때 수행하는 여러 과정을 객체 지향 프로그램으로 만들 수 있다고 했지요? 또한 여러 객체 간의 협력이 이루어지는 과정을 프로그램으로 구현할 수 있다고 했습니다. 그중 하나로 학생이 버스나 지하철을 타고 학교에 가는 것을 객체 지향으로 프로그래밍해 보겠습니다. 여기에서는 학생, 버스, 지하철 이렇게 세 객체를 만들고 이들 사이에 어떻게 협력이 이루어지는지 살펴보겠습니다.

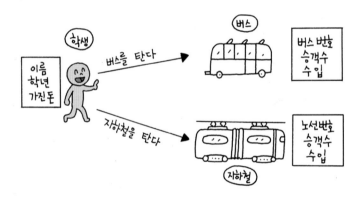

## 학생 클래스 구현하기

학생 클래스는 '이름', '학년', '가진 돈'을 인스턴스 변수(속성)로 가집니다. 그리고 '버스를 탄다', '지하철을 탄다', '학생의 현재 정보를 보여 준다'를 메서드(멤버 함수)로 가집니다.

| **Do it!** 학생 클래스 구현하기 | • 참고 파일 Student.java |
|---|---|

```
01    package cooperation;
02
03    public class Student {
04        public String studentName;    //학생 이름
05        public int grade;             //학년
06        public int money;             //가진 돈(학생이 가지고 있는 돈)
```

```
07
08   public Student(String studentName, int money) {
09       this.studentName = studentName;
10       this.money = money;
11   }
12
13   public void takeBus(Bus bus) {
14       bus.take(1000);
15       this.money -= 1000;
16   }
17
18   public void takeSubway(Subway subway) {
19       subway.take(1500);
20       this.money -= 1500;
21   }
22
23   public void showInfo( ) {
24       System.out.println(studentName + " 님의 남은 돈은 " + money + "입니다.");
25   }
26   }
```

> 학생 이름과 가진 돈을 매개변수로 받는 생성자

> 학생이 버스를 타면 1,000원을 지불하는 기능을 구현한 메서드

> 학생이 지하철을 타면 1,500원을 지불하는 기능을 구현한 메서드

> 학생의 현재 정보를 출력하는 메서드

8행에서 생성자는 학생 이름과 학생이 가진 돈을 매개변수로 받습니다. 학생 클래스를 하나 생성하면 학생 이름과 학생이 가진 돈을 초기화합니다. 디폴트 생성자를 제공하지 않으므로 학생 클래스를 생성하려면 매개변수가 있는 Student(String studentName, int money) 생성자를 호출해야 합니다.

takeBus( ) 메서드는 학생이 한 버스를 선택해서 탄 경우를 구현한 코드입니다. 버스를 타면 버스 요금(1,000원)을 내기 때문에 this.money -= 1000; 문장이 수행되면 학생이 가진 돈이 1,000원만큼 줄어듭니다. 지하철도 마찬가지로 takeSubway( ) 메서드에서 지하철 요금 (1,500원)을 내는 것을 구현한 this.money -= 1500; 문장이 수행되면 학생이 가진 돈은 1,500원만큼 줄어듭니다. 마지막으로 showInfo( ) 메서드는 학생 정보를 출력해 줍니다. 학생의 이름과 남은 돈 정보가 문자열로 연결되어 출력됩니다.

## 버스 클래스 구현하기

버스 객체에서는 어떤 일이 일어날까요? 학생 한 명이 승차하면 버스 요금을 받고 승객 수가 증가할 것입니다. 버스 클래스를 다음과 같이 만들어 보았습니다.

```
01   package cooperation;
02
03   public class Bus {
04       int busNumber;              //버스 번호
05       int passengerCount;         //승객 수
06       int money;                  //버스 수입
07
08       public Bus(int busNumber) {
09           this.busNumber = busNumber;    버스 번호를 매개변수로 받는 생성자
10       }
11
12       public void take(int money) {
13           this.money += money;         // 버스 수입 증가
14           passengerCount++;            // 승객 수 증가    승객이 버스에 탄 경우를 구현한 메서드
15       }
16                                                         버스 정보를 출력하는 메서드
17       public void showInfo( ) {
18           System.out.println("버스 " + busNumber + "번의 승객은 " + passengerCount +"명이고,
         수입은 " + money + "입니다.");
19       }
20   }
```

🔁 예제에서 거스름돈은 생략하겠습니다.

버스 클래스의 인스턴스 변수로는 버스 번호, 승객 수, 버스가 승객에게 받은 요금 총액(버스 수입)이 있습니다. take( ) 메서드에서는 승객 한 명이 버스를 탄 경우를 구현합니다. 승객이 요금을 지불합니다. 요금을 매개변수로 받고 요금이 들어오면 버스 수입이 증가하고 승객 수도 증가합니다. 8행의 Bus(int busNumber) 생성자에서는 버스 번호를 매개변수로 받아 버스가 생성될 때 버스 번호를 초기화합니다. 마지막으로 showInfo( ) 메서드에서 버스 번호와 버스를 탄 승객 수 그리고 버스 수입을 문자열로 연결하여 출력합니다.

## 지하철 클래스 구현하기

다음 코드의 내용은 버스 예제와 유사합니다.

```
01   package cooperation;
02
03   public class Subway {
04       String lineNumber;          //지하철 노선 번호
05       int passengerCount;         //승객 수
06       int money;                  //지하철 수입
07
08       public Subway(String lineNumber) {
09           this.lineNumber = lineNumber;        지하철 노선 번호를 매개변수로 받는 생성자
10       }
11
12       public void take(int money) {
13           this.money += money;         //수입 증가        승객이 지하철에 탄 경우를 구현한 메서드
14           passengerCount++;            //승객 수 증가
15       }                                                    지하철 정보 출력하는 메서드
16
17       public void showInfo( ) {
18           System.out.println(lineNumber + "의 승객은 " + passengerCount +"명이고, 수입은 "
     + money + "입니다.");
19       }
20   }
```

Subway(String lineNumber) 생성자가 지하철 몇 호선인지를 매개변수로 받아 Subway 클래스를 생성합니다. take( ) 메서드는 승객이 탄 경우에 발생하는 일을 구현합니다. 지하철 수입이 증가하고 지하철 승객 수가 한 명 증가합니다. showInfo( ) 메서드는 지하철 노선 번호, 승객 수, 지하철 수입을 문자열로 출력합니다.

## 학생, 버스, 지하철 객체 협력하기

이제 Student, Bus, Subway 클래스를 기반으로 학생이 버스나 지하철을 탔을 때 상황을 구현해 봅시다. 두 학생 James와 Tomas가 있는데 각각 버스와 지하철을 한 번씩 타고 학교에 갑니다. 두 학생이 교통수단을 이용한 후 각자 가진 돈의 변화와 버스, 지하철의 수입 등을 알아보겠습니다.

```
01  package cooperation;
02
03  public class TakeTrans {
04    public static void main(String[] args) {
05      Student studentJames = new Student("James", 5000);      학생 두 명 생성
06      Student studentTomas = new Student("Tomas", 10000);
07
08      Bus bus100 = new Bus(100);                //노선 번호가 100번인 버스 생성
09      studentJames.takeBus(bus100);             //James가 100번 버스를 탐
10      studentJames.showInfo( );                 //James 정보 출력
11      bus100.showInfo( );                       //버스 정보 출력
12
13      Subway subwayGreen = new Subway("2호선");  //노선 번호가 2호선인 지하철 생성
14      studentTomas.takeSubway(subwayGreen);     //Tomas가 2호선을 탐
15      studentTomas.showInfo( );                 //Tomas 정보 출력
16      subwayGreen.showInfo( );                  //지하철 정보 출력
17    }
18  }
```

출력 결과

```
James 님의 남은 돈은 4000입니다.
버스 100번의 승객은 1명이고, 수입은 1000입니다.
Tomas 님의 남은 돈은 8500입니다.
2호선의 승객은 1명이고, 수입은 1500입니다.
```

예제를 보면 두 개의 학생 인스턴스가 생성되었습니다. studentJames 인스턴스에서 학생 이름은 James, 가진 돈은 5,000원으로 초기화하고, studentTomas 인스턴스에서 학생 이름은 Tomas, 가진 돈은 10,000원으로 초기화했습니다. 그리고 bus100 변수가 가리키는 버스와 subwayGreen이 가리키는 지하철이 생성되었습니다. studentJames는 takeBus( ) 메서드에서 버스를 타고, studentTomas는 takeSubway( ) 메서드에서 지하철을 탔습니다.

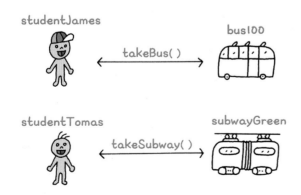

그러면 이번 예제에서 객체 간 협력은 어느 부분에서 이루어졌을까요? 바로 학생, 버스, 지하철 사이에 이루어졌습니다. 학생은 버스나 지하철을 이용할 수 있습니다. 학생이 버스를 선택하면 학생이 가진 돈은 1,000원이 줄고 버스 승객은 1명이 증가하고 버스 수입은 1,000원 증가합니다. 학생이 지하철을 이용하는 경우에 학생이 가진 돈은 1,500원이 줄어들고 지하철 승객은 1명이 증가하고 지하철 수입은 1,500원 증가하지요. 우리가 객체를 클래스로 만들어 구현하면 이렇듯 객체 사이에는 서로 어떤 값을 주고받고 메서드를 호출하는 일이 발생합니다.

지금까지 설명한 내용을 정리해 보겠습니다. 맨 처음에 객체를 정의했는데, 이 프로그램에서 사용한 객체는 학생, 버스, 지하철입니다. 그리고 각 객체에 필요한 인스턴스 변수를 선언하고 생성자를 정의했습니다. 객체 사이의 협력 기능도 구현했습니다. '학생이 지하철을 탄다'는 학생 객체의 입장에서 사용한 문장입니다. 이를 지하철 객체의 입장에서 생각해 보면 '지하철에 학생이 탄다'입니다. 즉 하나의 경우에 대해 두 객체에서 서로 다른 일이 발생하는 것이므로 이를 각각의 클래스에 메서드로 구현했습니다.

이렇게 살펴보니 객체 간 협력은 우리 일상의 모습과 참 비슷하지 않나요? 그래서 객체 지향 프로그램은 현실 세계를 가장 잘 반영한 프로그램 방식이라고도 합니다.

# 06-3 static 변수

Student 클래스를 예로 들어 설명하겠습니다. Student 클래스를 사용하면 여러 학생의 인스턴스를 만들 수 있습니다. 그리고 학생마다 고유한 학번(studentID)을 가지는데, 학생이 입학하면(인스턴스가 생성되면) 학번이 자동으로 생성되도록 만들고 싶습니다. 이때 생성된 인스턴스는 학번을 순서대로 가져야 합니다. 어떻게 학생

```
public class Student {
    public int studentID;
    public String studentName;
    public int grade;
    public String address;
}
```

에게 학번을 부여할 수 있을까요? 이 경우에 인스턴스마다 따로 생성되는 변수가 아닌 클래스 전반에서 공통으로 사용할 수 있는 기준이 되는 변수가 있어야 합니다. 그리고 학생이 한 명 생성될 때마다 기준 변숫값을 하나씩 증가시켜 각 학생 인스턴스의 학번 변수에 대입해 주면 됩니다. 이때 어떤 변수를 여러 클래스에서 공통으로 사용하고 싶다면 변수를 static 변수로 선언합니다.

## static 변수의 정의와 사용 방법

static 변수는 다른 용어로 **정적 변수**라고도 합니다. static 변수는 자바뿐만 아니라 다른 언어에서도 비슷한 개념으로 사용하고 있는 변수로 자바에서는 다른 인스턴스 변수처럼 클래스 내부에 선언합니다. 자바에서 변수를 선언할 때에는 다음과 같이 자료형 앞에 static 예약어를 사용합니다.

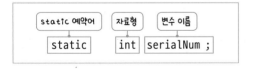

static 변수는 클래스 내부에 선언하지만, 다른 인스턴스 변수처럼 인스턴스가 생성될 때마다 새로 생성되는 변수가 아닙니다. static 변수는 프로그램이 실행되어 메모리에 올라갔을 때 딱 한 번 메모리 공간이 할당됩니다. 그리고 그 값은 모든 인스턴스가 공유합니다.

다시 말하면 일반 인스턴스 변수는 인스턴스가 생성될 때마다 새로 생성되어 각각 다른 studentName을 가지지만, static으로 선언한 변수는 인스턴스 생성과 상관없이 먼저 생성되고 그 값을 모든 인스턴스가 공유하는 것입니다. 이런 이유 때문에 static 변수를 클래스에 기반한 변수라고 해서 **클래스 변수**(class variable)라고도 합니다.

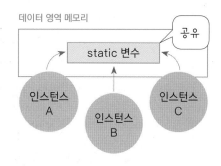

그러면 학생이 새로 생성되면 학번을 차례로 부여하는 예제를 통해 static 변수를 사용하는 방법을 살펴봅시다. 예제에서 사용할 static 변수는 serialNum입니다. 학번을 저장하고 있는 serialNum 변수는 학생 인스턴스가 생성될 때마다 1씩 증가할 것입니다. 이 증가한 값을 학생의 학번에 대입해 주면 학생마다 새로운 학번이 부여됩니다.

**Do it!**  static 변수 사용하기  • 참고 파일 Student.java

```
01    package staticex;
02
03    public class Student {
04        public static int serialNum = 1000;       static 변수는 인스턴스 생성과
                                                      상관없이 먼저 생성됨
05        public int studentID;
06        public String studentName;
07        public int grade;
08        public String address;
09
10        public String getStudentName( ) {
11            return studentName;
12        }
13
14        public void setStudentName(String name) {
15            studentName = name;
16        }
17    }
```

Student 클래스에서 기준값 역할을 하는 serialNum 변수를 선언하고 초깃값으로 1000을 대입합니다. 다음 테스트 코드에서 학생을 두 명 생성하고 serialNum이 증가했을 때 두 인스턴스에서 증가한 값이 공유하는지 확인해 봅시다.

```
01    package staticex;
02
03    public class StudentTest1 {
04      public static void main(String[] args) {
05        Student studentLee = new Student( );
06        studentLee.setStudentName("이지원");
07        System.out.println(studentLee.serialNum);   // serialNum 변수의 초깃값 출력
08        studentLee.serialNum++;    ◀── static 변숫값 증가
09
10        Student studentSon = new Student( );
11        studentSon.setStudentName("손수경");
12        System.out.println(studentSon.serialNum);    ◀── 증가한 값 출력
13        System.out.println(studentLee.serialNum);
14      }
15    }
```

출력 결과
```
1000
1001
1001
```

studentLee를 먼저 생성하고 이 참조 변수를 사용하여 전체 인스턴스에서 공통으로 사용하는 serialNum 변숫값을 1 증가시킵니다. 그리고 studentSon을 생성합니다. 생성된 studentSon 으로는 아무 연산도 수행하지 않습니다. 그다음에 studentSon과 studentLee로 serialNum 변숫값을 출력해 보면 둘 다 1001로 증가한 serialNum값이 출력되는 것을 알 수 있습니다. static으로 선언한 serialNum 변수는 모든 인스턴스가 공유하기 때문이지요. 즉 두 개의 참조 변수가 동일한 변수의 메모리를 가리킨다는 것을 알 수 있습니다.

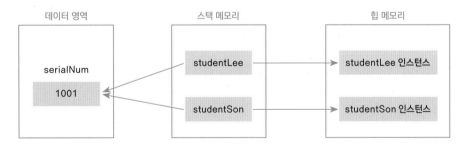

## static 변수를 활용해 학번 생성하기

이제 학생이 한 명 생성될 때마다 학번을 자동으로 부여하는 프로그램을 완성해 보겠습니다.

**Do it!** 학번 자동으로 부여하기 · 참고 파일 Student1.java

```java
01  package staticex;
02
03  public class Student1 {
04      public static int serialNum = 1000;
05      public int studentID;
06      public String studentName;
07      public int grade;
08      public String address;
09
10      public Student1( ) {
11          serialNum++;                 //학생이 생성될 때마다 증가
12          studentID = serialNum;   //증가된 값을 학번 인스턴스 변수에 부여
13      }
14
15      public String getStudentName( ) {
16          return studentName;
17      }
18
19      public void setStudentName(String name) {
20          studentName = name;
21      }
22  }
```

(10~13행 옆) 생성자

static 변수(serialNum) 하나를 선언합니다. 학생 인스턴스가 생성될 때마다 이 변숫값이 증가합니다. 그런데 여기에서 주의할 점은 static 변수를 그냥 바로 학번으로 사용하면 안 된다는 것입니다. 왜냐하면 static 변수는 모든 인스턴스가 공유하는 변수이므로 이 변수를 바로 학번으로 사용하면 모든 학생이 동일한 학번을 가지게 되기 때문입니다. 학번은 학생의 고유 번호이므로 학생의 인스턴스 변수로 선언해 주고, 학생이 한 명 생성될 때마다 증가한 serialNum값을 studentID에 대입해 주면 이 문제를 해결할 수 있습니다. 10~13행과 같이 Student 클래스에 생성자를 추가해 생성자에서 serialNum값을 증가시키고 이렇게 증가한 값을 studentID 변수에 대입하도록 구현합니다.

그러면 StudentTest2 클래스에서 실제로 학생이 1명 생성될 때마다 학번이 1씩 증가하는지 확인해 보겠습니다.

학번 확인하기                                          · 참고 파일 StudentTest2.java

```java
01  package staticex;
02
03  public class StudentTest2 {
04    public static void main(String[] args) {
05      Student1 studentLee = new Student1( );
06      studentLee.setStudentName("이지원");
07      System.out.println(studentLee.serialNum);
08      System.out.println(studentLee.studentName + " 학번:" + studentLee.studentID);
09
10      Student1 studentSon = new Student1( );
11      studentSon.setStudentName("손수경");
12      System.out.println(studentSon.serialNum);
13      System.out.println(studentSon.studentName + " 학번:" + studentSon.studentID);
14    }
15  }
```

출력 결과
```
1001
이지원 학번:1001
1002
손수경 학번:1002
```

학생 인스턴스를 생성할 때마다 serialNum 변수의 값은 증가합니다. 그리고 새로 생성되는 학생마다 가지는 studentID 변수에 증가한 serialNum값을 복사해 주었으므로, 두 학생의 학번은 다릅니다. 이처럼 static 변수는 같은 클래스에서 생성된 인스턴스들이 같은 값을 공유할 수 있으므로, 인스턴스 간에 공통으로 사용할 값이 필요한 경우 유용하게 사용할 수 있습니다.


## 클래스 변수

앞 예제에서 살펴본 것처럼 static 변수는 인스턴스를 생성할 때마다 만들어지는 것이 아니라 클래스를 선언할 때 특정 메모리에 저장되어 모든 인스턴스가 공유합니다. static 변수는 인스턴스 생성과는 별개이므로 인스턴스보다 먼저 생성됩니다. 그러므로 인스턴스가 아닌 클래스 이름으로도 참조하여 사용할 수 있습니다. 따라서 자바에서는 static 변수를 클래스 변수라고도 합니다. StudentTest2.java 코드는 다음처럼 변경할 수 있습니다.

```
01    package staticex;
02
03    public class StudentTest3 {
04      public static void main(String[] args) {
05        Student1 studentLee = new Student1( );
06        studentLee.setStudentName("이지원");
07        System.out.println(Student1.serialNum);
08        System.out.println(studentLee.studentName + " 학번:" + studentLee.studentID);
09
10        Student1 studentSon = new Student1( );
11        studentSon.setStudentName("손수경");
12        System.out.println(Student1.serialNum);
13        System.out.println(studentSon.studentName + " 학번:" + studentSon.studentID);
14      }
15    }
```

serialNum 변수를 직접 클래스 이름으로 참조

출력 결과
```
1001
이지원 학번:1001
1002
손수경 학번:1002
```

StudentTest2.java 파일처럼 static 변수 serialNum을 studentLee.serialNum과 같이 인스턴스로 참조할 수도 있습니다. 하지만 static 변수는 인스턴스가 생성되지 않아도 사용할 수 있기 때문에 보통 Student1.serialNum과 같이 클래스 이름과 함께 사용합니다.

은종쌤
질문 있어요

**왜 static 변수에 노란색 블록이 생기나요?**

StudentTest2.java처럼 static 변수를 studentLee.serialNum과 같이 사용하면 serial Num에 노란색 블록이 표시됩니다. 이 표시는 오류가 났음을 알려 주는 게 아닙니다. serialNum이 static 변수이므로 인스턴스가 아닌 클래스 이름으로 직접 참조하라는 뜻입니다. StudentTest3. java처럼 클래스 이름으로 직접 참조하면 노란색 줄이 사라질 것입니다. 인텔리제이에서 static 변수와 static 메서드는 이탤릭체로 나타납니다.

```
System.out.println(studentLee.serialNum);
System.out.println(studentLee.studentName + " 학번:" + studentLee.studentID);
```

지금까지 static 변수, 정적 변수, 클래스 변수라는 세 가지 용어를 사용했습니다. 셋 모두 자바에서 static 변수를 의미합니다. 다시 한번 강조하면 자바에서 static 변수를 클래스 변수라고 하는 이유는 인스턴스마다 생성되는 변수가 아니라 클래스에 속해 한 번만 생성되는 변수이고 이를 여러 인스턴스가 공유하기 때문입니다.

## 클래스 메서드

인스턴스 변수를 위한 메서드가 존재하듯이 static 변수를 위한 메서드도 있습니다. 이런 메서드를 static 메서드 또는 클래스 메서드(class method)라고 합니다. 여기에서는 serialNum 변수를 사용하는 메서드를 만들어 보겠습니다. 외부 클래스에서 serialNum 변수를 직접 참조하지 못하도록 일단 private으로 선언하고 get( ) 메서드와 set( ) 메서드를 생성합니다. Student 클래스의 serialNum 변수를 private으로 변경하면 기존의 StudentTest1, StudentTest2, StudentTest3에서는 직접 참조할 수 없어 오류가 발생하므로 다음과 같이 Student2 클래스를 새로 생성하겠습니다.

**Do it!**   serialNum의 get( ), set( ) 메서드 사용하기                   • 참고 파일 Student2.java

```
01   package staticex;
02
03   public class Student2 {
04       private static int serialNum = 1000;        ← private 변수로 변경
05       int studentID;
06       String studentName;
07       int grade;
08       String address;
09
10       public Student2( ) {
11           serialNum++;
12           studentID = serialNum;
13       }
14
15       public String getStudentName( ) {
16           return studentName;
17       }
18
19       public void setStudentName(String name) {
20           studentName = name;
21       }
22
23       public static int getSerialNum( ) {
24           int i = 10;
25           return serialNum;         ← serialNum의 get( ) 메서드
26       }
27
```

```
28      public static void setSerialNum(int serialNum) {
29          Student2.serialNum = serialNum;
30      }
31  }
```

serialNum의 set( ) 메서드

이제 외부 클래스에서 serialNum값을 사용하려면 get( ) 메서드를 호출하고, serialNum 변숫값을 변경하려면 set( ) 메서드를 사용해야 합니다. get( ) 메서드와 set( ) 메서드를 사용하도록 변경했을 때 프로그램이 제대로 실행되는지 확인해 봅시다.

**Do it! 학번 출력하기**

• 참고 파일 StudentTest4.java

```
01  package staticex;
02
03  public class StudentTest4 {
04      public static void main(String[] args) {
05          Student2 studentLee = new Student2( );
06          studentLee.setStudentName("이지원");
07          System.out.println(Student2.getSerialNum( ));
08          System.out.println(studentLee.studentName + " 학번:" + studentLee.studentID);
09
10          Student2 studentSon = new Student2( );
11          studentSon.setStudentName("손수경");
12          System.out.println(Student2.getSerialNum( ));
13          System.out.println(studentSon.studentName + " 학번:" + studentSon.studentID);
14      }
15  }
```

serialNum값을 가져오기 위해 get( ) 메서드를 클래스 이름으로 직접 호출

**출력 결과**
```
1001
이지원 학번:1001
1002
손수경 학번:1002
```

StudentTest4.java의 7행과 12행 코드는 serialNum을 직접 참조하지 않고 getSerialNum( ) 메서드를 호출하여 참조합니다. static 메서드 또한 static 변수처럼 인스턴스 참조 변수가 아닌 클래스 이름으로 직접 호출할 수 있습니다.

## 클래스 메서드와 인스턴스 변수

클래스 메서드 내부에서는 인스턴스 변수를 사용할 수 없습니다. 왜일까요? 다음 코드를 살펴 보겠습니다.

```
public class Student2 {
    private static int serialNum = 1000;    ← private 변수로 변경
    int studentID;
    String studentName;
    int grade;
    String address;
    …
    public static int getSerialNum( ) {
        int i = 10;
        studentName = "이지원";    오류 발생    ← serialNum의 get( ) 메서드(클래스 메서드임)
        return serialNum;
    }
    …
```

getSerialNum( ) 메서드는 static 예약어를 붙인 클래스 메서드입니다. 이 메서드는 세 종류의 변수를 사용하고 있습니다. 일단 가장 먼저 선언한 int i를 보겠습니다. 이 변수는 메서드 내부에서 선언하였습니다. 이렇게 메서드 내부에서 선언한 변수를 그 지역에서만 사용한다고 해서 **지역 변수**(local variable)라고 합니다. 06-4절에서 자세히 다루겠지만 지역 변수는 메서드가 호출될 때 메모리에 생성되어 메서드가 끝나면 사라집니다. 따라서 이 변수는 getSerialNum( ) 메서드 내부에서만 사용할 수 있습니다. 마지막 return serialNum; 문장을 보면 serialNum은 static 변수입니다. 그러므로 클래스 메서드인 getSerialNum( ) 메서드 내부에서도 serialNum을 사용할 수 있습니다.

그런데 메서드 내부의 두 번째 줄에 사용한 studentName 변수는 오류가 발생합니다. 이 변수는 Student2 클래스의 인스턴스 변수로, 인스턴스가 생성될 때 만들어지는 인스턴스 변수이기 때문입니다.

클래스 메서드와 클래스 변수는 인스턴스가 생성되지 않아도 사용할 수 있습니다. 다음 코드로 확인해 볼까요?

```
01   package staticex;
02
03   public class StudentTest5 {
04      public static void main(String[] args) {
05         System.out.println(Student2.getSerialNum( ));
06      }
07   }
```

인스턴스 생성 없이 호출 가능

출력 결과
1000

5행을 보면 클래스 메서드는 Student2.getSerialNum( )과 같이 인스턴스가 생성되지 않아도 언제든 호출할 수 있습니다. 따라서 studentName처럼 인스턴스가 생성되어야 메모리가 할당되는 인스턴스 변수는 클래스 메서드에서 사용할 수 없습니다.

정리하자면 클래스 메서드 내부에서 지역 변수와 클래스 변수는 사용할 수 있지만, 인스턴스 변수는 사용할 수 없습니다. 또한 클래스 메서드에서 인스턴스 변수를 사용할 수는 없지만, 반대로 일반 메서드에서 클래스 변수를 사용하는 것은 전혀 문제가 되지 않습니다. 왜냐하면 일반 메서드는 인스턴스가 생성될 때 호출되는 메서드이고, 클래스 변수는 이미 만들어진 변수이기 때문에 일반 메서드에서도 클래스 변수를 호출할 수 있기 때문입니다.

# 06-4 변수의 유효 범위

## 변수마다 다른 유효 범위

지금까지 세 가지 변수를 배웠습니다. 첫 번째는 함수나 메서드 안에서만 사용할 수 있는 지역 변수(로컬 변수, local variable), 클래스 안에서 사용하는 멤버 변수(인스턴스 변수, instance variable), 그리고 여러 인스턴스에서 공통으로 사용할 수 있는 static 변수(클래스 변수, class variable)입니다. 변수는 어디에 어떻게 선언되느냐에 따라 유효 범위(scope)가 달라집니다.

## 지역 변수의 유효 범위

지역 변수는 함수나 메서드 내부에 선언하기 때문에 함수 밖에서는 사용할 수 없습니다. 즉 어떤 함수에 선언한 지역 변수는 다른 함수에서 사용할 수 없습니다. 지역 변수가 생성되는 메모리를 스택(stack)이라고 합니다. 스택에 생성되는 지역 변수는 함수가 호출될 때 생성되었다가 함수가 반환되면 할당되었던 메모리 공간이 해제되면서 함께 없어집니다.

> 🔊 스택 메모리와 함수에 관한 자세한 설명은 137쪽의 '함수 호출과 스택 메모리'를 참고하세요.

## 멤버 변수의 유효 범위

멤버 변수는 인스턴스 변수라고도 합니다. 클래스가 생성될 때 힙(heap) 메모리에 생성되는 변수입니다. 멤버 변수는 클래스의 어느 메서드에서나 사용할 수 있습니다. 힙에 생성된 인스턴스가 가비지 컬렉터(garbage collector)가 수거할 때 메모리에서 사라집니다. 따라서 클래스 내부의 여러 메서드에서 사용할 변수는 멤버 변수로 선언하는 것이 좋습니다.

## static 변수의 유효 범위

사용자가 프로그램을 실행하면 메모리에 프로그램이 상주합니다. 이때 프로그램 영역에는 데이터 영역이 있습니다. 이 영역에는 상수나 문자열, static 변수가 생성됩니다. 인스턴스 변수는 객체가 생성되는 문장 즉 new가 되어야 생성되지만, static 변수는 클래스 생성과 상관없이 처음부터 데이터 영역 메모리에 생성됩니다. 따라서 인스턴스 변수와 static 변수는 사용하는 메모리가 다릅니다.

이렇게 생성된 static 변수는 private이 아니라면 클래스 외부에서도 객체 생성과 무관하게 사용할 수 있습니다. 프로그램 실행이 끝난 뒤 메모리에서 내려가면(예를 들어 워드 프로그램이라면 [닫기]를 한 경우입니다.) static 변수도 소멸합니다. static 변수는 프로그램이 시작할 때부터 끝날 때까지 메모리에 상주하므로 크기가 너무 큰 변수를 static으로 선언하는 것은 좋지 않습니다.

> 데이터 영역은 다른 말로 상수 영역 혹은 static 영역이라고 표현하는 경우도 있습니다.

## 변수 유형에 따른 용도

앞에서 배운 세 가지 변수를 표로 정리하면 다음과 같습니다.

| 변수 유형 | 선언 위치 | 사용 범위 | 메모리 | 생성과 소멸 |
|---|---|---|---|---|
| 지역 변수<br>(로컬 변수) | 함수 내부에 선언 | 함수 내부에서만 사용 | 스택 | 함수가 호출될 때 생성되고 함수가 끝나면 소멸됨 |
| 멤버 변수<br>(인스턴스 변수) | 클래스 멤버 변수로 선언 | 클래스 내부에서 사용하고 private이 아니면 다른 클래스에서 참조 변수로 사용 가능 | 힙 | 인스턴스가 생성될 때 힙에 생성되고, 가비지 컬렉터가 메모리를 수거할 때 소멸됨 |
| static 변수<br>(클래스 변수) | static 예약어를 사용하여 클래스 내부에 선언 | 클래스 내부에서 사용하고 private이 아니면 다른 클래스에서 클래스 이름으로 사용 가능 | 데이터 영역 | 프로그램을 처음 시작할 때 상수와 함께 데이터 영역에 생성되고 프로그램이 끝나고 메모리를 해제할 때 소멸됨 |

변수는 특성에 맞게 선언해서 사용하는 것이 중요합니다. 클래스의 여러 메서드에서 사용할 변수를 지역 변수로 선언하면 다른 메서드에서 그 변수를 사용해야 할 때 지역 변수를 메서드의 매개변수로 전달해야 하므로 번거롭습니다. 그렇다고 모든 변수를 멤버 변수나 static 변수로 선언하면 메모리가 낭비되고 코드의 가독성도 떨어집니다. 따라서 용도에 따라 변수 유형을 명확히 정해서 효율적으로 프로그래밍하는 것이 좋습니다.

# 06-5 static 응용 — 싱글톤 패턴

## 싱글톤 패턴이란?

프로그램을 구현하다 보면 여러 개의 인스턴스가 필요한 경우도 있고 단 하나의 인스턴스만 필요한 경우도 있습니다. 객체 지향 프로그램에서 인스턴스를 단 하나만 생성하는 디자인 패턴을 싱글톤 패턴(singleton pattern)이라고 합니다.

여기에서 살펴볼 싱글톤 패턴은 static을 응용하여 프로그램 전반에서 사용하는 인스턴스를 하나만 구현하는 방식입니다. 실무나 여러 프레임워크에서 많이 사용하므로 내용을 잘 익혀두면 나중에 이 패턴을 응용하여 프로그램을 구현할 수 있을 것입니다.

> 📧 프레임워크(framework)란 프로그램을 쉽게 개발하기 위해 구체적인 기능 설계와 구현을 미리 만들어 놓은 도구를 말합니다.

어떤 회사의 직원을 객체 지향 프로그램으로 구현한다고 가정합시다. 직원은 여러 명이겠지만 회사는 하나입니다. 이런 경우에 직원 인스턴스는 여러 개를 생성하는 것이 당연하지만, 회사 객체는 하나만 생성해야겠지요? 그러면 싱글톤 패턴으로 Company 클래스를 단계적으로 만들어 봅시다.

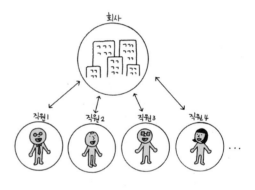

 **디자인 패턴이란 무엇인가요?**

질문 있어요

객체 지향 프로그램을 어떻게 구현해야 좀 더 유연하고 재활용성이 높은 프로그램을 만들 수 있는지를 정리한 내용이 디자인 패턴(design pattern)입니다. 간단히 말해서 프로그램 특성에 따른 설계 유형을 이론화한 내용이며, 특정 알고리즘이나 프로그래밍 언어를 위한 라이브러리가 아니라 객체 지향으로 설계하는 방법을 설명한 것입니다. 따라서 디자인 패턴은 자바는 물론 C++나 C#과 같은 다른 객체 지향 언어에도 적용하여 구현할 수 있습니다. 디자인 패턴 이론은 책 한 권에 담을 만큼 방대하므로 이 책에서는 배운 내용을 응용하는 정도로만 살짝 맛보고 넘어가겠습니다.

## 싱글톤 패턴으로 클래스 구현하기

### 단계 1: 생성자를 private으로 만들기

생성자가 하나도 없는 클래스는 컴파일러가 자동으로 디폴트 생성자 코드를 넣어 줍니다. 그런데 컴파일러가 만들어 주는 디폴트 생성자는 항상 public입니다. 생성자가 public이면 외부 클래스에서 인스턴스를 여러 개 생성할 수 있습니다. 따라서 싱글톤 패턴에서는 생성자를 반드시 따로 작성하고 그 접근 제어자를 private으로 지정해야 합니다. 그러면 생성자가 있으므로 컴파일러가 디폴트 생성자를 만들지 않고, 접근 제어자가 private이므로 외부 클래스에서 마음대로 Company 인스턴스를 생성할 수 없게 됩니다. 즉 Company 클래스 내부에서만 이 클래스의 생성을 제어할 수 있습니다.

**Do it!** private 생성자 만들기 · 참고 파일 Company.java

```
01  package singleton;
02
03  public class Company {
04      private Company( ) { }
05  }
```

### 단계 2: static으로 클래스 내부에 유일한 인스턴스 생성하기

단계 1에서 외부 인스턴스를 생성할 수 없도록 만들었고 우리가 프로그램에서 사용할 인스턴스 하나는 필요합니다. 따라서 Company 클래스 내부에서 인스턴스를 생성합니다. 이 인스턴스가 프로그램 전체에서 사용할 유일한 인스턴스입니다. 또한 private으로 선언하여 외부에서 이 인스턴스에 접근하지 못하도록 제한해야 인스턴스 오류를 방지할 수 있습니다.

**Do it!** 유일한 인스턴스 생성하기 · 참고 파일 Company.java

```
01  package singleton;
02
03  public class Company {
04      private static Company instance = new Company( );   // 유일하게 생성한 인스턴스
05      private Company( ) { }
06  }
```

## 단계 3: 외부에서 참조할 수 있는 public 메서드 만들기

이제 private으로 선언한 유일한 인스턴스를 외부에서도 사용할 수 있도록 설정해야 합니다. 이를 위해 public 메서드를 생성합니다. 그리고 유일하게 생성한 인스턴스를 반환해 줍니다. 이때 인스턴스를 반환하는 메서드는 getInstance( )로 정하고, 반드시 static으로 선언해야 합니다. 왜냐하면 인스턴스 생성과 상관없이 호출할 수 있어야 하기 때문입니다.

**Do it!** public 메서드 만들기 • 참고 파일 Company.java

```
01    package singleton;
02
03    public class Company {
04        …
07        public static Company getInstance( ) {
08            if (instance == null) {
09                instance = new Company( );
10            }
11            return instance;        유일하게 생성한 인스턴스 반환
12        }
13    }
```

> 인스턴스를 외부에서 참조할 수 있도록 public get( ) 메서드 구현

## 단계 4: 싱글톤 객체를 사용하는 코드 만들기

외부 클래스에서는 Company를 생성할 수 없으므로 static으로 제공되는 getInstance( ) 메서드를 호출합니다. Company.getInstance( );와 같이 호출하면 반환값으로 유일한 인스턴스를 받아 옵니다. 다음 예제에서 유일한 인스턴스를 대입한 두 변수의 주솟값이 같은지 확인해 봅시다.

**Do it!** 변수의 주솟값 비교하기 • 참고 파일 CompanyTest.java

```
01    package singleton;
02
03    public class CompanyTest {
04        public static void main(String[] args) {
05            Company myCompany1 = Company.getInstance( );
06            Company myCompany2 = Company.getInstance( );
07            System.out.println(myCompany1 == myCompany2);
08        }
09    }
```

> 클래스 이름으로 getInstance( )을 호출하여 참조 변수에 대입

> 두 변수가 같은 주소인지 확인

출력 결과
```
true
```

myCompany1과 myCompany2를 비교해 보면 같은 참조값을 가지는 동일한 인스턴스임을 알 수 있습니다. 열 번, 백 번을 호출해도 항상 같은 주소의 인스턴스가 반환될 것입니다. 또 Company 클래스는 내부에 생성된 유일한 인스턴스 외에는 더 이상 인스턴스를 생성할 수 없습니다. 이와 같이 static을 사용하면 유일한 객체를 생성하는 싱글톤 패턴을 구현할 수 있습니다.

이 장에서 배우는 내용은 비단 자바뿐 아니라 다른 프로그래밍 언어에도 대동소이하게 적용되므로 프로그래머의 기본 소양을 익힌다고 생각하고 공부하기를 권합니다.

# 06장

## 되새김 문제

▶ 06장 정답 및 풀이: 625쪽

**01** 클래스 내부에서 자신의 주소를 가리키는 예약어를 [ t ] (이)라고 합니다.

**02** 클래스에 여러 생성자가 오버로드됐을 경우에 하나의 생성자에서 다른 생성자를 호출할 때 [ t ] 을(를) 사용합니다.

**03** 클래스 내부에 선언하는 static 변수는 생성되는 인스턴스마다 만들어지는 것이 아니라 여러 인스턴스가 공유합니다. 따라서 클래스에 기반한 유일한 변수라는 의미로 [ 클 ] (이)라고도 합니다.

**04** 지역 변수는 함수나 메서드 내부에서만 사용할 수 있고 ❶ [ 스 ] 메모리에 생성됩니다. 인스턴스 변수 중 static 예약어를 사용하는 static ❷ [ 데 ] 메모리에 생성됩니다.

**05** 아침 출근길에 김 씨는 4,000원을 내고 별다방에서 아메리카노를 사 마셨습니다. 이 씨는 콩다방에서 4,500원을 내고 라테를 사 마셨습니다. 06-2절에서 배운 내용을 참고해 이 과정을 객체 지향으로 프로그래밍해 보세요.

**06** 카드 회사에서 카드를 발급할 때마다 카드 고유 번호를 부여해 줍니다. 195쪽 '학번 자동으로 부여하기' 예제를 참고하여 카드가 생성될 때마다 카드 번호가 자동으로 1씩 증가할 수 있도록 카드 클래스를 만들어 프로그래밍해 보세요.

**07** **06** 에서 구현한 내용에 싱글톤 패턴을 사용하여 카드 회사 클래스 CardCompany를 구현해 보세요.

**08** 190쪽에서 실습한 '버스와 지하철 타기' 예제를 활용해 택시 객체와 Edward 학생이 택시 타는 과정을 구현해 봅시다. 이때 택시 요금은 10,000원입니다.

**09** 192~201쪽을 참고해 학생마다 각각 다른 학생 카드가 발급되도록 구현해 봅시다. 학생 카드 번호는 학번에 100을 더한 값입니다. Student 클래스를 만들어 학생 카드 번호 인스턴스 변수를 추가하고, 학생이 생성될 때마다 학생 카드 번호를 부여합니다. StudentTest 클래스를 만들어 학생 두 명을 생성합니다. 두 학생의 카드 번호를 출력해 보세요.

**10** 다음 빈칸에 알맞은 변수 유형을 적어 보세요.

함수에서 기능 구현을 위해 잠시 사용한다면? → **1** 지 ___ 변수

클래스의 속성을 나타내고 인스턴스마다 다른 값을 가진다면? → **2** 인 ___ 변수

여러 인스턴스에서 공유하고 한 번만 생성해야 한다면? → **3** S ___ 변수

**11** 자동차 공장이 있습니다. 자동차 공장은 유일한 객체이고, 이 공장에서 생산하는 자동차는 제작될 때마다 고유 번호가 부여됩니다. 자동차 번호는 10001부터 시작하고 자동차가 생성될 때마다 1씩 증가해 10002, 10003 이렇게 고유 번호가 붙도록 자동차 공장 클래스와 자동차 클래스를 만들어 보세요. 그리고 두 클래스는 다음 CarFactoryTest.java를 수행할 수 있도록 구현해 봅시다.

```
public class CarFactoryTest {
  public static void main(String[] args) {
    CarFactory factory = CarFactory.getInstance( );    //싱글톤 패턴
    Car mySonata = factory.createCar( );               // 메서드에서 Car 생성
    Car yourSonata = factory.createCar( );
    System.out.println(mySonata.getCarNum( ));         //10001 출력
    System.out.println(yourSonata.getCarNum( ));       // 10002 출력
  }
}
```

힌트 staticex.Student1.java 코드를 활용합니다.

# 07장

# 배열과 ArrayList

이제까지 사용한 변수는 자료 한 개를 저장하기 위한 공간이었습니다. 그런데 프로그래밍을 하다 보면 자료형이 같은 자료를 여러 개 처리해야 하는 일이 종종 생깁니다. 이런 경우에는 변수를 각각 선언하는 것보다 여러 자료를 한 번에 처리할 수 있는 기능이 필요합니다. 이 장에서는 자료형이 같은 여러 자료를 효율적으로 다룰 수 있는 배열을 알아보겠습니다.

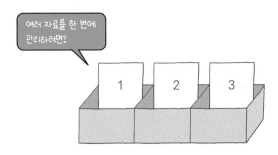

# 07-1 배열

## 자료를 순차대로 관리하는 구조, 배열

어떤 학교에 학생이 100명 있는데 이들의 학번을 관리하려면 어떻게 해야 할까요? 학번의 자료형을 정수라고 하면 학생이 100명이니깐 int studentID1, int studentID2, int studentID3, …, int studentID100 이런 식으로 변수 100개를 선언해 사용해야겠죠. 그런데 각각의 학번을 저장하려고 변수를 일일이 써야 한다면 귀찮고 번거롭습니다. 이때 사용하는 자료형이 배열(array)입니다. 배열은 자료 구조에서 가장 기본이 되는 내용입니다.

> 🍎 자료 구조(data structure)는 데이터를 어떻게 관리하면 좋은지 공부하는 분야입니다. 12장에서 설명하겠습니다.

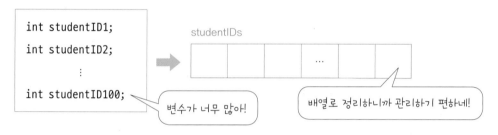

배열을 사용하면 자료형이 같은 자료 여러 개를 한 번에 관리할 수 있습니다. 이 그림으로 알수 있다시피 배열은 자료가 연속해서 나열된 자료 구조입니다.

## 배열 선언하기

배열을 사용하려면 먼저 배열을 선언해야 합니다. 배열도 변수와 마찬가지로 자료형을 함께 선언합니다. 배열을 선언하는 문법은 오른쪽과 같습니

```
자료형[]∨배열 이름 = new∨자료형[개수];
자료형∨배열 이름[] = new∨자료형[개수];
```

다. 배열을 이루는 각각의 자료를 배열 요소라고 합니다. 배열 요소는 자료형이 모두 같습니다. 먼저 저장하려는 자료의 성격에 맞게 자료형을 정하고 선언하려는 배열 요소 개수만큼 [] 안에 적습니다. new 예약어는 배열을 새로 만들라는 의미입니다. 이 책에서는 '배열형' 자료란 의미로 변수 앞에 '자료형[]'을 사용하는 '자료형[] 배열 이름 = new 자료형[개수];' 선언 방식을 사용하겠습니다.

이 선언 방식을 사용해서 앞에서 이야기한 학생들의 학번을 배열로 선언해 봅시다.

```java
int[] studentIDs = new int[10];   //int형 요소가 10개인 배열 선언
```

이 문장은 int형 요소가 10개인 배열을 선언한 것입니다. 이렇게 선언했을 때 메모리 상태를 그림으로 나타내면 다음과 같습니다.

배열을 선언하면 선언한 자료형과 배열 길이에 따라 메모리가 할당됩니다. 이 그림을 보면 자료형이 int형이므로 배열 요소를 저장할 수 있는 공간의 크기는 각각 4바이트입니다. 배열 요소를 저장할 수 있는 공간이 총 10개이므로 이 배열에서는 총 40바이트의 메모리가 할당됩니다.

## 배열 초기화하기

자바에서 배열을 선언하면 그와 동시에 각 요소의 값이 초기화됩니다. 배열의 자료형에 따라 정수는 0, 실수는 0.0, 객체 배열은 null로 초기화되며, 다음처럼 배열 선언과 동시에 특정 값으로 초기화할 수도 있습니다. 배열이 초기화 요소의 개수만큼 생성되므로 [] 안의 요소 개수는 생략합니다.

```java
int[] studentIDs = new int[] {101, 102, 103};   //개수는 생략함
```

다음과 같이 값을 넣어 초기화할 때 [] 안에 개수를 쓰면 오류가 발생합니다.

```java
int[] studentIDs = new int[3] {101, 102, 103};   //오류 발생
```

선언과 동시에 초기화할 때 new int[]는 다음과 같이 생략할 수도 있습니다. new int[]는 int형 요소가 3개인 배열을 생성한다는 의미이므로 생략해도 됩니다.

```java
int[] studentIDs = {102, 102, 103};   //int형 요소가 3개인 배열 생성
```

하지만 다음과 같이 배열의 자료형을 먼저 선언하고 초기화하는 경우에는 new int[]를 생략할 수 없습니다.

```
int[] studentIDs; //배열 자료형 선언
studentIDs = new int[] {101, 102, 103};   //new int[]를 생략할 수 없음
```

## 배열 사용하기

선언한 배열의 각 요소에 값을 넣을 때나 배열 요소에 있는 값을 가져올 때는 [ ]를 사용합니다. 만약 배열의 첫 번째 요소에 값 10을 저장한다면 다음처럼 코드를 작성합니다.

```
studentIDs[0] = 10;     //배열의 첫 번째 요소에 값 10을 저장
```

첫 번째 요소에 값을 저장했다는데 [ ] 안에는 0이 있네요. 이 코드를 자세히 살펴봅시다.

### 인덱스 연산자 [ ]

[ ]는 배열을 처음 선언할 때 사용하는 연산자입니다. 배열 이름에 [ ]를 사용하는 것을 **인덱스 연산**이라고 합니다. [ ] 인덱스 연산자는 배열 요소가 저장된 메모리 위치를 찾아 주는 역할을 합니다. 변수 이름으로 변수가 저장된 메모리 위치를 찾는 것처럼, 배열에서 [i] 인덱스 연산을 하면 i번째 요소의 위치를 찾아 해당 위치의 메모리에 값을 넣거나 이미 저장되어 있는 값을 가져와서 사용할 수 있습니다. 예를 들어 int형으로 선언한 num 배열의 네 번째 요소에 값 25를 저장하고, 그 값을 가져와 int형 변수 age에 저장한다면 다음 그림과 같이 나타낼 수 있습니다.

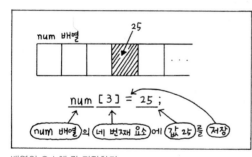

배열의 요소에 값 저장하기

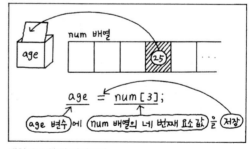

배열 요소의 값 가져오기

**은종쌤 질문 있어요**

### 배열의 물리적 위치와 논리적 위치란 무엇인가요?

물리적(physical) 위치란 배열이 메모리에서 실제 저장되는 곳을 의미하며, 논리적(logical) 위치란 이론상 배열 위치를 의미합니다. 배열은 요소 10개를 선언하면 사용하는 실제 값도 바로 이웃한 메모리에 놓입니다. 즉 '5 다음에 10이 있다'는 논리적 순서와 실제 메모리를 살펴보면 값 5가 놓인 메모리 주소에서 4바이트(int형 크기) 다음 메모리 주소에 값 10이 놓입니다.

🎈 배열 이외에 다른 자료 구조를 살펴보면 논리적 위치는 바로 이웃하지만, 실제 메모리상 물리적 위치는 완전히 동떨어진 경우도 있습니다.

## 배열 순서는 0번부터

배열 길이(처음에 선언한 배열의 요소 개수)가 n이라고 하면, 배열 순서는 0번부터 n-1번까지입니다. 0번 요소를 배열의 첫 번째 요소라고 합니다. 정수 10개를 저장할 배열을 선언하고 각 요소를 값 1부터 10까지 초기화한 후 for 반복문을 사용하여 배열 요솟값을 하나씩 출력해 보겠습니다.

### Do it! 배열 초기화하고 출력하기

• 참고 파일 ArrayTest.java

```
01  package array;
02
03  public class ArrayTest {
04    public static void main(String[] args) {
05      int[] num = new int[] {1, 2, 3, 4, 5, 6, 7, 8, 9, 10};
06
07      for (int i = 0; i < num.length; i++) {
08        System.out.println(num[i]);
09      }
10    }
11  }
```

배열의 첫 번째 요소(num[0])부터 열 번째 요소(num[9])까지 10개 요솟값 출력

**출력 결과**
```
1
2
3
4
5
6
7
8
9
10
```

5행에서 int형 배열 num을 선언하고 1부터 10까지의 값으로 초기화하였습니다. 다음은 초기화가 끝난 num 배열을 그림으로 나타냈습니다.

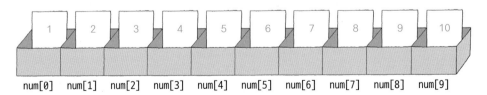

| num[0] | num[1] | num[2] | num[3] | num[4] | num[5] | num[6] | num[7] | num[8] | num[9] |

배열 요소를 하나씩 가져와 출력하기 위해 7행에서 for 반복문을 사용했습니다. 이때 배열의 첫 번째 요소 인덱스는 0부터 시작한다는 점을 알아 둡시다.

 은종쌤

질문 있어요

**0부터 9까지 반복한다면 조건식을 i <= 9로 쓰는 게 더 좋지 않나요?**

0부터 9까지 반복할 때는 일반적으로 for(int = 0; i < 10; i++) 문장을 사용합니다. 여기에서 의문이 드는 건 배열 요소가 10개일 때 0부터 9까지의 값으로 각 배열 요소가 만들어진다고 했으니 for(int i = 0; i <= 9; i++)이라고 써야 하지 않을까 하는 것입니다. 물론 이렇게 해도 결괏값은 같지만, 프로그래밍을 할 때는 i <= 9보다 i < 10으로 쓰는 것을 선호합니다. 왜냐하면 10이 배열 길이이므로 10으로 쓰는 것이 훨씬 직관적이기 때문입니다. 즉 처음에 선언한 전체 배열 요소의 개수가 n개일 때 배열 요소의 인덱스는 0부터 n-1까지 만들어지지만 반복문은 i < n과 같이 사용하는 것이 코드를 직관적으로 이해하는 데 도움이 됩니다.

자바의 배열에서는 배열 길이를 나타내는 length 속성을 가집니다. 자바에서 배열 길이는 처음에 선언한 배열의 전체 요소 개수를 의미합니다. 전체 길이를 알고 싶은 배열 이름 뒤에 도트(.) 연산자를 붙이고 length 속성을 쓰면 배열 길이를 반환합니다. for문의 조건에서 얼마만큼 반복할지 결정해야 하는데, 배열 요소 끝까지 반복해야 하므로 배열의 전체 길이(length)를 넣습니다. 따라서 num.length값은 10이 됩니다. 이렇게 배열 전체 길이만큼 수행문을 반복해야 할 때는 숫자를 직접 사용하는 것보다 length 속성을 사용하는 것이 좋습니다.

### 전체 배열 길이와 유효한 요솟값

배열을 사용할 때 처음 선언한 배열 길이만큼 값을 저장하는 경우는 많지 않습니다. 따라서 전체 배열 길이와 현재 배열에 유효한 값이 저장되어 있는 배열 요소 개수가 같다고 혼동하면 안 됩니다.

다음 예제를 한번 살펴보겠습니다.

| Do it! | 배열 길이만큼 출력하기 | • 참고 파일 ArrayTest2.java |
|---|---|---|

```
01   package array;
02
03   public class ArrayTest2 {
04     public static void main(String[] args) {
05       double[] data = new double[5];         double형으로 길이가 5인 배열 선언
06
07       data[0] = 10.0;   // 첫 번째 요소에 값 10.0 대입
```

```
08          data[1] = 20.0;    // 두 번째 요소에 값 20.0 대입
09          data[2] = 30.0;    // 세 번째 요소에 값 30.0 대입
10                                    ┌─────────────────┐
                                      │ 전체 배열 길이만큼 반복 │
11          for (int i = 0; i < data.length; i++) {
12            System.out.println(data[i]);
13          }
14      }
15  }
```

┌─ 출력 결과 ─┐
```
10.0
20.0
30.0
0.0
0.0
```

double형으로 길이가 5인 배열을 선언했습니다. 자바에서 정수 배열과 실수 배열을 별도로 초기화하지 않고 선언하면 배열의 요솟값은 0 또는 0.0으로 초기화됩니다. 7~9행을 보면 배열의 첫 번째 요소(data[0])부터 세 번째 요소(data[2])까지만 값을 저장했습니다. 11행 for문에서 i는 0부터 배열 길이인 data.length 미만까지 반복하며 배열에 저장된 요솟값을 출력합니다.

그런데 배열의 네 번째 요소와 다섯 번째 요소에는 값을 저장하지 않았기 때문에 0.0이 출력되는 것을 알 수 있습니다. 즉 배열의 세 번째 요소까지만 유효한 값이 저장된 것이죠. 만약 앞서 살펴본 코드에서 유효한 값이 저장된 배열 요소만 정확히 출력하고 싶다면 새로운 변수를 선언하고 배열 요소 순서대로 값을 저장할 때마다 그 변숫값을 증가시킵니다. 그리고 반복문 종료 조건으로 배열의 length 속성이 아닌 해당 변수를 사용하면 됩니다.

그러면 유효한 값이 저장된 배열 요소까지만 출력하는 프로그램을 만들어 봅시다.

**Do it!** | 배열에서 유효한 요솟값 출력하기                    • 참고 파일 ArrayTest3.java

```
01  package array;
02
03  public class ArrayTest3 {
04    public static void main(String[] args) {
05        double[] data = new double[5];
06        int size = 0;          ┤ 유효한 값이 저장된 배열 요소 개수를 저장할 변수 선언
07
08        data[0] = 10.0; size++;
09        data[1] = 20.0; size++;   ┤ 값을 저장한 후 size 변숫값 증가
10        data[2] = 30.0; size++;
11                                  ┤ 유효한 값이 저장된 배열 요소 개수만큼 반복문 실행
12        for (int i = 0; i < size; i++) {
```

```
13          System.out.println(data[i]);
14       }
15    }
16 }
```

출력 결과
```
10.0
20.0
30.0
```

6행에 유효한 값이 저장된 배열 요소 개수를 저장할 size 변수를 선언했습니다. 배열 요소에 순서대로 값을 저장할 때마다 size 변수의 값을 하나씩 증가시킵니다. 즉 유효한 값을 저장하는 있는 배열 요소 개수를 알 수 있는 것이죠. 따라서 12행의 반복문은 전체 배열 길이만큼 반복하는 게 아니라 유효한 요소 개수만큼만 반복합니다.

## 문자를 저장하는 배열 만들기

이번에는 문자를 저장하는 배열도 한번 생각해 봅시다. 문자 자료형 배열을 만들고 알파벳 대문자를 A부터 Z까지 저장한 후 각 요솟값을 알파벳 문자와 정숫값(아스키 코드값)으로 출력해 보겠습니다. 문자 자료형 배열은 char[]로 선언해야 합니다.

**Do it!** 알파벳 문자와 아스키 코드값 출력하기 · 참고 파일 CharArray.java

```
01 package array;
02
03 public class CharArray {
04   public static void main(String[] args) {
05     char[] alphabets = new char[26];
06     char ch = 'A';
07
08     for (int i = 0; i < alphabets.length; i++, ch++) {
09       alphabets[i] = ch;   //아스키 코드값을 각 요소에 저장
10     }
11
12     for (int i = 0; i < alphabets.length; i++) {
13       System.out.println(alphabets[i] + "," + (int)alphabets[i]);
14     }
15   }
16 }
```

출력 결과
```
A,65
B,66
C,67
```
```
X,88
Y,89
Z,90
```

5행에서 대문자 알파벳 26개를 저장하기 위해 문자형 배열을 선언하고, 8행에서 for문을 사용해 각 배열 요소에 알파벳 문자를 저장하였습니다. 알파벳 문자는 실제 메모리에 아스키 코드값으로 저장되기 때문에 ch값에 1을 더하면(ch++) 1만큼 증가한 값이 배열에 저장됩니다.

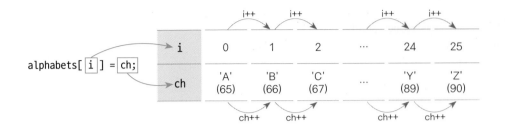

12행의 for문으로 alphabets 배열에 저장된 알파벳 문자와 그 문자에 해당하는 아스키 코드 값을 출력합니다. 13행의 (int)alphabets[i] 문장에서 형 변환 연산자 (int)는 배열에 저장된 char형 문자를 int형 정수로 변환합니다.

> 📧 형 변환이 잘 기억나지 않는다면 02-5절을 참고하세요.

## 배열 복사하기

자료형 및 배열 크기가 기존 배열과 똑같은 배열을 새로 만들거나, 배열의 모든 요소에 자료가 꽉 차서 더 큰 배열을 만들어 기존 배열에 저장된 자료를 가져올 때 배열을 복사합니다. 배열을 복사하는 방법은 두 가지입니다. 첫 번째는 기존 배열과 배열 길이가 같거나 더 긴 배열을 만들고 for문을 사용해 각 요솟값을 반복해서 복사하는 방법입니다. 이 코드는 간단하므로 생략하겠습니다.

두 번째는 System.arraycopy( ) 메서드를 사용하는 방법으로 매개변수를 활용해서 배열을 복사할 수 있습니다. System.arraycopy(src, srcPos, dest, destPos, length) 메서드에서 사용하는 매개변수의 의미는 각각 다음과 같습니다.

| 매개변수 | 설명 |
| --- | --- |
| src | 복사할 배열 이름 |
| srcPos | 복사할 배열의 첫 번째 위치 |
| dest | 복사해서 붙여 넣을 대상 배열 이름 |
| destPos | 복사해서 대상 배열에 붙여넣기를 시작할 첫 번째 위치 |
| length | src에서 dest로 자료를 복사할 요소 개수 |

System.arraycopy( ) 메서드를 사용한 다음 예제를 살펴봅시다.

```
01  package array;
02
03  public class ArrayCopy {
04    public static void main(String[] args) {
05      int[] array1 = {10, 20, 30, 40, 50};
06      int[] array2 = {1, 2, 3, 4, 5};
07
08
09      System.arraycopy(array1, 0, array2, 1, 4);
10      for (int i = 0; i < array2.length; i++) {
11          System.out.println(array2[i]);
12      }
13    }
14  }
```

복사할 배열 | 복사할 첫 위치 | 대상 배열 | 붙여 넣을 첫 위치 | 복사할 요소 개수

출력 결과
```
1
10
20
30
40
```

예제를 보면 array1 배열에서 array2 배열로 요솟값을 복사합니다. array1 배열의 요소 0번 (첫 번째 요소)부터 4개를 복사해서 대상 배열 array2의 요소 1번(두 번째 요소)부터 붙여 넣습니다. 출력 결과를 보면 array2 배열의 첫 번째 요솟값인 1을 제외하고 나머지 요솟값만 변경된 것을 알 수 있습니다. 이때 복사할 대상 배열의 전체 길이가 복사할 요소 개수보다 작다면 오류가 납니다. 즉 위 예제에서는 요소 4개를 복사했지만, 만일 요소 5개를 복사한다고 코드를 수정하면 array2 배열 길이보다 요소 개수가 많아지므로 오류가 발생합니다.

## 행과 열로 구성된 다차원 배열

지금까지 배운 배열은 모두 행 하나로 이루어진 일차원 배열입니다. 수학에서 평면을 나타내기 위해 x, y 좌표를 쓰는 것처럼 프로그램에서도 평면을 구현할 때 이차원 배열을 사용할 수 있습니다. 예를 들어 바둑이나 체스 게임, 내비게이션 지도 등을 구현할 때 이차원 배열을 활용합니다. 삼차원 이상의 배열도 가능합니다. 삼차원 배열은 주로 공간을 나타내는 프로그램에서 활용합니다. 이렇게 이차원 이상으로 구현한 배열을 다차원 배열이라고 합니다. 정리하자면 다차원 배열은 평면이나 공간 개념을 구현하는 데 사용합니다. 여기에서는 이차원 배열만 살펴보겠습니다.

## 이차원 배열

다음은 2행 3열의 이차원 배열을 선언하는 코드와 논리 구조입니다.

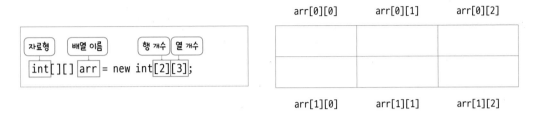

|  | arr[0][0] | arr[0][1] | arr[0][2] |
|---|---|---|---|
|  |  |  |  |
|  |  |  |  |
|  | arr[1][0] | arr[1][1] | arr[1][2] |

배열의 모든 요소를 참조하려면 각 행을 기준으로 열 값을 순회하면 됩니다. 이차원 배열을 초기화하려면 다음

🔵 순회란 각 배열 요소를 하나씩 찾아본다는 뜻입니다.

처럼 행과 열 개수에 맞추어서 중괄호 { } 안에 콤마(,)로 구분해 값을 적습니다. 이렇게 이차원 배열을 초기화하면 괄호 안에 적은 6개 값이 순서대로 arr 배열의 각 요소에 저장됩니다.

`int[][] arr = {{1, 2, 3}, {4, 5, 6}};`  ➡

|  | arr[0][0] | arr[0][1] | arr[0][2] |
|---|---|---|---|
|  | 1 | 2 | 3 |
|  | 4 | 5 | 6 |
|  | arr[1][0] | arr[1][1] | arr[1][2] |

그러면 이 내용을 코드로 구현한 예제를 살펴보겠습니다.

**Do it!** 이차원 배열 초기화하기 · 참고 파일 TwoDimension.java

```
01   package array;
02
03   public class TwoDimension {
04     public static void main(String[] args) {
05       int[][] arr = {{1, 2, 3}, {4, 5, 6}};      이차원 배열 선언과 동시에 초기화
06
07       for (int i = 0; i < arr.length; i++) {
08         for (int j = 0; j < arr[i].length; j++) {
09           System.out.println(arr[i][j]);
10         }
11         System.out.println( );   //행 출력이 끝난 후 한 줄 띄움
12       }
13     }
14   }
```

출력 결과
```
1
2
3

4
5
6
```

7~10행의 중첩 for문을 살펴보면 배열 인덱스용으로 i, j 두 변수를 사용하는데 i는 행을, j는 열을 가리킵니다. 전체 배열 길이인 arr.length는 행의 개수를, 각 행의 길이 arr[i].length는 열의 개수를 나타냅니다.

다음 예제에서는 이차원 배열의 행과 열의 길이를 확인할 수 있습니다.

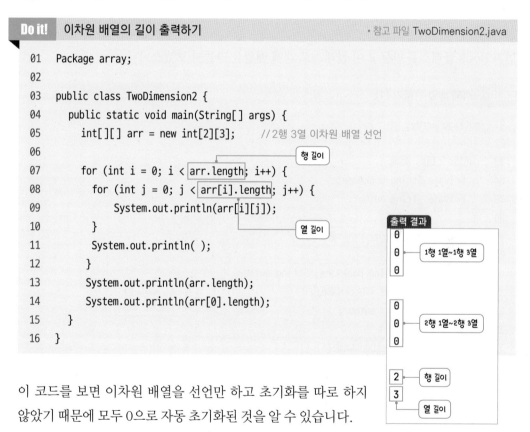

**Do it! 이차원 배열의 길이 출력하기** · 참고 파일 TwoDimension2.java

```
01  Package array;
02
03  public class TwoDimension2 {
04    public static void main(String[] args) {
05      int[][] arr = new int[2][3];          // 2행 3열 이차원 배열 선언
06
07      for (int i = 0; i < arr.length; i++) {       // 행 길이
08        for (int j = 0; j < arr[i].length; j++) {
09            System.out.println(arr[i][j]);
10        }
11        System.out.println( );
12      }
13      System.out.println(arr.length);
14      System.out.println(arr[0].length);
15    }
16  }
```

**출력 결과**
```
0
0     1행 1열~1행 3열
0

0
0     2행 1열~2행 3열
0

2     행 길이
3     열 길이
```

이 코드를 보면 이차원 배열을 선언만 하고 초기화를 따로 하지 않았기 때문에 모두 0으로 자동 초기화된 것을 알 수 있습니다.

# 07-2 객체 배열

## 객체 배열 생성하기

이번에는 참조 자료형으로 선언하는 객체 배열을 알아보겠습니다. 동일한 기본 자료형 변수 여러 개를 배열로 사용할 수 있듯이 참조 자료형 변수도 여러 개를 배열로 사용할 수 있습니다. 객체 배열은 int나 char 등 기본 자료형의 배열과 사용법이 조금 다릅니다. 어떤 점이 다른지 예제로 살펴보죠.

> 📋 참조 자료형 변수란 클래스형으로 선언하는 변수를 의미합니다. 잘 기억나지 않는다면 05-6 절을 참고하세요.

먼저 Book 클래스를 만들고 이 클래스로 객체 배열을 만들어 보겠습니다.

**Do it!** 객체 배열 만들기 (1)  • 참고 파일 Book.java

```java
01  package array;
02
03  public class Book {
04      private String bookName;
05      private String author;
06
07      public Book( ) { }        ◄─ 디폴트 생성자
08
09      public Book(String bookName, String author) {      ◄─ 책 이름과 저자 이름을 매개변수로 받는 생성자
10          this.bookName = bookName;
11          this.author = author;
12      }
13      public String getBookName( ) {
14          return bookName;
15      }
16      public void setBookName(String bookName) {
17          this.bookName = bookName;
18      }
19      public String getAuthor( ) {
20          return author;
21      }
22      public void setAuthor(String author) {
```

```
23        this.author = author;
24    }
25    public void showBookInfo( ) {
26        System.out.println(bookName + "," + author);   ─── 책 정보를 출력해 주는 메서드
27    }
28 }
```

Book 클래스는 책 이름과 저자를 인스턴스 변수로 가지는 클래스입니다. 디폴트 생성자 외에도
책 이름과 저자 이름을 매개변수로 받는 생성자를 하나 더 구현했습니다. 다른 코드에서 이 클래
스를 사용할 때 인스턴스 변숫값을 가져오거나 지정할 수 있도록 get( ), set( ) 메서드도 구현
합니다. 마지막으로 책의 정보를 출력해 주는 showBookInfo( ) 메서드까지 구현했습니다.

도서관에 책이 5권 있다고 가정합니다. Book 클래스를 사용하여 책 5권을 객체 배열로 만들
어 보겠습니다.

**Do it!** 객체 배열 만들기 (2)                                    • 참고 파일 BookArray.java

```
01  package array;
02
03  public class BookArray {
04      public static void main(String[] args) {
05          Book[] library = new Book[5];   ─── Book 클래스형으로 객체 배열 생성
06
07          for (int i = 0; i < library.length; i++) {
08              System.out.println(library[i]);
09          }
10      }
11  }
```

출력 결과
```
null
null
null
null
null
```

이 코드에서 이해해야 할 부분은 5행의 Book[] library = new Book[5]; 문장입니다. 코드만
내용만 보면 Book 인스턴스 5개가 생성된 것처럼 보입니다. 하지만 Book 인스턴스 5개가
바로 생성되는 것은 아닙니다. 그러면 이때 만들어지는 것은 무엇일까요? 인스턴스를 생성하
면 그 인스턴스를 가리키는 주솟값이 있습니다. Book[] library = new Book[5];는 각각의
Book 인스턴스 주솟값을 담을 공간 5개를 생성하는 문장입니다. 즉 이 문장을 실행하면 다음
그림처럼 Book 주솟값을 담을 공간이 5개 만들어지고 자동으로 각 공간은 '비어 있다'는 의
미의 null로 초기화됩니다.

| library[0] | library[1] | library[2] | library[3] | library[4] |
|---|---|---|---|---|
| null | null | null | null | null |

이제 각 배열 요소에 인스턴스를 생성해 넣어 보겠습니다. Book 클래스에 구현한 생성자를 사용합니다.

**Do it! 객체 배열 만들기 (3)**
• 참고 파일 BookArray2.java

```java
01  package array;
02
03  public class BookArray2 {
04    public static void main(String[] args) {
05      Book[] library = new Book[5];
06
07      library[0] = new Book("태백산맥", "조정래");
08      library[1] = new Book("데미안", "헤르만 헤세");
09      library[2] = new Book("어떻게 살 것인가", "유시민");     ← 인스턴스 생성 후 배열에 저장
10      library[3] = new Book("토지", "박경리");
11      library[4] = new Book("어린왕자", "생텍쥐페리");
12
13      for (int i = 0; i < library.length; i++) {
14        library[i].showBookInfo( );
15      }
16      for (int i = 0; i < library.length; i++) {
17        System.out.println(library[i]);
18      }
19    }
20  }
```

배열의 각 요소에 Book 인스턴스를 만들어 직접 저장했습니다. 출력 화면을 보면 각 인스턴스가 모두 잘 생성되었음을 알 수 있습니다. 16~17행의 출력 내용은 배열 요소마다 생성된 인스턴스 주솟값입니다.

**출력 결과**

```
태백산맥 , 조정래
데미안 , 헤르만  헤세
어떻게  살  것인가 , 유시민      ← Book 인스턴스
토지 , 박경리
어린왕자 , 생텍쥐페리
array.Book@1be6f5c3
array.Book@6b884d57
array.Book@38af3868      ← Book 인스턴스를 저장한
array.Book@77459877          메모리 공간 주소
array.Book@5b2133b1
```

⊜ 주솟값은 11-1절에서 더 자세히 설명합니다.

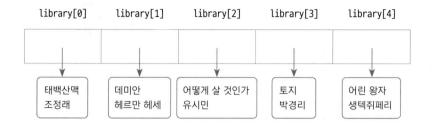

| library[0] | library[1] | library[2] | library[3] | library[4] |
|---|---|---|---|---|
| 태백산맥<br>조정래 | 데미안<br>헤르만 헤세 | 어떻게 살 것인가<br>유시민 | 토지<br>박경리 | 어린 왕자<br>생텍쥐페리 |

## 객체 배열 복사하기

객체 배열도 마찬가지로 복사해서 사용할 수 있습니다. 간단하게 String 클래스를 사용한 예를 살펴보겠습니다. array 패키지에 Book 클래스는 이미 만들어 두었으므로, 같은 패키지에 다음 ObjectCopy1 클래스를 추가로 만들어 진행합니다.

**Do it! 객체 배열 복사하기** · 참고 파일 ObjectCopy1.java

```java
01   package array;
02
03   public class ObjectCopy1 {
04     public static void main(String[] args) {
05       Book[] bookArray1 = new Book[3];
06       Book[] bookArray2 = new Book[3];
07
08       bookArray1[0] = new Book("태백산맥", "조정래");
09       bookArray1[1] = new Book("데미안", "헤르만 헤세");
10       bookArray1[2] = new Book("어떻게 살 것인가", "유시민");
11       System.arraycopy(bookArray1, 0, bookArray2, 0, 3);
12
13       for (int i = 0; i < bookArray2.length; i++) {
14         bookArray2[i].showBookInfo( );
15       }
16     }
17   }
```

**출력 결과**
```
태백산맥, 조정래
데미안, 헤르만 헤세
어떻게 살 것인가, 유시민
```

예제 코드의 출력 결과를 보면 bookArray1 배열에서 bookArray2 배열로 요솟값이 잘 복사된 것을 알 수 있습니다. 그런데 한 가지 의문이 생깁니다. bookArray2 배열의 인스턴스를 따로 만들지 않았는데 각 요솟값이 잘 출력되고 있습니다. 객체 배열을 사용하려면 꼭 인스턴스를 생성해서 넣어야 한다고 했는데, 이 경우는 어떻게 된 것일까요?

## 얕은 복사

앞 예제에서 배열을 복사해 출력하기 전 bookArray1 배열의 요솟값 하나를 변경해 보겠습니다.

**Do it!** 객체 배열의 얕은 복사 · 참고 파일 ObjectCopy2.java

```java
01  package array;
02
03  public class ObjectCopy2 {
04    public static void main(String[] args) {
05      Book[] bookArray1 = new Book[3];
06      Book[] bookArray2 = new Book[3];
07
08      bookArray1[0] = new Book("태백산맥", "조정래");
09      bookArray1[1] = new Book("데미안", "헤르만 헤세");
10      bookArray1[2] = new Book("어떻게 살 것인가", "유시민");
11      System.arraycopy(bookArray1, 0, bookArray2, 0, 3);
12
13      for (int i = 0; i < bookArray2.length; i++) {
14        bookArray2[i].showBookInfo( );
15      }
16
17      bookArray1[0].setBookName("나목");           ← bookArray1 배열의 첫 번째 요솟값 변경
18      bookArray1[0].setAuthor("박완서");
19
20      System.out.println("=== bookArray1 ===");
21      for (int i=0; i<bookArray1.length; i++) {
22        bookArray1[i].showBookInfo();
23      }
24
25      System.out.println("=== bookArray2 ===");
26      for (int i = 0; i < bookArray2.length; i++) {
27        bookArray2[i].showBookInfo( );          ← bookArray2 배열 요솟값도 변경되어 출력
28      }
29    }
30  }
```

출력 화면을 보면 17~18행에서 book
Array1 배열의 요솟값을 변경했는데
bookArray2 배열의 요솟값도 변경된 것
을 알 수 있습니다. 배열이 어떻게 복사되
었길래 이런 일이 발생할까요?

그 이유는 객체 배열의 요소로 저장된 값
은 인스턴스 자체가 아니고 인스턴스의 주
솟값이기 때문입니다. 따라서 객체 배열을
복사할 때 인스턴스를 따로 생성하는 게
아니라 기존 인스턴스의 주솟값만 복사합

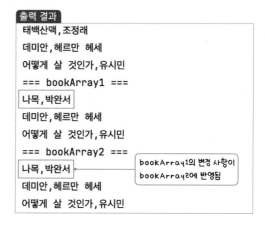

니다. 결국 두 배열의 서로 다른 요소가 같은 인스턴스를 가리키므로 복사되는 배열의 인스턴
스값이 변경되면 두 배열 모두 영향을 받는 것입니다.


다음 그림을 봅시다.

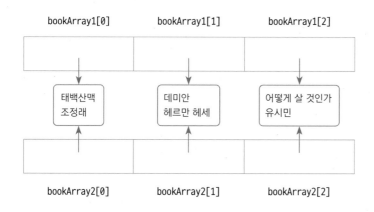

17~18행 코드처럼 bookArray1의 첫 번째 요솟값을 변경하면 다음처럼 bookArray2의 첫
번째 요솟값도 영향을 받는 것이지요.

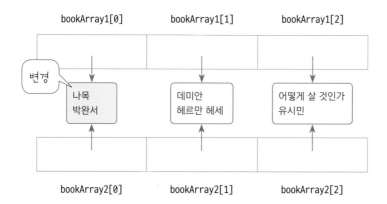

이와 같은 복사를 주솟값만 복사한다고 해서 **얕은 복사**(shallow copy)라고 합니다. 그러면 인스턴스값만 복사하고, bookArray1 배열과 bookArray2 배열의 각 요소가 서로 다른 인스턴스를 가리키게 하려면 어떻게 해야 할까요?

### 깊은 복사

반복문을 사용하건 System.arraycopy( ) 메서드를 사용하건 객체 배열을 복사하면 항상 인스턴스 주소가 복사됩니다. 대부분의 경우는 이렇게 해도 문제가 되지 않지만, 인스턴스를 따로 관리하고 싶다면 직접 인스턴스를 만들고 그 값을 복사해야 합니다. 이를 **깊은 복사**(deep copy)라고 합니다.

다음 예제는 복사할 배열에 인스턴스를 따로 생성한 후 요솟값을 복사합니다. 이렇게 하면 복사한 배열 요소는 기존 배열 요소와 서로 다른 인스턴스를 가리키므로 기존 배열의 요솟값이 변경되어도 영향을 받지 않는다는 것을 알 수 있습니다.

---

**Do it!** 객체 배열의 깊은 복사 · 참고 파일 ObjectCopy3.java

```
01  package array;
02
03  public class ObjectCopy3 {
04    public static void main(String[] args) {
05      Book[] bookArray1 = new Book[3];
06      Book[] bookArray2 = new Book[3];
07
08      bookArray1[0] = new Book("태백산맥", "조정래");
09      bookArray1[1] = new Book("데미안", "헤르만 헤세");
10      bookArray1[2] = new Book("어떻게 살 것인가", "유시민");
11
12      bookArray2[0] = new Book( );          디폴트 생성자로 bookArray2
13      bookArray2[1] = new Book( );          배열 인스턴스 생성
14      bookArray2[2] = new Book( );
15
16      for (int i = 0; i < bookArray1.length; i++) {
17        bookArray2[i].setBookName(bookArray1[i].getBookName( ));    bookArray1 배열 요소를 새로 생성한
18        bookArray2[i].setAuthor(bookArray1[i].getAuthor( ));         bookArray2 배열 인스턴스에 복사
19      }
20
21      for (int i = 0; i < bookArray2.length; i++) {
22        bookArray2[i].showBookInfo( );    // bookArray2 배열 요솟값 출력
```

```
23          }
24
25          bookArray1[0].setBookName("나목");          bookArray1 첫 번째
26          bookArray1[0].setAuthor("박완서");          배열 요솟값 수정
27
28          System.out.println("=== bookArray1 ===");
29          for (int i = 0; i < bookArray1.length; i++) {
30              bookArray1[i].showBookInfo( );    // bookArray1 배열 요솟값 출력
31          }
32
33          System.out.println("=== bookArray2 ===");
34          for (int i = 0; i < bookArray2.length; i++) {
35              bookArray2[i].showBookInfo( );    // bookArray2 배열 요솟값 출력      bookArray1 배열 요솟
36          }                                                                          값과 다른 내용이 출력됨
37      }
38 }
```

출력 결과

```
태백산맥, 조정래
데미안, 헤르만 헤세
어떻게 살 것인가, 유시민
=== bookArray1 ===
나목, 박완서
데미안, 헤르만 헤세
어떻게 살 것인가, 유시민
=== bookArray2 ===
태백산맥, 조정래
데미안, 헤르만 헤세
```

이 예제처럼 깊은 복사를 할 경우 메모리 그림은 다음과 같습니다.

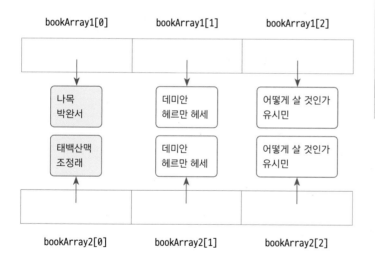

## 향상된 for문과 배열

자바 5부터 제공되는 향상된 for문(enhanced for loop)은 배열의
처음에서 끝까지 모든 요소를 참조할 때 사용하면 편리한 반복
문입니다. 향상된 for문은 배열의 요솟값을 순서대로 하나씩 가
져와서 변수에 대입합니다. 따로 초기화와 종료 조건이 없기 때

```
for(변수 : 배열) {
    반복 실행문;
}
```

문에 모든 배열의 시작 요소부터 끝 요소까지 실행합니다. 다음 예제를 따라 하며 향상된 for
문을 연습해 봅시다.

**Do it!** 향상된 for문 사용하기 　　　　　　　　　　• 참고 파일 EnhancedForLoop.java

```
01  package array;
02
03  public class EnhancedForLoop {
04    public static void main(String[] args) {
05      String[] strArray = {"Java", "Android", "C", "JavaScript", "Python"};
06
07      for (String lang : strArray) {
08        System.out.println(lang);
09      }
10    }
11  }
```

변수에는 배열의 각 요소 대입

출력 결과
```
Java
Android
C
JavaScript
Python
```

String형으로 선언된 strArray 배열에 문자열 5개를 저장했습니
다. 향상된 for문을 사용해서 String형 lang 변수에 strArray 배
열의 요솟값을 순서대로 가져와 대입합니다. lang 변수를 출력하면 strArray 배열에 저장된
값이 순서대로 출력됩니다.

# 07-3 ArrayList 클래스

## 배열의 한계를 극복할 수 있는 ArrayList 클래스

앞에서 배운 기본 배열은 프로그램에서 사용하려면 항상 배열 길이를 정하고 시작합니다. 그런데 이런 경우를 생각해 보죠. 처음에 학생 100명을 위한 프로그램을 개발했는데 어느 순간 학생 수가 100명이 넘었습니다. 배열을 사용하는 중에는 배열 길이를 변경할 수 없기 때문에 코드를 수정해야 합니다. 혹은 중간에 학생 한 명이 전학을 갔다면 배열은 중간에 있는 요소를 비워 둘 수 없으므로 배열 요소의 위치를 변경해야 합니다. 이 두 경우 모두 배열을 하나하나 수정하려면 힘들고 복잡하겠죠?

그래서 자바는 객체 배열을 좀 더 쉽게 사용할 수 있도록 객체 배열 클래스 ArrayList를 제공합니다. ArrayList 클래스는 객체 배열을 관리할 수 있는 인스턴스 변수와 메서드를 제공하므로 사용 방법만 알아 두면 편리하게 사용할 수 있습니다. ArrayList는 12장에서 다시 한번 자세히 다룰 예정이므로 이 장에서는 간단히 사용법 위주로 설명하겠습니다.

> (출) ArrayList 외에도 배열을 쉽게 사용할 수 있도록 클래스를 제공하는데, ArrayList의 효율이 가장 높습니다.

## ArrayList 클래스의 주요 메서드

ArrayList 클래스에는 이미 만들어져 있는 메서드가 많이 있습니다. 여기에서는 그중 프로그램을 만들 때 가장 많이 사용하는 메서드 위주로 설명하겠습니다.

| 메서드 | 설명 |
|---|---|
| boolean add(E e) | 요소 하나를 배열에 추가합니다. |
| int size( ) | 배열에 추가된 요소 전체 개수를 반환합니다. |
| E get(int index) | 배열의 index 위치에 있는 요솟값을 반환합니다. |
| E remove(int index) | 배열의 index 위치에 있는 요솟값을 제거하고 그 값을 반환합니다. |
| boolean isEmpty( ) | 배열이 비어있는지 확인합니다. |

(출) E는 요소의 자료형을 의미합니다.

add( ) 메서드를 이용하면 배열 길이와 상관없이 객체를 추가할 수 있습니다. 만일 배열의 길이가 추가될 요소 개수보다 부족하다면 배열을 더 키울 수 있도록 구현되어 있습니다. 또 배열 중간의 어떤 요솟값이 제거되면 그다음 요솟값을 하나씩 앞으로 이동하는 코드도 이미 구현되어 있습니다. 이렇게 자바에서 제공하는 라이브러리를 활용하면 좀 더 편리하게 프로그래밍할 수 있습니다.

## ArrayList 클래스 활용하기

ArrayList를 사용할 때 어떤 자료형 객체를 사용하여 프로그래밍할 것인지 선언할 수 있습니다. 다음은 ArrayList를 사용하는 기본 형식입니다.

```
ArrayList<E> 배열 이름 = new ArrayList<E>( );
```

📌 <E>와 같은 형태를 제네릭(generic) 자료형이라고 합니다. 제네릭 자료형은 12-1절에서 자세히 설명합니다.

배열을 선언하는 부분의 〈 〉 안에 사용할 객체의 자료형(E)을 쓰면 됩니다. 예를 들어 앞에서 살펴본 Book 클래스형을 자료형으로 사용해서 ArrayList 배열을 생성한다면 다음과 같습니다.

```
ArrayList<Book> library = new ArrayList<Book>( );
```

ArrayList는 java.util 패키지에 구현되어 있는 클래스입니다. 현재 만든 프로그램에는 java.util 패키지가 포함되어 있지 않기 때문에 ArrayList를 사용하기 위해서

📌 java.util은 자바에서 사용하는 여러 자료 구조와 알고리즘에 관련된 클래스를 구현해 놓은 패키지입니다.

컴파일러에게 ArrayList가 어디에 구현되어 있는지 알려 줘야 합니다. 이렇게 내 코드에 없는 클래스를 가져와 사용할 때 이 클래스가 어디에 구현되어 있다고 알려 주기 위해 코드 맨 위에 선언하는 것을 임포트(import)한다고 합니다. 즉 ArrayList를 사용하려면 자바 클래스를 선언하기 전에 import java.util.ArrayList; 문장을 반드시 써주어야 합니다.

07-2절에서 만든 예제를 이번에는 ArrayList 클래스를 활용해 보겠습니다.

**Do it!** ArrayList 클래스 사용하기 · 참고 파일 ArrayListTest.java

```
01  package array;
02  import java.util.ArrayList;  ← ArrayList 클래스를 임포트함
03
04  public class ArrayListTest {
05      public static void main(String[] args) {
```

```
06    ArrayList<Book> library = new ArrayList<Book>( );          ← ArrayList 선언
07
08    library.add(new Book("태백산맥", "조정래"));
09    library.add(new Book("데미안", "헤르만 헤세"));
10    library.add(new Book("어떻게 살 것인가", "유시민"));        ← add( ) 메서드로 요솟값 추가
11    library.add(new Book("토지", "박경리"));
12    library.add(new Book("어린왕자", "생텍쥐페리"));
13
14    for (int i = 0; i < library.size( ); i++) {
15      Book book = library.get(i);
16      book.showBookInfo( );                                    ← 배열에 추가된 요소 개수만큼 출력
17    }
18    System.out.println( );        // 행 출력 끝난 후 한 줄 띄움
19
20    System.out.println("=== 향상된 for문 사용 ===");
21    for (Book book : library) {
22      book.showBookInfo( );
23    }
24  }
25 }
```

**출력 결과**

```
태백산맥, 조정래
데미안, 헤르만 헤세
어떻게 살 것인가, 유시민
토지, 박경리
어린왕자, 생텍쥐페리

=== 향상된 for문 사용 ===
태백산맥, 조정래
데미안, 헤르만 헤세
어떻게 살 것인가, 유시민
토지, 박경리
어린왕자, 생텍쥐페리
```

기본 배열에서는 [] 안에 배열 전체 길이를 미리 지정해야 했습니다. 하지만 ArrayList를 생성할 때는 미리 지정할 필요 없이 add( ) 메서드를 사용해 생성자만 호출하면 됩니다. ArrayList는 객체 배열이므로 8~12행과 같이 인스턴스를 각각 생성해서 배열의 요소로 추가합니다. 14~17행은 ArrayList에 있는 인스턴스를 순서대로 가져와서 출력합니다. 요소를 하나 가져오는 메서드는 get( )입니다. 매개변수

🔹 JavaDoc을 살펴보면 ArrayList의 생성자가 몇 가지 더 있는데, 이는 12장에서 다루겠습니다.

로 몇 번째 요소를 가져올 것인지 지정하면 됩니다. 14행 for문을 보면 배열에 추가된 요소 개수만큼만 출력하기 위해 size( ) 메서드를 사용했습니다. size( ) 메서드는 배열에 유효한 값이 저장된 요소 개수를 반환합니다. 21~23행의 향상된 for문 역시 배열의 요솟값을 출력합니다.

향상된 for문을 사용하면 변수를 따로 변수를 추가하지 않고도 배열의 모든 요소가 for문에 선언된 변수에 차례로 대입되어 처리됩니다. 그러므로 코드를 좀 더 간결하게 나타낼 수 있습니다. 하지만 배열의 모든 요소를 처리할 필요가 없다면 개수를 지정하는 변수를 사용해 일반적인 for문으로 작성하는 게 좋습니다.

## 꼭! 알아 두세요 | JavaDoc 활용

프레임워크나 라이브러리를 더 알고 싶을 때 가장 좋은 방법은 공식 문서를 찾아보는 것입니다. 자바
는 버전마다 JavaDocumentation(JaveDoc)이라는 문
서를 제공합니다. 이 문서를 살펴보면 클래스와 관련 메서
드에 관한 자세한 내용을 확인할 수 있습니다. 인텔리제이
에서는 클래스 이름 위에 마우스 포인터를 올리면 해당 클
래스를 설명하는 팝업 창이 오른쪽 같이 나타납니다.

좀 더 자세한 설명을 보고 싶다면 외부 JavaDoc을 설정해야 합니
다. 설정 방법은 왼쪽 상단의 프로젝트 영역에서 아무 폴더를 선택
해 마우스 오른쪽 버튼을 누르고 [Open Module Settings]를 선
택합니다.

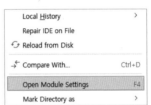

다음과 같이 Project Structure 창이 등장하면, 왼쪽에서 [SDKs]를 선택한 뒤, 현재 사용하는 jdk
버전인 23을 선택합니다. 그다음 [Documentation Paths] 탭을 선택하고, 탭 아래에 버튼 중 ![+] 을
클릭하면 URL을 입력하는 창이 등장합니다. 여기에 23을 버전의 JavaDoc 웹 사이트 주소를 입력합

니다(버튼을 누르면 자동으로 입력
된 것을 확인할 수 있습니다.).
[OK]를 클릭해 창을 닫으면 다음과
같이 URL이 나타납니다.

[OK]를 클릭하고 기본 화면으로 돌아와 ArrayList를
선택한 뒤, Shift + F1 을 누르면 ArrayList를 설명
하는 JavaDoc을 살펴볼 수 있습니다.

# 07-4 ArrayList 클래스를 활용한 프로그램 구현하기

지금까지 배운 배열과 ArrayList 클래스를 사용해 학생 성적 출력 프로그램을 구현해 보겠습니다. 이 프로그램은 Student 클래스와 Subject 클래스를 사용합니다. 만약 어떤 학생이 10 과목을 수강한다면 Subject 클래스형을 자료형으로 선언한 변수가 10개 필요할 것입니다. 또 어떤 학생은 3과목을 수강할 수도 있고, 어떤 학생은 5과목을 수강할 수도 있습니다. 따라서 이러한 경우에는 배열을 사용하여 프로그램을 구현하는 것이 좋습니다. Subject 클래스는 참조 자료형으로 ArrayList를 활용해서 구현해 보겠습니다.

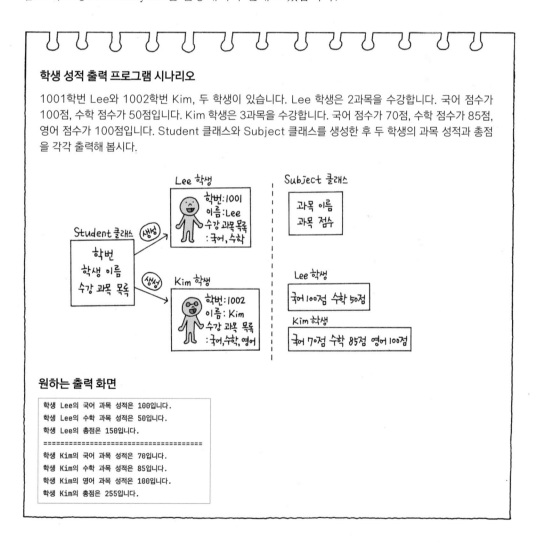

**학생 성적 출력 프로그램 시나리오**

1001학번 Lee와 1002학번 Kim, 두 학생이 있습니다. Lee 학생은 2과목을 수강합니다. 국어 점수가 100점, 수학 점수가 50점입니다. Kim 학생은 3과목을 수강합니다. 국어 점수가 70점, 수학 점수가 85점, 영어 점수가 100점입니다. Student 클래스와 Subject 클래스를 생성한 후 두 학생의 과목 성적과 총점을 각각 출력해 봅시다.

**원하는 출력 화면**

```
학생 Lee의 국어 과목 성적은 100입니다.
학생 Lee의 수학 과목 성적은 50입니다.
학생 Lee의 총점은 150입니다.
=====================================
학생 Kim의 국어 과목 성적은 70입니다.
학생 Kim의 수학 과목 성적은 85입니다.
학생 Kim의 영어 과목 성적은 100입니다.
학생 Kim의 총점은 255입니다.
```

## Student 클래스 구현하기

성적 출력 프로그램은 어떤 학생이 수강하는 과목의 성적을 출력하는 것이므로 '학생' 객체가 필요하겠죠? 그러면 Student 클래스부터 구현해 보겠습니다.

**Do it!** Student 클래스 구현하기 · 참고 파일 Student.java

```java
01  package arraylist;
02  import java.util.ArrayList;
03
04  public class Student {
05      int studentID;
06      String studentName;
07      ArrayList<Subject> subjectList;              // ArrayList 선언하기
08
09      public Student(int studentID, String studentName) {
10          this.studentID = studentID;
11          this.studentName = studentName;
12          subjectList = new ArrayList<Subject>( ); // ArrayList 생성하기
13      }
14
15      public void addSubject(String name, int score) {
16          Subject subject = new Subject( );        // Subject 생성하기
17          subject.setName(name);                   // 과목 이름 추가하기
18          subject.setScorePoint(score);            // 점수 추가하기
19          subjectList.add(subject);                // 배열에 저장하기
20      }
21
22      public void showStudentInfo( ) {
23          int total = 0;
24          for (Subject s : subjectList) {
25              total += s.getScorePoint( );         // 총점 더하기
26              System.out.println("학생 " + studentName + "의 " + s.getName( ) + " 과목
                                성적은 " + s.getScorePoint( ) + "입니다.");
27          }
28          System.out.println("학생 " + studentName + "의 총점은 " + total + " 입니다.");
29      }
30  }
```

- 05~07행 → Student 클래스의 인스턴스 변수
- 09~13행 → 생성자
- 15~20행 → 학생이 수강하는 과목을 subjectList 배열에 하나씩 추가하는 메서드
- 22~29행 → 배열 요솟값 출력

한 학생이 수강하는 과목은 여러 개일 수 있으므로 7행에서 Subject 클래스형으로 ArrayList를 생성합니다. subjectList는 학생이 수강하는 과목을 저장할 배열입니다. 학생의 수강 과목을 하나씩 추가하기 위해 15~20행 addSubject( ) 메서드를 만듭니다. 매개변수로 넘어온 과목 이름과 점수로 Subject 클래스를 생성하고, 생성한 인스턴스는 subjectList에 추가합니다. 그러면 이 학생의 수강 과목 정보는 subjectList에 저장됩니다. 22~29행 showStudentInfo( ) 메서드에서는 각 과목의 성적과 총점을 출력합니다. 향상된 for문을 사용하여 subjectList 배열 내용을 출력할 수 있습니다.

## Subject 클래스 구현하기

과목 정보를 담고 있는 Subject 클래스의 코드는 다음과 같습니다.

**Do it!** Subject 클래스 구현하기 · 참고 파일 Subject.java

```
01   package arraylist;
02
03   public class Subject {
04       private String name;        //과목 이름
05       private int scorePoint;     //과목 점수
06
07       public String getName( ) {
08           return name;
09       }
10       public void setName(String name) {
11           this.name = name;
12       }
13       public int getScorePoint( ) {
14           return scorePoint;
15       }
16       public void setScorePoint(int scorePoint) {
17           this.scorePoint = scorePoint;
18       }
19   }
```

(04~05행) ← Subject 클래스의 인스턴스 변수

Subject 클래스의 인스턴스 변수는 과목 이름과 성적 두 가지입니다. 7~18행에 구현한 메서드는 name과 scorePoint 인스턴스 변수의 get( ), set( ) 메서드입니다.

## 테스트 프로그램으로 결과 확인하기

학생 두 명을 생성하고 각 학생의 과목별 성적과 총점을 출력해 보겠습니다.

**Do it!** 학생 성적 출력하기 · 참고 파일 StudentTest.java

```java
01  package arraylist;
02
03  public class StudentTest {
04    public static void main(String[] args) {
05      Student studentLee = new Student(1001, "Lee");
06      studentLee.addSubject("국어", 100);
07      studentLee.addSubject("수학", 50);
08
09      Student studentKim = new Student(1002, "Kim");
10      studentKim.addSubject("국어", 70);
11      studentKim.addSubject("수학", 85);
12      studentKim.addSubject("영어", 100);
13
14      studentLee.showStudentInfo( );
15      System.out.println("===================================");
16      studentKim.showStudentInfo( );
17    }
18  }
```

**출력 결과**
```
학생 Lee의 국어 과목 성적은 100입니다.
학생 Lee의 수학 과목 성적은 50입니다.
학생 Lee의 총점은 150입니다.
===================================
학생 Kim의 국어 과목 성적은 70입니다.
학생 Kim의 수학 과목 성적은 85입니다.
학생 Kim의 영어 과목 성적은 100입니다.
학생 Kim의 총점은 255입니다.
```

5행에서 studentLee를 생성합니다. 학생 ID는 1001, 이름은 Lee입니다. studentLee의 addSubject( ) 메서드를 호출하여 학생 Lee가 수강 중인 국어, 수학 과목을 studentLee의 subjectList에 추가합니다. 마찬가지로 학생 ID가 1002, 이름은 Kim인 studentKim을 9행에서 생성하고 이번에는 국어, 수학, 영어 3과목을 addSubject( ) 메서드를 사용하여 추가합니다. 그러고 나서 showStudentInfo( ) 메서드를 호출하여 각 학생의 과목별 성적과 총점을 출력합니다.

**01** 배열은 [ 같 ] 자료형을 순서대로 관리할 때 사용하는 자료 구조입니다.

**★ 02** 217쪽의 알파벳을 출력하는 예제에서 각 배열 요솟값을 대문자에서 소문자로 변환해 출력하세요.

> 힌트 A의 아스키 값은 65, a의 아스키 값은 97이므로 두 문자는 32만큼 차이가 납니다.

**★ 03** 배열 길이가 5인 정수형 배열을 선언하고, 1~10 중 짝수만을 배열에 저장한 후 그 합을 출력하세요.

**★ 04** 오른쪽과 같이 Dog 클래스가 있습니다. DogTest 클래스와 배열 길이가 5인 Dog[] 배열을 만든 후 Dog 인스턴스를 5개 생성하여 배열에 추가합니다. for문과 향상된 for문에서 Dog 클래스의 showDogInfo( ) 메서드를 사용하여 배열에 추가한 Dog 정보를 모두 출력하세요.

```java
public class Dog {
    private String name;
    private String type;
    public Dog(String name, String type) {
        this.name = name;
        this.type = type;
    }
    public String getName( ) {
        return name;
    }
    public void setName(String name) {
        this.name = name;
    }
    public String getType( ) {
        return type;
    }
    public void setType(String type) {
        this.type = type;
    }
    public String showDogInfo( ) {
        return name + "," + type;
    }
}
```

**05** **04** 에서 DogTestArrayList 클래스를 만들어 인스턴스 변수로 ArrayList를 사용합니다. Dog 인스턴스를 5개 생성하여 ArrayList에 추가한 뒤, ArrayList의 정보를 출력하는 코드를 작성하세요.

> 힌트 ArrayList의 메서드를 활용하세요.

**06** int형 배열 arr를 다음처럼 초기화했습니다. 연산의 결괏값이 어떻게 출력될까요? 컴파일 오류가 발생하는 연산이 있다면 몇 번일까요?

```
int[] arr = new int[] {3, 6, 9, 12};
```

| arr[0] + 2 ➡ **❶** | arr[1] + arr[2] ➡ **❷** | arr[4] - 3 ➡ **❸** |
| --- | --- | --- |

**07** 214쪽 '배열 초기화하고 출력하기' 예제의 main( ) 함수에 int sum = 0;을 작성하고, 8행 코드를 수정하여 배열의 모든 요소 합을 계산하는 프로그램을 만들어 보세요.

**08** 다음은 향상된 for문을 사용해 int형 배열 numArray의 요솟값을 순서대로 하나씩 가져와서 int형 변수 number에 대입하는 코드입니다. 빈칸을 채워 보세요.

```
int[] numArray = new int[] {1, 2, 3, 4, 5, 6, 7, 8, 9, 10};
for ( ❶ i         : ❷ n          ) { … }
```

**09** 학생 클래스 Student를 만들고 인스턴스 변수로 studentID, name을 선언합니다. showStudentInfo( ) 메서드를 만들어 studentID와 name 값을 출력합니다. 그리고 StudentArray 클래스에서 Student 3명의 배열을 만들고 Student를 생성하여 저장한 후 for문을 사용하여 Student 정보를 출력합니다. 출력 결과가 다음과 같도록 Student와 StudentArray 클래스를 만들어 보세요.

> **출력 결과**
> 1001, James
> 1002, Tomas
> 1003, Edward

**10** 알파벳 소문자를 2글자씩 13줄(13행 2열)로 출력하는 프로그램을 이차원 배열로 구현해 보세요.

**11** **09** 에서 만든 Student 클래스를 이용하여 StudentArrayList 클래스를 만들고 ArrayList<Student> 자료형의 ArrayList를 선언합니다. ArrayList에 학생 3명을 추가하고 그 정보를 출력하세요. 출력 결과는 다음과 같습니다.

> **출력 결과**
> 1001, James
> 1002, Tomas
> 1003, Edward

# 08장

# 상속과 다형성

객체 지향 프로그램에서 지원하는 여러 기술을 활용하면 재사용성과 확정성이 좋고 유지·보수하기 수월한 프로그램을 구현할 수 있습니다. 그 첫 번째로 클래스 간 상속 개념을 학습합니다. 또한 객체 지향 프로그램의 다형성을 활용하여 구조가 유연한 프로그램을 구현할 수 있습니다. 중요한 내용이므로 한번에 이해되지 않는다면 반복 학습을 하여 상속과 다형성 개념을 잘 알아 두기 바랍니다.

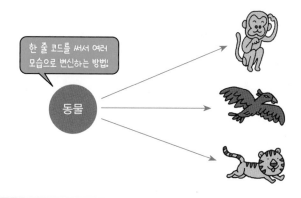

# 08-1 상속이란?

객체 지향 프로그래밍의 가장 중요한 특징은 상속(inheritance)입니다. 상속은 잘 알 듯 무엇인가를 물려받는다는 의미입니다. 일례로 부모가 자식에게 물려주는 재산을 상속이라고 하죠. 부모에게 재산을 상속받으면 그 재산을 자신의 것으로 사용할 수 있습니다.

객체 지향 프로그램에서도 마찬가지입니다. B 클래스가 A 클래스를 상속받으면 B 클래스는 A 클래스의 인스턴스 변수와 메서드를 사용할 수 있습니다. 객체 지향 프로그램은 유지·보수하기 편하고 프로그램을 수정하거나 새로운 내용을 추가하는 것이 유연한데, 그 기반이 되는 기술이 바로 상속입니다. 이제부터 상속이란 무엇인지 자세히 살펴봅시다.

## 클래스의 상속

상속을 구체적으로 학습하기 전에 자바에서 상속과 관련하여 사용하는 용어와 문법을 알아보겠습니다. B 클래스가 A 클래스를 상속받는다고 할 때 다음 그림으로 나타낼 수 있습니다.

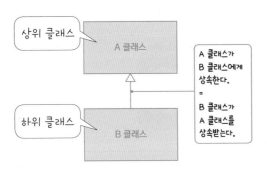

우리가 생각하기에 상속을 하는 클래스에서 상속을 받는 클래스로 화살표가 갈 것 같지만, 클래스 간 상속을 표현할 때는 이 그림과 같이 상속받는 클래스에서 상속하는 클래스로 화살표가 향하므로 헷갈리면 안 됩니다. 이 책에서는 부모 클래스(parent class)를 상위 클래스, 자식 클래스(child class)를 하위 클래스라고 부르겠습니다.

> ❸ 상위 클래스는 super class 또는 base class로, 하위 클래스는 subclass 또는 derived class로 표현하기도 합니다.

## 클래스 상속 문법

자바 문법으로 상속을 구현할 때는 extends 예약어를 사용합니다. extends 예약어는 '연장하다' 또는 '확장하다'의 의미입니다. 즉 A의 속성이나 기능을 추가로 확장하여 B 클래스를 구현한다는 뜻이죠. 그러면 일반적인 클래스 A에서 더 구체적인 클래스 B가 구현됩니다. 오른쪽 코드는 'B 클래스가 A 클래스를 상속받는다'라고 말합니다.

```
class B extends A {
}
```

다음과 같은 관계를 생각해 봅시다.

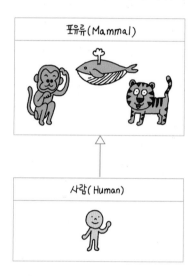

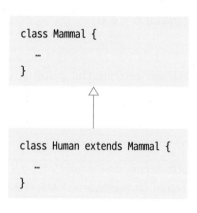

```
class Mammal {
    …
}
```

```
class Human extends Mammal {
    …
}
```

포유류는 사람보다 일반적인 개념입니다. 즉 사람은 포유류의 특징과 기능을 기본으로 더 많거나 다른 특징과 기능을 가지고 있습니다. 이렇게 상속 관계에서는 상위 클래스가 하위 클래스보다 일반적인 개념이고, 하위 클래스는 상위 클래스보다 구체적인 클래스가 됩니다. 그러면 간단한 프로그램을 만들면서 상속을 학습해 봅시다.

## 상속을 활용한 고객 관리 프로그램 구현하기

회사에서 고객 정보로 맞춤 서비스를 제공하기 위해 고객 관리 프로그램을 구현하려고 합니다. 그러면 먼저 고객 클래스가 있어야겠지요? 고객 클래스를 구현하려면 속성을 인스턴스 변수로 선언하면 됩니다. 이 예제에서는 고객 아이디, 고객 이름, 고객 등급, 보너스 포인트, 보너스 포인트 적립 비율을 속성(인스턴스 변수)으로 선언하겠습니다.

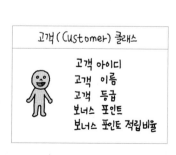

```
01    package inheritance;
02
03    public class Customer {
04        private int customerID;              // 고객 아이디
05        private String customerName;         // 고객 이름
06        private String customerGrade;        // 고객 등급        ← 인스턴스 변수
07        int bonusPoint;                      // 보너스 포인트
08        double bonusRatio;                   // 적립 비율
09
10        public Customer( ) {
11            customerGrade = "SILVER";        // 기본 고객 등급      ← 디폴트 생성자
12            bonusRatio = 0.01;               // 보너스 포인트 기본 적립 비율
13        }
14
15        public int calcPrice(int price) {
16            bonusPoint += price * bonusRatio;  // 보너스 포인트 계산   ← 보너스 포인트 적립, 지불 가격 계산 메서드
17            return price;
18        }
19                                                              ← 고객 정보를 반환하는 메서드
20        public String showCustomerInfo( ) {
21            return customerName + " 님의 등급은 " + customerGrade + "이며, 보너스 포인트는 " +
    bonusPoint + "입니다.";
22        }
23    }
```

예제에서 사용한 인스턴스 변수를 살펴보면 다음과 같습니다.

| 인스턴스 변수 | 설명 |
|---|---|
| customerID | 고객 아이디 |
| customerName | 고객 이름 |
| customerGrade | 고객 등급<br>- 디폴트 생성자에서 지정되는 기본 등급은 SILVER입니다. |
| bonusPoint | 고객의 보너스 포인트<br>- 고객이 제품을 구매할 때 누적되는 보너스 포인트입니다. |
| bonusRatio | 고객의 보너스 포인트 적립 비율<br>- 고객이 제품을 구매할 때 구매 금액의 일정 비율이 보너스 포인트로 적립됩니다.<br>- 기본 생성자에서 지정되는 적립 비율은 1%입니다.<br>  즉 10,000원짜리를 사면 100원이 적립됩니다. |

모든 인스턴스 변수를 반드시 private으로 선언할 필요는 없습니다. 인스턴스 변수나 메서드를 외부에 노출하지 않을 목적이라면 private으로 선언합니다. 다음은 예제에서 사용한 메서드입니다.

| 메서드 | 설명 |
|---|---|
| Customer( ) | 디폴트 생성자. 고객 객체가 새로 생성되면 customerGrade는 SILVER고, bonusRatio는 1%로 지정됩니다. |
| calcPrice(int price) | 지불해야 하는 제품 가격을 계산해 반환됩니다. 제품 가격에 보너스 적립률을 적용해 보너스 포인트로 적립됩니다. |
| showCustomerInfo( ) | 고객 정보를 출력합니다. 고객 이름과 등급, 현재 적된 포인트를 출력합니다. |

여기까지는 그동안 앞에서 구현한 객체 지향 프로그램과 별반 차이가 없지요? 이제 다음 상황을 생각해 보겠습니다.

### 새로운 고객 등급 추가하기

**예제 시나리오**

고객이 점점 늘어나고 판매량도 많아지다 보니 단골 고객이 생겼습니다. 단골 고객은 회사 매출에 크게 기여하는 우수 고객입니다. 이 우수 고객에게 혜택을 제공하고 싶습니다. 우수 고객 등급은 VIP이고, 다음과 같은 혜택을 제공합니다.

• 제품을 살 때는 항상 10% 할인해 줍니다.
• 보너스 포인트를 5% 적립해 줍니다.
• 담당 전문 상담원을 배정해 줍니다.

이 요구 사항을 어떻게 구현하면 좋을까요? 가장 간단하게 생각해 보면, 이미 Customer 클래스가 존재하므로 Customer 클래스에 VIP 고객에게 필요한 변수와 메서드까지 함께 포함하여 구현하면 됩니다. 그런데 이렇게 구현하면 Customer 클래스의 코드가 복잡해집니다. 게다가 일반 고객의 인스턴스를 생성할 때는 VIP 고객과 관련된 기능(혜택)은 전혀 필요 없는데 VIP 고객의 내용까지 같이 생성되어 낭비가 발생합니다. 이러한 경우는 다음처럼 VIPCustomer 클래스를 따로 만드는 것이 좋습니다.

```
public class VIPCustomer {
    private int customerID;
    private String customerName;
    private String customerGrade;          ← Customer 클래스와 겹치는 인스턴스 변수
    int bonusPoint;
    double bonusRatio;

    private int agentID;        // VIP 고객 담당 상담원 아이디      ← VIP 고객 관련 기능을 구현할 때만
    double saleRatio;           // 할인율                              필요한 인스턴스 변수

    public VIPCustomer( ) {
        customerGrade = "VIP";     // 고객 등급 VIP
        bonusRatio = 0.05;         // 보너스 적립률 5%        ← 디폴트 생성자
        saleRatio = 0.1;           // 할인율 10%
    }

    public int calcPrice(int price) {
        bonusPoint += price * bonusRatio;
        return price - (int)(price * saleRatio);       ← 할인율 적용
    }

    public int getAgentID( ) {
        return agentID;              ← VIP 고객에게만 필요한 메서드
    }

    public String showCustomerInfo( ) {
        return customerName + " 님의 등급은 " + customerGrade + "이며, 보너스 포인트는 " +
bonusPoint + "입니다.";
    }
}
```

VIP 고객 클래스를 완성하고 보니 앞에서 만든 Customer 클래스와 겹치는 인스턴스 변수와 메서드가 보이네요. 게다가 calcPrice( ) 메서드는 이름은 같은데 구현 내용은 다릅니다. VIP 고객도 어쨌든 고객입니다. 다만 VIP 고객은 일반 고객에게 제공하는 혜택을 기본으로 제공하고 추가 혜택도 있는 것이지요. 바로 이런 경우에 상속을 사용합니다.

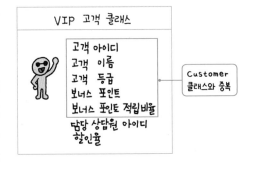

즉 Customer 클래스에 일반 고객의 속성과 기능이 이미 구현되어 있기 때문에, VIPCustomer 클래스는 Cutomer 클래스를 상속받고 VIP 고객에게 필요한 추가 변수(속성)과 메서드를 구현하는 것입니다. Customer 클래스를 상속한 VIPCustomer 클래스의 코드는 다음과 같습니다.

**Do it!** 상속을 활용해 VIPCustomer 클래스 구현하기 · 참고 파일 VIPCustomer.java

```java
01   package inheritance;
02
03   public class VIPCustomer extends Customer {      ← VIPCustomer 클래스는
04      private int agentID;                             Customer 클래스를 상속받음
05      double saleRatio;
06
07      public VIPCustomer( ) {
08         customerGrade = "VIP";      ← 상위 클래스에서 private 변수이므로
09         bonusRatio = 0.05;             오류 발생
10         saleRatio = 0.1;
11      }
12
13      public int getAgentID( ) {
14         return agentID;
15      }
16   }
```

VIPCustomer 클래스의 코드가 상당히 간단해졌습니다. Customer 클래스에 이미 선언되어 있는 customerID, customerName, customerGrade, bonusPoint, bonusRatio 인스턴스 변수와 calcPrice( ), showCustomerInfo( ) 메서드는 상속을 받아서 사용할 것이기 때문에 구현하지 않았습니다.

그런데 이 코드에는 두 가지 문제가 있습니다. 첫째, customerGrade 변수에서 오류가 발생합니다. 상위 클래스에 선언한 변수인데 오류가 발생한 이유는 무엇일까요? 상위 클래스에서 customerGrade는 private 변수입니다. 따라서 외부 클래스에서는 이 변수를 사용할 수 없습니다. 두 번째는 VIP 고객에게 제공하는 혜택인 할인율과 세일 가격을 어떻게 적용할지 구현하지 않았다는 점입니다.

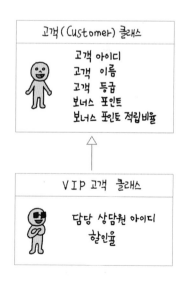

고객(Customer) 클래스
- 고객 아이디
- 고객 이름
- 고객 등급
- 보너스 포인트
- 보너스 포인트 적립비율

VIP 고객 클래스
- 담당 상담원 아이디
- 할인율

두 번째 문제는 08-3절에서 자세히 설명하겠습니다.

## 상속을 위한 protected 예약어

우선 customerGrade 변수에서 발생하는 오류부터 수정해 보겠습니다. 이 오류는 상위 클래스에 선언한 customerGrade가 private으로 선언한 인스턴스 변수이기 때문에 발생합니다. 상위 클래스에 작성한 변수나 메서드 중 외부 클래스에서 사용할 수 없지만 하위 클래스에서는 사용할 수 있도록 지정하는 예약어가 바로 protected입니다. 상속받은 하위 클래스에서는 public처럼 사용할 수 있는 것이지요. 즉 protected는 상속된 하위 클래스를 제외한 나머지 외부 클래스에서는 private과 동일한 역할을 합니다.

그러면 Customer 클래스에 있는 private 변수를 다른 하위 클래스에서도 사용할 수 있도록 모두 protected로 바꾸겠습니다. 그리고 protected로 선언한 customerID, customerName, customerGrade 변수를 사용하기 위해 get( ), set( ) 메서드를 추가하겠습니다.

**Do it!** protected로 변수 선언하기 · 참고 파일 Customer.java

```java
01  package inheritance;
02
03  public class Customer {
04      protected int customerID;
05      protected String customerName;
06      protected String customerGrade;
07      int bonusPoint;
08      double bonusRatio;
...     ...
25      public int getCustomerID( ) {
26          return customerID;
27      }
28
29      public void setCustomerID(int customerID) {
30          this.customerID = customerID;
31      }
32
33      public String getCustomerName( ) {
34          return customerName;
35      }
36
37      public void setCustomerName(String customerName) {
38          this.customerName = customerName;
39      }
40
```

> protected 예약어로 선언한 변수를 외부에서 사용할 수 있도록 get( ), set( ) 메서드 추가

```
41      public String getCustomerGrade( ) {
42         return customerGrade;
43      }
44
45      public void setCustomerGrade(String customerGrade) {
46         this.customerGrade = customerGrade;
47      }
48   }
```

protected 예약어로 선언한 변수는 외부 클래스에는 private 변수처럼 get( ) 메서드를 사용해 값을 가져올 수 있고, set( ) 메서드를 사용해 값을 지정할 수 있습니다. Customer 클래스를 상속받은 VIPCustomer 클래스는 protected로 선언한 변수를 상속받게 되고, public 메서드도 상속받아 사용할 수 있습니다. 결과적으로 protected로 선언하면 VIPCustomer 클래스를 작성할 때 생긴 오류는 사라집니다.

### 테스트 클래스로 결과 확인하기

그러면 간단한 테스트 프로그램을 만들어 두 클래스를 생성해 보겠습니다.

**예제 시나리오**

일반 고객 1명과 VIP 고객 1명이 있습니다. 일반 고객의 이름은 이순신, 아이디는 10010입니다. 이 고객은 지금 보너스 포인트 1000점이 있습니다. VIP 고객의 이름은 김유신, 아이디는 10020입니다. 이 고객은 보너스 포인트 10000점이 있습니다.

**Do it!** 상속 테스트하기                                        · 참고 파일 CustomerTest1.java

```
01   package inheritance;
02
03   public class CustomerTest1 {
04      public static void main(String[] args) {
05         Customer customerLee = new Customer( );
06         customerLee.setCustomerID(10010);
07         customerLee.setCustomerName("이순신");
08         customerLee.bonusPoint = 1000;
09         System.out.println(customerLee.showCustomerInfo( ));
10
```

> CustomerID와 CustomerName은 protected 변수이므로 set( ) 메서드로 호출

```
11      VIPCustomer customerKim = new VIPCustomer( );
12      customerKim.setCustomerID(10020);          CustomerID와 CustomerName은
13      customerKim.setCustomerName("김유신");       protected 변수이므로 set( ) 메서드로 호출
14      customerKim.bonusPoint = 10000;
15      System.out.println(customerKim.showCustomerInfo( ));
16    }
17  }
```

출력 결과

```
이순신 님의 등급은 SILVER이며, 보너스 포인트는 1000입니다.
김유신 님의 등급은 VIP이며, 보너스 포인트는 10000입니다.
```

5행에서 새로운 Customer 클래스를 생성하고 customerLee 참조 변수에 대입합니다. 11행에서는 VIPCustomer 클래스를 생성하고 customerKim 참조 변수에 대입합니다. VIPCustomer가 Customer를 상속했기 때문에 고객 아이디, 고객 이름의 메서드를 사용할 수 있습니다. 두 고객의 속성인 아이디, 이름, 보너스 포인트를 지정하고 showCustomerInfo( ) 메서드를 사용해 고객 정보를 출력했습니다.

# 08-2 상속에서의 클래스 생성과 형 변환

하위 클래스가 생성될 때는 상위 클래스의 생성자가 먼저 호출됩니다. 상속 관계에서 클래스의 생성 과정을 살펴보면 하위 클래스가 상위 클래스의 변수와 메서드를 사용할 수 있는 이유와 하위 클래스가 상위 클래스의 자료형으로 형 변환을 할 수 있는 이유를 이해할 수 있습니다.

## 하위 클래스가 생성되는 과정

상속을 받은 하위 클래스는 상위 클래스의 변수와 메서드를 사용할 수 있다고 했습니다. 즉 CustomerTest 예제를 살펴보면, VIPCustomer 클래스로 선언한 customerKim 인스턴스는 상속받은 상위 클래스의 변수를 자기 것처럼 사용할 수 있습니다. 변수를 사용할 수 있다는 것은 그 변수를 저장하고 있는 메모리가 존재한다는 뜻입니다. 그런데 VIPCustomer 클래스의 코드를 보면 해당 변수가 존재하지 않습니다. Customer 클래스를 상속받았을 뿐입니다. 여기에서 하위 클래스가 생성되는 과정을 다시 생각해 볼 필요가 있습니다. 생성 과정을 알아보기 위해 Customer와 VIPCustomer 클래스 생성자에 출력문을 추가하겠습니다.

| Do it! 상위 클래스에 출력문 추가하기 | · 참고 파일 Customer.java |

```
01   package inheritance;
02
03   public class Customer {
04       protected int customerID;
05       protected String customerName;
06       protected String customerGrade;
07       int bonusPoint;
08       double bonusRatio;
09
10       public Customer( ) {
11           customerGrade = "SILVER";
12           bonusRatio = 0.01;
13           System.out.println("Customer( ) 생성자 호출");    ←── 상위 클래스를 생성할 때
                                                                   출력되는 콘솔 출력문
14       }
15
16       public int calcPrice(int price) {
```

```
17        bonusPoint += price * bonusRatio;
18        return price;
19      }
20      …
24  }
```

Customer( ) 생성자에 출력문을 넣었습니다. Customer 인스턴스가 생성되면 이 호출문이
출력될 것입니다. 그리고 VIPCustomer( ) 생성자에도 출력문을 추가합니다.

**Do it!** 하위 클래스에 출력문 추가하기 · 참고 파일 VIPCustomer.java

```
01  Package inheritance;
02
03  public class VIPCustomer extends Customer {
04      private int agentID;
05      double saleRatio;
06
07      public VIPCustomer( ) {
08          customerGrade = "VIP";
09          bonusRatio = 0.05;
10          saleRatio = 0.1;
11          System.out.println("VIPCustomer( ) 생성자 호출");   ── 하위 클래스를 생성할 때
12      }                                                         출력되는 콘솔 출력문
13
14      public int getAgentID( ) {
15          return agentID;
16      }
17  }
```

이제 CutomerTest2 클래스를 실행하여 출력 결과를 확인해 보겠습니다.

**Do it!** 하위 클래스 생성 과정 확인하기 · 참고 파일 CustomerTest2.java

```
01  package inheritance;
02
03  public class CustomerTest2 {
04      public static void main(String[] args) {
05          VIPCustomer customerKim = new VIPCustomer( );   // 하위 클래스 생성
06          customerKim.setCustomerID(10020);
07          customerKim.setCustomerName("김유신");
```

```
08        customerKim.bonusPoint = 10000;
09        System.out.println(customerKim.showCustomerInfo( ));
10    }
11 }
```

출력 결과

Customer() 생성자 호출
VIPCustomer() 생성자 호출
김유신 님의 등급은 VIP이며, 보너스 포인트는 10000입니다.

출력 화면을 보면 상위 클래스의 Customer( ) 생성자가 먼저 호출되고 그다음에 VIPCustomer( )가 호출되는 것을 알 수 있습니다. 정리하면, 상위 클래스를 상속받은 하위 클래스가 생성될 때는 반드시 상위 클래스의 생성자가 먼저 호출됩니다. 그리고 상위 클래스 생성자가 호출될 때 상위 클래스의 인스턴스 변수가 메모리에 생성되는 것이지요. 하위 클래스 VIPCustomer가 생성될 때 메모리 구조를 간단히 그려 보면 다음과 같습니다.

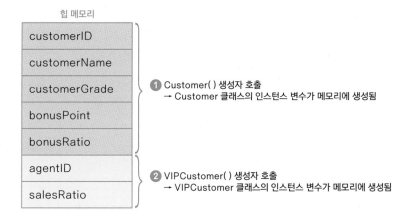

힙 메모리

| customerID |
| customerName |
| customerGrade |
| bonusPoint |
| bonusRatio |

❶ Customer( ) 생성자 호출
→ Customer 클래스의 인스턴스 변수가 메모리에 생성됨

| agentID |
| salesRatio |

❷ VIPCustomer( ) 생성자 호출
→ VIPCustomer 클래스의 인스턴스 변수가 메모리에 생성됨

이와 같이 상위 클래스의 변수가 메모리에 먼저 생성되기 때문에 하위 클래스에서도 이 값들을 모두 사용할 수 있습니다. 그렇다면 08-1절에서 상위 클래스의 변수를 private으로 선언한 경우에 하위 클래스에서 해당 변수를 사용할 수 없었던 것은 상위 클래스의 변수가 생성되지 않았기 때문일까요? 아닙니다! private 변수가 생성은 되지만 단지 하위 클래스에서 접근할 수 없을 뿐입니다.

지금까지 하위 클래스가 생성될 때 상위 클래스가 먼저 만들어진다는 것을 배웠습니다. 이제 어떤 과정으로 상위 클래스가 생성되는지 살펴봅시다.

## 상위 클래스를 호출하는 예약어, super

super 예약어는 하위 클래스에서 상위 클래스로 접근할 때 사용합니다. 하위 클래스는 상위 클래스의 주소, 즉 참조값을 알고 있습니다. 이 참조값을 가지고 있는 예약어가 바로 super입니다. this가 자기 자신의 참조값을 가지고 있는 것과 같다고 생각하면 됩니다. 또한 super는 상위 클래스의 생성자를 호출하는 데도 사용합니다.

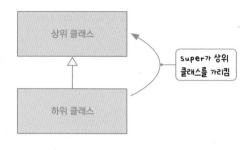

### super로 상위 클래스 생성자 호출하기

CustomerTest2.java 예제를 보면 VIPCustomer 클래스만 생성하였는데 Customer 상위 클래스도 생성된 것을 알 수 있습니다. 하위 클래스 생성자만 호출했는데 상위 클래스 생성자가 호출되는 이유는 따로 작성하지 않아도 하위 클래스 생성자에서 super( )를 자동으로 호출하기 때문입니다. super( )를 호출하면 상위 클래스의 디폴트 생성자가 호출됩니다. 하위 클래스의 디폴트 생성자는 바이트 코드로 변환되기 전에 다음과 같이 코드가 자동으로 변경됩니다.

```
public VIPCustomer( ) {
    super( );                    컴파일러가 자동으로 추가하는 코드로,
                                 상위 클래스의 Customer( )가 호출됨
    customerGrade = "VIP";
    bonusRatio = 0.05;
    saleRatio = 0.1;
    System.out.println("VIPCusomer( ) 생성자 호출");
}
```

### super로 매개변수가 있는 생성자 호출하기

Customer 클래스를 생성할 때 고객 ID와 이름을 반드시 지정해야 한다고 가정합시다. 이런 경우에 set( ) 메서드로 값을 지정하는 것이 아니고, 새로운 생성자를 만들어서 매개변수로 값을 전달받아야겠죠. 즉 디폴트 생성자가 아닌 매개변수가 있는 생성자를 직접 구현해야 합니다. 다음과 같이 Customer 클래스에 새로운 생성자를 추가하고, 기존의 디폴트 생성자는 삭제하거나 주석 처리해 보겠습니다.

**Do it!** Customer 클래스에 새로운 생성자 추가하기 · 참고 파일 Customer.java

```
09  …
10  public Customer(int customerID, String customerName) {
11      this.customerID = customerID;
12      this.customerName = customerName;
13      customerGrade = "SILVER";
14      bonusRatio = 0.01;
15      System.out.println("Customer(int, String) 생성자 호출");
16  }
17  …
```

그런데 이렇게 Customer 클래스의 디폴트 생성자를 없애고 새로운 생성자를 작성하면, Customer 클래스를 상속받은 VIPCustomer 클래스에서 오류가 발생합니다. 오류가 발생한 디폴트 생성자에 마우스 포인터를 올려 보면 다음과 같은 오류 메시지가 보입니다.

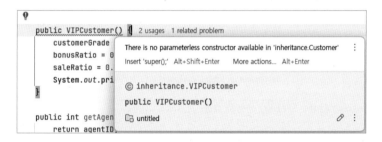

이 오류 메시지는 묵시적으로 호출될 디폴트 생성자 Customer( )가 정의되지 않았기 때문에, 반드시 명시적으로 다른 생성자를 호출해야 한다는 뜻입니다.

Customer 클래스를 새로 생성할 때 고객 ID와 고객 이름을 반드시 지정하여 생성하기로 했으니 VIPCustomer 클래스를 생성할 때도 이 값이 필요하겠죠? 그리고 VIP 고객만을 위한 상담원 ID까지 함께 지정해 봅시다. 기존 VIPCustomer 클래스의 디폴트 생성자도 지우거나 주석 처리한 후 필요한 매개변수를 포함하는 생성자를 새로 작성합니다.

**Do it!** 명시적으로 상위 클래스 생성자 호출하기 · 참고 파일 VIPCustomer.java

```
06  …
07  public VIPCustomer(int customerID, String customerName, int agentID) {
08      super(customerID, customerName);      ┐
09      customerGrade = "VIP";                │ 상위 클래스 생성자 호출
```

```
10     bonusRatio = 0.05;
11     saleRatio = 0.1;
12     this.agentID = agentID;
13     System.out.println("VIPCustomer(int, String, int) 생성자 호출");
14   }
15   …
```

새로운 생성자는 고객 ID, 고객 이름, 상담원 ID를 매개변수로 받습니다. super 예약어는 상위 클래스 생성자를 호출하는 역할을 하며, 8행의 super(customerID, customerName);으로 상위 클래스 생성자를 호출합니다. VIPCustomer(int customerID, String customer Name, int agentID) 생성자의 코드가 실제로 실행되는 형태는 다음 오른쪽에 별도로 적은 코드와 같습니다.

```
public VIPCustomer(int customerID, String customerName, int agentID) {
    super(customerID, customerName);   public Customer(int customerID, String customerName) {
    customerGrade = "VIP";                 this.customerID = customerID;
    bonusRatio = 0.05;                     this.customerName = customerName;
    saleRatio = 0.1;                       customerGrade = "SILVER";
    this.agentID = agentID;                bonusRatio = 0.01;
    System.out.println("VIPCusomer(int, String) 생성자 호출");   System.out.println("Customer(int, String) 생성자 호출");
}                                      }
```

super( )를 통해 상위 클래스의 생성자인 Customer(int customerID, String customerName) 을 호출하고 코드 순서대로 인스턴스 변수가 초기화됩니다. 상위 클래스 생성자 호출이 끝나면 VIPCusotmer 하위 클래스 생성자가 수행됩니다.

252쪽 CustomerTest2 클래스에서 set( ) 메서드(6~7행)를 주석 처리하거나 삭제한 후 프로그램을 실행하면 다음과 같은 출력 화면을 볼 수 있습니다.

```
Customer(int, String) 생성자 호출
VIPCustomer(int, String, int) 생성자 호출
김유신 님의 등급은 VIP이며, 보너스 포인트는 10000입니다.
```

VIP 등급인 김유신 고객을 생성할 때는 상위 클래스 생성자를 먼저 호출한 후 하위 클래스 생성자의 코드 수행이 되는 것을 확인할 수 있습니다.

## super로 상위 클래스의 인스턴스 변수나 메서드 참조하기

상위 클래스에 선언한 인스턴스 변수나 메서드를 하위 클래스에서 참조할 때도 super를 사용합니다. this를 사용하여 자신의 인스턴스 변수나 메서드에 접근했던 것과 비슷하죠. 예를 들어 VIPCustomer 클래스의 showVIPInfo( ) 메서드에서 상위 클래스의 showCustomerInfo( ) 메서드를 참조해 담당 상담원 아이디를 추가로 출력하려고 할 때 다음과 같이 구현할 수 있습니다.

```
public String showVIPInfo( ) {
   return super.showCustomerInfo( ) + "담당 상담원 아이디는 " + agentID + "입니다";
}
```

super 예약어는 상위 클래스의 참조값을 가지고 있으므로 이 코드처럼 사용하면 고객 정보를 출력하는 showCustomerInfo( ) 메서드를 새로 구현하지 않고 상위 클래스의 구현 내용을 활용할 수 있습니다. 물론 이 코드의 showVIPInfo( ) 메서드에서는 굳이 super.show CustomerInfo( )라고 호출하지 않아도 상위 클래스의 메서드가 잘 호출됩니다. 아직 배우지는 않았지만 하위 클래스가 상위 클래스와 동일한 이름의 메서드를 구현하는 경우도 있습니다. 이러한 경우 하위 클래스에서 동일한 이름의 상위 클래스 메서드를 가리킬 때 super. showCustomerInfo( )라고 써야 합니다.  🔋 이 내용은 08-3절에서 자세히 설명합니다.

## 상위 클래스로 묵시적 형 변환

상속을 공부하면서 이해해야 하는 중요한 관계가 클래스 간의 형 변환입니다. 일단 Customer와 VIPCustomer의 관계를 생각해 봅시다. 상위 클래스인 Customer가 VIPCustomer보다 일반적인 개념이고, VIPCustomer가 Customer보다 기능이 더 많습니다. 왜냐하면 상속받은 클래스는 상위 클래스 기능을 모두 사용할 수 있고 추가로 더 많은 기능을 구현하기 때문입니다.

따라서 VIPCusomer는 VIPCustomer형이면서 동시에 Customer형이기도 합니다. 즉 VIPCustomer 클래스로 인스턴스를 생성할 때 이 인스턴스의 자료형을 Customer형으로 클래스 형 변환하여 선언할 수 있습니다. 왜냐하면 VIPCustomer 클래스는 Customer 클래스를 상속받았기 때문입니다.

🔋 클래스형과 클래스의 자료형, 인스턴스형과 인스턴스의 자료형은 모두 비슷한 의미로 사용합니다.

🔋 이러한 클래스 형 변환을 업캐스팅 (upcasting)이라고도 합니다.

그러면 반대로 Customer로 인스턴스를 생성할 때 VIPCustomer형으로 선언할 수 있을까요? 그렇지 않습니다. 상위 클래스인 Customer가 VIPCustomer 클래스의 기능을 다 가지고 있지 않기 때문이죠. 정리하자면, 모든 하위 클래스는 상위 클래스 자료형으로 형 변환할 수 있지만 그 반대는 성립하지 않습니다. 따라서 하위 클래스인 VIPCustomer는 상위 클래스인 Customer형을 내포하고 있어서 Customer형으로 형 변환할 수 있지만 그 반대는 성립할 수 없습니다.

### 형 변환된 vc가 가리키는 것

Customer vc = new VIPCustomer( );에서 형 변환된 참조 변수 vc는 무엇을 가리킬까요? 다시 메모리 그림을 살펴보겠습니다.

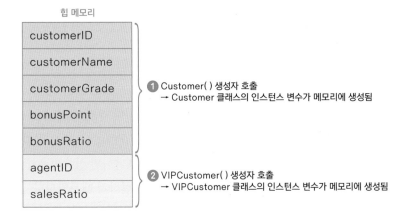

Customer vc = new VIPCustomer( ); 문장이 실행되면 VIPCustomer 생성자가 호출되므로 클래스 변수가 힙 메모리에 만들어집니다. 그런데 클래스의 자료형이 Customer로 한정되었습니다. 클래스가 형 변환이 되었을 때는 선언한 클래스형에 기반하여 인스턴스 변수와 메서드에 접근할 수 있습니다. 따라서 이 vc 참조 변수가 가리킬 수 있는 변수와 메서드는 Customer 클래스의 변수와 메서드뿐입니다. 인텔리제이에서 vc 변수 뒤에 .(점)을 찍으면 다음과 같이 vc 참조 변수가 접근할 수 있는 변수와 메서드가 나타납니다.

```
Customer vc = new VIPCustomer(10020, "김유신", 12345);
vc.
```

| | |
|---|---|
| ⓘ bonusPoint | int |
| ⓜ setCustomerID(int customerID) | |
| ⓕ customerID | |
| ⓜ getCustomerID() | |
| ⓕ customerGrade | String |
| ⓕ bonusRatio | double |
| ⓕ customerName | String |
| ⓜ calcPrice(int price) | int |
| ⓜ getCustomerGrade() | String |
| ⓜ getCustomerName() | String |
| ⓜ setCustomerGrade(String customerGrade) | void |

vc는 Customer 클래스의 인스턴스
변수와 메서드만 사용 가능

Press Enter to insert, Tab to replace  Next Tip

이렇게 클래스 형 변환을 사용하는 이유는 08-3절과 08-4절에서 자세히 다룹니다. 여기에 서는 일단 하위 클래스의 인스턴스가 상위 클래스로 형 변환되는 과정이 묵시적으로 이루어진다는 정도만 이해하면 됩니다.

🔵 vc 참조 변수를 다시 VIPCustomer 형으로 변환할 수도 있습니다. 이 내용은 08-6절에서 자세히 설명하겠습니다.

**클래스의 상속 계층 구조가 여러 단계일 경우에도 묵시적으로 형 변환이 되나요?**

질문 있어요

클래스의 상속 계층이 여러 단계일 경우도 상위 클래스로 형 변환은 묵시적으로 이루어집니다. 오른쪽 계층 구조를 보면 포유류를 상속받은 호랑이와 영장류가 있고, 영장류를 상속받은 인간이 있습니다. 이때 인간은 Human형이면서 Primate형, Mammal형이 되므로 다음과 같이 코딩할 수 있습니다.

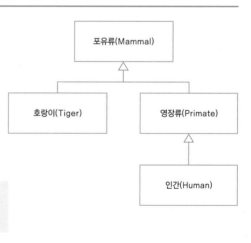

```
Primate aHuman = new Human( );
Mammal mHuman = new Human( );
```

# 08-3 메서드 오버라이딩

## 메서드 오버라이딩이란 무엇일까?

08-1절에서 새로운 등급을 만들면서 VIP 고객에게 제공하는 할인율과 세일 가격을 어떻게 적용할지 구현하지 않았습니다. 이제 그 문제를 해결해 보겠습니다.

상위 클래스 Customer에는 제품 가격을 계산하는 calcPrice( ) 메서드가 이미 정의되어 있습니다. 이 메서드는 정가를 그대로 반환합니다. 그런데 VIP 고객은 정가에서 10% 할인을 받을 수 있습니다. 이 경우에 상위 클래스의 calcPrice( ) 메서드

```
public int calcPrice(int price) {
    bonusPoint += price * bonusRatio;
    return price;
}
```

를 그대로 쓸 수 없겠죠? 이렇게 상위 클래스에 정의한 메서드가 하위 클래스에서 구현할 내용과 맞지 않을 경우에 하위 클래스에서 이 메서드를 재정의할 수 있습니다. 이를 **메서드 오버라이딩**(method overriding)이라고 합니다. 오버라이딩을 하려면 반환형, 메서드 이름, 매개변수 개수, 매개변수 자료형이 반드시 같아야 합니다. 그렇지 않으면 자바 컴파일러는 재정의한 메서드를 기존 메서드와 다른 메서드로 인식합니다.

## 상위 클래스 메서드 재정의하기

VIPCustomer 클래스에서 상위 클래스에 정의된 calcPrice( ) 메서드를 재정의해 봅시다.

**Do it!** calcPrice( ) 메서드 재정의하기 · 참고 파일 VIPCustomer.java

```
01  package inheritance;
02
03  public class VIPCustomer extends Customer {
04      private int agentID;
05      double saleRatio;
```

```
06
07      @Override
08      public int calcPrice(int price) {
09          bonusPoint += price * bonusRatio;       // 보너스 포인트 적립
10          return price - (int)(price * saleRatio);  // 할인율을 적용한 가격 반환         ┤ 재정의한 메서드
11      }
12      …
13  }
```

하위 클래스 VIPCustomer에서 calcPrice( ) 메서드를 재정의했습니다. 상위 클래스의
calPrice( ) 메서드와 매개변수의 자료형 및 개수가 같고, 반환형도 int형으로 같습니다. 10행
은 정가에 할인율을 적용한 가격을 반환합니다.

상위 클래스의 메서드를 재정의할 때는 조금 전 실
습처럼 메서드 이름을 직접 써도 되고, 인텔리제이
의 기능을 활용할 수도 있습니다. 코드에서 마우스
오른쪽 버튼을 누르고 [Generate... → Override
Methods...]를 클릭하면 오른쪽과 같이 상위 클래
스 Customer의 메서드 중 재정의할 메서드를 선택
할 수 있습니다.

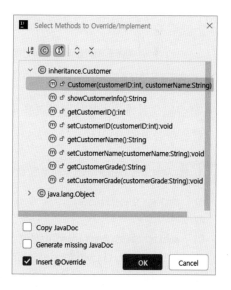

calcPrice(int)를 찾아 선택하고 [OK]를 누르면 오른
쪽과 같이 재정의할 메서드의 코드가 VIPCustomer
클래스에 자동으로 생성됩니다. @Override 애너
테이션은 '이 메서드는 재정의된 메서드입니다'라
고 컴파일러에 명확히 알려 주는 역할을 합니다.

```
@Override
public int calcPrice(int price) {
  return super.calcPrice(price);
}
```

## 애너테이션이 뭐예요?

애너테이션(annotation)은 주석이라는 의미입니다. @ 기호와 함께 사용하며 '@애너테이션 이름'으로 표현합니다. 자바에서 제공하는 애너테이션은 컴파일러에게 특정한 정보를 제공해 주는 역할을 합니다. 예를 들어 @Override는 이 메서드가 재정의된 메서드임을 컴파일러에게 알려 줍니다. 만약 메서드의 선언부가 다르면 컴파일 오류가 발생하여 프로그래머의 실수를 막아 줍니다. 미리 정의된 애너테이션을 표준 애너테이션이라고 합니다. 주로 사용하는 표준 애너테이션은 다음과 같습니다.

| 애너테이션 | 설명 |
|---|---|
| @Override | 재정의된 메서드라는 정보 제공 |
| @FuctionalInterface | 함수형 인터페이스라는 정보 제공 |
| @Deprecated | 이후 버전에서 사용되지 않을 수 있는 변수, 메서드에 사용됨 |
| @SuppressWarnings | 특정 경고가 나타나지 않도록 함 |

이 외에도 자바는 애너테이션에 좀 더 많은 정보를 추가할 수 있는 메타 애너테이션도 제공합니다.

---

두 고객을 생성해서 지불하는 가격을 출력하는 테스트 프로그램은 다음과 같습니다.

📄 Customer와 VIPCustomer에서 생성자 호출을 확인하기 위해 넣었던 출력문을 주석으로 처리합니다.

### Do it! 재정의된 calcPrice( ) 메서드 확인하기

• 참고 파일 OverridingTest1.java

```java
01  package inheritance;
02
03  public class OverridingTest1 {
04      public static void main(String[] args) {
05          Customer customerLee = new Customer(10010, "이순신");
06          customerLee.bonusPoint = 1000;
07
08          VIPCustomer customerKim = new VIPCustomer(10020, "김유신", 12345);
09          customerKim.bonusPoint = 10000;
10
11          int price = 10000;
12          System.out.println(customerLee.getCustomerName( ) + " 님이 지불해야 하는 금액은 "
+ customerLee.calcPrice(price) + "원입니다.");
13          System.out.println(customerKim.getCustomerName( ) + " 님이 지불해야 하는 금액은 "
+ customerKim.calcPrice(price) + "원입니다.");
14      }
15  }
```

이순신 고객은 일반 등급이므로 정가 10,000원을 그대로 지불합니다. 하지만 김유신 고객은 VIP 등급이므로 10% 할인을 받아 9,000원을 지불하도록 프로그램을 구현했습니다.

이순신 님이 지불해야 하는 금액은 10000원입니다.
김유신 님이 지불해야 하는 금액은 9000원입니다.

## 묵시적 형 변환과 메서드 재정의

다음과 같은 경우에는 어떻게 실행될지 생각해 봅시다.

```
Customer vc = new VIPCustomer("10030", "나몰라", 2000);
vc.calcPrice(10000);
```

묵시적 형 변환에 의해 VIPCustomer가 Customer형으로 변환되었습니다. 그리고 나서 calcPrice( ) 메서드를 호출했습니다. calcPrice( )는 하위 클래스에서 재정의된 메서드이며 Customer 클래스와 VIPCustomer 클래스에 모두 존재합니다. 그렇다면 vc.calcPrice(10000)은 어떤 클래스의 메서드를 호출할까요?

다음 코드로 테스트해 보겠습니다.

**Do it!** 클래스 형 변환과 재정의된 메서드 확인하기 · 참고 파일 OverridingTest2.java

```
01  package inheritance;
02
03  public class OverridingTest2 {
04    public static void main(String[] args) {
05      Customer vc = new VIPCustomer(10030, "나몰라", 2000);  //VIP 고객 생성
06      vc.bonusPoint = 1000;
07
08      System.out.println(vc.getCustomerName( ) + " 님이 지불해야 하는 금액은 "
                + vc.calcPrice(10000) + "원입니다.");
09    }
10  }
```

나몰라 님이 지불해야 하는 금액은 9000원입니다.

인스턴스 변수와 메서드는 선언한 클래스형에 따라 호출됩니다. 그러면 vc.calcPrice(10000)은 당연히 선언한 클래스형인 Customer 클래스의 calcPrice( ) 메서드를 호출해야겠죠. 그런데 뭔가 이상합니다. 출력 결과를 보니 9,000원이네요. VIPCustomer 클래스의 calcPrice( ) 메서드, 즉 재정의된 메서드가 호출되었음을 알 수 있습니다.

상속에서 상위 클래스와 하위 클래스에 같은 이름의 메서드가 존재할 때 호출되는 메서드는 인스턴스에 따라 결정됩니다. 다시 말해 선언한 클래스형이 아닌 생성된 인스턴스의 메서드를 호출하는 것입니다. 이렇게 인스턴스의 메서드가 호출되는 기술을 **가상 메서드**(virtual method)라고 합니다. 가상 메서드가 실행되는 원리를 이해하면 vc.calcPrice(10000)이 Customer 클래스의 메서드가 아니라 생성된 인스턴스, 즉 VIPCusotmer의 메서드가 호출되는 이유를 이해할 수 있습니다.

## 가상 메서드

자바의 클래스는 인스턴스 변수와 메서드로 이루어집니다. 클래스를 생성하여 인스턴스가 만들어지면 인스턴스 변수는 힙 메모리에 위치합니다. 그렇다면 메서드는 어디에 위치할까요? 변수가 사용하는 메모리와 메서드가 사용하는 메모리는 다릅니다. 변수는 인스턴스가 생성될 때마다 새로 생성되지만, 메서드는 실행해야 할 명령 집합이기 때문에 인스턴스가 달라도 같은 로직을 수행합니다. 즉 같은 객체의 인스턴스를 여러 개 생성한다고 해서 메서드가 여러 개 생성되지 않습니다.

간단한 예를 들어 볼까요?

**Do it!** 메서드 호출하기 · 참고 파일 TestA.java

```
01  package virtualfunction;
02
03  public class TestA {
04      int num;
05
06      void aaa( ) {
07          System.out.println("aaa( ) 출력");
08      }
09
10      public static void main(String[] args) {
11          TestA a1 = new TestA( );
12          a1.aaa( );
13          TestA a2 = new TestA( );
14          a2.aaa( );
15      }
16  }
```

출력 결과
```
aaa( ) 출력
aaa( ) 출력
```

이 코드가 실행되는 메모리의 상태를 그림으로 나타내면 다음과 같습니다.

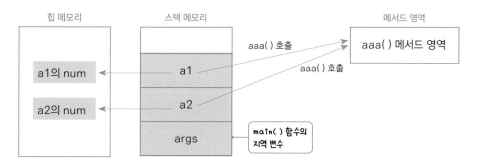

main() 함수가 실행되면 지역 변수는 스택 메모리에 위치합니다. 그리고 참조 변수 a1과 a2
가 가리키는 인스턴스는 힙 메모리에 각각 생성됩니다. 여기까지는 앞에서 학습한 내용입니
다. 메서드의 명령 집합은 메서드 영역(코드 영역)에 위치합니다. 메서드를 호출하면 메서드
영역의 주소를 참조하여 명령이 실행됩니다. 따라서 인스턴스가 달라도 동일한 메서드가 호
출됩니다.

### 가상 메서드의 원리

일반적으로 프로그램에서 메서드를 호출한다는 것은 그 메서드의 명령 집합이 있는 메모리 위
치를 참조하여 명령을 실행하는 것입니다. 그런데 가상 메서드일 경우에는 가상 메서드 테이블
이 만들어집니다. 가상 메서드 테이블은 각 메서드 이름과 실제 메모리 주소가 짝을 이룹니다.
어떤 메서드가 호출되면 이 테이블에서 주솟값을 찾아서 해당 메서드의 명령을 수행합니다.

다음은 Customer 클래스와 VIPCustomer 클래스의 가상 메서드 테이블입니다.

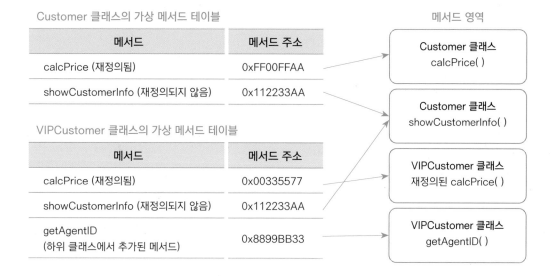

그림에서 보듯이 calcPrice( ) 메서드는 두 클래스에서 서로 다른 메서드 주소를 가지고 있습니다. 이렇게 재정의된 메서드는 각 인스턴스에 해당하는 메서드가 호출됩니다. show CustomerInfo( )와 같이 재정의되지 않은 메서드인 경우에는 메서드 주소가 같으므로 상위 클래스의 메서드가 호출됩니다.

다음 예제를 통해 결과를 살펴봅시다. 가격이 10,000원인 상품이 있습니다. Customer 클래스로 인스턴스를 생성한 경우와 VIPCustomer 클래스로 인스턴스를 생성한 경우, 마지막으로 VIPCustomer 클래스로 인스턴스를 생성하여 Customer 클래스형으로 형 변환한 경우 각각 얼마를 지불해야 하는지 확인해 봅시다. 📄 get( ), set( ) 메서드는 생략했습니다.

**Do it!** 클래스형에 기반하여 지불 금액 계산하기 · 참고 파일 OverridingTest3.java

```
01   package inheritance;
02
03   public class OverridingTest3 {
04       public static void main(String[] args) {
05           int price = 10000;
                                                   Customer 인스턴스 생성
06
07           Customer customerLee = new Customer(10010, "이순신");
08           System.out.println(customerLee.getCustomerName( ) + " 님이 지불해야 하는 금액은 "
     + customerLee.calcPrice(price) + "원입니다.");   VIPCustomer 인스턴스 생성
09
10           VIPCustomer customerKim = new VIPCustomer(10020, "김유신", 12345);
11           System.out.println(customerKim.getCustomerName( ) + " 님이 지불해야 하는 금액은 "
     + customerKim.calcPrice(price) + "원입니다.");   VIPCustomer 인스턴스를 Customer형으로 변환
12
13           Customer vc = new VIPCustomer(10030, "나몰라", 2000);
14           System.out.println(vc.getCustomerName( ) + " 님이 지불해야 하는 금액은 " +
     vc.calcPrice(10000) + "원입니다.");
15       }
16   }
```

**출력 결과**
```
이순신 님이 지불해야 하는 금액은 10000원입니다.
김유신 님이 지불해야 하는 금액은 9000원입니다.
나몰라 님이 지불해야 하는 금액은 9000원입니다.
```

7행에서 Customer형으로 선언하고 Customer 인스턴스를 생성하면 Customer의 메서드가 호출됩니다. 따라서 customerLee가 지불해야 할 가격은 할인되지 않은 10,000원입니다. 그리고 10행에서 VIPCustomer로 생성한 customerKim은 당연히 할인된 가격인 9,000원을 지불합니다. 마지막으로 13행에서 VIPCustomer로 생성하고 Customer형으로 변환한 vc는 원래 Customer형 메서드가 호출되는 것이 맞지만, 가상 메서드 방식으로 VIPCustomer 인스턴스의 메서드가 호출되어 할인된 가격 9,000원이 출력됩니다.

정리해 보겠습니다. 상위 클래스(Customer)에서 선언한 calcPrice( ) 메서드가 있고 이를 하위 클래스(VIPCustomer)에서 재정의한 상태에서 하위 클래스 인스턴스(vc)가 상위 클래스로 형 변환이 되었습니다. 이때 vc.calcPrice( )가 호출되면, vc 변수를 선언할 때 사용한 자료형(Customer)의 메서드가 호출되는 것이 아니라 생성된 인스턴스(VIPCustomer)의 메서드가 호출됩니다. 이를 가상 메서드라고 합니다. 사실상 자바 메서드는 대부분 가상 메서드입니다.

# 08-4 다형성이란?

## 다양한 실행 결과를 얻을 수 있는 특성, 다형성

지금까지 설명한 묵시적 클래스 형 변환과 가상 메서드를 바탕으로 객체 지향의 중요한 특성인 다형성(polymorphism)을 학습해 봅시다. **다형성**이란 하나의 코드가 여러 자료형으로 구현되어 실행되는 것을 말합니다. 쉽게 말해 같은 코드에서 여러 실행 결과가 나오는 것이죠. 무슨 뜻인지 예를 통해 살펴봅시다.

📝 다형성은 추상 클래스, 인터페이스에서 구현됩니다. 또한 안드로이드, 스프링 등 자바 기반의 프레임워크에서 응용할 수 있는 객체 지향 프로그램의 중요한 개념이므로 잘 알아 둡시다.

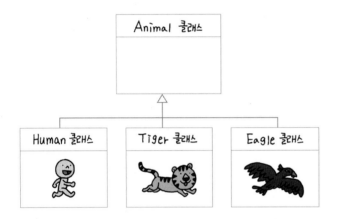

그림과 같이 3개의 클래스가 Animal 클래스를 상속받는 경우를 생각해 보죠. Animal 클래스에 메서드를 하나 정의하고 상속받은 클래스에서 재정의합니다. 이를 코드로 구현해 봅시다.

**Do it!** 다형성 테스트하기 · 참고 파일 AnimalTest1.java

```
01  package polymorphism;
02
03  class Animal {
04      public void move( ) {
05          System.out.println("동물이 움직입니다.");
06      }
07  }
08
09  class Human extends Animal {
```

```
10        public void move( ) {
11            System.out.println("사람이 두 발로 걷습니다.");
12        }
13    }
14
15    class Tiger extends Animal {
16        public void move( ) {
17            System.out.println("호랑이가 네 발로 뜁니다.");
18        }
19    }
20
21    class Eagle extends Animal {
22        public void move( ) {
23            System.out.println("독수리가 하늘을 납니다.");
24        }
25    }
26
27    public class AnimalTest1 {
28        public static void main(String[] args) {
29            AnimalTest1 aTest = new AnimalTest1( );
30            aTest.moveAnimal(new Human( ));
31            aTest.moveAnimal(new Tiger( ));
32            aTest.moveAnimal(new Eagle( ));
33        }
34
35        public void moveAnimal(Animal animal) {     ◀── 매개변수의 자료형이 상위 클래스
36            animal.move( );                          ◀── 재정의된 메서드가 호출됨
37        }
38    }
```

> **출력 결과**
> 사람이 두 발로 걷습니다.
> 호랑이가 네 발로 뜁니다.
> 독수리가 하늘을 납니다.

테스트를 하기 위해 AnimalTest1 클래스에 moveAnimal( )
메서드를 만들었습니다. 이 메서드는 어떤 인스턴스가 매개변
수로 넘어와도 모두 Animal형으로 변환합니다. 예를 들어 매개변수가 전달되는 부분에
Human 인스턴스가 전달되었다면 다음 코드처럼 형 변환됩니다.

```
Animal ani = new Human( );
```

Animal에서 상속받은 클래스가 매개변수로 넘어오면 모두 Animal형으로 변환되므로 animal.move( ) 메서드를 호출할 수 있습니다. 가상 메서드 원리에 따라 animal.move( ) 메서드가 호출하는 메서드는 Animal의 move가 아닌 매개변수로 넘어온 실제 인스턴스의 메서드입니다. animal.move( ) 코드는 변함이 없지만 어떤 매개변수가 넘어왔느냐에 따라 출력문이 달라집니다. 이것이 바로 다형성입니다.

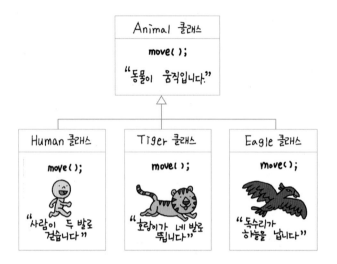

## 다형성의 장점

다른 동물이 새로 추가되는 경우를 생각해 봅시다. 새로운 동물도 Animal 클래스를 상속받아 구현하면 모든 클래스를 Animal 자료형 하나로 쉽게 관리할 수 있습니다. 이것이 다형성을 활용한 프로그램의 확장성입니다. 각 자료형에 따라 코드를 다르게 구현한다면 코드는 훨씬 복잡해지고 내용도 길어지겠죠? 상위 클래스에서 공통 부분의 메서드를 제공하고, 하위 클래스에서는 그에 기반한 추가 요소를 덧붙여 구현하면 코드 양도 줄어들고 유지·보수하기 편리합니다. 또 필요에 따라 상속받은 모든 클래스를 하나의 상위 클래스로 처리할 수 있고 클래스마다 다형성으로 여러 가지를 구현할 수 있으므로 프로그램을 쉽게 확장할 수 있습니다. 이처럼 다형성을 잘 활용하면 유연하면서도 구조화된 코드를 구현하여 확장성 있고 유지·보수하기 좋은 프로그램을 개발할 수 있습니다.

### 다형성을 활용해 VIP 고객 클래스 완성하기

앞에서 제시한 VIP 고객의 혜택을 다형성으로 구현해 보겠습니다.　　　　　　　　　　📧 VIP 고객의 혜택은 245쪽을 참고하세요.

```java
01   package polymorphism;
02
03   public class Customer {
04       protected int customerID;
05       protected String customerName;
06       protected String customerGrade;
07       int bonusPoint;
08       double bonusRatio;
09
10       public Customer( ) {
11           initCustomer( );
12       }
13
14       public Customer(int customerID, String customerName) {
15           this.customerID = customerID;
16           this.customerName = customerName;
17           initCustomer( );
18       }
19
20       private void initCustomer( ) {
21           customerGrade = "SILVER";
22           bonusRatio = 0.01;
23       }
24
25       public int calcPrice(int price) {
26           bonusPoint += price * bonusRatio;
27           return price;
28       }
29
30       public String showCustomerInfo( ) {
31           return customerName + " 님의 등급은 " + customerGrade + "이며, 보너스 포인트는 " +
     bonusPoint + "입니다.";
32       }
33       …
```

> 고객 등급과 보너스 포인트 적립률 지정 함수 호출

> 생성자에서만 호출하는 메서드이므로 private으로 선언

> 인스턴스 변수의 초기화 부분

기존 Customer 클래스와 달라진 점을 살펴보면 20~23행에 initCustomer( ) 메서드가 있습니다. 이 메서드는 클래스의 인스턴스 변수를 초기화하는데, Customer 클래스를 생성하는 두 생성자에서 공통으로 사용하는 코드이므로 메서드로 분리하여 호출했습니다.

이번에는 VIP 고객 클래스 코드를 수정해 봅시다.

고객 관리 프로그램 완성하기 (2)　　　　　　　　　　　　• 참고 파일 VIPCustomer.java

```java
01  package polymorphism;
02
03  public class VIPCustomer extends Customer {
04      private int agentID;
05      double saleRatio;
06
07      public VIPCustomer(int customerID, String customerName, int agentID) {
08          super(customerID, customerName);
09          customerGrade = "VIP";
10          bonusRatio = 0.05;
11          saleRatio = 0.1;
12          this.agentID = agentID;
13      }
14
15      public int calcPrice(int price) {
16          bonusPoint += price * bonusRatio;
17          return price - (int)(price * saleRatio);         지불 가격 메서드 재정의
18      }
                                                             고객 정보 출력 메서드 재정의
19
20      public String showCustomerInfo( ) {
21          return super.showCustomerInfo( ) + "담당 상담원 아이디는 " + agentID + "입니다.";
22      }
23
24      public int getAgentID( ) {
25          return agentID;
26      }
27  }
```

VIP 고객 클래스에서 calcPrice( ) 메서드와 showCustomerInfo( ) 메서드를 재정의했습니다. 일반 고객 클래스에서 calcPrice( ) 메서드는 정가를 그대로 반환했지만, VIP 고객 클래스에서는 할인율을 반영한 가격을 반환합니다. 또 일반 고객 클래스에서 showCustomerInfo( ) 메서드는 고객 등급과 이름만 출력했지만, VIP 고객 클래스에서는 담당 상담원 아이디까지 출력합니다.

다형성을 활용해 VIP 고객의 혜택이 제대로 적용되는지 다음 테스트 프로그램으로 확인해
봅시다.

고객 관리 프로그램 테스트하기 · 참고 파일 CustomerTest.java

```java
01    package polymorphism;
02
03    public class CustomerTest {
04      public static void main(String[] args) {
05        Customer customerLee = new Customer( );
06        customerLee.setCustomerID(10010);
07        customerLee.setCustomerName("이순신");
08        customerLee.bonusPoint = 1000;
09                                                    VIPCustomer를 Customer형으로 선언
10        System.out.println(customerLee.showCustomerInfo( ));
11
12        Customer customerKim = new VIPCustomer(10020, "김유신", 12345);
13        customerKim.bonusPoint = 1000;
14
15        System.out.println(customerKim.showCustomerInfo( ));
16        System.out.println("====== 할인율과 보너스 포인트 계산 ======");
17
18        int price = 10000;
19        int leePrice = customerLee.calcPrice(price);
20        int kimPrice = customerKim.calcPrice(price);
21
22        System.out.println(customerLee.getCustomerName( ) + " 님이 " + leePrice + "원 지
23    불하셨습니다.");
        System.out.println(customerLee.showCustomerInfo( ));
24        System.out.println(customerKim.getCustomerName( ) + " 님이 " + kimPrice + "원 지
25    불하셨습니다.");
        System.out.println(customerKim.showCustomerInfo( ));
26      }
27    }
```

출력 결과

```
이순신 님의 등급은 SILVER이며, 보너스 포인트는 1000입니다.
김유신 님의 등급은 VIP이며, 보너스 포인트는 1000입니다. 담당 상담원 아이디는 12345입니다.
====== 할인율과 보너스 포인트 계산 ======
이순신 님이 10000원 지불하셨습니다.
이순신 님의 등급은 SILVER이며, 보너스 포인트는 1100입니다.
김유신 님이 9000원 지불하셨습니다.
김유신 님의 등급은 VIP이며, 보너스 포인트는 1500입니다. 담당 상담원 아이디는 12345입니다.
```

출력 결과를 보면 10,000원짜리 상품을 구입했을 때 등급에 따라 할인율과 포인트 적립이 다르게 이루어지는 것을 알 수 있습니다. 그런데 여기에서 customerLee와 customerKim은 모두 Customer형으로 선언되었고, 고객의 자료형은 Customer형으로 동일하지만 할인율과 보너스 포인트는 인스턴스의 메서드에 맞게 각각 계산되었습니다. 즉 상속 관계에 있는 상위 클래스와 하위 클래스는 같은 상위 클래스 자료형으로 선언되어 생성할 수 있지만 재정의된 메서드는 각각 호출될 뿐만 아니라 이름이 같은 메서드가 서로 다른 역할을 구현한다는 것을 알 수 있습니다.

# 08-5 다형성을 활용한 프로그램 구현하기

앞에서 배운 상속과 다형성을 활용하면 프로그램을 유지·보수하는 데 매우 편리합니다. 이때 배열을 함께 사용하면 여러 하위 클래스 자료형을 상위 클래스 자료형으로 한꺼번에 관리할 수도 있습니다. 이와 관련하여 자세히 살펴보겠습니다.

## GOLD 등급 만들기

다음과 같은 새로운 요구 사항이 발생했습니다.

**예제 시나리오**

고객이 늘어 VIP 고객만큼 물건을 많이 구매하지는 않지만, 그래도 단골인 분들에게 혜택을 제공하고 싶습니다. 그래서 GOLD 고객 등급을 하나 추가합니다. GOLD 고객의 혜택은 다음과 같습니다.

- 제품을 살 때는 항상 10% 할인해 줍니다.
- 보너스 포인트를 2% 적립해 줍니다.
- 담당 전문 상담원은 없습니다.

GOLD라는 새로운 고객 등급이 생겼습니다. 이 등급의 고객의 할인율은 VIP 고객과 할인율은 같지만 보너스 포인트 적립률(적립 비율)이 다르고 담당 상담원도 없습니다. 이 내용을 기반으로 Customer 클래스를 상속받아 GoldCustomer 클래스를 만들어 보겠습니다. 고객 관리시스템은 다음과 같은 계층 구조로 확장됩니다.

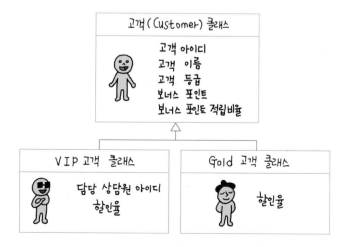

• 참고 파일 GoldCustomer.java

```java
01  package witharraylist;
02
03  public class GoldCustomer extends Customer {
04      double saleRatio;
05
06      public GoldCustomer(int customerID, String customerName) {
07          super(customerID, customerName);
08          customerGrade = "GOLD";
09          bonusRatio = 0.02;
10          saleRatio = 0.1;
11      }
12
13      public int calcPrice(int price) {
14          bonusPoint += price * bonusRatio;
15          return price - (int)(price * saleRatio);
16      }
17  }
```

재정의한 메서드

📄 앞에서 작성한 Customer 클래스와 VIPCustomer 클래스를 witharraylist 패키지로 복사해 활용합니다.

GoldCustomer 클래스는 지불 가격과 보너스 포인트를 계산하는 calcPrice( ) 메서드만 재정의했습니다. 이처럼 상속을 사용하면 새로운 기능이 추가되더라도 쉽게 구현할 수 있습니다.

## 배열로 고객 5명 구현하기

이제 여러 등급의 고객을 한번에 관리할 수 있도록 구현해 보겠습니다.

**예제 시나리오**

이 회사의 고객은 현재 5명입니다. 5명 중 VIP 1명, GOLD 2명, SILVER 2명입니다. 이 고객들이 각각 10,000원짜리 상품을 구매했을 때 결과를 출력합니다.

고객 인스턴스가 총 5개이므로 배열에 넣어서 관리하면 편리하겠지요? 객체 배열 ArrayList는 자료형을 지정하여 선언해야 합니다. 여기에서 사용한 클래스는 Customer, GoldCustomer, VIPCustomer 세 종류입니다. 배열의 자료형을 Customer로 지정하고,

📄 자료형을 지정하지 않을 수도 있는데, 이 경우에 대해서는 11-1절에서 설명하겠습니다.

VIPCustomer 클래스와 GoldCustomer 클래스 모두 Customer에서 상속받은 클래스이므로 Customer형으로 선언합니다. 이렇게 선언하면 이 배열에는 Customer, GoldCustomer, VIPCustomer를 모두 사용할 수 있습니다. 그리고 이 배열에 Customer 하위 클래스의 인스턴스가 추가될 때 모두 Customer형으로 묵시적 형 변환이 됩니다.

```
ArrayList<Customer> customerList = new ArrayList<Customer>( );
```

그러면 테스트 프로그램을 구현해 보겠습니다. Customer 클래스와 VIPCustomer 클래스는 이전 예제와 코드 내용이 동일하므로 생략합니다.

**Do it!** 배열을 활용한 고객 관리 프로그램 구현하기 · 참고 파일 CustomerTest.java

```
01  package witharraylist;
02  import java.util.ArrayList;
03
04  public class CustomerTest {
05    public static void main(String[] args) {
06      ArrayList<Customer> customerList = new ArrayList<Customer>( );
07
08      Customer customerLee = new Customer(10010, "이순신");
09      Customer customerShin = new Customer(10020, "신사임당");
10      Customer customerHong = new GoldCustomer(10030, "홍길동");
11      Customer customerYoul = new GoldCustomer(10040, "이율곡");
12      Customer customerKim = new VIPCustomer(10050, "김유신", 12345);
13
14      customerList.add(customerLee);
15      customerList.add(customerShin);
16      customerList.add(customerHong);      ─ ArrayList의 add 메서드를
17      customerList.add(customerYoul);        사용해 객체 배열에 고객 추가
18      customerList.add(customerKim);
19
20      System.out.println("====== 고객 정보 출력 =======");
21      for (Customer customer : customerList) {
22        System.out.println(customer.showCustomerInfo( ));
23      }
24
25      System.out.println("====== 할인율과 보너스 포인트 계산 =======");     다형성 구현
26      int price = 10000;
27      for (Customer customer : customerList) {
28        int cost = customer.calcPrice(price);
```

```
29    System.out.println(customer.getCustomerName( ) + " 님이 "
            + cost + "원 지불하셨습니다.");
30    System.out.println(customer.getCustomerName( ) + " 님의 현재 보너스 포인트는 "
            + customer.bonusPoint + "점입니다.");
31    }
32  }
33 }
```

**출력 결과**

```
====== 고객 정보 출력 =======
이순신 님의 등급은 SILVER이며, 보너스 포인트는 0입니다.
신사임당 님의 등급은 SILVER이며, 보너스 포인트는 0입니다.
홍길동 님의 등급은 GOLD이며, 보너스 포인트는 0입니다.
이율곡 님의 등급은 GOLD이며, 보너스 포인트는 0입니다.
김유신 님의 등급은 VIP이며, 보너스 포인트는 0입니다. 담당 상담원 아이디는 12345입니다.
====== 할인율과 보너스 포인트 계산 =======
이순신 님이 10000원 지불하셨습니다.
이순신 님의 현재 보너스 포인트는 100점입니다.
신사임당 님이 10000원 지불하셨습니다.
신사임당 님의 현재 보너스 포인트는 100점입니다.
홍길동 님이 9000원 지불하셨습니다.
홍길동 님의 현재 보너스 포인트는 200점입니다.
이율곡 님이 9000원 지불하셨습니다.
이율곡 님의 현재 보너스 포인트는 200점입니다.
김유신 님이 9000원 지불하셨습니다.
김유신 님의 현재 보너스 포인트는 500점입니다.
```

6행에서 Customer형으로 객체 배열 ArrayList를 선언하였습니다. 그리고 14행에서 18행까지 Customer 클래스와 하위 클래스 VIPCustmer, GoldCustomer의 인스턴스를 ArrayList에 추가했습니다. 21행에서 향상된 for문을 사용하여 고객 정보를 출력합니다. 고객 정보를 출력하는 showCustomerInfo( ) 메서드는 재정의하지 않았으므로 Customer 클래스에 구현된 메서드가 호출될 것입니다. 그리고 27~31행에서도 향상된 for문으로 고객마다 지불해야 할 금액과 적립된 보너스 포인트를 출력합니다. 고객 등급에 따라 할인율과 적립금이 다르므로 calcPrice( ) 메서드는 클래스마다 각각 재정의했습니다. for(Customer customer : customerList) 문장은 customerList 배열의 요소를 하나씩 가져와서 Customer형 변수에 넣습니다. 고객 정보를 ArrayList 배열에 저장할 때 Customer형으로 형 변환을 하여 추가했기 때문에 배열 요소를 하나씩 가져올 때도 Customer형으로 가져오게 됩니다. 그리고 인스턴스마다 각각 calcPrice( ) 메서드를 호출하면 현재 이 변수의 실제 인스턴스가 무엇이냐에 따라 재정의한 메서드를 각각 호출하여 계산합니다. 이것이 다형성입니다.

만약 재정의한 메서드가 가상 메서드 방식에 의해 자동으로 호출되지 않는다면 if-else if문을 사용하여 각 자료형에 적합한 코드를 따로 구현해야 할 것입니다. 게다가 새로운 등급의 고객이 추가로 필요한 경우에는 또 다른 조건을 구현해야 하므로 코드를 유지·보수하기가 어려워집니다. 이런 경우에 상속과 다형성을 잘 활용하면 복잡한 코드를 간결하게 줄이고 확장성 있는 프로그램을 구현할 수 있습니다.

## 상속은 언제 사용할까?

고객 등급을 추가하는 문제를 다시 생각해 봅시다. 이미 Customer 클래스가 구현되어 있는데 추가 요구 사항이 생긴 것이지요. 사실 가장 간단하게 생각해 보면, 이미 Customer 클래스가 존재하므로 여기에 추가 내용을 함께 구현할 수도 있습니다. Customer 클래스에 VIP 고객의 내용도 함께 구현하는 것이지요. 그런데 추가 기능을 이렇게 구현하면 코드가 굉장히 복잡해 집니다. 그 이유는 일반 등급 고객이 사용하지 않는 속성(상담원 ID, 할인율 등)뿐만 아니라 VIP 고객만을 위한 서비스 내용까지 추가해야 하기 때문입니다. 다음 코드는 Customer 클래스에 모든 등급의 내용을 넣어 구현한 예입니다.

```
if (customerGrade == "VIP") {          // 할인해 주고, 적립도 많이 해주고
}
else if (customerGrade == "GOLD") {    // 할인해 주고, 적립은 적당히
}
else if (customerGrade == "SILVER") {  // 적립만 해준다
}
```

고객 등급에 따라 다르게 구현해야 하기 때문에 if-else if-else문을 사용합니다. calcPrice( ) 메서드뿐 아니라 여러 다른 메서드에서도 등급에 따라 다르게 구현해야 한다면 클래스 전체에 서 이러한 if-else if-else문이 많이 사용하겠죠. 이런 경우 고객의 등급이 하나라도 추가되거 나 삭제되면 유지·보수하기 매우 복잡해집니다.

앞에서 학습했듯이 상속을 사용하면 모든 등급에서 공통으로 사용하는 코드 부분은 상위 클래 스인 Customer 클래스에 구현하고, 등급별 고객의 내용은 하위 클래스에 각각 구현합니다. 또한 새로운 등급의 고객이 추가되더라도 기존의 코드를 거의 수정하지 않고 새로운 클래스를 추가할 수 있어서 확장성 있고 유지·보수하기 좋은 프로그램이 됩니다.

## 상속을 항상 사용하는 것이 좋을까?

당연히 그렇지 않습니다. IS-A 관계(is a relationship: inheritance)라는 용어가 있습니다. IS-A 관계란 일반적인 개념과 구체적인 개념의 관계입니다. 즉 '사람은 포유류이다'와 같은 관계죠. 상속은 IS-A 관계에서 사용하는 것이 가장 효율적입니다. 일반 클래스를 점차 구체화하는 상 황에서 상속을 사용하는 것입니다. 상속을 사용하면 장점이 많지만, 하위 클래스가 상위 클래 스형에 종속되므로 이질적인 클래스 간에는 상속을 사용하지 않는 것이 좋습니다. 단순히 코 드를 재사용할 목적으로 서로 관련이 없는 개념의 클래스들을 상속 관계로 사용하는 것은 좋 지 않은 코드 작성법입니다.

다음과 같은 경우를 생각해 볼까요? 과목을 나타내는 Subject 클래스가 있습니다. 과목 아이디와 이름을 인스턴스 변수로 가지고 get( ), set( ) 메서드도 제공합니다.

```java
package inheritance2;

public class Subject {
  private int subjectId;
  private int subjectName;

  public int getSubjectId( ) {
    return subjectId;
  }

  public void setSubjectId(int subjectId) {
    this.subjectId = subjectId;
  }

  public int getSubjectName( ) {
    return subjectName;
  }

  public void setSubjectName(int subjectName) {
    this.subjectName = subjectName;
  }

  public void showSubjectInfo( ) {
    System.out.println(subjectId + "," +subjectName);
  }
}
```

이제 Student 클래스를 만들고자 합니다. 모든 학생은 전공 과목(Subject)을 가지고 있습니다. 그러므로 Subject 클래스에서 제공하는 여러 메서드를 활용하면 좋을 것 같습니다. 이런 경우 다음과 같이 Student 클래스가 Subject 클래스를 상속받으면 될까요?

```java
class Student extends Subject { }
```

이런 경우에는 상속을 사용하지 않는 게 좋습니다. 왜냐하면 Subject가 Student를 포괄하는 개념의 클래스가 아니기 때문입니다. 또한 Student 클래스를 상속받는 다른 클래스가 있을 수도 있습니다. 이런 경우에는 HAS-A 관계(has a relationship: association)로 표현합니다.

HAS-A 관계란 한 클래스가 다른 클래스를 소유한 관계입니다. Subject는 Student에 포함되어 Student의 인스턴스 변수로 사용하는 것이 적절합니다.

```
class Student {
  Subject majorSubject;
}
```

상속을 코드 재사용 개념으로 이해하면 안 되는 이유가 여기에 있습니다. 재사용할 수 있는 코드가 있다고 해서 무조건 상속받을 수 있는 아닙니다. 상속을 사용하면 클래스 간의 결합도가 높아져서 상위 클래스의 변화가 하위 클래스에 미치는 영향이 큽니다. 따라서 상속은 일반적인 클래스와 구체적인(확장되는) 클래스의 관계에서 구현하는 것이 알맞습니다.

은종쌤

질문 있어요

**여러 클래스를 한 번에 상속받을 수도 있나요?**

한 클래스가 여러 클래스를 상속받는 것을 다중 상속이라고 합니다. 자바 이전의 객체 지향 언어인 C++는 다중 상속을 지원했지만, 자바는 다중 상속을 지원하지 않습니다. 여러 클래스에서 상속을 받으면 그만큼 다양한 기능을 상속받을 수 있는 장점이 있을 텐데 자바에서 다중 상속을 지원하지 않는 이유는 무엇일까요?

그 이유는 다중 상속의 모호성 때문입니다. 예를 들어 두 개 이상의 상위 클래스에 같은 이름의 메서드가 정의되어 있다면, 다중 상속을 받는 하위 클래스는 어떤 메서드를 상속받을지 모호해집니다. 객체 지향에서 다중 상속의 모호성을 가장 잘 설명해 주는 예로 다이아몬드 문제(diamond problem)있습니다. C++ 같은 언어에서는 문법적으로 이러한 문제를 해결하지만, 자바에서는 다중 상속의 장점보다 모호함을 없애는 쪽을 선택해 다중 상속을 사용하지 않는 것입니다. 따라서 extends 예약어 뒤에 오는 클래스는 반드시 한 개여야 합니다.

# 08-6 다운 캐스팅과 instanceof

## 하위 클래스로 형 변환, 다운 캐스팅

앞에서 상위 클래스로 형 변환이 묵시적으로 이루어지는 과정을 알아보았습니다. 여기에서
는 다시 하위 클래스로 형 변환이 되는 과정을 살펴보겠습니다.

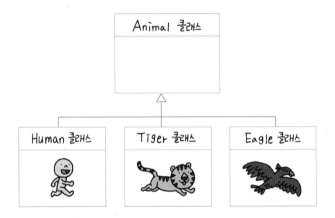

이와 같은 계층 구조에서 상위 클래스를 자료형으로 선언
하는 Animal ani = new Human( ); 코드를 쓸 수 있습니

상위 클래스로의 형 변환이 기억나지
않는다면 08-2절을 참조하세요.

다. 이때 생성된 인스턴스 Human은 Animal형입니다. 이렇게 Animal형으로 형 변환이 이루
어진 경우에는 Animal 클래스에서 선언한 메서드와 인스턴스 변수만 사용할 수 있습니다. 다
시 말해 Human 클래스에 더 많은 메서드가 구현되어 있고 다양한 인스턴스 변수가 있다고
하더라도 자료형이 Animal형인 상태에서는 사용할 수가 없겠죠. 따라서 필요에 따라 다시 원
래 인스턴스의 자료형(여기에서는 Human형)으로 되돌아가야 하는 경우가 있습니다. 이렇
게 상위 클래스로 형 변환되었던 하위 클래스를 다시 원래 자료형으로 형 변환하는 것을 **다운
캐스팅**(down casting)이라고 합니다.

## 인스턴스의 자료형을 확인하는 예약어, instanceof

상속 관계를 생각해 보면 모든 인간은 동물이지만 모든 동물이 인간은 아닙니다. 따라서 다운
캐스팅을 하기 전에 상위 클래스로 형 변환된 인스턴스의 원래 자료형을 확인해야 변환할 때
오류를 막을 수 있습니다. 이를 확인하는 예약어가 바로 instanceof입니다.

instanceof는 다음과 같이 사용할 수 있습니다.

```
Animal hAnimal = new Human( );
if (hAnimal instanceof Human) {   //hAnimal 인스턴스 자료형이 Human형이라면
    Human hunam = (Human)hAnimal;   //인스턴스 hAnimal을 Human형으로 다운 캐스팅
}
```

이 코드에서 사용한 참조 변수 hAnimal은 원래 Human형으로 생성되었는데, Animal형으로 형 변환되었습니다. instanceof 예약어는 왼쪽에 있는 변수의 원래 인스턴스형이 오른쪽 클래스 자료형인가를 확인합니다. 코드를 보면 hAnimal이 Animal형으로 되어 있지만, 원래는 Human형으로 생성된 인스턴스인지 확인하는 것이죠. instanceof의 반환값이 true이면 다운 캐스팅을 하는데, 이때는 Human hunam = (Human)hAnimal; 문장과 같이 명시적으로 자료형을 써주어야 합니다. 상위 클래스로는 묵시적으로 형 변환이 되지만, 하위 클래스로 형 변환을 할 때는 명시적으로 해야 하기 때문입니다. 만약 instanceof로 인스턴스형을 확인하지 않으면 오류가 발생할 수 있습니다.

다음처럼 원래 자료형이 Human형이 아닌 경우를 봅시다.

```
Animal ani = new Tiger( );
Human h = (Human)ani;
```

이와 같이 코딩해도 컴파일 오류는 나지 않습니다. 왜일까요? 일단 Tiger 인스턴스는 Animal형으로 자동 형 변환이 됩니다. 변수 h의 자료형 Human과 강제 형 변환되는 ani의 Human형이 동일하므로 컴파일 오류는 나지 않는 것입니다. 그 대신 이 코드를 실행하면 실행 오류가 발생합니다.

```
Exception in thread "main" java.lang.ClassCastException Create breakpoint : class polymorphism.Tiger cannot be cast to class
    polymorphism.Human (polymorphism.Tiger and polymorphism.Human are in unnamed module of loader 'app')
        at polymorphism.AnimalTest1.main(AnimalTest1.java:55)
```

따라서 참조 변수의 원래 인스턴스형을 정확히 확인하고 다운 캐스팅을 해야 안전하며 이때 instanceof를 사용합니다. 자바 16부터는 형 변환에 관한 문법이 좀 더 간결해졌습니다. 앞의 코드를 예를 들어 설명하면 이전 버전에서는 instanceof를 사용해 hAnimal이 Human인지 확인한 후 맞다면 Human으로 명시적 형 변환을 했습니다. 하지만 자바 16부터 제공되는 패턴 매칭(Pattern matching)은 instanceof를 사용해 자료형을 확인한 후 그 자료형이 맞다면 바로 자동으로 형 변환이 됩니다. 이를 자바 코드로 나타내면 다음과 같습니다.

```
Animal hAnimal = new Human( );
if (hAnimal instanceof Human h) {
    h.readBook( );
}
```

물론 자료형이 맞지 않으면 형 변환도 일어나지 않습니다.

그러면 원래 인스턴스형으로 다운 캐스팅하는 예를 살펴보겠습니다. Animal 클래스를 상속받
은 여러 동물 클래스가 있습니다. Human 클래스, Tiger 클래스, Eagle 클래스에는 각각 다른
메서드도 추가로 구현했습니다.

**Do it!** instanceof로 원래 인스턴스형 확인 후 다운 캐스팅하기 · 참고 파일 AnimalTest.java

```
01  package polymorphism;
02  import java.util.ArrayList;
03
04  class Animal {
05    public void move( ) {                              상위 클래스
06      System.out.println("동물이 움직입니다.");           Animal
07    }
08  }
09
10  class Human extends Animal {
11    public void move( ) {
12      System.out.println("사람이 두 발로 걷습니다.");
13    }
14                                                      Animal을 상속받은
15    public void readBook( ) {                          Human 클래스
16      System.out.println("사람이 책을 읽습니다.");
17    }
18  }
19
20  class Tiger extends Animal {
21    public void move( ) {
22      System.out.println("호랑이가 네 발로 뜁니다.");
23    }
24                                                      Animal을 상속받은
25    public void hunting( ) {                           Tiger 클래스
26      System.out.println("호랑이가 사냥을 합니다.");
27    }
28  }
```

```
29
30  class Eagle extends Animal {
31    public void move( ) {
32      System.out.println("독수리가 하늘을 납니다.");
33    }
34                                                          Animal을 상속받은
35    public void flying( ) {                               Eagle 클래스
36      System.out.print("독수리가 날개를 쭉 펴고 멀리 날아갑니다.");
37    }
38  }
39
40  public class AnimalTest {
41    ArrayList<Animal> aniList = new ArrayList<Animal>( );
42                                배열의 자료형은 Animal로 지정
43    public static void main(String[] args) {
44      AnimalTest aTest = new AnimalTest( );
45      aTest.addAnimal( );
46      System.out.println("===== 원래 형으로 다운 캐스팅 =====");
47      aTest.testCasting( );
48    }
49
50    public void addAnimal( ) {
51      aniList.add(new Human( ));            ArrayList에 추가되면서
52      aniList.add(new Tiger( ));            Animal형으로 형 변환
53      aniList.add(new Eagle( ));
54
55      for (Animal ani : aniList) {          배열 요소를 Animal형으로 꺼내서 move( )를
56        ani.move( );                        호출하면 재정의된 함수가 호출됨
57      }
58    }
59
60    public void testCasting( ) {
61      for (int i = 0; i < aniList.size( ); i++) {   // 모든 배열 요소를 하나씩 돌면서
62        Animal ani = aniList.get(i);                // Animal형으로 가져옴
63        if (ani instanceof Human) {                 // Human이면
64          Human h = (Human)ani;                     // Human형으로 다운 캐스팅
65          h.readBook( );
66        }
67        else if (ani instanceof Tiger) {
68          Tiger t = (Tiger)ani;
69          t.hunting( );
```

```
70          }
71          else if (ani instanceof Eagle) {
72              Eagle e = (Eagle)ani;
73              e.flying( );
74          }
75          else {
76              System.out.println("지원되지 않는 형입니다.");
77          }
78      }
79  }
80 }
```

**출력 결과**

```
사람이 두 발로 걷습니다.
호랑이가 네 발로 뜁니다.
독수리가 하늘을 납니다.
===== 원래 형으로 다운 캐스팅 =====
사람이 책을 읽습니다.
호랑이가 사냥을 합니다.
독수리가 날개를 쭉 펴고 멀리 날아갑니다.
```

동물 클래스를 각각 인스턴스로 생성하여 Animal 형으로 선언한 배열에 추가합니다. 이렇게 하면 배열에 추가하는 요소의 자료형은 모두 Animal형으로 변환되겠죠? 이때 호출할 수 있는 메서드는 Animal 클래스에 선언된 메서드뿐입니다. 55~57행에서 향상된 for문을 사용하여 모든 배열 요소를 하나씩 꺼내 move( ) 메서드를 호출하면 재정의된 메서드가 호출됩니다. 하지만 배열 요소가 Animal형이므로 각 클래스에서 제공하는 readBook( ), hunting( ), flying( ) 메서드를 사용할 수 없습니다. 다시 말해 자료형이 Animal형인 상태에서는 Human 클래스가 제공하는 readBook( ) 메서드를 호출할 수 없는 것이지요. 클래스마다 선언한 readBook( ), hunting( ), flying( )을 호출하려면 다시 원래 자료형으로 다운 캐스팅을 해야 합니다. 그래서 instanceof를 활용하여 실제 인스턴스형을 살펴본 후에 다운 캐스팅을 하면 각 클래스에 있는 메서드를 호출할 수 있습니다.

지금까지 공부한 내용을 떠올려 보면서 다음 문제를 해결해 보세요.

## 되새김 문제

▶ 08장 정답 및 풀이: 625쪽

**01** 자바에서는 어떤 클래스의 기능을 확장하여 새로운 클래스를 만들 때 상속합니다. 이때 사용하는 예약어는 [ e          ] 입니다.

**02** 하위 클래스가 상위 클래스의 생성자를 호출하거나 상위 클래스의 인스턴스 변수, 메서드를 호출할 때 사용하는 예약어로 상위 클래스의 주소, 즉 참조값을 나타내는 예약어는 [ s          ] 입니다.

**03** 클래스를 상속받은 상태에서 상위 클래스에 이미 정의되어 있는 메서드를 하위 클래스에서 사용하기에 적절하지 않은 경우에 해당 메서드를 재정의할 수 있습니다. 이것을 [ 메              ] (이)라고 합니다.

**04** 다음 코드를 실행하면 오류가 발생합니다. 오류가 발생하는 원인을 설명하세요.

```java
public class Employee {
  public String name;
  public String grade;
  public Employee(String name) {
    this.name = name;
  }
}
public class Engineer extends Employee {
  private String skillset;
  public String getSkillSet( ) {
    return skillset;
  }
  public void setSkillSet(Strin skillset)
  this.skillSet = skillset;
}
```

힌트 상속에서 클래스 생성 과정을 잘 생각해 보세요.

**05** 다음 출력 결과가 나오도록 빈칸을 채우세요.

```
import java.util.ArrayList;

class Shape {
  public void draw( ) {
    System.out.println("Shape");
  }
}

class Circle extends Shape {
public void draw( ) {
    System.out.println("Circle");
  }
}

class Triangle extends Shape {
  public void draw( ) {
    System.out.println("Triangle");
  }
}
```

```
public class ShapeTest {
public static void main(String[] args) {
    ❶
    list.add(new Circle( ));
    list.add(new Triangle( ));
    list.add(new Shape( ));

    for (Shape s : list) {
      ❷
    }
  }
}
```

**출력 결과**
Circle
Triangle
Shape

**06** 상속 관계에서 생성자를 호출할 때 어떤 일이 일어나는지 빈칸을 알맞게 채워 보세요.

- 하위 클래스가 생성될 때는 상위 클래스의 ❶ 생          (이)가 먼저 호출됩니다.

- 상위 클래스에 생성자 코드가 따로 없으면 ❷ s          (으)로 상위 클래스의 디폴트 생성자가 자동으로 호출됩니다.

- 상위 클래스에 디폴트 생성자가 없고 매개변수가 있는 생성자만 있을 경우 ❸ s          에 매개변수를 추가하여, 매개변수가 있는 상위 클래스의 생성자를 직접 호출해야 합니다.

# 09장

# 추상 클래스

08장에서 배운 상속을 기반으로 이 장에서는 추상 클래스를 알아보겠습니다. 추상 클래스는 완전하지 않은 클래스입니다. 완전하지 않다는 것이 부족하다는 뜻일 수도 있지만, 다른 한편으로는 가능성이 남아 있다는 의미이기도 합니다. 이 가능성을 활용해 좀 더 확장 가능하고 다양한 프로그램을 개발할 수 있습니다. 그러면 추상 클래스를 어떻게 구현하는지 함께 살펴볼까요?

# 09-1 추상 클래스란?

'추상적이다'라는 말의 뜻을 생각해 봅시다. 추상적이라는 것은 구체적이지 않고 막연한 것을 뜻합니다. 그렇다면 '어떤 클래스가 추상적이다'라는 말은 무슨 뜻일까요? 앞의 용어 풀이를 대입해 보면 '구체적이지 않은 클래스'라는 뜻이겠죠. 추상 클래스를 영어로 표현하면 abstract class이고, 추상 클래스가 아닌 클래스는 concrete class라고 합니다. 지금까지 만든 클래스는 모두 concrete class였습니다. 추상 클래스 활용 방법을 살펴보기 전에 추상 클래스 문법부터 배워 보겠습니다.

## 구현 코드가 없는 추상 메서드

추상 클래스는 항상 추상 메서드를 포함합니다. 추상 메서드는 구현 코드가 없습니다. 함수의 구현 코드가 없다는 것은 함수 몸체(body)가 없다는 뜻입니다.

```
int add(int x, int y) {
    return x + y;
}
```
{ } 안의 내용이 함수 몸체

중괄호 { }로 감싼 부분을 함수의 구현부(implementation)라고 합니다. 이 부분이 없는 함수는 추상 함수(abstract function)이고 자바에서는 추상 메서드(abstract method)라고 합니다. 추상 메서드는 다음과 같이 선언만 하며 abstract 예약어를 사용합니다. 그리고 { } 대신 ;를 씁니다.

```
abstract int add(int x, int y);
```

참고로 다음과 같은 메서드는 추상 메서드가 아닙니다. { }를 사용한 것만으로도 메서드를 구현한 셈입니다. 다만 { } 안에 코드가 없을 뿐이죠.

```
int add(int x, int y) { }
```

정리하자면, 자바에서 추상 메서드는 abstract 예약어를 사용하여 선언만 합니다.

## 메서드 선언의 의미

코딩을 한다고 하면 뭔가 열심히 구현하는 것을 생각하기 마련입니다. 변수를 선언하고 제어문을 사용하여 로직을 만들고 기능을 구현하는 것을 프로그램 개발이라고 생각하지요. 물론 그것도 중요한 일입니다. 그런데 로직을 구현하는 것보다 더 중요한 것은 어떻게 구현할지를 결정하는 것입니다. 이런 과정을 **개발 설계**라고 합니다. 물론 설계 과정은 더 복잡하고 다양한 방법이 있을 수 있습니다. 예를 들어 이런 경우를 생각해 봅시다.

```
int add(int num1, int num2);
```

위 코드처럼 선언한 메서드를 보면 두 개의 정수를 입력받은 후 더해서 그 결괏값을 반환한다는 것을 유추할 수 있습니다. 즉 이 메서드의 선언부(declaration)만 봐도 어떤 일을 하는 메서드인지 알 수 있지요. 함수의 선언부 즉 반환값, 함수 이름, 매개변수를 정의한다는 것은 곧 함수의 역할이 무엇인지, 어떻게 구현해야 하는지를 정의한다는 뜻입니다. 따라서 함수 몸체를 구현하는 것보다 중요한 것은 함수 선언부를 작성하는 것입니다. 자바에서 사용하는 메서드 역시 마찬가지입니다. 메서드를 선언한다는 것은 메서드가 해야 할 일을 명시해 두는 것입니다.

## 추상 클래스 구현하기

그러면 구체적으로 구현하지 않은 추상 메서드를 어떻게 사용하는지 하나씩 살펴보죠. 추상 클래스의 구현 과정을 코드로 보기 전에 클래스 간의 관계를 살펴볼 수 있는 클래스 다이어그램을 그려 보겠습니다. 일반적으로 클래스 다이어그램 맨 위쪽에는 클래스 이름을 씁니다. 그리고 아래쪽에 변수 이름을 쓰고 그다음에 메서드 이름을 씁니다. 추상 클래스와 추상 메서드는 기울임꼴로 표시합니다.

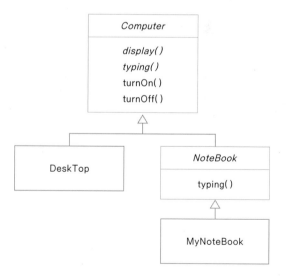

오른쪽 다이어그램을 살펴보면 Computer 클래스는 추상 클래스입니다. 컴퓨터 종류로 데스크톱과 노트북이 있고, 노트북 종류로 MyNoteBook이 있습니다.

🗐 이 다이어그램에는 변수가 포함되어 있지 않습니다.

Computer 클래스는 추상 클래스이며 이를 상속받은 두 클래스 중 DeskTop 클래스는 일반 클래스이고 NoteBook 클래스는 추상 클래스입니다. 마지막으로 NoteBook 클래스를 상속 받은 MyNoteBook 클래스도 일반 클래스입니다. Computer 클래스가 제공하는 메서드 중 두 개는 기울임꼴 서체로 표시해 추상 메서드임을 나타냅니다. 즉 display( )와 typing( )은 추상 메서드이고 turnOn( )과 turnOff( )는 구현 코드가 있는 메서드입니다.

앞에서 본 다이어그램을 프로그램으로 구현해 클래스 간의 관계를 이해해 봅시다.

**Do it!** 추상 클래스 구현하기                                                  • 참고 파일 Computer.java

```java
01   package abstractex;
02
03   public class Computer {
04       public void display( );        ┐ 오류 발생
05       public void typing( );         ┘
06
07       public void turnOn( ) {
08           System.out.println("전원을 켭니다.");
09       }
10       public void turnOff( ) {
11           System.out.println("전원을 끕니다.");
12       }
13   }
```

Computer 클래스 내부에 추상 메서드 display( )와 typing( )을 선언하고, 구현 메서드 turnOn( )과 turnoff( )를 작성합니다. 그러면 완전하게 구현되지 않은 두 추상 메서드에서 오류가 발생합니다. 이 오류를 해결하기 위해서 display( )나 typing( ) 위에 마우스를 올리면 다음과 같은 창이 등장합니다. 이 창에서 [More actions...]를 클릭하면 오류를 해결할 수 있 는 방법으로 다음 두 가지를 제시합니다.

📝 'Missing method body, or declare abstract'는 메서드 몸체 부분을 작성 하거나 추상 메서드를 선언하라는 뜻 입니다.

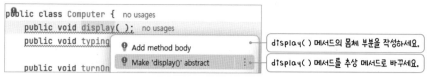

```
public class Computer {   no usages
    public void display( );   no usages
    public void typing
                          💡 Add method body              ┄┄┄┄┄ display( ) 메서드의 몸체 부분을 작성하세요.
                          💡 Make 'display()' abstract      ┄┄┄┄┄ display( ) 메서드를 추상 메서드로 바꾸세요.
    public void turnOn
```

🔵 코드 창에서 빨간 전구 모양을 클릭해도 이와 같은 화면이 등장합니다.

두 번째 옵션을 선택하면 display( ) 메서드에 abstract 예약어가 자동으로 입력되는 것을 확인

할 수 있습니다. 그리고 추상 메서드를 포함하게 되는
Computer 클래스에도 다음과 같이 abstract 예약어
가 자동으로 추가됩니다. display( )가 추상 메서드
이기 때문에 추상 메서드를 포함하는 Computer 클
래스는 자동으로 추상 클래스가 됩니다.
마찬가지로 typing( ) 메서드도 두 번째 옵션을 선택
해 추상 메서드로 만듭니다.

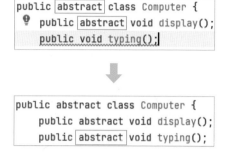

```
public abstract class Computer {
💡  public abstract void display();
    public void typing();
```

⬇

```
public abstract class Computer {
    public abstract void display();
    public abstract void typing();
```

Computer 클래스를 이와 같이 구현한 것은 'Computer를 상속받는 클래스 중 turnOn( )과
turnOff( )로 구현하는 코드는 공통입니다. 하지만 display( )와 typing( )은 하위 클래스에
따라 다르게 구현될 수 있습니다. 그래서 Computer에서는 구현하지 않고, 이 두 메서드 구현
에 대한 책임을 상속받는 클래스에 위임한다'라는 의미입니다. 따라서 Computer 클래스의
추상 메서드는 추상 클래스를 상속받은 DeskTop과 NoteBook에서 실제로 구현하게 됩니
다. 이 클래스의 상위 클래스에서는 하위 클래스도 공통으로 사용할 메서드를 구현하고, 하위
클래스마다 다르게 구현할 메서드는 추상 메서드로 선언해 두는 것입니다.

그러면 DeskTop 클래스를 만들어 보겠습니다. 다음과 같이 DeskTop 클래스를 선언하고
Computer 클래스를 상속받습니다.

**Do it!** 추상 클래스 상속받기               • 참고 파일 DeskTop.java

```
01   package abstractex;
02
03   public class DeskTop extends Computer {
04                          └─ 오류 발생
05   }
```

Computer 클래스를 상속받은 DeskTop 클래스에 빨간색 줄로 오류가 표시됩니다. 마우스 포인터를 올려서 메시지를 확인해 보면 다음과 같이 등장합니다.

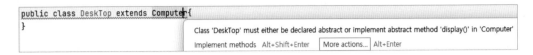

DeskTop 클래스는 추상 클래스로 선언하거나 Computer의 추상 메서드인 display( )를 구현해야 한다고 적혀 있습니다. [More actions...]를 클릭하면 다음과 같은 창이 등장합니다.

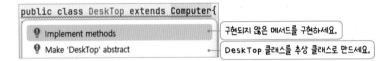

Computer는 추상 클래스입니다. 추상 클래스를 상속받은 클래스는 추상 클래스의 메서드도 상속받습니다. 따라서 상속받은 클래스는 추상 메서드를 포함합니다. 그렇기 때문에 추상 메서드를 모두 구현하거나 DeskTop도 추상 클래스로 만들어야 합니다. 즉 추상 클래스를 상속받은 하위 클래스는 구현되지 않은 추상 메서드를 모두 구현해야 구체적인 클래스(concrete class)가 됩니다. 즉, 추상 메서드가 두 개인데 그중 하나만 구현하면 이 역시 구현이 되지 않은 추상 메서드를 포함하는 것이므로 추상 클래스입니다.

[Implement methods] 옵션을 클릭하면 다음과 같은 창이 등장합니다. 이 창은 상속받은 상위 클래스의 추상 메서드를 보여 줍니다. 구현할 메서드들을 선택하고 [OK] 버튼을 클릭하면 비어 있던 클래스 내부에 다음과 같이 코드가 생성됩니다.

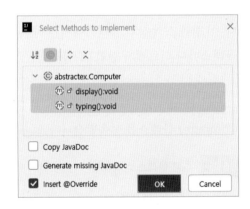

```
public class DeskTop extends Computer{
    @Override
    public void display() {

    }

    @Override
    public void typing() {

    }
}
```

다음과 같이 메서드의 몸체 코드를 작성해 봅니다.

추상 메서드 구현하기 • 참고 파일 DeskTop.java

```
01   package abstractex;
02
03   public class DeskTop extends Computer {
04       @Override
05       public void display( ) {
06           System.out.println("DeskTop display( )");
07       }
08
09       @Override
10       public void typing( ) {
11           System.out.println("DeskTop typing( )");
12       }
13   }
```

추상 메서드의 몸체 코드 작성

4~12행은 상위 클래스인 Computer 클래스에 포함된 추상 메서드인 display( )와 typing( ) 을 재정의하는 부분입니다. 이와 같이 몸체 부분에 원하는 코드를 구현하면 됩니다.

마찬가지로 NoteBook 클래스도 구현해 봅시다.

```
01    package abstractex;
02
03    public abstract class NoteBook extends Computer {
04       @Override
05       public void display( ) {
06          System.out.println("NoteBook display( )");
07       }
08    }
```

이 클래스에서는 상속받은 추상 메서드를 모두 구현하지 않고 display( ) 하나만 구현하였습니다. 그러므로 NoteBook 클래스는 추상 메서드를 하나 가지고 있기 때문에 추상 클래스가 됩니다.

NoteBook을 상속받은 MyNoteBook 클래스는 다음과 같이 구현할 수 있습니다.

```
01    package abstractex;
02
03    public class MyNoteBook extends NoteBook {
04       @Override
05       public void typing( ) {
06          System.out.println("MyNoteBook typing( )");
07       }
08    }
```

MyNoteBook은 모든 추상 메서드가 구현된 클래스이므로 abstract 예약어를 사용하지 않습니다.

**은종쌤 질문 있어요**

**모든 추상 메서드를 구현한 클래스에 abstract 예약어를 사용하면 어떻게 되나요?**

구현 메서드를 포함하고 있어도 abstract 예약어를 사용하면 추상 클래스입니다. 오른쪽 예시를 살펴보면 AbstractTV 클래스에는 추상 메서드를 구체적으로 구현했습니다. 하지만 TV의 모든 기능을 구현한 것이 아니라 공통 기능만 구현해 놓은 것입니다.

```
package abstractex;

public abstract class AbstractTV {
    public void turnOn( ) {
        System.out.println("전원을 켭니다.");
    }

    public void turnOff( ) {
        System.out.println("전원을 끕니다.");
    }
}
```

이처럼 추상 메서드를 포함하지 않아도 상속에서 상위 클래스로 사용하는 클래스는 abstract 예약어를 써 추상 클래스가 될 수 있습니다. 하지만 new 예약어로는 생성할 수 없는 것에 주의합니다.

## 추상 클래스는 왜 필요할까?

추상 클래스를 어떻게 정의하고 구현하는지 이야기했습니다. 그렇다면 이런 추상 클래스는 어디에 사용하려고 만들었을까요? 일단 앞에서 만든 Computer, Desktop, NoteBook, MyNoteBook 클래스를 활용해 테스트 프로그램을 작성해 보겠습니다. 동일한 abstractex 패키지 안에 ComputerTest.java 파일을 생성합니다.

**Do it! 추상 클래스 테스트하기**
• 참고 파일 ComputerTest.java

```
01  package abstractex;
02
03  public class ComputerTest {
04    public static void main(String[] args) {
05      Computer c1 = new Computer( );
06      Computer c2 = new DeskTop( );
07      Computer c3 = new NoteBook( );
08      Computer c4 = new MyNoteBook( );
09    }
10  }
```

Computer 클래스형으로 인스턴스를 4개 생성했습니다. 그런데 코드를 보면 Computer와 NoteBook에서 오류가 납니다. 오류 메시지를 확인해 보면 Computer 클래스와 NoteBook 클래스를 인스턴스로 생성할 수 없다고 나옵니다.

```java
public class ComputerTest {
    public static void main(String[] args) {
        Computer c1 = new Computer( );
        Computer c2 = new DeskTop(
        Computer c3 = new NoteBook
        Computer c4 = new MyNoteBo
```

'Computer' is abstract; cannot be instantiated

Implement methods  Alt+Shift+Enter    More actions...  Alt+Enter

→ 클래스를 인스턴스로 생성할 수 없음

## 추상 클래스는 인스턴스로 생성할 수 없다

추상 클래스는 모든 메서드가 구현되지 않았으므로 인스턴스로 생성할 수 없습니다. 즉 new 예약어로 인스턴스를 생성할 수 없습니다. 예를 들어 오른쪽과 같은 ABC 클래스가 있다고 가정합시다.

```java
abstract class ABC {
  abstract void a( );
  void b( ) {
    System.out.println("b( )");
  }
}
```

ABC 클래스는 추상 클래스이며 a( ) 추상 메서드를 가지고 있습니다. 만약 ABC 클래스를 생성하는 class abc = new ABC( ); 문장이 가능하다면 abc.a( ) 메서드를 호출했을 때 어떤 코드가 수행될까요? 결론을 말하자면 구현된 코드가 없으므로 수행할 수 있는 내용이 없습니다. 따라서 추상 클래스는 인스턴스로 만들 수 없습니다. ComputerTest 클래스에서도 Computer와 NoteBook 클래스는 추상 클래스이므로 인스턴스를 생성할 수 없습니다. 하지만 추상 클래스에서도 형 변환을 사용할 수는 있습니다. 그래서 ComputerTest 클래스에서 보듯이 DeskTop, NoteBook, MyNoteBook 클래스는 상위 클래스 Computer를 상속받았으므로 Computer형으로 선언하여 사용할 수 있습니다.

## 추상 클래스의 메서드 활용

인스턴스로 생성할 수 없는 추상 클래스는 어디에 쓸까요? 앞에서 잠깐 언급했지만, 추상 클래스는 상속하기 위해 만든 클래스입니다. 그렇다면 어떤 메서드를 구현하고, 어떤 메서드를 구현하지 않고 추상 메서드로 남겨 두어야 할까요? 추상 클래스에서 구현하는 메서드는 하위 클래스에서도 사용할, 즉 하위 클래스에서도 구현 내용을 공유할 메서드를 구현합니다. 하위 클래스마다 내용을 각각 다르게 구현해야 한다면, 구현 내용을 추상 메서드로 남겨 두고 하위 클래스에 구현을 위임하는 것입니다.

| 구현 메서드 | 하위 클래스에서 공통으로 사용할 코드를 구현하고, 하위 클래스에서 재정의할 수도 있습니다. |
|---|---|
| 추상 메서드 | 하위 클래스가 어떤 클래스냐에 따라 구현 코드가 달라집니다. |

앞에서 구현한 Computer 클래스를 다시 생각해 보면, 전원을 켜고 끄는 기능을 하는 turnOn( )과 turnOff( )를 구현해 하위 클래스에 공유해도 무방하지만, display( )와 typing( )은 NoteBook인지 DeskTop인지에 따라 구현 내용이 달라지므로 Computer 클래스에서는 구현하지 않은 것입니다.

**추상 클래스는 주로 어디서 활용하나요?**

질문 있어요

실제 많은 자바 프레임워크에서는 추상 클래스를 활용한 구현 방식을 사용하고 있습니다. 예를 들어 안드로이드를 생각해 보면, 안드로이드 앱을 만들 때 안드로이드 라이브러리에서 제공하는 많은 클래스를 사용합니다. 이들 클래스 중에는 모두 구현된 클래스도 있지만, 일부만 구현되어 있어서 상속을 받아 하위 클래스에서 구현하는 경우도 많습니다.

이때 안드로이드에서 구현해 놓은 코드는 내부적으로 사용하거나 상속받은 모든 클래스가 공통으로 사용할 메서드입니다. 그리고 구현을 미루어 놓은 메서드(추상 메서드)는 실제로 앱에서 어떻게 만드냐에 따라 다르게 구현해야 할 내용으로 앱에서 구현하도록 선언만 해둔 것입니다.

# 09-2 템플릿 메서드

## 추상 클래스를 활용한 템플릿 메서드

추상 클래스를 활용한 예로 템플릿 메서드를 알아보겠습니다. 템플릿(template)을 사전에서 찾아보면 틀이나 견본을 뜻한다고 되어 있습니다. 즉 템플릿 메서드는 틀이 있는 메서드라는 의미지요. 06-5절에서 소개한 싱글톤 패턴과 같은 디자인 패턴입니다. 템플릿 메서드는 추상 클래스를 사용하여 구현할 수 있으며 그 방법을 다음 예제로 살펴보겠습니다.

> 🖉 템플릿 메서드는 디자인 패턴의 한 방법으로 모든 객체 지향 프로그램에서 사용하는 구현 방법입니다. 이 구현 방법은 자바뿐 아니라 C++, C#에서도 동일하게 적용됩니다.

> **Do it!** 추상 클래스와 템플릿 메서드 구현하기
> • 참고 파일 Car.java

```
01  package template;
02
03  public abstract class Car {
04      public abstract void drive( );
05      public abstract void stop( );
06
07      public void startCar( ) {
08          System.out.println("시동을 켭니다.");
09      }
10
11      public void turnOff( ) {
12          System.out.println("시동을 끕니다.");
13      }
14
15      final public void run( ) {
16          startCar( );
17          drive( );
18          stop( );          ──── 템플릿 메서드
19          turnOff( );
20      }
21  }
```

Car 클래스를 생성했습니다. 이 클래스는 drive( )와 stop( ) 추상 메서드와 구현된 startCar( ), turnOff( ), run( ) 구현 메서드를 가지고 있습니다. 자동차 시동을 켜고 끄는 방법은 어느 차나

동일합니다. 그래서 startCar( )와 turnOff( )는 미리 몸체를 구현해 두었습니다. drive( )와 stop( )은 차종에 따라 다른 방식으로 움직일 수 있습니다. 그래서 추상 메서드로 선언했습니다. 15~20행에는 템플릿 메서드로 run( ) 메서드가 작성되어 있습니다. 이 메서드는 자동차가 달리는 방법을 순서대로 구현해 두었습니다. 시동을 켜고, 달리고, 브레이크로 멈춘 후 시동을 끕니다. 만약 Car 클래스를 상속받으면 어떤 자동차든 모두 이 순서대로 동일한 방식으로 구현합니다.

그러면 Car 클래스를 상속받을 클래스 2개를 구현해 보겠습니다.

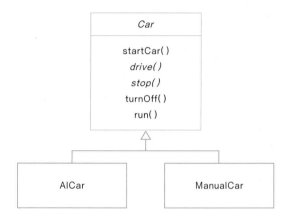

Car 클래스를 상속받는 두 클래스는 자율 주행 자동차(AICar)와 일반 자동차(ManualCar)입니다. 이 클래스들은 추상 클래스 Car를 상속받았기 때문에 구현되지 않은 추상 메서드를 마저 구현해야 합니다. 그러면 Car 클래스를 상속받은 클래스들을 살펴봅시다. AICar는 자율 주행을 할 수 있습니다. 사람이 시동을 켠 후에는 자동차가 알아서 주행을 합니다. ManualCar는 우리가 사용하는 보통 자동차입니다. 사람이 시동을 켜고 핸들도 조작합니다. 즉 자동차 종류에 따라 구현 내용이 달라지는 부분은 추상 메서드로 만들고, 공통으로 사용하는 메서드는 추상 클래스에 구현하여 상속받아 사용합니다.

📝 추상 메서드 중 하나라도 구현하지 않는다면, 추상 메서드를 포함하고 있기 때문에 추상 클래스가 됩니다.

그러면 먼저 AICar 클래스를 구현해 보겠습니다.

**Do it!** 추상 클래스를 상속받은 AICar 클래스 구현하기 · 참고 파일 AICar.java

```
01  package template;
02
03  public class AICar extends Car {
04      @Override
```

```
05      public void drive( ) {
06          System.out.println("자율 주행합니다.");
07          System.out.println("자동차가 알아서 방향을 전환합니다.");
08      }
09
10      @Override
11      public void stop( ) {
12          System.out.println("스스로 멈춥니다.");
13      }
14  }
```

AICar 클래스는 Car 클래스를 상속받았고 drive( )와 stop( ) 추상 메서드를 구현했습니다. AICar는 자율 주행을 하고 방향도 알아서 바꿉니다. 사람은 시동을 켜고 끄는 일만 하면 됩니다.

다음으로 ManualCar 클래스를 구현해 보겠습니다.

**Do it!**  추상 클래스를 상속받은 ManualCar 클래스 구현하기 · 참고 파일 ManualCar.java

```
01  package template;
02
03  public class ManualCar extends Car {
04      @Override
05      public void drive( ) {
06          System.out.println("사람이 운전합니다.");
07          System.out.println("사람이 핸들을 조작합니다.");
08      }
09
10      @Override
11      public void stop( ) {
12          System.out.println("브레이크로 정지합니다.");
13      }
14  }
```

ManualCar 클래스도 AICar 클래스와 마찬가지로 Car 클래스를 상속받았습니다. 그리고 추상 메서드 drive( )와 stop( )을 구현했습니다. 코드 내용을 살펴보면 사람이 직접 핸들을 조작하면서 달리고 있습니다. 정지를 하려면 브레이크를 밟으면 됩니다.

이제 테스트 프로그램을 만들어 이 두 자동차가 어떻게 움직이는지 확인해 보겠습니다.

**Do it!** 추상 메서드 테스트하기      • 참고 파일 CarTest.java

```java
01   package template;
02
03   public class CarTest {
04     public static void main(String[] args) {
05       System.out.println("=== 자율 주행하는 자동차 ===");
06       Car myCar = new AICar( );
07       myCar.run( );
08
09       System.out.println("=== 사람이 운전하는 자동차 ===");
10       Car hisCar = new ManualCar( );
11       hisCar.run( );
12     }
13   }
```

**출력 결과**
```
=== 자율 주행하는 자동차 ===
시동을 켭니다.
자율 주행합니다.
자동차가 알아서 방향을 전환합니다.
스스로 멈춥니다.
시동을 끕니다.
=== 사람이 운전하는 자동차 ===
시동을 켭니다.
사람이 운전합니다.
사람이 핸들을 조작합니다.
브레이크로 정지합니다.
시동을 끕니다.
```

CarTest에서 두 개의 인스턴스(myCar, hisCar)를 생성했습니다. 그리고 run( )을 호출했습니다.

## 템플릿 메서드의 역할

run( )은 Car 클래스에 이미 구현된 템플릿 메서드입니다. 차가 어떻게 달려야 하는지를 구현해 놓았습니다. 작동 순서는 어느 차나 동일합니다. 이렇게 템플릿 메서드의 역할은 메서드 실행 순서와 시나리오를 정의하는 것입니다. 템플릿 메서드에서 호출하는 메서드가 추상 메서드라면 차종에 따라 구현 내용이 바뀔 수 있습니다. AICar와 ManualCar 작동 방식의 일부가 다른 것처럼 말이죠. 하지만 시동을 켜고, 달리고, 멈추고, 시동을 끄는 시나리오는 변하지 않습니다. 이런 메서드를 템플릿 메서드로 정의하는 것입니다.

템플릿 메서드는 실행 순서, 즉 시나리오를 정의한 메서드이므로 바뀔 수 없습니다. 즉, 상위 클래스를 상속받은 하위 클래스에서 템플릿 메서드를 재정의하면 안 된다는 뜻입니다. 그래서 템플릿 메서드는 final 예약어를 사용해 선언합니다.

메서드 앞에 final을 사용하면 상속받은 하위 클래스가 상위 클래스의 메서드를 재정의할 수 없습니다. 템플릿 메서드는 로직 흐름이 이미 정해져 있는 프레임워크에서 많이 사용하는 구현 방법입니다.

정리하자면, 추상 클래스는 하위 클래스에서도 사용할 수 있는 코드를 구현합니다. 그런데 일반 메서드는 하위 클래스에서 재정의할 수 있습니다. start( )와 turnOff( )도 추가 기능이 필요하다면 하위 클래스에서 재정의해서 사용하면 됩니다. 하지만 템플릿 메서드는 로직 흐름을 정의하는 역할을 합니다. 이 흐름은 모든 하위 클래스가 공통으로 사용하고 코드를 변경하면 안 되기 때문에 final로 선언하는 것입니다. 🅔 final 예약어는 09-4절에서 자세히 알아봅니다.

# 09-3 템플릿 메서드를 활용한 프로그램 구현하기

템플릿 메서드를 이해했으니 재미있는 프로그램을 하나 만들어 봅시다. 게임할 때를 가정해 보죠. 게임 캐릭터에는 레벨이 있고, 레벨은 경험치가 쌓이거나 어떤 이벤트를 통해 올라갑니다. 플레이어 레벨이 다르면 그 레벨마다 할 수 있는 역할도 다를 것입니다. 이와 같은 상황을 템플릿 메서드를 사용해 구현해 봅시다.

**레벨에 따라 기능 차가 있는 게임 시나리오**

어떤 게임에서는 Player가 도달하는 레벨에 따라 기능 차이가 있습니다. 기능은 세 가지로 run( ), jump( ), turn( ) 메서드로 표현합니다.

- 초급자 레벨: 천천히 달릴(run) 수 있습니다.
- 중급자 레벨: 빠르게 달리고(run) 점프할(jump) 수 있습니다.
- 고급자 레벨: 엄청 빠르게 달리고(run) 점프하고(jump) 턴할(turn) 수 있습니다.

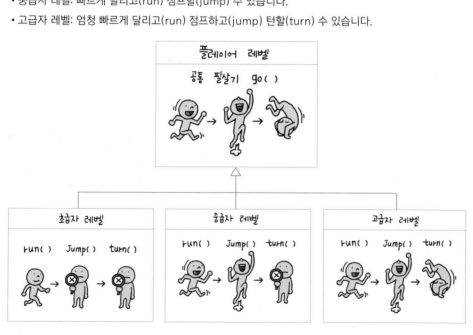

모든 레벨에서 Player가 사용할 수 있는 필살기인 go(int count) 메서드를 제공합니다. go( ) 메서드는 한 번 run하고, 매개변수로 전달된 count만큼 jump하고, 한 번 turn합니다. 그 레벨에서 불가능한 기능을 요청하면 할 수 없다는 메시지를 출력합니다.

***** 초보자 레벨입니다. *****
천천히 달립니다.
Jump할 줄 모르지롱.
Turn할 줄 모르지롱.
***** 중급자 레벨입니다. *****
빨리 달립니다.
높이 jump 합니다.
높이 jump 합니다.
Turn할 줄 모르지롱.
***** 고급자 레벨입니다. *****
엄청 빨리 달립니다.
아주 높이 jump 합니다.
아주 높이 jump 합니다.
아주 높이 jump 합니다.
한 바퀴 돕니다.

초보자 레벨에서 go(1), 중급자 레벨에서 go(2), 고급자 레벨에서 go(3)이 호출된 경우 출력 결과는 오른쪽과 같습니다.

예제 시나리오를 코드로 구현할 때, 무조건 클래스를 만들어 바로 코딩하는 것보다 주어진 문제를 어떻게 해결할 것인지를 천천히 생각해 보고 손으로 클래스 다이어그램을 간략하게 그려 보는 것이 객체 지향 방식으로 문제를 해결하는 좋은 습관입니다. 큰 프로젝트를 진행할 때는 이 과정을 분석·설계 과정이라고 합니다.

시나리오에서 제시한 내용에 기반해서 클래스를 어떻게 만들 것인지 생각해 봅시다. 간단하게 생각하면 Player 클래스를 만들고 현재 player의 레벨에 따라 if 조건문으로 코드를 구현하면 됩니다. 의사 코드(pseudo code)로 작성하면 오른쪽과 같습니다. 그런데 이렇게 구현하면 level 수만큼 if문이 증가해서 복잡해 집니다. 현재는 level이 3개밖에 없지만, 기능이 추가되어 level이 7개 정도로 늘어난다면 level마다 if-else if문을 7개씩 코딩해야 하기 때문입니다.

```
if (level == beginner)
    //beginner 기능 구현
else if (level == advanced)
    //advanced 기능 구현
else if (level == super)
    //super 기능 구현
```

앞선 예시와 같은 if-else if문은 추후 프로그램을 수정하거나 확장할 때 유연하지 못합니다. 하지만 객체 지향 프로그래밍에서는 조건마다 클래스로 구현할 수 있어 유연한 프로그램을 만들 수 있습니다. 이어지는 내용을 통해 좀 더 자세히 살펴봅시다.

## 클래스 설계하기

이제부터는 클래스를 좀 더 체계적으로 설계하면서 프로그램을 구현해 보겠습니다. Player가 가질 수 있는 레벨을 클래스로 분리하겠습니다. 레벨마다 공통 기능과 개별 기능이 있으므로 레벨 클래스를 상속 관계로 표현해 봅시다. 다음 다이어그램에 포함된 클래스는 모두 하나의 gamelevel 패키지에 만들어야 프로그램이 제대로 실행됩니다.

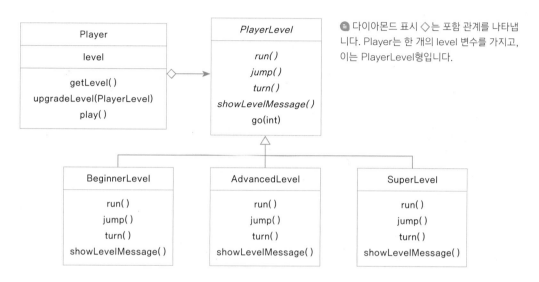

🔒 다이아몬드 표시 ◇는 포함 관계를 나타냅니다. Player는 한 개의 level 변수를 가지고, 이는 PlayerLevel형입니다.

Player 클래스와 PlayerLevel 클래스는 포함(HAS-A) 관계입니다. 게임에서 모든 Player는 자신의 레벨이 있기 때문에, Player 클래스에서 PlayerLevel을 인스턴스 변수로 갖습니다. 레벨이 올라갈수록 수행할 수 있는 기능이 달라집니다. 그러므로 PlayerLevel 클래스를 추상 클래스로 만들어 모든 레벨에서 공통으로 수행하는 기능을 구현하고, 레벨마다 달라지는 기능은 추상 메서드로 만들어 둡니다. 그리고 PlayerLevel을 상속받은 하위 클래스 BeginnerLevel, AdvancedLevel, SuperLevel에서 추상 메서드로 선언한 부분을 필요에 맞게 구체적으로 구현하면 됩니다.

### Player 클래스 구현하기

Player는 한 번에 하나의 레벨 상태이므로 level 변수에 레벨에 해당하는 인스턴스를 대입합니다. 레벨을 변경할 수 있는 upgradeLevel( ) 메서드도 만듭니다.

```
01   package gamelevel;
02
03   public class Player {
04       private PlayerLevel level;          Player가 가지는 level 변수 선언
05
06       public Player( ) {
07           level = new BeginnerLevel( );    디폴트 생성자로, 처음 생성되면 BeginnerLevel로
08           level.showLevelMessage( );       시작하며 레벨 메시지 출력
09       }
10
11       public PlayerLevel getLevel( ) {
12           return level;
13       }                        매개변수 자료형은 모든 레벨로 변환
                                   가능한 PlayerLevel
14
15       public void upgradeLevel(PlayerLevel level) {
16           this.level = level;              레벨 변경 메서드로, 현재 자신의 level을 매개변수로
17           level.showLevelMessage( );       받은 level로 변경하고 레벨 메시지 출력
18       }
19
20       public void play(int count) {
21           level.go(count);          PlayerLevel의 템플릿 메서드 go( ) 호출
22       }
23   }
```

6행 Player 디폴트 생성자에서 초기 레벨을 Beginner로 지정하고 현재 레벨이 무엇인지 출력합니다. 15행 upgradeLevel( ) 메서드를 봅시다. 실제 게임에서는 특정 조건을 만족해야 레벨이 올라가겠지만 이 예제에서는 매개변수로 넘어온 레벨로 바로 업그레이드하겠습니다. 이 메서드에는 모든 레벨이 매개변수로 대입될 수 있기 때문에 모든 레벨의 상위 클래스인 PlayerLevel을 매개변수의 자료형으로 정했습니다. 20행의 play( ) 메서드에서는 Player Level 클래스가 제공하는 go( ) 메서드를 호출합니다.

## PlayerLevel 클래스 구현하기
각 레벨에서 수행할 공통 기능은 PlayerLevel 추상 클래스에서 선언합니다.

**PlayerLevel 추상 클래스 구현하기**

```java
01  package gamelevel;
02
03  public abstract class PlayerLevel {
04    public abstract void run( );
05    public abstract void jump( );
06    public abstract void turn( );
07    public abstract void showLevelMessage( );
08
09    final public void go(int count) {       재정의되면 안 되므로 final로 선언
10      run( );
11      for (int i = 0; i < count; i++) {
12        jump( );
13      }
14      turn( );
15    }
16  }
```

run( ), jump( ), turn( ), showLevelMessage( ) 메서드는 각 레벨마다 조금씩 다르게 구현되기 때문에 추상 메서드로 선언합니다. go( ) 메서드는 시나리오대로 수행해야 하므로 코드 내용을 완전히 구현했습니다. Player가 go( )를 호출하면 run( ), jump( ), turn( ) 메서드가 순서대로 호출될 것입니다. 이 코드는 모든 레벨에서 동일하고 변하면 안 되므로 final 예약어를 사용해 템플릿 메서드로 구현합니다. 각 레벨에서는 해당 레벨별로 제공하는 run( ), jump( ), turn( ), showLevelMessage( ) 기능을 구현합니다.

## 초급자 레벨 클래스 구현하기

초급자 레벨에서는 천천히 달릴 수만 있습니다. 점프나 턴은 할 수 없도록 만듭니다.

**초급자 레벨 클래스 구현하기**

```java
01  package gamelevel;
02
03  public class BeginnerLevel extends PlayerLevel {
04    @Override
05    public void run( ) {
06      System.out.println("천천히 달립니다.");
07    }
08
```

```
09      @Override
10      public void jump( ) {
11        System.out.println("Jump할 줄 모르지롱.");
12      }
13
14      @Override
15      public void turn( ) {
16        System.out.println("Turn할 줄 모르지롱.");
17      }
18
19      @Override
20      public void showLevelMessage( ) {
21        System.out.println("***** 초급자 레벨입니다. *****");
22      }
23    }
```

각 레벨에서 할 수 있는 기능 중 초보자 레벨에서는 run( ) 메서드의 기능만 수행하도록 구현했습니다.

## 중급자 레벨 클래스 구현하기

중급자 레벨에서는 빠르게 달릴 수 있고 높이 점프할 수 있습니다. 아직까지도 턴하는 기술은 사용하지 못합니다.

**Do it!** 중급자 레벨 클래스 구현하기 · 참고 파일 AdvancedLevel.java

```
01    package gamelevel;
02
03    public class AdvancedLevel extends PlayerLevel {
04      @Override
05      public void run( ) {
06        System.out.println("빨리 달립니다.");
07      }
08
09      @Override
10      public void jump( ) {
11        System.out.println("높이 jump합니다.");
12      }
13
14      @Override
```

```
15    public void turn( ) {
16        System.out.println("Turn할 줄 모르지롱.");
17    }
18
19    @Override
20    public void showLevelMessage( ) {
21        System.out.println("***** 중급자 레벨입니다. *****");
22    }
23 }
```

중급자는 초급자보다 많은 기능을 가지고 있습니다. run( )과 jump( ) 메서드의 기능을 수행할 수 있도록 구현했습니다.

### 고급자 레벨 클래스 구현하기

고급자 레벨에서는 엄청 빠르게 달릴 수 있고 아주 높게 점프할 수 있습니다. 그리고 한 바퀴턴하는 기술까지 사용할 수 있도록 클래스를 구현합니다.

**Do it!** 고급자 레벨 클래스 구현하기 · 참고 파일 SuperLevel.java

```
01  package gamelevel;
02
03  public class SuperLevel extends PlayerLevel {
04    @Override
05    public void run( ) {
06        System.out.println("엄청 빨리 달립니다.");
07    }
08
09    @Override
10    public void jump( ) {
11        System.out.println("아주 높이 jump합니다.");
12    }
13
14    @Override
15    public void turn( ) {
16        System.out.println("한 바퀴 돕니다.");
17    }
18
19    @Override
20    public void showLevelMessage( ) {
```

```
21        System.out.println("***** 고급자 레벨입니다. *****");
22    }
23  }
```

고급자는 각 레벨의 기능을 모두 수행할 수 있습니다. 그리고 중급자가 할 수 없는 turn( ) 메서드의 기능까지 수행할 수 있도록 구현했습니다.

## 테스트 프로그램 실행하기

다이어그램에서 제시한 클래스를 모두 구현하였으므로 이제 테스트 프로그램을 만들어 실행해 보겠습니다. 실제 게임이라면 여러 그래픽 요소를 추가해야겠지만, 여기에서는 간단히 텍스트만 출력하겠습니다.

**Do it!** 테스트 프로그램 구현하기 · 참고 파일 MainBoard.java

```
01  package gamelevel;
02
03  public class MainBoard {
04    public static void main(String[] args) {
05      Player player = new Player( );    ← 처음 생성하면 BeginnerLevel로 시작함
06      player.play(1);
07
08      AdvancedLevel aLevel = new AdvancedLevel( );
09      player.upgradeLevel(aLevel);
10      player.play(2);
11
12      SuperLevel sLevel = new SuperLevel( );
13      player.upgradeLevel(sLevel);
14      player.play(3);
15    }
16  }
```

출력 결과

```
***** 초보자 레벨입니다. *****
천천히 달립니다.
Jump할 줄 모르지롱.
Turn할 줄 모르지롱.
***** 중급자 레벨입니다. *****
빨리 달립니다.
높이 jump 합니다.
높이 jump 합니다.
Turn할 줄 모르지롱.
***** 고급자 레벨입니다. *****
엄청 빨리 달립니다.
아주 높이 jump 합니다.
아주 높이 jump 합니다.
아주 높이 jump 합니다.
한 바퀴 돕니다.
```

Player 클래스의 디폴트 생성자는 초급자 레벨로 시작하도록 구현되어 있습니다. Player 클래스를 생성하고 인스턴스를 player 참조 변수에 대입합니다. play( ) 메서드의 매개변수에 1을 입력하면 초급자 레벨이기 때문에 천천히 달린 후 점프할 줄 모른다는 문구와 턴할 줄 모른다는 문구를 출력합니다.

8행에서 중급자 레벨 클래스를 새로 생성하고 aLevel 참조 변수를 upgradeLevel( ) 메서드에 대입해서 레벨을 업그레이드합니다. 이제 player는 중급자 레벨입니다. play( ) 메서드의 매개변수에 값을 대입하면 빨리 달린 후 매개변수로 입력된 값만큼 점프합니다. 중급자 레벨에서도 아직 턴할 수는 없습니다. 12~14행의 고급자 레벨도 비슷한 방식으로 수행합니다.

## 추상 클래스와 다형성

앞에서 만든 Player 클래스와 PlayerLevel 클래스에서 다형성을 구현한 코드를 보았나요? 모든 레벨 클래스는 PlayerLevel 클래스를 상속받았습니다. 그리고 Player가 가질 수 있는 여러 레벨을 별도의 자료형으로 선언하지 않고 PlayerLevel로 선언했습니다. 레벨을 변경하는 upgradeLevel( ) 메서드의 매개변수 자료형도 PlayerLevel입니다. 따라서 레벨 클래스가 여러 개 존재하더라도 모든 클래스는 PlayerLevel 클래스로 대입할 수 있습니다. level.go( ) 메서드가 호출되면 가상 메서드에 의해 각 레벨 클래스에 구현된 레벨별 기능이 호출됩니다.

정리하자면, 상위 클래스인 추상 클래스는 하위에 구현된 여러 클래스를 하나의 자료형(상위 클래스 자료형)으로 선언하거나 대입할 수 있습니다. 추상 클래스에 선언된 메서드를 호출하면 가상 메서드에 의해 각 클래스에 구현된 기능이 호출됩니다. 즉 하나의 코드가 다양한 자료형을 대상으로 동작하는 다형성을 활용할 수 있는 것입니다.

지금까지 추상 클래스가 무엇인지, 어떻게 활용하는지 알아보았습니다. 모든 추상 클래스에 템플릿 메서드를 사용하는 것은 아니지만, 추상 클래스를 활용할 수 있는 좋은 패턴입니다. 내용이 복잡해서 이해하기 어렵다면 다시 한번 읽어보면서 프로그램의 흐름을 이해하기 바랍니다.

# 09-4 final 예약어의 쓰임

템플릿 메서드를 만들면서 final 예약어를 사용해 본 것을 기억하나요? final은 마지막이란 의미이지요. 즉 마지막으로 정한 것이니 더 이상 수정할 수 없다는 뜻입니다. 자바 프로그램에서 final 예약어는 변수, 메서드, 클래스에 사용할 수 있습니다.

| 사용 위치 | 설명 |
|---|---|
| 변수 | final 변수는 상수를 의미합니다. |
| 메서드 | final 메서드는 하위 클래스에서 재정의할 수 없습니다. |
| 클래스 | final 클래스는 상속할 수 없습니다. |

final 메서드는 템플릿 메서드에서 설명했으므로 여기에서는 final 변수와 클래스를 알아보겠습니다.

📄 final 메서드를 복습하고 싶다면 303쪽을 참고하세요.

## 상수를 의미하는 final 변수

상수는 변하지 않는 수입니다. 앞에서 학습한 내용이므로 간단한 예제만 확인하겠습니다.

**Do it!** final 변수 이해하기 · 참고 파일 Constant.java

```
01  package finalex;
02
03  public class Constant {
04    int num = 10;
05    final int NUM = 100;          상수 선언
06
07    public static void main(String[] args) {
08      Constant cons = new Constant( );
09      cons.num = 50;
10      cons.NUM = 200;          상수에 값을 대입하여 오류 발생
11
12      System.out.println(cons.num);
13      System.out.println(cons.NUM);
14    }
15  }
```

코드를 보면 변수를 두 개 선언했습니다. 하나는 int num이고 다른 하나는 final int NUM입니다. 변수 이름은 대소문자를 구별하므로 두 변수는 다른 변수입니다. 상수를 선언할 때는 일반 변수와 구별하기 위해 대문자로 쓰는 경우가 많습니다. 9행을 보면 num으로 선언한 변수에는 다른 값을 대입할 수 있지만, 10행에서 상수로 선언한 NUM에 다른 값을 대입했기 때문에 오류가 발생합니다.

> 🖉 이 예제는 따로 테스트 코드를 만들지 않고 하나의 클래스에 main 함수를 선언한 후 테스트했습니다.

### 여러 자바 파일에서 공유하는 상숫값 정의하기

하나의 자바 파일에서만 사용하는 상숫값은 해당 파일 안에서 정의해서 사용할 수 있습니다. 그런데 우리가 프로젝트를 하다 보면 여러 파일에서 똑같이 공유해야 하는 상숫값도 있습니다. 예를 들어 최솟값(MIN)이나 최댓값(MAX), 전체에서 공통으로 적용하는 과목 코드값 등이 있겠지요. 이런 값을 파일마다 선언한다면 코드가 중복될 뿐만 아니라 값이 변하거나 추가될 때 그 값을 사용하는 파일을 모두 수정해야 합니다. 따라서 자바로 프로젝트를 진행할 때 여러 파일에서 공유해야 하는 상숫값은 한 파일에 모아 public static final로 선언하여 사용하면 좋습니다.

**Do it!** 여러 파일에서 공유할 수 있는 final 상수 선언하기 　　　• 참고 파일 Define.java

```
01   package finalex;
02
03   public class Define {
04       public static final int MIN = 1;
05       public static final int MAX = 99999;
06       public static final int ENG = 1001;
07       public static final int MATH = 2001;
08       public static final double PI = 3.14;
09       public static final String GOOD_MORNING = "Good Morning!";
10   }
```

Define.java 파일을 만들어 같은 프로젝트에서 다른 파일에서도 사용할 수 있도록 이와 같이 여러 상숫값을 선언했습니다. 최솟값과 최댓값, 영어 과목 코드와 수학 과목 코드, 원주율 PI 값, 출력 문자열 등을 상수로 선언했습니다. 상수를 모두 public 예약어로 선언했으므로 이 값은 외부에서도 사용할 수 있습니다. 그리고 모든 상수를 static으로 선언했기 때문에 인스턴스를 생성하는 것과 관계없이 클래스 이름으로 참조할 수 있습니다.

앞서 선언한 상수를 사용하는 예제 코드를 살펴봅시다.

상수 사용하기 · 참고 파일 UsingDefine.java

```java
01  package finalex;
02
03  public class UsingDefine {
04    public static void main(String[] args) {
05      System.out.println(Define.GOOD_MORNING);
06      System.out.println("최솟값은 " + Define.MIN + "입니다.");
07      System.out.println("최댓값은 " + Define.MAX + "입니다.");
08      System.out.println("수학 과목 코드값은 " + Define.MATH + "입니다.");
09      System.out.println("영어 과목 코드값은 " + Define.ENG + "입니다.");
10    }
11  }
```

> static으로 선언했으므로 인스턴스를 생성하지 않고 클래스 이름으로 참조 가능

출력 결과
```
Good Morning!
최솟값은 1입니다.
최댓값은 99999입니다.
수학 과목 코드 값은 2001입니다.
영어 과목 코드 값은 1001입니다.
```

Define.java에 선언한 값을 참고해 상숫값을 출력했습니다. static final로 선언한 상수를 사용할 때 클래스를 생성하지 않고 클래스 이름으로 바로 참조해 사용합니다.

📌 이와 같은 방법으로 상수를 사용할 수 있지만, enum을 활용해 상수를 사용하는 것을 권장합니다. enum은 11-3절에서 자세히 설명합니다.


## 상속할 수 없는 final 클래스

클래스를 final로 선언하면 상속할 수 없습니다. 상속을 하면 변수나 메서드를 재정의할 수 있는데, 그러면 원래 클래스가 가지고 있는 기능에 오류가 생길 수도 있습니다. 따라서 보안과 관련되어 있거나 기반 클래스가 변하면 안 되는 경우에는 클래스를 final로 선언합니다. JDK 에서 제공하는 클래스 중에도 final로 선언한 클래스가 있습니다. 대표적으로 문자열을 나타 내는 String이나 정숫값을 나타내는 Integer 클래스를 예로 들 수 있습니다. 이러한 클래스가 상속되면 클래스를 만들 때 의도한 바와 다르게 사용될 수도 있으므로 final로 선언합니다.

JDK에서 제공하는 클래스를 직접 열어서 확인할 수 있습니다. 예를 들어 ArrayList.java 코드를 살펴보면 ArrayList 클래스 내부에 어떤 배열을 사용하는지, 각 메서드는 어떻게 구현됐는지를 이해할 수 있습니다. ArrayList 클래스 외에도 JDK의 다른 클래스도 직접 파일을 열어 코드를 확인해 보세요. 작동 원리를 이해하는 데 많은 도움이 됩니다.

> 📝 셋째마당부터 JDK의 클래스를 더 많이 활용할 예정입니다. 클래스 코드를 확인하는 방법을 미리 잘 알아 둡시다.

우리는 인텔리제이에서 String.java 파일을 직접 열어 어떻게 구현됐는지 살펴봅시다. 먼저 다음 코드를 작성해 봅시다.

```
String name = new String();
```

String 클래스 위에서 마우스 포인터를 두고 Ctrl(맥에서는 command)를 누르면 다음과 같이 java.lang 패키지에 있는 String 클래스에 관한 세부 내용이 등장합니다.

스크롤을 내려 세부 내용을 확인하다 보면 String 클래스가 final로 선언된 것을 확인할 수 있습니다. 또한 String 클래스의 문자열이 저장되는 배열이 final byte[]로 선언된 것도 확인할 수 있습니다. 11-2절에서 더 자세히 배우겠지만, String 클래스가 불변인 이유는 이와 같이 final byte[] 배열로 선언되었기 때문입니다. 진정한 개발자로 거듭나고 싶다면 JDK나 스프링과 같이 실제로 사용되는 라이브러리나 프레임워크의 소스 코드를 확인하는 것을 강력히 추천합니다.

상속, 다형성, 추상 클래스 등의 객체 지향 프로그래밍의 기술을 이해했다면 자바 공부의 절반을 해낸 것입니다. 하지만 기술을 아는 것만큼 기술을 잘 쓸 줄 아는 것 또한 중요합니다. 09-3절에서 Player 클래스를 먼저 구현한 뒤, PlayerLevel 클래스를 만들고 하위 클래스를 만들었습니다. 책을 따라 순서대로 코딩해 보았다면, 이번에는 거꾸로 진행해 봅시다. 프로젝트와 패키지를 새로 만들어 최종 실행 파일인 MainBoard.java부터 작성해 봅니다.

```java
package test;

public class MainBoard {
    public static void main(String[] args) {
    Player player = new Player( ); // 오류 발생
    player.play(1);

    AdvancedLevel aLevel = new AdvancedLevel( ); // 오류 발생
    player.upgradeLevel(aLevel);
    player.play(2);

    SuperLevel sLevel = new SuperLevel( ); // 오류 발생
    player.upgradeLevel(sLevel);
    player.play(3);
    }
}
```

MainBoard 클래스에서 사용하려는 Player, AdvancedLevel, SuperLevel 클래스를 정의하지 않기 때문에 오류 메시지가 나옵니다. 코드를 수정하며 MainBoard.java가 제대로 실행될 수 있도록 프로그램을 구현해 봅시다.

이와 같이 테스트 코드를 먼저 구현하는 개발 방법론을 테스트 주도 개발(Test Driven Development: TDD)이라고 합니다. 테스트 코드를 만든다는 것은 이미 구현 코드가 머릿속에 있다는 뜻이기도 합니다. 이 책에서는 TDD를 본격적으로 설명하기 보다는, 이미 익숙한 코드를 거꾸로 진행하면서 리뷰하고 자기만의 코드로 만드는 TDD 방식을 간단히 소개하고 넘어 갑니다.

지금까지 공부한 내용을 떠올려 보면서 다음 문제를 해결해 보세요.

# 되새김 문제

▶ 09장 정답 및 풀이: 625쪽

**01** 클래스를 구현할 때 메서드 몸체를 구현하지 않고 선언만 하는 메서드를 ❶ [추          ] (이)
라고 하고, 이를 포함한 클래스를 ❷ [추             ] (이)라고 합니다.

**02** 상수를 선언할 때 상속받은 클래스에서 메서드를 재정의하지 못하도록 사용하는 예약어는
[f           ] 입니다.

**03** 추상 클래스나 추상 메서드를 선언할 때 사용하는 예약어는 [a            ] 입니다.

**04** 로직 흐름을 정의한 메서드이며, 메서드 내부에서 일반 메서드나 구현되지 않은 추상 메서드를 호
출합니다. 흐름이 변하지 않도록 하위 클래스에서 재정의하지 못하게 final로 선언하는 메서드를
[템          ] 메서드라고 합니다.

**05** Car 추상 클래스를 상속받는 Sonata, Grandeur, Avante, Genesis 클래스가 있습니다. 자동
차 4종은 주행할 때 다음 순서로 움직입니다.

```
run( ) {
    start( );
    drive( );
    stop( );
    turnoff( )
}
```

run( ) 메서드를 템플릿 메서드로 구현하고 다음과 같이 출력 결과가 나오도록 Car, Sonata,
Grandeur, Avante, Genesis 클래스를 구현하세요.

```
package chapter9;
import java.util.ArrayList;

public class CarTest {
  public static void main(String[] args) {
    ArrayList<Car> carList = new ArrayList<Car>( );
    carList.add(new Sonata( ));
    carList.add(new Grandeur( ));
    carList.add(new Avante( ));
    carList.add(new Genesis( ));
    for (Car car : carList) {
      car.run( );
      System.out.println("======================");
    }
  }
}
```

```
Sonata 시동을 켭니다.
Sonata 달립니다.
Sonata 멈춥니다.
Sonata 시동을 끕니다.
======================
Grandeur 시동을 켭니다.
Grandeur 달립니다.
Grandeur 멈춥니다.
Grandeur 시동을 끕니다.
======================
Avante 시동을 켭니다.
Avante 달립니다.
Avante 멈춥니다.
Avante 시동을 끕니다.
======================
Genesis 시동을 켭니다.
Genesis 달립니다.
Genesis 멈춥니다.
Genesis 시동을 끕니다.
======================
```

**06** **05** 에서 구현한 자동차는 모두 공통으로 washCar( ) 메서드를 호출할 수 있습니다. 자동차를 주행한 후 세차를 하도록 메서드를 추가하여 프로그램을 구현해 보세요. 출력 결과는 다음과 같습니다.

```
Sonata 시동을 켭니다.
Sonata 달립니다.
Sonata 멈춥니다.
Sonata 시동을 끕니다.
세차를 합니다.
======================
Grandeur 시동을 켭니다.
Grandeur 달립니다.
Grandeur 멈춥니다.
Grandeur 시동을 끕니다.
세차를 합니다.
======================
Avante 시동을 켭니다.
Avante 달립니다.
Avante 멈춥니다.
Avante 시동을 끕니다.
세차를 합니다.
======================
Genesis 시동을 켭니다.
Genesis 달립니다.
Genesis 멈춥니다.
Genesis 시동을 끕니다.
세차를 합니다.
======================
```

**07** 다음은 Car 추상 클래스를 상속받은 Bus 클래스와 AutoCar 클래스를 표현한 클래스 다이어그 램입니다. CarTest.java 파일을 보고 유추하여 클래스 다이어그램의 빈칸을 채워 보세요. 그리 고 테스트 클래스인 CarTest.java의 출력 화면과 같이 출력되도록 Car, Bus, AutoCar 클래스 를 직접 구현해 보세요.

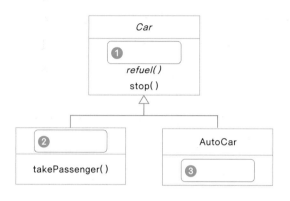

```
package chapter9.step1;

public class CarTest {
    public static void main(String[] args) {
        Bus bus = new Bus( );
        AutoCar autoCar = new AutoCar( );

        bus.run( );
        autoCar.run( );

        bus.refuel( );
        autoCar.refuel( );

        bus.takePassenger( );
        autoCar.load( );

        bus.stop( );
        autoCar.stop( );
    }
}
```

출력 결과
```
버스가 달립니다.
자동차가 달립니다.
천연 가스를 충전 합니다.
휘발유를 주유합니다.
승객을 버스에 태웁니다.
짐을 싣습니다.
차가 멈춥니다.
차가 멈춥니다.
```

09-2절에서 만든 Car 클래스를 활용해 코드를 작성해 봅시다. 모든 차에 와이퍼 기능을 추가하려고 합니다. 추상 메서드를 사용하여 차종이 여러 개일 때 각 클래스에 와이퍼 기능을 구현합니다. wiper( ) 추상 메서드를 추가한 Car 클래스를 다이어그램으로 그려 보면 오른쪽과 같습니다.

ManualCar의 wiper( ) 메서드를 호출하면 '사람이 빠르기를 조절합니다.'라고 출력하고, AICar의 wiper( ) 메서드를 호출하면 '비나 눈의 양에 따라 빠르기가 자동으로 조절됩니다.'라고 출력하도록 앞의 예제를 수정해 보세요.

| Car |
| --- |
| startCar( ) |
| *drive( )* |
| *stop( )* |
| turnOff( ) |
| run( ) |
| *wiper( )* |

**출력 결과**

```
=== 자율 주행하는 자동차 ===
시동을 켭니다.
자율 주행합니다.
자동차가 알아서 방향을 전환합니다.
비나 눈의 양에 따라 빠르기가 자동으로 조절됩니다.
스스로 멈춥니다.
시동을 끕니다.
=== 사람이 운전하는 자동차 ===
시동을 켭니다.
사람이 운전합니다.
사람이 핸들을 조작합니다.
사람이 빠르기를 조절합니다.
브레이크로 정지합니다.
시동을 끕니다.
```

# 10장

# 인터페이스

09장에서는 구현하지 않은 메서드를 포함한 추상 클래스를 배웠습니다. 이제 모든 메서드가 추상 메서드로만 이루어진 인터페이스를 알아봅시다. 구현 코드가 없는 인터페이스는 어떻게 쓰이는지, 클래스가 인터페이스를 구현하는 것은 어떤 의미인지 살펴봅니다. 인터페이스와 다형성의 관계를 이해함으로써 자바 프로그램을 만들 때 인터페이스 설계의 중요성도 알 수 있습니다.

# 10-1 인터페이스란?

## 구현 코드가 없는 인터페이스

인터페이스(interface)는 클래스 혹은 프로그램이 제공하는 기능을 명시적으로 선언하는 역할을 합니다. 인터페이스는 추상 메서드와 상수로만 이루어집니다. 구현된 코드가 없기 때문에 당연히 인터페이스로 인스턴스를 생성할 수도 없습니다. 그렇다면 구현 코드도 없는 인터페이스는 어떻게 사용할까요? 인터페이스를 직접 만들어 보면서 살펴봅시다.

## 인터페이스 만들기

인터페이스를 사용해 간단한 계산기 프로그램을 만들어 보겠습니다. 인텔리제이에서 인터페이스를 만들려면 프로젝트 관리 영역에서 패키지를 선택하고 마우스 오른쪽 버튼을 클릭합니다. 그다음 [New → Java Class]를 선택합니다.

자바 클래스를 만들 때와 마찬가지로 다음과 같이 인터페이스 이름(여기서는 Calc)을 쓰고 항목에서 [Interface]를 선택한 뒤, [Enter]를 누르면 인터페이스가 만들어집니다.

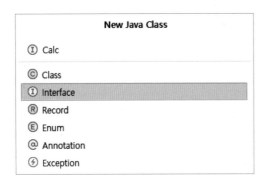

그리고 인터페이스 내부에 다음 코드를 작성합니다.

**Do it!** Calc 인터페이스 만들기 · 참고 파일 Calc.java

```
01   package interfaceex;
02
03   public interface Calc {
04       double PI = 3.14;
05       int ERROR = -999999999;
06
07       int add(int num1, int num2);
08       int substract(int num1, int num2);
09       int times(int num1, int num2);
10       int divide(int num1, int num2);
11   }
```

> 인터페이스에서 선언한 변수는 컴파일 과정에서 상수로 변환됨

> 인터페이스에서 선언한 메서드는 컴파일 과정에서 추상 메서드로 변환됨

이 인터페이스는 계산기를 만들려고 선언했습니다. Calc 인터페이스에는 원주율을 뜻하는 PI 변수와 오류가 났을 때 사용할 ERROR 변수, 그리고 사칙 연산을 수행하는 add( ), substract( ), times( ), divide( ) 메서드를 선언했습니다. 인터페이스에 선언한 메서드는 모두 구현 코드가 없는 추상 메서드입니다. 이들 메서드는 public abstract를 명시적으로 쓰지 않아도 컴파일 과정에서 자동으로 추상 메서드로 변환됩니다. 그리고 인터페이스에 선언한 변수는 모두 컴파일 과정에서 값이 변하지 않는 상수로 자동 변환됩니다. 즉 public static final을 쓰지 않아도 무조건 상수로 인식합니다.

## 클래스에서 인터페이스 구현하기

이렇게 선언한 인터페이스를 클래스가 사용하는 것을 '클래스에서 인터페이스를 구현한다 (implements)'라고 표현합니다. 08장에서 배웠듯이 클래스 간 상속에서 상위 클래스에 구현한 기능을 하위 클래스에서 확장한다는 의미로 extends 예약어를 사용하였습니다. 반면 인터페이스에 선언한 기능을 클래스가 구현한다는 의미로 implements 예약어를 사용합니다. Calc 인터페이스를 Calculator 클래스에서 구현하는 방법은 다음과 같습니다.

```
package interfaceex;

public class Calculator implements Calc {

}
```

> 오류 발생

그런데 이렇게 코드를 작성하면 Calculator 클래스에 다음과 같은 오류가 표시됩니다.

Calculator 클래스에서 Calc 인터페이스를 구현한다고 했으므로 Calculator 클래스는 추상 메서드 add( ), substract( ), times( ), divide( )를 포함합니다. 이 추상 메서드를 구현하지 않으면 Calculator 클래스도 추상 클래스가 됩니다. 위 두 오류 메시지는 Calc 인터페이스에 포함된 추상 메서드를 구현하거나 Calculator 클래스를 추상 클래스로 만들라는 의미입니다.

여기에서는 [Implement methods]를 클릭하면 인터페이스에 선언된 추상 메서드를 구현하기 위한 창이 등장합니다. 이 창에서 add( )와 substract( ) 2개만 구현해 Caluculator를 추상 클래스로 만든 후 이를 상속하는 클래스를 만드는 과정으로 구현해 보겠습니다.

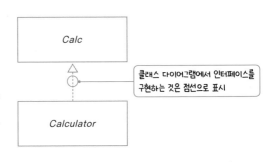

---

**Do it!** Calculator 클래스에서 인터페이스 구현하기 • 참고 파일 Calculator.java

```
01   package interfaceex;
02
03   public abstract class Calculator implements Calc {   //추상 클래스
04     @Override
05     public int add(int num1, int num2) {
06       return num1 + num2;
07     }
08
09     @Override
10     public int substract(int num1, int num2) {
11       return num1 - num2;
12     }
13   }
```

추상 메서드 add( )와 substract( )만 구현했을 뿐 times( )와 divide( )를 구현하지 않았으므로 Calculator는 추상 클래스입니다.

## 클래스 완성하고 실행하기

이제 모든 메서드를 구현한 계산기(Calculator) 클래스를 만들어 보겠습니다. Calculator 추상 클래스를 상속받아 CompleteCalc 클래스를 만듭니다. 아직 구현하지 않은 times( )와 divide( ) 추상 메서드를 이 클래스에서 구현합니다.

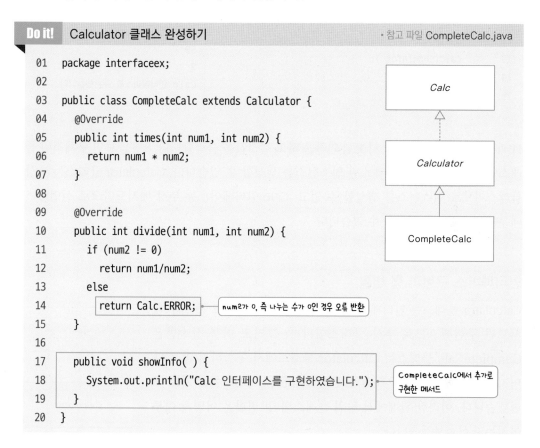

**Do it!** Calculator 클래스 완성하기 · 참고 파일 CompleteCalc.java

```
01  package interfaceex;
02
03  public class CompleteCalc extends Calculator {
04    @Override
05    public int times(int num1, int num2) {
06      return num1 * num2;
07    }
08
09    @Override
10    public int divide(int num1, int num2) {
11      if (num2 != 0)
12        return num1/num2;
13      else
14        return Calc.ERROR;       ← num2가 0, 즉 나누는 수가 0인 경우 오류 반환
15    }
16
17    public void showInfo( ) {
18      System.out.println("Calc 인터페이스를 구현하였습니다.");   ← CompleteCalc에서 추가로 구현한 메서드
19    }
20  }
```

숫자를 0으로 나눌 수 없기 때문에 11행에서 나누는 수 num2가 0이 아닐 때만 나누기 연산을 진행합니다. 만약 num2가 0이라면 14행처럼 Calc 인터페이스에서 상수로 선언해 둔 ERROR를 반환합니다.

테스트 프로그램을 만들어 CompleteCalc 클래스를 실행해 보겠습니다.

**Do it!** CompleteCalc 클래스 실행하기 · 참고 파일 CalculatorTest.java

```
01  package interfaceex;
02
03  public class CalculatorTest {
04    public static void main(String[] args) {
05      int num1 = 10;
```

```
06        int num2 = 5;
07
08        CompleteCalc calc = new CompleteCalc( );
09        System.out.println(calc.add(num1, num2));
10        System.out.println(calc.substract(num1, num2));
11        System.out.println(calc.times(num1, num2));
12        System.out.println(calc.divide(num1, num2));
13        calc.showInfo( );
14    }
15 }
```

출력 결과
```
15
5
50
2
Calc 인터페이스를 구현했습니다.
```

10과 5를 덧셈, 뺄셈, 곱셈, 나눗셈 연산을 하고 결괏값을 출력합니다. 8행을 보면 구체적인 클래스인 CompleteCalc 클래스만 인스턴스를 생성할 수 있습니다. Calculator 클래스는 추상 클래스이므로 인스턴스를 생성할 수 없고, Calc 인터페이스는 추상 메서드만으로 선언했기 때문에 인스턴스를 생성할 수 없습니다.


## 인터페이스 구현과 형 변환

Calculator 클래스는 인터페이스에서 선언한 추상 메서드 중 일부 메서드만 구현했으므로 추상 클래스입니다. 그리고 이를 상속받은 CompleteCalc 클래스는 Calculator 클래스에서 구현하지 않은 나머지 추상 메서드를 모두 구현하고 showInfo( ) 메서드를 추가로 구현했습니다. 이러한 관계에서 하위 클래스의 형 변환은 어떻게 이루어지는지 살펴보겠습니다.

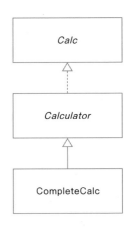

상속 관계에서 하위 클래스는 상위 클래스 자료형으로 묵시적 형 변환을 할 수 있다고 했습니다. 인터페이스도 마찬가지입니다. CompleteCalc 클래스는 상위 클래스인 Calculator형이면서 Calc 인터페이스를 구현하였으므로 Calc형이기도 합니다. 따라서 별다른 조치 없이 다음처럼 Calc형으로 선언한 변수에 대입할 수 있습니다.

```
Calc calc = new CompleteCalc( );
```

그러면 calc 변수를 Calc형 변수인 newCalc에 대입하고 .(점)을 찍으면 newCalc 변수가 사용할 수 있는 메서드가 보입니다. newCalc 변수가 사용할 수 있는 메서드 목록에 Calc에서 선언한 추상 메서드 add( ), substract( ), times( ), divide( )는 있지만 CompleteCalc 클래스에서 추가로 구현한 showInfo( ) 메서드는 없습니다. 즉 Calc형으로 선언한 변수에서 사용할 수 있는 메서드는 Calc 인터페이스에 선언한 메서드뿐입니다.

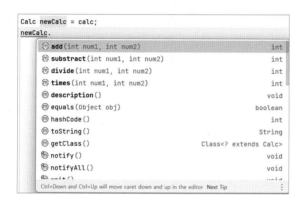

● CalculatorTest.java에서 실습해 보세요.

정리하자면, 인터페이스를 구현한 클래스가 있을 때 그 클래스는 해당 인터페이스형으로 묵시적 형 변환이 이루어지며, 형 변환되었을 때 사용할 수 있는 메서드는 인터페이스에서 선언한 메서드뿐입니다. 각 자료형에서 사용할 수 있는 메서드 범위를 그림으로 나타내면 다음과 같습니다.

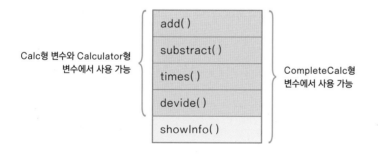

# 10-2 인터페이스와 다형성

## 인터페이스의 역할

지금까지 인터페이스를 정의하고 클래스에서 구현하여 사용하는 방법을 알아보았습니다. 그러면 인터페이스는 어디에 쓰는 코드일까요? 자바 8에 새롭게 추가된 디폴트 메서드와 정적 메서드 구현부(implementation part)가 없다면 인터페이스는 그야말로 껍데기입니다. 그렇다면 메서드 선언부(declaration part)만 있는 인터페이스를 도 대체 왜 사용하는지 살펴봅시다.

> 📝 디폴트 메서드와 정적 메서드는 10-3 절에서 자세히 설명합니다.

인터페이스는 클라이언트 프로그램에 어떤 메서드를 제공하는지 미리 알려 주는 명세(specification) 또는 약속의 역할을 합니다. 예를 들어 Abc 인터페이스를 구현한 A 클래스가 있습니다. 그리고 이 클래스를 사용하는 Z 프로그램이 있다고 가정합시다. Abc 인터페이스에는 구현할 추상 메서드가 모두 선언되어 있고, 어떤 매개변수가 사용되는지, 어떤 자료형 값이 반환되는지 선언되어 있겠지요. 즉 Z 프로그램에서는 A 클래스의 구현 코드 전체를 살펴보지 않고 Abc 인터페이스의 선언부만 봐도 이 A 클래스를 어떻게 사용할지 알 수 있습니다.

> 📝 클라이언트란 고객을 뜻하는데, 프로그래밍에서는 서버와 대응되는 의미로 사용합니다. 서버는 기능을 제공하는 쪽, 클라이언트는 기능을 사용하는 쪽이라고 생각하면 됩니다.

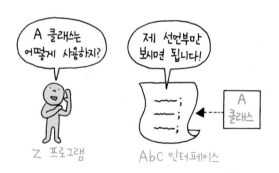

만약 Z 프로그램에서 Abc 인터페이스를 구현한 다른 클래스인 B 를 사용하고 싶다면, 인터페이스 명세에 따라 A 클래스에서 B 클래스로 교체해서 사용할 수 있습니다. A, B, C 클래스가 모두 Abc 인터페이스를 구현되어 있다면 오른쪽과 같이 Z 프로그램에서 Abc를 클래스형으로 선언하여 코드를 작성할 수 있습니다.

```
Abc abc;
abc = new A( );
abc = new B( );
abc = new C( );
```

이렇듯 Z 프로그램에서 각 클래스를 사용할 때 클래스에서 구현한 내용을 몰라도 Abc 인터페이스에서 선언한 메서드의 매개변수 자료형과 반환값만 알면 Abc 인터페이스를 구현한 어떤 클래스든 사용할 수 있습니다.

정리하자면, 인터페이스의 역할은 인터페이스를 구현한 클래스가 어떤 기능의 메서드를 제공하는지 명시하는 것입니다. 그리고 클라이언트 프로그램은 인터페이스에서 약속한 명세대로 구현한 클래스를 생성해서 사용하면 됩니다.

## 인터페이스로 다형성 구현하기

인터페이스를 사용하면 다형성을 구현하여 확장성 있는 프로그램을 만들 수 있습니다. 즉 클라이언트 프로그램을 많이 수정하지 않고도 기능을 추가하거나 다른 기능을 사용할 수 있습니다. 다음 예제를 보면서 생각해 봅시다.

### 고객 센터 프로그램 시나리오

고객 센터에는 전화 상담을 하는 상담원들이 있습니다. 일단 고객 센터로 전화가 오면 대기열에 저장됩니다. 상담원이 지정되기 전까지 대기 상태가 됩니다. 각 전화를 상담원에게 배분하는 정책은 다음과 같이 여러 방식으로 구현할 수 있습니다

순서대로 배분하기

짧은 대기열 찾아 배분하기

우선순위에 따라 배분하기

- **시나리오 1. 순서대로 배분하기**: 모든 상담원이 동일한 상담 건수를 처리하도록 들어오는 전화 순서대로 상담원에게 하나씩 배분합니다.
- **시나리오 2. 짧은 대기열 찾아 배분하기**: 고객 대기 시간을 줄이기 위해 상담을 하지 않는 상담원이나 대기열이 가장 짧은 상담원에게 배분합니다.
- **시나리오 3. 우선순위에 따라 배분하기**: 고객 등급에 따라 등급이 높은 고객의 전화를 우선 가져와서 업무 능력이 좋은 상담원에게 우선 배분합니다.

예제 시나리오를 보면 고객 상담 전화 배분 프로그램을 만드는 것임을 알 수 있습니다. 먼저 상담원에게 전화 업무를 배분하는 기능을 구현하기 위해 Scheduler 인터페이스를 만듭니다. Scheduler 인터페이스에는 시나리오 1~3에서 모두 공통으로 사용하는 메서드를 선언합니다.

getNextCall( )은 다음 전화를 가져오는 기능, sendCallToAgent( )는 상담원에게 전화를 배분하는 기능을 가진 메서드를 선언합니다. 클래스마다 인터페이스에 선언한 메서드를 정책에 맞게 구현합니다.

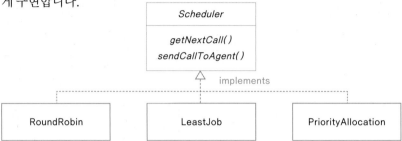

Scheduler 인터페이스를 구현하는 RoundRobin(순서대로), LeastJob(가장 짧은 대기열 먼저), PriorityAllocation(우선순위에 따라) 클래스를 직접 만들어 보며 세 클래스를 어떻게 활용하는지 살펴봅시다. Scheduler 인터페이스는 추상 메서드 2개를 선언했습니다. 따라서 Scheduler 인터페이스를 구현하는 클래스도 모두 추상 메서드 2개를 구현해야 합니다.

**Do it! Scheduler 인터페이스 정의하기** · 참고 파일 Scheduler.java

```
01  package scheduler;
02
03  public interface Scheduler {
04      public void getNextCall( );
05      public void sendCallToAgent( );
06  }
```

RoundRobin 클래스는 시나리오 1을 구현한 것입니다. 고객 센터에 걸려온 상담 전화를 순서대로 가져와서 상담원에게 배분합니다. 이 동작 과정의 코드를 실제로 작성하는 것은 아직 많이 어려울 수 있으므로 눈으로 확인할 수 있는 문장을 출력해 보겠습니다.

**Do it! 순서대로 배분하기** · 참고 파일 RoundRobin.java

```
01  package scheduler;
02
03  // 상담원 한 명씩 돌아가며 순서대로 상담 업무 배분
04  public class RoundRobin implements Scheduler {
05      @Override
06      public void getNextCall( ) {
07          System.out.println("상담 전화를 순서대로 대기열에서 가져옵니다");
08      }
```

```
09
10      @Override
11      public void sendCallToAgent( ) {
12          System.out.println("다음 순서 상담원에게 배분합니다.");
13      }
14  }
```

LeastJob 클래스는 시나리오 2를 구현했습니다. 고객 센터에 걸려온 상담 전화를 순서대로 가져와서 현재 상담 업무가 없거나 상담 대기가 가장 적은 상담원에게 배분합니다.

Do it! 가장 짧은 대기열 먼저 배분하기 · 참고 파일 LeastJob.java

```
01  package scheduler;
02
03  // 현재 상담 업무가 없거나 상담 대기가 가장 적은 상담원에게 배분
04  public class LeastJob implements Scheduler {
05      @Override
06      public void getNextCall( ) {
07          System.out.println("상담 전화를 순서대로 대기열에서 가져옵니다");
08      }
09
10      @Override
11      public void sendCallToAgent( ) {
12          System.out.println("현재 상담 업무가 없거나 대기가 가장 적은 상담원에게 할당합니다.");
13      }
14  }
```

마지막으로 PriorityAllocation 클래스는 시나리오 3을 구현했습니다. 고객 센터에 걸려온 상담 전화 중 고객 등급이 높은 고객의 전화를 먼저 가져와서 업무 능력이 가장 좋은 상담원에게 배분합니다.

Do it! 우선순위에 따라 배분하기 · 참고 파일 PriorityAllocation.java

```
01  package scheduler;
02
03  // 고객 등급이 높은 고객의 전화부터 대기열에서 가져와 업무 능력이 좋은 상담원에게 우선 배분
04  public class PriorityAllocation implements Scheduler {
05      @Override
06      public void getNextCall( ) {
```

```
07        System.out.println("고객 등급이 높은 고객의 전화를 먼저 가져옵니다.");
08     }
09
10     @Override
11     public void sendCallToAgent( ) {
12        System.out.println("업무 skill 값이 높은 상담원에게 우선적으로 배분합니다.");
13     }
14  }
```

이제 고객 상담 전화 배분 프로그램을 실행해 봅시다. 사용자가 콘솔 화면에서 문자 하나를 입력하면 그 입력 문자에 따라 배분 정책을 정하고 실행하는 프로그램을 구현합니다.

📌 입력받는 방법은 15-2절에서 자세히 설명합니다. 여기에서는 간단히 표준 입력 방식을 이용해 입력받겠습니다.

**Do it!**  입력 문자에 따라 배분 정책 수행하기                    • 참고 파일 SchedulerTest.java

```
01  package scheduler;
02
03  import java.io.IOException;
04
05  public class SchedulerTest {
06    public static void main(String[] args) throws IOException {
07       System.out.println("전화 상담 할당 방식을 선택하세요.");
08       System.out.println("R : 한 명씩 차례로 할당");
09       System.out.println("L : 쉬고 있거나 대기가 가장 적은 상담원에게 할당");
10       System.out.println("P : 우선순위가 높은 고객 먼저 할당");
11
12       int ch = System.in.read( );        할당 방식을 입력받아 ch 변수에 대입
13       Scheduler scheduler = null;
14
15       if (ch == 'R' || ch == 'r') {       입력받은 값이 R 또는 r이면
16          scheduler = new RoundRobin( );    RoundRobin 클래스 생성
17       }
18       else if (ch == 'L' || ch == 'l') {   입력받은 값이 L 또는 l이면
19          scheduler = new LeastJob( );      LeastJob 클래스 생성
20       }
21       else if (ch == 'P'|| ch == 'p') {    입력받은 값이 P 또는 p이면
22          scheduler = new PriorityAllocation( );   PriorityAllocation 클래스 생성
23       }
```

문자를 입력받는 System.in.read( )를 사용하려면 IOException에서 오류를 처리해야 합니다. 지금은 이 정도로만 이해하고 14장과 15장에서 자세히 설명하겠습니다.

334 둘째마당 • 자바의 핵심, 객체 지향 프로그래밍

```
24        else {
25            System.out.println("지원되지 않는 기능입니다.");
26            return;
27        }
28
29        scheduler.getNextCall( );          정책과 상관없이 인터페이스에
30        scheduler.sendCallToAgent( );      선언한 메서드 호출
31    }
32 }
```

출력 결과

```
전화 상담 할당 방식을 선택하세요.
R : 한 명씩 차례로 할당
L : 쉬고 있거나 대기가 가장 적은 상담원에게 할당
P : 우선순위가 높은 고객 먼저 할당
|  ← 입력 커서 생성
```

12행에서 문자를 입력받으면 입력 문자에 해당하는 배분 정책 클래스를 생성하여 대입합니다. RoundRobin, LeastJob, PriorityAllocation 클래스로 생성한 인스턴스는 모두 Scheduler형 변수에 대입할 수 있습니다. 그리고 사용할 인스턴스가 어떤 클래스로 생성되었는지와 상관없이 29~30행처럼 인터페이스에서 제공하는 메서드를 호출하면 됩니다. 인터페이스를 활용해 다형성을 구현한 것이지요. 실행 화면을 보면 빨간색 사각형이 있는데 지금 프로그램이 실행 중이라는 뜻입니다.

그리고 화면의 커서 부분에서 R, r, L, l, P, p 문자 중 하나를 입력하고 Enter 를 누르면 해당 정책이 수행됩니다.

```
전화 상담 할당 방식을 선택하세요.
R : 한 명씩 차례로 할당
L : 쉬고 있거나 대기가 가장 적은 상담원에게 할당
P : 우선순위가 높은 고객 먼저 할당
P  Enter
고객 등급이 높은 고객의 전화를 먼저 가져옵니다.
업무 skill 값이 높은 상담원에게 우선적으로 배분합니다.
```

문자 P를 입력하면 PriorityAllocation 클래스가 실행됩니다. R이나 L을 입력하면 그 문자에 해당하는 배분 방식이 실행되고, 그 외의 문자를 입력하면 '지원되지 않는 기능입니다.'를 출력합니다.

10 · 인터페이스  335

## 클라이언트가 클래스를 사용하는 방법

앞에서 정의한 상담 전화 배분 정책은 언제든지 바뀔 수 있습니다. 예를 들어 어느 회사에 이 고객 상담 전화 배분 프로그램을 소개하러 갔더니 그 회사 담당자가 "우리 회사는 상담원에게 상담 전화를 자동으로 배분하는 방식이 아닌, 상담원이 전화를 직접 가져오는 방식을 사용하고 싶습니다"라든가 "우리 회사는 VIP 전담 상담원을 따로 관리하여 VIP는 대기 없이 바로 상담을 받을 수 있게 하고 싶습니다" 등 여러 요구를 할 수 있습니다. 이런 경우 추가로 만들어야 하는 배분 정책은 앞에서와 마찬가지로 Scheduler 인터페이스를 구현하는 새 클래스로 만들면 됩니다.

어떤 클래스를 구현하건 클라이언트가 인터페이스를 구현한 클래스를 사용하는 방식은 오른쪽 코드와 같습니다.

```
scheduler.getNextCall( );
scheduler.sendCallToAgent( );
```

이렇게 클라이언트 프로그램은 각 클래스의 구현 방법을 몰라도 인터페이스에서 선언한 매개변수, 반환값을 보고 클래스를 사용할 수 있습니다.

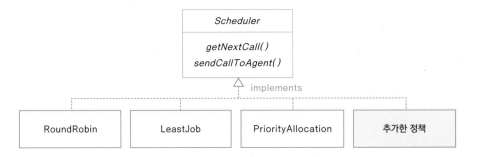

이렇듯 인터페이스는 구현된 클래스를 사용하는 클라이언트 코드와 기능을 제공하는 코드 사이의 약속입니다.

# 10-3 인터페이스 요소 살펴보기

## 인터페이스 상수

인터페이스는 추상 메서드로 이루어지므로 인스턴스를 생성할 수 없으며 인스턴스 변수도 사용할 수 없습니다. 그런데 인터페이스에 오른쪽 코드와 같이 변수를 선언해도 오류가 발생하지 않습니다. 그 이유는 인터페이스에 선언한 변수를 컴파일하면 상수로 변환되기 때문입니다.

```
public interface Calc {
    double PI = 3.14;
    int ERROR = -999999999;
    ...
}
```

Calc 인터페이스에 선언한 변수 PI를 컴파일하면 public static final double PI = 3.14, 즉 상수 3.14로 변환됩니다. 그리고 int형 변수 ERROR 역시 public static final int ERROR = -999999999로 변환되어 상수로 취급됩니다.

## 디폴트 메서드와 정적 메서드

자바 7까지는 인터페이스에서 추상 메서드와 상수, 이 두 가지 요소만 선언해서 사용할 수 있었습니다. 그런데 어떤 인터페이스를 구현한 여러 클래스에서 사용할 메서드가 클래스마다 같은 기능을 제공하는 경우가 있습니다. 자바 7까지는 기능이 같다고 해도 인터페이스에서 코드를 구현할 수 없으므로 추상 메서드를 선언하고 클래스마다 똑같이 그 기능을 반복해 구현해야 해서 굉장히 번거로웠습니다. 또한 클래스를 생성하지 않아도 사용할 수 있는 메서드가 필요한 경우도 있는데, 인터페이스만으로는 메서드를 호출할 수가 없어서 불편했죠.

자바 8부터는 이런 부분에서 인터페이스 활용성을 높이기 위해 디폴트 메서드와 정적 메서드 기능을 제공합니다. 디폴트 메서드는 인터페이스에서 구현 코드까지 작성한 메서드입니다. 인터페이스를 구현한 클래스에 기본적으로 제공할 메서드인 것이죠. 정적 메서드는 인스턴스 생성과 상관없이 사용할 수 있는 메서드입니다. 하지만 디폴트 메서드나 정적 메서드를 추가했다고 해서 인터페이스가 인스턴스를 생성할 수 있는 것은 아닙니다. 그러면 인터페이스에 구현하는 디폴트 메서드와 정적 메서드가 무엇인지, 어떻게 호출하고 사용하는지 자세히 살펴보겠습니다.

## 디폴트 메서드

디폴트 메서드란 말 그대로 기본으로 제공되는 메서드입니다. 디폴트 메서드는 인터페이스에서 구현하지만, 이후 인터페이스를 구현한 클래스가 생성되면 그 클래스에서 사용할 수 있는 기본 기능입니다. 디폴트 메서드를 선언할 때는 default 예약어를 사용합니다. 디폴트 메서드 기능을 더 자세하게 알아봅시다. 앞에서 만든 Calc 인터페이스에서 디폴트 메서드를 구현해 보겠습니다.

**Do it!** Calc 인터페이스에 디폴트 메서드 구현하기 · 참고 파일 Calc.java

```
01   package interfaceex;
02
03   public interface Calc {
04      …
12      default void description( ) {
13         System.out.println("정수 계산기를 구현합니다.");
14      }
15   }
```

🅔 CompleteCalc 클래스가 인터페이스를 구현하는 과정은 10-1절과 같으므로 생략하겠습니다.

디폴트 메서드는 일반 메서드와 똑같이 구현하면 되고, 메서드 자료형 앞에 default 예약어만 써주면 됩니다. 새로 구현한 description( ) 디폴트 메서드를 사용하려면 다음과 같이 CompleteCalc 클래스를 생성해야 합니다.

**Do it!** 디폴트 메서드 호출하기 · 참고 파일 CalculatorTest.java

```
01   package interfaceex;
02
03   public class CalculatorTest {
04      public static void main(String[] args) {
05         int num1 = 10;
06         int num2 = 5;
07
08         CompleteCalc calc = new CompleteCalc( );      ← CompleteCalc 클래스 생성
09         System.out.println(calc.add(num1, num2));
10         System.out.println(calc.substract(num1, num2));
11         System.out.println(calc.times(num1, num2));
12         System.out.println(calc.divide(num1, num2));
13         calc.showInfo( );
14         calc.description( );      ← 디폴트 메서드 호출
15      }
16   }
```

출력 결과
```
15
5
50
2
Calc 인터페이스를 구현하였습니다.
정수 계산기를 구현합니다.
```

디폴트 메서드는 인터페이스에 이미 구현되어 있으므로 인터페이스를 구현한 추상 클래스 Calculator나 추상 클래스를 상속받은 CompleteCalc 클래스에서 코드를 구현할 필요가 없습니다. 14행을 보면 calc 인스턴스를 사용하여 description( ) 메서드를 호출했습니다.

### 디폴트 메서드 재정의하기

만약 이미 인터페이스에 구현되어 있는 디폴트 메서드가 새로 생성한 클래스에서 원하는 기능과 맞지 않는다면, 하위 클래스에서 디폴트 메서드를 재정의할 수 있습니다. Calc 인터페이스를 구현하는 Calculator 클래스에서 재정의할 수도 있고, Calculator 클래스를 상속받은 CompleteCalc 클래스에서 재정의할 수도 있습니다. 예를 들어 최종 하위 클래스인 CompleteCalc에서 description( ) 디폴트 메서드를 재정의하려면 CompleteCalc 클래스의 코드에서 CompleteCal을 블록 처리한 뒤, [Generate… → Override Methods…]를 차례로 클릭합니다.

오른쪽과 같은 창이 나오면 Calc 상위 클래스에 재정의할 디폴트 메서드인 description( )을 선택하고 [OK]를 클릭합니다.

그러면 다음과 같이 메서드를 재정의할 수 있는 코드가 자동으로 추가됩니다.

```
public class CompleteCalc extends Calculator {
  …
  @Override
  public void description( ) {          디폴트 메서드 description( )을 CompleteCalc
    super.description( );                클래스에서 원하는 기능으로 재정의
  }
}
```

super.description( )은 인터페이스에 선언한 메서드를 의미합니다. 이 코드를 사용하지 않을 거라면 지우고 새 코드를 작성하면 됩니다. 이제 CompleteCalc 클래스로 인스턴스를 생성하여 호출하면 재정의된 메서드가 호출됩니다.

### 정적 메서드

정적 메서드는 static 예약어를 사용하여 선언하며 클래스 생성과 무관하게 사용할 수 있습니다. 정적 메서드는 인터페이스 이름으로 직접 참조하여 사용합니다. 그러면 Calc 인터페이스에 매개변수로 전달된 배열의 모든 요솟값을 더하는 정적 메서드 total( )을 추가해 보겠습니다.

**Do it!** Calc 인터페이스에 정적 메서드 구현하기 · 참고 파일 Calc.java

```
01   package interfaceex;
02
03   public interface Calc {
04     …
05
16     static int total(int[] arr) {
17       int total = 0;
18
19       for (int i : arr) {              인터페이스에 정적 메서드 total( ) 구현
20         total += i;
21       }
22       return total;
23     }
24   }
```

메서드 자료형 앞에 static 예약어를 사용했습니다.

정적 메서드를 사용하는 테스트 프로그램을 다음과 같이 작성합니다.

**Do it! 정적 메서드 호출하기**  · 참고 파일 CalculatorTest.java

```java
01  package interfaceex;
02
03  public class CalculatorTest {
04    public static void main(String[] args) {
05      int num1 = 10;
06      int num2 = 5;
07
08      CompleteCalc calc = new CompleteCalc( );
09      System.out.println(calc.add(num1, num2));
10      System.out.println(calc.substract(num1, num2));
11      System.out.println(calc.times(num1, num2));
12      System.out.println(calc.divide(num1, num2));
13      calc.showInfo( );
14      calc.description( );
15
16      int[] arr = {1, 2, 3, 4, 5};
17      System.out.println(Calc.total(arr));     정적 메서드 사용
18    }
19  }
```

출력 결과
```
15
5
50
2
Calc 인터페이스를 구현했습니다.
정수 계산기를 구현합니다.
15
```

17행을 보면 Calc.total(arr)처럼 인터페이스 이름으로 직접 참조하여 정적 메서드를 호출합니다. total( ) 메서드가 수행되면 배열의 모든 요솟값을 더한 결괏값을 반환하므로, 1부터 5까지 더한 값 15가 출력됩니다.

## private 메서드

자바 9부터 인터페이스에 private 메서드를 구현할 수 있습니다. private 메서드는 인터페이스를 구현한 클래스에서 사용하거나 재정의할 수 없습니다. 따라서 기존에 구현된 코드를 변경하지 않고 인터페이스를 구현한 클래스에서 공통으로 사용하는 경우에 private 메서드로 구현하면 코드 재사용성을 높일 수 있습니다. 또한 클라이언트 프로그램에 제공할 기본 기능을 private 메서드로 구현하기도 합니다.

private 메서드는 코드를 모두 구현해야 하므로 추상 메서드에 private 예약어를 사용할 수는 없지만, static 예약어는 함께 사용할 수 있습니다. private static 메서드는 정적 메서드에서 호출하여 사용합니다. 그러면 Calc 인터페이스에 private 메서드와 private static 메서드를 구현하고 이를 디폴트 메서드와 정적 메서드에서 호출해 사용해 보겠습니다.

---

**Do it!** Calc 인터페이스에 private 메서드 구현하기 · 참고 파일 Calc.java

```java
01  package interfaceex;
02
03  public interface Calc {
04      …
14      default void description( ) {
15        System.out.println("정수 계산기를 구현합니다");
16        myMethod( );          ← 디폴트 메서드에서 private 메서드 호출
17      }
18
19      static int total(int[] arr) {
20          int total = 0;
21
22          for (int i: arr) {
23          total += i;
24          }
25          myStaticMethod( );    ← 정적 메서드에서 private static 메서드 호출
26          return total;
27      }
28
29      private void myMethod( ) {
30          System.out.println("private 메서드입니다.");    ← private 메서드
31      }
32
33      private static void myStaticMethod( ) {
34          System.out.println("private static 메서드입니다.");   ← private static 메서드
35      }
36  }
```

이와 같이 인터페이스에 메서드를 구현한 후 CalculatorTest 클래스를 실행한 결과는 오른쪽과 같습니다.

**출력 결과**

```
15
5
50
2
Calc 인터페이스를 구현하였습니다.
정수 계산기를 구현합니다.
private 메서드입니다.
private static 메서드입니다.
15
```

# 10-4 인터페이스 활용하기

## 한 클래스가 여러 인터페이스를 구현하는 경우

한 클래스가 여러 클래스를 상속받으면 메서드 호출이 모호해지는 문제가 발생할 수 있습니다. 하지만 인터페이스를 쓰면 한 클래스가 여러 인터페이스를 구현할 수 있습니다. 오른쪽 그림을 보면 Customer 클래스는 Buy와 Sell 두 인터페이스를 구현하고 있습니다. 이를 코드로 나타내면 다음과 같습니다.

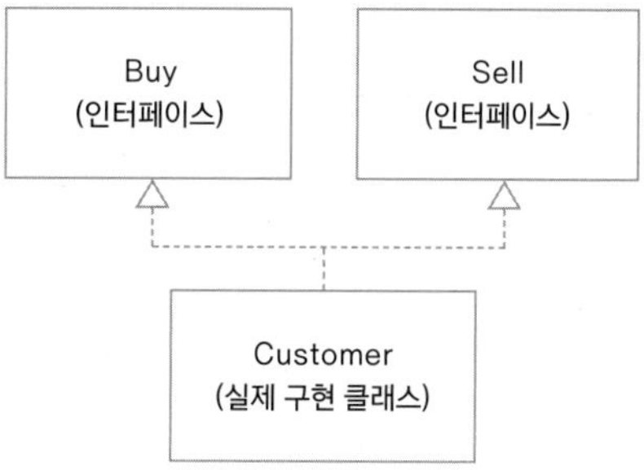

```
Buy                 Sell
(인터페이스)         (인터페이스)
        △           △
        Customer
        (실제 구현 클래스)
```

```java
package interfaceex;

public interface Buy {
  void buy( );
}
```

```java
package interfaceex;

public interface Sell {
  void sell( );
}
```

Buy 인터페이스에 추상 메서드 buy( )가 선언되어 있고, Sell 인터페이스에 추상 메서드 sell( )이 선언되어 있습니다. Customer 클래스가 두 인터페이스를 구현하는 코드는 다음과 같습니다.

```java
package interfaceex;
                          ┌─ Customer 클래스는 Buy와
                          │   Sell 인터페이스를 모두 구현함
public class Customer implements Buy, Sell {
  @Override
  public void sell( ) {
    System.out.println("판매하기");
  }

  @Override
  public void buy( ) {
    System.out.println("구매하기");
  }
}
```

인터페이스는 구현 코드나 인스턴스 변수를 가지지 않기 때문에 여러 개를 동시에 구현할 수 있습니다. 두 인터페이스에 이름이 같은 메서드를 선언했다고 해도 구현은 클래스에서 이루어지므로, 어떤 메서드를 호출해야 하는지 모호하지 않은 것입니다.

이렇게 두 인터페이스를 구현한 Customer 클래스는 Buy형이자 Sell형이기도 합니다. 따라서 다음과 같이 테스트 프로그램을 만들 수 있습니다.

```java
package interfaceex;

public class CustomerTest {
  public static void main(String[] args) {
    Customer customer = new Customer( );

    Buy buyer = customer;          Customer 클래스형인 customer를 Buy 인터페이스형인 buyer에
    buyer.buy( );                  대입하여 형 변환. buyer는 Buy 인터페이스의 메서드만 호출 가능

    Sell seller = customer;        Customer 클래스형인 customer를 Sell 인터페이스형인 seller에
    seller.sell( );                대입하여 형 변환. seller는 Sell 인터페이스의 메서드만 호출 가능

    if (seller instanceof Customer) {
      Customer customer2 = (Customer)seller;      seller를 하위 클래스형인
      customer2.buy( );                           Customer로 다시 형 변환
      customer2.sell( );
    }
  }
}
```

Buy buyer = customer;처럼 customer를 Buy 인터페이스형 변수에 대입하면 형 변환이 일어나 Buy 인터페이스에 선언한 메서드만 호출할 수 있습니다. Sell형으로 변환될 때도 마찬가지입니다. 또한 상속 관계에서와 마찬가지로 원래의 인스턴스 자료형으로 다운 캐스팅을 하려면 instanceof를 사용하여 본래 인스턴스 자료형으로 안전하게 변환할 수 있습니다.

## 두 인터페이스의 디폴트 메서드가 중복되는 경우

정적 메서드는 인스턴스 생성과 상관없이 사용할 수 있습니다. Customer 클래스가 Buy, Sell 두 인터페이스를 구현하고 Buy 인터페이스와 Sell 인터페이스에 똑같은 pay( ) 정적 메서드가 있다고 생각해 봅시다. 이 경우 Buy.pay( )와 Sell.pay( )로 특정하여 호출할 수 있기 때문에 문제가 되지 않습니다. 그런데 디폴트 메서드는 어떻게 될까요? 디폴트 메서드는 인스턴스

를 생성해야 호출할 수 있는 메서드이기 때문에, 다음처럼 이름이 같은 디폴트 메서드가 두 인터페이스에 있으면 문제가 됩니다. 다음 코드를 봅시다.

```java
package interfaceex;

public interface Buy {
  void buy( );

  default void order( ) {
    System.out.println("구매 주문");
  }
}
```

Buy 인터페이스

```java
package interfaceex;

public interface Sell {
  void sell( );

  default void order( ) {
    System.out.println("판매 주문");
  }
}
```

Sell 인터페이스

Customer 클래스에 다음과 같은 오류 메시지가 나타납니다.

이 오류 메시지는 디폴트 메서드가 중복되었으니 두 인터페이스를 구현하는 Customer 클래스를 재정의하라는 뜻입니다. 이 화면에서 [Implement Methods…]를 클릭하면 오른쪽과 같은 창이 나옵니다. 두 인터페이스 중 Buy 인터페이스의 디폴트 메서드를 사용하기 위해 [OK]를 클릭해 봅시다.

그러면 Customer 클래스에는 다음과 같이 구현됩니다.

```java
package interfaceex;

public class Customer implements Buy, Sell{
  …

  @Override
  public void order() {
    Buy.super.order();
  }
}
```

만약 Sell 인터페이스의 디폴트 메서드를 활용하고 싶다면
Buy를 Sell로 수정하면 됩니다.

```java
@Override
public void order() {
    Sell.super.order();
}
```

상속받은 메서드 두 개 외에 새로 메서드를
구현하고 싶다면 다음과 같이 메서드를 재정
의할 수도 있습니다.

```java
@Override
public void order() {
    System.out.println("고객 판매 주문");
}
```

Customer 클래스에서 디폴트 메서드를 재정의하면, Customer 클래스를 생성하여 사용할
때 재정의된 메서드가 호출됩니다. 즉 다음처럼 호출하면 Customer에서 재정의된 order( )
메서드가 호출됩니다.

```java
package interfaceex;

public class CustomerTest {
    public static void main(String[] args) {
        Customer customer = new Customer( );

        Buy buyer = customer;
        buyer.buy( );
        buyer.order( );

        Sell seller = Customer;
        seller.sell( );
        seller.order( );

        if (seller instanceof Customer) {
            Customer customer2 = (Customer)seller;
            customer2.buy( );
            customer2.sell( );
        }
        customer.order( );
    }
}
```

재정의된 메서드 호출됨

이 코드를 실행하면 오른쪽과 같은 결과를 볼 수 있습니다. 여기에서 주의할 점은 customer가 Buy형으로 변환되고 buyer.order( )를 호출하면 Buy에 구현한 디폴트 메서드가 아닌 Customer 클래스에 재정의한 메서드가 호출된다는 사실입니다. 이는 264쪽의 상속에서 설명한 자바 가상 메서드 원리와 동일합니다.

## 인터페이스 상속하기

인터페이스 간에도 상속할 수 있습니다. 인터페이스 간 상속은 구현 코드를 통해 기능을 상속하는 것이 아니므로 형 상속(type inheritance)이라고 부릅니다. 클래스의 경우에는 하나의 클래스만 상속받을 수 있지만, 인터페이스는 여러 개를 동시에 상속받을 수 있습니다. 한 인터페이스가 여러 인터페이스를 상속받으면, 상속받은 인터페이스는 상위 인터페이스에 선언한 추상 메서드를 모두 가집니다. 다음과 같은 경우를 생각해 봅시다.

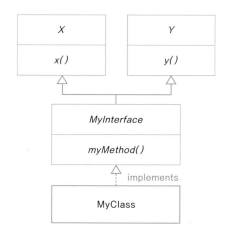

MyInterface 인터페이스는 X와 Y 인터페이스를 상속받고, MyClass 클래스는 MyInterface 인터페이스를 실제로 사용할 수 있도록 구현합니다. MyInterface 인터페이스는 두 인터페이스를 상속받고 자신이 추상 메서드를 1개 가지고 있으므로 상속받은 후 추상 메서드를 총 3개 가집니다. 따라서 MyClass 클래스가 구현해야 할 추상 메서드 개수는 총 3개입니다.

코드를 살펴보면 다음과 같습니다. X 인터페이스에 추상 메서드 x( )를 선언하고 Y 인터페이스에 추상 메서드 y( )를 선언합니다.

```
package interfaceex;

public interface X {
  void x( );
}
```

```
package interfaceex;

public interface Y {
  void y( );
}
```

또 다른 인터페이스인 MyInterface가 X, Y 인터페이스를 상속받는 방법은 다음과 같습니다. 클래스를 상속할 때 사용한 extends 예약어를 그대로 사용합니다.

```
package interfaceex;

public interface MyInterface extends X, Y {
  void myMethod( );          인터페이스 여러 개를 상속받을 수 있음
}
```

MyInterface 인터페이스를 구현하는 MyClass 클래스 코드는 다음과 같습니다. MyInterface 인터페이스에는 myMethod( ) 메서드만 선언되어 있지만, X 인터페이스와 Y 인터페이스를 상속받았으므로 MyClass 클래스에서는 x( ), y( ) 메서드까지 구현해야 합니다.

```
package interfaceex;

public class MyClass implements MyInterface {
  @Override
  public void x( ) {                       X 인터페이스에서 상속받은 x( )
    System.out.println("x( )");            메서드 구현
  }

  @Override
  public void y( ) {                       Y 인터페이스에서 상속받은 y( )
    System.out.println("y( )");            메서드 구현
  }

  @Override
  public void myMethod( ) {                MyInterface 인터페이스의
    System.out.println("myMethod( )");     myMethod( ) 메서드 구현
  }
}
```

MyClass 클래스를 실행하는 테스트 프로그램은 다음과 같습니다.

```
package interfaceex;

public class MyClassTest {
  public static void main(String[] args) {
    MyClass mClass = new MyClass( );
    X xClass = mClass;          상위 인터페이스 X형으로 대입하면
    xClass.x( );                X에 선언한 메서드만 호출 가능

    Y yClass = mClass;          상위 인터페이스 Y형으로 대입하면
    yClass.y( );                Y에 선언한 메서드만 호출 가능

    MyInterface iClass = mClass;
    iClass.myMethod( );         구현한 인터페이스형 변수에 대입하면 인터페이스가
    iClass.x( );                상속한 모든 메서드 호출 가능
    iClass.y( );
  }
}
```

```
출력 결과
x()
y()
myMethod()
x()
y()
```

생성한 클래스는 상위 인터페이스형으로 변환할 수 있습니다. 다만 상위 인터페이스로 형 변환을 하면 상위 인터페이스에 선언한 메서드만 호출할 수 있습니다. 예제를 보면 mClass가 MyClass로 생성되었어도, X 인터페이스형으로 선언된 xClass에 대입되면 xClass가 호출할 수 있는 메서드는 X의 메서드인 x( )뿐입니다. 인터페이스를 정의할 때 기능상 계층 구조가 필요한 경우에 상속을 사용하기도 합니다.

## 인터페이스 구현과 클래스 상속 함께 하기

한 클래스에서 클래스 상속과 인터페이스 구현을 모두 할 수도 있습니다. 다음은 Queue 인터페이스를 구현하고 shelf 클래스를 상속받는 BookShelf 클래스를 나타낸 그림입니다.

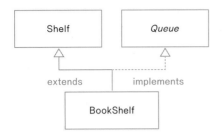

BookShelf(책장) 클래스는 책을 넣은 순서대로 꺼내어 볼 수 있도록 만들려고 합니다.
BookSelf 클래스를 구현하기 전에 더 큰 개념인 Shelf(선
반) 클래스를 먼저 만들어 보겠습니다.

ⓔ 처음 들어간 자료부터 꺼내어 쓰는 것을
큐(queue) 자료 구조라고 합니다. 일상생
활에서 선착순 모집을 떠올리면 됩니다.

**Do it!** Shelf 클래스 만들기
• 참고 파일 Shelf.java

```
01  package bookshelf;
02  import java.util.ArrayList;
03
04  public class Shelf {
05      protected ArrayList<String> shelf;          자료를 순서대로 저장할
                                                     ArrayList 선언
06
07      public Shelf( ) {
08          shelf = new ArrayList<String>( );       디폴트 생성자로 Shelf 클래스를 생성하면
                                                     ArrayList도 생성됨
09      }
10
11      public ArrayList<String> getShelf( ) {
12          return shelf;
13      }
14
15      public int getCount( ){
16          return shelf.size( );
17      }
18  }
```

5행에서 Shelf 클래스에는 자료를 순서대로 저장할 배열 객체를 선언했습니다. 이름을 저장
할 수 있도록 자료형은 String을 사용합니다. 11행의 getShelf( ) 메서드는 저장되어 있는 배
열 shelf를 반환하고, 15행의 getCount( ) 메서드는 배열 shelf에 저장된 요소 개수를 반환합
니다. BookShelf 클래스는 Shelf 클래스를 상속받아 사용하는 하위 클래스입니다.

그러면 Queue 인터페이스를 정의해 보겠습니다. 다음 코드에서 Queue 인터페이스는 먼저 들어온 자료를 먼저 꺼내는 기능을 정의합니다.

**Do it!** Queue 인터페이스 정의하기 · 참고 파일 Queue.java

```java
01  package bookshelf;
02
03  public interface Queue {
04      void enQueue(String title);    // 배열의 맨 마지막에 추가
05      String deQueue( );             // 배열의 맨 처음 항목 반환
06      int getSize( );                // 현재 Queue에 있는 요소 개수 반환
07  }
```

4행의 enQueue( ) 메서드는 입력되는 요솟값을 배열의 맨 뒤에 추가합니다. 5행의 deQueue( )는 배열에서 맨 앞에 있는 요소를 제거하고 그 값을 반환합니다.

이제 Shelf 클래스와 Queue 인터페이스를 사용하여 BookShelf 클래스를 다음과 같이 구현할 수 있습니다.

**Do it!** BookShelf 클래스 구현하기 · 참고 파일 BookShelf.java

```java
01  package bookshelf;
02
03  public class BookShelf extends Shelf implements Queue {
04      @Override
05      public void enQueue(String title) {      ── 배열에 요소 추가
06          shelf.add(title);
07      }
08
09      @Override
10      public String deQueue( ) {                ── 맨 처음 요소를 배열에서 삭제하고 반환
11          return shelf.remove(0);
12      }
13
14      @Override
15      public int getSize( ) {                   ── 배열 요소 개수 반환
16          return getCount( );
17      }
18  }
```

3행을 보면 BookShelf 클래스는 Shelf 클래스를 상속받고 Queue 인터페이스를 구현합니다. Shelf 클래스가 가지고 있는 ArrayList 배열을 사용하여 Queue 인터페이스에서 선언한 메서드를 모두 구현합니다. 이제 테스트 프로그램을 사용하여 실행해 봅시다.

**Do it!** BookShelf 테스트하기 · 참고 파일 BookShelfTest.java

```java
01  package bookshelf;
02
03  public class BookShelfTest {
04    public static void main(String[] args) {
05      Queue shelfQueue = new BookShelf( );
06      shelfQueue.enQueue("태백산맥 1");
07      shelfQueue.enQueue("태백산맥 2");      순서대로 요소를 추가
08      shelfQueue.enQueue("태백산맥 3");
09
10      System.out.println(shelfQueue.deQueue( ));
11      System.out.println(shelfQueue.deQueue( ));   입력 순서대로 요소를 꺼내서 출력
12      System.out.println(shelfQueue.deQueue( ));
13    }
14  }
```

출력 결과
```
태백산맥 1
태백산맥 2
태백산맥 3
```

10~12행과 같이 deQueue( ) 메서드를 사용하면 입력한 순서대로 값이 출력되는 것을 확인할 수 있습니다.

deQueue ← | 태백산맥 1 | 태백산맥 2 | 태백산맥 3 | | | ← enQueue

앞으로 자바 프로그램을 개발하면서 이미 제공되는 클래스나 인터페이스를 사용한 프로그램을 자주 접할 것입니다. 특히 실무에서는 프레임워크나 기존 소스 코드를 사용해 개발하는 경우가 많습니다.

## JDK에도 인터페이스로 선언한 부분이 많나요?

우리가 사용하는 자바 라이브러리인 JDK에도 많은 인터페이스가 선언되어 있고, 이를 구현해 프로그래밍을 할 수 있습니다. 대표적인 예로 자바와 데이터베이스를 연결해 주는 JDBC(Java DataBase Connectivity)를 들 수 있습니다. 자바와 데이터베이스를 연결하려면 여러 기능을 수행해야 하는데 그중 하나가 Connection을 생성하고 연결하는 것입니다. JavaDoc에서 Connection을 찾아보면 다음과 같습니다.

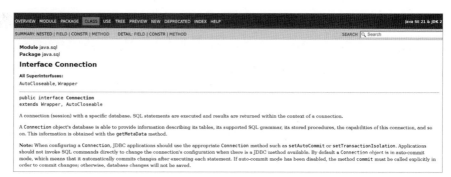

JavaDoc을 보니 자바와 데이터베이스를 연결할 때 사용하는 Connection은 인터페이스입니다. 이 인터페이스에는 여러 메서드가 미리 구현되어 있으며 이들 메서드를 사용하여 데이터베이스에 접근하는 자바 프로그램을 구현하면 됩니다. Connection 이외에도 미리 구현된 여러 인터페이스를 활용할 수 있습니다.

그렇다면 Connection과 같은 JDBC 인터페이스는 누가 구현한 걸까요? 이 인터페이스는 오라클, MySQL 등 데이터베이스 프로그램을 만드는 회사에서 구현합니다. 데이터베이스 회사가 자신의 회사 데이터베이스에 맞게 구현한 클래스 파일 묶음인 .jar 라이브러리를 제공하기 때문에, 우리는 프로그래밍을 하면서 제공된 라이브러리를 로딩하고 Connection 인터페이스에 선언된 메서드를 사용하기만 하면 됩니다. 각 회사에서 만든 Connection 인터페이스를 어떻게 구현했는지 우리가 굳이 알 필요는 없어요. JDBC는 자바에서 데이터베이스를 어떻게 사용할 것인지를 기술한 명세, 즉 약속이라는 점을 기억하세요.

## 꼭! 알아 두세요 │ 실무에서 인터페이스를 사용하는 경우

인터페이스는 클래스가 제공할 기능을 선언하고 설계하는 것입니다. 만약 여러 클래스가 같은 메서드를 서로 다르게 구현한다면 어떻게 해야 할까요? 우선 인터페이스에 메서드를 선언한 다음 인터페이스를 구현한 각 클래스에서 같은 메서드에 대해 다양한 기능을 구현하면 됩니다. 이것이 바로 인터페이스를 이용한 다형성의 구현입니다.

이런 경우를 생각해 봅시다. 어느 회사에서 시스템을 개발하였습니다. 이 시스템은 자료를 저장하기 위해 데이터베이스를 사용합니다. 처음에는 MySQL을 사용했는데, 이 시스템을 다른 회사에 가서 설치하려고 하니 오라클 데이터베이스를 사용하여 설치해 달라고 요구합니다. 또 다른 회사는 MS-SQL을 사용한다고 합니다. 프로그램은 하나인데 사용하는 DBMS(DataBase Management System)가 제각각인 것입니다. 이 프로그램의 웹 페이지나 모바일 페이지는 데이터베이스와 관계없이 수행됩니다. 데이터베이스와 연관되는 코드는 프로그램의 특정 부분인 것이지요. 이런 경우에 데이터베이스 기능을 수행할 인터페이스를 정의합니다. 그리고 인터페이스 정의에 맞게 여러 데이터베이스 관련 모듈을 개발하면 됩니다. 다음은 사용자 정보를 처리하는 모듈을 정리한 그림입니다.

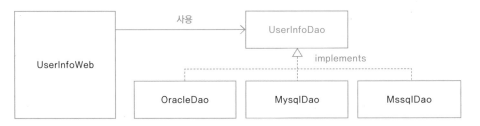

사용자 정보를 데이터베이스에 입력하거나 업데이트하거나 삭제하는 기능은 UserInfoDao 인터페이스에서 정의합니다. 그리고 여러 데이터베이스에 맞게 구현하는 것은 각 클래스가 담당합니다. 웹 페이지나 그 밖의 다른 클래스에서 이 기능이 필요하다면 UserInfoDao 인터페이스를 구현하여 사용할 수 있습니다. 인터페이스를 잘 정의하는 것이 확장성 있는 프로그램을 만드는 시작입니다.

**01** 클래스가 인터페이스를 구현하기 위해 사용하는 예약어는 [i⃞] 입니다.

**02** 클래스가 인터페이스를 구현할 때 인터페이스에 선언한 메서드를 모두 구현하지 않으면 그 클래스는 [추⃞] 이(가) 됩니다.

**03** 인터페이스에 선언한 변수는 컴파일할 때 [상⃞] (으)로 변환됩니다.

**04** 한 인터페이스를 여러 클래스가 다양한 방식으로 구현한 경우, 프로그램에서 인터페이스에 선언한 메서드를 사용할 때 각 클래스의 구현 내용과 상관없이 동일한 방식으로 사용할 수 있습니다. 이렇게 같은 코드가 여러 구현 내용으로 실행되는 객체 지향 특성을 [다⃞] (이)라고 합니다.

**05** 인터페이스에서 구현 코드를 제공하는 메서드는 ❶ [디⃞] 와(과) ❷ [정⃞] 입니다.

**06** 한 클래스에서 여러 인터페이스를 구현할 수 있습니다. ( O / X )

**07** 추상 클래스와 인터페이스의 공통점과 차이점을 설명해 보세요.

숫자 정렬 알고리즘에는 여러 정책이 존재합니다. 다음 시나리오처럼 인터페이스를 설계하고 인터페이스를 구현한 알고리즘 클래스를 만들어 봅시다.

---

**예제 시나리오**

정렬 알고리즘이 구현해야 할 내용을 Sort 인터페이스에 정의합니다. 인터페이스에는 정수형 배열을 인수로 받아서 오름차순으로 정렬하는 ascending( ) 메서드와 내림차순으로 정렬하는 descending( ) 메서드가 있습니다. 이 알고리즘의 설명은 description( ) 디폴트 메서드로 정의되어 있습니다.

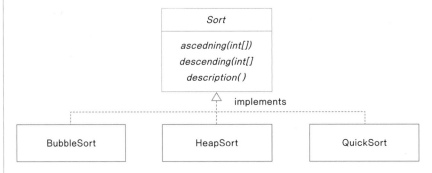

정렬 기능은 세 클래스가 구현했습니다. 여기에서는 실제 숫자를 정렬하지 않고 설명만 출력합니다.

그리고 이들 클래스를 사용하는 클라이언트 프로그램이 있다고 합시다. 사용자가 화면에 B를 입력하면 BubbleSort, H를 입력하면 HeapSort, Q를 입력하면 QuickSort 방식으로 정렬해 알고리즘이 수행되도록 프로그래밍할 것입니다.

---

실행 파일 코드가 다음과 같을 때 인터페이스와 클래스를 만들어 완성하세요.

```java
package sorting;
import java.io.IOException;

public class SortTest {
    public static void main(String[] args) throws IOException {
        System.out.println("정렬 방식을 선택하세요.");
        System.out.println("B : BubbleSort ");
        System.out.println("H : HeapSort ");
        System.out.println("Q : QuickSort ");

        int ch = System.in.read( );
        Sort sort = null;

        if (ch == 'B' || ch == 'b') {
            sort = new BubbleSort( );
```

```
      }
      else if (ch == 'H' || ch == 'h') {
        sort = new HeapSort( );
      }
      else if (ch == 'Q'|| ch == 'q') {
        sort = new QuickSort( );
      }
      else {
        System.out.println("지원되지 않는 기능입니다.");
        return;
      }
      //정렬 방식과 상관없이 Sort에 선언된 메서드 호출
      int[] arr = new int[10];
      sort.ascending(arr);
      sort.descending(arr);
      sort.description( );
    }
}
```

출력 결과

정렬 방식을 선택하세요.

B : BubbleSort

H : HeapSort

Q : QuickSort

Q ─[ Q를 입력한 경우 ]

QuickSort ascending

QuickSort descending

숫자를 정렬하는 알고리즘입니다.

QuickSort 입니다.

**09** 336쪽에서 배운 내용을 바탕으로 상담 전화를 할당하는 방식이 아니라 상담원이 필요할 때마다 대기열에서 가져오는 기능을 추가해 봅시다. 먼저, AgentGetCall 클래스를 추가로 만듭니다. 추가한 기능에서 getNextCall( ) 메서드가 호출되면 '상담원이 다음 전화 요청'이라고 출력합니다. sendCallToAgent( ) 메서드가 호출되면 '상담원이 전화 상담을 가져갔습니다.'라고 출력합니다. 추가한 기능은 SchedulerTest.java가 실행될 때, A 또는 a를 입력하면 선택됩니다. AgentGetCall 클래스에 Scheduler 인터페이스를 구현한 뒤, 이를 SchedulerTest.java에 생성해 완성해 보세요.

# 셋째마당

# 자바 JDK로
# 프로그래밍 날개 달기

지금까지 자바의 기본 개념과 객체 지향 프로그래밍을 살펴보았습니다. 이제 자바에서 제공하는 다양한 라이브러리를 알아봅시다. 자바의 다양하면서 유용한 클래스를 사용하면 프로그램을 더욱 효율적이고 유연하게 만들어 줄 것입니다. 자 그럼 함께 살펴볼까요?

# 11장

# JDK 기본 클래스

JDK에서 제공하는 클래스를 활용하면 프로그램을 더욱 효율적으로 구현할 수 있습니다. 이 장에서는 앞으로 자주 사용할 클래스를 설명합니다. 내용을 모두 외울 필요는 없습니다. 이 장에서 설명하는 내용을 이해하고 나서 나중에 필요한 부분은 책이나 JavaDoc에서 찾아서 활용하면 됩니다.

이렇게 많은 클래스들이 이미 만들어져 있다고?

# 11-1 Object 클래스

---

### java.lang 패키지

지금까지 자바로 프로그램을 구현하면서 String, Integer와 같은 클래스를 사용했습니다. 그러한 클래스들은 어디에 있는 걸까요? 이들 클래스는 java.lang 패키지에 속해 있습니다. String 클래스의 전체 이름은 java.lang.String이고, Integer 클래스의 전체 이름은 java.lang.Integer입니다. 이와 같이 java.lang 패키지에는 기본적으로 많이 사용하는 클래스들이 포함되어 있습니다.

자바 프로그래밍에서 외부 패키지에 선언한 클래스를 사용할 때는 import문으로 클래스가 어느 패키지에 속해 있는지 선언해야 합니다. 그런데 우리는 지금까지 String 클래스를 쓰면서 import java.lang.String; 문장을 쓴 적이 없습니다. java.lang 패키지는 컴파일할 때 import java.lang.*; 문장이 자동으로 추가되기 때문에 java.lang 패키지의 하위 클래스를 모두 사용할 수 있으므로 프로그래머가 직접 써줄 필요가 없습니다. 즉 프로그래머가 import문을 직접 쓰지 않아도 java.lang 패키지의 모든 하위 클래스를 참조할 수 있습니다.

우리가 11장에서 이야기할 클래스는 모두 java.lang 패키지에 속해 있습니다. 모두 프로그램에서 가장 많이 사용하는 기본 클래스입니다. 그러면 모든 자바 클래스의 최상위 클래스인 java.lang.Object부터 알아봅시다.

### 모든 클래스의 최상위 클래스, Object 클래스

Object 클래스는 모든 자바 클래스의 최상위 클래스입니다. 다시 말하면 모든 클래스는 Object 클래스의 상속을 받습니다. 그런데 생각해 보면 클래스를 만들 때 Object 클래스를 상속받는 코드를 작성한 적이 없습니다. 예를 들어 다음 코드의 왼쪽을 보면 Student 클래스를 선언할 때 Object 클래스를 상속받는다는 뜻의 extends Object를 사용하지 않았습니다. 사실 컴파일 과정에서 오른쪽과 같이 extends Object가 자동으로 쓰입니다.

```
class Student {                    class Student extends Object {
    int studentID;                     int studentID;
    String studentName;                String studentName;
}                                  }
```

코드를 작성할 때                          컴파일러가 변환

우리가 직접 만드는 클래스뿐 아니라 기존 JDK에서 제공하는 클래스도 모두 Object 클래스에서 상속을 받습니다. 확인해 보기 위해 임의로 클래스를 만들고, 오른쪽 문장을 입력해 봅시다. 이 문장에서 String 위에 마우스 포인터를 두면 다음과 같은 도움말이 등장합니다.

```
String str = new String();
```

이번에는 Object 클래스의 도움말을 보기 위해 코드 창에 오른쪽 내용을 작성해 봅시다. Object에 마우스 포인터를 두면 다음과 같이 도움말이 등장합니다. 더 자세한 내용을 확인하고 싶다면 표시된 링크를 클릭해 JavaDoc 웹 페이지로 이동해 Object의 다양한 메서드를 살펴볼 수 있습니다.

```
Object object1 = new Object( )
```

```
Object object1 = new Object();
```

**Class Object**

java.lang.Object

public class Object
Class `Object` is the root of the class
hierarchy. Every class has `Object` as a
superclass. All objects, including arrays,
implement the methods of this class.

Since:
    1.0
See Also:
    • `Class`

`Object` on docs.oracle.com ↗  → 클릭

📖 < openjdk-23 >

**Method Summary**

| All Methods | Instance Methods | Concrete Methods | Deprecated Methods |

| Modifier and Type | Method | Description |
| --- | --- | --- |
| protected Object | clone() | Creates and returns a copy of this object. |
| boolean | equals(Object obj) | Indicates whether some other object is "equal to" this one. |
| protected void | finalize() | **Deprecated, for removal: This API element is subject to removal in a future version.**<br>Finalization is deprecated and subject to removal in a future release. |
| final Class<?> | getClass() | Returns the runtime class of this Object. |
| int | hashCode() | Returns a hash code value for this object. |
| final void | notify() | Wakes up a single thread that is waiting on this object's monitor. |
| final void | notifyAll() | Wakes up all threads that are waiting on this object's monitor. |
| String | toString() | Returns a string representation of the object. |
| final void | wait() | Causes the current thread to wait until it is awakened, typically by being *notified* or *interrupted*. |
| final void | wait(long timeoutMillis) | Causes the current thread to wait until it is awakened, typically |

📄 JavaDoc 활용법이 기억나지 않는다면 07장 234쪽 〈꼭! 알아 두세요〉를 참고하세요.

| 메서드 | 설명 |
| --- | --- |
| String toString( ) | 객체를 문자열로 표현하여 반환합니다. 재정의하여 객체에 대한 설명이나 특정 멤버 변숫값을 반환합니다. |
| boolean equals(Object obj) | 두 인스턴스가 동일한지 여부를 반환합니다. 재정의하여 논리적으로 동일한 인스턴스임을 정의할 수 있습니다. |
| int hashCode( ) | 객체의 해시 코드값을 반환합니다. |
| Object clone( ) | 객체를 복제하여 인스턴스 변숫값이 동일한 새로운 인스턴스를 생성합니다. |
| Class getClass( ) | 객체의 Class 클래스를 반환합니다. |

| | |
|---|---|
| void finalize( ) | 인스턴스가 힙 메모리에서 제거될 때 가비지 컬렉터(GC)에 의해 호출되는 메서드입니다. 네트워크 연결 해제, 열려 있는 파일 스트림 해제 등을 구현합니다. |
| void wait( ) | 멀티스레드 프로그램에서 사용하는 메서드입니다. 스레드를 기다리는 (non runnable) 상태로 만듭니다. |
| void notify( ) | wait( ) 메서드에 의해 기다리고 있는 스레드(non runnable 상태)를 실행할 수 있는(runnable) 상태로 가져옵니다. |

Object 메서드 중에는 재정의할 수 있는 메서드도 있고, 그렇지 않은 메서드도 있습니다. 여기에서는 자주 재정의하여 사용하는 메서드 위주로 설명하겠습니다.

**재정의할 수 없는 Object 메서드를 어떻게 알 수 있나요?**

질문 있어요

모든 클래스는 Object의 메서드를 사용할 수 있고, 필요에 따라 재정의하여 사용할 수도 있습니다. 그러나 Object의 모든 메서드를 재정의할 수 있는 것은 아닙니다. JavaDoc에서 메서드를 정의한 부분 아래쪽의 Method Detail을 보면 메서드마다 자세한 설명이 나와 있습니다. 그중 final 예약어로 선언한 메서드는 자바 스레드에서 사용하거나 클래스를 로딩하는 등 자바 가상 머신과 관련된 메서드이기 때문에 재정의할 수 없습니다.

---

**Method Detail**

**getClass**

```
public final Class<?> getClass()
```
Returns the runtime class of this Object. The returned Class object is the object that is locked by static synchronized methods of the represented class.

**The actual result type is Class<? extends |X|> where |X| is the erasure of the static type of the expression on which getClass is called. For example, no cast is required in this code fragment:**

```
Number n = 0;
Class<? extends Number> c = n.getClass();
```

**Returns:**
The Class object that represents the runtime class of this object.

**See The Java™ Language Specification:**
15.8.2 Class Literals

---

## 객체 정보를 문자열로 바꾸는 toString( ) 메서드

Object 클래스에서 기본으로 제공하는 toString( ) 메서드는 이름처럼 객체 정보를 문자열 (String)로 바꾸어 줍니다. Object 클래스를 상속받은 모든 클래스는 toString( )을 재정의할 수 있습니다. String이나 Integer 등 여러 JDK 클래스에는 toString( ) 메서드가 이미 재정의되어 있습니다.

## Object 클래스의 toString( ) 메서드

toString( ) 메서드는 인스턴스 정보를 문자열로 반환합니다. toString( ) 메서드의 원형은 생성된 인스턴스의 클래스 이름과 주솟값을 보여 줍니다. 다음 예제는 책 번호와 제목을 담고 있는 Book 클래스의 인스턴스를 생성하여 그 참조 변수를 출력합니다.

**Do it!** Object 클래스의 toString( ) 메서드 사용하기 · 참고 파일 ToStringEx.java

```java
01   package object;
02
03   class Book {
04     int bookNumber;
05     String bookTitle;
06
07     Book(int bookNumber, String bookTitle) {        책 번호와 제목을 매개변수로
08       this.bookNumber = bookNumber;                 입력받는 생성자
09       this.bookTitle = bookTitle;
10     }
11   }
12
13   public class ToStringEx {
14     public static void main(String[] args) {
15       Book book1 = new Book(200, "개미");
16                                                   인스턴스 정보(클래스 이름.주솟값)를 출력
17       System.out.println(book1);
18       System.out.println(book1.toString( ));      toString( ) 메서드로 인스턴스 정보(클래스 이름.주솟값)를 출력
19     }
20   }
```

출력 결과
```
object.Book@30f39991
object.Book@30f39991
```

17행 System.out.println( ) 출력문에 참조 변수를 넣으면 인스턴스 정보가 출력되는데, 이때 자동으로 호출되는 메서드가 toString( )입니다. 여기에서 호출되는 toString( )은 Book 클래스의 메서드가 아닌 Object 클래스의 메서드입니다.

Object 클래스의 toString( ) 메서드 원형은 다음과 같습니다.

```java
getClass( ).getName( ) + '@' + Integer.toHexString(hashCode( ))
```

이 내용을 살펴보면 '클래스 이름@해시 코드값'임을 알 수 있습니다. 즉 클래스의 이름과 16 진수 해시 코드값이 출력됩니다. 17~18행의 출력 결과는 object.Book@30f39991로 같습니다.

해시 코드는 372쪽 '객체의 해시 코드를 확인하는 hashCode( ) 메서드'에서 자세히 설명합니다.

클래스 이름    해시 코드값
`object.Book@30f39991`

## String과 Integer 클래스의 toString( ) 메서드

toString( ) 메서드가 호출된 경우라도 출력 결과가 '클래스 이류@해시 코드값'이 아닌 경우가 있습니다. 다음 코드를 봅시다.

```
String str = new String("test");
System.out.println(str);          test 출력됨
Integer i1 = new Integer(100);
System.out.println(i1);           100 출력됨
```

String과 Integer 클래스로 인스턴스를 생성하여 System.out.println( ) 출력문에 참조 변수를 넣으면 String 클래스는 문자열값 test가, Integer 클래스는 정숫값 100이 출력됩니다. 왜 두 클래스의 출력 결과는 '클래스 이름@해시 코드값'이 아닌 걸까요? 그 이유는 String과 Integer 클래스는 toString( ) 메서드를 미리 재정의해 두었기 때문입니다. JDK에서 제공하는 클래스 중에는 toString( ) 메서드를 미리 재정의한 클래스가 많습니다. toString( ) 메서드를 재정의한 클래스는 '클래스 이름@해시 코드값'을 출력하는 toString( ) 메서드의 원형이 아니라 재정의한 메서드를 호출하는 것입니다.

## toString( ) 메서드 재정의하기

이번에는 앞에서 예제로 만든 Book 클래스에서 toString( ) 메서드를 직접 재정의해 봅시다. Book 클래스의 참조 변수를 사용해 책 이름과 책 번호를 출력해 보겠습니다. 만약 메서드 정의를 기억하고 있다면 선언부를 직접 적어도 되고, Book.java 코드 내부에서 마우스 오른쪽 버튼을 누른 뒤, [Generate... → Override Methods...]를 클릭해 메서드를 재정의한 코드를 자동으로 넣어도 됩니다. 다음처럼 toString( ) 메서드를 재정의하여 책 이름과 책 번호를 반환하는 코드를 작성해 봅시다.

11 • JDK 기본 클래스   **365**

```
01  package object;
02
03  class Book {
04    int bookNumber;
05    String bookTitle;
06
07    Book(int bookNumber, String bookTitle) {
08      this.bookNumber = bookNumber;
09      this.bookTitle = bookTitle;
10    }
11
12    @Override
13    public String toString( ) {                    ← toString( ) 메서드 재정의
14      return bookTitle + "," + bookNumber;
15    }
16  }
17
18  public class ToStringEx {
19    public static void main(String[] args) {
20      Book book1 = new Book(200, "개미");
21
22      System.out.println(book1);
23      System.out.println(book1.toString( ));
24    }
25  }
```

출력 결과
```
개미,200
개미,200
```

12~15행처럼 toString( ) 메서드를 직접 재정의하면 객체의 참조 변수를 이용해 실행 결과와 같이 원하는 내용을 출력할 수 있습니다.


## 객체의 같음을 비교하는 equals( ) 메서드

equals( ) 메서드의 원래 기능은 두 인스턴스의 주솟값을 비교하여 boolean값(true/false)으로 반환해 주는 것입니다. 주솟값이 같다면 당연히 같은 인스턴스입니다. 그런데 서로 다른 주솟값을 가질 때도 같은 인스턴스라고 정의할 수 있는 경우가 있습니다. 따라서 물리적 동일성(두 인스턴스의 메모리 주소가 같음)뿐 아니라 논리적 동일성(두 인스턴스가 논리적으로 같음)을 구현할 때도 equals( ) 메서드를 재정의하여 사용합니다. 이 말이 무슨 뜻인지 살펴봅시다.

## Object 클래스의 equals( ) 메서드

생성된 '두 인스턴스가 같다'는 것은 무엇을 의미할까요? 인스턴스를 가리키는 참조 변수가 두 개 있을 때 이 두 인스턴스가 물리적으로 같다는 것은 두 인스턴스의 주솟값이 같은 경우를 말합니다. 다시 말해 두 변수가 같은 메모리 주소를 가리킨다는 뜻이지요.

예를 들어 학생 객체를 구현한 Student 클래스가 있습니다. 다음 코드처럼 Student 클래스를 생성하고, 생성된 인스턴스를 가리키는 참조 변수(studentLee)를 다른 변수(studentLee2)에 복사합니다.

```
Student studentLee = new Student(100, "이상원");
Student studentLee2 = studentLee;    //주소 복사
```

그러면 두 변수는 다음 그림과 같이 동일한 인스턴스를 가리킵니다. 이때 equals( ) 메서드를 이용해 두 변수를 비교하면 동일하다는 결과가 나옵니다.

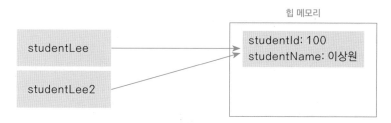

다음 코드는 이름과 학번이 동일한 학생을 하나 더 생성하고 다른 변수(studentSang)가 가리키도록 만들었습니다.

```
Student studentLee = new Student(100, "이상원");
Student studentLee2 = studentLee;
Student studentSang = new Student(100, "이상원");
```

이 코드를 그림으로 표현하면 다음과 같습니다.

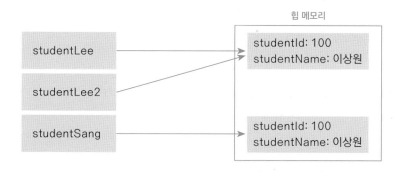

studentLee, studentLee2가 가리키는 인스턴스와 studentSang이 가리키는 인스턴스는 서로 주소는 다르지만 저장된 학생의 정보는 같습니다. 이런 경우 논리적으로는 studentLee, studentLee2와 studentSang을 같은 학생으로 처리하는 것이 맞을 것입니다. 이 상황을 구현한 예제를 만들면서 살펴봅시다.

**Do it!** Object 클래스의 equals( ) 메서드 사용하기 · 참고 파일 EqualsTest.java

```java
01  package object;
02
03  class Student{
04    int studentId;
05    String studentName;
06
07    public Student(int studentId, String studentName) {
08      this.studentId = studentId;
09      this.studentName = studentName;
10    }
11
12    public String toString( ) {
13      return studentId + "," + studentName;
14    }
15  }
16
17  public class EqualsTest {
18    public static void main(String[] args) {
19      Student studentLee = new Student(100, "이상원");
20      Student studentLee2 = studentLee;     //주소 복사
21      Student studentSang = new Student(100, "이상원");     동일한 주소의 두 인스턴스 비교
22
23      if (studentLee == studentLee2)          // == 기호로 비교
24        System.out.println("studentLee와 studentLee2의 주소는 같습니다.");
25      else
26        System.out.println("studentLee와 studentLee2의 주소는 다릅니다.");
27
28      if (studentLee.equals(studentLee2)) //equals( ) 메서드로 비교
29        System.out.println("studentLee와 studentLee2는 동일합니다.");
30      else
31        System.out.println("studentLee와 studentLee2는 동일하지 않습니다.");
32
```

```
33    if (studentLee == studentSang)          // == 기호로 비교
34       System.out.println("studentLee와 studentSang의 주소는 같습니다.");
35    else
36       System.out.println("studentLee와 studentSang의 주소는 다릅니다.");
37
38    if (studentLee.equals(studentSang)) // equals( ) 메서드로 비교
39       System.out.println("studentLee와 studentSang은 동일합니다.");
40    else
41       System.out.println("studentLee와 studentSang은 동일하지 않습니다.");
42  }
43 }
```

동일인이지만 인스턴스의 주소가 다른 경우

**출력 결과**
```
studentLee와 studentLee2의 수소는 같습니다.
studentLee와 studentLee2는 동일합니다.
studentLee와 studentSang의 주소는 다릅니다.
studentLee와 studentSang은 동일하지 않습니다.
```

Object의 equals( ) 메서드는 원래 기능은 두 인스턴스의 주소를 비교합니다.

따라서 같은 주소인 경우만 equals( ) 메서드의 결과가 true가 됩니다. 이 예제에서 studentLee 참조 변수와 studentLee2 참조 변수는 동일한 주소를 가리키므로 true이고, studentSang의 경우는 다른 주소를 가리키므로 false입니다. 그런데 두 인스턴스의 주소가 같은 경우만 '같다'고 할 수 있을까요? 인스턴스 주소가 다르다고 해도 학번이 같으면 사실 같은 학생의 정보입니다. 대한민국에서 주민등록번호가 같으면 같은 사람이고, 쇼핑몰 회원의 아이디가 같으면 같은 사람인 것처럼 말입니다. 따라서 인스턴스의 주소가 달라도 동일한 객체임을 확인할 수 있어야 합니다. 즉 두 인스턴스가 있을 때 ==는 단순히 물리적으로 같은 메모리 주소인지 여부를 확인할 수 있고, Object의 equals( ) 메서드는 재정의해 논리적으로 같은 인스턴스인지(메모리 주소가 다르더라도 같은 학생인지) 확인하도록 구현할 수 있습니다.

물리적 주소는 같지 않지만 논리적으로는 같은 학생입니다.

### String 클래스의 equals( ) 메서드

JDK에서 제공하는 String 클래스의 equals( ) 메서드는 이미 재정의되어 있습니다. 재정의된 equals( ) 메서드를 사용하는 예제를 따라 하면서 살펴봅시다.

**Do it!** String 클래스의 equals( ) 메서드 사용하기 · 참고 파일 StringEquals.java

```
01  package object;
02
03  public class StringEquals {
04      public static void main(String[] args) {
05          String str1 = new String("abc");
06          String str2 = new String("abc");
07
08          System.out.println(str1 == str2);
09          System.out.println(str1.equals(str2));
10      }
11  }
```

> 두 인스턴스 주솟값이 같은지 비교해 출력

> String 클래스의 equals( ) 메서드를 사용. 두 인스턴스의 문자열값이 같은지를 비교해 출력

**출력 결과**
```
false
true
```

코드의 내용을 보면 str1과 str2는 서로 다른 인스턴스를 가리키기 때문에 str == str2의 결과는 false입니다. 하지만 String 클래스의 equals( ) 메서드는 같은 문자열의 경우 true를, 그렇지 않은 경우 false를 반환하도록 재정의되어 있습니다. 두 문자열은 abc로 같은 값을 가지므로 str1.equals(str2)의 반환값은 true입니다.

String의 equals( ) 메서드가 실제로 어떻게 구현되는지 살펴봅시다. StringEquals.java 파일의 String 클래스 위에 마우스를 올리고 Ctrl (맥이라면 command)을 누른 뒤, 클릭하면 String.java 파일을 확인할 수 있습니다. 그리고 파일에서 equals( ) 메서드를 찾아보면 다음 코드를 확인할 수 있습니다.

```
public boolean equals(Object anObject) {
    if (this == anObject) {
        return true;
    }
    return (anObject instanceof String aString)
            && (!COMPACT_STRINGS || this.coder == aString.coder)
            && StringLatin1.equals(value, aString.value);
}
```

이어서 메서드 내에서 호출한 StringLatin1.equals( )의 equals( ) 메서드 위에 마우스 포인터를 올리고 Ctrl 을 누른 상태에서 마우스를 클릭해 봅시다. 그러면 StringLatin1.equals( ) 코드도 확인할 수 있습니다.

```
public static boolean equals(byte[] value, byte[] other) {
    if (value.length == other.length) {
        for (int i = 0; i < value.length; i++) {
            if (value[i] != other[i]) {
                return false;
            }
        }
        return true;
    }
    return false;
}
```

구현 내용을 보면 String 클래스에서 StringLatin1 클래스의 equals( ) 메서드를 호출하는 데 메서드 내부에서는 전달된 두 개의 배열을 비교해 모두 같으면 true, 아니면 false를 반환합니다. 따라서 String의 equals( ) 메서드는 같은 문자열인 경우 인스턴스의 주소와 관계없이 true를 반환하는 것을 알 수 있습니다.

### equals( ) 메서드 재정의하기

학교에서 복수 전공을 하는 학생이 있다고 합시다. 컴퓨터공학과와 경영학과를 다녀도 학번이 같으므로 소속만 다를 뿐 동일 인물입니다. 회사에서는 사번이 같으면 같은 직원이고, 은행에서는 계좌 번호가 같으면 같은 계좌인 것처럼 말이죠. 이와 같이 어떤 인스턴스가 논리적 동일성을 보이는 경우 true를 반환하도록 equals( ) 메서드를 재정의할 수 있습니다. Student 클래스의 equals( ) 메서드를 직접 재정의하면서 이해해 봅시다.

**Do it!** equals( ) 메서드 재정의하기      • 참고 파일 EqualsTest.java

```
01  package object;
02
03  class Student {
04      …
15
16      @Override
17      public boolean equals(Object obj) {
18          if (obj instanceof Student) {          ← equals( ) 메서드 재정의
19              Student std = (Student)obj;
20              if (this.studentId == std.studentId)    재정의한 equals( ) 메서드는 학생의
21                  return true;                         학번이 같으면 true 반환
22              else return false;
23          }
24          return false;
25      }
26  }
```

```
27
28    public class EqualsTest {
29       public static void main(String[] args) {
30       …
53       }
54    }
```

16~25행에서 equals( ) 메서드를 재정의
하였습니다. equals( ) 메서드의 매개변수
는 Object형입니다. 비교할 객체가 Object형 매개변수로 전달되면 instanceof를 사용하여 매
개변수의 원래 자료형이 Student인지 확인합니다. 20~21행에서 this의 학번과 매개변수로 전
달된 객체의 학번이 같으면 true를 반환합니다. equals( ) 메서드를 재정의한 후 출력 결과를
보면 studentLee와 studentSang은 서로 다른 메모리 주소에 존재하는 인스턴스이므로 == 연
산의 결괏값은 false를 반환하지만, 학번이 같으므로 equals( )는 true를 반환합니다.

## 객체의 해시 코드를 확인하는 hashCode( ) 메서드

해시(hash)는 정보를 저장하거나 검색할 때 사용하는 자료 구조입니다. 정보를 어디에 저장할
것인지, 어디서 가져올 것인지 해시 함수를 사용하여 구현합니다. 해시 함수는 객체 정보(키
값)를 매개변수로 넣으면 그 객체가 저장되어야 할 위치나 저장된 해
시 테이블 주소(위치)를 반환합니다. 따라서 객체 정보를 알면 해당
객체의 위치를 빠르게 검색할 수 있습니다.

이때 해시 함수 hash( )는 개발하는 프로그램 특성에 따라 다르게 구
현됩니다. 자바에서는 인스턴스를 힙 메모리에 생성하여 관리할 때 해시 알고리즘을 사용합
니다.

```
hashCode = hash(key);   //객체의 해시 코드값(메모리 위치값)이 반환됨
```

Object 클래스의 toString( ) 메서드 원형을 다시 살펴보면 getClass( ).getName( ) + '@' +
Integer.toHexString(hashCode( ))입니다. 즉 우리가 참조 변수를 출력할 때 본 16진수 숫잣
값이 해시 코드값이고, 이 값은 자바 가상 머신이 힙 메모리에 저장한 인스턴스의 주솟값입니
다. 즉 자바에서는 두 인스턴스가 같다면 hashCode( ) 메서드에서 반환하는 해시 코드값이 같
아야 합니다. 따라서 논리적으로 두 객체가 같을 때 같은 해시 코드값을 반환하도록 hashCode( )
메서드를 재정의해야 합니다.

다시 말해, equals( ) 메서드를 재정의했다면 hashCode( ) 메서드도 재정의해야 합니다.

## String 클래스의 hashCode( ) 메서드

String 클래스의 equals( ) 메서드는 미리 재정의되어 있다고 했습니다. 그러면 hashCode( ) 메서드도 함께 재정의되어 있을 것입니다. 다음 예제를 살펴봅시다.

**Do it!** String 클래스의 hashCode( ) 메서드 사용하기 · 참고 파일 HashCodeTest.java

```java
01  package object;
02
03  public class HashCodeTest {
04      public static void main(String[] args) {
05          String str1 = new String("abc");
06          String str2 = new String("abc");
07
08          System.out.println(str1.hashCode());
09          System.out.println(str2.hashCode());
10
11      }
12  }
```

abc 문자열의 해시 코드값 출력

출력 결과
96354
96354

8~9행을 보면 String 클래스는 같은 문자열을 가진 경우, 즉 equals( ) 메서드의 결괏값이 true인 경우 hashCode( ) 메서드는 동일한 해시 코드 값을 반환합니다.

📄 String 클래스의 hashCode( ) 메서드 구현 내용을 String.java에서 직접 살펴보면 자세히 알 수 있습니다.

## hashCode( ) 메서드 재정의하기

앞에서 서로 다른 인스턴스로 생성된 두 학생이 논리적으로 같은 학생이라는 의미를 구현하기 위해 equals( ) 메서드를 재정의하였습니다. 논리적으로 동일한 두 학생은 같은 해시 코드 값을 반환하도록 hashCode( ) 메서드도 재정의해 봅시다.

Student 클래스에서 hashCode( )를 재정의할 때 어떤 값을 반환하도록 만드는 것이 가장 합리적일까요? 논리적으로 같은 학생인지 비교하는 equals( )를 재정의할 때는 학번이 같으면 true를 반환하였습니다. 일반적으로 hashCode( ) 메서드를 재정의할 때는 equals( ) 메서드에서 논리적으로 같다는 것을 구현할 때 사용한 인스턴스 변수를 활용하는 것이 좋습니다. 따라서 Student 클래스에서는 hashCode( ) 메서드가 학번을 반환하는 것이 가장 합리적입니다. 그러면 앞에서 구현한 Student 클래스에 hashCode( )를 재정의해 봅시다.

```
01   package object;
02
03   class Student {
04     ...
27     @Override
28     public int hashCode( ) {        해시 코드값으로 학번을 반환하도록
29       return studentId;            메서드 재정의
30     }
31   }
32
33   public class EqualsTest {
33     public static void main(String[] args) {
34       ...
59       System.out.println("studentLee의 hashCode :" + studentLee.hashCode( ));
60       System.out.println("studentSang의 hashCode :"+ studentSang.hashCode( ));
61       System.out.println("studentLee의 실제 주솟값 :"+ System.identityHashCode(studentLee));
62       System.out.println("studentSang의 실제 주솟값 :"+ System.identityHashCode(studentSang));
63     }
64   }
```

출력 결과

```
studentLee와 studentLee2의 주소는 같습니다.
studentLee와 studentLee2는 동일합니다.
studentLee와 studentSang의 주소는 다릅니다.
studentLee와 studentSang은 동일합니다.
studentLee의 hashCode :100          두 학생은 논리적으로 같기 때문에
studentSang의 hashCode :100         같은 해시 코드값을 반환
studentLee의 실제 주솟값 :1534030866
studentSang의 실제 주솟값 :664223387
```

출력 결과를 보면 studentLee와 studentSang은 학번이 같으므로 논리적으로 같은지 확인하는 equals( ) 메서드의 출력값은 true입니다. EqualsTest.java를 보면 다음 코드의 결과로 studentLee와 studentSang은 동일하다고 출력합니다.

```
if (studentLee.equals(studentSang))
    System.out.println("studentLee와 studentSang은 동일합니다.");
```

또한 같은 해시 코드값을 반환하고 있습니다. hashCode( ) 메서드를 재정의했을 때 실제 인스턴스의 주솟값은 System.identityHashCode( ) 메서드를 사용하면 알 수 있습니다. 61~62행에서 System.identityHashCode( ) 메서드를 사용하여 studentLee와 studentSang의 실제 메모리 주솟값을 출력해 봅니다. 두 값은 다르지요? 즉 studentLee와 studentSang은 논리적으로는 같지만, 실제로는 다른 인스턴스입니다.

## 객체를 복사하는 clone( ) 메서드

객체 원본을 유지하면서 복사본을 사용한다거나, 기본 틀(prototype)의 복사본을 사용해 동일한 인스턴스를 만들어 복잡한 생성 과정을 간단히 할 때 clone( ) 메서드를 사용할 수 있습니다. clone( ) 메서드는 오른쪽과 같이 Object에 선언되어 있으며, 객체를 복제해 또 다른 객체를 반환해 줍니다.

```
protected Object clone( );
```

그러면 예제를 통해 객체가 복제되는 과정을 살펴봅시다. 다음 예제는 원점과 반지름을 인스턴스 변수로 가지는 Circle 클래스의 인스턴스를 생성하고 이를 clone( ) 메서드를 사용하여 복제하는 프로그램입니다. 원점은 Point 클래스를 사용했습니다.

---

**Do it!** clone( ) 메서드로 인스턴스 복제하기     • 참고 파일 ObjectCloneTest.java

```java
01   package object;
02
03   class Point {
04     int x;
05     int y;
06
07     Point(int x, int y) {
08       this.x = x;
09       this.y = y;              ┈┈ 원점을 의미하는 Point 클래스
10     }
11
12     public String toString( ) {
13       return "x = " + x + "," + "y = " + y;
14     }
15   }
16
17   class Circle implements Cloneable {
18     Point point;              ┈┈ 객체를 복제해도 된다는 의미로 Cloneable
19     int radius;                  인터페이스를 함께 선언
20
21     Circle(int x, int y, int radius) {
22       this.radius = radius;
23       point = new Point(x, y);
24     }
25
26     public String toString( ) {
```

```
27        return "원점은 " + point + "이고," + "반지름은 " + radius + "입니다.";
28    }
29
30    @Override
31    public Object clone( ) throws CloneNotSupportedException {
32        return super.clone( );
33    }
34 }
35
36 public class ObjectCloneTest {
37    public static void main(String[] args) throws CloneNotSupportedException {
38        Circle circle = new Circle(10, 20, 30);
39        Circle copyCircle = (Circle)circle.clone( );
40
41        System.out.println(circle);
42        System.out.println(copyCircle);
43        System.out.println(System.identityHashCode(circle));
44        System.out.println(System.identityHashCode(copyCircle));
45    }
46 }
```

> clone( ) 메서드를 사용할 때 발생할 수 있는 오류를 예외 처리함 (31행 throws CloneNotSupportedException)

> clone( ) 메서드를 사용해 circle 인스턴스를 copyCircle에 복제함 (39행)

출력 결과
```
원점은 x = 10, y = 20이고, 반지름은 30입니다.
원점은 x = 10, y = 20이고, 반지름은 30입니다.
471910020
531885035
```

❸ 예외 처리란 프로그램이 실행 중에 멈추지 않도록 오류가 생길 수 있는 부분에 특정 코드를 구현하는 것입니다. 이는 14장에서 자세히 설명합니다.

clone( ) 메서드를 사용하려면 객체를 복제해도 된다는 의미로 클래스에 Cloneable 인터페이스를 구현해야 합니다. 만약 clone( ) 메서드만 재정의하고 Cloneable 인터페이스를 명시하지 않으면 clone( ) 메서드를 호출할 때 CloneNot

❸ Cloneable 인터페이스를 선언해도 별도로 구현해야 하는 메서드는 없습니다. 이렇게 구현할 메서드가 없는 인터페이스를 마커 인터페이스(marker interface)라고 합니다.

SupportedException이 발생합니다. 이 예제의 clone( ) 메서드는 Object의 clone( ) 메서드를 그대로 사용합니다. Object의 clone( ) 메서드는 클래스의 인스턴스를 새로 복제하여 생성해 줍니다. 인스턴스 변수가 동일한 인스턴스가 다른 메모리에 새로 생성되는 것입니다. 출력 결과를 보면 인스턴스 변숫값은 같지만 주솟값은 다른 copyCircle이 생성되었음을 알 수 있습니다.

# 11-2 String 클래스

## String 클래스를 선언하는 두 가지 방법

자바는 문자열을 사용할 수 있도록 String 클래스를 제공합니다. 문자열은 프로그램을 구현할 때 많이 활용합니다. String을 사용할 때 문자열을 생성자의 매개변수로 하여 생성하는 방식과 이미 생성된 문자열 상수를 가리키는 방식이 있습니다.

```
String str1 = new String("abc");   //생성자의 매개변수로 문자열을 생성하는 방식
String str2 = "test";              //문자열 상수를 가리키는 방식
```

언뜻 비슷해 보이지만 내부적으로 두 가지 방식은 큰 차이가 있습니다. new 예약어를 사용하여 객체를 생성하는 경우는 "abc" 문자열을 위한 메모리가 할당되고 새로운 객체가 생성됩니다. 하지만 str2 = "test"와 같이 생성자를 이용하지 않고 바로 문자열 상수를 가리키는 경우에는 str2가 기존에 만들어져 있던 "test"라는 문자열 상수의 메모리 주소를 가리키게 됩니다. 따라서 String str3 = "test" 코드를 작성하면 str2와 str3는 주솟값이 같습니다.

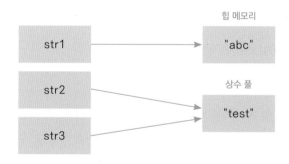

test나 10, 20 등과 같이 프로그램에서 사용하는 상숫값을 저장하는 공간을 상수 풀(constant pool)이라고 합니다. 　🖢 상수 풀이 무엇인지 기억나지 않는다면 02-4절을 참고하세요.

다음 예제는 생성자로 String을 생성했을 때의 주솟값과 문자열 상수를 바로 가리킬 때의 주솟값을 비교합니다.

---

**Do it!** 주솟값 비교하기 • 참고 파일 StringTest1.java

```java
01  package string;
02
03  public class StringTest1 {
04    public static void main(String[] args) {
05      String str1 = new String("abc");
06      String str2 = new String("abc");
07
08      System.out.println(str1 == str2);
09      System.out.println(str1.equals(str2));
10
11      String str3 = "abc";
12      String str4 = "abc";
13
14      System.out.println(str3 == str4);
15      System.out.println(str3.equals(str4));
16    }
17  }
```

> 인스턴스가 매번 새로 생성되므로 str1과 str2의 주솟값이 다름

> 문자열값은 같으므로 true 반환

> 문자열 abc는 상수 풀에 저장되어 있으므로 str3과 str4가 가리키는 주솟값이 같음

> 문자열값도 같으므로 true 반환

**출력 결과**
```
false
true
true
true
```

---

문자열 상수를 바로 가리키는 경우에는 주솟값이 같음을 알 수 있습니다.

## String 클래스의 final char[]

다른 프로그래밍 언어는 문자열을 구현할 때 일반적으로 char[] 배열을 사용합니다. 자바는 String 클래스를 제공해 char[] 배열을 직접 구현하지 않고도 문자열을 편리하게 사용할 수 있습니다. String.java 파일을 보면 다음과 같이 선언되어 있습니다.

```java
public final class String
        implements java.io.Serializable, Comparable<String>, CharSequence,
        Constable, ConstantDesc {

    The value is used for character storage.

    Implementation This field is trusted by the VM, and is a subject to constant folding if String
    Note:          instance is constant. Overwriting this field after construction will cause problems.
                   Additionally, it is marked with  Stable  to trust the contents of the array. No other
                   facility in JDK provides this functionality (yet).  Stable  is safe here, because
                   value is never null.

    @Stable
    private final byte[] value;
```

String 클래스의 구현 내용을 보면 private final byte value[]라고 선언된 byte형 배열이 있습니다. 예를 들어, String s = new String("abc")라고 쓰면 abc는 String 클래스의 value 배열에 저장됩니다. 그런데 이 배열은 final로 선언되어 있습니다. final은 문자열을 변경할 수 없다는 뜻입니다. 따라서 한번 생성된 문자열은 변경되지 않습니다. 이런 문자열의 특징을 '문자열은 불변(immutable)한다'라고 합니다. 그러면 두 개의 문자열을 연결하면 어떻게 될까요? 이러한 경우 둘 중 하나의 문자열이 변경되는 것이 아니라 두 문자열이 연결된 새로운 문자열이 생성됩니다.

다음 예제는 String으로 두 개의 문자열 java와 android를 생성하고 concat( ) 메서드로 두 문자열을 연결합니다. 원래 문자열의 주소와 연결된 문자열의 주솟값을 System.identity HashCode( ) 메서드를 사용하여 비교해 보겠습니다.

**Do it! 두 문자열 연결하기**
• 참고 파일 StringTest2.java

```
01  package string;
02
03  public class StringTest2 {
04    public static void main(String[] args) {
05      String javaStr = new String("java");
06      String androidStr = new String("android");
07      System.out.println(javaStr);
08      System.out.println("처음 문자열 주솟값: "+ System.identityHashCode(javaStr));
09
10      javaStr = javaStr.concat(androidStr);     문자열 javaStr과 문자열 androidStr을
                                                   연결하여 javaStr에 대입
11
12      System.out.println(javaStr);
13      System.out.println("연결된 문자열 주솟값: " + System.identityHashCode(javaStr));
14    }
15  }
```

출력 결과
```
java
처음 문자열 주솟값: 284720968
javaandroid
연결된 문자열 주솟값: 1534030866
```

예제에서 두 개의 문자열 "java"과 "android"를 생성했습니다. 그리고 10행에서 두 문자열을 연결하는 concat( ) 메서드를 호출했습니다. 12행의 javaStr 변수 출력 결과를 보면 "javaandroid"로 연결되어 잘 출력되고 있습니다. 이 결과만 보면 "java" 문자열에 "android" 문자열이 연결된 것 같지만, 앞에서 설명했듯이 문자열은 불변(immutable)하므로 javaStr 변숫값 자체가 변하는 것이 아니라 새로운 문자열이 생성된 것입니다.

코드 내용을 메모리 상태를 나타내는 그림으로 확인하면 다음과 같습니다.

즉 javaandroid 문자열이 새로 생성되고 javaStr은 그 문자열을 가리킵니다. 실제로 그런지 확인하기 위해 8행에서 처음 생성된 javaStr 변수의 해시 코드값을 출력해 보고, 문자열을 연결한 후 13행에서 javaStr 변수의 해시 코드값을 다시 출력해 보면 주솟값이 달라진 것을 알 수 있습니다.

## StringBuffer와 StringBuilder 클래스 활용하기

프로그램을 만들다 보면 문자열을 변경하거나 연결해야 할 때가 많습니다. 그런데 String 클래스는 한번 생성되면 그 내부의 문자열이 변경되지 않기 때문에 String 클래스를 사용하여 문자열을 계속 연결하거나 변경하는 프로그램을 작성하면 메모리가 많이 낭비됩니다. 이 문제를 해결하는 것이 바로 StringBuffer와 StringBuilder 클래스입니다.

StringBuffer와 StringBuilder는 내부에 변경 가능한(final이 아닌) char[]를 변수로 가지고 있습니다. 이 두 클래스를 사용하여 문자열을 연결하면 기존에 사용하던 char[] 배열이 확장되므로 추가 메모리를 사용하지 않습니다. 따라서 문자열을 연결하거나 변경할 경우 두 클래스 중 하나를 사용하면 됩니다. 두 클래스의 차이는 여러 작업(스레드)에서 동시에 문자열을 변경할 때 안전성을 보장해 주는가, 그렇지 않은가에 달렸습니다.

StringBuffer 클래스는 문자열이 안전하게 변경되도록 보장하지만, StringBuilder 클래스는 보장되지 않습니다. 따로 스레드를 생성하는 멀티스레드 프로그램이 아니라면 StringBuilder를 사용하는 것이 실행 속도가 좀 더 빠릅니다.

📄 두 스레드가 동시에 문자열을 변경할 때 문자열의 안전한 변경을 보장해 주는 것을 스레드 동기화의 안정성이라고 합니다. 스레드는 12-3절과 16장에서 자세히 설명합니다.

다음 예제로 StringBuilder의 사용 방법을 알아보겠습니다.

```java
01  package string;
02
03  public class StringBuilderTest {
04      public static void main(String[] args) {
05          String javaStr = new String("Java");
06          System.out.println("javaStr 문자열 주소: " + System.identityHashCode(javaStr));
07
08          StringBuilder buffer = new StringBuilder(javaStr);
09          System.out.println("연산 전 buffer 메모리 주소: " + System.identityHashCode(buffer));
10
11          buffer.append(" and");
12          buffer.append(" android");
13          buffer.append(" programming is fun!!!");
14          System.out.println("연산 후 buffer 메모리 주소: " + System.identityHashCode(buffer));
15
16          javaStr = buffer.toString( );
17          System.out.println(javaStr);
18          System.out.println("새로 만들어진 javaStr 문자열 주소: " + System.identityHashCode(javaStr));
19      }
20  }
```

06 인스턴스가 처음 생성됐을 때 메모리 주소

08 String으로부터 StringBuilder 생성

11~13 문자열 추가

16 String 클래스로 반환

출력 결과
```
javaStr 문자열 주소: 284720968
연산 전 buffer 메모리 주소: 1534030866
연산 후 buffer 메모리 주소: 1534030866
Java and android programming is fun!!!
새로 만들어진 javaStr 문자열 주소: 664223387
```

5행에서 생성한 Java 문자열에 여러 문자열을 추가해야 하는 경우에 8행처럼 일단 StringBuilder 클래스를 생성하고 여기에 문자열을 추가 (append)합니다. 그러면 append( ) 메서드가 실행될 때마다 메모리가 새로 생성되는 것이 아니라, 하나의 메모리에 계속 연결되고, 이는 해시 코드값을 통해 알 수 있습니다. 출력 결과를 보면 연산 전 메모리 주소와 연산 후 메모리 주소가 같다는 것을 확인할 수 있습니다. 문자열을 변경한 후에 buffer에 toString( ) 메서드를 호출하면 다시 문자열로 반환할 수 있습니다.

메모리 상태를 간단히 그림으로 나타내면 다음과 같습니다.

## 문자열을 여러 줄 지원하는 텍스트 블록

텍스트 블록(Text Block)은 자바 13버전부터 프리뷰 기능으로 지원됐고, 15버전에 정식으로 추가됐습니다. 이는 문자열을 여러 줄 지원해 주는 기능입니다. 이전에는 여러 줄 혹은 탭으로 들여쓰기를 하려면 해당 이스케이프 문자(\n 혹은 \t)를 사용해야 했지만, 텍스트 블록을 이용하면 여러 줄의 문자열 또는 들여쓰기를 한 문자열을 만들 수 있습니다. 이 기능은 특히 HTML이나 JSON 형식의 문자열이나 SQL을 작성할 때 유용합니다.

텍스트 블록은 String으로 선언하지만 기존에 한 줄로 선언하던 String과 다르게 따옴표 세개(" " ")로 시작하고 끝냅니다. 일반적으로 String으로 문자열을 여러 줄 만든다면 다음과 같이 개행을 위해 \n을 쓰고 탭으로 들여쓰기를 위해 \t를 사용합니다.

```
String myString = "안녕하세요.\n\t반갑습니다.\n다음에 또 만나요.";
```

같은 내용의 문자열을 이번에는 텍스트 블록을 이용해 작성하면 작성한 그대로 개행과 들여쓰기를 적용하여 문자열을 만들 수 있습니다.

```
String myTextBlock = """    ● 텍스트 블록 시작
    안녕하세요.
        반갑습니다.
    다음에 또 만나요.
    """;    ● 텍스트 블록 끝
```

웹 서비스를 구현할 때 서버에서 클라이언트에 전송하는 데이터는 여러 가지 약속된 형식을 사용합니다. 특히 HTML이나 JSON 형식을 가장 많이 사용하는데, 기존에 제공되는 라이브러리가 형식에 맞게 만들어 주는 경우도 있지만 만약 직접 여러 줄이나 들여쓰기, 태그가 있는 문자열을 만들어야 한다면 무척 번거로운 일이었습니다. 하지만 텍스트 블록을 활용하면 다음과 같이 HTML 문자열도 쉽게 만들 수 있습니다.

```
void writeHTML() {
    String html = """
        <html>
            <body>
                <p>Hello World.</p>
            </body>
        </html>
        """;
```

주의해야 할 점은 " " " 이후 같은 줄이 아니라 다음 줄부터 써야 한다는 점입니다. 그리고 문자열 중간에 변숫값과 같이 다양한 문자열을 표현하고 싶다면 formatted( )라는 메서드를 활용할 수 있습니다.

```
String studentInfo = """
        %s 님은
        %d 학년이고
        평점은 %.1f 입니다.
        """.formatted(name, grade, point);
```
⟶ formatted 메서드 안에 변수 나열

앞에서 설명한 내용을 바탕으로 다음 예제를 작성해 봅시다.

**Do it!** 텍스트 블록 사용하기                       • 참고 파일 TextBlockTest.java

```
01  package string;
02
03  public class TextBlockTest {
04      public static void main(String[] args) {
05          String myString = "안녕하세요.\n\t반갑습니다.\n다음에 또 만나요.";
06          System.out.println("String 출력:");
07          System.out.println(myString);
08
09          System.out.println("Text Block 출력:");
10          String myTextBlock = """
11                  안녕하세요.
12                      반갑습니다.
13                  다음에 또 만나요.
14                  """;
15          System.out.println(myTextBlock);
16          writeHTML();
17  printStudent("김유영", 3, 4.0);
```

```
18        }
19
20    public static void writeHTML() {
21        String html = """
22                <html>
23                    <body>
24                        <p>Hello World.</p>
25                    </body>
26                </html>
27                """;
28        System.out.println(html);
29    }
30    public static void printStudent(String name, int grade, double point) {
31    String studentInfo = """
32            %s 님은
33            %d 학년이고
34            평점은 %.1f 입니다.
35            """.formatted(name, grade, point);
36    System.out.println(studentInfo);
37      }
38 }
```

**출력 결과**

```
String 출력:
안녕하세요.
    반갑습니다.
다음에 또 만나요.
Text Block 출력:
안녕하세요.
    반갑습니다.
다음에 또 만나요.

<html>
    <body>
        <p>Hello World.</p>
    </body>
</html>

김유영 님은
3 학년이고
평점은 4.0 입니다.
```

# 11-3 enum

## 상수 집합을 클래스처럼 사용하는 enum

상수는 변하지 않는 값입니다. 프로그래밍할 때 반복해서 사용하는 문자열이나 정수, 실수의 값 가운데 변하지 않는 값이 있다면 상수로 선언하여 사용하는 것이 편리합니다. 02-4절에서 상수를 선언할 때 final 예약어를 사용한다고 했습니다. 상수를 하나만 사용할 때는 public static final로 선언해도 편리합니다. 그런데 가끔 다음과 같이 비슷한 역할을 하는 상수 여러 개를 각각 다른 값으로 선언하여 쓰는 경우도 있습니다.

```
public static final int BEGINNER_LEVEL = 1;
public static final int ADVANCED_LEVEL = 2;
public static final int SUPER_LEVEL = 3;
```

어떤 게임에서 레벨을 정의할 때 자바 코드로 작성한다고 가정해 봅시다. 여기서 상수인 BEGINNER_LEVEL, ADVANCED_LEVEL, SUPER_LEVEL은 게임 레벨이라는 공통 역할을 가지고 있지만 각각 다른 값을 가져야 합니다. 이런 경우 상수를 하나의 객체처럼 사용할 수 있는데 이때 사용하는 것이 바로 enum입니다. enum은 상수를 위해 사용하는데, 인터페이스를 활용해 여러 추상 메서드를 선언하는 원리와 비슷 🖥 클래스, enum, 인터페이스 모두 컴파합니다. 일하고 나면 .class 파일이 생성됩니다.

앞서 살펴본 상수를 enum을 활용해 선언해 보겠습니다.

```
public enum GameLevel {
    BEGINNER_LEVEL, ADVANCED_LEVEL, SUPER_LEVEL;
}
```

enum 예약어와 함께 일반 클래스처럼 GameLevel이라 이름을 정의하고 상수를 열거해 둡니다. 사실 이 코드만 봐서는 상수를 나열한 코드와 차이점을 느낄 수는 없습니다. 단지 각각의 상수를 enum으로 묶어 놓은 것 같습니다.

그럼 enum을 왜 사용하는 것일까요? final를 활용해 상수를 선언하는 경우에는 같은 상숫값을 가지는 상수가 존재할 수 있습니다. 무슨 이야기인지 다음과 같은 예를 살펴봅시다.

```java
public static final int BEGINNER_LEVEL = 1;
public static final int ADVANCED_LEVEL = 2;
public static final int SUPER_LEVEL = 3;

public static final int SILVER_GRADE = 1;
public static final int GOLD_GRADE = 2;
public static final int VIP_GRADE = 3;
```

여기서는 BEGINNER_LEVEL과 SILVER_GRADE가 서로 다른 상수이지만 1로 값이 같습니다. 그러므로 만약 if (BEGINNER_LEVEL == SILVER_GRADE)라는 문장이 있다면 true를 반환합니다. 또한 BEGINNER_LEVEL이 전달되어야 하는데 SILVER_GRADE가 전달되어도 값이 같기 때문에 의미가 다른 상수가 전달된 오류를 찾기 어렵고 추후 코드를 작성하지 않은 사람이 보았을 때는 전혀 다른 의미로 이해할 수도 있습니다.

또 다른 경우를 생각해 보면, 이렇게 선언한 레벨 상수마다 서로 다른 자료형의 상숫값으로 나타내야 할 수도 있습니다. 이 예시에서는 각 레벨을 숫자로 표현했지만, 같은 상수지만 문자열로 표현할 수도 있습니다. BEGINNER_LEVEL은 "초보자", ADVANCED_LEVEL은 "숙련자", SUPER_LEVEL은 "고수" 이렇게 숫자가 아닌 문자열도 상숫값으로 나타내고자 한다면 다음과 같이 문자열 상수를 추가해야 합니다

```java
public static final String BEGINNER_LEVEL_HINT = "초보자";
public static final String ADVANCED_LEVEL_HINT = "숙련자";
public static final String SUPER_LEVEL_HINT = "고수";
```

enum을 사용한다면 앞서 상숫값이 동일해 발생하는 문제나 같은 상수에 대해 여러 상숫값으로 나타내야 하는 경우 별도로 상수를 추가하지 않고 구현할 수 있습니다.

그럼 enum을 활용하여 상수를 사용할 수 있는 코드를 살펴보겠습니다.

**Do it!** enum을 활용해 상수 사용하기 · 참고 파일 GameLevel.java

```java
01    package enumclass;
02
03    public enum GameLevel {
```

```
04      BEGINNER_LEVEL(1, "초보자"),
05      ADVANCED_LEVEL(2, "숙련자"),
06      SUPER_LEVEL(3, "고수");
07
08      private int level;
09      private String hint;          ┤ 상수가 가질 수 있는 속성을 인스턴스 변수로 선언
10
11      GameLevel(int level, String hint) {
12          this.level = level;
13          this.hint = hint;          ┤ 각 상수의 속성을 초기화
14      }
15
16      public int getLevel() {
17          return level;
18      }
19
20      public String getHint() {
21          return hint;
22      }
23  }
```

GameLevel은 3가지 레벨의 상수를 가지게 되고 각 상수는 숫자나 문자열로 표현할 수 있습니다. 각 레벨이 가질 수 있는 속성을 내부에 level, hint라는 두 개의 변수로 선언하고 생성자에서는 상수마다 가질 수 있는 상숫값을 변수에 대입하여 초기화합니다. 또한 각각의 상숫값은 필요에 따라 가져올 수 있도록 get( ) 메서드를 제공합니다. 상숫값은 변할 수 없으므로 set( ) 메서드는 제공되지 않습니다.

### enum과 일반 클래스의 차이점

enum은 앞에서 배운 자바 클래스와 상당히 유사합니다. 하지만 일반 클래스와 달리 enum은 인스턴스화할 수 없습니다. 모든 상수가 그러하듯이 enum에 선언한 상수는 모두 프로세스가 메모리에 로드될 때 데이터 영역에 생성됩니다. 내부적으로 생성자가 있지만 모두 private입니다. 또한 인스턴스가 여러 개 생성될 수 있는 클래스와 달리 인스턴스가 한 번만 생성됩니다. 예를 들어 BEGINNER_LEVEL은 앞선 코드에서 선언한 두 개의 속성 level, hint의 값이 초기화될 때, '1, 초보자'로 대입되고, 이후 다른 값으로 변경될 수 없습니다.

그럼 선언한 상수를 어떻게 활용하는지 enum이 제공하는 메서드로 확인해 보겠습니다.

## enum이 제공하는 메서드

상수를 enum으로 관리하면 enum이 제공하는 메서드를 활용할 수 있다는 장점이 있습니다. enum을 사용하면 java.lang.enum 클래스를 상속받습니다. 당연히 enum도 Object 클래스에서 상속받지요. 즉 우리가 만드는 모든 enum은 Object 와 enum의 메서드를 활용할 수 있습니다. 자주 사용하는 주요 메서드를 같이 살펴볼까요?

ⓔ 그 전에 상수를 클래스화한 enum 객체는 프로그램이 로드될 때 이미 생성되기 때문에 따로 생성하지 않고 사용한다는 사실을 알아 둡시다.

### values( ) 메서드

values( ) 메서드를 사용하면 enum에 선언한 모든 상수를 하나의 배열로 반환할 수 있습니다. 다음은 enum을 활용해 선언한 상수를 배열로 반환받아 하나씩 출력하는 예제입니다.

**Do it!** enum의 values( ) 메서드 활용하기 · 참고 파일 GameLevel.java

```
01   package enumclass;
02
…    …
24       public static void main(String[] args) {
25           GameLevel[] gameLevels = GameLevel.values();
26           for (GameLevel level : gameLevels) {
27               System.out.println(level);
28           }
29       }
30   }
```

출력 결과
```
BEGINNER_LEVEL
ADVANCED_LEVEL
SUPER_LEVEL
```

enum 객체마다 상수를 하나씩 출력해 주는 것을 확인할 수 있습니다. enum의 values( ) 메서드를 사용하면 상수를 배열로 반환받을 수 있습니다. 반환받은 상수를 출력하면 선언한 상수들이 그대로 출력됩니다.

### toString( ) 메서드

만약 상수가 아닌 다른 속성값이 보여지길 원한다면 다음과 같이 GameLevel 내부에 toString( ) 메서드를 재정의할 수 있습니다.

상숫값 대신 hint 변숫값을 출력하도록 toString( ) 메서드를 재정의해 봅시다.

**Do it!** enum에서 toString( ) 메서드 사용하기 · 참고 파일 GameLevel.java

```
01   package enumclass;
02
```

```
03    public enum GameLevel {
...   ...
24       public String toString() {
25           return getHint();
26       }
27
28       public static void main(String[] args) {
...   ...
34    }
```

toString( ) 메서드를 재정의해 hint값이 반환되도록 구현했습니다. 출력 결과를 살펴보면 기존에는 각 상수가 각각 출력되었지만, 이제 hint값으로 문자열이 출력되는 것을 확인할 수 있습니다.

### valueOf( ) 메서드

valueOf( ) 메서드는 enum에 해당하는 상수가 있는지를 확인하고, 해당하는 상수가 있다면 인스턴스를 반환합니다. 다음과 같이 코드를 수정해 봅시다.

**Do it!** valueOf( ) 메서드로 상숫값 참조하기
· 참고 파일 GameLevel.java

```
01    package enumclass;
...   ...
24       public static void main(String[] args) {
25           /* GameLevel[] gameLevels = GameLevel.values();
26           // for (GameLevel level : gameLevels) {
27           //     System.out.println(level);
28           }*/
29           GameLevel gameLevel = GameLevel.valueOf("BEGINNER_LEVEL");
30           System.out.println(gameLevel.getLevel());
31           System.out.println(gameLevel.getHint());
32       }
33    }
```

출력 결과
```
1
초보자
```

이 코드는 valueOf( ) 메서드를 활용해 GameLevel의 BEGINNER_LEVEL 상수를 반환받아 메서드를 호출해 속성값을 사용합니다. enum에 선언한 상수는 valueOf( ) 메서드를 통해 참조할 수 있습니다. 클래스의 메서드를 호출할 때는 생성자로 클래스의 인스턴스를 생성하지만, enum을 활용할 때는 내부적으로 이미 인스턴스가 생성된 상태이므로 valueOf( ) 메서드로 바로 참조할 수 있습니다.

# 11-4 record 클래스

## 변하지 않는 데이터 객체를 정의하는 record 클래스

자바의 record는 14버전부터 프리뷰로 추가되었고 16버전에 공식적으로 제공되는 기능으로, 기존의 클래스와 다르게 변하지 않는 데이터를 유지하고 이를 전달할 수 있도록 만들어진 클래스입니다. record 클래스의 모든 필드는 private final 로 선언됩니다. 따라서 생성자에 의해 값이 한 번 정해지면 필드값이 변하지 않습니다.

> ✏ record 클래스는 데이터를 저장하고 전달하기 위해 사용하므로, 인스턴스 변수 대신 필드라는 용어를 사용합니다. 이번 절에서는 필드를 사용한다는 점을 기억하세요.

record 클래스는 필드값을 한 번 대입한 후 변하지 않고 사용하려는 데 그 목적이 있습니다. 예를 들어 웹 프로그래밍을 할 때 클라이언트로부터 전달받은 값을 다른 객체에 전달하는 경우나 서버에서 만들어진 값을 클라이언트로 전달하는 경우 이러한 값은 전송되기 전후에 변하면 안 되므로 record로 선언하여 사용하는 것이 좋습니다. 또한 record를 사용하면 자주 사용하는 get( ), equals( ), hashCode( ), toString( ) 메서드와 public 생성자가 자동으로 생성되므로 편리하게 사용할 수 있습니다.

## record 클래스 사용하기

그럼 Student 클래스 예제를 통해 record를 어떻게 사용하는지 살펴보겠습니다. 우선 기존에 클래스를 만드는 방식으로 이름과 학번을 가진 Student 클래스를 만들고 메서드를 정의해 보겠습니다.

**Do it!** Student 클래스 정의하기 · 참고 파일 Student.java

```
01  package recordclass;
02
03  import java.util.Objects;
04
05  public class Student {
06      private int id;
07      private String name;
08
```

```java
09    public Student(int id, String name) {
10        this.id = id;
11        this.name = name;
12    }
13
14    public int getId() {
15        return id;
16    }
17
18    public String getName() {
19        return name;
20    }
21
22    public void setName(String name) {
23        this.name = name;
24    }
25
26    @Override
27    public boolean equals(Object o) {
28        if (this == o) return true;
29        if (o == null || getClass() != o.getClass()) return false;
30        Student student = (Student) o;
31        return id == student.id && Objects.equals(name, student.name);
32    }
33
34    @Override
35    public int hashCode() {
36        return Objects.hash(id, name);
37    }
38
39    @Override
40    public String toString() {
41        return "Student{" +
42                "id=" + id +
43                ", name='" + name + '\'' +
44                '}';
45    }
46
47    public static void main(String[] args) {
48        Student studentLee = new Student(12345, "이순신");
49        Student studentLee2 = new Student(12345, "이순신");
```

```
50
51          System.out.println(studentLee);
52          System.out.println(studentLee.equals(studentLee2));
53          studentLee.setName("김유신");
54          System.out.println(studentLee.getName());
55      }
56  }
57
```

> **출력 결과**
> ```
> Student{id=12345, name='이순신'}
> true
> 김유신
> ```

Student 클래스를 정의하고 클래스에 id, name이라
는 두 개의 private 인스턴스 변수를 두었습니다.
private 변수에 필요한 get( )과 set( ) 메서드도 정의하고 equals( ), hashCode( ), toString( )
과 같이 필요한 메서드를 재정의했습니다. 이러한 메서드는 클래스마다 내용이 비슷해도 변수
가 달라서 매번 구현해야 합니다. 그리고 name 변수의 값을 변경하려면 setName( ) 메서드
를 호출해 이름을 '김유신'으로 변경할 수 있습니다.

앞선 내용의 Student 클래스를 Record 클래스를 활용하여 StudentInfo를 만들고 Record
객체의 필드값이 변하지 않도록 구현해 봅시다.

**Do it!** 불변의 record 클래스 정의하기                          • 참고 파일 StudentInfo.java

```
01  package recordclass;
02
03  public record StudentInfo(int id, String name) {
04      public static void main(String[] args) {
05
06          StudentInfo studentInfo = new StudentInfo(12345, "최치원");
07          StudentInfo studentInfo2 = new StudentInfo(12345, "최치원");
08
09          System.out.println(studentInfo.equals(studentInfo2));
10          System.out.println(studentInfo.name());
11          System.out.println(studentInfo);
12      }
13  }
```

> **출력 결과**
> ```
> true
> 최치원
> StudentInfo[id=12345, name=최치원]
> ```

record를 정의할 때는 클래스 이름 뒤에 필드의 자료형과 필드 이름을 바로 넣어 선언합니다. 이때 매개변수를 활용한 public 생성자, getter, equals( ), hashCode( ), toString( ) 등은 컴파일러에 의해 제공되므로 따로 구현하지 않아도 됩니다. record를 사용하는 모든 필드에 매개변수인 public 생성자가 제공됩니다.

필드값이 같은 studentInfo와 studentInfo2의 equals( ) 결과는 true입니다. get( ) 메서드를 따로 정의하지 않고 각 필드의 필드값을 가져오려면 메서드 이름을 필드의 이름과 같게 사용합니다. 즉 name 변수의 필드값을 가져오는 메서드로 name( )을 호출합니다. 객체의 toString( ) 메서드도 따로 구현하지 않아도 record 내부에 이미 재정의된 내용이 출력되는 것을 확인할 수 있습니다.

이 외에 필요한 메서드가 있다면 record 내에 구현할 수 있습니다. 예를 들어 equals( ) 메서드가 이미 재정의되어 있고 StudentInfo의 경우 id, name이 같으면 같은 equals( ) 메서드가 true로 결과를 반환하도록 이미 재정의되어 있지만, id만 같아도 같은 객체라고 결과를 반환하도록 equals( )를 재정의할 수 있습니다.

```
public record StudentInfo(int id, String name) {
    @Override
    public boolean equals(Object obj) {
        if (obj instanceof StudentInfo std) {
            return this.id == std.id;
        }
        else return false;
    }
// 생략
}
```

equals( ) 메서드가 재정의된 내용을 보면 StudentInfo의 id가 같은 경우, 같은 객체로 true를 반환합니다. 그러므로 다음 코드는 studentInfo와 studentInfo2 객체의 아이디가 같으므로, equals( )의 결과는 true를 반환합니다.

```
StudentInfo studentInfo = new StudentInfo(12345, "최치원");
StudentInfo studentInfo2 = new StudentInfo(12345, "김유신");
```

앞에서 설명했듯이 record 클래스에 선언한 필드는 생성자가 호출될 때 초기화되고 그 이후에 값이 변할 수 없는 final 상수가 됩니다. 따라서 setName( ) 메서드처럼 필드값을 변경시키는 메서드를 record 클래스 내에 구현할 수 없습니다. 즉 오류가 발생합니다.

```java
public void setName(String name) {
    this.name = name;   // 오류 발생
}
```

그리고 record 클래스에 필드를 추가할 수는 없지만, 필요하다면 인스턴스 생성과 무관한 static 변수를 사용해 변수를 추가할 수 있습니다.　　　　　● static 변수는 06-3절에서 설명했습니다.

```java
public record StudentInfo(int id, String name) {

    public static String SCHOOL_NAME = "MY_SCHOOL";
    // 생략
}
```

# 11-5 Class 클래스

## 클래스와 인터페이스 정보를 관리하는 Class 클래스

자바의 모든 클래스와 인터페이스는 컴파일
되고 나면 class 파일로 생성됩니다. 예를 들
어 a.java 파일이 컴파일되면 a.class 파일이
생성되고 이 class 파일에는 클래스나 인터
페이스에 대한 변수, 메서드, 생성자 등의 정
보가 들어 있습니다. 그래서 Class 클래스는
컴파일된 class 파일에 저장된 클래스나 인터페이스 정보를 가져오는 데 사용합니다.

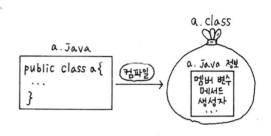

## Class 클래스를 선언하고 정보 가져오기

지금까지 변수를 선언할 때 자료형을 미리 파악하고 그 자료형에 따라 변수를 선언했습니다.
그리고 클래스를 사용할 때도 이미 그 클래스 정보(변수, 메서드 등)를 알고 있는 상황에서 프
로그램을 만들었습니다. 그런데 어떤 경우에는 여러 클래스 중에 상황에 따라 다른 클래스를
사용해야 할 때도 있고, 반환받는 클래스가 정확히 어떤 자료형인지 모를 때도 있습니다. 이
렇게 클래스 정보를 모르는 경우 클래스 정보를 직접 찾아야 합니다. 이때 Class 클래스를 활
용합니다.

Class 클래스를 선언하고 클래스 정보를 가져오는 방법은 다음과 같이 세 가지가 있습니다.

**1.** Object 클래스의 getClass( ) 메서드 사용하기

```
String s = new String( );
Class c = s.getClass( );   // getClass( ) 메서드의 반환형은 Class
```

**2.** 클래스 파일 이름을 Class 변수에 직접 대입하기

```
Class c = String.Class;
```

**3.** Class.forName("클래스 이름") 메서드 사용하기

```
Class c = Class.forName("java.lang.String");
```

1번의 경우 Object에 선언한 getClass( ) 메서드는 모든 클래스가 사용할 수 있습니다. 이 메
서드를 사용하려면 이미 생성된 인스턴스가 있어야 합니다. 2, 3번의 경우에는 컴파일된 클
래스 파일이 있다면 클래스 이름만으로 Class 클래스를 반환받습니다.

다음 예제를 보면서 Class 클래스를 반환받고 활용해 보겠습니다. 우선 Person 클래스를 하
나 생성하겠습니다.

**Do it!** Person 클래스 생성하기　　　　　　　　　　　　　　　• 참고 파일 Person.java

```
01  package classex;
02
03  public class Person {
04    private String name;
05    private int age;
06
07    public Person( ) { }            ← 디폴트 생성자
08
09    public Person(String name) {
10      this.name = name;            ← 이름만 입력받는 생성자
11    }
12
13    public Person(String name, int age) {
14      this.name = name;
15      this.age = age;              ← 이름과 나이를 입력받는 생성자
16    }
17
18    public String getName( ) {
19      return name;
20    }
21
22    public void setName(String name) {
23      this.name = name;
24    }
25
26    public int getAge( ) {
```

```
27      return age;
28    }
29
30    public void setAge(int age) {
31      this.age = age;
32    }
33  }
```

Person 클래스는 생성자가 3개이고, 인스턴스 변수마다 get( ) 메서드와 set( ) 메서드를 제
공합니다. 이를 컴파일하여 Person.class 파일을 생성합니다. 이세 Person의 Class 클래스를
가져오겠습니다.

**Do it!** Person의 Class 클래스 가져오기 ・참고 파일 ClassTest.java

```
01  package classex;
02
03  public class ClassTest {
04    public static void main(String[] args) throws ClassNotFoundException {
05      Person person = new Person( );
06      Class pClass1 = person.getClass( );
07      System.out.println(pClass1.getName( ));
08
09      Class pClass2 = Person.class;
10      System.out.println(pClass2.getName( ));
11
12      Class pClass3 = Class.forName("classex.Person");
13      System.out.println(pClass3.getName( ));
14    }
15  }
```

> forName( ) 메서드에서 발생하는 예외를 처리, 이름과 일치하는
> 클래스가 없는 경우 ClassNotFoundException 발생

> Object의 getClass( ) 메서드 사용

> 직접 class 파일 대입

> 클래스 이름으로 가져오기

**출력 결과**
```
classex.Person
classex.Person
classex.Person
```

12행에서 forName( ) 메서드를 살펴보면, 클래스 이름(패키지 이름
포함)으로 가져오는 경우에는 매개변수로 쓰이는 값이 문자열입니다. 이때 매개변수로 받은
클래스가 존재하지 않으면 클래스를 가져오는 데 실패하고 ClassNotFoundException이 발
생합니다.

6, 9, 12행에서 Class 클래스를 가져온 후 getName( ) 메서드를 호출하면 클래스의 이름인
classex.Person이 출력되는 것을 볼 수 있습니다. 즉 Class 클래스를 활용해서 클래스 정보를
알 수 있습니다.                                       🢂 예외 처리는 14장에서 자세히 설명합니다.

## Class 클래스로 클래스 정보 확인하기

프로그래밍을 하다 보면 자신이 사용할 클래스의 자료형을 모를 수도 있습니다. 예를 들어 내 컴퓨터에 저장되어 있지 않은 객체를 메모리에 로드하고 생성하는 경우 그 객체의 정보를 알 수 없겠죠. 이때 Class 클래스를 가져올 수 있다면 생성자, 메서드, 인스턴스 변수 등 해당 클래스의 정보를 찾을 수 있습니다. 이렇게 사용하려는 클래스의 자료형을 모르는 상태에서 Class 클래스를 활용하여 그 클래스의 정보를 가져오고, 이 정보를 활용하여 인스턴스를 생성하거나 메서드를 호출하는 방식을 **리플렉션**(reflection)이라고 합니다. 사실 자바로 프로그램을 구현할 때 리플렉션 프로그래밍을 해야 하는 경우는 많지 않기 때문에, 이런 방법이 있다는 것 정도만 알아 두면 됩니다.

그러면 Class 클래스의 몇 가지 메서드를 활용하는 예제를 통해 클래스 정보를 어떻게 찾는지 알아보겠습니다. 다음 예제에서 사용하는 Constructor, Method, Field 등의 클래스는 java.lang.reflect 패키지에 정의되어 있습니다. Class 클래스와 java.lang.reflect 패키지의 클래스를 사용하면 리플렉션 프로그래밍을 할 수 있습니다. 다음 예제에서 String 클래스 정보를 가져오는 방법을 살펴보겠습니다.

**Do it!** String 클래스 정보 가져오기 · 참고 파일 StringClassTest.java

```
01  package classex;
02
03  import java.lang.reflect.Constructor;
04  import java.lang.reflect.Field;
05  import java.lang.reflect.Method;
06
07  public class StringClassTest {
08    public static void main(String[] args) throws ClassNotFoundException {
09      Class strClass = Class.forName("java.lang.String");   클래스 이름으로 가져오기
10
11      Constructor[] cons = strClass.getConstructors( );
12      for (Constructor c : cons) {                          모든 생성자 가져오기
13        System.out.println(c);
14      }
15
16      System.out.println( );
17      Field[] fields = strClass.getFields( );
18      for (Field f : fields) {                              모든 인스턴스 변수(필드) 가져오기
19        System.out.println(f);
20      }
```

```
21    System.out.println( );
22    Method[] methods = strClass.getMethods( );
23    for (Method m : methods) {          모든 메서드 가져오기
24      System.out.println(m);
25    }
26  }
27 }
```

출력 결과

```
public java.lang.String(java.lang.StringBuilder)
public java.lang.String(byte[],int,int,java.nio.charset.Charset)
public java.lang.String(byte[],java.lang.String) throws java.io.UnsupportedEncodingException
public java.lang.String(byte[],java.nio.charset.Charset)
public java.lang.String(byte[],int,int)
public java.lang.String(byte[])
public java.lang.String(java.lang.StringBuffer)
public java.lang.String(char[],int,int)
public java.lang.String(char[])
public java.lang.String(java.lang.String)
public java.lang.String()
public java.lang.String(byte[],int,int,java.lang.String) throws java.io.UnsupportedEncodingException
public java.lang.String(byte[],int)
public java.lang.String(byte[],int,int,int)
public java.lang.String(int[],int,int)

public static final java.util.Comparator java.lang.String.CASE_INSENSITIVE_ORDER
```

🖨 실제 출력 결과는 이보다 깁니다. 전체 출력 결과는 인텔리제이에서 확인해 보세요.

Class 클래스를 가져오기 위해 forName( ) 메서드를 사용합니다. 이 메서드는 정적 메서드이므로 클래스를 생성하지 않아도 사용할 수 있습니다. 9행에서 String 클래스 이름인 java.lang.String을 사용하여 Class 클래스를 가져왔습니다. 이제 String 클래스의 정보를 알 수 있습니다. 11행에서 String 클래스의 모든 생성자를 가져오기 위해 Class 클래스의 getConstructors( ) 메서드를 호출했습니다. 그리고 향상된 for문을 사용하여 모든 생성자 정보를 출력합니다. 출력 결과를 보면 String 클래스의 여러 생성자를 확인할 수 있습니다. 이렇듯 Class 클래스와 java.lang.reflect 패키지에 있는 클래스를 활용하면 클래스 이름만 알아도 클래스의 생성자, 메서드 등의 정보를 알 수 있습니다. 또한 여기서는 다루지 않았지만 생성자나 메서드를 직접 호출할 수도 있습니다.

## newInstance( ) 메서드로 인스턴스 생성하기

지금까지는 Class 클래스를 사용하여 클래스 정보만을 확인해 보았습니다. 그러면 이 정보를 바탕으로 인스턴스도 생성할 수 있을까요? Class 클래스의 newInstance( ) 메서드를 사용하면 됩니다. newInstance( ) 메서드는 항상 Object형을 반환하므로 생성된 클래스형으로 형 변환해야 합니다. 앞에서 만든 Person 클래스의 인스턴스를 Class 클래스와 newInstance( ) 메서드를 사용하여 생성해 보겠습니다.

**Do it!** Person 클래스의 인스턴스 생성하기 · 참고 파일 NewInstanceTest.java

```java
01  package classex;
02
03  public class NewInstanceTest {
04    public static void main(String[] args) throws ClassNotFoundException,
    InstantiationException, IllegalAccessException {
05      Person person1 = new Person( );          ← 생성자로 생성
06      System.out.println(person1);
07
08      Class pClass = Class.forName("classex.Person");
09      Person person2 = (Person)pClass.newInstance( );   ← Class 클래스의 newInstance( ) 메서드로 생성
10      System.out.println(person2);
11    }
12  }
```

출력 결과
```
classex.Person@30f39991
classex.Person@4a574795
```

코드를 살펴보면 두 가지 방식으로 인스턴스를 생성하고 있습니다. 첫 번째는 5행처럼 기존에 우리가 하던 대로 Person 클래스의 변수를 선언하고 생성자를 사용하여 생성하는 방법입니다. 두 번째는 이 장에서 학습한 Class 클래스의 newInstance( )를 사용하여 인스턴스를 생성해 보았습니다. 8행에서 Person 클래스 이름을 사용하여 Class 클래스를 반환했습니다. 그리고 Class 클래스의 newInstance( ) 메서드를 호출하면 Person 클래스의 디폴트 생성자가 호출되어 인스턴스가 생성됩니다. newInstance( )의 반환값이 Object형이므로 Person 클래스형으로 다운 캐스팅한 것을 알 수 있습니다. 출력 결과를 보면 직접 생성자를 호출한 경우와 newInstance( )로 생성한 경우 모두 인스턴스가 잘 생성되는 것을 알 수 있습니다.

(을) 4행에서 InstantiationException, IllegalAccessException은 Class.forName( )과 newInstance( ) 메서드를 사용하는 동안 발생하는 예외 처리에 관한 것입니다. 예외 처리는 14장에서 자세히 설명합니다.

Class 클래스를 사용하는 방법은 클래스의 자료형을 직접 사용하여 프로그래밍하는 것보다 더 복잡하고, 예외 처리도 신경 써야 합니다. 이미 우리가 자료형을 알고 있는 클래스인 경우 또는 컴파일할 때 직접 참조할 수 있는 클래스는 Class 클래스를 활용할 필요가 없습니다. 클래스의 정보를 모두 알고 있는 상황에서 리플렉션 프로그래밍을 하면 오히려 코드가 복잡해지고 속도도 느려집니다. 따라서 리플렉션 프로그래밍은 컴파일 시점에 알 수 없는 클래스, 즉 프로그램 실행 중에 클래스를 메모리에 로딩하거나 객체가 다른 곳에 위치해서 원격으로 로딩하고 생성할 때 사용합니다.

## Class.forName( ) 메서드로 동적 로딩하기

대부분의 클래스 정보는 프로그램이 로딩될 때 이미 메모리에 있습니다. 그런데 이런 경우를 생각해 보겠습니다. 어떤 회사에서 개발한 시스템이 있는데, 그 시스템은 여러 종류의 데이터베이스를 지원합니다. 오라클, MySQL, MS-SQL 등 여러 데이터베이스를 연동할 수 있습니다. 그렇다고 이 시스템을 컴파일할 때 모든 데이터베이스 라이브러리(드라이버)를 같이 컴파일할 필요는 없습니다. 시스템을 구동할 때 어떤 데이터베이스와 연결할지 결정하면 해당 드라이버만 로딩하면 됩니다. 이때 회사가 사용하는 데이터베이스 정보는 환경 파일에서 읽어올 수도 있고 다른 변숫값으로 받을 수도 있습니다. 즉 프로그램을 실행한 이후 클래스를 로딩해야 한다면 클래스의 동적 로딩(dynamic loading) 방식을 사용합니다. 자바는 Class.forName( ) 메서드를 동적 로딩으로 제공합니다.

```
Class pClass = Class.forName("classex.Person");
```

forName( ) 메서드를 살펴보면 매개변수로 문자열을 입력받습니다. 이때 입력받는 문자열을 변수로 선언하여 변숫값만 바꾸면 다른 클래스를 로딩할 수 있습니다. 앞에서 설명했듯이 여러 데이터베이스 드라이버 중 필요한 드라이버의 값을 설정 파일에서 읽어 문자열 변수로 저장한다면, 설정 파일을 변경함으로써 필요한 드라이버를 간단하게 로딩합니다.

```
String className = "classex.Person"
Class pClass = Class.forName(className);
```

이와 같이 작성하고 className 변수에 다른 문자열을 대입하면 필요에 따라 로딩되는 클래스를 동적으로 변경할 수 있습니다.

## forName( ) 메서드를 사용할 때 유의할 점

forName( ) 메서드를 사용하여 Class 클래스를 가져올 때 가장 유의해야 할 점은 해당 forName("클래스 이름")에서 클래스 이름이 문자열값이므로 문자열에 오류가 있어도 (Person의 P가 소문자라든가) 컴파일할 때에는 그 오류를 알 수 없다는 것입니다. 결국 프로그램이 실행되고 메서드가 호출될 때 클래스 이름에 해당하는 클래스가 없다면 ClassNotFound Exception이 발생합니다. 따라서 동적 로딩 방식은 컴파일할 때 오류를 알 수 없습니다. 하지만 앞에서 설명한 것처럼 여러 클래스 중 하나를 선택한다거나, 시스템 연동 중 매개변수로 넘어온 값에 해당하는 클래스가 로딩되고 실행되는 경우에는 동적 로딩 방식을 유연하게 사용할 수 있습니다. 동적 로딩을 통해 Class 클래스를 가져올 수 있다면 리플렉션 프로그래밍으로 객체를 생성하고 활용할 수 있습니다.

동적 로딩 방식은 자바에서만 제공하는 것은 아닙니다. 다른 언어도 프로그램을 실행하면서 라이브러리를 로딩하는 방식을 제공하고 있습니다.

---

**은종쌤**

**질문 있어요**

### 웹 개발 공부 중에 만난 '의존성 주입'이란 무엇인가요?

자바를 활용해 웹 프로그램을 개발할 때 프레임워크에서 자주 사용하는 기법이 바로 의존성 주입 (dependency injection: DI)입니다. 의존성 주입이란 사용할 객체를 직접 생성하거나 관리하지 않고 외부에서 주입하도록 구현해 코드의 구조가 좀 더 유연해질 수 있도록 하는 것을 말합니다. 주로 스프링과 같은 프레임워크에서 많이 사용하는데, 사용할 객체를 미리 생성할 때 내부적으로 앞에서 설명한 리플렉션 프로그래밍과 동적 로딩을 활용할 수 있습니다.

---

프로그래밍 언어로 자바를 처음 배우는 분도 있고, 이미 다른 언어로 개발한 경험이 있는 분도 있을 겁니다. 프로그래밍 언어는 각 특성이 있지만 공통 부분이 더 많습니다. 따라서 하나만 능숙하게 사용할 줄 알면 다른 언어도 잘할 수 있습니다.

지금까지 공부한 내용을 떠올려 보면서 다음 문제를 해결해 보세요.

# 되새김 문제

▶ 11장 정답 및 풀이: 626쪽

01 두 개의 인스턴스가 메모리는 다르더라도 논리적으로 동일하다는 것을 구현하는 Object의 메서드는 [ e                    ] 입니다.

★
02 String 클래스는 인스턴스인 문자열 변수가 final이어서 변하지 않습니다. 다음과 같이 두 개의 String 변수를 연결할 때 힙 메모리에 생성되는 String 인스턴스를 그려 보세요.

```
String a = new String("abc");
String d = new String("def");
String a = a+b;
```

03 기본 자료형을 인스턴스 변수로 포함하여 메서드를 제공함으로써 기본 자료형의 객체를 제공하는 클래스를 [ W                    ] (이)라고 합니다.

★
04 다음 코드의 출력 결과가 '진돗개 멍멍이'가 되도록 MyDog 클래스를 수정하세요.

```
class MyDog {
  String name;
  String type;
  ...
}

public class Q4 {
  public static void main(String[] args) {
    MyDog dog = new MyDog("멍멍이", "진돗개");
    System.out.println(dog);
  }
}
```

05 자바에서 클래스의 동적 로딩 방식을 제공하는 메서드는 [ C                    ] 입니다.

**06** 366쪽을 참고해 기존에 만든 Student 클래스의 toString( ) 메서드를 재정의하여 Student 클래스의 참조 변수로 학생의 이름과 학번이 출력되도록 프로그램을 구현해 보세요.

**07** 날짜를 구현한 클래스 MyDate가 다음과 같습니다. 날짜가 같으면 System.out.println(date1.equals (date2));의 출력 결괏값이 true가 되도록 equals( ) 메서드를 재정의하세요.

```java
package object;

class MyDate {
  int day;
  int month;
  int year;

  public MyDate(int day, int month, int year) {
    this.day = day;
    this.month = month;
    this.year = year;
  }
}

public class MyDateTest {
  public static void main(String[] args) {
    MyDate date1 = new MyDate(9, 18, 2004);
    MyDate date2 = new MyDate(9, 18, 2004);
    System.out.println(date1.equals(date2));
  }
}
```

**08** 앞서 만든 MyDate 클래스에 equals( )를 재정의했을 겁니다. equals( ) 메서드를 재정의할 때 사용한 인스턴스 변수를 활용하여 hashCode( ) 메서드를 재정의해 보세요.

**09** 396쪽에서 만든 Person 클래스의 Class 클래스를 가져와서 getConstructors( ), getMethods( ), getFields( ) 메서드를 사용해 생성자, 메서드, 인스턴스 변수(필드) 정보를 출력해 보세요.

# 12장

# 컬렉션 프레임워크

프로그램은 대부분 데이터를 사용하여 구현합니다. 이메일 시스템은 주고받은 이메일을, 채팅 앱은 친구 목록과 채팅 내용 등을 관리합니다. 프로그램을 실행할 때에는 데이터를 효율적으로 관리하기 위해 자료 구조를 사용합니다. 이 장에서는 자료 구조를 구현한 다양한 인터페이스와 클래스를 소개합니다. 그리고 컬렉션 프레임워크(collection framework)는 자바에서 데이터를 효율적으로 저장하고 처리할 수 있도록 제공하는 클래스와 인터페이스의 집합입니다. 클래스와 인터페이스의 특성을 잘 이해하고 프로그램을 개발할 때 활용해 봅시다.

프로그램의 여러 자료를 구조적으로 관리하려면?

# 12-1 제네릭이란?

## 여러 자료형을 사용할 수 있는 방식, 제네릭

프로그램에서 변수를 선언할 때 모든 변수는 자료형이 있습니다. 메서드에서 매개변수를 사용할 때도 자료형이 있습니다. 대부분은 하나의 자료형으로 구현하지만, 변수나 메서드의 자료형을 필요에 따라 여러 자료형으로 바꿀 수 있다면 프로그램이 훨씬 유연할 것입니다. 이와 같이 어떤 값이 하나가 아니라 여러 참조 자료형을 사용할 수 있도록 프로그래밍하는 것을 제네릭(Generic) 프로그래밍이라고 합니다. 제네릭 프로그램은 참조 자료형이 변환될 때 컴파일러가 검증을 하므로 안정적입니다. 앞으로 학습할 컬렉션 프레임워크도 많은 부분이 제네릭으로 구현되어 있습니다. 그러면 제네릭은 어떤 방식으로 사용하는지, 어떤 장점이 있는지 예제를 통해 하나씩 살펴보겠습니다.

> 🔈 제네릭 프로그래밍은 자바 5에서 처음 등장한 이후 기능이 점점 추가되고 있습니다.

## 제네릭의 필요성

3D 프린터를 예로 들어 제네릭을 이해해 봅시다. 3D 프린터는 재료를 사용해 입체 모형을 만드는 일을 합니다. 프린터에 쓰이는 재료는 여러 가지가 있는데, 쌓아 올려 입체 모형을 만드는 경우에 파우더나 플라스틱 액체를 사용합니다. 그러면 오른쪽과 같이 파우더를 재료로 사용하는 3D 프린터 클래스 코드를 살펴보겠습니다.

```
public class ThreeDPrinter {
  private Powder material;  // 재료가 파우더인 경우

  public void setMaterial(Powder material) {
    this.material = material;
  }

  public Powder getMaterial( ) {
    return material;
  }
}
```

그런데 앞에서 이야기했듯이 재료는 다른 것도 사용할 수 있습니다. 이번에는 플라스틱 액체를 재료로 사용하는 프린터를 구현해 봅시다.

```
public class ThreeDPrinter {
  private Plastic material;   //재료가 Plastic인 경우

  public void setMaterial(Plastic material) {
    this.material = material;
  }

  public Plastic getMaterial( ) {
    return material;
  }
}
```

그런데 재료만 바뀌었을 뿐 프린터 기능이 동일하므로 프린터 클래스를 두 개 만드는 것은 비효율적입니다. 이런 경우에 어떤 재료든 쓸 수 있도록 material 변수의 자료형을 Object로 사용할 수 있습니다. Object는 모든 클래스의 최상위 클래스이므로 모든 클래스는 Object형으로 변환할 수 있기 때문입니다. Object를 활용하여 만든 코드는 다음과 같습니다.

```
public class ThreeDPrinter {
  private Object material;

  public void setMaterial(Object material) {
    this.material = material;
  }

  public Object getMaterial( ) {
    return material;
  }
}
```

material 변수의 자료형을 Object로 선언한 ThreeDPrinter에 파우더를 재료로 사용하면 다음과 같은 코드를 구현할 수 있습니다.

```
ThreeDPrinter printer = new ThreeDPrinter( );

Powder p1 = new Powder( );
printer.setMaterial(p1);    ── 자동 형 변환됨

Powder p2 = (Powder)printer.getMaterial( );    ── 직접 형 변환을 해야 함
```

setMaterial( ) 메서드를 활용하여 Powder를 재료로 선택할 때는 매개변수 자료형이 Object 이므로 자동으로 형 변환이 됩니다. 하지만 반환형이 Object 클래스형인 getMaterial( ) 메서드 로 Powder 자료형 변수를 반환받을 때는 반드시 형 변환을 해줘야 합니다. 즉 어떤 변수가 여러 참조 자료형을 사용할 수 있도록 Object 클래스를 사용하면 다시 원래 자료형으로 반환해 주기 위해 매번 형 변환을 해야 하는 번거로움이 있습니다. 이러한 경우에 사용하는 프로그래밍 방식 이 제네릭입니다. 다시 말해 제네릭이란 여러 참조 자료형이 쓰일 수 있는 곳에 특정한 자료형 을 지정하지 않고, 클래스나 메서드를 정의한 후 사용하는 시점에 어떤 자료형을 사용할 것인지 지정하는 방식입니다. 그러면 제네릭 클래스를 구현하고 사용해 보면서 하나하나 배워 봅시다.

## 제네릭 클래스 정의하기

제네릭에서는 여러 참조 자료형을 사용해야 하는 부분에 Object가 아닌 하나의 문자로 표현합 니다. 앞에서 예를 든 ThreeDPrinter를 제네릭 클래스로 정의하면 다음과 같습니다.

```
public class GenericPrinter<T> {        제네릭 클래스
  private T material;               type의 줄임말. 자료형 매개변수

  public void setMaterial(T material) {
    this.material = material;
  }

  public T getMaterial( ) {
    return material;
  }
}
```

코드를 보면 여러 자료형으로 바꾸어 사용할 material 변수의 자료형을 T라고 썼습니다. 이때 T를 **자료형 매개변수**(type parameter)라고 합니다. 클래스 이름을 GenericPrinter⟨T⟩라고 정의 하고 나중에 클래스를 사용할 때 T 위치에 실제 사용할 자료형을 지정합니다. 클래스의 메서드 마다 해당 자료형이 필요한 부분에는 모두 T 문자를 사용하여 구현합니다. 제네릭 클래스를 어 떻게 정의하는지 더 자세히 살펴봅시다.

## 다이아몬드 연산자 ⟨ ⟩

자바 7부터는 제네릭 자료형의 클래스를 생성할 때 생성자에 사용하는 자료형을 명시하지 않을 수 있습니다. 그동안 우리가 많이 사용한 ArrayList를 살펴볼까요?

```
ArrayList<String> list = new ArrayList< >( );   생략 가능
```

〈〉를 다이아몬드 연산자라고 합니다. 〈 〉 안에 선언한 자료형을 보고 생략된 부분이 String임을 컴파일러가 유추할 수 있기 때문에 생성 부분에서는 이와 같이 자료형을 생략할 수 있습니다.

### 자료형 매개변수 T와 static

static 변수나 메서드는 인스턴스를 생성하지 않아도 클래스 이름으로 호출할 수 있습니다. static 변수는 인스턴스 변수가 생성되기 이전에 생성됩니다. 또한 static 메서드에서는 인스턴스 변수를 사용할 수 없습니다. 그런데 T의 자료형이 정해지는 순간은 제네릭 클래스의 인스턴스가 생성되는 순간입니다. 따라서 T의 자료형이 결정되는 시점보다 빠르기 때문에 static 변수의 자료형이나 static 메서드 내부 변수의 자료형으로 T를 사용할 수 없습니다.

자료형 매개변수로 T 외에 다른 문자도 사용할 수 있습니다. E는 element, K는 key, V는 value를 의미합니다. 의미가 그렇다는 것이지 꼭 이런 문자를 사용해야 하는 것은 아닙니다. A, B 등 아무 문자나 사용해서 자료형 매개변수를 정의할 수도 있습니다.

### 제네릭에서 자료형 추론하기

02장에서 잠깐 소개했듯이 자바 10부터는 지역 변수에 한해서 자료형을 추론할 수 있습니다. 이는 제네릭에도 적용됩니다. String을 자료형 매개변수로 사용한 ArrayList 선언 코드를 다음처럼 바꿀 수 있습니다.

```
ArrayList<String> list = new ArrayList<String>( );   ➡   var list = new ArrayList<String>( );
```

생성되는 인스턴스를 바탕으로 list의 자료형이 ArrayList〈String〉임을 추론할 수 있기 때문입니다. 물론 list를 지역 변수로 선언하는 경우만 가능합니다.

## 제네릭 클래스 사용하기

파우더가 재료인 프린터는 다음과 같이 선언하여 생성합니다.

```
GenericPrinter<Powder> powderPrinter = new GenericPrinter<Powder>( );
powderPrinter.setMaterial(new Powder( ));
Powder powder = powderPrinter.getMaterial( );   //명시적 형 변환을 하지 않음
```

이전에 T로 정의한 클래스 부분에 Powder형을 넣어 주고, T형 매개변수가 필요한 메서드에 Powder 클래스를 생성하여 대입해 줍니다. GenericPrinter〈Powder〉에서 어떤 자료형을 사용할지 명시했으므로 getMaterial( ) 메서드에서 반환할 때 형 변환을 하지 않습니다. 이렇게 실제 제네릭 클래스를 사용할 때 T 위치에 사용한 Powder형을 **대입된 자료형**이라 하고, Powder를 대입해 만든 GenericPrinter〈Powder〉를 **제네릭 자료형**이라고 합니다.

| 코드 | 설명 |
| --- | --- |
| GenericPrinter〈Powder〉 | 제네릭 자료형(Generic type), 매개변수화된 자료형(parameterized type) |
| Powder | 대입된 자료형 |

제네릭으로 구현하면 형 변환을 하지 않아도 되는 이유가 뭘까요? 제네릭 클래스를 사용하면 컴파일러는 일단 대입된 자료형이 잘 쓰였는지 확인합니다. 그리고 class 파일을 생성할 때 T를 사용한 곳에 지정된 자료형에 따라 컴파일하므로 형 변환을 하지 않아도 됩니다. 따라서 제네릭을 사용하면 컴파일러가 자료형을 확인해 주기 때문에 안정적이면서 형 변환 코드가 줄어듭니다.

지금까지 설명한 내용을 바탕으로 예제 코드를 작성해 봅시다. 재료로 사용할 Powder와 Plastic 클래스를 먼저 정의합니다.

**Do it!** Powder 클래스 정의하기　　　　　　　　　　　　• 참고 파일 Powder.java

```
01  package generics;
02
03  public class Powder {
04    public void doPrinting( ) {
05      System.out.println("Powder 재료로 출력합니다");
06    }
07
08    public String toString( ) {
09      return "재료는 Powder입니다";
10    }
11  }
```

```
01  package generics;
02
03  public class Plastic {
04    public void doPrinting( ) {
05      System.out.println("Plastic 재료로 출력합니다");
06    }
07
08    public String toString( ) {
09      return "재료는 Plastic입니다";
10    }
11  }
```

파우더와 플라스틱 액체를 재료로 사용해서 모형을 출력하는 프린터를 제네릭 클래스로 정
의하면 다음과 같습니다.

```
01  package generics;
02
03  public class GenericPrinter<T> {
04    private T material;      ┤ T 자료형으로 선언한 변수
05
06    public void setMaterial(T material) {
07      this.material = material;
08    }
09
10    public T getMaterial( ) {
11      return material;          ┤ T 자료형 변수 material을 반환하는
12    }                              제네릭 메서드
13
14    public String toString( ) {
15      return material.toString( );
16    }
17  }
```

GenericPrinter〈T〉 클래스의 인스턴스 변수 material은 자료형 매개변수 T로 선언했습니다. 그리고 10~12행의 getMaterial( ) 메서드는 T 자료형 변수 material을 반환합니다. 메서드 선언부나 메서드의 매개변수로 자료형 매개변수 T를 사용한 메서드를 제네릭 메서드(generic method)라고 합니다. 제네릭 메서드는 일반 메서드뿐 아니라 static 메서드에서도 활용할 수 있습니다.

*(note)* 📄 제네릭 메서드는 417쪽에서 더 자세히 설명합니다.

이제 이 프로그램을 실행해 봅시다.

**Do it!** GenericPrinter〈T〉 클래스 사용하기 ・참고 파일 GenericPrinterTest. java

```java
01  package generics;
02
03  public class GenericPrinterTest {
04    public static void main(String[] args) {
05      GenericPrinter<Powder> powderPrinter = new GenericPrinter<Powder>( );
06
07      powderPrinter.setMaterial(new Powder( ));
08      Powder powder = powderPrinter.getMaterial( );
09      System.out.println(powderPrinter);
10
11      GenericPrinter<Plastic> plasticPrinter = new GenericPrinter<Plastic>( );
12
13      plasticPrinter.setMaterial(new Plastic( ));
14      Plastic plastic = plasticPrinter.getMaterial( );
15      System.out.println(plasticPrinter);
16    }
17  }
```

Powder형으로 GenericPrinter 클래스 생성

Plastic형으로 GenericPrinter 클래스 생성

출력 결과
재료는 Powder입니다.
재료는 Plastic입니다.

5행과 11행처럼 사용할 참조 자료형을 지정하여 GenericPrinter 클래스를 생성합니다. 만약 새로운 재료가 추가되면 추가된 재료 클래스를 만들고 T 대신 해당 클래스를 대입하여 GenericPrinter를 생성하면 됩니다.

## 제네릭에서 대입된 자료형을 명시하지 않는 경우

제네릭 클래스를 사용할 때는 GenericPrinter〈Powder〉의 Powder와 같이 대입된 자료형을 명시해야 합니다. 그런데 다음과 같이 자료형을 명시하지 않고 사용할 수도 있습니다. 이 문법은 이전 버전과 호환할 수 있도록 제공합니다.

```
                    ┌─── 대입된 자료형 <Powder>를 명시하지 않음 ───┐
GenericPrinter□ powderPrinter2 = new GenericPrinter□( );
powderPrinter2.setMaterial(new Powder( ));      강제 형 변환
Powder powder = (Powder)powderPrinter.getMaterial( );
System.out.println(powderPrinter);
```

이렇게 클래스에 대입된 자료형을 명시하지 않는 경우 컴파일 오류는 아니지만, 사용할 자료형을 명시하라는 의미로 노란색 경고 줄이 나타납니다. 또한 컴파일러가 어떤 자료형을 사용할 것인지 알 수 없으므로 getMaterial( ) 메서드에서 강제로 형 변환을 해야 합니다. 따라서 제네릭 클래스를 사용하는 경우에는 되도록이면 대입된 자료형으로 사용할 참조 자료형을 지정하는 것이 좋습니다. 만약 여러 자료형을 동시에 사용하려면 다음과 같이 Object 클래스를 사용할 수도 있습니다. 이 경우는 자료형이 지정된 것이므로 경고가 나타나지 않습니다.

```
GenericPrinter<Object> generalPrinter = new GenericPrinter<Object>( );
```

## T 자료형에 사용할 자료형을 제한하는 〈T extends 클래스〉

제네릭 클래스에서 T 자료형에 사용할 자료형에 제한을 둘 수 있습니다. 예를 들어 앞에서 구현한 GenericPrinter〈T〉 클래스는 사용할 수 있는 재료가 한정되어 있습니다. 만약 아무 제약이 없으면 다음 코드처럼 물을 재료로 쓰겠다고 할 수도 있겠죠.

```
GenericPrinter<Water> printer = new GenericPrinter<Water>( );
```

물은 3D 출력을 할 수 없는 재료입니다. 이런 일을 방지하기 위해 사용할 클래스에 자료형 제한을 두는 방식으로 extends 예약어를 사용할 수 있습니다. GenericPrinter〈T〉 클래스의 T에 대입된 자료형으로 사용할 재료 클래스는 오른쪽과 같이 추상 클래스에서 상속받습니다.

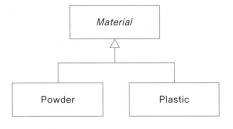

Material 클래스는 다음처럼 추상 클래스로 정의해 봅시다.

**Do it!** Material 추상 클래스 정의하기 · 참고 파일 Material.java

```
01  package generics;
02
03  public abstract class Material {
04    public abstract void doPrinting( );
05  }
```

상속받은 클래스에서 doPrinting( ) 추상 메서드를 반드시 구현해야 합니다.

Material을 상속받은 Powder와 Plastic 클래스 코드를 다음과 같이 수정합니다.

**Do it!** Powder 클래스 수정하기 · 참고 파일 Powder.java

```
01  package generics;
02
03  public class Powder extends Material {
04    public void doPrinting( ) {
05      System.out.println("Powder 재료로 출력합니다");
06    }
07
08    public String toString( ) {
09      return "재료는 Powder입니다";
10    }
11  }
```

**Do it!** Plastic 클래스 수정하기 · 참고 파일 Plastic.java

```
01  package generics;
02
03  public class Plastic extends Material {
04    public void doPrinting( ) {
05      System.out.println("Plastic 재료로 출력합니다");
06    }
07
08    public String toString( ) {
09      return "재료는 Plastic입니다";
10    }
11  }
```

GenericPrinter 클래스 코드는 다음과 같이 〈T extends Material〉로 수정합니다.

**GenericPrinter〈T extends Material〉 클래스 정의하기**　　　• 참고 파일 GenericPrinter.java

```
01    package generics;
02
03    public class GenericPrinter<T extends Material> {
04      private T material;
05      …
17    }
```

extends 예약어로 사용할 수 있는 자료형에 제한을 둠

클래스 이름에 〈T extends Material〉이라고 명시하여 사용할 수 있는 자료형에 제한을 둡니다. 다음과 같이 GenericPrinterTest.java에서 Material 클래스를 상속받지 않은 Water 클래스를 사용하면 오류가 발생합니다.

```
GenericPrinter<Water> printer = new GenericPrinter<Water>();
```

Type parameter 'generics.Water' is not within its bound; should extend 'generics.Material'

Make 'Water' extend 'generics.Material'    Alt+Shift+Enter        More actions...    Alt+Enter

T 위치에 특정 인터페이스를 구현한 클래스만 사용하려는 경우에도 extends 예약어를 사용할 수 있습니다.

### 〈T extends 클래스〉로 상위 클래스 메서드 사용하기

〈T extends Material〉로 선언하면 제네릭 클래스를 사용할 때 상위 클래스 Material에서 선언한 메서드를 사용할 수도 있습니다. 비교를 위해 〈T extends Material〉을 사용하지 않은 경우부터 살펴봅시다.

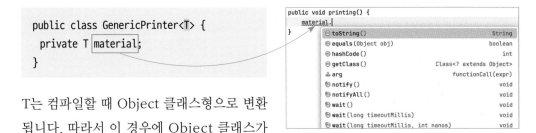

T는 컴파일할 때 Object 클래스형으로 변환됩니다. 따라서 이 경우에 Object 클래스가

기본으로 제공하는 메서드만 사용할 수 있습니다. 왜냐하면 자료형을 알 수 없기 때문입니다. 〈T extends Material〉을 사용하면 어떻게 될까요? Material 추상 클래스에 doPrinting( ) 메서드가 선언되어 있었습니다.

```
public class GenericPrinter<T extends Material> {
  private T material;
}
```

그러면 material이 사용할 수 있는 메서드로
doPrinting( )이 추가된 것을 확인할 수 있습
니다. 즉 상위 클래스 Material에서 선언하거
나 구현한 메서드를 모두 사용할 수 있습니다.
실제로 〈T extends Material〉을 사용하면 컴
파일할 때 내부적으로 T 자료형이 Object가
아닌 Material로 변환됩니다.

Material, Powder와 Plastic 클래스는 이전 예제와 같기 때문에 생략하고 앞에서 설명한 내
용을 바탕으로 다음 코드를 살펴보겠습니다.

**Do it!** 〈T extends 클래스〉 사용하기 · 참고 파일 GenericPrinter.java

```
01   package generics;
02
03   public class GenericPrinter<T extends Material> {
04     private T material;
05
06     public void setMaterial(T material) {
07       this.material = material;
08     }
09
10     public T getMaterial( ) {
11       return material;
12     }
13
14     public String toString( ) {
15       return material.toString( );
16     }
17
```

```
18    public void printing( ) {
19      material.doPrinting( );
20    }
21  }
```

상위 클래스 Material의
메서드 호출

19행처럼 T형 material 변수에서 doPrinting( ) 메서드를 호출할 수 있습니다.
테스트 코드는 다음과 같습니다.

**Do it!** 〈T extends 클래스〉 테스트하기 · 참고 파일 GenericPrinterTest2.java

```
01  package generics;
02
03  public class GenericPrinterTest2 {
04    public static void main(String[] args) {
05      GenericPrinter<Powder> powderPrinter = new GenericPrinter<Powder>( );
06      powderPrinter.setMaterial(new Powder( ));
07      powderPrinter.printing( );
08
09      GenericPrinter<Plastic> plasticPrinter = new GenericPrinter<Plastic>( );
10
11      plasticPrinter.setMaterial(new Plastic( ));
12      plasticPrinter.printing( );
13    }
14  }
```

출력 결과
Powder 재료로 출력합니다.
Plastic 재료로 출력합니다.

## 제네릭 메서드 활용하기

메서드의 매개변수를 자료형 매개변수로 사용하는 경우를 알아봅시다. 또한 자료형 매개변수
가 하나 이상인 경우도 살펴보겠습니다. 제네릭 메서드의 일반 형식은 다음과 같습니다.

public 〈자료형 매개변수〉 반환형 메서드 이름(자료형 매개변수 …) { }

반환형 앞에 사용하는 〈자료형 매개변수〉는 여러 개일 수 있으며, 이는 메서드 내에서만 유효
합니다. 그러면 자료형 매개변수를 여러 개 사용하는 제네릭 메서드 예제를 살펴보겠습니다.

다음과 같은 Point 클래스가 있습니다. 이 클래스는 한 점을 나타내기 위해 x, y라는 두 인스턴
스 변수를 사용하는데 이를 모두 자료형 매개변수로 선언합니다.

```java
01    package generics;
02
03    public class Point<T, V> {
04      T x;
05      V y;
06
07      Point(T x, V y) {
08        this.x = x;
09        this.y = y;
10      }
11
12      public T getX( ) {
13          return x;
14      }
15                                     ─ 제네릭 메서드
16      public V getY( ) {
17        return y;
18        }
19    }
```

한 점을 나타내는 Point 클래스의 두 좌표 x, y는 정수일 수도 있고 실수일 수도 있습니다. 그래서 각각 T와 V라는 자료형 매개변수로 표현했습니다. 그리고 두 변수를 위한 메서드 getX( ), getY( )는 T와 V를 반환하므로 제네릭 메서드입니다.

이제 이 Point 클래스를 활용하여 다음과 같이 두 점을 생성합니다.

```java
Point<Integer, Double> p1 = new Point< >(0, 0.0);
Point<Integer, Double> p2 = new Point< >(10, 10.0);    ┤ 자료형을 명시하지 않음
```

두 점의 위치를 표현할 때 x 좌표는 Integer를 사용하였고 y 좌표는 Double을 사용하였습니다. 컴파일러는 선언한 자료형을 보고 생성되는 인스턴스의 자료형을 유추할 수 있으므로 〈 〉 다이아몬드 연산자에는 자료형을 명시하지 않아도 됩니다.

그러면 두 점을 매개변수로 받아 만들어지는 사각형의 넓이를 계산하는 makeRectangle( ) 메서드를 구현해 봅시다. 두 점이 Integer형으로 또는 Double형으로 만들어질 수 있으므로 넓이를 계산하는 makeRectangle( ) 역시 제네릭 메서드로 작성해야 합니다.

```java
01   package generics;
02
03   public class GenericMethod {                           제네릭 메서드
04     public static <T, V> double makeRectangle(Point<T, V> p1, Point<T, V> p2) {
05       double left = ((Number)p1.getX()).doubleValue( );
06       double right = ((Number)p2.getX()).doubleValue( );
07       double top = ((Number)p1.getY()).doubleValue( );
08       double bottom = ((Number)p2.getY()).doubleValue( );
09
10       double width = right - left;
11       double height = bottom - top;
12
13       return width * height;
14     }
15
16     public static void main(String[] args) {
17       Point<Integer, Double> p1 = new Point<Integer, Double>(0, 0.0);
18       Point<Integer, Double> p2 = new Point< >(10, 10.0);
19
20       double rect = GenericMethod.<Integer, Double>makeRectangle(p1, p2);
21       System.out.println("두 점으로 만들어진 사각형의 넓이는 " + rect + "입니다.");
22     }
23   }
```

**출력 결과**

두 점으로 만들어진 사각형의 넓이는 100.0입니다.

GenericMethod 클래스는 제네릭 클래스가 아닙니다. 제네릭 클래스가 아니어도 내부에 제네릭 메서드를 구현할 수 있습니다. 제네릭 메서드인 makeRectangle( ) 메서드는 static으로 구현했습니다. makeRectangle( ) 메서드에서 사용하는 T와 V는 makeRectangle( ) 메서드 내부에서만 유효하게 사용할 수 있습니다.

다음과 같이 제네릭 클래스 안에 제네릭 메서드를 선언했다고 가정해 봅시다.

```java
class Shape<T> {
  public static <T, V> double makeRectangle(Point<T, V> p1, Point<T, V> p2) {
    …
  }
}
```

이때 Shape〈T〉에서 사용한 T와 makeRectangle( )에서 사용한 T는 전혀 다른 의미입니다. 앞에서 설명했듯이 makeRectangle( ) 메서드에서 사용한 T는 메서드 내에서만 유효합니다.

20행에서 사용할 자료형으로 Integer와 Double을 대입하여 메서드를 호출합니다. 만약 사용할 자료형을 명시하지 않고 메서드를 호출하면 매개변수 클래스에서 자료형을 유추하게 됩니다. 만약 p1, p2가 Point〈Integer, Double〉형으로 선언한 경우 제네릭 메서드에 대입할 자료형을 생략해도 컴파일 과정에서〈Integer, Double〉로 유추합니다.

```
Point<Integer, Double> p1 = new Point< >(0, 0.0);        생략
Point<Integer, Double> p2 = new Point< >(10, 10.0);
```

```
double rect = GenericMethod.makeRectangle(p1, p2);   <Integer, Double> 생략 가능
```

## 컬렉션 프레임워크에서 사용하는 제네릭

앞으로 공부할 컬렉션 프레임워크에서도 다양한 자료형을 관리하기 위해 제네릭을 자주 사용합니다. ArrayList를 예로 들어 살펴봅시다. ArrayList.java에서 ArrayList 클래스는 다음과 같이 정의합니다.

컬렉션 프레임워크는 자바에 필요한 자료 구조를 미리 구현해 java.util 패키지에서 제공하는 클래스와 인터페이스의 집합입니다. 이 내용은 12-2절에서 자세히 다룹니다.

```
public class ArrayList<E> extends AbstractList<E> implements List<E>, RandomAccess,
Cloneable, java.io.Serializable {
    ...
}
```

배열은 요소로 이루어지므로 T보다 Element를 의미하는 E를 더 많이 사용합니다. 다음과 같이 E 위치에 원하는 자료형을 넣어 배열을 사용할 수 있습니다.

```
ArrayList<String> list = new ArrayList<String>( );
```

ArrayList에서 미리 정의한 메서드 중 가장 많이 사용하는 get( ) 메서드를 살펴보면 오른쪽 코드와 같습니다. E라고 쓰인 반환형은 ArrayList를 생성할 때 사용한 자료형으로 반환합니다. 여기에서는 String이 되겠네요.

```
public E get(int index) {
  rangeCheck(index);
  return elementData(index);
}
```

또한 컴파일러가 알아서 형 변환하므로 프로그래머가 직접 형 변환을 하지 않아도 됩니다.

```
ArrayList<String> list = new ArrayList<String>( );
String str = new String("abc");
list.add(str);
String s = list.get(0); ← 형 변환을 사용하지 않음
```

❷ 자바의 제네릭 자료형과 유사한 기능이 C++에도 있습니다. C++에서는 이 기능을 '템플릿 클래스'라고 합니다. 자바의 제네릭과 마찬가지로 클래스에서 사용할 자료형을 일반화해 놓고, 나중에 실제로 사용할 때 자료형을 지정합니다. 이처럼 프로그래밍 언어는 비슷한 기능을 많이 가지고 있습니다.

# 12-2 컬렉션 프레임워크란?

## 자료를 관리하는 라이브러리, 컬렉션 프레임워크

흔히 프로그램 개발을 건물 짓는 일에 비유합니다. 원하는 건물을 지으려면 구조를 잘 잡아야 하듯이 프로그램을 개발할 때도 사용하는 자료를 어떤 구조로 관리할 것인지가 중요합니다. 그래야 프로그램의 기능을 효과적으로 구현할 수 있기 때문입니다. 이때 사용하는 것이 자료 구조(data structure)입니다. 자료 구조는 프로그램을 실행하면서 메모리에 자료를 유지·관리하기 위해 사용합니다. 자바에서는 필요한 자료 구조를 미리 구현하여 java.util 패키지를 통해 제공하는데, 이와 같이 제공하는 클래스나 인터페이스 집합을 **컬렉션 프레임워크**(collection framework)라고 합니다.

자료 구조는 개발자가 필요할 때 직접 만들어 사용할 수도 있습니다. 하지만 자바 컬렉션 프레임워크를 사용하면 직접 개발하는 수고를 덜 수 있을 뿐만 아니라 잘 만들어진 자료 구조 클래스를 활용할 수 있습니다. 여기에서는 자료 구조 자체는 자세히 다루지 않습니다. 앞으로 이야기할 내용은 자바에서 제공하는 자료 구조 라이브러리입니다. 자바가 이 라이브러리를 어떻게 제공하는지, 또 그 어떻게 사용하는지 살펴봅시다.

## 컬렉션 프레임워크의 주요 인터페이스

자바 컬렉션 프레임워크에는 여러 인터페이스가 정의되어 있고, 그 인터페이스를 구현한 클래스가 있습니다. 각 인터페이스의 특성과 클래스 활용법을 알면 개발 목적에 맞게 잘 사용할 수 있습니다. 다음 그림을 봅시다.

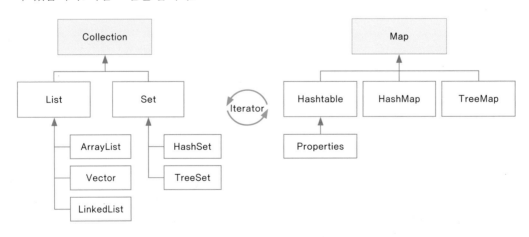

컬렉션 프레임워크의 전체 구조는 Collection 인터페이스와 Map 인터페이스 기반으로 이루어집니다. Collection 인터페이스는 하나의 자료를 모아서 관리하는 데 필요한 기능을 제공하고, Map 인터페이스는 쌍(pair)으로 된 자료를 관리하는 데 유용한 기능을 제공합니다. 각 인터페이스를 구현한 클래스는 이 그림에서 소개한 것보다 많습니다. 이 책에서는 프로그램을 개발할 때 많이 사용해서 꼭 알아 두어야 하는 클래스 위주로 설명합니다.

### Collection 인터페이스

Collection 인터페이스 하위에 List 인터페이스와 Set 인터페이스가 있습니다. List를 구현한 클래스는 순차적인 자료를 관리하는 데 사용하고, Set 인터페이스는 우리가 수학 시간에 배운 집합과 같은 자료 구조를 떠올리면 됩니다. 집합은 순서는 상관 없지만 중복을 허용하지 않습니다. 따라서 Set 인터페이스 클래스는 아이디처럼 중복되지 않아야 하는 객체를 다루는 데 사용합니다.

| 분류 | 설명 |
| --- | --- |
| List 인터페이스 | 순서가 있는 자료 관리 시 사용. 중복 허용. 이 인터페이스를 구현한 클래스는 ArrayList, Vector, LinkedList, Stack, Queue 등이 있음 |
| Set 인터페이스 | 순서가 정해져 있지 않음. 중복을 허용하지 않음. 이 인터페이스를 구현한 클래스는 HashSet, TreeSet 등이 있음 |

Collection 인터페이스에 선언된 메서드 중 자주 사용하는 메서드는 다음과 같습니다.

| 메서드 | 설명 |
| --- | --- |
| boolean add(E e) | Collection에 객체를 추가합니다. |
| void clear( ) | Collection의 모든 객체를 제거합니다. |
| Iterator⟨E⟩ iterator | Collection을 순환할 반복자(Iterator)를 반환합니다. |
| boolean remove(Object o) | Collection에 매개변수에 해당하는 인스턴스가 존재하면 제거합니다. |
| int size( ) | Collection에 있는 요소의 개수를 반환합니다. |

add( )나 remove( ) 메서드는 boolean형으로 객체가 잘 추가되었는지, 컬렉션에서 객체가 잘 제거되었는지를 반환합니다. Collection 인터페이스를 구현한 클래스는 이 메서드를 모두 사용할 수 있습니다.

## Map 인터페이스

Map 인터페이스에는 하나가 아닌 쌍(Pair)으로
되어 있는 자료를 관리하는 메서드들이 선언되
어 있습니다. key-value 쌍이라고 표현하는데
이때 key 값은 중복될 수 없습니다. 따라서
Map 인터페이스는 학번과 학생 이름처럼 쌍으
로 이루어진 자료를 관리할 때 사용하면 편리합
니다. 오른쪽 그림은 Map 인터페이스를 구현한
대표 클래스를 보여 줍니다.

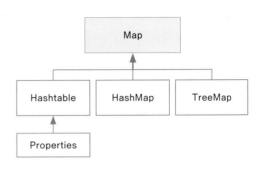

예를 들어 어떤 사람의 정보를 오른쪽과 같이 정리했을 때
이름, 나이 등의 값을 key라고 하고, 그에 대응하는 이지
수, 30세 등의 값을 value라고 합니다. 그리고 이런 자료를
**key-value** 쌍이라고 합니다. 여기에서 key값은 중복될
수 없습니다. 다시 말해 '이름'이라는 key는 유일하게 딱
하나만 있습니다. 이에 대응하는 value값은 여러 개일 수
도 있고 중복될 수도 있습니다. 수영이라는 value가 취미

| key | value |
|-----|-------|
| 이름 | 이지수 |
| 나이 | 30세 |
| 직업 | 회사원, 프리랜서 |
| 취미 | 수영, 테니스 |
| 특기 | 수영 |

이기도 하고 특기일 수도 있으니까요. 이렇게 key-value 쌍으로 이루어진 자료를 관리할 때
Map 인터페이스가 유용합니다.

Map은 기본적으로 검색용 자료 구조입니다. 즉 어떤 key값을 알고 있을 때 value를 찾는 자
료 구조입니다. Map 인터페이스에 선언된 메서드 중 주요 메서드는 다음과 같습니다.

| 메서드 | 설명 |
|--------|------|
| V put(K key, V value) | key에 해당하는 value값을 map에 넣습니다. |
| V get(K key) | key에 해당하는 value값을 반환합니다. |
| boolean isEmpty( ) | Map이 비었는지 여부를 반환합니다. |
| boolean containsKey(Object key) | Map에 해당 key가 있는지 여부를 반환합니다. |
| boolean containsValue(Object value) | Map에 해당 value가 있는지 여부를 반환합니다. |
| Set keyset( ) | key 집합을 Set로 반환합니다(키값은 중복되지 않으므로 Set 반환). |
| Collection values( ) | value를 Collection으로 반환합니다(중복 무관). |
| V remove(key) | key가 있는 경우 삭제합니다. |
| boolean remove(Object key, Object value) | key가 있는 경우 key에 해당하는 value가 매개변수와 일치할 때 삭제합니다. |

## 실습 패키지 구조 살펴보기

컬렉션 프레임워크의 주요 인터페이스를 사용하기 전에 간단한 회원 관리 프로그램을 만들면서 컬렉션 프레임워크에서 제공하는 클래스를 실습해 봅시다. 회원 관리 프로그램에서 회원 추가, 회원 삭제, 전체 회원 정보 출력 기능을 구현하려고 합니다. 모든 실습을 마치고 나면 collection 패키지와 map 패키지 하위에 사용하는 컬렉션 프레임워크 클래스에 따른 패키지가 오른쪽처럼 완성될 것입니다. 실무에서 일할 때는 이와 같이 패키지 구조를 계층을 세워 소스 코드 파일을 구분하여 사용합니다.

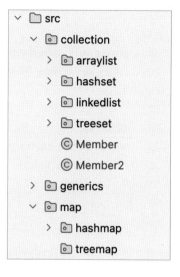

먼저 collection 패키지 하위에 프로그램 전반에서 공통으로 사용할 회원을 나타내는 Member 클래스를 만들어 보겠습니다. Member 클래스 속성(인스턴스 변수)으로 간단히 아이디와 이름만 구현합니다.

---

**Do it!** Member 클래스 구현하기 · 참고 파일 Member.java

```java
01  package collection;
02
03  public class Member {
04    private int memberId;        //회원 아이디          ┐
05    private String memberName;   //회원 이름            ┘ 속성
06
07    public Member(int memberId, String memberName) {
08      this.memberId = memberId;
09      this.memberName = memberName;
10    }
11
12    public int getMemberId( ) {
13      return memberId;
14    }
15
16    public void setMemberId(int memberId) {
17      this.memberId = memberId;
18    }
19
20    public String getMemberName( ) {
```

```
21      return memberName;
22    }
23
24    public void setMemberName(String memberName) {
25      this.memberName = memberName;
26    }
27
28    @Override
29    public String toString( ) {
30      return memberName + " 회원님의 아이디는 " + memberId + "입니다";
31    }
32  }
```

`toString( )` 메서드 재정의

속성으로 사용한 아이디와 이름은 private 변수로 선언하고 get( ), set( ) 메서드를 public으로 제공합니다. 나중에 회원 정보를 출력하기 위해 toString( ) 메서드를 재정의하여 구현하였습니다. Member 클래스는 앞으로 실습할 때 계속 사용할 것입니다.

# 12-3 List 인터페이스

List 인터페이스에는 객체를 순서에 따라 저장하고 유지하는 데 필요한 메서드가 선언되어 있습니다. 우리가 알고 있는 순차 자료 구조의 대표적인 예는 배열로, 07장에서 자세히 다루었습니다. 자바에서 배열을 구현한 대표 클래스로 ArrayList와 Vector가 있으며, 또한 배열과 구현 방식은 다르지만 순차 자료 구조를 구현한 LinkedList가 있습니다.

객체 배열로 가장 많이 사용하고 기존 예제에서도 자주 활용했던 ArrayList 클래스부터 자세히 살펴보겠습니다.

## ArrayList 클래스

ArrayList 클래스는 그동안 다른 예제에서도 종종 사용했습니다. ArrayList 클래스는 객체 배열과 함께 Collection 인터페이스와 그 하위 List 인터페이스를 구현하였습니다. 즉 객체를 순서에 따라 관리하는 프로그램을 구현할 때 사용합니다.

collection 패키지 하위에 arraylist 패키지를 만들고 MemberArrayList 클래스를 생성하면 패키지의 계층 구조가 오른쪽과 같이 보입니다. 공통으로 사용할 Member 클래스는 collection 패키지 하위에 있고, MemberArrayList 클래스를 활용할 관리 클래스는 collection.arraylist 패키지에 만듭니다.

### ArrayList를 활용해 회원 관리 프로그램 구현하기

ArrayList를 활용한 MemberArrayList 클래스에서는 메서드를 3개 제공합니다. 회원을 추가하는 addMember( ) 메서드, 회원을 삭제하는 removeMember( ) 메서드, 그리고 전체 회원을 출력하는 showAllMember( ) 메서드입니다. 각 메서드의 코드를 보면 Collection 인터페이스에서 선언하고 ArrayList에서 구현한 add( ), get( ) 등의 메서드를 사용한 것을 알 수 있습니다. ArrayList를 사용하여 회원을 추가하고, 삭제하고, 회원 정보를 출력해 보겠습니다.

```
01  package collection.arraylist;
02
03  import java.util.ArrayList;
04  import collection.Member;          Member 클래스는 collection 패키지에 있으므로
                                       사용하려면 import해야 함
05
06  public class MemberArrayList {
07    private ArrayList<Member> arrayList;      ArrayList 선언
08
09    public MemberArrayList( ) {
10      arrayList = new ArrayList<Member>( );     Member형으로 선언한 ArrayList 생성
11    }
12
13    public void addMember(Member member) {
14      arrayList.add(member);                    ArrayList에 회원을 추가하는 메서드
15    }
16
17    public boolean removeMember(int memberId) {
18      for (int i = 0; i < arrayList.size( ); i++) {
19        Member member = arrayList.get(i);     //get( ) 메서드로 회원을 순차적으로 가져옴
20        int tempId = member.getMemberId( );
21        if (tempId == memberId) {             //회원 아이디가 매개변수와 일치하면
22          arrayList.remove(i);                //해당 회원을 삭제
23          return true;
24        }
25      }
26      System.out.println(memberId + "가 존재하지 않습니다.");    반복문이 끝날 때까지
27      return false;                                             해당 아이디를 찾지
                                                                  못한 경우
28    }
29
30    public void showAllMember( ) {            해당 아이디를 가진 회원을 ArrayList에서
                                                찾아 제거함
31      for (Member member : arrayList) {
32        System.out.println(member);           전체 회원을 출력하는 메서드
33      }
34      System.out.println( );
35    }
36  }
```

ArrayList를 사용하려면 import java.util.ArrayList를 선언해야 합니다. 7행에서 ArrayList
를 선언하고 MemberArrayList( ) 생성자에서 ArrayList를 생성합니다. 13~15행

addMember( ) 메서드에서는 매개변수로 전달된 회원을 ArrayList의 맨 뒤에 추가합니다. 17~28행 removeMember( ) 메서드에서는 매개변수로 전달받은 아이디(memberId)를 가진 회원을 ArrayList에서 찾아 제거합니다.

아마 제거할 회원을 찾는 코드가 조금 어렵게 느껴질 수도 있을 텐데요. get(i) 메서드는 자료를 순차적으로 관리하는 배열에서 사용하며, 이 예제에서는 매개변수의 i에 해당하

순서와 관계없는 Set 인터페이스를 구현한 클래스에서는 get( ) 메서드를 제공하지 않습니다.

는 객체를 ArrayList에서 찾아 반환해 줍니다. 예를 들어 get(0)은 ArrayList에 저장된 객체 중 첫 번째 객체를 반환합니다. 회원 아이디가 매개변수로 전달받은 아이디와 같으면 해당 회원을 배열에서 삭제합니다. 삭제하는 데 성공하면 true를, 그렇지 않으면 false를 반환하기 때문에 메서드의 반환형이 boolean입니다.

30~35행 showAllMember( ) 메서드에서는 모든 회원을 출력합니다. 향상된 for문을 사용하여 배열에 있는 회원을 하나씩 가져와 출력하면 Member 클래스에 재정의한 toString( )이 호출되면서 회원 정보가 출력됩니다.

### MemberArrayList 테스트 클래스 구현하기

이제 이렇게 만든 클래스에 직접 회원을 추가하고 삭제하며 프로그램이 잘 구현되는지 확인해 봅시다. 다음과 같이 collection.arraylist 패키지 하위에 MemberArrayListTest 클래스를 만듭니다.

앞으로 다른 Collection 인터페이스나 Map 인터페이스 클래스도 기존에 구현한 collection.Member 클래스를 사용합니다.

```
Do it!   ArrayList 확인하기                          • 참고 파일 MemberArrayListTest.java
01   package collection.arraylist;
02
03   import collection.Member;
04
05   public class MemberArrayListTest {
06     public static void main(String[] args) {
07       MemberArrayList memberArrayList = new MemberArrayList( );
08
```

```
09    Member memberLee = new Member(1001, "이지원");
10    Member memberSon = new Member(1002, "손민국");          ── 새로운 회원 인스턴스 생성
11    Member memberPark = new Member(1003, "박서훤");
12    Member memberHong = new Member(1004, "홍길동");
13
14    memberArrayList.addMember(memberLee);
15    memberArrayList.addMember(memberSon);
16    memberArrayList.addMember(memberPark);          ── ArrayList에 회원 추가
17    memberArrayList.addMember(memberHong);
18
19    memberArrayList.showAllMember( );          ── 전체 회원 출력
20
21    memberArrayList.removeMember(memberHong.getMemberId( ));          ── 홍길동 회원 삭제
22    memberArrayList.showAllMember( );
23    }
24    }          ── 홍길동 회원을 삭제한 후 다시 전체 회원 출력
```

**출력 결과**
```
이지원 회원님의 아이디는 1001입니다
손민국 회원님의 아이디는 1002입니다
박서훤 회원님의 아이디는 1003입니다
홍길동 회원님의 아이디는 1004입니다

이지원 회원님의 아이디는 1001입니다
손민국 회원님의 아이디는 1002입니다
박서훤 회원님의 아이디는 1003입니다
```

14~17행에서 ArrayList에 추가한 회원이 19행에 의해 출력됩니다. 또한 memberHong의 아이디를 매개변수로 removeMember( ) 메서드를 호출하여 배열에서 회원 삭제도 잘 수행된 것을 확인할 수 있습니다.

---

**은종쌤** 💬 **배열 용량을 알고 싶어요**

**질문 있어요**

ArrayList list = new ArrayList( )와 같이 생성자를 호출할 때 ArrayList가 생성되는 과정을 살펴보겠습니다. ArrayList.java 파일을 보면, 객체 배열로 사용할 Object 배열(elementData)과 디폴트 용량(DEFAULT_CAPACITY)이 정의되어 있습니다.

```
transient Object[] elementData;
...
/**
 * Default initial capacity.
 */
private static final int DEFAULT_CAPACITY = 10;
```

ArrayList( ) 디폴트 생성자를 호출할 때 배열 크기를 지정하지 않으면 크기가 10개짜리 배열이 기본으로 만들어집니다. 이를 배열의 용량(capacity)이라고 합니다. ArrayList(int) 생성자를 사용하면 초기에 생성할 배열의 용량을 지정할 수도 있습니다.

배열에 요소로 3개를 추가했다면 size( ) 메서드를 호출했을 때 유효한 값이 저장된 요소 개수 3이 반환됩니다. 이는 배열 용량과는 다른 의미입니다. 호텔에 1인실이 10개 있는데 손님 셋이 투숙한다고 해서 방이 3개인 것은 아니니까요.

ArrayList에 요소를 추가하면 처음 생성된 용량이 부족할 수 있습니다. 기본으로 10개가 만들어진 경우 11번째 요소를 추가하면 어떻게 될까요? ArrayList의 요소가 추가되는 add( )나 insert( ) 등의 메서드는 배열 용량이 부족하면 큰 용량의 배열을 새로 만들어 기존 항목을 복사합니다.

## ArrayList와 Vector 클래스의 비교

Vector는 자바 2 이전부터 제공됐으며 ArrayList처럼 배열을 구현한 클래스입니다. ArrayList와 Vector의 가장 큰 차이는 동기화 지원 여부입니다. 동기화(synchronization)란 두 개 이상의 스레드가 동시에 Vector를 사용할 때 오류가 나지 않도록 실행 순서를 보장하는 것입니다.

스레드란 간단히 말하면 작업 단위입니다. 프로그램이 메모리에서 수행되려면 스레드 작업을 생성해야 합니다. 이때 하나의 스레드만 수행되면 단일 스레드(single thread)라고 하고 두 개 이상의 스레드가 동시에 실행되면 멀티스레드(multi-thread)라고 합니다. 두 개 이상의 스레드가 동시에 실행되면 같은 메모리 공간(리소스)에 접근하기 때문에 변숫값이나 메모리 상태에 오류가 생길 수 있습니다. 이때 메모리에 동시에 접근하지 못하도록 순서를 맞추는 것이 동기화입니다.

두 작업이 동시에 실행되는 멀티스레드 환경이 아닌 경우에는 ArrayList 클래스를 사용하도록 권장합니다. 왜냐하면 동기화를 구현할 때 동시에 작업이 이루어지는 자원에 잠금(lock)을 수행하기 때문입니다. 즉 메서드를 호출할 때 배열 객체에 잠금을 하고, 메서드 수행이 끝나면 잠금을 해제한다는 뜻입니다. 이렇게 Vector의 모든 메서드는 호출될 때마다 잠금과 해제가 일어나므로 ArrayList보다 수행 속도가 느립니다. ArrayList를 사용해서 구현했는데 나중에 프로그램에서 동기화가 필요하다면 굳이 Vector로 바꾸지 않고 다음과 같이 ArrayList 생성 코드를 쓰면 됩니다.

```
Collections.synchronizedList(new ArrayList<String>( ));
```

## LinkedList 클래스

배열은 처음 배열을 생성할 때 정적 크기로 선언하고, 물리적 순서와 논리적 순서가 동일합니다. 배열은 중간에 자료를 삽입하거나 삭제할 때 나머지 자료를 이동해 빈 공간을 만들지 않고 연속된 자료 구조를 구현합니다. 또한 처음 선언한 배열 크기 이상으로 요소가 추가되는 경우에는 크기가 더 큰 배열을 새로 생성하여 각 요소를 복사해 번거롭습니다. 이런 점을 개선한 자료 구조를 **링크드 리스트**(linked list)라고 합니다. 자바의 LinkedList 클래스가 이를 구현하고 있습니다. 그러면 링크드 리스트 자료 구조를 간략하게 살펴보고 자바에서 LinkedList 클래스를 활용한 예제를 보겠습니다.

### 링크드 리스트 구조

링크드 리스트는 요소로 각각 다음 요소를 가리키는 주솟값을 가집니다. 따라서 물리적인 메모리는 떨어져 있어도 논리적으로는 요소 간에 순서가 있습니다. LinkedList 클래스는 같은 List 인터페이스를 구현한 ArrayList를 사용했을 때보다 중간에 자료를 넣고 제거하는 데 시간이 적게 걸린다는 장점이 있고, 메모리 크기를 동적으로 증가시킬 수 있습니다. 링크드 리스트의 각 요소는 자료와 다음 요소에 저장된 주소를 저장하는 부분으로 구현됩니다.

다음 그림은 링크드 리스트에 세 요소 A, B, D가 순차적으로 저장된 상태입니다.

각 요소는 물리적으로 다른 메모리에 생성되어 있지만, 다음 요소를 가리키는 순서에 따라 A 다음은 B, 그다음은 D가 됩니다. D의 다음은 가리키는 요소가 없기 때문에 널(null; 아무것도 없음) 값이나 0을 저장합니다.

### 링크드 리스트에 요소 추가하기

이제 링크드 리스트의 두 번째 위치에 C 요소를 추가해 보겠습니다. 배열이라면 D 요소를 뒤로 밀고 공간을 비워서 그 자리에 C를 놓습니다. 하지만 링크드 리스트는 서로 가리키는 주솟값만 변경해 주면 됩니다. 그렇기 때문에 자료 이동이 발생하는 배열에 비해 훨씬 효율적이죠.

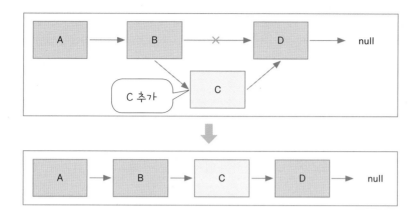

B가 가리키던 다음 위치를 C로 변경하고 C는 D를 가리키면 됩니다. 그러면 논리적으로 A →
B → C → D 순서가 됩니다.

### 링크드 리스트의 요소 제거하기

제거해야 하는 요소가 있는 경우에도 각 요소가 가리키는 주솟값만 변경하면 됩니다. B를 제
거한다고 할 때 A의 다음 요소를 C로 변경하기만 하면 A → C → D 순서가 됩니다. 이때 제거
된 B의 메모리는 나중에 자바의 가비지 컬렉터에 의해 수거됩니다.

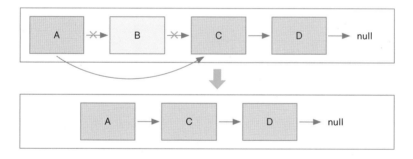

### 배열과 링크드 리스트의 차이점

배열은 생성할 때 용량을 정하고, 용량보다 더 많은 요소가 추가된 경우에 용량을 늘려 가며 수
행합니다. 그러나 링크드 리스트는 요소를 추가할 때마다 동적으로 메모리를 생성하기 때문
에 배열처럼 용량을 늘리고 요솟값을 복사하는 번거로움이 없습니다. 또한 링크드 리스트는
자료를 중간에 추가하거나 삭제할 때 자료의 이동 횟수가 배열보다 적습니다. 이런 면에서 링
크드 리스트가 배열에 비해 더 편리한 자료 구조라 생각할 수 있습니다. 하지만 배열이 링크드
리스트보다 효율적인 경우도 있습니다. 어떤 요소의 위치(i번째)를 찾을 때를 생각해 봅시다.
배열은 물리적으로 연결된 자료 구조이므로 i번째 요소의 메모리 위치를 바로 계산할 수 있어
접근이 빠릅니다. 예를 들어 int형 배열의 두 번째 자료는 처음 주소부터 8바이트 떨어진 위치

에 있다고 바로 알 수 있습니다. 그리고 배열이 링크드 리스트보다 구현하기도 쉽습니다. 따라서 사용하는 자료의 변동(삽입 또는 삭제)이 많은 경우에는 링크드 리스트를, 자료 변동이 거의 없는 경우에는 배열을 사용하는 것이 효율적입니다.

## LinkedList 클래스 사용하기

이제 LinkedList 클래스를 살펴보겠습니다. LinkedList는 ArrayList보다 더 다양한 메서드를 제공합니다. 여기에서는 LinkedList 클래스에서만 제공하는 메서드를 사용해 보겠습니다.

**Do it!** LinkedList 클래스의 메서드 사용하기 · 참고 파일 LinkedListTest.java

```java
01  package collection;
02
03  import java.util.LinkedList;
04
05  public class LinkedListTest {
06    public static void main(String[] args) {
07      LinkedList<String> myList = new LinkedList<String>( );
08
09      myList.add("A");
10      myList.add("B");          링크드 리스트에 요소 추가
11      myList.add("C");
12
13      System.out.println(myList);          리스트 전체 출력
14
15      myList.add(1, "D");          링크드 리스트의 두 번째 위치에 D 추가
16      System.out.println(myList);
17
18      myList.addFirst("O");          링크드 리스트의 맨 앞에 O 추가
19      System.out.println(myList);
20
21      System.out.println(myList.removeLast( ));
22      System.out.println(myList);          링크드 리스트의 맨 뒤 요소 삭제
23    }                                       후 삭제된 요소를 출력
24  }
```

**출력 결과**
```
[A, B, C]
[A, D, B, C]
[O, A, D, B, C]
C
[O, A, D, B]
```

LinkedList 클래스에는 메서드 이름에서 유추할 수 있듯 링크드 리스트의 맨 앞 또는 맨 뒤에 요소를 추가 또는 삭제하는 addFirst( ), addLast( ), removeFirst( ), removeLast( ) 등의 메서드가 있습니다. ArrayList 클래스보다 훨씬 다양하죠. 이들 메서드는 이후 이야기할 스택(stack)이나 큐(queue)를 구현할 때도 활용할 수 있습니다.

## ArrayList로 스택과 큐 구현하기

이번에는 프로그램을 개발할 때 가장 많이 사용하는 자료 구조인 스택과 큐를 살펴봅시다. 먼저 스택은 상자를 쌓듯이 자료를 관리하는 방식입니다. 상자가 쌓인 상태에서 어떤 한 상자를 꺼내려면 어떻게 하나요? 중간에서 꺼내면 상자더미가 무너질 수 있습니다. 그러므로 맨 나중에 올린 상자를 먼저 꺼내야 합니다. 이처럼 스택은 맨 나중에 추가한 데이터를 먼저 꺼내는 (Last In First Out: LIFO) 방식입니다.

스택에 자료를 추가하는 것을 push라고 하고, 자료를 꺼내는 것을 pop이라고 합니다. 그리고 스택에 가장 최근에 추가한 자료의 위치를 top이라고 합니다.

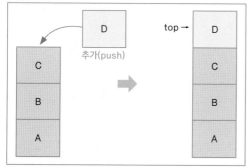

스택에 요소 추가(push)하기

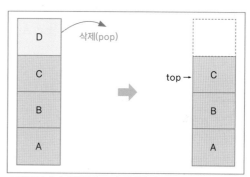

스택에서 요소 꺼내어(pop) 삭제하기

반면 큐는 일상 생활에서 가장 많이 사용하는 방식의 자료 구조로 선착순을 생각하면 됩니다. 줄을 선 대기열처럼 먼저 추가한 데이터부터 꺼내서 사용하는 방식(First In First Out: FIFO)입니다.

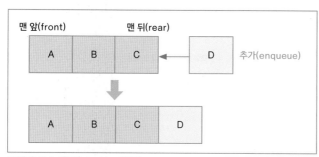

큐에서 요소 추가(enqueue)하기

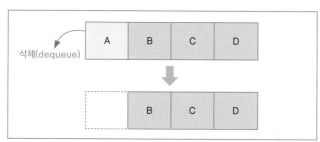

큐에서 요소 삭제(dequeue)하기

Stack 클래스는 자바 1부터 제공됐습니다. Queue는 인터페이스로 정의되어 있고 Priority Queue 등이 구현되어 있습니다. 하지만 ArrayList나 LinkedList 클래스를 활용하여 구현하는 경우도 종종 있습니다. 직접 구현하면 사용하기 편리할 때도 있으니까요. 그러면 ArrayList를 활용하여 스택과 큐를 구현해 보겠습니다.

## ArrayList로 스택 구현하기

스택은 가장 최근에 추가된 자료부터 반환해 줍니다. 그러므로 가장 최근에 검색한 단어를 찾는다든가 장기, 체스 같은 게임에서 수를 무를 때도 응용할 수 있습니다.

다음과 같이 MyStack 클래스를 만들고 ArrayList를 생성하여 push( )와 pop( ) 메서드를 간단하게 구현해 보겠습니다.

**Do it!** ArrayList로 스택 구현하기    • 참고 파일 StackTest.java

```java
01  package collection.arraylist;
02
03  import java.util.ArrayList;
04
05  class MyStack {
06    private ArrayList<String> arrayStack = new ArrayList<String>( );
07
08    public void push(String data) {          // 스택의 맨 뒤에 요소를 추가
09      arrayStack.add(data);
10    }
11
12    public String pop( ) {                   // 스택의 맨 뒤에서 요소 꺼냄
13      int len = arrayStack.size( );          // ArrayList에 저장된 유효한 자료의 개수
14      if (len == 0) {
15        System.out.println("스택이 비었습니다");
16        return null;
17      }
18                                             // 맨 뒤에 있는 자료 반환하고 배열에서 제거
19      return(arrayStack.remove(len-1));
20    }
21  }
```

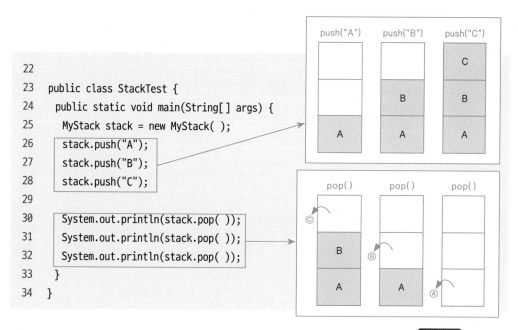

```
22
23    public class StackTest {
24      public static void main(String[] args) {
25        MyStack stack = new MyStack( );
26        stack.push("A");
27        stack.push("B");
28        stack.push("C");
29
30        System.out.println(stack.pop( ));
31        System.out.println(stack.pop( ));
32        System.out.println(stack.pop( ));
33      }
34    }
```

8~10행 push( )에서는 add( ) 메서드를 사용하여 ArrayList 맨 뒤에 요소를
추가합니다. 그리고 pop( ) 메서드의 19행에서 arrayStack.remove(len−1)
을 사용해 가장 최근에 추가한 마지막 항목(요소)을 ArrayList에서 제거하
고 반환해 줍니다. 출력문을 통해 추가한 순서와 반대로 최근 항목부터
pop( )이 수행됨을 알 수 있습니다.

| 출력 결과 |
| --- |
| C |
| B |
| A |

 **스택 메모리 구조와 스택 자료 구조는 서로 연관이 있나요?**

질문 있어요

> 함수를 호출하면 스택 메모리에 지역 변수가 생성된다고 했습니다. 이때 함수를 호출하면 호출된
> 함수가 끝날 때까지 해당 함수의 메모리 공간은 계속 남아 있습니다. 이렇듯 가장 나중에 호출된 함
> 수와 그 함수의 지역 변수가 사용하는 메모리는 스택 자료 구조와 같은 방식으로 운영됩니다.

## ArrayList로 큐 구현하기

이번에는 ArrayList로 큐를 구현해 봅시다.

**Do it!** ArrayList로 큐 구현하기 · 참고 파일 QueueTest.java

```
01    package collection.arraylist;
02
03    import java.util.ArrayList;
04
```

```
05    class MyQueue {
06      private ArrayList<String> arrayQueue = new ArrayList<String>( );
07
08      public void enQueue(String data) {          ──── 큐의 맨 뒤에 요소를 추가
09        arrayQueue.add(data);
10      }
11
12      public String deQueue( ) {
13        int len = arrayQueue.size( );
14        if (len == 0) {
15          System.out.println("큐가 비었습니다");
16          return null;                            ──── 큐의 맨 앞에서 요소를 꺼냄
17        }
18
19        return(arrayQueue.remove(0));             ──── 맨 앞의 자료 반환하고 배열에서 제거
20      }
21    }
22
23    public class QueueTest {
24      public static void main(String[] args) {
25        MyQueue queue = new MyQueue( );
26        queue.enQueue("A");
27        queue.enQueue("B");
28        queue.enQueue("C");
29
30        System.out.println(queue.deQueue( ));
31        System.out.println(queue.deQueue( ));
32        System.out.println(queue.deQueue( ));
33      }
34    }
```

출력 결과

```
A
B
C
```

8~10행 enQueue( )에서는 add( ) 메서드를 사용하여 ArrayList 맨 뒤에 요소를 추가합니다. 그리고 큐에서 자료를 꺼내는 12~20행의 deQueue( ) 메서드는 ArrayList의 맨 앞에 있는 요소부터 제거하고 반환합니다. 출력 결과를 보면 추가한 순서대로 요소가 반환되는 것을 알 수 있습니다.

## Iterator 클래스

MemberArrayList.java의 removeMember( ) 메서드를 보면 for문과 get(i) 메서드를 사용하여 회원을 순차적으로 하나씩 꺼내면서 매개변수와 같은 아이디를 찾습니다. 그런데 순서가 없는 Set 인터페이스를 구현한 경우에는 get(i) 메서드를 사용할 수 없습니다. 이때 Iterator 클래스를 사용합니다. Iterator는 '순회한다'는 의미를 포함하고 있어 Collection 인터페이스를 구현한 객체에서 미리 정의되어 있는 iterator( ) 메서드를 호출하여 참조합니다. 예를 들어 Collection을 구현한 ArrayList에 iterator( ) 메서드를 호출하면 Iterator 클래스가 반환되므로 다음처럼 Iterator형 변수에 대입해 사용합니다.

```
Iterator ir = memberArrayList.iterator( );
```

### Iterator와 함께 사용하는 메서드

Iterator를 사용하여 모든 요소를 순회할 때 다음 두 가지 메서드를 사용합니다.

| 메서드 | 설명 |
|---|---|
| boolean hasNext( ) | 순회한 후에 요소가 더 있는지를 체크하는 메서드이며, 요소가 있다면 true를 반환합니다. |
| E next( ) | 다음에 있는 요소를 반환합니다. |

그러면 이 두 메서드로 MemberArrayList 클래스의 removeMember( ) 메서드를 수정해 보겠습니다.

```
public boolean removeMember(int memberId) {
  Iterator<Member> ir = arrayList.iterator( );        // Iterator 반환
  while (ir.hasNext( )) {                               // 요소가 있는 동안
    Member member = ir.next( );                        // 다음 회원을 반환받음
    int tempId = member.getMemberId( );
    if (tempId == memberId) {                          // 회원 아이디가 매개변수와 일치하면
      arrayList.remove(member);                        // 해당 회원 삭제
      return true;                                     // true 반환
```

```
        }
    }
    // 끝날 때까지 삭제하려는 값을 찾지 못한 경우
    System.out.println(memberId + "가 존재하지 않습니다");
    return false;
}
```

arrayList.iterator( ) 메서드를 호출하여 Iterator를 가져옵니다. Iterator〈Member〉와 같이 제네릭 자료형으로 Iterator가 순회할 요소의 자료형을 지정합니다. Iterator는 각 요소를 순회하기 때문에 hashNext( )의 결과가 true이면 다음 요소를 가져오는 next( ) 메서드를 호출합니다. 나머지 비교 부분은 for문과 get(i) 메서드를 사용하는 경우와 같습니다. 이렇게 순서가 없는 클래스도 Iterator를 사용하면 요소를 순회할 수 있습니다.

🔊 Collection이 구현된 객체를 순회할 때 Iterator를 사용하는 것보다 조금 더 간단한 방법은 13-3절에서 소개합니다.

# 12-4 Set 인터페이스

순서와 상관없이 중복을 허용하지 않는 경우에는 Set 인터페이스를 구현한 클래스를 사용합니다. 우리가 사용하는 데이터 중에 중복을 허용하지 않는 데이터는 어떤 것이 있을까요? 회원 아이디, 주민등록번호, 사번, 주문 번호 등이 그 예입니다. Set 인터페이스를 구현한 대표 클래스로 HashSet와 TreeSet가 있습니다. 우선 HashSet부터 살펴보겠습니다.

## HashSet 클래스

HashSet 클래스는 집합 자료 구조를 구현하며 중복을 허용하지 않습니다. 중복을 허용하지 않는다는 의미를 살펴보기 위해 다음과 같이 간단한 HashSet를 테스트하는 프로그램을 작성해 봅시다. HashSet 클래스를 생성하고 문자열 자료를 추가합니다.

**Do it!** HashSet 테스트하기 · 참고 파일 HashSetTest.java

```
01   package collection.hashset;
02
03   import java.util.HashSet;
04
05   public class HashSetTest {
06     public static void main(String[] args) {
07       HashSet<String> hashSet = new HashSet<String>( );
08       hashSet.add(new String("임정순"));
09       hashSet.add(new String("박현정"));
10       hashSet.add(new String("홍연의"));
11       hashSet.add(new String("강감찬"));
12       hashSet.add(new String("강감찬"));
13
14       System.out.println(hashSet);
15     }
16   }
```

출력 결과
[홍연의, 박현정, 강감찬, 임정순]

11~12행을 보면 hashSet에 '강감찬'이 중복되어 추가됐습니다. 즉 같은 문자열을 추가한 것입니다. 결과 화면을 보면 같은 자료는 중복되어 출력되지 않았습니다. 출력 결과에서 우리는 두 가지 사실을 알 수 있습니다. 첫째, HashSet에 중복된 값은 추가되지 않는다는 것입니다. HashSet은 중복을 허용하지 않는 자료 구조이기 때문에 '강감찬'이란 문자열이 한 번만 출력되었습니다. 둘째, ArrayList는 순서가 있는 자료 구조이므로 추가한 순서대로 출력되지만, HashSet는 자료가 추가된 순서와 상관없이 출력된다는 것입니다.

## HashSet를 활용해 회원 관리 프로그램 구현하기

이제 HashSet를 활용하여 회원을 관리하는 프로그램을 구현해 봅시다. 구현할 메서드는 MemberArrayList 클래스와 동일합니다. 패키지 구조는 오른쪽과 같습니다. collection 패키지 하위에 hashset 패키지를 만들고 관리 프로그램과 테스트 프로그램을 구현합니다.

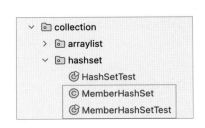

HashSet 클래스를 생성하고 addMember( ), removeMember( ), showAllMember( )를 구현해 봅시다.

| Do it! | HashSet 클래스의 메서드 사용하기 | • 참고 파일 MemberHashSet.java |

```
01  package collection.hashset;
02
03  import java.util.HashSet;
04  import java.util.Iterator;
05
06  import collection.Member;
07
08  public class MemberHashSet {
09      private HashSet<Member> hashSet;          ── HashSet 선언
10
11      public MemberHashSet( ) {
12          hashSet = new HashSet<Member>( );     ── HashSet 생성
13      }
14
15      public void addMember(Member member) {
16          hashSet.add(member);                  ── HashSet에 회원 추가
17      }
18
```

```java
19    public boolean removeMember(int memberId) {
20      Iterator<Member> ir = hashSet.iterator( );            Iterator를 활용해
21                                                             HashSet 요소를 순회함
22      while (ir.hasNext( )) {
23        Member member = ir.next( );        // 회원을 하나씩 가져와서
24        int tempId = member.getMemberId( );    // 아이디 비교
25        if (tempId == memberId) {            // 같은 아이디인 경우      매개변수로 받은 회원 아이디에
26          hashSet.remove(member);            // 회원 삭제            해당하는 회원 삭제
27          return true;
28        }
29      }
30      System.out.println(memberId + "가 존재하지 않습니다");
31      return false;
32    }
33
34    public void showAllMember( ) {
35      for (Member member : hashSet) {
36        System.out.println(member);              모든 회원 출력
37      }
38      System.out.println( );
39    }
40  }
```

회원을 삭제할 때 사용하는 remove( ) 메서드는 ArrayList와 좀 다릅니다. ArrayList에서는 get(i) 메서드를 사용해 i번째에 해당하는 항목을 가져와서 삭제했습니다. HashSet에서는 아이디에 해당하는 회원을 찾으려고 Iterator를 사용하며, 만약 아이디가 같으면 HashSet의 remove( ) 메서드로 해당하는 회원을 삭제합니다.

다음은 remove( ) 메서드를 설명한 내용입니다.

| 메서드 | 설명 |
| --- | --- |
| boolean remove(Object o) | 매개변수로 받은 객체를 삭제하고 삭제 여부를 true 또는 false로 반환합니다. |

이제 테스트 프로그램을 만들어 MemberHashSet 클래스가 잘 구현되었는지 확인해 봅시다. 먼저 MemberHashSet를 생성하여 회원 집합을 추가합니다. 그리고 기존에 추가한 회원과 아이디가 같은 회원을 추가해 보겠습니다.

```java
01  package collection.hashset;
02
03  import collection.Member;
04
05  public class MemberHashSetTest {
06    public static void main(String[] args) {
07      MemberHashSet memberHashSet = new MemberHashSet( );
08
09      Member memberLee = new Member(1001, "이지원");
10      Member memberSon = new Member(1002, "손민국");
11      Member memberPark = new Member(1003, "박서훤");
12
13      memberHashSet.addMember(memberLee);
14      memberHashSet.addMember(memberSon);
15      memberHashSet.addMember(memberPark);
16      memberHashSet.showAllMember( );
17
18      Member memberHong = new Member(1003, "홍길동");    ◄— 아이디가 중복된 회원 추가
19      memberHashSet.addMember(memberHong);
20      memberHashSet.showAllMember( );
21    }
22  }
```

**출력 결과**

```
박서훤  회원님의  아이디는  1003입니다
이지원  회원님의  아이디는  1001입니다
손민국  회원님의  아이디는  1002입니다

박서훤  회원님의  아이디는  1003입니다
이지원  회원님의  아이디는  1001입니다
손민국  회원님의  아이디는  1002입니다
홍길동  회원님의  아이디는  1003입니다
```

출력 결과를 보면 아이디(1003)가 같은 가진 박서훤 회원과 홍길동 회원이 그대로 출력되었습니다. 같은 회원이라는 것은 회원 아이디가 같다는 뜻인데 원래 HashSet의 정의대로라면 홍길동 회원이 추가되면 안됩니다. 앞에서 본 HashSetTest 예제에서는 같은 문자열(강감찬)은 두 번 추가되지 않았습니다. String("강감찬")이 두 번 추가 되지 않은 이유는 String 클래스에 객체가 동일한 경우에 대한 처리 방법이 이미 구현되어 있기 때문입니다.

그러면 Member 클래스에도 같은 객체를 처리하는 방법을 구현해 보겠습니다.

## 객체가 동일함을 구현하기

기본적으로 인스턴스 주소가 같으면 같은 객체입니다. 하지만 회원 아이디가 같아도 같은 회원이지요. Object 클래스에서 논리적으로 같은 객체를 구현하기 위해 equals( ) 메서드와 hashCode( ) 메서드를 재정의했습니다. Member 클래스에도 equals( ) 메서드와 hashCode( ) 메서드를 재정의하여 회원 아이디가 같으면 같은 회원으로 처리해 주어야 합니다. 다음 예제와 같이 코드를 추가해 봅시다.

**Do it!** equals( )와 hashCode( ) 메서드로 객체가 동일함을 구현하기 · 참고 파일 Member.java

```
01    package collection;
02
03    public class Member {
04      private int memberId;
05      private String memberName;
06      …
33      @Override
34      public int hashCode( ) {
35        return memberId;     ◀── hashCode( ) 메서드가 회원 아이디를 반환하도록 재정의
36      }
37
38      @Override
39      public boolean equals(Object obj) {
40        if (obj instanceof Member) {
41          Member member = (Member)obj;
42          if (this.memberId == member.memberId)   ◀── 매개변수로 받은 회원 아이디가 자신의
43            return true;                              회원 아이디와 같다면 true 반환
44          else
45            return false;
46        }
47        return false;
48      }
49    }
```

**출력 결과**

```
이지원 회원님의 아이디는 1001입니다
손민국 회원님의 아이디는 1002입니다
박서훤 회원님의 아이디는 1003입니다

이지원 회원님의 아이디는 1001입니다
손민국 회원님의 아이디는 1002입니다
박서훤 회원님의 아이디는 1003입니다
```

Member 클래스에 equals( )와 hashCode( ) 메서드를 재정의하고 MemberHashSetTest를 실행해 보면 오른쪽처럼 아이디가 같은 회원은 추가되지 않는 것을 알 수 있습니다.

## TreeSet 클래스

자바의 Collection이나 Map 인터페이스를 구현한 클래스 중 Tree로 시작하는 클래스는 데이터를 추가한 후 결과를 출력하면 결괏값이 정렬됩니다. TreeSet는 자료의 중복을 허용하지 않으면서 출력 결괏값을 정렬하는 클래스입니다. TreeSet를 활용한 간단한 코드를 살펴보겠습니다.

**Do it!** TreeSet를 활용해 테스트 프로그램 만들기 • 참고 파일 TreeSetTest.java

```java
01  package collection.treeset;
02
03  import java.util.TreeSet;
04
05  public class TreeSetTest {
06    public static void main(String[] args) {
07      TreeSet<String> treeSet = new TreeSet<String>( );
08      treeSet.add("홍길동");
09      treeSet.add("강감찬");
10      treeSet.add("이순신");
11
12      for (String str : treeSet) {
13        System.out.println(str);
14      }
15    }
16  }
```

출력 결과
```
강감찬
이순신
홍길동
```

TreeSet에 홍길동, 강감찬, 이순신 순으로 요소를 추가했습니다. 그런데 결괏값이 추가한 순서와 다르게 정렬되어 출력되었습니다. 그렇다면 정렬은 어떤 기준으로 이루어질까요? 자바는 정렬을 구현하기 위해 이진 트리(binary tree)를 사용합니다.

### 이진 검색 트리 알아보기

트리는 자료 사이의 계층 구조를 나타내는 자료 구조입니다. 여기에서는 트리 자료 구조를 자세히 설명하기보다 TreeSet를 이해하는 데 필요한 이진 검색 트리(Binary Search Tree: BST)만 간단히 설명하겠습니다.

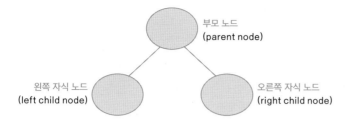

트리 자료 구조에서 자료가 들어가는 공간을 노드라고 합니다. 그리고 위아래로 연결된 노드의 관계를 부모-자식 노드(parent-child node)라고 합니다. 이진 검색 트리는 노드에 저장되는 자료의 중복을 허용하지 않으며, 부모 노드는 자식 노드를 2개 이하로 가질 수 있습니다. 또한 왼쪽에 위치하는 자식 노드는 부모 노드보다 값이 항상 작습니다. 반대로 오른쪽에 놓인 자식 노드는 부모 노드보다 값이 항상 큽니다. 따라서 어떤 특정 값을 찾아야 할 때 한 노드와 비교해서 비교한 노드보다 작은 값이면 왼쪽 자식 노드 방향으로, 그렇지 않으면 오른쪽 자식 노드 방향으로 이동합니다. 따라서 비교 범위가 평균 1/2만큼씩 줄어들어 자료를 효과적으로 검색할 수 있습니다.

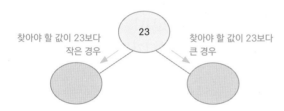

그러면 간단한 이진 검색 트리를 만들어 보겠습니다. 오른쪽 순서로 숫자를 입력한다고 할 때 트리가 만들어지는 모양은 다음과 같습니다.

23, 10, 48, 15, 7, 22, 56

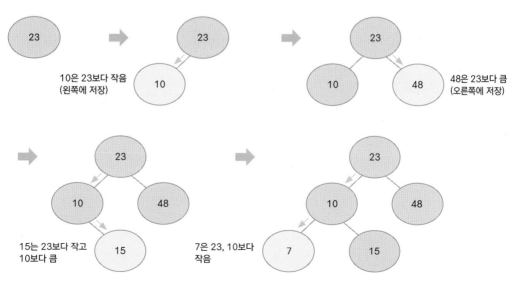

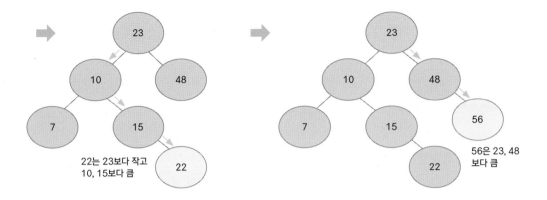

22는 23보다 작고
10, 15보다 큼

56은 23, 48
보다 큼

이렇게 만들어진 이진 검색 트리를 맨 왼쪽 노드부터 시작해서 왼쪽 → 부모 → 오른쪽 순으로 순회하면 오름차순이 됩니다. 순회하다가 노드의 끝을 만나면 부모 노드로 올라갑니다. 가장 왼쪽 노드인 7부터 순회하면 결과는 다음과 같습니다.

> 7 → 10 → 15 → 22 → 23 → 48 → 56

그 반대로 오른쪽 → 부모 → 왼쪽 순으로 순회하면 내림차순이 됩니다. 자바의 TreeSet는 이진 검색 트리를 활용하여 자료를 정렬합니다. 어떤 기준으로 값의 크기를 비교할 것인지는 프로그래머가 직접 구현해야 합니다.

### TreeSet를 활용해 회원 관리 프로그램 구현하기

446쪽 TreeSetTest.java 예제에서 별도의 코드를 구현하지 않아도 요소들이 정렬되었던 이유는 String 클래스 안에 정렬 방식이 이미 구현되어 있기 때문입니다. 이제 패키지를 새로 만들고 TreeSet를 활용하여 회원 관리 프로그램을 구현해 보겠습니다. 동일한 Set 인터페이스를 구현한 클래스이므로 HashSet 대신 TreeSet만 선언하여 생성하고 나머지 코드는 같습니다. 패키지와 클래스 구조는 오른쪽과 같습니다.

회원 정렬 기준은 회원 아이디순으로 하겠습니다.

```
01  package collection.treeset;
02
03  import java.util.Iterator;
04  import java.util.TreeSet;
05
06  import collection.Member;
07
08  public class MemberTreeSet {
09    private TreeSet<Member> treeSet;
10
11    public MemberTreeSet( ) {
12      treeSet = new TreeSet<Member>( );
13    }
14
15    public void addMember(Member member) {
16      treeSet.add(member);                          ← TreeSet에 회원을 추가하는 메서드
17    }
18
19    public boolean removeMember(int memberId) {
20      Iterator<Member> ir = treeSet.iterator( );
21
22      while (ir.hasNext( )) {
23        Member member = ir.next( );
24        int tempId = member.getMemberId( );
25        if (tempId == memberId) {                   ← TreeSet에서 회원을
26          treeSet.remove(member);                     삭제하는 메서드
27          return true;
28        }
29      }
30      System.out.println(memberId + "가 존재하지 않습니다");
31      return false;
32    }
33
34    public void showAllMember( ) {
35      for (Member member : treeSet) {
36        System.out.println(member);                 ← 전체 회원을 출력하는 메서드
37      }
38      System.out.println( );
39    }
40  }
```

테스트 프로그램을 만들어 회원 아이디 순서대로 정렬되는지 확인해 봅시다.

```java
01  package collection.treeset;
02
03  import collection.Member;
04
05  public class MemberTreeSetTest {
06    public static void main(String[] args) {
07      MemberTreeSet memberTreeSet = new MemberTreeSet( );
08
09      Member memberPark = new Member(1003, "박서훤");
10      Member memberLee = new Member(1001, "이지원");
11      Member memberSon = new Member(1002, "손민국");
12
13      memberTreeSet.addMember(memberLee);
14      memberTreeSet.addMember(memberSon);
15      memberTreeSet.addMember(memberPark);
16      memberTreeSet.showAllMember( );
17
18      Member memberHong = new Member(1003, "홍길동");   ──── 아이디 중복 회원 추가
19      memberTreeSet.addMember(memberHong);
20      memberTreeSet.showAllMember( );
21    }
22  }
```

**출력 결과**

```
Exception in thread "main" java.lang.ClassCastException Create breakpoint : class collection.Member cannot be cast to class
java.lang.Comparable (collection.Member is in unnamed module of loader 'app'; java.lang.Comparable is in module java.base of
loader 'bootstrap')
    at java.base/java.util.TreeMap.compare(TreeMap.java:1604)
    at java.base/java.util.TreeMap.addEntryToEmptyMap(TreeMap.java:811)
    at java.base/java.util.TreeMap.put(TreeMap.java:820)
    at java.base/java.util.TreeMap.put(TreeMap.java:569)
    at java.base/java.util.TreeSet.add(TreeSet.java:259)
    at collection.treeset.MemberTreeSet.addMember(MemberTreeSet.java:17)
    at collection.treeset.MemberTreeSetTest.main(MemberTreeSetTest.java:17)
```

아이디 중복 없이 제거되고 회원 아이디로 정렬되어 잘 출력될 줄 알았는데 오류가 발생했습니다. 오류 메시지가 나타나면 바로 닫지 말고 그 내용을 잘 살펴보기 바랍니다. 출력 화면에서 오류 내용을 살펴보면 Member 클래스가 Comparable 인터페이스를 구현하지 않았다는 의미입니다. Comparable 인터페이스를 구현하지 않았다는 의미는 우리가 만든 Member 클래스를 TreeSet의 요소로 추가할 때 어떤 기준으로 노드를 비교하여 트리를 형성해야 하는지를 구

현하지 않았다는 뜻입니다. 따라서 회원을 TreeSet에 추가할 때 어떤 기준으로 비교할 것인지도 작성해야 합니다. Comparable 또는 Comparator 인터페이스를 사용합니다.

## Comparable 인터페이스와 Comparator 인터페이스

여기에서는 Member 클래스의 회원 아이디를 기준으로 하여 오름차순으로 정렬할 것입니다. Comparable과 Comparator는 기준에 따라 정렬을 구현할 수 있게 해주는 인터페이스입니다. 그렇다면 정렬 방식을 어디에 구현해야 할까요? 정렬 기준값이 있는 Member 클래스에 구현하면 됩니다.

```
public class Member implements Comparable<member> {
    …
}
```

먼저 Comparable 인터페이스를 활용해 봅시다.

### 자기 자신과 전달받은 매개변수를 비교하는 Comparable 인터페이스

Comparable 인터페이스에는 compareTo( ) 추상 메서드가 포함되어 있습니다. 따라서 이 인터페이스를 구현하는 Member 클래스에 compareTo( ) 메서드도 구현해야 합니다. compareTo( ) 메서드를 구현한 Member 클래스는 다음과 같습니다.

**Do it!** Comparable 인터페이스 구현하기 • 참고 파일 Member.java

```
01  package collection;
02
03  import singleton.Company;
04
05  public class Member implements Comparable<Member> {
06      private int memberId;
07      private String memberName;
08
09      public Member(int memberId, String memberName) {
10          this.memberId = memberId;
11          this.memberName = memberName;
12      }
13
14      …
```

```
52      @Override
53      public int compareTo(Member member) {
54          return(this.memberId-member.memberId);
55      }
56  }
```

> compareTo( ) 메서드 재정의.
> 추가한 회원 아이디와 매개변수로
> 받은 회원 아이디를 비교

🔊 인텔리제이에서 코드를 작성할 때 자동으로 필요한 파일이 임포트되기도 합니다. 이 코드에서는 singleton.Company 클래스가 자동으로 임포트됩니다.

이 예제에서 재정의한 compareTo( ) 메서드의 의미는 다음과 같습니다. 비교 대상은 this의 회원 아이디, 즉 새로 추가한 회원의 아이디와 compareTo( ) 메서드의 매개변수로 전달된 회원 아이디입니다. 두 값을 비교하여 새로 추가한 회원 아이디가 더 크면 양수, 그렇지 않으면 음수, 같으면 0을 반환하도록 만들었습니다. 이렇게 구현하면 출력 결괏값은 오름차순으로 정렬됩니다.

이진 검색 트리 구조에서 값이 추가되는 과정을 살펴봅시다.

**1.** 7과 23을 비교하면 7이 더 작으므로 23의 왼쪽 자식 노드 쪽으로 이동합니다.

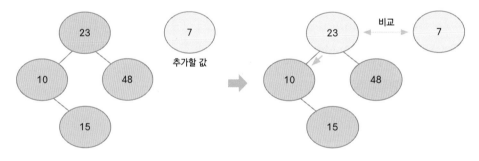

**2.** 7을 10과 비교하면 이번에도 7이 더 작으므로 10의 왼쪽 자식 노드 쪽으로 이동합니다.

**3.** 10의 왼쪽 자식 노드가 비어 있으므로 (null) 그 자리에 7을 추가합니다.

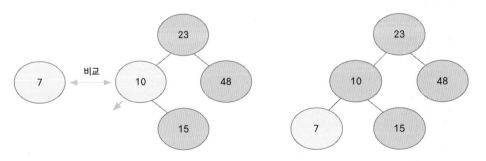

즉 compareTo( ) 메서드에서는 새로 추가한 값 7이 this이고 비교되는 값 23과 10이 매개변수로 전달됩니다.

compareTo( )의 반환값은 정수인데, 비교하는 두 값 중 this값이 더 크면 양수를 반환하여 오름차순으로 정렬됩니다. 그렇지 않고 this값이 더 작으면 음수를 반환하여 내림차순으로 정렬됩니다. compareTo( )는 프로그래머가 호출하는 메서드가 아닌 객체가 TreeSet에 요소를 추가할 때 호출하는 메서드입니다. 그리고 어떤 매개변수가 전달될지는 기존 TreeSet에 어떤 요소가 들어 있는지에 따라 달라집니다. 이제 MemberTreeSetTest 클래스를 다시 실행하면 오른쪽과 같은 정렬 결과를 볼 수 있습니다.

📝 compareTo( ) 메서드처럼 프로그래머가 작성하지만 시스템이나 자바 컬렉션 프레임워크가 호출하는 메서드를 콜백(callback) 메서드라고 합니다.

출력 결과

```
이지원 회원님의 아이디는 1001입니다
손민국 회원님의 아이디는 1002입니다
박서훤 회원님의 아이디는 1003입니다

이지원 회원님의 아이디는 1001입니다
손민국 회원님의 아이디는 1002입니다
박서훤 회원님의 아이디는 1003입니다
```

아이디가 오름차순으로 정렬된 것을 알 수 있습니다. 내림차순으로 정렬하려면 Member 클래스의 compareTo( ) 메서드를 다음과 같이 수정하면 됩니다.

```
@Override
public int compareTo(Member member) {
  return (this.memberId - member.memberId) * (-1);
}
```
내림차순으로 정렬하기 위해 반환값을 음수로 만듦

앞 코드처럼 반환값에 −1을 곱하여 음수로 바꾸면 오른쪽처럼 내림차순으로 정렬됩니다.

출력 결과

```
박서훤 회원님의 아이디는 1003입니다
손민국 회원님의 아이디는 1002입니다
이지원 회원님의 아이디는 1001입니다

박서훤 회원님의 아이디는 1003입니다
손민국 회원님의 아이디는 1002입니다
이지원 회원님의 아이디는 1001입니다
```

### 두 매개변수를 비교하는 Comparator 인터페이스

Comparator 역시 정렬을 구현하는 데 사용하는 인터페이스입니다. Comparator 인터페이스는 compare( ) 메서드를 구현해야 합니다. Member2 클래스를 새로 만들고 Member.java 코드를 활용해 다음과 같이 Comparator를 구현해 봅시다.

```
01   package collection;
02
03   import java.util.Comparator;
04
05   public class Member2 implements Comparator<Member2> {
06       private int memberId;
07       private String memberName;
08
09       public Member2(int memberId, String memberName) {
10           this.memberId = memberId;
11           this.memberName = memberName;
12       }
13   ...
40
41       @Override
42       public boolean equals(Object obj) {
43           if (obj instanceof Member2) {
44               Member2 member = (Member2)obj;
45               if (this.memberId == member.memberId)
46                   return true;
47               else
48                   return false;
49           }
50           return false;
51       }
52
53       @Override
54       public int compare(Member2 mem1, Member2 mem2){
55           return mem1.getMemberId() - mem2.getMemberId();
56       }
57   }
```

compare( ) 메서드 재정의.
전달받은 두 매개변수를 비교

Comparator 인터페이스는 compare( ) 메서드를 구현해야 하는데, 이 메서드에는 매개변수가 2개 전달됩니다. compareTo( ) 메서드가 this와 전달된 매개변수를 비교한다면, compare( ) 메서드는 전달받은 두 매개변수를 비교합니다. 첫 번째 매개변수가 더 클 때 양수를 반환하여 오름차순으로 정렬됩니다.

Comparator를 사용할 때 유의할 점은 TreeSet 생성자에 Comparator를 구현한 객체를 매개 변수로 전달한다는 것입니다. 즉 다음과 같이 코드를 구현해야 합니다.

```
TreeSet<Member2> treeSet = new TreeSet<Member2>(new Member2( ));
```

일반적으로 Comparator 인터페이스보다 Comparable 인터페이스를 더 많이 사용합니다. 다만 어떤 클래스가 이미 Comparable 인터페이스를 구현한 경우에 이 클래스의 정렬 방식을 정의할 때 Comparator 인터페이스를 사용할 수 있습니다. 예를 들어 String 클래스는 Comparable 인터페이스를 이미 구현했다고 했습니다. 그리고 Comparable 인터페이스의 compareTo( ) 메서드는 오름차순 정렬을 구현하고 있습니다. 만약 정렬 방식을 내림차순으로 바꾸고 싶을 때에는 어떻게 해야 할까요? String 클래스의 경우는 final로 선언되어 있어서 상속받아 compareTo( ) 메서드를 재정의할 수도 없습니다. 이러한 경우 Comparator를 사용합니다. 다음 예제를 봅시다.

---

**Do it!** Comparator 인터페이스 사용하기 · 참고 파일 ComparatorTest.java

```
01   package collection.treeset;
02
03   import java.util.Comparator;
04   import java.util.Set;
05   import java.util.TreeSet;
06
07   class MyCompare implements Comparator<String> {
08     @Override
09     public int compare(String s1, String s2) {
10       return(s1.compareTo(s2)) * -1 ;        내림차순으로 정렬
11     }
12   }
13
14   public class ComparatorTest {
15     public static void main(String[] args) {
16       Set<String> set = new TreeSet<String>(new MyCompare( ));      TreeSet 생성자의 매개변수로
17       set.add("aaa");                                               정렬 방식을 지정
18       set.add("ccc");
19       set.add("bbb");
20
21       System.out.println(set);
22     }
23   }
```

출력 결과
```
[ccc, bbb, aaa]
```

16행에서 TreeSet 클래스를 생성할 때 생성자에 매개변수를 넣지 않으면 원래 String 클래스에 정의된 Comparable 인터페이스의 compareTo( ) 메서드가 구현한 내용대로 오름차순으로 정렬됩니다. 이 예제에서는 TreeSet 클래스 생성자에 Comparator 인터페이스를 구현한 MyCompare 인스턴스를 매개변수로 넣었기 때문에, 재정의한 compare( ) 메서드 방식에 따라 내림차순으로 정렬 방식이 바뀝니다.

# 12-5 Map 인터페이스

Map 인터페이스에는 자료를 쌍(pair)으로 관리하는 데 필요한 메서드가 정의되어 있습니다. key-value 쌍으로 이루어진 객체의 key값은 유일하며 value값은 중복될 수 있습니다. Map 인터페이스를 구현한 클래스는 내부적으로 해시 알고리즘으로 구현되어 있습니다. 그러면 Map 인터페이스를 구현한 클래스 중 가장 많이 사용하는 HashMap 클래스부터 살펴보겠습니다.

## HashMap 클래스

HashMap에서 자료를 관리하는 방식은 해시 방식입니다. 해시 방식의 자료를 저장하는 공간을 해시 테이블이라고 합니다. key값이 정해지면 그에 대응하는 해시 테이블의 저장 위치가 정해지는 데 이런 위치를 계산하는 함수가 해시 함수입니다. 오른쪽과 같이 해시 함수를 표현할 수 있습니다.

```
index = hash(key)  //index는 저장 위치
```

📖 해시는 11-1절에서 hashCode( ) 메서드와 함께 설명했습니다.

새로운 key-value 자료를 입력하거나 key를 알고 있는 상태에서 value를 검색하는 데 걸리는 시간은 산술적으로 계산할 수 있습니다. 그러므로 해시 방식은 자료 추가 속도나 검색 속도가 상당히 빠르다는 장점이 있습니다. 해시 함수를 어떻게 만드느냐는 key값 특성이나 개발 프로그램의 성격에 따라 다를 수 있습니다. 그런데 서로 다른 key값에 같은 index가 반환되는 충돌(collision)이 발생하는 경우도 있습니다. 따라서 해시 테이블에 데이터를 꽉 채우지 않고 적정 수준이 되면 테이블을 확장해 충돌 발생 확률을 낮춰야 합니다. 또한 Map 인터페이스에서 사용하는 key값은 중복될 수 없으므로 equals( ) 메서드와 hashcode( ) 메서드를 재정의하여 사용하는 것이 좋습니다.

📖 자바는 해시 테이블의 75%까지만 사용하고 컴파일러가 자동으로 메모리를 확장합니다.

## HashMap을 활용해 회원 관리 프로그램 구현하기

이제 HashMap을 활용하여 회원 관리 프로그램을 만들어 보겠습니다. key값은 회원 아이디, value는 회원 클래스로 구현합니다. 컬렉션에서 사용한 Member 클래스를 그대로 사용하고 관리 클래스와 테스트 클래스를 오른쪽과 같이 구현해 보겠습니다.

```java
01   package map.hashmap;
02
03   import java.util.HashMap;
04   import java.util.Iterator;
05
06   import collection.Member;
07
08   public class MemberHashMap {
09     private HashMap<Integer, Member> hashMap;
10
11     public MemberHashMap( ) {
12       hashMap = new HashMap<Integer, Member>( );
13     }
14
15     public void addMember(Member member) {
16       hashMap.put(member.getMemberId( ), member);
17     }
18
19     public boolean removeMember(int memberId) {
20       if (hashMap.containsKey(memberId)) {
21         hashMap.remove(memberId);
22         return true;
23       }
24       System.out.println(memberId + "가 존재하지 않습니다");
25       return false;
26     }
27
28     public void showAllMember( ) {
29       Iterator<Integer> ir = hashMap.keySet( ).iterator( );
30       while (ir.hasNext( )) {            //다음 key가 있으면
31         int key = ir.next( );            //key값을 가져와서
32         Member member = hashMap.get(key); //key로부터 value 가져오기
33         System.out.println(member);
34       }
35       System.out.println( );
36     }
37   }
```

주석(말풍선) 설명:
- key-value 쌍으로 추가 (16행)
- HashMap에 회원을 추가하는 메서드 (15~17행)
- HashMap에 매개변수로 받은 key값인 회원 아이디가 있다면 (20행)
- 해당 회원 삭제 (21행)
- HashMap에서 회원을 삭제하는 메서드 (19~26행)
- Iterator를 사용해 전체 회원을 출력하는 메서드 (28~36행)

key는 회원 아이디, value는 회원 클래스입니다. 9행에서 HashMap을 선언하고 11~13행 생성자에서 생성했습니다. 15~17행 addMember( ) 메서드에서 회원 아이디와 회원 클래스를, put( ) 메서드를 사용하여 추가합니다. 19~26행 removeMember( ) 메서드를 살펴보면, 매개변수로 key값인 memberID가 전달되었습니다. containsKey( ) 메서드를 호출하여 해당 key값이 HashMap에 존재하는지 확인하고 존재하는 경우 key값을 사용하여 삭제합니다.

전체 회원을 출력하는 showAllMember( ) 메서드는 어떻게 구현할까요? Map 인터페이스는 모든 자료를 한 번에 순회할 수 있는 방법이 없습니다. 모든 자료를 순회하려면 key값을 먼저 가져와서 key에 해당하는 value를 찾아야 합니다. 29행에서 hashMap.keySet( ) 메서드를 호출하면 모든 key값이 Set 객체로 반환됩니다. 반환된 Set 객체에 iterator( ) 메서드를 호출하면 key를 순회할 수 있는 Iterator가 반환됩니다. 그리고 모든 key값을 하나씩 순회하면서 32행처럼 get( ) 메서드를 사용하여 해당 value값을 가져옵니다. 여기서는 사용하지 않지만 HashMap의 values( ) 메서드를 사용하면 key값 없이 모든 value 값을 Collection 자료형으로 반환해 줍니다. key는 중복될 수 없으므로 반환형이 Set이고, value는 중복할 수 있으므로 Collection이 됩니다.

key값으로 쓰인 회원 아이디는 Integer형입니다. Integer 클래스는 equals( ) 메서드와 hashcode( ) 메서드가 이미 재정의되어 있습니다. 테스트 코드를 구현하여 잘 실행되는지 확인해 봅시다.

**Do it!** HashMap을 활용해 테스트 프로그램 만들기 · 참고 파일 MemberHashMapTest.java

```
01  package map.hashmap;
02
03  import collection.Member;
04
05  public class MemberHashMapTest {
06    public static void main(String[] args) {
07      MemberHashMap memberHashMap = new MemberHashMap( );
08
09      Member memberLee = new Member(1001, "이지원");
10      Member memberSon = new Member(1002, "손민국");
11      Member memberPark = new Member(1003, "박서훤");
12      Member memberHong = new Member(1004, "홍길동");
13
```

```
14      memberHashMap.addMember(memberLee);
15      memberHashMap.addMember(memberSon);
16      memberHashMap.addMember(memberPark);
17      memberHashMap.addMember(memberHong);
18
19      memberHashMap.showAllMember( );
20      memberHashMap.removeMember(1004);    ◁── 회원 아이디(key값)가 1004인 회원 삭제
21      memberHashMap.showAllMember( );
22    }
23  }
```

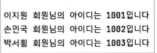

**출력 결과**

```
이지원 회원님의 아이디는 1001입니다
손민국 회원님의 아이디는 1002입니다
박서훤 회원님의 아이디는 1003입니다
홍길동 회원님의 아이디는 1004입니다

이지원 회원님의 아이디는 1001입니다
손민국 회원님의 아이디는 1002입니다
박서훤 회원님의 아이디는 1003입니다
```

모든 회원이 잘 추가되고 회원 아이디가 1004인 홍길동 회원이 삭제되었습니다. 이처럼 쌍으로 된 자료는 HashMap을 사용하여 관리하면 편리합니다.

---

은종쌤

질문 있어요

### HashMap과 Hashtable은 어떻게 다른가요?

HashMap과 Hashtable 클래스는 모두 쌍으로 이루어진 자료를 관리하는 데 사용합니다. Hashtable 클래스는 자바 1부터 사용했고 Vector 클래스와 마찬가지로 멀티스레드를 위한 동기화를 제공합니다. Vector 클래스에서 설명했듯이 멀티스레드 환경이 아니라면, Hashtable보다 HashMap을 사용하는 것을 권장합니다.

---

## TreeMap 클래스

Map 인터페이스를 구현한 클래스 중 key로 자료를 정렬하려면 TreeMap을 사용할 수 있습니다. TreeMap은 TreeSet와 마찬가지로 이진 검색 트리로 구현되었습니다. key값으로 정렬하므로 key에 해당하는 클래스에 Comparable이나 Comparator 인터페이스를 구현해야 합니다.

회원 관리 프로그램에서 사용하는 key인 회원 아이디는 Integer형입니다. 사실 JavaDoc에서 Integer 클래스를 보면 이미 Comparable 인터페이스가 구현되어 있습니다.

```
public final class Integer extends Number implements Comparable<integer> {
...
  public int compareTo(Integer anotherInteger) {
      return compare(this.value, anotherInteger.value);
  }
}
```

따라서 이 예제에서는 따로 Comparable 인터페이스를 구현하지 않아도 됩니다. 패키지 구조는 오른쪽과 같습니다.

그러면 다음과 같이 관리 클래스와 테스트 클래스를 구현해 보겠습니다.

**Do it!** TreeMap을 활용해 회원 관리 프로그램 만들기 · 참고 파일 MemberTreeMap.java

```
01  package map.treemap;
02
03  import java.util.Iterator;
04  import java.util.TreeMap;
05
06  import collection.Member;
07
08  public class MemberTreeMap {
09    private TreeMap<Integer, Member> treeMap;
10
11    public MemberTreeMap( ) {
12      treeMap = new TreeMap<Integer, Member>( );
13    }
14
15    public void addMember(Member member) {
16      treeMap.put(member.getMemberId( ), member);    ←  key-value 쌍으로 추가
17    }
18
19    public boolean removeMember(int memberId) {
20      if (treeMap.containsKey(memberId)) {
21        treeMap.remove(memberId);    ←  key값에 맞는 자료 삭제
22        return true;
23      }
24      System.out.println(memberId + "가 존재하지 않습니다");
25      return false;
```

```
26    }
27
28    public void showAllMember( ) {
29      Iterator<Integer> ir = treeMap.keySet( ).iterator( );
30      while (ir.hasNext( )) {
31        int key = ir.next( );
32        Member member = treeMap.get(key);
33        System.out.println(member);
34      }
35      System.out.println( );
36    }
37  }
```

**Do it!** TreeMap을 활용해 테스트 프로그램 만들기 • 참고 파일 MemberTreeMapTest.java

```
01  package map.treemap;
02
03  import collection.Member;
04
05  public class MemberTreeMapTest {
06    public static void main(String[] args) {
07      MemberTreeMap memberHashMap = new MemberTreeMap( );
08
09      Member memberPark = new Member(1003, "박서훤");
10      Member memberLee = new Member(1001, "이지원");          ── 회원 아이디 순서와 상관없이 회원 추가
11      Member memberHong = new Member(1004, "홍길동");
12      Member memberSon = new Member(1002, "손민국");
13
14      memberHashMap.addMember(memberPark);
15      memberHashMap.addMember(memberLee);
16      memberHashMap.addMember(memberHong);
17      memberHashMap.addMember(memberSon);
18
19      memberHashMap.showAllMember( );
20
21      memberHashMap.removeMember(1004);          ── 회원 아이디(key값)가 1004인 회원 삭제
22      memberHashMap.showAllMember( );
23    }
24  }
```

462 셋째마당 • 자바 JDK로 프로그래밍 날개 달기

회원이 추가되고 삭제도 되는 것을 확인할 수 있습니다. 출력 결과를 살펴보면 추가한 순서와 상관없이 key인 회원 아이디를 기준으로 오름차순으로 정렬된 것을 확인할 수 있습니다.

지금까지 컬렉션 프레임워크에서 제공하는 여러 클래스를 살펴보았습니다. 자바의 컬렉션 프레임워크는 자료 구조를 최적화하여 구현했고, 다양한 메서드도 구현되어 있습니다. 이러한 클래스의 특성을 잘 이해해 두면 여러분이 프로그램을 만들 때 유용하게 활용할 수 있습니다.

**01** 자료 구조를 사용하기 편리하도록 자바에서 제공하는 라이브러리를 [컬           ]라고 합니다.

**02** 클래스에서 여러 자료형을 사용할 때 자료형을 명시하지 않고 자료형을 의미하는 문자로 선언한 후 실제 클래스를 생성할 때 자료형을 명시하는 프로그래밍 방식을 [제          ]이라고 합니다.

**03** Collection 인터페이스를 구현한 클래스를 순회하기 위해 사용하는 인터페이스는 [I             ]입니다.

**04** TreeSet를 사용할 때 Comparable 인터페이스를 구현해야 하는 이유를 설명하세요.

**05** StudentTest의 출력 결과가 다음처럼 나오도록 Student 클래스를 구현해 보세요.

```java
public class StudentTest {
    public static void main(String[] args) {
        HashSet<Student> set = new HashSet<Student>( );
        set.add(new Student("100", "홍길동"));
        set.add(new Student("200", "강감찬"));
        set.add(new Student("300", "이순신"));
        set.add(new Student("400", "정약용"));
        set.add(new Student("100", "송중기"));

        System.out.println(set);
    }
}
```

> **출력 결과**
> 100:홍길동, 200:강감찬, 300:이순신, 400:정약용

**힌트** 출력 순서는 상관 없습니다.

**06** 다음 코드에서 CarTest의 테스트 결과가 true, true, false가 되도록 HashMap을 사용하여 CarFactory 클래스를 구현해 보세요.

```
public class Car {
    String name;
    public Car( ) { }
    public Car(String name) {
     this.name = name;
    }
}

public class CarTest {
  public static void main(String[] args) {
    CarFactory factory = CarFactory.getInstance( );
    Car sonata1 = factory.createCar("연수 차");
    Car sonata2 = factory.createCar("연수 차");
    System.out.println(sonata1 == sonata2);   // true

    Car avante1 = factory.createCar("승연 차");
    Car avante2 = factory.createCar("승연 차");
    System.out.println(avante1 == avante2);   // true

    System.out.println(sonata1 == avante1);   // false
  }
}
```

**07** 409쪽을 참고해 다음 빈칸을 채워 플라스틱 액체를 재료로 사용하는 프린터를 선언해 봅시다.

```
GenericPrinter< ❶          > plasticPrinter = new GenericPrinter<Plastic>( );
❷          .setMaterial(new Plastic( ));
Plastic plastic = plasticPrinter. ❸          ;
```

**08** 428~430쪽의 내용을 활용해 회원을 맨 뒤가 아닌 특정 위치에 추가하는 메서드를 만들고, MemberArrayListTest 클래스에 코드를 추가하여 테스트해 봅니다.

힌트 1 public void insertMember(Member member, int index) 같은 메서드를 MemberArrayList에 구현해 보세요. 매개변수로 전달된 index 위치에 회원을 추가하고 전체 회원을 출력하여 확인해 봅니다.

**09** 출력 결과가 회원 이름순으로 정렬되도록 451쪽에서 작성한 compareTo( ) 메서드를 수정해 보세요.

# 13장

# 내부 클래스, 람다식, 스트림

이 장에서는 앞에서 다룬 클래스와 조금 다른 형식의 클래스를 배웁니다. 바로 클래스 내부에 있는 클래스입니다. 그리고 자바 8부터 새롭게 추가된 람다식과 여러 자료에 같은 기능을 적용할 수 있는 스트림 클래스도 살펴봅니다. 이 장에서 다루는 세 가지 개념은 모두 다른 주제인 듯하지만 사실은 서로 연관되어 있습니다. 처음부터 차근차근 살펴봅시다.

# 13-1 내부 클래스

## 내부 클래스의 정의와 유형

내부 클래스(inner class)는 말 그대로 '클래스 내부에 선언한 클래스'입니다. 내부에 클래스를 선언하는 이유는 대개 이 클래스와 외부 클래스가 밀접한 관련이 있기 때문입니다. 또한 그밖의 다른 클래스와 협력할 일이 없는 경우에 내부 클래스로 선언해서 사용합니다.

내부 클래스를 간단히 표현하면 오른쪽과 같습니다. 내부 클래스는 선언하는 위치나 예약어에 따라 크게 네 가지 유형으로 나누어 생각할 수 있습니다. 먼저 인스턴스 내부 클래스, 정적(static) 내부 클래스, 지역(local) 내부 클래스가 있는데, 이것은 클래스 내부에 선언하는 변수의 유형

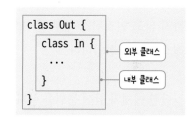

(인스턴스 변수, 정적 변수, 지역 변수)과 유사합니다. 마지막으로 클래스 이름 없이 선언하고 바로 생성하여 사용할 수 있는 익명(anonymous) 내부 클래스가 있습니다. 그러면 변수 유형과 내부 클래스 유형을 비교하여 살펴보겠습니다.

| 변수 예 | 내부 클래스 예 |
|---|---|
| `class ABC {`<br>   `int n1;`    //인스턴스 변수<br>   `static int n2;`   //정적 변수<br><br>   `public void abc( ) {`<br>      `int i;`    //지역 변수<br>   `}`<br>`}` | `class ABC {`   //외부 클래스<br>   `class In {`   //인스턴스 내부 클래스<br>      `static class SIn {`   //정적 내부 클래스<br>      `}`<br>   `}`<br>   `public void abc( ) {`<br>      `class Local {`   //지역 내부 클래스<br>      `}`<br>   `}`<br>`}` |

오른쪽 내부 클래스의 코드를 살펴봅시다. 가장 바깥에 선언한 ABC 클래스를 외부 클래스, ABC 클래스 내부에 선언한 클래스를 내부 클래스 또는 중첩된 클래스라고 합니다. 또 내부 클래스는 인스턴스 변수처럼 클래스 내부에 정의하는 인스턴스 내부 클래스, static 키워드를 사용하는 정적 내부 클래스, 그리고 메서드 내부에 정의하 <img> 이 코드에 사용하지 않은 익명 클래스는 는 지역 내부 클래스로 나눌 수 있습니다. 나중에 예를 보면서 설명하겠습니다.

내부 클래스는 유형에 따라 만드는 방법이 다를뿐더러 클래스 내부에 선언할 수 있는 변수 유형과 사용할 수 있는 외부 클래스 변수 유형도 다릅니다. 그러면 각 유형별 예제를 살펴보면서 내부 클래스를 선언하는 방법과 외부 클래스의 관계 그리고 생성 방법을 알아보겠습니다.

## 인스턴스 내부 클래스

인스턴스 내부 클래스(instance inner class)는 인스턴스 변수를 선언할 때와 같은 위치에 선언하며, 외부 클래스 내부에서만 생성하여 사용하는 객체를 선언할 때 씁니다. 예를 들어 어떤 클래스 내에 여러 변수가 있고 이들 변수 중 일부를 모아 클래스로 표현할 수 있습니다. 이 클래스를 다른 외부 클래스에서 사용할 일이 없는 경우 인스턴스 내부 클래스로 정의합니다. 인스턴스 내부 클래스는 외부 클래스를 생성한 후 생성됩니다. 따라서 외부 클래스를 먼저 생성하지 않고 인스턴스 내부 클래스를 사용할 수는 없습니다. 이는 이후 설명하는 정적 내부 클래스와 다른 점입니다.

간단한 예제와 함께 문법을 살펴보겠습니다. 먼저 OutClass 라는 외부 클래스를 만들고, 그 안에 InClass 인스턴스 내부 클래스를 선언해 보겠습니다.

📄 InnerTest.java 파일에 외부 클래스와 내부 클래스를 함께 선언하여 테스트하겠습니다.

---

**Do it!** 인스턴스 내부 클래스 예제 · 참고 파일 InnerTest.java

```
01  package innerclass;
02
03  class OutClass {                          //외부 클래스
04    private int num = 10;                   //외부 클래스 private 변수
05    private static int sNum = 20;           //외부 클래스 정적 변수
06
07    private InClass inClass;         ←── 내부 클래스형 변수를 먼저 선언
08
09    public OutClass( ) {             ──┐ 외부 클래스 디폴트 생성자. 외부 클래스가
10      inClass = new InClass( );        │ 생성된 후에 내부 클래스 생성 가능
11    }                                ──┘
12
13    class InClass {                         //인스턴스 내부 클래스
14      int inNum = 100;                      //내부 클래스의 인스턴스 변수
15      static int sInNum = 200;              //인스턴스 내부 클래스에 정적 변수(자바 16부터 허용)
16
```

---

```
17        void inTest( ) {
18            System.out.println("OutClass num = " +num + "(외부 클래스의 인스턴스 변수)");
19            System.out.println("OutClass sNum = " + sNum + "(외부 클래스의 정적 변수)");
20            System.out.println("OutClass sInNum = " + sInNum + "(인스턴스 내부 클래스의
      정적 변수)");
21        }
22
23      static void sTest(){          // 인스턴스 내부 클래스에 정적 메서드(자바 16부터 허용)
24            System.out.println("인스턴스 내부 클래스의 정적 메서드 호출");
25        }
26    }
27    public void usingClass( ) {
28        inClass.inTest( );
29    }
30 }
31
32 public class InnerTest {
33    public static void main(String[] args) {
34        OutClass outClass = new OutClass( );
35        System.out.println("외부 클래스 이용하여 내부 클래스 기능 호출");
36        outClass.usingClass( );     ← 내부 클래스 기능 호출
37        System.out.println("인스턴스 내부 클래스 정적 변수 직접 호출 OutClass.InClass.
      sInNum = " + OutClass.InClass.sInNum);
38        OutClass.InClass.sTest();   //인스턴스 내부 클래스의 정적 메서드 호출
39    }
40 }
```

> **출력 결과**
> ```
> 외부 클래스 이용하여 내부 클래스 기능 호출
> OutClass num = 10(외부 클래스의 인스턴스 변수)
> OutClass sNum = 20(외부 클래스의 정적 변수)
> OutClass sInNum = 200(인스턴스 내부 클래스의 정적 변수)
> 인스턴스 내부 클래스 정적 변수 직접 호출 OutClass.InClass.sInNum200
> 인스턴스 내부 클래스의 정적 메서드 호출
> ```

OutClass 외부 클래스를 만들고 내
부 클래스로 InClass를 선언했습니
다. 외부 클래스를 먼저 생성해야 내부 클래스를 사용할 수 있습니다. 그러므로 7행에서 내부
클래스 자료형 변수를 먼저 선언만 하고 9~11행 OutClass 생성자에서 내부 클래스를 생성합
니다.

외부 클래스 안에 private로 변수 num과 정적 변수 sNum을 선언했습니다. 이 두 변수는
private으로 선언했지만 외부 클래스 안에 있기 때문에 내부 클래스에서도 당연히 사용할 수
있습니다. 17~21행을 보면 내부 클래스에 정의한 inTest( ) 메서드에서 변수 num과 sNum
을 사용합니다. 13~15행을 보면 내부 클래스 InClass 안에 인스턴스 변수 inNum과 정적 변

수 sInNum을 선언했습니다. 자바 16부터는 인스턴스 내부 클래스에서 정적 변수와 정적 메서드를 사용할 수 있습니다. 그래서 클래스 생성과 상관없이 사용하는 정적 변수와 정적 메서드를 OutClass.InClass.sInNum, OutClass.InClass.sTest( )와 같이 직접 호출하여 사용할 수 있습니다. 즉, 인스턴스 내부 클래스에서는 인스턴스 변수, 인스턴스 메서드, 정적 변수, 정적 메서드를 모두 사용할 수 있습니다. 그리고 27~29행을 보면 외부 클래스의 usingClass( ) 메서드에서 내부 클래스의 inTest( ) 메서드를 사용한 것을 알 수 있습니다.

정리하면 인스턴스 내부 클래스는 외부 클래스가 먼저 생성되어야 사용할 수 있습니다. 그리고 인스턴스 내부 클래스의 메서드는 외부 클래스의 메서드가 호출할 때 사용할 수 있습니다.

### 다른 클래스에서 인스턴스 내부 클래스 생성하기

내부 클래스를 생성하는 이유는 그 클래스를 감싸고 있는 외부 클래스에서만 사용하기 위해서입니다. 그러므로 이렇게 생성한 내부 클래스를 그 밖의 다른 클래스에서 생성해서 사용하는 것은 사실 맞지 않습니다. 하지만 내부 클래스를 선언한 외부 클래스가 아닌 다른 클래스에서 private이 아닌 내부 클래스를 생성하는 것이 문법적으로 가능하기는 합니다. 일반적인 인스턴스 내부 클래스를 사용하는 방법은 바로 앞 InnerTest.java의 30행과 같습니다. OutClass 클래스를 생성하고 인스턴스 변수를 이용하여 outClass.usingClass( ); 문장으로 내부 클래스 기능을 호출하는 것이죠.

이때 만약 내부 클래스를 private으로 선언하지 않았다면 외부 클래스가 아닌 다른 클래스에서도 다음처럼 내부 클래스를 생성할 수 있습니다. 먼저 OutClass를 만들고, 생성한 참조 변수를 사용하여 내부 클래스를 생성합니다.

```
OutClass outClass = new OutClass( );
OutClass.InClass inClass = outClass.new InClass( );
```

내부 클래스를 정의할 때 접근 제어자를 private으로 선언했다면 다른 클래스에서 InClass를 사용할 수 없습니다. 따라서 어떤 클래스의 내부에서만 사용할 목적이라면 내부 클래스를 private으로 선언합니다.

### 정적 내부 클래스

인스턴스 내부 클래스를 사용하려면 외부 클래스를 먼저 생성하고 인스턴스 내부 클래스를 생성해 사용합니다. 외부 클래스의 생성과 상관없이 내부 클래스를 사용하고 싶다면 정적 내부 클래스(static inner class)를 선언하면 됩니다. 정적 내부 클래스는 인스턴스 내부 클래스처럼 외부 클래스의 인스턴스 변수와 같은 위치에 정의하며, static 예약어와 함께 사용합니다.

다음 예제에서 기존에 만들어 둔 외부 클래스(OutClass)에 정적 내부 클래스(InStaticClass)를 정의하고, InnerTest 클래스에 테스트 코드를 수정해 봅시다.

**Do it! 정적 내부 클래스 예제**
· 참고 파일 InnerTest.java

```java
01  package innerclass;
02
03  class OutClass {
04      private int num = 10;
05      private static int sNum = 20;
06
07      static class InStaticClass {          //정적 내부 클래스
08          int inNum = 100;                  //정적 내부 클래스의 인스턴스 변수
09          static int sInNum = 200;          //정적 내부 클래스의 정적 변수
10                                    ← 정적 내부 클래스의 일반 메서드
11
12          void inTest( ) {
13              //num += 10;    ← 외부 클래스의 인스턴스 변수는 사용할 수 없으므로 주석 처리
14              System.out.println("InStaticClass inNum = " + inNum + "(내부 클래스의 인스턴스 변수 사용)");
15              System.out.println("InStaticClass sInNum = " + sInNum + "(내부 클래스의 정적 변수 사용)");
16              System.out.println("OutClass sNum = " + sNum + "(외부 클래스의 정적 변수 사용)");
17          }
18
19          static void sTest( ) {
20              //num += 10;
21              //inNum += 10;    ← 외부 클래스와 내부 클래스의 인스턴스 변수는 사용할 수 없으므로 주석 처리
22              System.out.println("OutClass sNum = " + sNum + "(외부 클래스의 정적 변수 사용)");
23              System.out.println("InStaticClass sInNum = " + sInNum + "(내부 클래스의 정적 변수 사용)");
24          }
25      }                              ← 정적 내부 클래스의 정적 메서드
26  }
27
28  public class InnerTest {
29      public static void main(String[] args) {    ← 외부 클래스를 생성하지 않고 바로
30                                                     정적 내부 클래스 생성 가능
31          OutClass.InStaticClass sInClass = new OutClass.InStaticClass( );
32          System.out.println("정적 내부 클래스 일반 메서드 호출");
33          sInClass.inTest( );
34          System.out.println( );
35          System.out.println("정적 내부 클래스의 정적 메서드 호출");
```

```
36        OutClass.InStaticClass.sTest( );
37      }
38    }
```

**출력 결과**

```
정적 내부 클래스 일반 메서드 호출
InStaticClass inNum = 100(내부 클래스의 인스턴스 변수 사용)
InStaticClass sInNum = 200(내부 클래스의 정적 변수 사용)
OutClass sNum = 20(외부 클래스의 정적 변수 사용)

정적 내부 클래스의 정적 메서드 호출
OutClass sNum = 20(외부 클래스의 정적 변수 사용)
InStaticClass sInNum = 200(내부 클래스의 정적 변수 사용)
```

7~25행 정적 내부 클래스(InStaticClass)를 보면 인스턴스 변수 inNum과 정적 변수 sInNum
이 있고, 일반 메서드 inTest( )와 정적 메서드 sTest( )가 있습니다. 앞에서도 배웠듯이 정적
메서드에서는 인스턴스 변수를 사용할 수 없습니다. 따라서 정적 내부 클래스에서도 외부 클
래스의 인스턴스 변수는 사용할 수 없습니다. 이 내용을 표로 정리하면 다음과 같습니다.

| 정적 내부 클래스 메서드 | 변수 유형 | 사용 가능 여부 |
|---|---|---|
| 일반 메서드 void inTest( ) | 외부 클래스의 인스턴스 변수(num) | X |
| | 외부 클래스의 정적 변수(sNum) | O |
| | 정적 내부 클래스의 인스턴스 변수(inNum) | O |
| | 정적 내부 클래스의 정적 변수(sInNum) | O |
| 정적 메서드 static void sTest( ) | 외부 클래스의 인스턴스 변수(num) | X |
| | 외부 클래스의 정적 변수(sNum) | O |
| | 정적 내부 클래스의 인스턴스 변수(inNum) | X |
| | 정적 내부 클래스의 정적 변수(sInNum) | O |

예제와 표에서 알 수 있듯이 정적 내부 클래스에서 사용하는 메서드가 정적 메서드인 경우에
는 외부 클래스와 정적 내부 클래스에 선언된 변수 중 정적 변수만 사용할 수 있습니다.

### 다른 클래스에서 정적 내부 클래스 사용하기

정적 내부 클래스는 외부 클래스를 생성하지 않고도 기존 내부 클래스를 선언하지 않은 다른
외부 클래스에서도 다음과 같이 내부 클래스 자료형으로 바로 선언하여 생성할 수 있습니다.

```
OutClass.InStaticClass sInClass = new OutClass.InStaticClass( );
```

또 정적 내부 클래스에 선언한 메서드(정적 메서드 포함)나 변수는 private이 아닌 경우에 다른 클래스에서도 바로 사용할 수 있습니다.

```
OutClass.InStaticClass.sTest( );
```

따라서 내부 클래스를 만들고 외부 클래스와 무관하게 다른 클래스에서도 사용하려면 정적 내부 클래스로 생성하면 됩니다. 하지만 정적 내부 클래스를 private으로 선언했다면 이것 역시 다른 클래스에서 사용할 수 없습니다.

## 지역 내부 클래스

지역 내부 클래스는 지역 변수처럼 메서드 내부에 클래스를 정의하여 사용하는 것을 말합니다. 따라서 이 클래스는 메서드 안에서만 사용할 수 있습니다.

다음은 Runnable 인터페이스를 구현하는 클래스를 지역 내부 클래스로 만든 예제입니다. Runnable 인터페이스는 자바에서 스레드를 만들 때 사용하는 인터페이스로 java.lang 패키지에 선언되어 있으며 반드시 run( ) 메서드를 구현해야 합니다.

> 💁 스레드는 CPU에서 실행되는 작업 단위를 의미합니다. 16장에서 자세히 설명합니다.

**Do it!** 지역 내부 클래스 예제 · 참고 파일 LocalInnerTest.java

```java
01  package innerclass;
02
03  class Outer {
04    int outNum = 100;
05    static int sNum = 200;
06
07    Runnable getRunnable(int i) {
08      int num = 100;                            // 지역 변수
09
10      class MyRunnable implements Runnable {    // 지역 내부 클래스
11        int localNum = 10;                      // 지역 내부 클래스의 인스턴스 변수
12
```

```java
13          @Override                    지역 변수는 상수로 바뀌므로 값을 변경할 수 없어 오류 발생
14          public void run( ) {
15              //num = 200;
16              //i = 100;                매개변수도 지역 변수처럼 상수로 바뀌므로 값을 변경할 수 없어 오류 발생
17              System.out.println("i = " + i);
18              System.out.println("num = " +num);
19              System.out.println("localNum = " +localNum);
20              System.out.println("outNum = " + outNum + "(외부 클래스 인스턴스 변수)");
21              System.out.println("Outer.sNum = " + Outer.sNum + "(외부 클래스 정적 변수)");
22          }
23        }
24        return new MyRunnable( );
25     }
26  }
27
28  public class LocalInnerTest {
29      public static void main(String[] args) {
30          Outer out = new Outer( );
31          Runnable runner = out.getRunnable(10);  //메서드 호출
32          runner.run( );
33      }
34  }
```

출력 결과
```
i = 10
num = 100
localNum = 10
outNum = 100(외부 클래스 인스턴스 변수)
Outer.sNum = 200(외부 클래스 정적 변수)
```

7행 getRunnable( ) 메서드를 살펴보면, 이 메서드의 반환형은 Runnable입니다. 즉 이 메서드에서는 Runnable 자료형의 객체를 생성하여 반환해야 합니다. 그래서 이 메서드 내부에 클래스를 하나 정의했습니다. 이름은 MyRunnable이고 Runnable 인터페이스를 구현한 클래스입니다. 메서드 안에 정의한 MyRunnable 클래스가 바로 지역 내부 클래스입니다. 14~22행을 보면 자바 스레드가 실행될 때 호출되는 run( ) 메서드를 구현했습니다. 이 메서드에서 Runnable 자료형을 반환해야 하므로 return new MyRunnable( ); 문장으로 MyRunnable 클래스를 생성한 후 반환합니다.

LocalInnerTest 클래스의 30~32행을 보면, Outer 클래스를 생성한 후 Runnable형 객체로 getRunnable( )을 호출합니다. 즉 MyRunnable을 사용하려면 이 클래스를 직접 생성하는 것이 아니라 getRunnable( ) 메서드를 호출하여 생성된 객체를 반환받아야 합니다.

## 지역 내부 클래스에서 지역 변수의 유효성

여기에서 변수의 유효성에 대해 잘 살펴봐야 합니다. 지역 변수는 메서드가 호출될 때 스택 메모리에 생성되고 메서드의 수행이 끝나면 메모리에서 사라집니다. 그런데 지역 내부 클래스에 포함된 getRunnable( ) 메서드의 매개변수 i와 메서드 내부에 선언한 변수 num은 지역 변수이지요. 이 두 변수를 사용하는 코드를 다시 한번 살펴봅시다.

```
Outer out = new Outer( );
Runnable runner = out.getRunnable(10);   //getRunnable( ) 메서드의 호출이 끝남
runner.run( );        //run( )이 실행되면서 getRunnable( ) 메서드의 지역 변수가 사용됨
```

run( ) 메서드는 getRunnable( ) 메서드의 지역 변수 i와 num을 사용합니다. 그런데 지역 내부 클래스를 가지고 있는 getRunnable( ) 메서드 호출이 끝난 후에도 run( ) 메서드가 정상적으로 호출됩니다. 이는 getRunnable( ) 메서드 호출이 끝나고 스택 메모리에서 지워진 변수를 이후에 또 참조할 수 있다는 것입니다. 즉 지역 내부 클래스에서 사용하는 지역 변수는 상수로 처리됩니다. 상수를 처리하기 위해 자바 7까지는 final 예약어를 꼭 함께 써주어야 했지만, 자바 8부터는 직접 써주지 않아도 코드를 컴파일하면 final 예약어가 자동으로 추가됩니다. 그러므로 15~16행처럼 num과 i 변숫값을 다른 값으로 바꾸려고 하면 오류가 발생합니다. 정리하면, 지역 내부 클래스에서 사용하는 메서드의 지역 변수는 모두 상수로 바뀝니다.

## 익명 내부 클래스

지금까지 만든 클래스는 모두 이름이 있었습니다. 그런데 클래스 이름을 사용하지 않는 클래스가 있습니다. 이런 클래스를 익명 내부 클래스(annoymous inner class)라고 부릅니다. 먼저 지역 내부 클래스에서 선언한 코드를 살펴봅시다.

```java
class Outer {
  …
  Runnable getRunnable(int i) {
    …
    class MyRunnable implements Runnable {   //지역 내부 클래스
      …

      @Override
      public void run( ) {
        …
```

```
                    }                    ┌──────────────────────────────────────┐
                 }                       │ 지역 내부 클래스 이름은 클래스를 생성하여 반환할 때만 사용함 │
              return new MyRunnable( );◄──└──────────────────────────────────────┘
          }
       }
```

지역 내부 클래스 MyRunnable을 선언했지만, 이 클래스 이름을 사용하는 곳은 맨 마지막에
클래스를 생성하여 반환할 때뿐입니다. 그래서 다음 예제처럼 이름을 생략한 Runnable 인터
페이스를 바로 생성해서 반환하는 익명 클래스 형식으로 새롭게 선언합니다.

**Do it!**    익명 내부 클래스 예제          • 참고 파일 AnonymousInnerTest.java

```
01   package innerclass;
02
03   class Outer2 {
04     Runnable getRunnable(int i) {        ┌──────────────────────────┐
05       int num = 100;                     │ MyRunnable 클래스 이름을 빼고 │
06                                          │ 클래스를 바로 생성           │
07       return new Runnable( ) {   //익명 내부 클래스. Runnable 인터페이스 생성
08         @Override
09         public void run( ) {
10           //num = 200;      ┌────────┐
11           //i = 10;         │ 오류 발생 │
12           System.out.println(i);
13           System.out.println(num);
14         }
15       };◄─┤ 클래스 끝에 ;를 씀 │
16     }
17
18     Runnable runner = new Runnable( ) {   //익명 내부 클래스를 변수에 대입
19       @Override
20       public void run( ) {
21         System.out.println("Runnable이 구현된 익명 클래스 변수");
22       }
23     };◄─┤ 클래스 끝에 ;를 씀 │
24   }
25                                          ┌──────────────────────────┐
26   public class AnonymousInnerTest {      │ 인터페이스나 추상 클래스형 변수를 │
27     public static void main(String[] args) { │ 선언하고 클래스를 생성       │
28       Outer2 out = new Outer2( );        └──────────────────────────┘
```

```
29        Runnable runnable = out.getRunnable(10);
30        runnable.run( );
31        out.runner.run( );
32    }
33 }
```

출력 결과
```
10
100
Runnable이 구현된 익명 클래스 변수
```

익명 내부 클래스는 인터페이스 또는 추상 클래스를 단 하나만 바로 생성할 수 있습니다. 그런데 앞에서 인터페이스는 인스턴스로 생성할 수 없다고 했지요? Runnable 인터페이스를 생성할 수 있으려면 인터페이스 몸체가 필요합니다. 9~14행을 보면 Runnable 인터페이스에서 반드시 구현해야 하는 run( ) 메서드가 포함되어 있습니다. 마지막에 세미콜론(;)을 사용해서 익명 내부 클래스가 끝났다는 것을 알려 줍니다. 또한 익명 내부 클래스는 18~23행처럼 인터페이스나 추상 클래스 자료형으로 변수를 선언한 후 익명 내부 클래스를 생성해 대입할 수도 있습니다. 여기에도 마찬가지로 추상 메서드나 인터페이스를 구현한 후 세미콜론으로 클래스 끝을 나타냅니다.

마지막으로 28~31행은 익명 클래스를 사용하는 코드이며, 작동 방법은 지역 내부 클래스와 동일합니다. 즉 Runnable 인터페이스 자료형으로 변수를 선언하고, 인터페이스의 익명 내부 클래스가 구현된 메서드를 호출하면 인스턴스를 반환합니다. 그리고 runnable.run( ) 또는 out.runner.run( )으로 인터페이스의 메서드를 호출할 수 있습니다.

정리하면 익명 내부 클래스는 변수에 직접 대입하는 경우도 있고 메서드 내부에서 인터페이스나 추상 클래스를 구현하는 경우도 있습니다. 이때 사용하는 지역 변수는 상수화되므로 메서드 호출이 끝난 후에도 사용할 수 있습니다.

 은종쌤

질문 있어요

### 익명 내부 클래스는 주로 어디에 사용할까요?

익명 내부 클래스는 예전에 자바 UI에서 이벤트를 처리하는 데 많이 사용했습니다. 현재는 안드로이드 프로그래밍에서 위젯의 이벤트를 처리하는 핸들러를 구현할 때 사용합니다. 안드로이드에서 사용하는 버튼, 텍스트 상자 등을 위젯(widget)이라고 합니다. 위젯은 사용자가 터치하거나 키값을 입력하면 이벤트를 일으키는데 이때 이벤트를 처리해 주는 코드를 이벤트 핸들러라고 합니다. 앞에서 말했듯이 안드로이드 이벤트 핸들러는 대부분 익명 내부 클래스로 구현합니다.

다음은 안드로이드 앱을 만드는 소스 코드의 일부입니다. 버튼을 눌렀을 때 'hello' 메시지를 하나 띄웁니다. 버튼을 누르면 발생하는 이벤트 핸들러는 new View.OnClickListener( )입니다. 그리고 이 핸들러를 구현하는 메서드는 onClick입니다. new부터 시작된 익명 내부 클래스는 맨 마지막 세미콜론(;)에서 구현을 마칩니다. 이와 같이 안드로이드 위젯의 이벤트 핸들러를 익명 내부 클래스로 구현합니다.

```
button1.setOnClickListener(new View.OnClickListener( ) {
    public boolean onClick(View v) {
        Toast.makeText(getBaseContext( ), "hello ", Toast.LENGTH_LONG).show( );
        return true;
    }
});
```

지금까지 배운 내부 클래스 내용을 표로 정리하면 다음과 같습니다.

| 종류 | 구현 위치 | 사용할 수 있는 외부 클래스 변수 | 생성 방법 |
|---|---|---|---|
| 인스턴스 내부 클래스 | 외부 클래스 인스턴스 변수와 동일 | 외부 인스턴스 변수 외부 정적 변수 | 외부 클래스를 먼저 만든 후 내부 클래스 생성 |
| 정적 내부 클래스 | 외부 클래스 인스턴스 변수와 동일 | 외부 정적 변수 | 외부 클래스와 무관하게 생성 |
| 지역 내부 클래스 | 메서드 내부에 구현 | 외부 인스턴스 변수 외부 정적 변수 | 메서드를 호출할 때 생성 |
| 익명 내부 클래스 | 메서드 내부에 구현 변수에 대입하여 직접 구현 | 외부 인스턴스 변수 외부 정적 변수 | 메서드를 호출할 때 생성되거나 인터페이스 자료형 변수에 대입할 때 new 예약어를 사용하여 생성 |

# 13-2 람다식이란?

## 함수형 프로그래밍과 람다식

자바는 객체를 기반으로 프로그램을 구현합니다. 만약 어떤 기능이 필요하다면 클래스를 먼저 만들고, 클래스 안에 기능을 구현한 메서드를 만든 후 그 메서드를 호출해야 합니다. 다시 말해 클래스가 없다면 메서드를 사용할 수 없습니다. 그런데 함수의 구현과 호출만으로 프로그램을 만들 수 있는 프로그래밍 방식이 있습니다. 이를 **함수형 프로그래밍**(Fucntional Programming: FP)이라고 합니다. 함수형 프로그래밍의 여러 장점이 대두되면서 자바 8부터 함수형 프로그래밍을 지원하고 있습니다. 자바에서 제공하는 함수형 프로그래밍 방식을 **람다식**(Lambda expression)이라고 합니다. 그러면 객체 기반 프로그래밍 언어인 자바가 함수형 프로그래밍을 어떻게 구현하는지 살펴보겠습니다.

## 람다식 문법 살펴보기

람다식을 구현하는 방법은 지금까지 배운 프로그래밍 방식과 조금 다릅니다. 간단히 설명하면 람다식은 함수 이름이 없는 익명 함수를 만듭니다. 람다식 문법은 오른쪽과 같습니다. 메서드에서 사용하는 매개변수가 있고, 이

```
(매개변수) -> {실행문;}
```

메서드가 매개변수를 사용하여 실행할 구현 내용, 즉 메서드의 구현부를 { } 내부에 씁니다. 예를 들어 두 수를 입력받아 그 합을 반환하는 add( ) 메서드를 람다식으로 변환해 보겠습니다.

```
int add(int x, int y) {
  return x + y;
}
```

➡ `(int x, int y) -> {return x + y;}`

메서드 이름 add와 반환형 int를 없애고 -> 기호를 사용하여 구현합니다. 람다식의 의미를 살펴보면 두 입력 매개변수(x, y)를 사용하여 {return x + y;} 문장을 실행해 연산 결과를 반환하라는 의미입니다. 이전에 해본 적이 없는 프로그래밍 방식이라 익숙하지 않겠지만, 이 예시를 통해 코드가 훨씬 간결해진 것을 확인할 수 있습니다. 람다식 문법을 좀 더 자세히 살펴봅시다.

## 매개변수 자료형과 괄호 생략하기

람다식 문법에서는 매개변수 자료형을 생략할 수 있습니다. 또 매개변수가 하나인 경우에는 괄호도 생략할 수 있습니다. 예를 들어 문자열 하나를 매개변수로 받아 출력할 때 다음과 같이 매개변수를 감싸는 괄호를 생략합니다.

```
str -> {System.out.println(str);}
```

하지만 매개변수가 두 개인 경우는 괄호를 생략할 수 없습니다.

```
x, y -> {System.out.println(x + y);} ←── 이렇게 하면 오류 발생
```

## 중괄호 생략하기

중괄호 안의 구현부가 한 문장인 경우 중괄호를 생략할 수 있습니다.

```
str -> System.out.println(str);
```

하지만 중괄호 안의 구현부가 한 문장이더라도 return문이라면 중괄호를 생략할 수 없습니다.

```
str -> return str.length( ); ←── 이렇게 하면 오류가 발생
```

## return 생략하기

중괄호 안의 구현부가 return문 하나라면 중괄호와 return을 모두 생략하고 식만 씁니다.

```
(x, y) -> x + y       //두 값을 더하여 반환함
str -> str.length( )  //문자열의 길이를 반환함
```

## 람다식 구현하기

이제 간단한 람다식 예제 하나를 살펴봅시다. 두 수 중 큰 수를 찾는 함수를 람다식으로 구현해 보겠습니다. 구현할 람다식 코드는 매개변수가 두 개이고 이 중 큰 수를 반환합니다. 람다식을 구현하려면 먼저 인터페이스를 만들고, 인터페이스에 람다식으로 구현할 메서드를 선언해야 합니다. 이를 **함수형 인터페이스**라고 합니다.

lambda 패키지를 만들고 MyNumber 함수형 인터페이스를 만듭니다. 그리고 내부에 getMax( ) 추상 메서드를 작성합니다.

> 함수형 인터페이스가 필요한 이유에 대해서는 곧 자세히 설명합니다. 여기에서는 직접 입력하며 익혀 보세요.

**Do it! 함수형 인터페이스 선언하기**
· 참고 파일 MyNumber.java

```
01   package lambda;
02
03   public interface MyNumber {
04       int getMax(int num1, int num2);   ← 추상 메서드 선언
05   }
```

코드에서 getMax( ) 추상 메서드는 입력받은 두 수 중 더 큰 수를 반환하는 기능을 구현할 것입니다. 이를 람다식으로 구현하면 다음 왼쪽 코드와 같습니다. 더 간단하게 쓰면 오른쪽과 같습니다. 이와 같이 람다식을 구현할 때 되도록 생략할 수 있는 부분은 생략하여 구현합니다.

```
(x, y) -> {
  if (x >= y) return x;
  else return y;
}
```
➡
```
(x, y) -> x >= y ? x : y
```

그러면 이 람다식을 어떻게 사용하는지 다음 코드를 따라 쓰며 살펴봅시다.

**Do it! 람다식 구현과 호출하기**
· 참고 파일 TestMyNumber.java

```
01   package lambda;
02
03   public class TestMyNumber {
04     public static void main(String[] args) {
05       MyNumber max = (x, y) -> (x >= y) ? x : y;   // 람다식을 인터페이스형 변수 max에 대입
06       System.out.println(max.getMax(10, 20));       // 인터페이스형 변수로 메서드 호출
07     }
08   }
```

출력 결과
```
20
```

앞에서 구현한 람다식은 MyNumber 인터페이스의 getMax( ) 메서드입니다. MyNumber 인터페이스형 변수(max)를 선언하고 변수에 람다식을 대입합니다. 변수 max의 자료형이 MyNumber이므로 max.getMax(10, 20)과 같이 getMax( ) 메서드를 호출할 수 있습니다.

함수형 프로그래밍은 순수 함수(pure function)를 구현하고 호출함으로써 외부 자료에 부수적인 영향(side effect)를 주지 않도록 구현하는 방식입니다. 순수 함수란 매개변수만을 사용하여 만드는 함수입니다. 즉 함수 내부에서 함수 외부에 있는 변수를 사용하지 않아 함수가 수행되더라도 외부에 영향을 주지 않습니다.

객체 지향 언어가 객체를 기반으로 구현하는 방식이라면 함수형 프로그램은 함수를 기반으로 하고, 자료를 입력받아 구현하는 방식입니다. 함수가 입력받은 자료 이외에 외부 자료에 영향을 미치지 않기 때문에 여러 자료 동시에 처리하는 병렬 처리에 적합하며, 안정되고 확장성 있는 프로그램을 개발할 수 있는 장점이 있습니다. 또 순수 함수로 구현된 함수형 프로그램은 함수 기능이 자료에 독립적일 수 있도록 보장합니다. 즉 동일한 입력에 대해서는 동일한 출력을 보장하고, 다양한 자료에 같은 기능을 수행할 수 있습니다. 언뜻 듣기에도 우리가 지금까지 배운 객체 지향 프로그래밍과는 그 기반이 다르다는 것을 알 수 있습니다.

## 함수형 인터페이스

람다식은 메서드 이름이 없고 메서드를 실행하는 데 필요한 매개변수와 매개변수를 활용한 실행 코드를 구현하는 것입니다. 그러면 메서드는 어디에 선언하고 구현해야 할까요? 함수형 언어에서는 함수만 따로 호출할 수 있지만, 자바에서는 참조 변수 없이 메서드를 호출할 수 없습니다. 그러므로 람다식을 구현하기 위해 함수형 인터페이스를 만들고, 인터페이스에 람다식으로 구현할 메서드를 선언합니다. 람다식은 하나의 메서드를 구현하여 인터페이스형 변수에 대입하므로 인터페이스에 두 개 이상의 메서드가 있어서는 안 됩니다. 예를 들어 다음과 같이 MyNumber 인터페이스에 add( ) 메서드를 추가했다고 생각해 봅시다.

```
package lambda;

public interface MyNumber {
   int getMax(int num1, int num2);
   int add(int num1, int num2);      ← 추가한 메서드
}
```

람다식은 이름이 없는 익명 함수로 구현하기 때문에 인터페이스에 메서드가 여러 개 있다면 어떤 메서드를 구현한 것인지 모호해집니다. 따라서 람다식은 오직 하나의 메서드만 선언한 인터페이스를 구현할 수 있습니다.

## @FunctionalInterface 애너테이션

프로그래밍을 하다 보면 람다식으로 구현한 인터페이스에 실수로 다른 메서드를 추가할 수도 있습니다. 이러한 실수를 막기 위해 @FunctionalInterface 애너테이션을 사용합니다. @FunctionalInterface를 사용하면 함수형 인터페이스라는 의미이고, 메서드를 하나 이상 선언하면 다음과 같이 오류가 납니다.

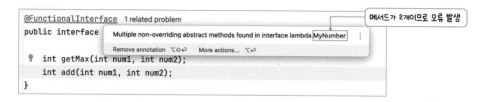

이 애너테이션은 반드시 써야 하는 것은 아닙니다. 다만 이 애너테이션을 사용하면 함수형 인터페이스라는 것을 명시적으로 표현할 수 있으므로 나중에 발생할 오류를 방지할 수 있습니다.

## 객체 지향 프로그래밍 방식과 람다식 비교

문자열 두 개를 연결해 출력하는 프로그램을 객체 지향 프로그래밍 방식과 람다식으로 각각 구현하고 비교해 봅시다. 람다식을 사용하면 기존 방식보다 코드를 간결하게 구현할 수 있습니다. 메서드의 구현부를 클래스에 만들고, 이를 다시 인스턴스로 생성하고 호출하는 코드가 줄어들기 때문입니다.

그러면 먼저 다음 인터페이스 코드를 작성해 봅시다.

**Do it!** StringConcat 인터페이스 만들기 　　　　　　　　　• 참고 파일 StringConcat.java

```
01  package lambda;
02
03  public interface StringConcat {
04      public void makeString(String s1, String s2);
05  }
```

이 인터페이스는 문자열 두 개를 매개변수로 입력받아 두 문자열을 연결하여 출력하는 makeString( ) 메서드를 가지고 있습니다. 이 메서드는 입력받은 두 문자열을 쉼표(,)로 연결하여 출력하도록 구현할 것입니다. 예를 들어 s1 = Hello이고 s2 = World라면 Hello,World를 출력합니다. 그러면 이 인터페이스를 활용해 기존 방식과 람다식 두 가지 방식으로 구현해 보겠습니다.

## 클래스에서 인터페이스 구현하기

StringConcatImpl 클래스에서 StringConcat 인터페이스를 구현했습니다. StringConcat 인터페이스는 추상 메서드 makeString( )을 가지고 있으므로 다음과 같이 StringConCatImpl 클래스에서 메서드를 재정의했습니다.

**Do it!** 메서드를 클래스에서 인터페이스 구현하기 · 참고 파일 StringConcatImpl.java

```java
01  package lambda;
02
03  public class StringConCatImpl implements StringConcat {
04    @Override
05    public void makeString(String s1, String s2) {
06      System.out.println( s1 + "," + s2 );
07    }
08  }
```

이 코드를 테스트하는 프로그램은 다음과 같습니다.

**Do it!** makeString( ) 메서드 테스트하기 · 참고 파일 TestStringConcat.java

```java
01  package lambda;
02
03  public class TestStringConcat {
04    public static void main(String[] args) {
05      String s1 = "Hello";
06      String s2 = "World";
07      StringConCatImpl concat1 = new StringConCatImpl( );
08      concat1.makeString(s1, s2);
09    }
10  }
```

출력 결과
```
Hello,World
```

문자열 s1, s2를 선언하고 각각 Hello와 World를 대입합니다. makeString( ) 메서드를 수행하려면 StringConcat 인터페이스를 구현한 StringConCatImpl 클래스를 인스턴스로 생성해야 합니다. 7행에서 인스턴스를 생성하고 8행에서 참조 변수 concat1을 사용해 makeString( ) 메서드를 호출했습니다.

## 람다식으로 인터페이스 구현하기

람다식으로 인터페이스를 구현할 때에는 클래스를 따로 생성할 필요 없이 바로 메서드를 구현합니다.

**Do it!** 람다식으로 인터페이스 구현하기 · 참고 파일 TestStringConcat.java

```java
01  package lambda;
02
03  public class TestStringConcat {
04    public static void main(String[] args) {
05      String s1 = "Hello";
06      String s2 = "World";
07      StringConcat concat2 = (s, v) -> System.out.println(s + "," + v);
08      concat2.makeString(s1, s2);
09    }
10  }
```

출력 결과
```
Hello,World
```

두 매개변수 s, v를 사용해 연결된 문자열을 출력하도록 구현했습니다. 이 구현부를 String Concat 인터페이스 자료형인 concat2 변수에 대입하고, 이 변수를 사용하여 makeString( ) 메서드를 호출합니다.

두 가지 구현 방법을 비교해 보면, 람다식으로 구현하는 경우에 코드가 더 간결해지는 것을 알 수 있습니다. 람다식으로 구현하려면 메서드를 하나만 포함하는 함수형 인터페이스만 가능하다는 점을 잊지 마세요.

## 익명 객체를 생성하는 람다식

자바는 객체 지향 언어입니다. 그런데 람다식은 객체 없이 인터페이스를 구현하는 것만으로도 메서드를 호출할 수 있습니다. 자바는 객체를 생성하지 않으면 메서드 호출이 일어날 수 없는데 이 경우 어떻게 호출되는 것일까요?

우리는 앞에서 익명 내부 클래스를 배웠습니다. 익명 내부 클래스는 클래스 이름 없이 인터페이스 자료형 변수에 바로 메서드 구현부를 생성하여 대입할 수 있습니다. 즉 람다식으로 메서드를 구현해서 호출하면 컴퓨터 내부에서는 다음처럼 익명 클래스가 생성되고 이를 통해 익명 객체가 생성되는 것입니다.

```
StringConcat concat3 = new StringConcat( ) {
  @Override
  public void makeString(String s1, String s2) {
    System.out.println( s1 + "," + s2 );
  }
};
```

### 람다식에서 사용하는 지역 변수의 유효성

두 문자열을 연결하는 람다식 코드에서 외부 메서드의 지역 변수인 i를 수정하면 어떻게 될까요?

```
public class TestStringConcat {
  public static void main(String[] args) {
    …
    int i = 100;      // main( ) 함수의 지역 변수

    StringConcat concat2 = (s, v) -> {
      // i = 200;   ← 람다식 내부에서 변경하면 오류 발생
      System.out.println(i);
      System.out.println(s + "," + v);
    };
```

i는 main( ) 함수의 지역 변수입니다. 만약 람다식 내부에서 변수 i 값을 변경하면 오류가 납니다. 변숫값을 변경하지 않고 출력만 하면 오류가 발생하지 않습니다. 그 이유는 무엇일까요?

이는 지역 내부 클래스에서 다룬 내용과 같은 이유입니다. 지역 변수는 메서드 호출이 끝나면 메모리에서 사라지기 때문에 익명 내부 클래스에서 사용하는 경우에는 지역 변수가 상수로 변합니다. 람다식 역시 익명 내부 클래스가 생성되므로 외부 메서드의 지역 변수를 사용하면 변수는 final 변수, 즉 상수가 됩니다. 따라서 이 변수를 변경하면 오류가 발생합니다.

### 함수를 변수처럼 사용하는 람다식

람다식을 이용하면 구현된 함수를 변수처럼 사용할 수 있습니다. 프로그램에서 변수를 사용하는 경우는 크게 세 가지입니다.

| 변수를 사용하는 경우 | 예시 |
|---|---|
| 특정 자료형으로 변수 선언 후 값을 대입하여 사용하기 | int a = 10; |
| 매개변수로 전달하기 | int add(int x, int y); |
| 메서드의 반환값으로 반환하기 | return num; |

람다식으로 구현한 메서드도 변수에 대입하여 사용할 수 있고, 매개변수로 전달하고 반환할 수도 있습니다. 각각의 경우를 예제로 살펴봅시다.

### 인터페이스형 변수에 람다식 대입하기

480쪽에서 인터페이스형 변수에 람다식을 대입해 보았습니다. 다음과 같이 함수형 인터페이스 PrintString이 있고, 여기에 메서드를 하나 선언합니다. 이 메서드를 구현한 람다식이 오른쪽과 같습니다.

```
interface PrintString {
  void showString(String str);
}
```

⟹

```
s -> System.out.println(s)
```

인터페이스에 선언된 메서드를 람다식으로 구현

이를 실행하기 위해 인터페이스형 변수를 선언하고 여기에 람다식 구현부를 대입했습니다.

```
PrintString lambdaStr = s -> System.out.println(s);   //인터페이스형 변수에 람다식 대입
lambdaStr.showString("hello lamda_1");
```

메서드를 호출하면 구현된 람다식이 실행됨

람다식이 대입된 변수 lamdaStr를 통해 람다식 구현부를 호출할 수 있습니다.

### 매개변수로 전달되는 람다식

람다식을 변수에 대입하면 이를 매개변수로 전달할 수 있습니다. 이때 전달되는 매개변수의 자료형은 인터페이스형입니다. 예제로 살펴보면 다음과 같습니다.

**Do it!** 매개변수로 전달하는 람다식 구현하기 · 참고 파일 TestLambda.java

```
01   package lambda;
02
03   interface PrintString {
04     void showString(String str);
05   }
```

```
06
07    public class TestLambda {
08      public static void main(String[] args) {
09        PrintString lambdaStr = s -> System.out.println(s);
10        lambdaStr.showString("hello lamda_1");
11        showMyString(lambdaStr);
12      }
13      public static void showMyString(PrintString p) {
14        p.showString("hello lamda_2");
15      }
16    }
```

람다식을 인터페이스형 변수에 대입하고
그 변수를 사용해 람다식 구현부 호출

메서드의 매개변수로 람다식을 대입한 변수 전달

매개변수를 인터페이스형으로 받음

출력 결과
```
hello lamda_1
hello lamda_2
```

TestLamda 클래스에 정적 메서드 showMyString( )을 하나 추가했습니다. 11행에서
showMyString( ) 메서드에 람다식을 대입한 lamdaStr 변수를 매개변수로 전달했습니다. 매
개변수의 자료형은 인터페이스형인 PrintString이고 변수는 p입니다. p.showString("hello_
lamda_2");라고 호출하면 람다식의 구현부인 출력문이 호출됩니다.


### 반환값으로 쓰이는 람다식

다음과 같이 메서드의 반환형을 람다식의 인터페이스형으로 선언하면 구현한 람다식을 반환할
수 있습니다.

```
public static PrintString returnString( ) {
  PrintString str = s -> System.out.println(s + "world");
  return str;
}
```

이 람다식은 매개변수로 전달된 문자열에 world를 더하여 반환하도록 구현합니다. 반환형은
인터페이스형인 PrintString입니다. 좀 더 간단하게 str 변수를 생략하고 다음과 같이 쓸 수 있
습니다.

```
public static PrintString returnString( ) {
  return s -> System.out.println(s + "world");
}
```

테스트 프로그램에서 실행하면 다음과 같습니다.

반환값으로 쓰이는 람다식 구현하기 · 참고 파일 TestLambda.java

```java
01  package lamda;
02
03  interface PrintString {
04    void showString(String str);
05  }
06
07  public class TestLambda {
08    public static void main(String[] args) {
09      …
13      PrintString reStr = returnString( );    //변수로 반환받기
14      reStr.showString("hello ");             //메서드 호출
15    }
16
17    public static void showMyString(PrintString p) {
18      p.showString("hello lamda_2");
19    }
20
21    public static PrintString returnString( ) {
22      return s -> System.out.println(s + "world");   ← 람다식을 반환하는 메서드
23    }
24  }
```

출력 결과
```
hello lambda_1
hello lambda_2
hello world
```

지금까지 예제에서 볼 수 있듯이 람다식은 함수의 구현부를 변수에 대입하고, 매개변수로 전달하고, 함수의 반환값으로 사용할 수 있습니다. 마치 변수처럼 사용할 수 있는 것이죠. 이는 함수형 프로그래밍의 특징 중 하나입니다.

🔔 자바 8부터는 java.util.function에서 함수형 인터페이스 표준 API를 제공합니다. 이에 대해 더 알고 싶다면 JavaDoc을 참고하세요.

사실 람다식은 이제 막 객체 지향 프로그래밍에 입문한 초보자에게 쉽지 않을 것입니다. 하지만 제네릭이나 람다식 같은 개념을 모르면 이해하기 어려운 자바 코드를 종종 만날 수 있습니다. 그러니 어렵다고 포기하지 말고 천천히 코드를 따라 하면서 기본 개념을 익히기 바랍니다.

# 13-3 스트림이란?

## 자료 처리 기능을 구현한 클래스, 스트림

자료가 모여 있는 배열이나 컬렉션 또는 특정 범위 안에 있는 일련의 숫자를 처리하는 기능이 미리 구현되어 있다면 프로그램의 코드가 훨씬 간결해지고 일관성 있게 다룰 수 있겠죠? 예를 들어 배열 요소를 특정 기준에 따라 정렬(sorting)하거나, 요소 중 특정 값은 제외하고 출력하는(filter) 기능처럼 말입니다. 이렇게 여러 자료를 처리하는 기능을 구현해 놓은 클래스가 스트림(stream)입니다. 스트림을 활용하면 배열, 컬렉션 등의 자료를 일관성 있게 처리할 수 있습니다. 자료에 따라 기능을 각각 새로 구현하는 것이 아니라 처리해야 하는 자료가 무엇이든 상관없이 같은 방식으로 메서드를 호출할 수 있기 때문입니다. 다른 말로는 '자료를 추상화했다'고 표현합니다.

> 🎈 15장에서 입출력을 위한 I/O 스트림을 소개하는데, 여기에서 다루는 스트림과 전혀 다른 개념입니다.

배열을 예로 들어 보겠습니다. 오른쪽 코드는 정수 5개를 요소로 하는 배열이 있고, 이를 모두 출력합니다.

```java
int[] arr = {1, 2, 3, 4, 5};
for (int i = 0; i < arr.length; i++) {
    System.out.println(arr[i]);
}
```

이 배열에 스트림을 생성하면 다음과 같습니다.

```java
int[] arr = {1, 2, 3, 4, 5};
Arrays.stream(arr).forEach(n -> System.out.println(n));
```

코드가 꽤 간단해졌네요. 위 코드를 분석해 봅시다.

```
Arrays.stream(arr).forEach(n -> System.out.println(n));
```
　　　스트림 생성 부분　　　　　요소를 하나씩 꺼내어 출력하는 메서드

스트림을 생성하고 미리 구현되어 있는 forEach( ) 메서드(최종 연산)를 사용하여 배열 요소를 하나씩 꺼내어 출력할 수 있습니다. 그러면 직접 스트림을 생성하고 사용해 봅시다.

## 스트림 생성하고 사용하기

### 정수 배열에서 사용하기

스트림을 활용해 정수 배열의 개수와 합을 출력하는 예제를 살펴봅시다.

**Do it!** 정수 배열에서 스트림 활용하기 · 참고 파일 IntArrayTest.java

```
01    package stream;
02
03    import java.util.Arrays;
04
05    public class IntArrayTest {
06      public static void main(String[] args) {
07        int[] arr = {1, 2, 3, 4, 5};
08
09        int sumVal = Arrays.stream(arr).sum( );
10        int count = (int) Arrays.stream(arr).count( );
11        System.out.println(sumVal);
12        System.out.println(count);
13      }
14    }
```

> sum( ) 연산으로 arr 배열에 저장된 값을 모두 더함

> count( ) 연산으로 arr 배열의 요소 개수를 반환함

> count( ) 메서드의 반환값이 long이므로 int형으로 변환

**출력 결과**
```
15
5
```

출력 결과를 보면 정수 배열의 요소들의 합과 개수가 계산되는 것을 알 수 있습니다. 이때 10행 count( ) 메서드의 반환값이 long형이므로 int형으로 형 변환을 합니다. count( ), sum( ) 이외에 max( ), min( ), average( ) 등 연산에 필요한 메서드가 스트림에서 최종 연산으로 제공됩니다.

### Collection 인터페이스에서 스트림 생성하고 사용하기

Collection 인터페이스를 구현한 클래스 중 가장 많이 사용하는 ArrayList에 스트림을 생성하고 활용해 보겠습니다. 오른쪽과 같이 문자열을 요소로 하

```
List<String> sList = new ArrayList<String>( );
sList.add("Tomas");
sList.add("Edward");
sList.add("Jack");
```

는 ArrayList가 있습니다. 이 ArrayList의 스트림을 생성하여 출력하고, 정렬하는 예를 살펴보겠습니다. 다음은 Collection 인터페이스의 메서드입니다.

| 메서드 | 설명 |
| --- | --- |
| Stream\<E\> stream( ) | 스트림 클래스를 반환합니다. |

Collection에서 stream( ) 메서드를 사용하면 이 클래스는 제네릭형을 사용해 다음과 같이 자료형을 명시할 수 있습니다.

```
Stream<String> stream = sList.stream( );
```

이렇게 생성된 스트림은 내부에 ArrayList의 모든 요소를 가지고 있습니다. 각 요소를 하나씩 출력하는 기능을 구현해 봅시다. 모든 요소를 하나씩 가져와서 처리할 때 스트림의 forEach( ) 메서드를 활용합니다. ⓔ 12장에서 Iterator를 사용해 구현한 예제를 참고하세요.

```
Stream<String> stream = sList.stream( );
stream.forEach(s -> System.out.println(s));
```

forEach( ) 메서드는 내부에서 반복문을 수행합니다. 그럼 람다식은 forEach( )의 괄호 안에 어떻게 구현될까요? forEach( ) 메서드가 수행되면 요소가 하나씩 차례로 변수 s에 대입되고 이를 매개변수로 받아 출력문이 호출됩니다.

# 13-4 스트림의 다양한 연산

------------------------------------------------------------------------

스트림 클래스는 자료를 처리하는 데 필요한 여러 가지 연산 기능을 메서드로 제공합니다. 스트림 연산은 크게 중간 연산(Intermediate Operations)과 최종 연산(Teminal Operations)으로 나눕니다. **중간 연산**은 자료를 필터링하거나 변형하여 또 다른 자료를 내부에서 생성합니다. **최종 연산**은 생성된 내부 자료를 소모해 가면서 연산을 수행합니다. 따라서 최종 연산은 마지막에 한 번만 호출됩니다. 그리고 최종 연산이 호출되어야 중간 연산의 결과가 만들어집니다.

> 생성한 스트림의 요소를 출력할 때 각 요소를 하나씩 순회하는데, 이때 요소들이 '소모된다'고 표현합니다. 요소를 재사용할 수 없기 때문에 소모된다는 표현을 사용합니다.

중간 연산과 최종 연산을 수행하는 메서드는 다양합니다. 그중에서 많이 사용하는 연산 메서드 위주로 설명하겠습니다.

## 중간 연산

### 조건에 맞는 요소만 골라내는 filter 연산

filter( ) 메서드는 스트림의 요소 중에 어떤 조건을 만족하는, 즉 특정 조건이 true인 요소만 골라내 새로운 스트림을 만들어 내는 역할을 합니다. 예를 들어 filter( ) 메서드는 나이가 19세 이상인 사람의 자료를 찾는 조건이나 배열 요소에서 짝수만 찾는 조건을 만족하는 요소만 걸러내는 역할을 합니다. filter( )의 선언 형식은 다음과 같습니다.

```
Stream<T> filter(Predicate<T> predicate)
```

filter( ) 메서드의 매개변수로 Predicate라는 함수형 인터페이스가 필요합니다. Predicate는 함수형 인터페이스이므로 람다식 하나로 구현할 수 있는데, 해당 람다식에서 요소 T의 연산(조건식) 결과가 true나 false가 됩니다.

예를 들어 여러 정수 중 양수인 경우만 조건식의 결과가 true이므로 filter( ) 메서드의 매개변수로 다음과 같이 람다식을 작성할 수 있습니다.

```
Predicate<Integer> isPositive = x -> x > 0;
```

앞서 작성한 람다식을 활용해 배열의 요소로 Integer값이 있을 때 요소 중 양수인 값만 골라내는 filter 연산을 적용하는 코드를 작성해 봅시다.

**Do it!** filter( ) 메서드 사용하기
• 참고 파일 FilterTest.java

```java
01    package stream;
02
03    import java.util.Arrays;
04    import java.util.List;
05    import java.util.function.Predicate;
06    import java.util.stream.Stream;
07
08    public class FilterTest {
09        public static void main(String[] args) {
10            Predicate<Integer> isPositive = x -> x > 0; // 양수를 찾는 Predicate
11
12            List<Integer> numbers = Arrays.asList(5, -10, -22, 0, 43, 7);
13            Stream<Integer> s = numbers.stream().filter(isPositive);
14            s.forEach(n-> System.out.println(n));
15        }
16    }
```

출력 결과
```
5
43
7
```

12행에서 정수 배열을 정의했습니다. 그리고 13행에서 이에 대한 스트림을 생성하고 filter( ) 연산을 실행합니다. 단, filter 연산은 중간 연산이기 때문에 최종 연산인 forEach( )를 통해 요소를 하나씩 출력하면 filter의 조건에 따라 양수 요소만 출력되는 결과를 확인할 수 있습니다.

### 요소를 변형해 결과를 만드는 map 연산

스트림의 요소가 객체인 경우 객체마다 다양한 값을 가지고 있습니다. 예를 들어 학생 객체가 있다면 이름, 학번 등의 값이 있을 것입니다. 이와 같이 객체 요소 안의 값을 활용할 때 map( ) 메서드를 효율적으로 사용할 수 있습니다.
map( ) 연산의 선언 형식은 다음과 같습니다.

`<R> Stream<R> map(Function<T, R> mapper)`

map( ) 연산을 수행할 때 사용하는 Function<T, R>을 알아보겠습니다. 이 또한 함수형 인터페이스입니다. Function에서는 제네릭 자료형을 두 개 사용하는데, 하나는 입력 자료형이고 다른 하나는 출력 자료형입니다. 즉 T 자료형의 인자를 받아 R 자료형으로 출력하라는 의미입니다.

다음은 문자열 리스트를 생성하고, 각 문자열의 길이를 반환하는 코드입니다.

```
List<String> words = Arrays.asList("apple", "banana", "cherry");
Function<String, Integer> stringLength = String::length;
```

이와 같은 코드를 응용해 map( ) 메서드와 함께 사용하면 각 요소를 조건에 따라 변형하고 그 결과를 반환할 수 있습니다. 다음은 사용자 정보가 담긴 스트림에서 filter( )를 활용해 나이가 40세 이상인 사용자를 찾고, map( )을 활용하여 사용자 이름을 가져오는 하는 코드입니다.

**Do it!** map( ) 메서드 사용하기 · 참고 파일 UserInfoMapTest.java

```
01  package stream;
02
03  import java.util.ArrayList;
04  import java.util.List;
05
06  class UserInfo{
07      private String name;
08      private int age;
09
10      public UserInfo(String name, int age) {
11          this.name = name;
12          this.age = age;
13      }
14
15      public String getName() {
16          return name;
17      }
18
19      public int getAge() {
20          return age;
21      }
22  }
23
24  public class UserInfoMapTest {
25      public static void main(String[] args) {
26          UserInfo userKim = new UserInfo("김영희", 30);
27          UserInfo userLee = new UserInfo("이철수", 40);
28          UserInfo userSong = new UserInfo("송영수", 55);
29
30          List<UserInfo> userInfoList = new ArrayList< >();
```

```
31          userInfoList.add(userKim);
32          userInfoList.add(userLee);
33          userInfoList.add(userSong);
34
35          // filter와 map 연산으로 40세 이상인 사용자의 이름 추출
36          userInfoList.stream()
37                  .filter(user -> user.getAge() >= 40)     // 40세 이상 사용자 필터링
38                  .map(UserInfo::getName)                   // 이름을 추출
39                  .forEach(s-> System.out.println(s));
40      }
41  }
```

앞서 배운 filter( )를 통해 40세 이상인 객체만 필터링한 뒤, map( )으로 필터링한 객체에서
사용자 이름 정보만 추출한 결과를 출력했습니다.

### 요소를 정렬하는 sorted 연산

정렬 연산을 하려면 요소끼리 비교 작업을 해야 합니다. 비교할 때는 어떤 기준으로 정렬할지
를 정해 프로그램을 구현해야 합니다. sorted( ) 메서드는 스트림의 요소를 정렬하는 연산을
수행하는데, 이미 객체에서 제공하는 정렬 방식을 사용한다면 다음과 같이 간단히 메서드를
호출하면 됩니다. sorted( ) 연산의 선언 형식은 다음과 같습니다.

```
Stream<T> sorted()
```

만약 제공된 정렬 방식이 아니라 알파벳의 내림차순으로 정렬한다든가, 문자열의 길이순으
로 정렬하고 싶다면 다음과 같이 Comparator 인터페이스를 구현해야 합니다. 이 역시 람다
식으로 구현할 수 있습니다. Comparator에서 구현해야 하
는 메서드는 compare( )입니다.

Comparator 인터페이스가 기억이 나지
않는다면 12-4절을 참고하세요.

```
Stream<T> sorted(Comparator<T> comparator)
```

과일 이름이 담긴 스트림을 오름차순으로 정렬하는 경우와 문자열 길이에 따라 정렬하는 경
우를 살펴보겠습니다.

```java
01   package stream;
02
03   import java.util.Arrays;
04   import java.util.List;
05
06   public class SortedTest {
07       public static void main(String[] args) {
08           // 문자열 리스트 생성
09           List<String> fruits = Arrays.asList("파인애플", "사과", "바나나", "귤");
10
11           System.out.print("기본 정렬 (오름차순으로 정렬): ");
12           // 오름차순으로 정렬
13           fruits.stream()
14                   .sorted()
15                   .forEach(s-> System.out.print(s + " ") );
16           System.out.println();
17
18           System.out.print("맞춤형 정렬 (문자열 길이에 따라 정렬): " );
19           // 문자열 길이에 따라 정렬
20           fruits.stream()
21                   .sorted((f1, f2) -> Integer.compare(f1.length(), f2.length()))
22                   .forEach(s-> System.out.print(s + " "));
23       }
24   }
```

**출력 결과**

```
기본 정렬 (오름차순으로 정렬): 귤 바나나 사과 파인애플
맞춤형 정렬 (문자열 길이에 따라 정렬): 귤 사과 바나나 파인애플
```

## 개수를 제한하는 limit 연산

limit( )는 스트림 요소를 원하는 개수만큼 가져오는 메서드입니다. filter나 sorted로 연산을
수행한 후, limit 연산을 수행하는 경우가 많습니다. 앞서 실습한 sorted( )를 활용한 예제를
변형해 limit( ) 메서드로 과일 두 개를 가져와 출력해 봅시다.

```java
01  package stream;
02
03  import java.util.Arrays;
04  import java.util.List;
05
06  public class LimitTest {
07      public static void main(String[] args) {
08          List<String> fruits = Arrays.asList("파인애플", "사과", "바나나", "귤");
09
10          System.out.print("기본 정렬 (오름차순으로 정렬): ");
11          // 오름차순으로 정렬
12          fruits.stream()
13                  .sorted().limit(2)
14                  .forEach(s-> System.out.print(s + " ") );
15          System.out.println();
16
17          System.out.print("맞춤형 정렬 (문자열 길이에 따라 정렬): " );
18          // 문자열 길이에 따라 정렬
19          fruits.stream()
20                  .sorted((f1, f2) -> Integer.compare(f1.length(), f2.length())).limit(2)
21                  .forEach(s-> System.out.print(s + " "));
22      }
23  }
```

> 과일 이름을 오름차순으로 정렬한 결과에 limit( ) 연산을 추가해 과일 2개를 출력

> 과일 이름의 길이에 따라 정렬한 결과에 limit( ) 연산을 추가해 과일 2개를 출력

**출력 결과**

```
기본 정렬 (오름차순으로 정렬): 귤 바나나
맞춤형 정렬 (문자열 길이에 따라 정렬): 귤 사과
```

13행에서는 과일 이름을 sorted( ) 메서드를 활용하여 오름차순으로 정렬하고 그 연산 결과에 limit( ) 연산을 적용하여 과일 두 개를 출력합니다. 20행에서는 과일 이름의 길이를 서로 비교하여 오름차순으로 정렬한 결과에 limit( ) 연산을 적용해 과일 두 개를 출력합니다.

## 중복 요소를 제거하는 distinct 연산

Set 인터페이스를 구현한 HashSet와 같은 객체는 중복이 허용되지 않지만 우리가 일반적으로 가장 많이 사용하는 배열 클래스인 ArrayList는 자료를 저장할 때 당연히 중복을 허용합니다. 이러한 배열에 중복된 객체를 제거하는 기능을 하는 메서드가 distinct( )입니다.

12-4절에서 Set 인터페이스를 학습할 때 객체의 동일성을 구현했습니다. 기본적으로 객체의
동일성은 Object 클래스의 equals( )와 hashCode( ) 메서드에 기반하는데, 이는 객체의 주솟
값이 같을 때 동일하다고 합니다. 하지만 물리적으로는 주솟값이 다르더라도 해도 논리적으로
같은 학번, 같은 계좌번호는 같은 객체이므로 필요에 따라 equals( )나 hashCode( )를 재정의
합니다. Student 클래스를 예로 들어 distinct( ) 메서드를 이해해 봅시다.

**Do it!** distinct( ) 메서드 사용하기 · 참고 파일 DistinctTest.java

```java
01  package stream;
02
03  import java.util.ArrayList;
04  import java.util.List;
05
06  class Student{
07      private int id;
08      private String name;
09
10      public Student(int id, String name) {
11          this.id = id;
12          this.name = name;
13      }
14
15      public int getId() {
16          return id;
17      }
18
19      public String getName() {
20          return name;
21      }
22  }
23
24  public class DistinctTest {
25      public static void main(String[] args) {
26          Student studentLee = new Student(100, "이윤선");
27          Student studentMoon = new Student(200, "문찬욱");
28          Student studentLee2 = new Student(100, "이윤선");
29
30          List<Student> studentList = new ArrayList<>();
31          studentList.add(studentLee);
32          studentList.add(studentMoon);
33          studentList.add(studentLee2);
```

```
34
35          studentList.stream()
36              .map(Student::getName)      map() 연산으로 조건에 맞는 요소를 찾고
37              .distinct()                 그 중에서 동일한 이름을 제외하고 출력
38              .forEach(s-> System.out.println(s));
39      }
40  }
```

출력 결과
이윤선
문찬욱

출력 결과를 살펴보니 중복된 요소인 '이윤선'을 두 번 출력하지 않았으므로 distinct( ) 메서드가 잘 적용된 것 같습니다. 아직 Student 클래스에 equals( )나 hashCode( )를 적용하지 않았는데 말입니다. 왜 그럴까요? 그 이유는 map(Student::getName)이 먼저 실행되어 학생 이름만 남은 스트림에서 distinct( )가 수행되었기 때문입니다. map(Student::getName)의 결과로 학생 이름만 남았고, 이는 String 클래스이므로 distinct( ) 메서드는 String 클래스에 이미 정의된 equals( )와 hashCode( )에 따라 같은 문자열이 중복되었을 때 자동으로 제거한 것입니다.

만약 앞선 코드에서 map( )이 적용된 부분을 제외한 뒤, 실행하면 어떻게 될까요?

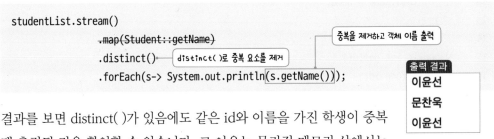

```
studentList.stream()
        .map(Student::getName)                          중복을 제거하고 객체 이름 출력
        .distinct()         distinct()로 중복 요소를 제거
        .forEach(s-> System.out.println(s.getName()));
```

출력 결과
이윤선
문찬욱
이윤선

결과를 보면 distinct( )가 있음에도 같은 id와 이름을 가진 학생이 중복돼 출력된 것을 확인할 수 있습니다. 그 이유는 물리적 메모리 상에서는 studentLee와 studentLee2로 서로 다른 객체이기 때문이죠.
하지만 두 객체는 논리적으로 같기 때문에 Student 클래스에 equals( )와 hashCode( )를 메서드를 재정의해 다음과 같이 정리해 보겠습니다.

```
@Override
public boolean equals(Object o) {
    if (this == o) return true;
    if (o == null || getClass() != o.getClass()) return false;
    Student student = (Student) o;
    return id == student.id;
}
```

```
@Override
public int hashCode() {
    return Objects.hash(id);
}
```

동일한 id, 즉 학번이 동일한 경우 같은 객체라 여기도록 구현하였습니다. 이 코드를 Student 클래스에 적용한 다음 예제를 실행해 봅시다. 학번이 동일한 학생이 제외되어 출력되는 것을 확인할 수 있습니다.

**Do it!** distinct( ) 메서드에 equals( ), hashCode( ) 재정의해 사용하기 · 참고 파일 DistinctTest.java

```
01   package stream;
02
03   import java.util.ArrayList;
04   import java.util.List;
05   import java.util.Objects;
06
07   class Student{
08   …
09
25       @Override
26       public boolean equals(Object o) {
27           if (this == o) return true;
28           if (o == null || getClass() != o.getClass()) return false;
29           Student student = (Student) o;
30           return id == student.id;
31       }
32
33       @Override
34       public int hashCode() {
35           return Objects.hash(id);
36       }
37   }
38
39   public class DistinctTest {
40       public static void main(String[] args) {
41           Student studentLee = new Student(100, "이윤선");
42           Student studentMoon = new Student(200, "문찬욱");
43           Student studentLee2 = new Student(100, "이윤선");
44
45           List<Student> studentList = new ArrayList< >();
```

```
46          studentList.add(studentLee);
47          studentList.add(studentMoon);
48          studentList.add(studentLee2);
49
50          studentList.stream()
51                  .distinct()
52                  .forEach(s-> System.out.println(s.getName()));
53      }
54 }
```

출력 결과
이윤선
문찬욱

자주 사용하는 중간 연산을 소개했습니다. 여기서 소개한 중간 연산 외에 새로운 중간 연산을 사용하고 싶다면 공식 문서나 다른 코드들을 찾아보면서 쓰임새와 사용하는 인터페이스를 잘 이해하고 구현해 보세요.

## 최종 연산

중간 연산을 소개할 때 잠깐 최종 연산을 사용했습니다. 스트림에서 중간 연산을 지연 연산이라고도 합니다. 중간 연산을 적용하고 forEach( )와 같은 최종 연산을 이용해야 결과를 알 수 있습니다. forEach( ) 외에도 스트림 연산을 마무리하는 최종 연산을 살펴보겠습니다.

### 요소를 하나씩 탐색해 기능을 적용하는 forEach( ) 연산

forEach( ) 메서드는 중간 연산의 결과 스트림 요소에 하나씩 기능을 적용합니다. 이때 요소를 변경하지 않습니다. 적용하는 기능은 람다식을 이용하여 간단히 구현할 수 있습니다. 다음은 앞서 작성한 distinct( ) 메서드를 활용한 예제에 학생 이름을 출력할 수 있도록 람다식을 구현한 예입니다.

```
studentList.stream()
        .distinct()
        .forEach(s-> System.out.println(s.getName() + "님 안녕하세요"));
```

출력 결과
이윤선님 안녕하세요
문찬욱님 안녕하세요

### 요소를 모으는 collect 연산

중간 연산으로 만든 스트림 요소를 다시 배열이나 컬렉션으로 만드는 최종 연산은 collect( ) 메서드로 사용할 수 있습니다. 이때 사용하는 매개변수는 Collectors 클래스로, 주어진 요소를 리스트로 만드는 기능을 합니다. 앞에서 중간 연산을 실행하고 최종적으로 그 결과를 출력할 때 forEach( ) 메서드를 활용했습니다. 그 대신 collect( ) 메서드를 사용하면 중간 연산한 스트림의 결과를 다시 리스트로 반환받아 활용할 수 있습니다. filter( )를 활용하여 양수를 구했던 예제에서 결과를 바로 출력하지 않고 collect( )를 활용해 결과를 리스트로 반환받아 봅시다.

<br>

**Do it!** collect( ) 메서드로 결과를 리스트로 받기 · 참고 파일 CollectTest.java

```java
01    package stream;
02
03    import java.util.Arrays;
04    import java.util.List;
05    import java.util.function.Predicate;
06    import java.util.stream.Collectors;
07
08    public class CollectTest {
09        public static void main(String[] args) {
10            Predicate<Integer> isPositive = x -> x>0;
11
12            List<Integer> numbers = Arrays.asList(5, -10, -22, 0, 43, 7);
13
14            List<Integer> positiveNumbers =numbers.stream()
15                    .filter(isPositive)
16                    .collect(Collectors.toList()); // 반환값을 리스트로 출력
17            System.out.println(positiveNumbers);
18        }
19    }
```

> **출력 결과**
> ```
> [5, 43, 7]
> ```

filter( ) 메서드에 Predicate 인터페이스를 구현한 람다식을 적용하여 정수 배열에서 양수만 필터링합니다. 그 결과에 collect( ) 최종 연산을 적용하면 리스트로 결과를 반환받을 수 있습니다.

## 요소의 개수를 세는 count 연산

count( ) 메서드는 중간 연산으로 만든 스트림 요소의 개수를 반환합니다. 바로 앞에서 작성한 collect( ) 메서드 예제에 count( ) 메서드를 적용하면 결과로 3을 출력할 것입니다.

```
long cout = numbers.stream()
        .filter(isPositive)
        .count();
System.out.println(count);
```

최종 연산을 사용 시 주의할 점은 최종 연산은 한 번만 사용할 수 있다는 것입니다. 원하는 요소로 스트림을 만들 때까지 연속적으로 중간 연산 메서드를 호출하고 마지막에 최종 연산까지 적용하면 스트림 요소는 소모되어 다시 사용할 수 없습니다. 앞에서 collect( ) 메서드를 호출하고 그 후에 스트림 요소 개수를 알고자 collect( ), count( )와 같이 호출한다면 사실 불가능합니다.

최종 연산은 한 번 수행하고 나면 스트림이 이미 소모되었으므로 만약 개수를 알고 싶다면 collect( ) 메서드로 반환받은 List에 다시 stream( )을 호출하여 스트림을 다시 생성한 후 count( ) 메서드로 원하는 결과를 얻을 수 있습니다.

## 프로그래머가 기능을 지정하는 reduce( ) 연산

reduce( ) 메서드는 내부적으로 스트림 요소를 하나씩 소모하면서 프로그래머가 직접 지정한 기능을 수행합니다.

JDK에서 제공하는 reduce( ) 메서드의 선언 형식은 다음과 같습니다.

```
T reduce(T identify, BinaryOperator<T> accumulator)
```

첫 번째 매개변수 T identify는 초깃값을, 두 번째 매개변수 BinaryOperator〈T〉 accumulator는 수행해야 할 기능을 의미합니다. BinaryOperator 인터페이스는 두 매개변수로 람다식을 구현하며 이 람다식이 각 요소가 수행해야 할 기능이 됩니다. 이때 BinaryOperator 인터페이스를 구현한 람다식을 직접 써도 되고, 람다식이 길면 인터페이스를 구현한 클래스를 생성하여 대입해도 됩니다. 또한 BinaryOperator는 함수형 인터페이스로 apply( ) 메서드를 반드시 구현해야 합니다. apply( ) 메서드는 두 개의 매개변수와 한 개의 반환값을 가지는데, 세 개 모두 같은 자료형입니다. reduce( ) 메서드가 호출될 때 BinaryOperator의 apply( ) 메서드가 호출됩니다.

reduce( ) 메서드를 사용해 모든 요소의 합을 구할 때, 두 번째 매개변수로 람다식을 직접 쓰는 경우는 다음과 같습니다.

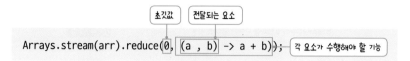

초깃값은 0이고 스트림 요소가 매개변수로 전달되면서 합을 구합니다. 내부적으로는 반복문이 호출되면서 람다식에 해당하는 부분이 요소만큼 호출되는 것입니다. 따라서 reduce( ) 메서드에 어떤 람다식이 전달되느냐에 따라 다양한 연산을 수행할 수 있습니다. reduce( )는 처음부터 마지막까지 모든 요소를 소모하면서 람다식을 반복해서 수행하므로 최종 연산입니다.

다음은 배열에 여러 문자열이 있을 때 그중 길이가 가장 긴 문자열을 찾는 출력하는 예제입니다. 이를 통해 reduce( ) 메서드 사용법을 살펴보겠습니다. 두 번째 매개변수로 람다식을 직접 쓰는 경우와 Binary Operator 인터페이스를 구현한 클래스를 사용하는 경우 두 가지를 살펴보겠습니다.

**Do it!** reduce( ) 메서드 사용하기 · 참고 파일 ReduceTest.java

```java
01  package stream;
02
03  import java.util.Arrays;
04  import java.util.function.BinaryOperator;     BinaryOperator를 구현한 클래스 정의
05
06  class CompareString implements BinaryOperator<String> {
07    @Override
08    public String apply(String s1, String s2) {
09      if (s1.getBytes( ).length >= s2.getBytes( ).length) return s1;    reduce( ) 메서드가
10      else return s2;                                                   호출될 때 불리는 메서드,
11    }                                                                   두 문자열 길이를 비교
12  }
13
14  public class ReduceTest {
15    public static void main(String[] args) {                   람다식을 직접 구현
16      String[] greetings = {"안녕하세요~~~", "hello", "Good morning", "반갑습니다^^"};
17      System.out.println(Arrays.stream(greetings).reduce("", (s1, s2) -> {
18        if (s1.getBytes().length >= s2.getBytes().length)
19        return s1;
20        else return s2;}));
```

```
21
22    String str = Arrays.stream(greetings).reduce(new CompareString( )).get( );
23    System.out.println(str);
24  }
25 }
```

BinaryOperator를 구현한 클래스 사용

17~20행에서는 reduce( ) 메서드 내에 직접 람다식을 구현하였습니다. 람다식을 살펴보면 문자열을 비교하여 바이트 수가 더 긴 문자열을 반환합니다. 내부적으로 이 람다식 부분이 요소 개수만큼 반복해서 호출되고 결과적으로 가장 긴 문자열을 반환합니다. 구현하는 람다식이 너무 긴 경우에는 6~12행과 같이 직접 BinaryOperator 인터페이스를 구현한 클래스를 만들고 reduce( ) 메서드에 해당 클래스로 생성한 인스턴스를 매개변수로 전달하면 여기에 구현된 apply( ) 메서드가 자동으로 호출됩니다.

람다식으로 구현한 부분도 익명 클래스의 인스턴스가 생성되므로 내부적으로는 동일한 구조라 할 수 있습니다. 그 내부에 많은 코드가 숨어 있어 이해하는 데 쉽지 않을 테니 반복적으로 학습하기를 바랍니다.


## 스트림을 활용해 여행 비용 계산 프로그램 만들기

패키지 여행을 떠나는 고객 세 명이 있습니다. 여행 비용은 20세 이상은 100만 원, 20세 미만은 50만 원입니다. 스트림을 활용하여 비용 계산과 고객 명단 검색 등을 구현해 보겠습니다.

CustomerList

| CustomerLee | CustomerKim | CustomerHong |
|---|---|---|
| 이름: 이순신 | 이름: 김유신 | 이름: 홍길동 |
| 나이: 40 | 나이: 20 | 나이: 13 |
| 비용: 100 | 비용: 100 | 비용: 50 |

...

**예제 시나리오**

1. 고객의 명단을 출력합니다.

2. 여행의 총 비용을 계산합니다.

3. 고객 중 20세 이상인 사람의 이름을 정렬하여 출력합니다.

우선 고객 클래스를 정의합니다. 고객 클래스는 이름, 나이, 비용을 인스턴스 변수로 하며, get( ) 메서드와 toString( ) 메서드를 제공합니다.

```java
01  package stream;
02
03  public class TravelCustomer {
04    private String name;        //고객 이름
05    private int age;            //나이
06    private int price;          //가격
07
08    public TravelCustomer(String name, int age, int price) {
09      this.name = name;
10      this.age = age;
11      this.price = price;
12    }
13
14    public String getName( ) {
15      return name;
16    }
17
18    public int getAge( ) {
19      return age;
20    }
21
22    public int getPrice( ) {
23      return price;
24    }
25
26    public String toString( ) {
27      return "name: " + name + "age: " + age + "price: " + price;
28    }
29  }
```

세 명의 고객을 ArrayList에 추가하고 스트림을 생성하여 다음 연산을 수행해 봅시다.

스트림을 사용하지 않고 시나리오를 구현한다면 비슷한 코드를 여러 번 반복해서 사용해야 할 것입니다. 하지만 미리 구현되어 있는 스트림의 메서드로 코드를 간결하게 작성할 수 있습니다.

**Do it!** 스트림 활용해 고객 명단과 비용 출력하기　　　　　　　• 참고 파일 TravelTest.java

```java
01    package stream;
02
03    import java.util.ArrayList;
04    import java.util.List;
05
06    public class TravelTest {
07      public static void main(String[] args) {
08        TravelCustomer customerLee = new TravelCustomer("이순신", 40, 100);
09        TravelCustomer customerKim = new TravelCustomer("김유신", 20, 100);     ← 고객 생성
10        TravelCustomer customerHong = new TravelCustomer("홍길동", 13, 50);
11        List<TravelCustomer> customerList = new ArrayList<>( );
12        customerList.add(customerLee);
13        customerList.add(customerKim);     ← ArrayList에 고객 추가
14        customerList.add(customerHong);
15
16        System.out.println("== 고객 명단 추가된 순서대로 출력 ==");
17        customerList.stream( ).map(c -> c.getName( )).forEach(s -> System.out.println(s));
18
19        int total = customerList.stream( ).mapToInt(c->c.getPrice( )).sum( );
20        System.out.println("총 여행 비용은: " + total + "만 원입니다. ");
21
22        System.out.println("== 20세 이상 고객 명단 정렬하여 출력 ==");
23        customerList.stream( ).filter(c -> c.getAge( ) >= 20)
                  .map(c -> c.getName( )).sorted( ).forEach(s -> System.out.println(s));
24      }
25    }
```

**출력 결과**
```
== 고객 명단 추가된 순서대로 출력 ==
이순신
김유신
홍길동
총 여행 비용은: 250만 원입니다.
== 20세 이상 고객 명단 정렬하여 출력 ==
김유신
이순신
```

고객 명단을 출력하는 코드를 살펴보면 17행에서는 map( ) 메서드를 사용하여 고객의 이름을 가져오고 forEach( ) 메서드로 이름을 출력합니다. 19행에서는 고객마다 지불한 비용을 가져와서 mapToInt( ) 메서드로 각 값을 정수로 변환한 후 sum( )으로 합을 구합니다. 최종 연산 sum( )의 반환값이 int형이므로 int형 total 변수에 결괏값을 대입합니다.

📌 mapToInt( ) 메서드는 중간 연산 메서드입니다.

23행의 20세 이상 고객을 가져와서 이름을 정렬하는 부분은 3개의 중간 연산을 사용합니다. 우선 filter( )를 사용하여 20세 이상에 해당하는 요소를 추출한 후 map( )으로 이들의 이름을 가져오고, sorted( )를 사용하여 이름을 정렬합니다. 여기까지가 중간 연산이고 최종 연산 forEach( )를 활용하여 출력합니다.

혹시 여러분이 데이터베이스를 사용해 본 적이 있다면 스트림이 쿼리문과 비슷하다는 느낌을 받을 겁니다. 이처럼 스트림은 많은 데이터에서 원하는 데이터를 추출하고 적용하고 계산하고 출력하는 등의 기능을 제공합니다.

# 13-5 Optional 클래스

메서드를 수행하면 그 결과로 반환값이 존재합니다. 하지만 반환값이 없는 메서드도 있습니다. 이 경우엔 void로 처리할 수 있습니다. 그런데 때로는 반환값이 객체로 선언되었지만 반환할 객체가 없는 경우도 있습니다. 이 경우에는 '아무것도 없다'는 의미로 null을 반환할 수 있습니다. 즉 '객체가 없다'라는 의미죠.

예를 들어 회원 정보가 저장된 데이터베이스에서 어떤 id에 대응하는 회원 정보를 가져오려고 할 때 찾는 id가 없거나 유효하지 않아서 해당 회원 정보를 못 찾는 경우가 있습니다. 이 경우에는 없는 객체라는 의미로 null을 반환할 수 있습니다. 그러나 프로그램에서 null은 위험한 상황을 발생시킬 수 있습니다. '값이 없다'라고 반환했지만 잘못 처리하면 NullPointerException이라는 오류가 발생하고 프로그램이 중지되거나 웹 서버가 다운될 수도 있습니다.

자바에서 null 객체를 처리할 때 Optional 사용합니다. Optional 클래스를 사용하면 객체가 존재할 수 있는 경우와 존재하지 않을 수도 있는 경우의 예외를 방지할 뿐 아니라 객체가 없는 경우에 더 명확하게 처리할 수 있습니다.

> 🅔 자바를 기반으로 한 웹 프로그래밍을 할 때, 데이터베이스에서 어떤 값을 가져올 수도 있습니다. 여기서 Optional 클래스를 소개하는 이유는 데이터가 null인 경우를 처리하는 데 Optional 클래스가 유용하며, 이 클래스에서 제공하는 메서드에 람다식이 쓰이기 때문입니다. 12-1절 제네릭과 13-2절 람다식을 공부했으므로 이해하기 쉬울 것입니다.

## null 처리의 어려움

먼저 null을 반환하는 예제부터 살펴보겠습니다. 지금은 데이터베이스를 사용할 환경이 아니므로 ArrayList를 활용하여 구현해 봅시다. 다음은 회원 정보(id와 이름)가 들어 있는 클래스를 구현합니다.

**Do it!** 회원 정보 클래스 구현하기 · 참고 파일 UserInfo. java

```
01   package optional;
02
03   public class UserInfo {
04       private int id;
05       private String name;
06
07       public UserInfo(int id, String name) {
```

```
08          this.id = id;
09          this.name = name;
10      }
11
12      public int getId() {
13          return id;
14      }
15
16      public String getName() {
17          return name;
18      }
19  }
```

회원 정보 클래스에는 아이디(id)와 이름(name) 이렇게 두 개의 속성이 있습니다.

이번에는 ArrayList를 활용해 id로 회원 정보를 검색하는 프로그램을 작성해 봅시다.

**Do it!** ArrayList에서 id로 회원 정보 찾기 · 참고 파일 UserInfoTest.java

```
01  package optional;
02
03  import java.util.ArrayList;
04
05  public class UserInfoTest {
06      public static void main(String[] args) {
07          ArrayList<UserInfo> userInfoList = new ArrayList< >();
08          userInfoList.add(new UserInfo(12345, "James"));
09          userInfoList.add(new UserInfo(12346, "Tomas"));
10          userInfoList.add(new UserInfo(12347, "Edward"));
11
12          UserInfo userInfo = getUserInfoById(12345, userInfoList); // id 12345에 해당하는 회원 찾기
13          System.out.println(userInfo.getName());                  // 회원 이름 출력
14      }
15
16      public static UserInfo getUserInfoById(int id, ArrayList<UserInfo> list) {
17          for (UserInfo userInfo : list) {
18              if (id == userInfo.getId())
19                  return userInfo;
20          }
```

```
21          return null;
22      }
23  }
```

getUserInfoById( ) 메서드에서 id를 통해 해당 UserInfo 객체를 찾습니다. 이를 찾았다면 UserInfo 객체를 반환하고, 그렇지 않은 경우 null을 반환합니다. 이 예제에서는 12345라는 id를 가진 회원이 존재하므로 userInfo.getName( ) 메서드를 통해 회원 이름이 출력됩니다.

그런데 만약 존재하지 않는 id로 회원 정보를 찾는다면 어떻게 될까요? 이 프로그램에 존재하지 않는 아이디인 12348을 넣어 보겠습니다.

```
UserInfo userInfo = getUserInfoById(12348, userInfoList);   // 존재하지 않는 id로 회원 찾기
```

출력 결과
```
Exception in thread "main" java.lang.NullPointerException Create breakpoint : Cannot invoke "optional.UserInfo.getName()" because "userInfo" is null
    at optional.UserIInfoTest.main(UserIInfoTest.java:13)
```

NullPointerException이라는 오류가 발생하고 실행이 중단되었습니다. NullPointer Exception이란 null 객체를 참조하려고 할 때 발생하는 오류입니다. 이와 같은 오류가 발생한 이유는 12348이라는 id에 해당하는 회원 정보가 존재하지 않아 getUserInfoById( ) 메서드가 null을 반환했기 때문입니다. 그리고 null을 반환받았음에도 userInfo.getName( )를 호출해 회원 이름을 출력하려고 했기 때문에 이와 같이 오류가 발생한 것입니다. 즉 null 객체를 참조해 메서드를 호출했기 때문입니다.

이와 같은 오류는 어떻게 처리해야 할까요? 이 경우, 반환받은 객체가 null인지를 확인해야 합니다. 그러기 위해 다음과 같이 방어적인 코드가 필요합니다. 즉 회원 이름을 출력하는 코드 전에 반환받은 참조 변수 userInfo가 null인지를 체크하는 if문을 코드에 추가합니다.

```
if (userInfo != null ) {
    System.out.println(userInfo.getName());
}
```

이와 같이 작성하면 null이 아닌 객체만 회원 이름을 출력하게 되므로 NullPointer Exception과 같은 예외가 발생하지 않습니다. 그런데 매번 반환하는 객체가 null인지를 체크해야 해서 무척 번거롭습니다. 어떻게 하면 좀 더 편리하게 작업할 수 있을까요?

## Optional 클래스 활용하기

Optional 클래스는 null일 수도 있는 객체를 유연하게 처리할 때 사용합니다. Optional 클래스는 JDK 8.0부터 제공했으며, 객체가 null인 경우 오류가 발생하지 않고 안전하게 처리할 수 있는 여러 메서드를 제공합니다.

이전 코드에서 작성한 id로 사용자를 반환받는 getUserInfoById( ) 메서드를 Optional 클래스를 반환하는 메서드로 바꾼 예시를 살펴보겠습니다.

```java
public static Optional<UserInfo> getUserInfoByIdOptional(int id, ArrayList<UserInfo> list) {
    for (UserInfo userInfo : list) {
        if (id == userInfo.getId())
            return Optional.of(userInfo);
    }
    return Optional.empty();
}
```

이전 코드처럼 해당 id를 가진 회원이 있을 때와 없을 때 두 가지 경우로 나누어 결과를 반환합니다. 반환값은 Optional〈UserInfo〉가 되고, 회원을 찾은 경우는 회원을 제네릭 자료형에 담아서 반환하고 그렇지 않은 경우는 empty( ) 메서드를 활용합니다.

Optional 클래스로 반환받은 값은 Optional 메서드를 활용해 처리할 수도 있습니다. 다음은 Optional 클래스에서 제공하는 메서드입니다.

| 메서드 | 설명 |
|---|---|
| ifPresent( ) | 값이 존재하는지를 확인하고, 존재하는 경우 처리할 때 사용합니다. |
| isPresent( ) | 값이 존재하는지를 확인하고, 존재할 때와 그렇지 않을 때 다르게 처리합니다. |
| orElse( ) | 값이 존재하지 않을 경우 기본값을 정의할 때 사용합니다. |
| orElseGet( ) | 값이 존재하지 않을 경우 람다식을 활용해 확장된 기능을 구현할 때 사용합니다. |
| orElseThrow( ) | 값이 존재하지 않을 경우 예외 처리할 때 사용합니다. |

이제 앞에서 사용한 UserInfo 클래스로 회원 정보를 처리할 때 Optional 클래스의 메서드를 활용하는 예를 살펴보겠습니다.

```java
01  package optional;
02
03  import java.util.ArrayList;
04  import java.util.Optional;
05
06  public class UserInfoTestUsingOptional {
07      public static void main(String[] args) {
08          ArrayList<UserInfo> userInfoList = new ArrayList<>();
09
10          userInfoList.add(new UserInfo(12345, "James"));
11          userInfoList.add(new UserInfo(12346, "Tomas"));
12          userInfoList.add(new UserInfo(12347, "Edward"));
13
14          usingOptional(userInfoList);
15      }
16
17      public static void usingOptional(ArrayList<UserInfo> list) {
18
19          //ArrayList에서 아이디로 사용자를 찾아옴. 반환값이 Optional 클래스
20          Optional<UserInfo> userInfoOptional = getUserInfoByIdOptional(12345, list);
21
22          // ifPresent() 메서드를 사용하여 값이 존재하는 경우에만 출력
23          userInfoOptional.ifPresent(userInfo -> System.out.println("User name found:
    " + userInfo.getName()));
24
25          // isPresent() 메서드를 사용하여 조건문 처리
26          if (userInfoOptional.isPresent()) {
27              System.out.println("User name found: " + userInfoOptional.get().getName());
28          } else {
29              System.out.println("User not found.");
30          }
31
32          // orElse( ) 메서드를 사용하여 값이 없는 경우 기본값을 생성
33          UserInfo nameOrDefault = userInfoOptional.orElse(new UserInfo(00000, "Guest"));
34          System.out.println("User name: " + nameOrDefault.getName());
35
36          // orElseGet( ) 메서드를 사용하여 기본값을 람다식 처리
37          UserInfo nameOrComputed = userInfoOptional.orElseGet(() ->
                    generateDefaultUserInfo());
38          System.out.println("User name: " + nameOrComputed.getName());
```

```
39
40              // orElseThrow( ) 메서드를 사용하여 값이 없을 때 예외 처리
41          try {
                UserInfo userNotFound = userInfoOptional.orElseThrow(() ->
42                      new IllegalStateException("User not found"));
43              System.out.println("User name: " + userNotFound.getName());
44          } catch (IllegalStateException e) {
45              System.err.println(e.getMessage());
46          }
47      }
48
        public static Optional<UserInfo> getUserInfoByIdOptional
49              (int id, ArrayList<UserInfo> list) {
50          for (UserInfo userInfo : list) {
51              if (id == userInfo.getId())
52                  return Optional.of(userInfo);
53          }
54          return Optional.empty();
55      }
56
57      public static UserInfo generateDefaultUserInfo() {
58          return new UserInfo(00000, "Guest");
59      }
60  }
```

출력 결과
```
User name found: James
User name found: James
User name: James
User name: James
User name: James
```

작성한 코드는 회원 id(12345)가 있으므로 이와 같은 출력 결과를 확인할 수 있습니다. 12345는 존재하는 id이므로 각 ArrayList에 저장된 12345에 해당되는 UserInfo가 잘 반환됩니다.

다음 코드를 살펴보면 반환받은 userInfoOptional에 대해 isPresent( ) 메서드를 호출할 때 매개변수로 람다식을 사용하고 있습니다. 람다식의 매개변수를 userInfo라고 하고 해당 출력문에서 userInfo의 회원 이름이 출력됩니다.

20행에 12348을 입력해 회원 id가 존재하지 않는 경우의 출력 결과를 확인해 봅시다.

```
Optional<UserInfo> userInfoOptional = getUserInfoByIdOptional(12348, list);
userInfoOptional.ifPresent(userInfo ->
        System.out.println("User name found: " + userInfo.getName()));
```

반환값이 없는 경우에도 이와 같이 출력 결과를 확인할 수 있습니다.

**출력 결과**
```
User not found.
User name: Guest
User name: Guest
User not found
```

Optional 메서드를 사용할 때 주의할 점은 Optional.empty( )로 반환한 경우에는 바로 해당 객체에 get( )과 같은 메서드를 사용해서는 안 된다는 것입니다. 값이 없는 객체이므로 객체를 가져올 경우 다음과 같은 오류가 발생합니다. 이 오류는 Optional 클래스를 사용한 의미가 없게 만듭니다.

```
Exception in thread "main" java.util.NoSuchElementException Create breakpoint : No value present
    at java.base/java.util.Optional.get(Optional.java:143)
    at optional.UserInfoTest.usingOptional(UserInfoTest.java:31)
    at optional.UserInfoTest.main(UserInfoTest.java:20)
```

Optional 메서드를 익히면 객체가 없을 때 예외 처리와 같이 여러 클래스를 일관되게 처리할 수 있어 코드의 간결성과 유지·보수의 편리성을 제공해 줍니다.

**01** 지역 내부 클래스에서 외부 클래스 메서드의 지역 변수를 사용할 수 있지만, 그 값을 변경하면 오류가 발생합니다. 이때 사용하는 지역 변수는 [ f ] 변수가 되기 때문입니다.

**02** 내부 클래스 중 클래스 이름 없이 인터페이스나 추상 클래스 자료형에 직접 대입하여 생성하는 클래스를 [ 익 ] (이)라고 합니다.

**03** 자바에서 제공하는 함수형 프로그래밍 방식으로 인터페이스의 메서드를 직접 구현하는 코드를 [ 람 ] (이)라고 합니다.

**04** 람다식으로 구현할 수 있는 인터페이스는 메서드를 하나만 가져야 합니다. 이러한 인터페이스를 [ 함 ] (이)라고 합니다.

★★
**05** 다음과 같이 두 정수를 매개변수로 하는 메서드가 인터페이스에 정의되어 있습니다. 두 정수의 합을 반환하는 람다식을 구현하고 호출해 보세요.

```
package lambda;

public interface Calc {
    public int add(int num1, int num2);
}
```

**06** 자바에서 자료 처리를 추상화하여 여러 자료형의 자료를 동일하게 처리할 수 있도록 제공하는 클래스를 [ 스 ] (이)라고 합니다.

다음과 같이 도서관에 책이 있습니다.

```
class Book {
  private String name;
  private int price;

  public Book(String name, int price) {
    this.name = name;
    this.price = price;
  }
}

public class LibraryTest {
  public static void main(String[] args) {
    List<Book> bookList = new ArrayList<>( );

    bookList.add(new Book("자바", 25000));
    bookList.add(new Book("파이썬", 15000));
    bookList.add(new Book("안드로이드", 30000));

    //스트림 생성하고 출력하기

  }
}
```

이를 활용해 스트림을 활용하여 다음처럼 책 목록을 출력해 보세요.

> **원하는 출력 결과**
> • 모든 책 가격의 합
> • 가격이 20,000원 이상인 책의 이름을 정렬하여 출력

# 14장

# 예외 처리

소프트웨어를 사용하다 보면 여러 가지 상황의 오류를 만납니다. 잘 접속되던 사이트가 접속이 안 되거나, 스마트폰 앱이 갑자기 종료되는 그런 경우가 그렇습니다. 아무리 잘 만든 소프트웨어라도 이런 상황은 발생할 수 있습니다. 하지만 이런 일이 발생하더라도 갑자기 종료되는 상황이 일어나면 안 되겠죠? 이번 장에서는 오류를 잘 넘길 수 있는 예외 처리 방법을 살펴보겠습니다.

> 오류가 발생한다고 해서
> 프로그램이 멈추면 안 되겠지?

# 14-1 예외 클래스란?

## 오류란 무엇일까?

프로그램에서 오류가 발생하는 상황은 두 가지입니다. 하나는 프로그램 코드를 작성할 때 개발자의 실수로 발생하는 **컴파일 오류**(compile error)이고, 다른 하나는 실행 중인 프로그램이 의도하지 않은 동작을 하거나 프로그램이 중지되는 **실행 오류**(runtime error)입니다. 실행 오류 중 프로그램을 잘못 구현하여 의도한 바와 다르게 실행되어 생기는 오류를 **버그**(bug)라고 합니다.

컴파일 오류는 개발 환경에서 대부분 원인을 알 수 있습니다. 발생한 컴파일 오류를 모두 수정해야 프로그램이 정상적으로 실행되므로, 문법적으로 오류가 있다는 것을 바로 알 수 있죠. 하지만 프로그램을 실행할 때 발생하는 오류는 예측하기 어려운 경우가 많고, 프로그램이 비정상 종료되면서 갑자기 멈춰 버리기도 합니다.

실제 서비스를 제공할 때 프로그램에서 오류가 생기면 서비스가 중지되므로 문제가 심각해집니다. 또한 프로그램 실행 중 오류가 발생하면 그 상황을 재현해 테스트를 해야 하는데, 실제 시스템이나 서비스를 운영하는 경우에는 테스트하기가 쉽지 않습니다. 따라서 로그(log) 분석으로 원인을 찾을 수 있도록 프로그램을 개발할 때 로그를 정확하게 남기는 것이 중요합니다.

> 로그란 소프트웨어를 실행하면서 발생하는 여러 상황을 기록한 내용으로, 주로 파일에 기록합니다. 이 파일을 로그 파일(log file)이라고 합니다.

자바에서는 오류로 발생하는 프로그램의 비정상 종료를 최대한 줄이기 위해 다양한 예외 처리 방법을 제공합니다. 예외 처리를 하는 목적은 일단 프로그램이 비정상적으로 종료되는 것을 방지하는 데 있습니다. 그리고 예외가 발생했을 때 로그를 남겨 두면 예외 상황을 파악하고 버그를 수정하는 데 도움을 받을 수 있습니다.

## 오류와 예외

실행 오류는 크게 두 가지가 있는데, 하나는 자바 가상 머신에서 발생하는 시스템 오류(error)이고 다른 하나는 예외(exception)입니다. 시스템 오류의 예로는 사용할 수 있는 동적 메모리가 없는 경우나 스택 메모리의 오버플로가 발생한 경우 등을 들 수 있습니다. 이러한 시스템 오류는 프로그램에서 제어할 수 없습니다. 반면 예외는 프로그램에서 제어할 수 있습니다. 예를 들어 프로그램에서 파일을 읽어 사용하려는데 파일이 없는 경우, 네트워크로 데이터를 전송하려는데 연결이 안 된 경우, 배열값을 출력하려는데 배열 요소가 없는 경우 등입니다.

자바에서 제공하는 오류를 처리하는 클래스를 간단히 나타내면 다음과 같습니다.

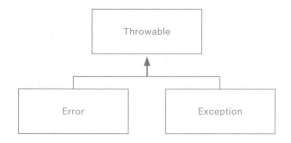

오류 클래스는 모두 Throwable 클래스를 상속받습니다. Error 클래스의 하위 클래스는 시스템에서 발생하는 오류를 다루며 프로그램에서 제어하지 않습니다. 반면 Exception 클래스와 그 하위에 있는 예외 클래스는 프로그램에서 제어하는 오류를 다룹니다.

## 예외 클래스의 종류

프로그램에서 처리하는 예외 클래스의 최상위 클래스는 Exception 클래스입니다. Exception 클래스의 내용을 살펴보면 오른쪽과 같습니다.

| **Class Exception** |
|---|
| java.lang.Object |
|    java.lang.Throwable |
|       java.lang.Exception |

다음 그림은 Exception 클래스의 하위 클래스 중 사용 빈도가 높은 예외 클래스 위주로 계층도를 표현했습니다.

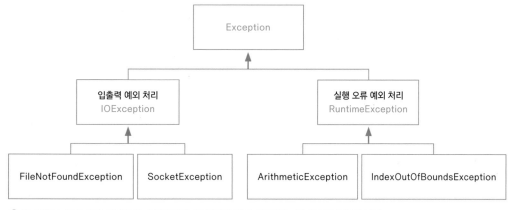

🔔 이 외에도 많은 하위 클래스가 존재하지만 이 책에서 자주 사용하는 것 위주로 다뤘습니다.

IOException 클래스는 입출력에 대한 예외를 처리하고, RuntimeException는 프로그램 실행 중 발생할 수 있는 오류에 대한 예외를 처리합니다.

예외는 크게 두 가지로 나누어 볼 수 있는데, 하나는 확인 예외(checked exception)이고 다른 하나는 확인되지 않는 예외(unchecked exception)입니다. **확인 예외**는 컴파일러에 의해 확인되는 예외로, try-catch문이나 throws를 추가해 예외 처리를 합니다. 만약 예외 처리를 하지 않으면 컴파일 오류가 발생합니다.

> 14-2~14-3절에서 try-catch문과 throws를 활용한 예외 처리 방법에 대해 자세히 설명합니다.

**확인되지 않는 예외**는 주로 RuntimeException 클래스 하위에 있는 NullPointerException 이나 ArrayIndexOutofBoundsException과 같은 예외가 발생하는 것을 말합니다. try-catch문을 활용해 예외 처리를 하지 않아도 컴파일 오류가 발생하지 않으므로 프로그래머는 반드시 주의를 해야 합니다. 주로 프로그램을 실행하면서 객체가 생성되지 않거나 배열에서 할당된 공간이 아닌 위치를 참조하는 경우에 확인되지 않은 예외가 발생합니다.

이제 예제를 하나씩 살펴보면서 자바 프로그램에서 어떻게 예외를 처리하는지 알아봅시다.

# 14-2 예외 처리하기

## try-catch문으로 예외 처리하기

예외를 처리하는 가장 기본 문법인 try-catch문의 형식은 오른쪽과 같습니다. try 블록에는 예외가 발생할 가능성이 있는 코드를 작성합니다. 만약 try 블록 안에서 예외가 발생하면 바로 catch 블록이 수행됩니다. catch문의 괄호 안에 쓰는 예외 타입은 예외 상황에 따라 달라집니다.

```
try {
    예외가 발생할 수 있는 코드 부분          try 블록
} catch(처리할 예외 타입 e) {
    try 블록 안에서 예외가 발생했을 때 예외를 처리하는 부분     catch 블록
}
```

## 확인되지 않는 예외 처리하기

간단한 배열 예제로 확인되지 않는 예외가 발생하는 상황을 만들고 try-catch문을 활용해 예외 처리를 해보겠습니다.

다음은 요소가 5개인 정수형 배열을 만들고 각 요소에 0부터 4를 대입하는 코드입니다. 배열 크기가 5이므로 정숫값을 5개 저장할 수 있습니다. 그런데 여기서 i < 5를 i <= 5로 바꾸어 보겠습니다.

```
int[] arr = new int[5];

for (int i = 0; i < 5; i++) {
  arr[i] = i;
  System.out.println(arr[i]);
}
```

⇒

```
int[] arr = new int[5];

for (int i = 0; i <= 5; i++) {
  arr[i] = i;
  System.out.println(arr[i]);
}
```

변경한 코드는 0부터 5까지 총 6개 숫자를 배열에 넣기 때문에 다음과 같은 예외 상황이 발생합니다.

```
0
1
2
3
4
Exception in thread "main" java.lang.ArrayIndexOutOfBoundsException Create breakpoint : Index 5 out of bounds for length 5
    at exception.ArrayExceptionHandling.main(ArrayExceptionHandling.java:11)
```

배열에 저장하려는 요소의 개수가 배열 범위를 벗어났기 때문에 예외가 발생한 것입니다. 참고로 이 예외는 RuntimeException의 하위 클래스인 ArrayIndexOutOfBoundsException으로 처리하는데, 이런 경우에는 예외 처리를 하지 않아도 컴파일 오류가 나지 않아 예외가 발생하는 순간에(이 예제에서는 i 가 5가 되는 순간) 프로그램이 갑자기 멈춥니다. 그러므로 예외가 발생한 순간 프로그램이 비정상 종료되지 않도록 프로그래머가 코드를 작성해 예외 처리를 해주어야 합니다.

그러면 예외가 발생한다는 가정하에 다음과 같이 try-catch문을 사용해 예외 처리를 해보겠습니다.

**Do it!** try-catch문으로 확인되지 않는 예외 처리하기 · 참고 파일 ArrayExceptionHandling.java

```java
01  package exception;
02
03  public class ArrayExceptionHandling {
04      public static void main(String[] args) {
05          int[] arr = new int[5];
06
07          try {
08              for (int i = 0; i <= 5; i++) {      ← 예외가 발생할 수 있으므로 try 블록에 작성
09              arr[i] = i;
10              System.out.println(arr[i]);
11              }
12          } catch (ArrayIndexOutOfBoundsException e) {
13              System.out.println(e);               ← 예외가 발생하면 catch 블록 수행
14              System.out.println("예외 처리 부분");
15          }
16          System.out.println("프로그램 종료");
17      }
18  }
```

**출력 결과**

```
0
1
2
3
4
java.lang.ArrayIndexOutOfBoundsException: Index 5 out of bounds for length 5
예외 처리 부분
프로그램 종료
```

이 예제에서는 배열 범위가 유효한 4까지는 배열에 저장되어 출력되고 그다음 값을 배열에 넣으려 할 때 예외가 발생합니다. 발생한 예외는 catch 블록에서 처리하므로 System.out. println("프로그램 종료") 문장까지 수행하고 프로그램이 정상 종료됩니다. 만약 예외가 발생하여 프로그램이 바로 비정상 종료되었다면 System.out.println("프로그램 종료") 문장을 수행할 수 없습니다. 이처럼 예외 처리는 프로그램이 비정상 종료되는 것을 방지할 수 있으므로 매우 중요합니다.

### 확인된 예외 처리하기

이번에는 확인된 예외를 처리하는 방법을 알아봅시다. 많은 예외 클래스들은 컴파일러에 의해 처리됩니다. 이런 경우 예외 처리를 하지 않으면 컴파일 오류가 계속 남습니다.
try-catch문으로 확인 예외를 처리하는 예제를 살펴보겠습니다. 이 예제는 파일 입출력을 다루는데, 파일 입출력을 아직 배우지 않았지만 예외 처리 방법을 익힐 수 있는 정도의 수준으로 간단하게 구현했으니 직접 코딩하며 익혀 봅시다.

자바에서 파일을 읽고 쓰는 데 스트림(stream) 객체를 사용합니다. 스트림은 여러 종류가 있지만, 여기에서는 파일에서 데이터를 바이트 단위로 읽어 들이는 FileInputStream을 사용하겠습니다. 인텔리제이에서 exception 패키지에 ExceptionHandling1.java 파일을 생성합니다. main( ) 함수 안에 FileInputStream을 생성하는 코드를 다음처럼 작성합니다.

> 🔊 이 스트림은 13장의 스트림과 다릅니다. 15장에서 자세히 설명합니다.

```
FileInputStream fis = new FileInputStream("a.txt");
```

지금까지 클래스를 생성할 때 사용하던 코드와 다르지 않습니다. 이 코드는 a.txt 파일의 데이터를 읽어 들이기 위해 스트림 객체를 생성한다는 의미입니다. 이렇게 코드를 작성하면 new FileInputStream("a.txt"); 부분에 다음처럼 예외 상황이 발생할 겁니다.

```
new FileInputStream( name: "a.txt");
         Unhandled exception: java.io.FileNotFoundException
         Add exception to method signature  Alt+Shift+Enter   More actions...  Alt+Enter
```

빨간 줄로 컴파일 오류가 표시된 곳에 마우스 포인터를 올려 보면 'FileNotFoundException 이 처리되지 않았다'는 메시지가 나타나고, 'More actions…'를 클릭하면 다음과 같은 드롭 다운 메뉴가 등장합니다. 이 코드는 a.txt 파일을 열어 읽으려고 FileInpustStream 클래스를 생성했는데, 만약 읽으려는 a.txt 파일이 없는 경우 가상 머신에서 FileNotFoundException 예외 클래스가 생성됩니다. 따라서 이 메시지는 이러한 예외 상황에 맞게 예외 처리를 해야 한다는 것을 알려 주며, 알맞은 예외 처리를 해야 서버가 비정상적으로 종료되지 않습니다. [Surround with try/catch]를 선택해 봅시다.

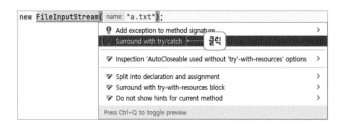

만약 [Add exception to method signature]를 선택하면 다음과 같이 예외 처리를 미루도록 하는 'throws FileNot FoundException' 코드가 자동으로 입력됩니다.

📄 'throws FileNotFoundException' 코드와 관련해서는 14-3절 예외 처리 미루기에서 자세히 설명합니다.

```
public static void main(String[] args) throws FileNotFoundException
```

[Surround with try/catch]를 선택하면 오른쪽과 같이 try-catch 문으로 예외가 발생하는 구문을 감싸게 됩니다. 자세히 설명하면 예외가 발생할 위험이 있는 코드를 try 블록

```
public class ExceptionHandling1 {
    public static void main(String[] args) {
        try {
            FileInputStream fis = new FileInputStream( name: "a.txt");
        } catch (FileNotFoundException e) {
            throw new RuntimeException(e);
        }
    }
}
```

으로 감쌉니다. 524쪽의 예제와 마찬가지로 try 블록을 먼저 수행하고, 이 코드에서 예외가 발생하면 catch 블록을 수행합니다. try문으로 감싼 부분에서 발생할 수 있는 예외는 FileNotFoundException이고 변수 이름 e로 선언되었습니다. 이 코드를 실행해 보면 여전히 a.txt 파일이 없으므로 다음처럼 예외가 발생할 것입니다.

📄 변수 이름 e 대신 다른 이름으로 바꿔서 사용해도 됩니다.

```
Exception in thread "main" java.lang.RuntimeException Create breakpoint : java.io.FileNotFoundException: a.txt (지정된 파일을 찾을 수 없습니다)
    at exception.ExceptionHandling1.main(ExceptionHandling1.java:11)
Caused by: java.io.FileNotFoundException Create breakpoint : a.txt (지정된 파일을 찾을 수 없습니다)
    at java.base/java.io.FileInputStream.open0(Native Method)
    at java.base/java.io.FileInputStream.open(FileInputStream.java:213)
    at java.base/java.io.FileInputStream.<init>(FileInputStream.java:152)
    at java.base/java.io.FileInputStream.<init>(FileInputStream.java:106)
    at exception.ExceptionHandling1.main(ExceptionHandling1.java:9)
```

클릭하면 오류가 발생한 코드 위치로 이동

결과 화면에 예외 이름과 그 내용이 보입니다. ExceptionHandling1.java:9를 클릭해 보면 예외가 발생한 코드 위치로 이동합니다.

catch문에서 throws new RuntimeException(e)를 생성하면 오류를 JVM으로 보내게 되는데, 그 대신 다음과 같이 System.out.print(e)로 toString( ) 메서드를 호출하도록 변경해 봅시다.

**Do it!** try-catch문으로 비정상 종료 막기　　　　　　　　　　• 참고 파일 ExceptionHandling1.java

```
01  package exception;
02
03  import java.io.FileInputStream;
04  import java.io.FileNotFoundException;
05
06  public class ExceptionHandling1 {
07     public static void main(String[] args) {
08        try {
09           FileInputStream fis = new FileInputStream("a.txt");
10        } catch (FileNotFoundException e) {
11           System.out.println(e);   //예외 클래스의 toString( ) 메서드 호출
12        }
13        System.out.println("여기서도 수행됩니다.");   //정상 출력
14     }
15  }
```

**출력 결과**

```
java.io.FileNotFoundException: a.txt (지정된 파일을 찾을 수 없습니다)      e.toString()의 출력 내용
여기서도 수행됩니다.
```

예외가 발생했을 때 FileNotFoundException e의 toString( ) 메서드가 호출되도록 코드를 작성해 보았습니다. 출력 결과를 살펴보면 첫 번째 줄은 e의 출력 내용입니다. 만약 여기서 바로 비정상 종료되었다면 다른 수행이 일어나지 않았겠죠. 하지만 두 번째 줄 '여기도 수행됩니다.'가 출력되었으므로 예외 처리 후에도 프로그램이 계속 수행되었음을 알 수 있습니다.

예외 처리를 한다고 해서 프로그램의 예외 상황 자체를 막을 수는 없습니다. 하지만 예외 처리를 하면 예외 상황을 알려 주는 메시지를 볼 수 있고, 프로그램이 비정상 종료되지 않고 계속 수행되도록 만들 수 있습니다.

## try-catch-finally문

프로그램에서 사용한 리소스는 프로그램이 종료되면 자동으로 해제됩니다. 예를 들어 네트워크가 연결되었을 경우에 채팅 프로그램이 종료되었다면 네트워크 연결도 닫힙니

💬 리소스(resource)란 시스템에서 사용하는 자원을 말합니다. 예를 들어 파일이나 네트워크, 데이터베이스 연결 등이 리소스에 해당합니다.

다. 하지만 끝나지 않고 계속 수행되는 서비스 같은 경우에 리소스를 여러 번 반복해서 열기만 하고 닫지 않는다면 문제가 발생합니다. 시스템에서 허용하는 자원은 한계가 있기 때문이죠. 따라서 시스템 리소스는 사용 후 반드시 close( ) 메서드로 닫아 주어야 합니다.

앞에서 사용한 FileInputStream 클래스를 다시 살펴보겠습니다. 열어 놓은 파일 리소스를 닫는 코드를 다음과 같이 추가해 봅시다.

```
try {
    fis = new FileInputStream("a.txt");
    if (fis != null) {
        try{
            fis.close();     ← try 블록에서 파일 리소스를 닫는 close( ) 메서드 호출
        } catch (IOException e) {
            e.printStackTrace();
        }
    }
} catch (FileNotFoundException e) {
    System.out.println(e);
}
```

여기서는 try 블록에서만 파일 리소스를 닫았습니다. 그런데 프로그램이 정상적으로 종료된 경우에도 열어 놓은 파일 리소스를 닫아야 하고, 비정상 종료된 경우에도 리소스를 닫아야 합니다. 따라서 try 블록뿐 아니라 catch 블록에도 close( ) 메서드를 사용해야 합니다.

만약 try 블록 안에서 발생할 수 있는 예외 상황이 여러 개라면 catch 블록을 예외 상황 수만큼 구현해야 합니다. 그런데 한번 열어 놓은 리소스를 해제하는 코드를 try-catch-catch … 이런 식으로 각 블록에 모두 작성해야 한다면 정말 번거롭겠죠? 이때 사용하는 블록이 finally입니다. finally를 사용하는 형식은 오른쪽과 같습니다. 일단 try 블록을 수행하면 finally 블록은 어떤 경우에도 반드시 수행됩니다. 이를테면 try나 catch문에 return문이 있어도 수행됩니다.

```
try {
    예외가 발생할 수 있는 부분
} catch (처리할 예외 타입 e) {
    예외를 처리하는 부분
} finally {
    항상 수행되는 부분
}
```

따라서 try-catch-catch …와 같이 작성해 각 블록마다 리소스를 해제하지 않고 finally 블록에서 한 번만 해제해 주면 됩니다. 예제를 통해 이 내용을 이해해 봅시다.

**Do it!** finally 블록으로 리소스 닫기 • 참고 파일 ExceptionHandling2.java

```java
01  package exception;
02
03  import java.io.FileInputStream;
04  import java.io.FileNotFoundException;
05  import java.io.IOException;
06
07  public class ExceptionHandling2 {
08      public static void main(String[] args) {
09          FileInputStream fis = null;
10
11          try {
12              fis = new FileInputStream("a.txt");
13          } catch (FileNotFoundException e) {
14              System.out.println(e);
15              return;
16          } finally {
17              if (fis != null) {
18                  try{
19                      fis.close();          ─ 파일 입력 스트림 닫기
20                  } catch (IOException e) {
                                                어디에서 예외가 발생했는지 찾아가는
21                      e.printStackTrace();    printStackTrace() 메서드 호출
22                  }
23              }
24              System.out.println("항상 수행됩니다.");
25          }
26          System.out.println("여기서도 수행됩니다.");
27      }
28  }
```

**출력 결과**

```
java.io.FileNotFoundException: a.txt (지정된 파일을 찾을 수 없습니다)
항상 수행됩니다.
```

❷ try 블록에서 네트워크나 데이터베이스에 연결한 경우에도 연결을 닫는 close( ) 메서드를 finally 블록에서 수행합니다.

코드가 복잡해 보이지요? 하지만 예외 처리 코드에 익숙해지면 절대 복잡하지 않다는 것을 알 것입니다. 우선 입력받은 파일이 없는 경우에 try-catch문을 사용해 FileNotFoundException 예외 처리를 하였습니다. 프로그램을 실행하면 a.txt 파일이 없으므로 예외가 발생하여 catch 블록이 수행될 것입니다. 예외를 출력하고 15행에서 강제로 return을 해보았습니다. 하지만 출력 결과를 보면 return문과 상관없이 finally 블록을 수행해서 '항상 수행됩니다.' 문장이 출력된 것을 알 수 있습니다. 이 finally 블록에서 파일 리소스를 닫는 코드를 구현하였습니다. fis.close( ) 문장에서도 예외 상황이 발생할 수 있으므로 예외 처리를 해야 합니다.

### try-with-resources문

앞에서 살펴봤듯이 시스템 리소스를 사용하고 해제하는 코드는 다소 복잡해 보입니다. 자바 7부터 try-with-resources문을 제공하여 close( ) 메서드를 명시적으로 호출하지 않아도 try 블록 내에서 열린 리소스를 자동으로 닫도록 만들 수 있습니다. try-with-resources을 사용하려면 먼저 AutoCloseable 인터페이스를 구현해야 합니다.

AutoCloseable 인터페이스에는 close( ) 메서드가 있어 이를 구현한 클래스는 close( )를 명시하지 않아도 자동으로 호출됩니다. 예제를 통해 실제로 호출되는 과정을 살펴보기 전에 앞에서 사용한 FileInputStream을 JavaDoc에서 찾아보면 AutoCloseable 인터페이스를 구현하고 있음을 알 수 있습니다.

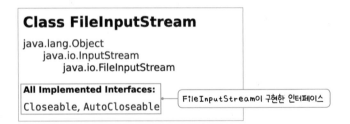

FileInputStream 클래스는 Closeable과 AutoCloseable 인터페이스를 구현했습니다. 따라서 try-with-resources를 사용하면 FileInputStream을 사용할 때 close( )를 명시적으로 호출하지 않아도 정상 종료된 경우와 예외가 발생한 경우 모두 close( ) 메서드가 호출됩니다.

FileInputStream 이외에 네트워크(socket)와 데이터베이스(connection) 관련 클래스도 AutoCloseable 인터페이스를 구현합니다.

🤚 AutoCloseable 인터페이스를 구현한 클래스가 무엇이 있는지 더 알고 싶다면 JavaDoc에서 AutoCloseable Interface를 찾아보세요.

## AutoCloseable 인터페이스

AutoCloseable 인터페이스를 직접 구현해 클래스를 만들고 프로그램이 제대로 수행했을 때와 예외가 발생했을 때 각각 close( ) 메서드 부분이 잘 호출되는지 살펴봅시다. 먼저 프로그램이 정상적으로 수행되는 경우를 보겠습니다.

---

**Do it!** **AutoCloseable 인터페이스 구현하기** · 참고 파일 AutoCloseObj.java

```
01  package exception;
02
03  public class AutoCloseObj implements AutoCloseable {
04    @Override
05    public void close( ) throws Exception {
06       System.out.println("리소스가 close( ) 되었습니다");      ── close( ) 메서드 구현
07    }
08  }
```

---

AutoCloseable 인터페이스는 반드시 close( ) 메서드를 구현해야 합니다. 시스템 리소스를 위한 코드라면 파일 스트림을 닫거나 네트워크 연결을 해제하는 코드를 작성해야겠지만, 여기에서는 close( ) 메서드가 제대로 호출되는지 알아보기 위한 출력문만 작성합니다.

이제 AutoCloseTest 클래스를 만들어 보겠습니다.

---

**Do it!** **try-with-resources문 사용하기 (1)** · 참고 파일 AutoCloseTest.java

```
01  package exception;
02
03  public class AutoCloseTest {
04    public static void main(String[] args) {          ── 사용할 리소스 선언
05       try (AutoCloseObj obj = new AutoCloseObj( )) {
06       } catch (Exception e) {
07          System.out.println("예외 부분입니다");
08       }
09    }
10  }
```

> **출력 결과**
> 리소스가 close( ) 되었습니다

---

try-with-resources문을 사용할 때 try문의 괄호 안에 리소스를 선언합니다. 이 예제는 예외가 발생하지 않고 정상 종료되었고, 출력 결과를 보면 close( ) 메서드가 호출되어 '리소스가 close( ) 되었습니다.' 문장이 출력된 것을 알 수 있습니다.

```
try (A a = new A( ); B b = new B( )) {
    ...
} catch(Exception e) {
    ...
}
```

🔹 리소스를 여러 개 생성해야 한다면 세미콜론(;)으로 구분합니다.

정상 종료되는 경우를 봤으니 예외가 발생하여 종료되는 경우에도 close( ) 메서드가 잘 호출되는지 살펴봐야겠죠? throw new Exception( )을 작성하면 프로그램에서 강제로 예외를 발생시켜 catch 블록이 수행되도록 구현할 수 있습니다. try 블록 안에 다음 6행처럼 코드를 작성해 보세요.

**Do it!** try-with-resources문 사용하기 (2)　　　　　• 참고 파일 AutoCloseObjTest.java

```
01  package exception;
02
03  public class AutoCloseTest {
04      public static void main(String[] args) {
05          try (AutoCloseObj obj = new AutoCloseObj( )) {
06              throw new Exception( );        ← 강제 예외 발생
07          } catch(Exception e) {
08              System.out.println("예외 부분입니다");
09          }
10      }
11  }
```

**출력 결과**
```
리소스가 close( ) 되었습니다
예외  부분입니다
```

6행에서 강제로 예외를 발생시키면 catch 블록을 수행합니다. 출력 결과를 보면 리소스의 close( ) 메서드가 먼저 호출되고 예외 블록 부분이 수행되는 것을 알 수 있습니다. 이처럼 try-with-resources를 사용하면 close( ) 메서드를 명시적으로 호출하지 않아도 정상 종료된 경우와 예외가 발생한 경우 모두 리소스 연결이 잘 해제됩니다.

### 향상된 try-with-resources문

자바 7에서 제공하기 시작한 try-with-resources문의 예외 처리 방법은 자바 9로 업그레이드되면서 조금 더 향상됐습니다. 자바 7에서는 다음과 같이 AutoCloseable 인터페이스를 구현한 리소스의 변수 선언을 try문 괄호 안에서 해야 했습니다. 따라서 리소스를 외부에 선언하고 생성한 경우에도 다른 참조 변수를 사용해 괄호 안에 다시 선언해야 했습니다.

```
AutoCloseObj obj = new AutoCloseObj( );
try (AutoCloseObj obj2 = obj)
  throw new Exception( );             다른 참조 변수로 다시 선언해야 함
} catch (Exception e) {
  System.out.println("예외 부분입니다");
}
```

하지만 자바 9부터는 다음처럼 try문의 괄호 안에서 외부에서 선언한 변수를 쓸 수 있습니다. 이렇게 사용하면 가독성도 좋고 반복하여 선언하는 일도 줄어듭니다.

```
AutoCloseObj obj = new AutoCloseObj( );
try (obj) {          외부에서 선언한 변수를 그대로 쓸 수 있음
  throw new Exception( );
} catch (Exception e) {
  System.out.println("예외 부분입니다");
}
```

🔔 이 문법은 자바 9에 추가된 내용으로 자바 8 이하에서는 오류가 발생합니다.

14 · 예외 처리  **533**

# 14-3 예외 처리 미루기

## throws로 예외 처리 미루기

FileInputStream을 생성했을 때 예외 처리 방법으로 여러 옵션이 있었습니다. 앞서 'Surround with try/catch'는 살펴보았으니, 이제 'Add exception to method signature'를 살펴보겠습니다. 그대로 번역하면 '메서드 선언부에 예외를 추가한다'는 의미인데, 이렇게 하면 예외가 발생한 메서드에서 예외를 처리하지 않고, 이 메서드를 호출하여 사용하는 부분에서 예외를 처리합니다. 다음 예제를 살펴봅시다.

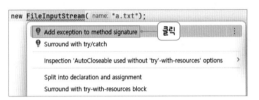

**Do it!** throws로 예외 처리 미루기 · 참고 파일 ThrowsException.java

```
01  package exception;
02
03  import java.io.FileInputStream;
04  import java.io.FileNotFoundException;
05
06  public class ThrowsException {
07      public Class loadClass(String fileName, String className) throws
08              FileNotFoundException, ClassNotFoundException {
09          FileInputStream fis = new FileInputStream(fileName);
10          Class c = Class.forName(className);
11          return c;
12      }
13
14      public static void main(String[] args) {
15          ThrowsException test = new ThrowsException( );
16          test.loadClass("a.txt", "java.lang.String");
17      }
18  }
```

두 예외를 메서드가 호출될 때 처리하도록 미룸 (line 07 throws)

FileNotFoundException 발생 가능 (line 09)

ClassNotFoundException 발생 가능 (line 10)

메서드를 호출할 때 예외를 처리함 (line 16)

이 코드에서 정의한 loadClass( ) 메서드는 FileInput Stream을 열고 Class를 동적으로 로딩하여 반환합니다. 파

📋 Class를 동적으로 로딩하는 코드는 11-5절을 참고하세요.

일을 열 때는 FileNotFoundException이 발생할 수 있고, 클래스를 로딩할 때는 Class NotFoundException이 발생할 수 있습니다. 이 예제의 7~8행을 보면 처리를 미루겠다는 뜻의 throws를 메서드의 선언부에 추가했습니다. 그러면 이 두 가지 예외는 어디에서 처리될까요?

### throws로 미뤄진 예외는 어떻게 처리될까?

예외를 바로 처리하지 않고 미룬다고 선언하면 그 메서드를 호출하여 사용하는 부분에서 예외 처리를 해야 합니다. 16행을 살펴보면 loadClass( ) 메서드를 호출하는 부분이 있습니다. loadClass 아래에 빨간색 줄로 오류가 표시되고 여기에 마우스 포인터를 올리면 다음과 같은 메시지를 확인할 수 있습니다.

'More actions…'를 클릭해 봅시다. 등장하는 여러 옵션 중 하나를 선택하면 오류를 처리할 수 있습니다.

다음과 같이 첫 번째 옵션인 [Add exceptions to method signature]를 선택하면 main( ) 함수 선언부에 throws FileNotFoundException, ClassNotFoundException이 추가되고

예외 처리를 미루게 됩니다. main( ) 함수에서 미룬 예외 처리는 main( ) 함수를 호출하는 자바 가상 머신으로 보내집니다. 즉 예외를 처리하는 것이 아니라 대부분의 프로그램이 비정상적으로 종료됩니다.

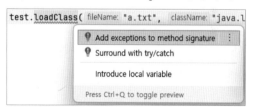

첫 번째 옵션 클릭

두 번째 옵션인 [Surround with try/catch]를 선택하면 try-catch문으로 예외 처리하는 코드가 추가됩니다.

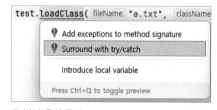

두 번째 옵션 클릭

적절한 코드 구현을 통해 예외를 처리하고 필요한 로그를 남길 수 있습니다. 두 번째 옵션을 클릭해 좀 더 살펴봅시다.

```
ThrowsException test = new ThrowsException();
try {
    test.loadClass( fileName: "a.txt",  className: "java.lang.String");
} catch (FileNotFoundException e) {
    throw new RuntimeException(e);
} catch (ClassNotFoundException e) {
    throw new RuntimeException(e);
}
```

각 예외 상황마다 catch문이 생성되고 각 상황에 맞게 예외를 처리하고 로그를 남길 수 있습니다. 그렇지 않고 여러 예외를 하나의 catch문에서 처리하려고 하면 다음과 같이 코드를 구현합니다.

```
ThrowsException test = new ThrowsException();
try {
    test.loadClass("a.txt", "java.lang.String");
} catch (FileNotFoundException | ClassNotFoundException e) {
    throw new RuntimeException(e);
}
```

이 경우에는 FileNotFoundException과 ClassNotFoundException을 따로 처리하지 않고 같은 e 변수로 처리하겠다는 의미입니다.

예외가 발생한 메서드에서 예외를 바로 처리할 것인지, 아니면 미뤄서 그 메서드를 호출하여 사용하는 부분에서 처리할 것인지는 만들고자 하는 프로그램 상황에 따라 다를 수 있습니다. 만약 어떤 메서드가 다른 여러 코드에서 호출되어 사용된다면 호출하는 코드의 상황에 맞게 로그를 남기거나 예외 처리를 하는 것이 더 좋습니다. 따라서 앞서 실습한 예제의 경우 첫 번째 옵션을 선택해 메서드를 호출하는 부분에서 예외 처리를 하도록 미루는 것이 합리적입니다.

## 다중 예외 처리

여러 catch 블록은 각각 서로 다른 예외 처리를 담당합니다. 그런데 문법적으로 반드시 예외 처리를 해야 하는 경우 외에도 예외 처리를 해야 할 때가 있습니다. 예를 들어 배열을 사용할 때 배열의 크기보다 큰 위치, 즉 요소가 존재하지 않는 위치로 접근하면 RuntimeException 중 ArrayIndexOutOfBoundsException이 발생합니다. 이 예외는 컴파일러에 의해 체크되

잠깐 만난 Annotation method 'main()' as '@SneakyThrows' 옵션은 @@lombok.SneakyThrows 애너테이션을 활용해 checked exception이더라도 오류를 체크하지 않고 코드를 구현할 수 있도록 합니다. 즉 try-catch문을 사용하지 않을 수 있으나, 이 책에서는 넘어가겠습니다.

지 않습니다. 이렇게 어떤 예외가 발생할지 미리 알 수 없지만 모든 예외 상황을 처리하고자 한다면 맨 마지막 부분에 Exception 클래스를 활용하여 catch 블록을 추가합니다. 이와 같은 내용을 다음 예제로 살펴보겠습니다.

**Do it!** 여러 catch문으로 다중 예외 처리하기 · 참고 파일 ThrowsException.java

```java
01   package exception;
02
03   import java.io.FileInputStream;
04   import java.io.FileNotFoundException;
05
06   public class ThrowsException {
07       public Class loadClass(String fileName, String className) throws
08           FileNotFoundException, ClassNotFoundException {
09           FileInputStream fis = new FileInputStream(fileName);
10           Class c = Class.forName(className);
11           return c;
12       }
13
14       public static void main(String[] args) {
15        ThrowsException test = new ThrowsException( );
16        try {
17           test.loadClass("a.txt", "java.lang.String");
18        } catch (FileNotFoundException e) {
19           e.printStackTrace( );
20        } catch (ClassNotFoundException e) {
21           e.printStackTrace( );
22        } catch (Exception e) {
23           e.printStackTrace( );
24        }
25       }
26   }
```

> Exception 클래스로 그 외 예외 상황 처리

Exception 클래스는 모든 예외 클래스의 최상위 클래스입니다. 따라서 다른 catch 블록에 선언한 것 이외의 예외 상황이 발생하더라도 Exception 클래스로 자동 형 변환됩니다.

◉ Exception 클래스는 기본(default) 예외 처리라고도 합니다.

## 다중 예외 처리 시 주의 사항

catch문을 선언한 순서대로 예외 처리합니다. 따라서 다음 예와 같이 catch(Exception e)를 가장 먼저 쓰면 발생하는 모든 예외 클래스는 Exception 상위 클래스로 자동 형 변환되어 Exception 클래스의 아래에 있는 ClassNotFoundException과 FileNotFound Exception에 오류가 발생합니다.

```java
try {
    test.loadClass( fileName: "a.txt",  className: "java.lang.String");
} catch (Exception e) {
    e.printStackTrace( );
} catch (FileNotFoundException e) {
    e.printStackTrace( );
} catch (ClassNotFoundException e) {
    e.printStackTrace( );
}
```

> 맨 위에 Exception을 활용한 catch 블록을 사용할 경우 이후 예외 클래스에 오류 발생

빨간색 부분에 마우스 포인터를 올리면 다음과 같은 오류 메시지를 확인할 수 있습니다.

기본(default) 예외 처리를 하는 Exception 클래스에 의해 모든 예외가 처리되므로 Class NotFoundException이나 FileNotFoundException에는 예외가 도달할 일이 없어 컴파일 오류가 발생합니다. 따라서 기본 예외 처리를 하는 Exception 클래스 블록은 앞선 예제와 같이 여러 예외 처리 블록의 가장 아래에 놓여야 합니다.

# 14-4 사용자 정의 예외

자바에서 제공하는 예외 처리 클래스 이외에 개발하는 프로그램에 따라 다양한 예외 상황이 발생할 수 있습니다. 예를 들어 어떤 사이트에서 회원 가입 시 회원 아이디로 null을 입력받아서는 안 되고, 8자 이상 20자 이하여야 한다는 조건을 프로그래밍해야 한다고 합시다. 이런 조건을 확인하는 작업을 자바로 한다면 예외 클래스를 직접 만들어 예외를 발생시키고 예외 처리코드를 구현할 수 있습니다. 실무에서 프로젝트를 진행할 때에도 예외 클래스를 직접 만들어사용하는 경우가 종종 있으므로 사용자 정의 예외 클래스를 어떻게 구현하는지 알아봅시다.

## 사용자 정의 예외 클래스 구현하기

사용자 정의 예외 클래스를 구현할 때는 기존 JDK에서 제공하는 예외 클래스 중 가장 유사한클래스를 상속받는 것이 좋습니다. 잘 모르겠다면 가장 상위 클래스인 Exception 클래스에서 상속받으세요. 아이디가 null이거나 지정 범위를 벗어나는 경우의 예외 처리 클래스를 만들어 보겠습니다.

**Do it!** 사용자 정의 예외 처리 구현하기 · 참고 파일 IDFormatException.java

```
01   package exception;
02
03   public class IDFormatException extends Exception {
04     public IDFormatException(String message) {
05         super(message);                    생성자의 매개변수로 예외 상황 메시지를 받음
06     }
07   }
```

이 코드는 Exception 클래스에서 상속받아 구현했습니다. 예외 상황 메시지를 생성자에서 입력받습니다. Exception 클래스에서 메시지 생성자, 인스턴스 변수와 메서드를 이미 제공하고있으므로 super(message)를 사용하여 예외 메시지를 설정합니다. getMessage( ) 메서드를호출하면 메시지 내용을 확인할 수 있습니다.

그러면 예외를 발생시켜 보겠습니다.

```
01  package exception;
02
03  public class IDFormatTest {
04     private String userID;
05
06     public String getUserID( ) {
07        return userID;
08     }
09
10     public void setUserID(String userID) throws IDFormatException {
11        if (userID == null) {
12           throw new IDFormatException("아이디는 null일 수 없습니다");
13        }
14        else if (userID.length( ) < 8 || userID.length( ) > 20) {
15           throw new IDFormatException("아이디는 8자 이상 20자 이하로 쓰세요");
16        }
17        this.userID = userID;
18     }
19
20     public static void main(String[] args) {
21        IDFormatTest test = new IDFormatTest( );
22
23        String userID = null;
24        try {
25           test.setUserID(userID);
26        } catch (IDFormatException e) {
27           System.out.println(e.getMessage( ));
28        }
29
30        userID = "1234567";
31        try {
32           test.setUserID(userID);
33        } catch (IDFormatException e) {
34           System.out.println(e.getMessage( ));
35        }
36     }
37  }
```

아이디 생성의 제약 조건 구현

IDFormatException 예외를 setUserID( ) 메서드가 호출될 때 처리하도록 미룸

강제로 예외 발생시킴

아이디값이 null인 경우

아이디값이 8자 이하인 경우

출력 결과
아이디는 null일 수 없습니다
아이디는 8자 이상 20자 이하로 쓰세요

IDFormatTest 클래스에서 setUserID( ) 메서드는 아이디의 제약 조건을 구현합니다. 이 제약 조건이 지켜지지 않으면 예외를 발생시킵니다. 여기에서 발생하는 예외는 자바에서 제공하는 예외가 아니기 때문에 예외 클래스를 직접 생성하여 예외를 발생시켜야 합니다.

11~13행에서 매개변수로 넘어온 userID가 null인 경우에 예외 메시지를 생성자에 넣어 예외 클래스를 생성한 후 throw문으로 직접 예외를 발생시킵니다. 아이디가 8자 미만 20자 초과인 경우에도 예외를 발생시킵니다. setUserID( ) 메서드는 IDFormatException 예외 처리를 해야 합니다. 이 예외는 메서드를 호출하는 부분에서 처리하도록 throws 예약어로 선언해 줍니다. 예외 상황을 만들기 위해 23행에서 아이디에 null을 대입했습니다. 그러면 setUserID( ) 메서드에서 IDFormatException 예외가 발생하고 setUserID( ) 메서드는 이 예외를 미루었으므로, 이 예외는 26행 catch 블록에서 처리됩니다. 마찬가지로 아이디가 8자 미만인 예외를 확인하기 위해 30행에서 아이디에 7자짜리 숫자를 대입했습니다. 이때 발생한 IDFormat Exception 예외는 33행의 catch 블록에서 처리됩니다.

이처럼 프로그램을 개발할 때에는 필요에 따라 사용자 정의 예외 클래스를 직접 만들고 이를 발생시켜 예외 처리를 할 수 있음을 알 수 있습니다.

## 꼭! 알아 두세요 | 예외 처리할 때는 로그를 잘 남기자

어떤 회사에서 시스템을 개발하여 구축했습니다. 그런데 고객에게서 오류가 발생했다는 연락이 왔을 때 개발자는 어떤 조치를 취할 수 있을까요? 어떤 상황에서 오류가 났는지, 또 시스템에서 어떤 메서드를 호출하고 어떻게 매개변수를 전달했는지 정확하게 알 수 없습니다.

따라서 프로그램을 개발할 때는 로그(log)를 남기는 것이 매우 중요합니다. 로그는 앞에서 잠깐 설명했지만 소프트웨어 실행 중 발생하는 오류와 같은 여러 상황을 기록한 것으로, 오류가 발생했을 때 그 로그를 보고 오류가 발생하는 코드를 순서대로 따라가며 확인할 수 있고, 원인을 찾을 수 있습니다. 로그는 정보의 의미에 따라 레벨을 나누어 관리합니다. 정보의 의미가 간단한 로그부터 심각한 예외가 발생했을 때의 로그까지 여러 레벨이 존재할 수 있습니다. 이러한 로그를 체계적이고 의미 있게 남겨서 시스템에서 오류가 났을 때 보다 쉽고 빠르게 그 원인을 유추해 볼 수 있어야 합니다.

이 책은 자바의 기본을 배우므로 로그를 만드는 부분은 다루지 않았습니다. 하지만 웹 애플리케이션이나 안드로이드 앱을 만드는 개발자라면 프로그램 개발뿐 아니라 유지·보수하기 위해서도 로그를 남기는 것은 정말 중요합니다. 따라서 로그의 필요성을 깊이 인식하고 의미 있는 로그를 체계적으로 남기는 습관을 들여야 합니다.

# 14장

## 되새김 문제

▶ 14장 정답 및 풀이: 626쪽

**01** 모든 예외 클래스의 최상위 클래스는 [ E                    ] 입니다.

**02** try 블록을 수행하면 항상 수행되는 블록으로, 주로 열린 파일이나 네트워크 리소스의 해제를 수
행하는 블록을 구현하는 예약어는 [ f            ] 입니다.

**03** 예외 처리를 위해 try-catch문을 사용할 수도 있지만, 예외를 직접 처리하지 않고 미룰 때 사용하
는 예약어는 [ t            ] 입니다.

**04** 사용자가 예외를 직접 발생시키기 위해 사용하는 예약어는 [ t            ] 입니다.

**★**
**05** 540쪽에서 실습한 사용자 정의 예외 클래스를 응용해 PasswordException을 만들어 봅시다. 예외
상황은 비밀번호가 null인 경우, 문자열로만 이루어진 경우, 5자 미만인 경우입니다.

> **힌트** 문자열로만 이루어졌는지 알아보려면 String의 matches( ) 메서드를 사용하면 됩니다. 다음 코드를 참고하세요.

```
String pass = new String("abc");
System.out.println(pass.matches("[a-zA-Z]+"));     // true

String pass2 = new String("abc1");
System.out.println(pass2.matches("[a-zA-Z]+"));    // false
```

**06** 확인 예외와 확인되지 않은 예외가 어떤 차이가 있는지 설명해 보세요.

**07** 사용자 정의 예외는 어떤 경우에 사용할 수 있는지 예를 들어 설명해 보세요.

# 15장

# 자바 입출력

대부분의 프로그램은 자료를 입력받는 기능과 저장하거나 쓰는 출력 기능을 구현합니다. 음악이나 동영상 파일을 재생하는 것도 입출력 기능에 해당합니다. 채팅을 하고 SNS에 글을 쓰거나 사진을 올리는 것도 입출력 기능으로 구현합니다. 지금부터 자바의 입출력 기능을 함께 살펴봅시다.

# 15-1 자바 입출력과 스트림

입출력은 프로그램의 가장 기본 기능이지만, 외부 저장 장치나 네트워크와 연동해야 하기 때문에 장치에 따라 다르게 구현해야 합니다. 자바는 장치에 따라 독립적이고 효율적인 입출력 기능을 제공합니다.

## 자료가 오고갈 수 있는 통로, 스트림

자바에서 모든 입출력은 스트림(stream)을 통해 이루어집니다. 스트림이란 네트워크와 관련된 자료 흐름이 물의 흐름과 같다는 의미에서 유래됐습니다. 입출력 장치는 매우 다양하

> 💬 여기서 말하는 스트림은 13장에서 살펴본 스트림과 다릅니다. 헷갈리지 않도록 주의하세요.

기 때문에 장치에 따라 입출력 부분을 일일이 다르게 구현하면 프로그램 호환성이 떨어질 수밖에 없습니다. 이런 문제를 해결하기 위해 자바는 입출력 장치와 무관하고 일관성 있게 프로그램을 구현할 수 있도록 일종의 가상 통로인 스트림을 제공합니다. 자료를 읽어 들이려는 소스(source)와 자료를 쓰려는 대상(target)에 따라 각각 다른 스트림 클래스를 제공합니다.

자바의 입출력 기능은 파일 디스크, 키보드, 모니터, 메모리 입출력, 네트워크 등에 사용합니다. 이러한 곳에서 일어나는 모든 입출력 기능을 스트림 클래스로 제공합니다. 따라서 자바에서 자료를 입출력하려면 여러 스트림 클래스를 알아야 하지만, 구현 방식이 서로 비슷하므로 크게 걱정할 필요가 없습니다. 일단 스트림을 세 가지 기준에 따라 분류해서 생각해 봅시다.

## 스트림의 종류

### 입력 스트림과 출력 스트림

어떤 대상으로부터 자료를 읽어 들일 때 사용하는 스트림이 입력 스트림입니다. 예를 들어 입력 스트림은 어떤 동영상을 재생하기 위해 동영상 파일에서 자료를 읽을 때 입력 스트림을 사용합니다. 반면에 편집 화면에 사용자가 쓴 글을 파일에 저장할 때는 출력 스트림을 사용합니

다. 스트림은 단방향으로 자료가 이동하기 때문에 입력과 출력을 동시에 할 수 없습니다. 즉 입력 자료의 이동이 출력 자료의 이동과 한 스트림에서 동시에 일어날 수 없다는 의미입니다. 일방 통행길에서 차가 양방향으로 다닐 수 없는 것과 같습니다. 따라서 어떤 스트림이 있다고 하면 그 스트림은 입력 스트림이거나 출력 스트림입니다.

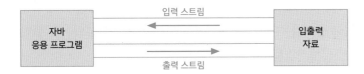

스트림의 이름을 보면 입력용인지 출력용인지 알 수 있습니다. InputStream이나 Reader로 끝나는 이름의 클래스는 입력 스트림입니다. 반면에 OutputStream이나 Writer로 끝나는 이름의 클래스는 출력 스트림입니다.

| 종류 | 스트림 클래스 예 |
|---|---|
| 입력 스트림 | FileInputStream, FileReader, BufferedInputStream, BufferedReader 등 |
| 출력 스트림 | FileOutputStream, FileWriter, BufferedOutputStream, BufferedWriter 등 |

### 바이트 단위 스트림과 문자 단위 스트림

원래 자바의 스트림은 바이트(byte) 단위로 자료의 입출력이 이루어집니다. 그러므로 그림, 동영상, 음악 등 대부분의 파일은 바이트 단위로 읽거나 쓰면 됩니다. 그런데 자바에서 문자 하나를 나타내는 char형은 2바이트이기 때문에 1바이트만 읽으면 한글 같은 문자는 깨집니다. 따라서 입출력에서 가장 많이 사용하는 자료인 문자를 위해 문자 스트림을 별도로 제공합니다. 즉 읽어 들이는 자료형에 따라 바이트용과 문자용 스트림이 있습니다.

스트림 클래스의 이름이 Stream으로 끝나는 경우는 바이트 단위를 처리하는 스트림입니다. Reader나 Writer로 끝나는 이름은 문자를 위한 스트림 클래스입니다.

| 종류 | 스트림 클래스 예 |
|---|---|
| 바이트 스트림 | FileInputStream, FileOutputStream, BufferedInputStream, BufferedOutputStream 등 |
| 문자 스트림 | FileReader, FileWriter, BufferedReader, BufferedWriter 등 |

### 기반 스트림과 보조 스트림

마지막으로 어떤 스트림이 자료를 직접 읽거나 쓰는 기능을 제공하는 스트림인가, 아니면 자료를 직접 읽거나 쓰는 기능은 없이 다른 스트림에 부가 기능을 제공하는가에 따라 기반 스트림과 보조 스트림으로 구분할 수 있습니다. 기반 스트림은 읽어 들일 곳(소스)이나 써야 할 곳(대상)에서 직접 읽고 쓸 수 있으며 입출력 대상에 직접 연결되어 생성되는 스트림입니다. 반면에 보조 스트림은 직접 읽고 쓰는 기능은 없습니다. 따라서 항상 다른 스트림을 포함하여 생성됩니다. 다음 그림처럼 기반 스트림에 보조 스트림을 더하여 기능을 추가합니다.

기반 스트림인가 보조 스트림인가 여부는 이름만으로 판단하기 어려울 수 있습니다. 대부분 기반 스트림이 소스나 대상의 이름을 가지고 있지만, 보조 스트림 중에도 이름만 봐서 바로 알 수 없는 경우도 있으므로 많이 사용하는 클래스 위주로 기억해 둡시다.

| 종류 | 스트림 클래스 예 |
|---|---|
| 기반 스트림 | FileInputStream, FileOutputStream, FileReader, FileWriter 등 |
| 보조 스트림 | InputStreamReader, OutputStreamWriter, BufferedInputStream, BufferedOutputStream 등 |

한 스크림 클래스가 세 분류에 속할 수 있습니다. 예를 들어 FileInputStream을 살펴보면 InputStream이니 입력 스트림이고, Stream이니 바이트 단위로 처리하며, File에 직접 읽고 쓰는 기반 스트림입니다. 그리고 자바 스트림 클래스 이름에서 스트림 특성을 유추할 수 있습니다. 각 스트림을 사용하는 메서드도 거의 같습니다.

# 15-2 표준 입출력

자바에서는 화면에 출력하고 입력받는 표준 입출력 클래스를 미리 정의해 두었습니다. 이 클래스는 프로그램이 시작될 때 생성되므로 따로 만들 필요가 없습니다. 우리가 지금까지 출력에 사용한 System.out은 표준 출력을 위한 객체입니다. 표준 입출력은 콘솔 화면에 입출력된다고 해서 콘솔 입출력이라고도 합니다. 표준 입출력을 위한 System 클래스는 다음과 같이 세 개의 변수를 가지고 있습니다.

| 자료형 | 변수 이름 | 종류 |
|---|---|---|
| static PrintStream | out | 표준 출력 스트림 |
| static InputStream | in | 표준 입력 스트림 |
| static OutputStream | err | 표준 오류 출력 스트림 |

📄 자료형에 사용한 PrintStream은 OutputStream의 하위 클래스입니다.

System.out은 표준 출력용, System.in은 표준 입력용 스트림입니다. 빨간색으로 오류 메시지를 출력할 때는 System.err를 사용합니다. out, in, err 모두 정적(static) 변수입니다. 지금까지 우리가 System 클래스를 생성하지 않고도 System.out을 사용할 수 있었던 이유는 out 변수가 System 클래스의 정적 변수이기 때문입니다. 지금까지 System.out을 활용한 프로그램은 많이 실습해 보았으니 사용자로부터 콘솔 입력을 받는 System.in을 사용해 봅시다.

## System.in으로 화면에서 문자 입력받기

System.in을 사용하여 문자를 입력받는 프로그램을 구현해 봅시다. 입출력에 관련한 코드를 구현하면 예외 처리를 해야 합니다. 그러면 다음과 같이 문자를 하나씩 입력받는 코드를 구현해 보겠습니다.

📄 예외 처리가 기억이 나지 않는다면 14장을 참고하세요.

**Do it! 문자를 하나씩 입력받기** · 참고 파일 SystemInTest1.java

```
01  package stream.inputstream;
02
03  import java.io.IOException;
04
05  public class SystemInTest1 {
```

```
06      public static void main(String[] args) throws IOException {
07          System.out.println("알파벳 하나를 쓰고 [Enter]를 누르세요");
08
09          int i;
10          try {
11              i = System.in.read( );        ──▶ read( ) 메서드로 한 바이트 읽음
12              System.out.println(i);
13              System.out.println((char)i);  ──▶ 문자로 변환하여 출력
14          } catch (IOException e) {
15              e.printStackTrace( );
16          }
17      }
18  }
```

출력 결과

알파벳 하나를 쓰고 [Enter]를 누르세요
A Enter
65
A

프로그램을 실행하면 입력을 받으려고 커서가 기다리고 있습니다. A라고 입력하고 [Enter]를
누르면 입력한 값이 변수 i에 들어갑니다. i는 4바이트지만 System.in은 바이트 단위로 읽어
들이는 InputStream이므로 1바이트만 읽습니다. 읽어 들인 1바이트를 출력하면 문자의 숫
잣값, 즉 아스키 코드값을 출력합니다. 13행처럼 문자로 변환하여 출력하면 입력한 A가 출력
됩니다. 읽어 들일 때 사용한 InputStream의 read( ) 메서 🔵 InputStream 관련 메서드는 15-3절
드는 한 바이트만을 읽어 들입니다.                        에서 자세히 설명합니다.

이번에는 알파벳 여러 개를 쓰고 [Enter]를 누르면 입력받는 내용을 출력하는 예제를 봅시다.

**Do it!** 문자 여러 개를 입력받기 · 참고 파일 SystemInTest2.java

```
01  package stream.inputstream;
02
03  import java.io.IOException;
04
05  public class SystemInTest2 {
06      public static void main(String[] args) {
07          System.out.println("알파벳 여러 개를 쓰고 [Enter]를 누르세요");
08
09          int i;
10          try {
11              while ((i = System.in.read( )) != '\n') {    ──▶ while문에서 read( ) 메서드로 한
12                  System.out.print((char)i);                    바이트를 반복해 읽음
13              }
```

```
14          } catch (IOException e) {
15              e.printStackTrace( );
16          }
17      }
18  }
```

출력 결과
알파벳 여러 개를 쓰고 [Enter]를 누르세요
hello [Enter]
hello

while문에서 read( ) 메서드를 이용해 입력한 내용을 한 바이트씩 읽어 들입니다. [Enter]에 해당하는 '\n'값이 입력될 때까지 반복 수행하고, [Enter]가 입력되면 읽어 들인 내용을 화면에 출력합니다.

## 그 외 입력 클래스 — Scanner 클래스

Scanner 클래스는 java.util 패키지에 있는 입력 클래스입니다. Scanner 클래스는 문자뿐 아니라 정수, 실수 등 다른 자료형도 읽을 수 있습니다. 또한 콘솔 화면뿐 아니라 파일이나 문자열을 생성자의 매개변수로 받아 자료를 읽어 올 수 있습니다. 여러 대상에서 자료를 읽는 Scanner 클래스의 생성자는 매우 다양합니다. Scanner 클래스의 대표 생성자를 살펴보겠습니다.

| 생성자 | 설명 |
|---|---|
| Scanner(File source) | 파일을 매개변수로 받아 Scanner를 생성합니다. |
| Scanner(InputStream source) | 바이트 스트림을 매개변수로 받아 Scanner를 생성합니다. |
| Scanner(String source) | String을 매개변수로 받아 Scanner를 생성합니다. |

Scanner scanner = new Scanner(System.in);처럼 사용하면 표준 입력으로부터 자료를 읽어 들이는 기능을 사용할 수 있습니다. Scanner 클래스는 System.in으로 입력받는 것보다 다양한 메서드를 활용할 수 있어서 자주 사용합니다.

Scanner 클래스에서 제공하는 메서드는 다음과 같습니다.

| 메서드 | 설명 |
|---|---|
| boolean nextBoolean( ) | boolean 자료를 읽습니다. |
| byte nextByte( ) | 한 바이트 자료를 읽습니다. |
| short nextShort( ) | short형 자료를 읽습니다. |
| int nextInt( ) | int형 자료를 읽습니다. |
| long nextLong( ) | long형 자료를 읽습니다. |
| float nextFloat( ) | float형 자료를 읽습니다. |
| double nextDouble( ) | double형 자료를 읽습니다. |
| String nextLine( ) | String 문자열 자료를 읽습니다. |

Scanner 클래스를 활용하여 표준 입력에서 다양한 자료를 읽어 온 후 출력하는 예제를 살펴봅시다.

**Do it! Scanner 클래스 사용하기**

• 참고 파일 ScannerTest.java

```
01  package stream.others;
02
03  import java.util.Scanner;
04
05  public class ScannerTest {
06    public static void main(String[] args) {
07      Scanner scanner = new Scanner(System.in);
08
09      System.out.println("이름:");
10      String name = scanner.nextLine( );
11      System.out.println("직업:");
12      String job = scanner.nextLine( );
13      System.out.println("사번:");
14      int num = scanner.nextInt( );
15
16      System.out.println(name);
17      System.out.println(job);
18      System.out.println(num);
19    }
20  }
```

문자열을 읽는 nextLine( ) 메서드로 이름과 직업을 입력받음

int형을 읽는 nextInt( ) 메서드로 사번을 입력받음

**출력 결과**

```
이름:
박은종  Enter
직업:
선생님  Enter
사번:
12345  Enter
박은종
선생님
12345
```

7행에서 표준 입력 스트림을 매개변수로 Scanner 클래스를 생성하였습니다. 이름과 직업은 문자열이므로 nextLine( ) 메서드로 입력받고, 사번은 정수이므로 nextInt( ) 메서드를 사용합니다. 입력받은 자료를 그대로 출력하면 잘 입력되었는지 확인할 수 있습니다. 표준 입력 스트림 System.in을 사용하면 바이트 단위 자료만 처리할 수 있어 한글 같은 경우 보조 스트림을 추가로 사용해야 하는데, Scanner 클래스를 사용하면 다양한 자료형을 입력할 수 있어 많이 활용합니다.

# 15-3 바이트 단위 스트림

이제부터 다양한 스트림의 종류와 사용 방법을 더 자세히 알아보겠습니다. 여기에서는 설명하는 스트림은 입출력 기능을 구현하는 데 기본으로 알아야 하는 클래스와 메서드를 설명합니다. 이들 클래스를 모두 외워야 하는 것은 아닙니다. 기본 사용법을 익히고 나중에 프로그램을 개발할 때 원하는 기능의 클래스를 잘 찾아서 사용하면 됩니다. 먼저 바이트 입출력 스트림부터 살펴보겠습니다.

## InputStream 클래스

바이트 단위로 읽는 스트림의 최상위 클래스로, InputStream 은 추상 메서드를 포함한 추상 클래스로서 하위 스트림 클래스가 상속받아 각 클래스 역할에 맞게 추상 메서드 기능을 구현합니다. 주로 사용하는 하위 클래스는 다음과 같습니다.

📧 앞으로 살펴볼 OutputStream, Reader, Writer도 InputStream과 같은 추상 클래스이고, InputStream에는 하위 클래스가 구현해야 할 추상 메서드가 선언되어 있습니다.

| 스트림 클래스 | 설명 |
|---|---|
| FileInputStream | 파일에서 바이트 단위로 자료를 읽습니다. |
| ByteArrayInputStream | byte 배열 메모리에서 바이트 단위로 자료를 읽습니다. |
| FilterInputStream | 기반 스트림에서 자료를 읽을 때 추가 기능을 제공하는 보조 스트림의 상위 클래스입니다. |

📧 보조 스트림은 15-5절에서 자세히 설명합니다.

InputStream은 바이트 자료를 읽기 위해 다음 메서드를 제공합니다.

| 메서드 | 설명 |
|---|---|
| int read( ) | 입력 스트림으로부터 한 바이트의 자료를 읽습니다. 읽은 자료의 바이트 수를 반환합니다. |
| int read(byte[] b) | 입력 스트림으로부터 b[] 크기의 자료를 b[]에 읽습니다. 읽은 자료의 바이트 수를 반환합니다. |
| int read(byte[] b, int off, int len) | 입력 스트림으로부터 b[] 크기의 자료를 b[]의 off 변수 위치부터 저장하며 len만큼 읽습니다. 읽은 자료의 바이트 수를 반환합니다. |
| void close( ) | 입력 스트림과 연결된 대상 리소스를 닫습니다. (예: FileInputStream인 경우 파일 닫음) |

read( ) 메서드의 반환형은 int입니다. 한 바이트를 읽어서 int형 변수에 저장합니다. 한 바이트만 읽는 데 반환형이 int인 이유는 더 이상 읽어 들일 자료가 없는 경우에 정수 –1이 반환되기 때문입니다. 파일에서 자료를 읽는 경우 파일의 끝에 도달하면 –1이 반환됩니다. 그러면 InputStream 중 가장 많이 사용하는 FileInputStream 클래스를 살펴보겠습니다.

### FileInputStream 클래스

FileInputStream은 파일에서 바이트 단위로 자료를 읽어 들일 때 사용하는 스트림 클래스입니다. 스트림을 사용하려면 먼저 스트림 클래스를 생성해야 합니다. FileInputStream의 생성자를 살펴보면 다음과 같습니다.

| 생성자 | 설명 |
|---|---|
| FileInputStream(String name) | 파일 이름 name(경로 포함)을 매개변수로 받아 입력 스트림을 생성합니다. |
| FileInputStream(File f) | File 클래스 정보를 매개변수로 받아 입력 스트림을 생성합니다. |

FileInputStream(String name) 생성자로 스트림을 생성하여 파일로부터 자료를 읽어 봅시다. 코드를 작성하면 다음과 같습니다.

**Do it!** FileInputStream 클래스로 파일 읽기 • 참고 파일 FileInputStreamTest1.java

```
01  package stream.inputstream;
02
03  import java.io.FileInputStream;
04  import java.io.IOException;
05
06  public class FileInputStreamTest1 {
07    public static void main(String[] args) {
08      FileInputStream fis = null;
09
10      try {
11        fis = new FileInputStream("input.txt");    ← input.txt 파일 입력 스트림 생성
12        System.out.println(fis.read( ));
13        System.out.println(fis.read( ));
14        System.out.println(fis.read( ));
15      } catch (IOException e) {
16        System.out.println(e);
17      } finally {
18        try {
```

```
19        fis.close( );          열린 스트림은 finally 블록에서 닫음
20      } catch (IOException e) {
21        System.out.println(e);
22      } catch (NullPointerException e) {          스트림이 null인 경우
23        System.out.println(e);
24      }
25    }
26    System.out.println("end");
27  }
28 }
```

**출력 결과**

```
java.io.FileNotFoundException: input.txt (No such file or directory)
java.lang.NullPointerException: Cannot invoke "java.io.FileInputStream.close()" because
 "fis" is null
end
```

여기에서는 모든 예외 처리를 try-catch문으로 구현했습니다. try-catch문을 보면 파일 스트림을 생성하고 활용할 때 어떤 예외가 발생하고 어떻게 처리해야 하는지 알 수 있습니다.

📑 다음에 살펴볼 FileOutputStream은 파일이 없으면 파일을 새로 생성합니다.

11행에서 FileInputStream("input.txt") 생성자로 input.txt 파일에 입력 스트림을 생성하려고 합니다. 하지만 input.txt 파일은 아직 존재하지 않는 상태입니다. FileInputStream은 읽으려는 파일이 없으면 FileNotFoundException 예외가 발생합니다. 따라서 11행을 수행하려다가 IOException(FileNotFoundException의 상위 예외 클래스)이 발생하여 15행에서 catch 됩니다. 그리고 나서 finally 블록에서 열려 있는 스트림을 닫기 위해 close( )를 호출하는데, 스트림이 생성되지 않았으므로 NullPointerException이 발생합니다. NullPointerException은 처리하지 않을 때 컴파일 오류가 발생하는 예외가 아니므로 어떤 예외 클래스로 처리해야 할지 잘 모르는 경우 최상위 예외 클래스 Exception을 사용하면 됩니다.

수행 결과에서 눈여겨볼 것은 예외 처리가 되어 프로그램이 중단된 것이 아니라 end가 출력되었다는 점입니다. 프로그램 수행을 중단시키지 않는 예외 처리의 중요성을 알 수 있는 부분입니다.

### 파일에서 자료 읽기

이제 실제 파일의 자료를 읽어 봅시다. FileInputStream("input.txt")를 실행하면 가장 먼저 input.txt 파일을 프로젝트 폴더에서 찾습니다. 따라서 임의의 파일을 만들어 줍니다. [File → New → File]을 클릭하거나 프로젝트 영역에서 마우스 오른쪽 버튼을 눌러 [New →

File]을 클릭하면 다음과 같이 파일 이름을 작성하는 창이 등장합니다. 여기에 'input.txt'라는 파일 이름을 넣어 새로운 파일을 생성합니다.

🔖 파일을 만들 때 프로젝트 폴더 하위에 생성합니다.

이렇게 생성된 파일은 프로젝트 영역에서 확인할 수 있습니다. input.txt 파일을 직접 열어 다음과 같이 작성하고 저장합니다.

문자 ABC를 적었습니다. 이제 FileInputStreamTest1.java를 다시 실행하여 출력 결과를 봅시다. input.txt에 적혀 있는 ABC 세 개를 읽어 들여서 바로 출력하니 각 알파벳의 아스키 코드값이 적혔습니다. system.out의 read( ) 메서드는 한 바이트씩 자료를 읽어 들이기 때문입니다. 이를 A, B, C로 화면에 출력하려면 12~14행의 출력문을 다음처럼 char 자료형으로 수정해 봅시다.

```
System.out.println((char)fis.read( ));
```

이렇게 문자로 변환하여 출력하면 각 아스키 코드값에 해당하는 문자가 출력됩니다. 출력 결과는 오른쪽과 같습니다.

## 파일 끝까지 읽기

바로 앞 예제에서는 input.txt에 ABC라는 문자 세 개가 포함된 것을 알고 있어서 read( ) 메서드를 세 번 호출해 파일에서 문자를 읽어 들였습니다. 하지만 사용자가 파일에 내용이 얼마큼 있는지 모르는 경우에는 어떻게 해야 할까요? 파일 마지막에 저장된 내용까지 반복해서 읽어야 할 것입니다. 다음은 input.txt 파일을 끝까지 읽는 방식으로 FileInputStreamTest1.java를 수정한 예제입니다. 여기서는 try-with-resources문을 사용하여 구현했습니다.

```
01   package stream.inputstream;
02
03   import java.io.FileInputStream;
04   import java.io.FileNotFoundException;
05   import java.io.IOException;
06
07   public class FileInputStreamTest2 {
08     public static void main(String[] args) {
09       try (FileInputStream fis = new FileInputStream("input.txt")) {
10         int i;
11         while ((i = fis.read( )) != -1) {
12           System.out.println((char)i);
13         }
14         System.out.println("end");
15       } catch (FileNotFoundException e) {
16         e.printStackTrace( );
17       } catch (IOException e) {
18         e.printStackTrace( );
19       }
20     }
21   }
```

i값이 -1이 아닌 동안 read( ) 메서드로 한 바이트를 반복해 읽음

출력 결과
```
A
B
C
end
```

read( ) 메서드로 파일을 읽는 경우 파일의 끝에 도달하면 −1을 반환합니다. 11행 while문을 보면 read( ) 메서드를 사용하여 한 바이트씩 읽어 들이고 있습니다. 읽어 들여 저장한 i값이 −1이 아닌 한 while문이 계속 수행됩니다.

### int read(byte[ ] b) 메서드로 읽기

read( ) 메서드로 한 바이트씩 읽는 것보다 배열을 사용하여 한꺼번에 자료를 많이 읽으면 처리 속도가 훨씬 빠릅니다. read(byte[ ] b) 메서드는 선언한 바이트 배열의 크기만큼 한꺼번에 자료를 읽습니다. 그리고 읽어 들인 바이트 수를 반환합니다.

그러면 바이트 배열을 생성하고 배열을 사용하여 자료를 읽어 봅시다. 이전 input.txt 파일과 유사하게 input2.txt 파일을 만들고 A~Z까지 알파벳을 적습니다. 실제로는 더 큰 배열을 사용하지만, 테스트를 위해 10바이트 크기 배열을 만들어 사용합니다.

```java
01   package stream.inputstream;
02
03   import java.io.FileInputStream;
04   import java.io.IOException;
05
06   public class FileInputStreamTest3 {
07     public static void main(String[] args) {
08       try (FileInputStream fis = new FileInputStream("input2.txt")) {
09         byte[] bs = new byte[10];        ← 크기가 10인 바이트 배열 생성
10         int i;
11         while ((i = fis.read(bs)) != -1) {
12           for (byte b : bs) {
13             System.out.print((char)b);   ← 향상된 for문으로 bs 배열의 자료를 출력
14           }
15           System.out.println(": " + i + "바이트 읽음");
16         }
17       } catch (IOException e) {
18         e.printStackTrace( );
19       }
20       System.out.println("end");
21     }
22   }
```

```
출력 결과
ABCDEFGHIJ: 10바이트 읽음
KLMNOPQRST: 10바이트 읽음
UVWXYZQRST: 6바이트 읽음
end
```

9행에서 크기가 10인 바이트 배열을 생성하고 11행의 파일을 읽어 들이는 부분에 배열 bs를 매개변수로 넣습니다. 그리고 읽어 들인 반환값이 −1이 아닐 때까지, 즉 파일의 끝에 도달할 때까지 읽습니다. 12행에서 향상된 for문을 사용하여 bs 배열에 들어 있는 자료를 출력하고 몇 바이트를 읽었는지 출력합니다.

배열 크기는 10이고 26개 알파벳을 읽으므로 반복할 때마다 읽는 알파벳 개수는 10, 10, 6입니다. 그런데 출력 화면을 보면 뭔가 이상하지요? 마지막에 6바이트를 읽었는데 출력값은 Z 이후에 QRST가 더 출력되었습니다. 왜 그럴까요? bs 배열을 보면 두 번째로 읽을 때 K~T까지 10개 알파벳을 저장했습니다. 그리고 나서 마지막으로 U~Z까지 저장할 때 새로 읽어 들인 6개 외에 남은 4개 공간에는 기존 자료가 남아 있게 됩니다. 따라서 6개만 읽었는데 bs 전체를 출력하면 다음과 같이 출력되는 것입니다.

배열 크기 10개

| | | | | | | | | | | |
|---|---|---|---|---|---|---|---|---|---|---|
| 1회 | A | B | C | D | E | F | G | H | I | J |
| 2회 | K | L | M | N | O | P | Q | R | S | T |
| 3회 | U | V | W | X | Y | Z | Q | R | S | T |

새로 입력된 자료      남아 있는 자료

그러면 어떻게 출력해야 할까요? read(byte[] b) 메서드의 반환값은 읽어 들인 자료의 바이트 수입니다. 이를 사용하여 전체 배열을 출력하는 것이 아닌 바이트 수만큼, 즉 i 개수만큼 출력하도록 코드를 다음과 같이 바꾸면 됩니다.

```
for (byte b : bs) {
  System.out.print((char)b);
}
```

➡

```
for (int k = 0; k < i; k++) {
  System.out.print((char)bs[k]);
}
```

출력 결과는 오른쪽과 같습니다. 이처럼 메서드의 반환값은 프로그래밍할 때 유용하게 쓰입니다. 그러므로 JavaDoc 등에서 메서드를 찾아 사용할 때는 매개변수뿐 아니라 반환값의 의미도 잘 확인하기 바랍니다.

```
출력 결과
ABCDEFGHIJ: 10바이트 읽음
KLMNOPQRST: 10바이트 읽음
UVWXYZ: 6바이트 읽음
end
```

## OutputStream 클래스

OutputStream은 InputStream과 함께 바이트 단위로 쓰는 스트림 중 최상위 클래스로, 자료의 출력 대상에 따라 다른 스트림 클래스를 제공합니다.

| 스트림 클래스 | 설명 |
|---|---|
| FileOutputStream | 바이트 단위로 파일에 자료를 씁니다. |
| ByteArrayOutputStream | 바이트 배열에 바이트 단위로 자료를 씁니다. |
| FilterOutputStream | 기반 스트림에서 자료를 쓸 때 추가 기능을 제공하는 보조 스트림의 상위 클래스입니다. |

OutputStream에서 제공하는 메서드는 다음과 같습니다.

| 메서드 | 설명 |
| --- | --- |
| void write(int b) | 한 바이트를 출력합니다. |
| void write(byte[] b) | b[] 배열에 있는 자료를 출력합니다. |
| void write(byte[] b, int off, int len) | b[] 배열에 있는 자료의 off 위치부터 len 개수만큼 자료를 출력합니다. |
| void flush( ) | 출력을 위해 잠시 자료가 머무르는 출력 버퍼를 강제로 비워 자료를 출력합니다. |
| void close( ) | 출력 스트림과 연결된 대상 리소스를 닫습니다. 출력 버퍼가 비워집니다. (예: FileOutputStream인 경우 파일 닫음) |

OutputStream을 상속받은 클래스 중 가장 많이 사용하는 FileOutp클래스를 예제와 함께 살펴보겠습니다.

## FileOutputStream 클래스

FileOutputStream 클래스는 파일에 바이트 단위 자료를 출력하기 위해 사용하는 스트림입니다. FileOutputStream을 생성하는 생성자는 다음과 같습니다.

| 생성자 | 설명 |
| --- | --- |
| FileOutputStream(String name) | 파일 이름 name(경로 포함)을 매개변수로 받아 출력 스트림을 생성합니다. |
| FileOutputStream(String name, boolean append) | 파일 이름 name(경로 포함)을 매개변수로 받아 출력 스트림을 생성합니다. append값이 true이면 파일 스트림을 닫고 다시 생성할 때 파일 끝에 이어서 씁니다. 기본값은 false입니다. |
| FileOutputStream(File f, ) | File 클래스 정보를 매개변수로 받아 출력 스트림을 생성합니다. |
| FileOutputStream(Filen f, boolean append) | File 클래스 정보를 매개변수로 받아 출력 스트림을 생성합니다. append값이 true이면 파일 스트림을 닫고 다시 생성할 때 파일 끝에 이어서 씁니다. 기본값은 false입니다. |

생성자 매개변수로 전달한 파일이 경로에 없으면 FileOutputStream은 파일을 새로 생성합니다. FileOutputStream을 사용해 파일에 자료를 쓸 때 기존 파일의 내용이 있더라도 처음부터 새로 쓸지(overwrite), 아니면 기존 내용 맨 뒤에 연결해서 쓸지(append) 여부를 FileOutput Stream 생성자의 매개변수로 전달합니다. 이 값이 append 여부를 나타내는 변수입니다. 스트림 생성자에서 append값은 기본값(default)이 false입니다. 기존에 쓰여 있는 내용이 있더

라도 새로 쓰여 집니다. 기존 파일 내용에 이어서 써야 한다면 append 값을 반드시 true로 지정합니다.

### write( ) 메서드 사용하기

다음은 FileOutputStream을 생성하고 write( ) 메서드를 활용하여 파일에 정숫값을 저장하는 예제입니다.

**Do it! 파일에 한 바이트씩 출력하기** · 참고 파일 FileOutputStreamTest1.java

```
01  package stream.outputstream;
02
03  import java.io.FileOutputStream;
04  import java.io.IOException;
05
06  public class FileOutputStreamTest1 {
07    public static void main(String[] args) {
08      try (FileOutputStream fos = new FileOutputStream("output.txt")) {
09        fos.write(65);
10        fos.write(66);              FileOutputStream은 파일에 숫자를
11        fos.write(67);              쓰면 해당하는 알파벳으로 변환됨
12      } catch (IOException e) {
13        e.printStackTrace( );
14      }
15      System.out.println("출력이 완료되었습니다.");
16    }
17  }
```

> **출력 결과**
> 출력이 완료되었습니다.

8행에서 output.txt 파일 이름으로 FileOutputStream을 생성합니다. write( ) 메서드에 따라 파일에 값을 출력하고(쓰고) 스트림을 닫습니다. 프로그램을 실행하면 프로젝트 영역에 output.txt 파일이 생성된 것을 확인할 수 있습니다.

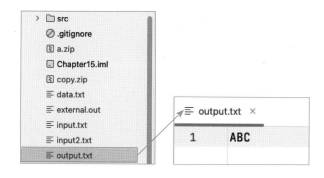

출력한 숫자 65, 66, 67에 해당하는 문자 A, B, C가 output. txt 파일에 쓰여 있습니다. FileOutputStream은 숫자 즉, 아스키 코드값에 해당 문자로 변환하여 저장합니다.

● 변환된 문자가 아닌 숫자 65를 그대로 출력하려면 DataOutputStream을 사용하면 됩니다. DataOutputStream은 15-5절에서 자세히 살펴봅니다.

앞에서 실행한 FileOutputStreamTest1을 한 번 더 실행하고 output.txt 파일을 살펴보면 출력 결과가 바로 앞 결과와 같습니다. 기존의 ABC는 없어지고 새로운 ABC가 쓰인 것입니다. 만약 앞의 자료에 이어서 출력하고 싶으면 생성자의 두 번째 매개변수로 true를 입력해 봅시다.

```java
FileOutputStream fos = new FileOutputStream("output.txt", true);
```

매개변수를 추가하고 실행하면 오른쪽과 같이 ABC가 연달아 출력됩니다.

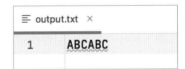

### write(byte[] b) 메서드 사용하기

출력도 입력과 마찬가지로 여러 자료를 한꺼번에 출력하면 효율적일뿐더러 실행 시간도 줄어듭니다. 따라서 바이트 배열을 활용하여 출력할 수 있습니다. write(byte[] b) 메서드는 바이트 배열에 있는 자료를 한꺼번에 출력합니다. 다음 코드를 살펴봅시다.

```java
Do it!    바이트 배열로 출력하기                    • 참고 파일 FileOutputStreamTest2.java
01    package stream.outputstream;
02
03    import java.io.FileOutputStream;
04    import java.io.IOException;
05
06    public class FileOutputStreamTest2 {
07      public static void main(String[] args) throws IOException {
08        FileOutputStream fos = new FileOutputStream("output2.txt");   ← 향상된 try-with-resources문
09        try(fos) {
10          byte[] bs = new byte[26];
11          byte data = 65;  //'A'의 아스키 코드값
12          for (int i = 0; i < bs.length; i++) {
13            bs[i] = data;                         ← A부터 Z까지 배열에 넣기
14            data++;
15          }
16          fos.write(bs);  //배열을 한꺼번에 출력
```

```
17        } catch (IOException e) {
18          e.printStackTrace( );
19        }
20        System.out.println("출력이 완료되었습니다.");
21    }
22 }
```

**출력 결과**
출력이 완료되었습니다.

이번에는 향상된 try-with-resources문을 활용해 예제 코드를 작성했습니다. 만약 자바 8 환경에서 학습 중이라면 오류가 발생하므로 8행을 삭제하고 try문의 괄호 안을 다음처럼 수정하세요.

```
try (FileOutputStream fos = new FileOutputStream("output2.txt", true)) {
```

10행에서 26개 크기의 바이트 배열을 만듭니다. 그리고 for문을 사용하여 A~Z의 아스키 코드값을 넣어 출력할 바이트 배열을 만들었습니다. 16행의 fos.write(bs)를 호출하여 전체 바이트 배열을 한꺼번에 출력합니다. output2.txt 파일을 열어 확인하면 다음과 같이 A~Z까지 출력된 것을 확인할 수 있습니다.

≡ output2.txt  ×

```
1        ABCDEFGHIJKLMNOPQRSTUVWXYZ
```

바이트 배열을 사용해 파일 출력 스트림을 생성할 때도 생성자의 두 번째 매개변수로 true를 입력하면 이미 쓰인 자료에 연결되어 자료가 출력됩니다.

```
FileOutputStream fos = new FileOutputStream("output2.txt", true);
```

≡ output2.txt  ×

```
1        ABCDEFGHIJKLMNOPQRSTUVWXYZABCDEFGHIJKLMNOPQRSTUVWXYZ
```

### write(byte[] b, int off, int len) 메서드 사용하기

write(byte[] b, int off, int len) 메서드는 바이트 배열의 전체 자료를 출력하지 않고 배열의 off 위치부터 len 길이만큼 출력합니다. 예를 들어 앞 예제에서 만든 bs 배열을 사용한다고 할 때 write(bs, 2, 10)이라고 쓰면 bs 배열의 세 번째 위치부터 10개의 바이트 자료만 출력합니다. 즉 write(byte[] b, int off, int len) 메서드는 배열 자료에서 일부를 출력할 때 사용합니다. 다음 예제를 살펴보죠.

```java
01   package stream.outputstream;
02
03   import java.io.FileOutputStream;
04   import java.io.IOException;
05
06   public class FileOutputStreamTest3 {
07     public static void main(String[] args) {
08       try (FileOutputStream fos = new FileOutputStream("output3.txt")) {
09         byte[] bs = new byte[26];
10         byte data = 65;
11         for (int i = 0; i < bs.length; i++) {
12           bs[i] = data;
13           data++;
14         }
15         fos.write(bs, 2, 10);        ⟵ 배열의 세 번째 위치부터 10개 바이트 자료 출력
16       } catch (IOException e) {
17         e.printStackTrace( );
18       }
19       System.out.println("출력이 완료되었습니다.");
20     }
21   }
```

출력 결과
출력이 완료되었습니다.

FileOutputStreamTest2 예제에서 write( ) 메서드만 바꾸었습니다. 15행의 fos.write(bs, 2, 10)를 사용하여 인덱스 2(세 번째 위치)부터 10개를 출력합니다. 출력 파일 output3.txt를 확인하면 오른쪽과 같습니다. 배열에 저장된 자료 중 세 번째 위치에 있는 C부터 L까지 10개 바이트 자료가 출력됩니다.

```
☰ output3.txt  ×

1     CDEFGHIJKL
```

### flush( ) 메서드와 close( ) 메서드

출력 스트림에서 flush( ) 메서드는 자료를 강제로 출력하는 기능을 합니다. write( ) 메서드로 값을 썼다고 해도 바로 파일이나 네트워크로 전송되지 않고 출력 버퍼에 어느 정도 자료가 쌓여야 출력됩니다. 따라서 자료의 양이 출력할 만큼 많지 않으면 write( ) 메서드로 출력했어도 파일에 쓰이지 않거나 전송되지 않을 수 있습니다. 이런 경우에 flush( ) 메서드를 호출합니다. 출력 스트림의 close( ) 메서드 안에서 flush( ) 메서드를 호출하여 출력 버퍼가 비워지면서 남아 있는 자료가 모두 출력됩니다.

🏃 바로바로 전송할 채팅 메시지 같은 경우는 flush( ) 메서드를 호출하는 것이 좋습니다.

# 15-4 문자 단위 스트림

지금까지 바이트 단위의 입출력 스트림 클래스를 살펴보았습니다. 이번에는 또 다른 스트림 클래스인 문자 단위 스트림을 알아봅시다.


## Reader 클래스

문자 단위로 읽는 스트림 중 최상위 스트림으로 다음 하위 클래스를 주로 사용합니다.

| 스트림 클래스 | 설명 |
|---|---|
| FileReader | 파일에서 문자 단위로 읽는 스트림 클래스입니다. |
| InputStreamReader | 바이트 단위로 읽은 자료를 문자로 변환해 주는 보조 스트림 클래스입니다. |
| BufferedReader | 문자로 읽을 때 배열을 제공하여 한꺼번에 읽을 수 있는 기능을 제공해 주는 보조 스트림입니다. |

Reader 클래스는 다음과 같이 자료를 읽는 메서드를 제공합니다.

| 메서드 | 설명 |
|---|---|
| int read( ) | 파일로부터 한 문자를 읽고 그 값을 반환합니다. |
| int read(char[] buf) | 파일로부터 문자 배열 buf의 문자를 읽습니다. |
| int read(char[] buf, int off, int len) | 파일로부터 문자 배열 buf의 off 위치에서부터 len 개수만큼 문자를 읽습니다. |
| void close( ) | 스트림과 연결된 파일 리소스를 닫습니다. |

그러면 Reader 중 가장 많이 사용하는 FileReader 클래스를 살펴보겠습니다.


## FileReader 클래스

FileReader 클래스를 생성하는 데 사용하는 생성자는 다음과 같습니다. 그리고 FileInput Stream과 마찬가지로 읽으려는 파일이 없으면 FileNotFoundException이 발생합니다.

| 생성자 | 설명 |
|---|---|
| FileReader(String name) | 파일 이름 name(경로 포함)을 매개변수로 받아 입력 스트림을 생성합니다. |
| FileReader(File f) | File 클래스 정보를 매개변수로 받아 입력 스트림을 생성합니다. |

Reader 스트림을 활용하지 않고 바이트 단위로 문자를 읽을 때 문자가 어떻게 되는지 알아보기 위해 먼저 앞에서 사용한 FileInputStream으로 자료를 읽어 보겠습니다. 프로젝트에 reader.txt 파일을 만들고 오른쪽과 같이 한글로 '안녕하세요'라고 적은 후 바이트 단위로 읽었을 때 어떻게 되는지 확인해 봅시다. 앞에서 만든 FileInput StreamTest2 예제에서 스트림을 생성할 때 한글을 적은 reader. txt 파일을 매개변수로 입력하여 실행합니다.

```
≡ reader.txt ×
1    안녕하세요
```

```java
public class FileInputStreamTest2 {
  public static void main(String[] args) {
    try (FileInputStream fis = new FileInputStream("reader.txt")) {
      int i;
      while ((i = fis.read( )) != -1) {
        System.out.println((char)i);
      }
      System.out.println("end");
    } catch (FileNotFoundException e) {
      e.printStackTrace( );
    } catch (IOException e) {
      e.printStackTrace( );
    }
  }
}
```

FileInputStream을 생성할 때 reader.txt 파일을 매개변수로 사용

출력 결과
```
ì
ë
ì
ì
—
ª
ì
```

출력 결과를 보면 한글 문자가 모두 깨진 것을 알 수 있습니다.

한글을 바이트 단위로 읽어 오니 무슨 글자인지 알 수 없습니다. 따라서 문자를 입출력할 때는 문자 스트림을 사용해야 합니다. 이제 FileReader로 reader.txt를 다시 읽어 보겠습니다.

```
01   package stream.reader;
02
03   import java.io.FileReader;
04   import java.io.IOException;
05
06   public class FileReaderTest {
07     public static void main(String[] args) {
08       try (FileReader fr = new FileReader("reader.txt")) {
09         int i;
10         while ((i = fr.read( )) != -1) {
11           System.out.print((char)i);
12         }
13       } catch (IOException e) {
14         e.printStackTrace( );
15       }
16     }
17   }
```

> read( ) 메서드로 파일 끝인 -1이 반환될 때까지 자료를 읽어 들임

출력 결과
안녕하세요

문자 스트림 FileReader로 읽으면 한글이 제대로 읽히는 것을 알 수 있습니다. 이처럼 Reader 클래스는 문자를 처리할 때 사용하는 클래스입니다.

나머지 read(char[] buf) 메서드와 read(char[] buf, int off, int len) 메서드의 내용은 FileInput Stream과 유사합니다. 배운 내용을 응용해 한번 실습해 보세요.

## Writer 클래스

문자 단위로 출력하는 스트림 중 최상위 스트림으로 다음 하위 클래스를 주로 사용합니다.

| 스트림 클래스 | 설명 |
| --- | --- |
| FileWriter | 파일에 문자 단위로 출력하는 스트림 클래스입니다. |
| OutputStreamWriter | 파일에 바이트 단위로 출력한 자료를 문자로 변환해 주는 보조 스트림입니다. |
| BufferedWriter | 문자로 쓸 때 배열을 제공하여 한꺼번에 쓸 수 있는 기능을 제공해 주는 보조 스트림입니다. |

Write 클래스는 다음과 같이 자료를 읽는 메서드를 제공합니다.

| 메서드 | 설명 |
|---|---|
| void write(int c) | 한 문자를 파일에 출력합니다. |
| void write(char[] buf) | 문자 배열 buf의 내용을 파일에 출력합니다. |
| void write(char[] buf, int off, int len) | 문자 배열 buf의 off 위치에서부터 len 개수만큼 문자를 파일에 출력합니다. |
| void write(String str) | 문자열 str을 파일에 출력합니다. |
| void write(String str, int off, int len) | 문자열 str의 off번째 문자부터 len 개수만큼 문자를 파일에 출력합니다. |
| void flush( ) | 파일에 출력하기 전에 자료가 있는 공간(출력 버퍼)을 비워 출력합니다. |
| void close( ) | 파일과 연결된 스트림을 닫습니다. 출력 버퍼도 비워집니다. |

Writer 스트림 중 가장 많이 사용하는 FileWriter 스트림 클래스로 자료를 출력해 봅시다.


## FileWriter 클래스

FileWriter 클래스는 다른 스트림 클래스와 마찬가지로 생성자를 사용해서 스트림을 생성합니다. FileOutputStream과 마찬가지로 출력 파일이 존재하지 않으면 파일을 생성합니다. 생성자는 다음과 같습니다.

| 생성자 | 설명 |
|---|---|
| FileWriter(String name) | 파일 이름 name(경로 포함)을 매개변수로 받아 출력 스트림을 생성합니다. |
| FileWriter(String name, boolean append) | 파일 이름 name(경로 포함)을 매개변수로 받아 출력 스트림을 생성합니다. append값이 true이면 파일 스트림을 닫고 다시 생성할 때 파일 끝에 이어서 씁니다. 기본값은 false입니다. |
| FileWriter(File f) | File 클래스 정보를 매개변수로 받아 출력 스트림을 생성합니다. |
| FileWriter(File f, boolean append) | File 클래스 정보를 매개변수로 받아 출력 스트림을 생성합니다. append값이 true이면 파일 스트림을 닫고 다시 생성할 때 파일 끝에 이어서 씁니다. 기본값은 false입니다. |

Writer 클래스에서 제공하는 여러 가지 메서드와 FileWriter를 사용하여 실습해 봅시다.

```java
01    package stream.writer;
02
03    import java.io.FileWriter;
04    import java.io.IOException;
05
06    public class FileWriterTest {
07      public static void main(String[] args) {
08        try (FileWriter fw = new FileWriter("writer.txt")) {
09          fw.write('A');                          // 문자 하나 출력
10          char buf[] = {'B', 'C', 'D', 'E', 'F', 'G'};
11
12          fw.write(buf);                          // 문자 배열 출력
13          fw.write("안녕하세요. 잘 써지네요");        // 문자열 출력
14          fw.write(buf, 1, 2);                    // 문자 배열의 일부 출력
15          fw.write("65");                         // 숫자를 그대로 출력
16        } catch (IOException e) {
17          e.printStackTrace();
18        }
19        System.out.println("출력이 완료되었습니다.");
20      }
21    }
```

출력 결과
```
출력이  완료되었습니다.
```

예제에서 여러 write( ) 메서드를 사용해 보았습니다. 9행은 문자 하나를 출력하는 경우이고, 13행에서는 문자열 전체를 출력하였습니다. 12행에서는 문자 배열 전체를 출력하고, 14행에서는 배열 일부만 출력하는 메서드를 사용했습니다. 15-3절에서 FileOutputStream을 사용했을 때 숫자 65를 출력하면 65의 아스키 코드값에 해당하는 A가 보였습니다. 이는 한 바이트로 해석되어 출력되기 때문입니다. 만약 그냥 숫자 65를 출력하고 싶다면 15행과 같이 write( ) 메서드를 활용합니다. writer.txt 파일을 확인해 보면 다음과 같습니다.

```
≡  writer.txt  ×

1      ABCDEFG안녕하세요.  잘  써지네요CD65
```

# 15-5 보조 스트림

## 다른 스트림에 기능을 추가하는 보조 스트림

보조 스트림은 입출력 대상이 되는 파일이나 네트워크에 직접 쓰거나 읽는 기능은 없습니다. 말 그대로 다른 스트림에 보조 기능을 추가해 적용할 수 있는 스트림입니다.

우리가 일상생활에서 마시는 커피를 생각해 봅시다. 에스프레소에 우유를 넣으면 카페라테가 됩니다. 모카 시럽을 넣으면 모카 커피가 되고, 휘핑 크림을 넣으면 휘핑 크림이 올라가는 커피가 됩니다. 여기에서 우유나 모카 시럽이나 휘핑 크림은 커피가 아니며 커피의 맛을 좋게 만드는 보조 요소입니다. 즉 자바의 기반 스트림은 커피이고, 보조 스트림은 우유, 모카 시럽, 휘핑 크림과 비슷한 개념으로 이해하면 됩니다. 어떤 보조 스트림이 더해지느냐에 따라 스트림 기능이 추가됩니다.

보조 스트림은 다른 말로 Wrapper 스트림이라고 합니다. 다른 스트림을 감싸고 있다는 의미입니다. 보조 스트림은 자체에 입출력 기능이 없어서 생성자의 매개변수로 다른 스트림을 받으며, 자신이 감싸고 있는 기반 스트림이 읽거나 쓰는 기능을 수행할 때 보조 기능을 추가합니다.

📝 보조 스트림처럼 다양한 기능을 제공하는 클래스를 디자인 패턴에서는 데코레이터(decorator)라고 합니다. 580쪽 〈은종쌤 질문 있어요〉를 참고하세요.

## FilterInputStream과 FilterOutputStream

FilterInputStream과 FilterOutputStream은 보조 스트림의 상위 클래스입니다. 모든 보조 스트림은 FilterInputStream이나 FilterOutputStream을 상속받습니다. 또한 앞에서 설명했듯이 보조 스트림은 자료 입출력을 직접 할 수 없기 때문에 다른 기반 스트림을 포함합니다. FilterInputStream과 FilterOutputStream의 생성자는 다음과 같습니다.

| 생성자 | 설명 |
|---|---|
| protected FilterInputStream(InputStream in) | 생성자의 매개변수로 InputStream을 받습니다. |
| public FilterOutputStream(OutputStream out) | 생성자의 매개변수로 OutputStream을 받습니다. |

두 클래스 모두 다른 생성자는 제공하지 않습니다. 따라서 이들 클래스를 상속받은 보조 클래스도 상위 클래스에 디폴트 생성자가 없으므로 다른 스트림을 매개변수로 받아 상위 클래스를 호출해야 합니다. 자바 프로그램을 구현할 때에는 FilterInputStream과 FilterOutputStream을 직접 생성하여 사용하는 경우는 거의 없으며, 이를 상속한 하위 클래스를 많이 사용합니다. 보조 스트림의 생성자에 항상 기반 스트림만 매개변수로 전달되는 것은 아니라는 점을 기억해야 합니다. 때로는 다른 보조 스트림을 매개변수로 전달받을 수도 있습니다. 이때 전달되는 또다른 보조 스트림은 내부에 기반 스트림을 포함하고 있습니다. 즉 다음 그림처럼 하나의 기반 스트림에 여러 보조 스트림 기능이 추가됩니다.

그러면 주로 사용하는 보조 스트림을 중심으로 살펴보겠습니다.

## InputStreamReader와 OutputStreamWriter

바이트 단위로 자료를 읽으면 한글 같은 문자는 깨집니다. 그래서 문자는 Reader나 Writer에서 상속받은 스트림을 사용해서 자료를 읽거나 써야 합니다. 하지만 바이트 자료만 입력되는 스트림도 있습니다. 대표적으로 표준 입출력 System.in 스트림입니다. 또한 네트워크에서 소켓이나 인터넷이 연결되었을 때 읽거나 쓰는 스트림은 바이트 단위인 InputStream과 OutputStream입니다. 이렇게 생성된 바이트 스트림을 문자로 변환해 주는 보조 스트림이 15-4절에서 살펴본 InputStreamReader와 OutputStreamWriter입니다.

보조 스트림은 입출력 기능이 없으므로 다른 입출력 스트림을 포함합니다. InputStream Reader의 생성자를 살펴보면 다음과 같습니다.

| 생성자 | 설명 |
|---|---|
| InputStreamReader(InputStream in) | InputStream 클래스를 생성자의 매개변수로 받아 Reader를 생성합니다. |
| InputStreamReader(InputStream in, Charset cs) | InputStream과 Charset 클래스를 매개변수로 받아 Reader를 생성합니다. |
| InputStreamReader(InputStream in, CharsetDecoder dec) | InputStream과 CharsetDecoder를 매개변수로 받아 Reader를 생성합니다. |
| InputStreamReader(InputStream in, String charsetName) | InputStream과 String으로 문자 세트 이름을 받아 Reader를 생성합니다. |

InpuStreamReader 생성자의 매개변수로 바이트 스트림과 문자 세트를 지정할 수 있습니다. 문자 세트란 문자를 표현하는 인코딩 방식입니다. 바이트 자료가 문자로 변환될 때 지정한 문자 세트가 적용됩니다. 적용할 문자 세트를 명시하지 않으면 시스템에서 기본으로 사용하는 문자 세트가 적용됩니다.

> 🔒 문자 세트는 문자마다 고윳값이 어떤 값으로 이루어졌는가에 따라 다릅니다. 자바에서 사용하는 UTF-16 문자 세트가 대표적인데, 이는 유니코드를 나타낼 때 사용합니다.

InputStreamReader의 모든 생성자는 InputStream, 즉 바이트 단위로 읽어 들이는 스트림을 매개변수로 받습니다. 생성자에서 매개변수로 받은 InputStream이 자료를 읽으면 InputStreamReader가 읽은 바이트 자료를 문자로 변환해 줍니다.

그러면 InputStream의 하위 클래스인 FileInputStream을 사용하여 InputStreamReader의 문자 변환 기능을 살펴봅시다.

**Do it!** InputStreamReader 사용하기 · 참고 파일 InputStreamReaderTest.java

```
01  package stream.decorator;
02
03  import java.io.FileInputStream;
04  import java.io.IOException;
05  import java.io.InputStreamReader;
06
07  public class InputStreamReaderTest {
08    public static void main(String[] args) {
09      try(InputStreamReader isr = new InputStreamReader(new FileInputStream("reader.
        txt"))) {
```

> 보조 스트림인 InputStreamReader의 매개변수로 기반 스트림인 FileInputStream을 받아 생성함

```
10        int i;
11        while ((i = isr.read( )) != -1) {
12          System.out.print((char)i);
13        }
14      } catch (IOException e) {
15        e.printStackTrace( );
16      }
17    }
18  }
```

> 파일의 끝인 -1이 반환될 때까지
> 보조 스트림으로 자료를 읽음

출력 결과
안녕하세요

9행을 보면 InputStreamReader(보조 스트림)가 File
InputStream(기반 스트림)을 매개변수로 받아 생성됩

ⓔ 같은 패키지에 reader.txt 파일을 만들고 '안
녕하세요' 라고 작성한 후 저장하세요.

니다. 그리고 11행에서 파일의 끝 −1이 반환될 때까지 보조 스트림으로 자료를 읽어 들입니다.
FileInputStream은 바이트 단위로 자료를 읽기 때문에 reader.txt에 쓰여 있는 한글 '안녕하
세요'를 읽을 수 없습니다. InputStreamReader는 파일 스트림이 바이트 단위로 읽어 들인 내
용을 문자로 변환해 주는 역할을 합니다. 사실 파일에서 문자를 읽는 경우는 이와 같이
InputStreamReader로 변환할 필요 없이 FileReader로 바로 읽으면 됩니다. 여기에서는
15-3절에서 배운 InputStream을 복습하기 위해 FileInputStream을 사용한 것입니다.

표준 입출력 스트림 System.in과 System.out은 모두 바이트 스트림입니다. System.in은 콘
솔 화면에서 한글을 읽으려면 InputStreamReader를 사용해야 합니다. 그리고 Scanner 클래
스는 이런 변환을 할 필요가 없어 콘솔 입력에 많이 쓰입니다. 네트워크에서 사용하는 클래스
는 스트림을 생성하면 InputStream이나 OutputStream으로 생성됩니다. 예를 들어 채팅 프
로그램을 만든다고 할 때 바이트 단위로 사용하면 영어로만 채팅을 해야 합니다. 이럴 때 읽어
들인 자료를 InputStreamReader나 OutputStreamWriter를 활용해 다른 문자로도 변환하
여 사용할 수 있도록 합니다.

## Buffered 스트림

입출력이 한 바이트나 문자 단위로 이루어지면 그만큼 프로그램 수행 속도가 느려집니다.
Buffered 스트림은 내부에 8,192바이트 크기의 배열이 있으며 이미 생성된 스트림에 배열 기
능을 추가해 더 빠르게 입출력을 실행할 수 있는 버퍼링 기능을 제공합니다. 당연히 한 바이트
나 문자 단위로 처리할 때보다 작업 속도가 훨씬 빠릅니다. 버퍼링 기능을 제공하는 스트림 클
래스는 다음과 같습니다.

| 스트림 클래스 | 설명 |
| --- | --- |
| BufferedInputStream | 바이트 단위로 읽는 스트림에 버퍼링 기능을 제공합니다. |
| BufferedOutputStream | 바이트 단위로 출력하는 스트림에 버퍼링 기능을 제공합니다. |
| BufferedReader | 문자 단위로 읽는 스트림에 버퍼링 기능을 제공합니다. |
| BufferedWriter | 문자 단위로 출력하는 스트림에 버퍼링 기능을 제공합니다. |

버퍼링 기능을 제공하는 스트림 역시 보조 스트림이므로 다른 스트림을 포함하여 수행됩니다. BufferedInputStream의 생성자를 살펴보면 다음과 같습니다.

| 생성자 | 설명 |
| --- | --- |
| BufferedInputStream(InputStream in) | InputStream 클래스를 생성자의 매개변수로 받아 BufferedInputStream을 생성합니다. |
| BufferedInputStream(InputStream in, int size) | InputStream 클래스와 버퍼 크기를 생성자의 매개 변수로 받아 BufferedInputStream을 생성합니다. |

BufferedInputStream은 보조 스트림이므로 생성자의 매개변수로 다른 InputStream을 받아야 합니다. 그리고 BufferedOutputStream은 OutputStream을, BufferedReader는 Reader를, BufferedWriter는 Writer 클래스를 생성자의 매개변수로 받습니다. Buffered 스트림이 포함할 스트림이 입력 스트림인지 출력 스트림인지, 문자용인지 바이트용인지에 따라 그에 맞는 스트림을 사용합니다.

그러면 Buffered 스트림을 사용할 때와 그렇지 않은 경우의 수행 시간을 비교해 보겠습니다. 파일을 복사할 때 걸리는 시간을 FileInputStream과 FileOutputStream을 사용한 경우와 BufferedInputStream과 BufferedOutputStream을 사용한 경우로 나누어 확인해 보겠습니다. 실습을 시작하기 전에 5MB 정도의 a.zip 파일을 만들어 현재 프로젝트 폴더에 넣으세요. 그리고 a.zip 파일을 복사하여 생성합니다.

```
01   package stream.decorator;
02
03   import java.io.FileInputStream;
04   import java.io.FileOutputStream;
05   import java.io.IOException;
06
07   public class FileCopyTest {
08     public static void main(String[] args) {
09       long millisecond = 0;
10       try (FileInputStream fis = new FileInputStream("a.zip");
11         FileOutputStream fos = new FileOutputStream("copy.zip")) {
12         millisecond = System.currentTimeMillis( );          파일 복사를 시작하기 직전의 시간을 기록
13         int i;
14         while ((i = fis.read( )) != -1) {
15           fos.write(i);
16         }
17         millisecond = System.currentTimeMillis( ) - millisecond;   파일을 복사하는 데
                                                                       걸린 시간을 계산
18       } catch (IOException e) {
19         e.printStackTrace( );
20       }
21       System.out.println("파일 복사하는 데 " + millisecond + " milliseconds 소요되었습니다.");
22     }
23   }
```

출력 결과

파일 복사하는 데 **13091 milliseconds** 소요되었습니다.

FileInputStream과 FileOutputStream을 사용하여 a.zip 파일에서 한 바이트씩 읽어서 copy.zip 파일에 a.zip 파일의

> 🖐 파일을 복사하는 데 걸린 시간은 컴퓨터마다 조금씩 다를 수 있습니다.

내용을 쓰고 있습니다. 파일 전체 내용을 복사하는 데 걸린 시간은 13초 정도입니다. FileInput Stream은 바이트 단위로 자료를 읽는 스트림입니다. 한 바이트를 읽어서 변수 i에 저장하면 그 값을 다시 FileOutputStream을 통해 저장합니다. 한 바이트씩 읽고 쓰는 과정이 여러 바이트를 한꺼번에 읽고 쓰는 과정보다 당연히 오래 걸립니다.

이번에는 보조 스트림 BufferedInputStream과 BufferedOutputStream을 사용하여 파일을 복사해 보겠습니다.

```
01   package stream.decorator;
02
03   import java.io.BufferedInputStream;
04   import java.io.BufferedOutputStream;
05   import java.io.FileInputStream;
06   import java.io.FileOutputStream;
07   import java.io.IOException;
08
09   public class BufferedStreamTest {
10     public static void main(String[] args) {
11       long millisecond = 0;
12       try (FileInputStream fis = new FileInputStream("a.zip");
13         FileOutputStream fos = new FileOutputStream("copy.zip");
14         BufferedInputStream bis = new BufferedInputStream(fis);
15         BufferedOutputStream bos = new BufferedOutputStream(fos)) {       Buffered 스트림 사용
16         millisecond = System.currentTimeMillis( );
17         int i;
18         while (( i = bis.read( )) != -1) {
19           bos.write(i);
20         }
21         millisecond = System.currentTimeMillis( ) - millisecond;
22       } catch (IOException e) {
23         e.printStackTrace( );
24       }
25       System.out.println("파일 복사하는 데 " + millisecond + " milliseconds 소요되었습니다.");
26     }
27   }
```

출력 결과

```
파일 복사하는 데 98 milliseconds 소요되었습니다.
```

수행 시간이 0.098초 걸렸습니다. 앞선 예제와 비교했을 때 속도가 매우 빠른 것을 알 수 있습니다.

Buffered 스트림은 인스턴스 변수로 8,192바이트 크기의 배열을 가지고 있습니다. 즉 한 번자료를 읽을 때 8KB 정보를 한꺼번에 읽고 쓸 수 있으므로 1바이트씩 읽고 쓸 때보다 훨씬 빠른 수행을 보장합니다. 이때 배열의 크기는 Buffered 스트림의 생성자 매개변수로 필요한 만큼 지정할 수도 있습니다.

**소켓 통신에서도 입출력 스트림을 사용하나요?**

채팅 프로그램을 만든다고 합시다. 채팅을 하려면 서버와 채팅 클라이언트 프로그램이 서로 통신을
해야 합니다. 자바는 통신을 할 때 사용할 클래스를 여러 개 제공합니다.

가장 간단하게 소켓 통신을 한다고 가정해 봅시다. 소켓이란 통신에 사용하는 네트워크 연결 리소
스입니다. 자바는 소켓 통신용으로 Socket 클래스를 제공합니다. Socket 클래스에서 스트림을
사용하는 방법은 다음과 같습니다.

```
Socket socket = new Socket( );
InputStream is = socket.getInputStream( );
```

소켓 통신을 하기 위해 스트림을 가져올 때는 getInputStream( )이나 getOutputStream( )
을 사용합니다. getInputStream( ) 메서드를 호출하면 InputStream으로 반환됩니다. 그런데
InputStream은 바이트 단위 스트림이므로 한글을 쓰면 깨집니다. 따라서 이를 문자로 변환해야
합니다. 그리고 여기에 버퍼링 기능을 추가해 주면 더 빠르게 읽고 쓸 수 있습니다. 다음은 보조 스트
림을 활용해 스트림 클래스에 입출력 기능을 추가한 코드입니다.

```
Socket socket = new Socket( );
BufferedReader br = new BufferedReader
(new InputStreamReader(socket.getInputStream( )));
BufferedWriter bw = new BufferedWriter
(new OutputStreamWriter(socket.getOutputStream( )));
```

이 코드는 InputStreamReader를 사용하여 Reader로 변환된 스트림을 BufferedReader로
감싸서 다시 버퍼링 기능을 제공합니다. 이렇게 보조 스트림을 활용하면 스트림 클래스에 다양한 기
능을 추가하여 구현할 수 있습니다.

## DataInputStream과 DataOutputStream

지금까지 살펴본 스트림은 사람이 읽고 쓰는 텍스트 형식의 자료를 다루었습니다. 지금부터 배
울 DataInputStream과 DataOutputStream은 메모리에 저장된 0, 1 상태를 그대로 읽거나 씁니
다. 그래서 자료형의 크기가 그대로 보존됩니다. 두 스트림은 다음과 같은 생성자를 제공합니다.

| 생성자 | 설명 |
|---|---|
| DataInputStream(InputStream in) | InputStream을 생성자의 매개변수로 받아 DataInputStream을 생성합니다. |
| DataOutputStream(OutputStream out) | OutputStream을 생성자의 매개변수로 받아 DataOutputStream을 생성합니다. |

또 DataInputStream은 다음과 같이 자료형별로 메서드를 제공하여 자료형에 따라 읽거나 쓸 때 사용할 수 있습니다.

| 메서드 | 설명 |
| --- | --- |
| byte readByte( ) | 1바이트를 읽어 그 값을 반환합니다. |
| boolean readBoolean( ) | 읽은 자료가 0이 아니면 true를, 0이면 false를 반환합니다. |
| char readChar( ) | 한 문자를 읽어 그 값을 반환합니다. |
| short readShort( ) | 2바이트를 읽어 정숫값을 반환합니다. |
| int readInt( ) | 4바이트를 읽어 정숫값을 반환합니다. |
| long readLong( ) | 8바이트를 읽어 정숫값을 반환합니다. |
| float readFloat( ) | 4바이트를 읽어 실숫값을 반환합니다. |
| double readDouble( ) | 8바이트를 읽어 실숫값을 반환합니다. |
| String readUTF( ) | 수정된 UTF-8 인코딩에 기반해서 문자열을 읽어 그 값을 반환합니다. |

DataOutputStream은 다음과 같이 각 자료형별로 read( )에 대응되는 write( ) 메서드를 제공합니다.

| 메서드 | 설명 |
| --- | --- |
| void writeByte(int v) | 1바이트의 자료를 출력합니다. |
| void writeBoolean(boolean v) | 1바이트로 boolean값을 출력합니다. |
| void writeChar(int v) | 2바이트값을 출력합니다. |
| void writeShort(int v) | 2바이트값을 출력합니다 |
| void writeInt(int v) | 4바이트값을 출력합니다. |
| void writeLong(ling v) | 8바이트값을 출력합니다. |
| void writeFloat(float v) | 4바이트값을 출력합니다. |
| void writeDouble(double v) | 8바이트값을 출력합니다. |
| void writeUTF(String str) | 수정된 UTF-8 인코딩에 기반해서 출력합니다. |

DataOutputStream은 자료형을 그대로 읽고 쓰는 스트림이기 때문에 같은 정수라도 자료형에 따라 다르게 처리합니다. 즉 writeByte(100)은 1바이트로 쓰인 100을 의미하지만, writeInt(100)은 4바이트로 쓰인 100을 의미합니다. 따라서 자료를 쓸 때 사용한 메서드와 같은 자료형의 메서드로 읽어야 합니다. 즉 정수 100을 쓰는 데 writeInt(100)를 쓰고 readByte( )로 읽으면 서로 사용한 메모리 크기가 달라서 같은 값을 가져올 수 없습니다.

또 파일이든 네트워크든 자료를 쓸 때에도 사용한 메서드 순서대로 읽어야 합니다.

다음은 파일에 여러 자료형값을 저장하는 예제입니다. 자료형을 유지하여 저장할 때 Data InputStream과 DataOuputStream을 보조 스트림으로 사용합니다.

**Do it!**  DataInputStream/DataOutputStream 테스트하기 · 참고 파일 DataStreamTest.java

```java
01  package stream.decorator;
02
03  import java.io.DataInputStream;
04  import java.io.DataOutputStream;
05  import java.io.FileInputStream;
06  import java.io.FileOutputStream;
07  import java.io.IOException;
08
09  public class DataStreamTest {
10    public static void main(String[] args) {
11      try (FileOutputStream fos = new FileOutputStream("data.txt");
12        DataOutputStream dos = new DataOutputStream(fos)) {
13        dos.writeByte(100);
14        dos.writeChar('A');
15        dos.writeInt(10);               각 자료형에 맞게 자료를 씀
16        dos.writeFloat(3.14f);
17        dos.writeUTF("Test");
18      } catch (IOException e) {
19        e.printStackTrace( );
20      }
21      try (FileInputStream fis = new FileInputStream("data.txt");
22        DataInputStream dis = new DataInputStream(fis)) {
23        System.out.println(dis.readByte( ));
24        System.out.println(dis.readChar( ));
25        System.out.println(dis.readInt( ));       자료형에 맞게 자료를 읽어 출력함. 파일에 쓴
26        System.out.println(dis.readFloat( ));      순서대로 같은 메서드로 읽어야 함
27        System.out.println(dis.readUTF( ));
28      } catch (IOException e) {
29        e.printStackTrace( );
30      }
31    }
32  }
```

출력 결과
```
100
A
10
3.14
Test
```

파일 스트림을 만들고 여기에 DataInputStream과 DataOutputStream 기능을 추가했습니다. 기반 스트림에서 쓸 수 없던 각 자료형의 자료를 그대로 읽고 쓸 수 있습니다. 단, 파일에 쓴 것과 동일한 순서, 동일한 메서드로 읽어야 합니다.

### 자바 입출력 스트림은 데코레이터 패턴인가요?

보조 스트림은 자바 입출력 스트림 클래스에 기능을 유동적이고 효율적으로 추가하거나 제거할 수 있는 클래스입니다. 이러한 구조를 디자인 패턴에서는 데코레이터 패턴이라고 합니다. 자바의 입출력 스트림 클래스는 데코레이터 패턴 구조입니다. 데코레이터 패턴에서 클래스는 실제로 입출력이 가능한 클래스와 그렇지 않은 클래스로 구분됩니다.

앞에서 이야기한 커피, 우유, 시럽을 생각해 봅시다. 커피에 우유와 모카 시럽을 추가해서 카페라떼와 모카 커피를 만들 듯이 추가 기능을 제공하는 클래스와 실제 역할을 하는 클래스는 구분해서 생각해야 합니다.

이렇게 기능이 동적으로 추가되는 클래스를 데코레이터(장식자)라고 합니다. 자바의 스트림 클래에는 여러 데코레이터 클래스가 추가되는데 이들 데코레이터는 하나의 클래스에 국한하지 않고 여러 클래스에 다양하게 적용할 수 있습니다. 예를 들어 BufferedReader는 FileReader를 감쌀 수도 있지만 또 다른 보조 스트림인 InputStreamReader도 감싸서 기능을 더할 수 있습니다. 즉 보조 스트림은 자료형만 맞는다면 또 다른 보조 스트림에 기능을 더해 줄 수 있습니다.

```
WhippedCreadCoffee whippedCreamCoffee = new WhippedCreamCoffee(new
                                        MochaCoffee(new LatteCoffee(new
                                        KenyaCoffee( )));
```

이와 같이 만들면 휘핑 크림이 올라간 모카 커피가 만들어집니다. 실제 커피는 KenyaCoffee이고 나머지 클래스는 데코레이터입니다.

# 15-6 직렬화

## 직렬화와 역직렬화

클래스의 인스턴스가 생성되면 인스턴스의 상태, 즉 인스턴스 변숫값은 마치 생명체처럼 계속 변합니다. 그런데 인스턴스의 어느 순간 상태를 그대로 저장하거나 네트워크를 통해 전송할 일이 발생할 수 있는데, 이를 직렬화(serialization)라고 합니다.

💬 저장된 내용이나 전송받은 내용을 다시 복원하는 것을 역직렬화(deserialization)라고 합니다.

다시 말해 직렬화란 인스턴스 내용을 연속 스트림으로 만드는 것입니다. 스트림으로 만들어야 파일에 쓸 수도 있고 네트워크로 전송할 수도 있습니다. 따라서 직렬화 과정에서는 인스턴스 변숫값을 스트림으로 만드는 일을 합니다. 복잡한 과정일 수 있지만 자바에서는 보조 스트림인 ObjectInputStream과 ObjectOutputStream을 사용하여 좀 더 쉽게 구현할 수 있습니다. ObjectInputStream과 ObjectOutputStream의 생성자는 다음과 같습니다.

| 생성자 | 설명 |
|---|---|
| ObjectInputStream(InputStream in) | InputStream을 생성자의 매개변수로 받아 ObjectInputStream을 생성합니다. |
| ObjectOutputStream(OutputStream out) | OutputStream을 생성자의 매개변수로 받아 ObjectOutputStream을 생성합니다 |

직렬화는 저장할 파일이나 전송할 네트워크 등의 기반 스트림을 매개변수로 받아서 인스턴스 변숫값을 저장하거나 전송하는 과정입니다. 그러면 직렬화에 사용할 Person 클래스를 하나 만들어 인스턴스를 생성한 후 파일에 썼다가 복원하는 예제를 살펴봅시다. Person 클래스의 생성자로 두 인스턴스를 생성합니다. 이를 serial.out 파일에 저장합니다(직렬화). 그리고 나서 serial.out 파일에서 저장된 내용을 읽어 원래 인스턴스 상태로 복원합니다(역직렬화).

**Do it!** 직렬화 테스트하기 • 참고 파일 SerializationTest.java

```
01  package stream.serialization;
02
03  import java.io.FileInputStream;
04  import java.io.FileOutputStream;
```

```
05   import java.io.IOException;
06   import java.io.ObjectInputStream;
07   import java.io.ObjectOutputStream;
08
09   class Person {
10     private static final long serialVersionUID = -1503252402544036183L;
11     String name;                                    버전 관리를 위한 정보
12     String job;
13
14     public Person( ) { }
15
16     public Person(String name, String job) {
17       this.name = name;
18       this.job = job;
19     }
20
21     public String toString( ) {
22       return name + "," + job;
23     }
24   }
25
26   public class SerializationTest {
27     public static void main(String[] args) throws ClassNotFoundException {
28       Person personAhn = new Person("안재용", "대표이사");
29       Person personKim = new Person("김철수", "상무이사");
30
31       try (FileOutputStream fos = new FileOutputStream("serial.out");
            ObjectOutputStream oos = new ObjectOutputStream(fos)) {
32         oos.writeObject(personAhn);        personAhn과 personKim의 값을 파일에 씀(직렬화)
33         oos.writeObject(personKim);
34       } catch (IOException e) {
35         e.printStackTrace( );
36       }
37       try (FileInputStream fis = new FileInputStream("serial.out");
38          ObjectInputStream ois = new ObjectInputStream(fis)) {
39         Person p1 = (Person)ois.readObject( );     personAhn과 personKim의 값을
40         Person p2 = (Person)ois.readObject( );     파일에서 읽어 들임(역직렬화)
41
42       System.out.println(p1);
43       System.out.println(p2);
44       } catch (IOException e) {
```

```
45        e.printStackTrace( );
46      }
47    }
48  }
```

```
java.io.NotSerializableException Create breakpoint : stream.serialization.Person
    at java.base/java.io.ObjectOutputStream.writeObject0(ObjectOutputStream.java:1200)
    at java.base/java.io.ObjectOutputStream.writeObject(ObjectOutputStream.java:358)
    at stream.serialization.SerializationTest.main(SerializationTest.java:75)
```

먼저 직렬화에 사용할 Person 클래스를 하나 만들었습니다. 이 클래스는 이름과 직업을 생성자의 매개변수로 받아 생성됩니다. 32~33행에서 writeObject( ) 메서드를 호출하면 personAhn과 personKim값이 파일에 쓰입니다. 이때 serial.out 파일을 열어 보면 우리가 읽을 수 없는 내용으로 저장되어 있을 겁니다. 다시 원래 상태로 복원할 때는 readObject( )를 사용해 저장된 순서대로 읽어 들입니다. 이때 readObject( ) 메서드의 반환값이 Object이므로 원래 자료형인 Person으로 형 변환을 합니다. 또 역직렬화를 할 때 클래스 정보가 존재하지 않을 수 있으므로 ClassNotFoundExceptioin 예외도 처리해야 합니다. 여기에서는 관련 내용을 main( ) 함수의 throws 부분에 추가했습니다.

## Serializable 인터페이스

그런데 예제 프로그램을 실행해 보니 오류가 발생합니다. 직렬화는 인스턴스 내용이 외부로 유출되는 것이므로 프로그래머가 직렬화를 하겠다는 의도를 표시해야 하는데 앞선 예제에서는 이 내용이 누락됐기 때문입니다. 따라서 Person 클래스에 마커 인터페이스(marker interface)인 Serializable 인터페이스를 다음과 같이 추가합니다.

마커 인터페이스란 구현할 메서드가 없고, 객체의 특성을 나타내기 위해 선언하는 인터페이스를 말합니다. 여기서는 Serializable 인터페이스로 이 객체가 직렬화가 가능하다는 의미를 갖게 됩니다.

```
class Person implements Serializable {
  …
  String name;          ┌ 직렬화하겠다는 의도를 표시
  String job;
  …
}
```

Serializable 인터페이스는 이 클래스를 직렬화하겠다는 의미로만 해석하면 됩니다. 그리고 다시 프로그램을 실행하면 출력 화면은 오른쪽과 같습니다. 처음 생성한 클래스 내용이 그대로 읽히고 복원된 것을 알 수 있습니다.

안재용 , 대표이사
김철수 , 상무이사

## transient 예약어

직렬화 대상이 되는 클래스의 모든 인스턴스 변수는 직렬화되고 복원됩니다. 그런데 직렬화될 수 없는 클래스(Socket 클래스)의 인스턴스 변수로 있다거나 직렬화하고 싶지 않은 변수가 있는 경우엔 transient 예약어를 사용합니다. 그러면 해당 변수는 직렬화되고 복원되는 과정에서 제외됩니다. transient 예약어를 사용한 변수 정보는 그 자료형의 기본값으로 저장됩니다. 따라서 객체 자료형인 경우에 null값이 됩니다. 앞의 예제에서 Person의 job 변수를 오른쪽과 같이 바꾸고 실행해 봅시다.

```
String name;
transient String job;
```

그리고 나서 출력 결과를 살펴보면 job 내용이 저장되지 않았음을 알 수 있습니다.

```
안재용,null
김철수,null
```

## serialVersionUID를 사용한 버전 관리

객체를 역직렬화할 때와 직렬화할 때의 클래스와 상태가 다르면 오류가 발생합니다. 직렬화한 이후에 클래스가 수정되었다거나 변경되었다면 역직렬화할 수 없습니다. 따라서 직렬화할 때 버전 식별 번호인 SerialVersionUID를 자동으로 생성해 직렬화 대상이 되는 객체의 버전 정보를 저장합니다. 그리고 역직렬화할 때 serialVersionUID를 비교하는데 만약 클래스 내용이 변경되었다면 클래스 버전이 맞지 않는다는 오류가 발생합니다.

그런데 작은 변경에도 클래스 버전이 계속 바뀌면 네트워크로 서로 객체를 공유해서 일하는 경우에 매번 클래스를 새로 배포해야 하는 번거로움이 있습니다. 이런 경우 개발자가 직접 클래스의 버전 관리를 할 수 있는데, 인텔리제이는 안전한 serivalVersionUID를 자동으로 생성합니다.

우선 자동으로 serivalVersionUID를 생성하려면 화면 왼쪽 상단 메뉴를 클릭하고 [File → Settings]을 선택합니다. 'Settings' 창이 등장하면 [Editor] 메뉴에서 [Inspections]를 클릭하고, 오른쪽 Inspections 창에서 스크롤을 내려 [JVM languages 〉 Test Frameworks] 메뉴를 찾아 Serializale class without 'serialVersionUID'에 오른쪽에 체크합니다. 그리고 화면 오른쪽 하단에 있는 [OK] 버튼을 클릭합니다.

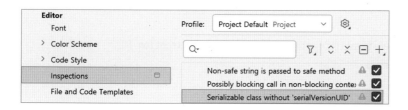

그리고 클래스 위에 있는 전구 모양을 클릭하면 다음과 같이 새로운 아이디(ID)를 만들어 줍니다.

```
class Person implements Serializable{  8 usages
    private static final long serialVersionUID = -1503252402544036183L;
```

만약 직렬화의 대상이 되는 클래스 정보가 바뀌고 이를 공유해야 한다면 버전 정보를 변경하면 됩니다.

### Externalizable 인터페이스

직렬화하는 데 사용하는 또 다른 인터페이스는 Externalizable입니다. Serializable 인터페이스는 자료를 읽고 쓰는 데 필요한 부분을 프로그래머가 따로 구현하지 않습니다. 하지만 Externalizable 인터페이스는 프로그래머가 구현해야 할 메서드가 있습니다. 객체의 직렬화와 역직렬화를 프로그래머가 직접 세밀하게 제어하고자 할 때, 메서드에 그 내용을 구현합니다. 예를 들어 name 속성이 있는 Dog 클래스에 Externalizable를 구현하면 다음과 같습니다.

**Do it!** Externalizable 인터페이스 구현하기 · 참고 파일 ExternalizableTest.java

```
01    package stream.serialization;
02
03    import java.io.Externalizable;
04    import java.io.FileInputStream;
05    import java.io.FileOutputStream;
06    import java.io.IOException;
07    import java.io.ObjectInput;
08    import java.io.ObjectInputStream;
09    import java.io.ObjectOutput;
10    import java.io.ObjectOutputStream;
11
12    class Dog implements Externalizable {
13      String name;
14
15      public Dog( ) { }
16
```

```
17    @Override
18    public void writeExternal(ObjectOutput out) throws IOException {
19      out.writeUTF(name);
20    }
21
22    @Override
23    public void readExternal(ObjectInput in) throws IOException, ClassNotFoundException {
24      name = in.readUTF( );
25    }
```
⎧ Externalizable 인터페이스의 메서드 구현

```
26
27    public String toString( ) {
28      return name;
29    }
30  }
31
32  public class ExternalizableTest {
33    public static void main(String[] args) throws IOException, ClassNotFoundException {
34      Dog myDog = new Dog( );
35      myDog.name = "멍멍이";
36
37      FileOutputStream fos = new FileOutputStream("external.out");
38      ObjectOutputStream oos = new ObjectOutputStream(fos);
39
40      try (fos; oos) {
41        oos.writeObject(myDog);
42      } catch (IOException e) {
43        e.printStackTrace( );
44      }
45
46      FileInputStream fis = new FileInputStream("external.out");
47      ObjectInputStream ois = new ObjectInputStream(fis);
48
49      Dog dog = (Dog)ois.readObject( );
50      System.out.println(dog);
51    }
52  }
```

**출력 결과**
```
멍멍이
```

Externalizable 인터페이스의 writeExternal( ) 메서드와 readExternal( ) 메서드를 구현해야 합니다. 또한 역직렬화할 때 디폴트 생성자가 호출되므로 15행에서처럼 디폴트 생성자를 추가해 주어야 합니다. 읽고 쓰는 내용은 프로그래머가 직접 구현합니다.

# 15-7 그 외 입출력 클래스

## File 클래스

File 클래스는 말 그대로 파일이라는 개념을 추상화한 클래스입니다. 파일의 입출력은 지금까지 배운 스트림을 사용하여 수행합니다. 따라서 File 클래스에 별도의 입출력 기능은 없지만 파일 자체의 경로나 정보를 알 수 있고 파일을 생성할 수도 있습니다. File 클래스의 주요 생성자는 다음과 같습니다.

| 생성자 | 설명 |
|---|---|
| File(String pathname) | pathname(파일 경로)을 매개변수로 받아 파일을 생성합니다. |

다음 예제를 통하여 File 클래스에서 제공하는 여러 메서드를 살펴보겠습니다.

📝 코드에 작성하는 파일 경로는 현재 작업하고 있는 프로젝트 디렉터리를 작성합니다.

**Do it!** File 클래스 테스트하기 · 참고 파일 FileTest.java

```
01  package stream.others;
02
03  import java.io.File;
04  import java.io.IOException;
05
06  public class FileTest {
07    public static void main(String[] args) throws IOException {
08      File file = new File("D:\\easyspub\\JavaSecondEdition\\Chapter15\\newFile.txt");
09      file.createNewFile( );
10
11      System.out.println(file.isFile( ));
12      System.out.println(file.isDirectory( ));
13      System.out.println(file.getName( ));
14      System.out.println(file.getAbsolutePath( ));
15      System.out.println(file.getPath( ));
16      System.out.println(file.canRead( ));
17      System.out.println(file.canWrite( ));
18
19      file.delete( );
```

해당 경로에 File 클래스 생성. 아직 실제 파일이 생성된 것은 아님 (08행)

실제 파일 생성 (09행)

파일의 속성을 살펴보는 메서드를 호출하여 출력 (11~17행)

파일 삭제 (19행)

```
20    }
21  }
```

```
true
false
newFile.txt
D:\easyspub\JavaSecondEdition\Chapter15\newFile.txt
D:\easyspub\JavaSecondEdition\Chapter15\newFile.txt
true
true
```

File 클래스를 생성했다고 해서 실제 파일이 생성되는 것은 아닙니다. createNewFile( ) 메서드를 활용해야 실제 파일을 생성할 수 있습니다. 그리고 11~17행으로 File 클래스가 제공하는 다양한 메서드로 생성한 파일의 속성을 살펴볼 수 있습니다. 19행에서 delete( ) 메서드를 사용하여 파일을 삭제합니다. 이렇게 생성한 파일은 FileInputStream과 같은 파일 입출력 기능을 제공하는 클래스의 생성자 매개변수로 사용할 수 있습니다.

## RandomAccessFile 클래스

RandomAccessFile은 입출력 클래스 중 유일하게 파일 입출력을 동시에 할 수 있는 클래스입니다. 또한 지금까지 배운 스트림은 처음부터 차례로 자료를 읽었지만 RandomAccessFile은 임의의 위치로 이동하여 자료를 읽을 수 있습니다. RandomAccessFile에는 파일 포인터가 있는데, 현재 이 파일의 어느 위치에서 읽고 쓰는지 그 위치를 가리키는 속성입니다. 혹시 음악 LP판을 본 적 있나요? LP판이 돌아갈 때 오디오 기계 바늘이 음악이 연주되는 곳을 가리킵니다. 파일 포인터도 이런 모습이라고 생각하면 됩니다. RandomAccessFile은 스트림을 생성하지 않고 간단하게 파일에 자료를 쓰거나 읽을 때 사용하면 유용합니다. 파일 포인터가 이동하는 위치가 파일 자료를 읽거나 쓰이는 위치이므로 파일 포인터의 위치를 잘 생각하며 구현해야 합니다. RandonAccessFile의 생성자는 다음과 같습니다.

| 생성자 | 설명 |
|---|---|
| RandomAccessFile(File file, String mode) | 입출력을 할 File과 입출력 mode를 매개변수로 받습니다. mode에는 읽기 전용 "r"과 읽고 쓰기 기능인 "rw"를 사용할 수 있습니다. |
| RandomAccessFile(String file, String mode) | 입출력을 할 파일 이름을 문자열로 받고 입출력 mode를 매개변수로 받습니다. mode에는 읽기 전용 "r"과 읽고 쓰기 기능인 "rw"를 사용할 수 있습니다. |

RandomAccessFile은 임의의 위치에서 자료를 읽거나 쓰는 기능 외에도 다양한 자료형값을 읽거나 쓸 수 있습니다. 이 원리를 이해하기 위해 RandomAccessFile이 어떤 인터페이스를 구현했는지 JavaDoc에서 살펴보겠습니다.

---

**Class RandomAccessFile**

java.lang.Object
    java.io.RandomAccessFile

**All Implemented Interfaces:**
Closeable, DataInput, DataOutput, AutoCloseable

---

구현한 인터페이스를 살펴보면 DataInput, DataOuput 인터페이스가 있습니다. 이런 인터페이스를 구현하면 RandomAccessFile 클래스는 DataInputStream, DataOuputStream처럼 다양한 자료형을 다루는 메서드를 사용할 수 있습니다.

RandomAccessFile을 활용하여 여러 자료형값을 읽고 쓰는 예제를 살펴보겠습니다.

**Do it!** RandomAccessFile 클래스 테스트하기　　　　　· 참고 파일 RandomAccessFileTest.java

```java
01  package stream.others;
02
03  import java.io.IOException;
04  import java.io.RandomAccessFile;
05
06  public class RandomAccessFileTest {
07    public static void main(String[] args) throws IOException {
08      RandomAccessFile rf = new RandomAccessFile("random.txt", "rw");
09      rf.writeInt(100);
10      System.out.println("파일 포인터 위치:" + rf.getFilePointer( ));
11      rf.writeDouble(3.14);
12      System.out.println("파일 포인터 위치:" + rf.getFilePointer( ));
13      rf.writeUTF("안녕하세요");
14      System.out.println("파일 포인터 위치:" + rf.getFilePointer( ));
15
16      int i = rf.readInt( );
17      double d = rf.readDouble( );
18      String str = rf.readUTF( );
19
20      System.out.println("파일 포인터 위치:" + rf.getFilePointer( ));
21      System.out.println(i);
```

rw 모드 입력

파일 포인터 위치를 반환하는 메서드

```
22        System.out.println(d);
23        System.out.println(str);
24    }
25  }
```

```
파일 포인터 위치:4
파일 포인터 위치:12                          파일 포인터의 위치가 맨 처음으로
파일 포인터 위치:29                          옮겨지지 않아서 오류 발생

Exception in thread "main" java.io.EOFException Create breakpoint
    at java.base/java.io.RandomAccessFile.readFully(RandomAccessFile.java:500)
    at java.base/java.io.RandomAccessFile.readDouble(RandomAccessFile.java:973)
    at stream.others.RandomAccessFileTest.main(RandomAccessFileTest.java:21)
```

파일에 자료를 읽거나 쓰면 파일 포인터가 이동합니다. 처음 RandomAccessFile 클래스를 생성하면 파일 포인터 위치는 맨 앞, 즉 0의 위치를 가리킵니다. int값을 하나 쓰면 int 크기는 4바이트이므로 파일 포인터 위치가 4로 이동합니다. 다시 말해 파일 포인터는 다음 자료를 읽거나 써야 할 위치로 계속 이동합니다.

8행에서 RandomAccessFile을 생성할 때 rw 모드를 사용했습니다. 따라서 이 파일은 읽고 쓰기를 모두 할 수 있으며 9행, 11행, 13행에서 자료형별 메서드를 활용하여 파일에 자료를 출력했습니다. 각 행에서 자료를 출력한 후 파일 포인터의 위치를 확인합니다. 각 메서드가 호출되면서 이동한 파일 포인터의 값은 다음과 같습니다.

```
rf.writeInt(100);            // int 4바이트
rf.writeDouble(3.14);        // double 8바이트
rf.writeUTF("안녕하세요");    // 수정된 UTF-8 사용 한글(3바이트) * 5 + null 문자(2바이트) = 17
```

쓰기가 끝난 후 파일 포인터 위치는 4 + 8 + 17 = 29입니다. 그런데 여기에서 read( ) 메서드를 바로 호출하면 오류가 납니다. 왜냐하면 파일 포인터 위치가 29에 있기 때문이죠. 우리가 읽어야 할 파일 위치는 맨 처음인 0부터입니다. 따라서 파일 포인터 위치를 이동해 주는 seek( ) 메서드를 활용하여 맨 처음으로 이동해야 합니다. 다음과 같이 파일을 읽기 전에 파일 포인터를 이동하는 코드를 넣어 줍니다.

```
01    package stream.others;
02
03    import java.io.IOException;
04    import java.io.RandomAccessFile;
05
06    public class RandomAccessFileTest {
07      public static void main(String[] args) throws IOException {
08        ...
13        rf.writeUTF("안녕하세요");
14        System.out.println("파일 포인터 위치:" + rf.getFilePointer( ));
15
16        rf.seek(0);
17        System.out.println("파일 포인터 위치:" + rf.getFilePointer( ));
18                                            파일 포인터 위치를 맨 처음으로
19        int i = rf.readInt( );               옮기고 위치를 출력함
20        double d = rf.readDouble( );
21        String str = rf.readUTF( );
22
23        System.out.println("파일 포인터 위치:" + rf.getFilePointer( ));
24        System.out.println(i);               읽기가 끝난 후 파일 포인터
25        System.out.println(d);               위치를 출력함
26        System.out.println(str);
27      }
28    }
```

**출력 결과**
```
파일 포인터 위치:4
파일 포인터 위치:12
파일 포인터 위치:29
파일 포인터 위치:0      13행 출력 결과
파일 포인터 위치:29     19행 출력 결과
100
3.14
안녕하세요
```

이제 자료를 읽기 전에 파일의 맨 처음으로 이동하여 처음부터 차례로 값을 읽어 올 수 있습니다. 자료를 읽어 올 때는 저장할 때 사용한 자료형에 맞는 메서드로 읽어야 합니다.

**01** 자바에서 입출력 기능을 스트림 클래스로 제공하는 이유는 무엇인지 설명해 보세요.

**02** 바이트로 읽어 들인 자료를 문자로 변환해 주는 스트림은 [                    ] 입니다.

**03** FileOutputStream과 OutputStreamWriter를 활용하여 a.txt 파일에 다음처럼 출력해 보세요.

> **출력 결과**
> 지금까지 자바 정말 재미있게 공부했어요^^

**04** 다른 스트림을 감싸서 부가 기능을 제공하는 스트림은 [보          ] 입니다.

**05** 인스턴스 내용을 그대로 저장하거나 네트워크로 전송할 수 있도록 연속된 바이트로 만들고 이를 복원하는 기술은 [직          ] 입니다.

**06** **05** 의 기술을 구현하기 위해 자바에서 사용하는 두 가지 인터페이스는
**①** [S          ] , **②** [E          ] 입니다.

**07** 다음 스트림의 이름을 보고 스트림의 종류를 써보세요.

| 스트림 | 입력/출력 | 바이트/문자 | 기반/보조 |
|---|---|---|---|
| 1. FileReader | **①** | **②** | **③** |
| 2. FileOutputStream | **④** | **⑤** | **⑥** |
| 3. BufferedReader | **⑦** | **⑧** | **⑨** |

# 16장

# 스레드

프로그램이 CPU에서 실행하는 작업 단위를 스레드라고 합니다. 스레드는 단일 스레드로 실행할 수도 있지만, 여러 개의 스레드가 동시에 수행되는 멀티스레딩 작업도 할 수 있습니다. 15장까지 실습해 본 예제들은 모두 단일 스레드였습니다. 하지만 현실에서는 여러 작업이 동시에 진행하는 멀티스레딩 환경을 자주 만날 것입니다. 이번 장에서는 스레드의 개념을 알고, 멀티스레딩에서는 어떤 점을 고려해야 하는지 살펴보겠습니다.

멀티스레딩을 이해하면
자바 정복!?

# 16-1 스레드란?

## 여러 작업이 동시에 처리되는 멀티스레딩

01장에서 설명했듯 프로그램이란 컴퓨터에게 일을 시키는 명령어의 집합입니다. 사용하고자 하는 응용 프로그램이 하드 디스크에 설치되면 바탕화면 또는 폴더에 프로그램의 아이콘이 생성됩니다(스마트폰이라면 화면에 앱 아이콘이 생성되겠죠.). 이를 선택하면 프로그램은 메모리에 할당됩니다. 이렇게 프로그램이 메모리에 할당된 상태를 **프로세스**(process)라고 합니다. 즉 어떤 프로그램이 메모리에 할당되면 프로세스 상태가 됩니다.

사실 프로세스는 CPU(중앙 처리 장치)에서 실행되는 단위는 아닙니다. 프로세스가 CPU를 점유해 명령어가 실행되는 상태가 되려면 스레드가 생성되어야 합니다. 다시 말해, CPU를 점유해 일련의 명령어들이 실행되는 단위를 **스레드**(thread)라고 합니다.

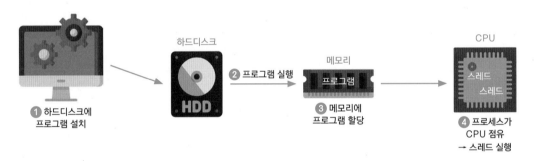

프로그램을 사용하다 보면 동시에 여러 작업이 같이 진행되는 것 같다고 느낄 때가 있습니다. 예를 들어 음악 재생 앱을 실행했을 때 음악 재생 작업과 음향 제어 작업을 한 화면에서 처리하거나 웹 페이지 내에서 이미지를 내려받으면서 동시에 텍스트를 입력하는 경우 작업이 동시에 처리되는 듯한 경험을 합니다.

하지만 음악이 재생되는 것은 스트리밍을 계속 반복하는 작업이므로 당연히 음향 제어 작업과 같은 스레드에서 실행될 수 없습니다. 즉 별도의 스레드에서 실행되지만 같은 프로세스 내에서 수행되는 것입니다. 음악을 재생하는 스레드와 음향을 제어하는 두 개의 스레드가 번갈아 가며 CPU를 공유해 각자의 명령을 실행하는 것인데, 사용자가 이 작업들이 동시에 처리되는 것처럼 느끼는 것입니다.

정리하자면 하나의 프로세스 내에서 두 개 이상의 스레드가 독립적으로 실행되는 것을 **멀티스레딩**(multi-threading)이라고 합니다. 스레드는 하나의 프로세스 내에서 독립적으로 실행하는 흐름으로 각 스레드는 별도의 작업을 수행하는데, 프로그램은 동시에 여러 작업을 처리하는 것처럼 보입니다.

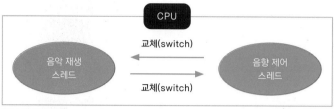

멀티스레딩의 예

## 공유 자원을 사용하기 위한 동기화

멀티스레딩에서 가장 주의해야 할 부분은 여러 스레드가 번갈아 실행되면서 같은 자원을 공유한다는 점입니다. 여기서 '같은 자원'이란 메모리일 수도 있고, 입출력 장치일 수도 있습니다. 이러한 자원을 공유하는 스레드 간에는 경쟁 관계(race condition)가 발생할 수 있으며, 한 스레드가 공유 자원(critical section)을 사용할 때 다른 스레드가 접근하지 못하도록 제어가 하지 못하면 예상치 못한 문제가 발생할 수 있습니다.

예를 들어 은행 앱에서는 입출금 기능을 제공하는데 이를 한 사람만 사용하는 것이 아닐 것입니다. 이 앱에서는 여러 명이 입금이나 출금 작업을 수행할 수 있습니다. 심지어 모임 통장처럼 한 계좌에 접근할 수 있는 사용자가 많은 경우도 있습니다. 이러한 경우에 입금과 출금이 동시에 발생하거나 순서가 잘 제어되지 않는다면 입출금 이후 잔액이 예상하지 못한 금액이 될 수 있습니다.

이와 같이 멀티스레딩 상황에서 공유 자원에 하나의 스레드만 접근할 수 있도록 순서를 제어하는 것을 동기화(synchronization)라고 합니다.

지금까지 멀티스레딩과 동기화라는 중요한 개념을 배웠습니다. 이어서 자바로 스레드를 직접 만들고, 멀티스레딩 프로그램을 구현해 보겠습니다.

🔧 동기화를 구현하는 예제는 16-3절에서 자세히 살펴보겠습니다.

## 스레드 구현하기

스레드의 개념을 익혔으니 이제 자바로 직접 스레드를 만들어 보겠습니다. 스레드를 만드는 방법은 크게 두 가지입니다. 첫 번째 방법은 JDK의 java.lang 패키지에 있는 Thread 클래스를 상속받아 만드는 것입니다. 만약 클래스가 이미 다른 클래스를 상속받아 Thread 클래스를 상속받지 못하는 경우라면 두 번째 방법으로 Runnable 인터페이스를 구현한 클래스를 사용해 스레드를 생성합니다. 먼저 Thread 클래스를 상속받는 방법을 알아보겠습니다.

### Thread 클래스 상속받기

스레드를 구현하기 위해 Thread 클래스를 상속받아 MyThread라는 이름으로 클래스를 선언해 봅시다. 그리고 이 클래스에 run( ) 메서드를 구현합니다. run( ) 메서드에는 스레드가 CPU에서 실행될 때 수행하는 코드를 작성합니다. 다음 예제에서는 스레드가 0부터 200까지 출력하도록 구현한 코드입니다.

**Do it!** Thread 클래스를 상속받아 run( ) 메서드 구현하기    · 참고 파일 ThreadTest.java

```java
01    package thread;
02
03    class MyThread extends Thread {    Thread 클래스 상속
04        public void run() {          //스레드가 실행될 때 수행할 코드를 run( )에 구현
05            int i;
06            for (i=0; i<=200; i++) {
07                System.out.print(Thread.currentThread().getName() + ":" + i + "\t");
08            }
09        }
10    }
```

이제 앞서 선언한 클래스에 스레드(인스턴스)를 두 개 생성하고 실행하는 ThreadTest 코드를 작성해 봅시다. 스레드는 각각 0~200까지 출력하는 기능을 수행합니다.

```java
01    package thread;
02
03    public class ThreadTest {
04        public static void main(String[] args) {
05            System.out.println(Thread.currentThread());
06
07            MyThread thread1 = new MyThread();        // 첫 번째 스레드를 생성
08            thread1.start();      //start( )를 호출하면 Thread 클래스의 run( )이 수행됨
09
10            MyThread thread2 = new MyThread();        // 두 번째 스레드를 생성
11            thread2.start();
12
13            System.out.println("end");  ◄── 스레드가 끝나면 end를 출력
14        }
15    }
```

**출력 결과**

```
Thread[#1,main,5,main]
end
Thread-0:0  Thread-0:1  Thread-1:0  Thread-1:1  Thread-0:2  Thread-1:2  Thread-0:3  Thread-1:3  Thread-0:4  Thread-1:4  Thread-0:5
```

🅐 코드를 실행하면 200까지 출력되지만 지면상의 이유로 여기서는 5까지만 담았습니다.

이 예제의 스레드는 총 몇 개일까요? 스레드는 총 세 개입니다. new 예약어를 통해 생성한 두 개의 스레드와 ThreadTest의 main( ) 함수가 수행되는 스레드까지 세 개입니다. main( ) 함수를 실행하는 스레드는 두 개의 MyThread 스레드를 생성하고 start( )를 호출한 뒤, end를 출력하고 끝납니다. 생성한 두 개의 MyThread 스레드는 run( )이 수행되며 불규칙하게 번갈아 숫자가 출력되는 것을 확인할 수 있습니다. 즉 main( ) 함수의 스레드가 가장 먼저 실행을 끝내고 숫자를 출력하는 스레드 두 개가 번갈아 가며 CPU를 점유해 명령을 수행한 것입니다.

### Runnable 인터페이스 구현하기

자바는 단일 상속만을 지원합니다. 즉 하나의 하위 클래스는 하나의 상위 클래스만 상속받을 수 있습니다. 이미 다른 상위 클래스를 상속받았다면 앞선 예제처럼 Thread 클래스를 상속받아서 스레드로 구현할 수 없습니다.

상속받은 다른 클래스 때문에 Thread 클래스를 상속받을 수 없다면 Runnable 인터페이스를 활용합니다. Runnable 인터페이스는 run( ) 추상 메서드를 구현할 수 있습니다. Runnable 인터페이스를 활용해 스레드 클래스를 구현하는 예제는 다음과 같습니다.

```
01    package thread;
02
03    class MyRunnable implements Runnable {    Runnable 인터페이스를 구현
04
05        @Override
06        public void run() {
07            int i;
08            for (i=0; i<=200; i++) {
09                System.out.print(Thread.currentThread().getName() + ":" + i + "\t");
10            }
11        }
12    }
```

이 예제에서는 Runnable 인터페이스를 구현한 MyRunnable 클래스를 정의했습니다.
MyRunnable 클래스에 run( ) 메서드를 구현해 이전 예제와 마찬가지로 스레드가 시작돼
run( )이 호출되면 0부터 200까지 숫자를 출력하게 됩니다.

Runnable 인터페이스를 구현한 클래스를 스레드로 만들려면 Thread의 생성자에 인스턴스를
매개변수로 넣어 줘야 합니다. 다음 JavaDoc에서 알 수 있듯 Thread의 생성자로는 디폴트 생
성자와 함께 Runnable 인터페이스 자료형의 객체를 매개변수로 하는 생성자가 있습니다.

| Constructors | |
| --- | --- |
| Constructor | Description |
| Thread() | Initializes a new platform Thread. |
| Thread(Runnable task) | Initializes a new platform Thread. |

Runnable 인터페이스를 활용한 스레드의 테스트 코드는 다음과 같습니다.

```
01    package thread;
02
03    public class MyRunnableTest {
04        public static void main(String[] args) {
05            System.out.println("main start");
06
```

```
07              Thread thread1 = new Thread(new MyRunnable());
08              Thread thread2 = new Thread(new MyRunnable());
09
10              thread1.start();
11              thread2.start();
12
13              System.out.println("main end");
14          }
15      }
```

**출력 결과**

```
main start
main end
Thread-1:0   Thread-1:1   Thread-1:2   Thread-1:3   Thread-1:4   Thread-1:5
```

📝 코드를 실행하면 200까지 출력되지만 지면상의 이유로 여기서는 5까지만 담았습니다.

Thread 생성자에 MyRunnable 인스턴스를 활용하여 스레드를 생성한 후 start( ) 메서드를
호출하면 MyRunnable 클래스의 run( ) 구현부가 실행됩니다. 이전 예제와 마찬가지로 결과
를 살펴보면 main( ) 함수를 수행한 스레드가 가장 먼저 종료되고 Thread1과 Thread2가 번
갈아 가며 수행되는 것을 확인할 수 있습니다.

### 스레드 스케줄링을 자세히 알고 싶어요

질문 있어요

스레드가 CPU를 사용하는 순서를 정하는 것을 스레드 스케줄링이라고 합니다. 스레드 스케줄링은
운영체제에서 매우 중요한 정책 알고리즘입니다. 여기서는 간략하게 그 의미만 이해해 봅시다.

우선 스레드 스케줄링은 크게 선점형과 비선점형 두 가지 방식으로 나눌 수 있습니다. 선점형은 현
재 CPU를 사용하는 스레드를 운영체제가 강제로 중단시키고 다른 스레드를 할당하는 방식입니
다. 선점형 방식의 스케줄링에는 여러 스레드가 돌아가면서 정해진 시간만큼 사용하는 라운드 로빈
(round robin), 우선순위가 높은 스레드를 먼저 할당하는 우선순위 기반(priority based), 수행
시간이 가장 짧은 스레드를 먼저 할당하는 최단 작업 시간 우선(shortest job first) 등이 있습니
다. 선점형 방식은 스레드가 교체(switch)되는 비용이 발생하지만, 작업 속도를 좀 더 동적이고 효
율적으로 향상할 수 있다는 장점이 있습니다.

반면에 비선점형은 한 번 CPU를 할당받은 스레드 하나가 실행을 완료할 때까지 CPU를 계속 사
용하는 방식입니다. 비선점형 방식은 교체 비용이 발생하지 않고 정책 구현을 간단히 할 수 있지만
여러 스레드가 CPU를 효율적으로 활용하기 어렵다는 단점이 있습니다.

# 16-2 Thread 클래스의 여러 가지 메서드

자바의 Thread 클래스에는 여러 메서드들이 있습니다. Thread 클래스의 JavaDoc을 살펴보면 다음과 같이 다양한 메서드를 확인할 수 있습니다. 여기에서는 자주 사용하거나 스레드의 활용을 이해할 수 있는 메서드 중심으로 살펴보겠습니다.

| | | |
|---|---|---|
| static boolean | holdsLock(Object obj) | Returns true if and only if the current thread holds the monitor lock on the specified object. |
| void | interrupt() | Interrupts this thread. |
| static boolean | interrupted() | Tests whether the current thread has been interrupted. |
| final boolean | isAlive() | Tests if this thread is alive. |
| final boolean | isDaemon() | Tests if this thread is a daemon thread. |
| boolean | isInterrupted() | Tests whether this thread has been interrupted. |
| final boolean | isVirtual() | **Preview.**<br>Returns true if this thread is a virtual thread. |
| final void | join() | Waits for this thread to terminate. |
| final void | join(long millis) | Waits at most millis milliseconds for this thread to terminate. |
| final void | join(long millis, int nanos) | Waits at most millis milliseconds plus nanos nanoseconds for this thread to terminate. |
| final boolean | join(Duration duration) | Waits for this thread to terminate for up to the given waiting duration. |
| static Thread.Builder.OfPlatform<sup>PREVIEW</sup> | ofPlatform() | **Preview.**<br>Returns a builder for creating a platform Thread or ThreadFactory that creates platform threads. |
| static Thread.Builder.OfVirtual<sup>PREVIEW</sup> | ofVirtual() | **Preview.**<br>Returns a builder for creating a virtual Thread or ThreadFactory that creates virtual threads. |
| static void | onSpinWait() | Indicates that the caller is momentarily unable to progress, until the occurrence of one or more actions on the part of other activities. |

Thread 클래스의 메서드

## 스레드 상태 알아보기

Thread 클래스의 여러 메서드를 살펴보기 전에 스레드가 시작되어 끝날 때까지의 여러 상태를 알아야 합니다. 스레드의 상태는 시작할 때 메모리에 할당되어 CPU를 점유할 수 있는 상태와 이미 CPU를 점유한 상태, 메모리에 있지만 CPU를 점유할 수 없는 상태 그리고 종료된 상태로 구분됩니다.

스레드 실행이 가능한 상태를 Runnable 상태라고 합니다. 시간 배분이나 우선순위에 따라 스레드가 CPU를 점유하고 동작하면 Run 상태가 됩니다. 그리고 스레드가 할 일을 마치면 Dead 상태가 됩니다. 스레드는 몇 가지 조건이 갖춰지면 Not Runnable 상태가 될 수 있는데, Not Runnable 상태의 스레드는 CPU를 점유할 수 없습니다. Not Runnable 상태가 끝나고 다시 Runnable 상태가 되어야 스레드는 CPU를 점유하고 실행이 가능합니다.

앞에서 설명한 스레드의 상태를 다음 그림으로 살펴봅시다.

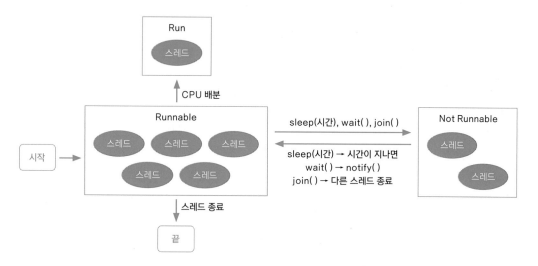

## sleep( ) 메서드

앞서 그림에서 잠깐 살펴봤지만 sleep( ) 메서드는 일정 시간 동안 스레드가 Not Runnable 상태가 되도록 만듭니다. sleep( ) 메서드의 매개변수로 시간이 입력되는데, 이때 시간 단위는 밀리초(millisecond)입니다. 예를 들어 sleep(1)은 1/1000초 동안 스레드는 Not Runnable 상태로 CPU를 점유할 수 없다가 시간이 지나면 다시 CPU에서 실행 가능한 Runnable 상태가 되어 실행됩니다. 다음 예제를 살펴봅시다.

---

**Do it!** sleep( ) 메서드를 활용해 숫자 출력하기 · 참고 파일 SleepTest.java

```
01  package thread;
02
03  public class SleepTest extends Thread{
04      public void run() {
05          for (int i=0; i<10; i++) {
06              try {
07                  Thread.sleep(1000);
08              } catch (InterruptedException e) {
09                  throw new RuntimeException(e);
10              }
11              System.out.print(i + "\t");
12          }
13      }
14
```

> sleep( ) 메서드에 매개변수로 1000밀리초, 즉 1초를 입력

```
15        public static void main(String[] args) {
16            SleepTest test = new SleepTest();
17            test.start();
18        }
19    }
```

출력 결과

```
0   1   2   3   4   5   6   7   8   9
```

sleep(1000)은 1초씩 스레드를 멈추게 합니다. 코드를 실행하면 숫자가 1초 간격으로 출력되는 것을 확인할 수 있습니다

## interrupt( ) 메서드

interrupt( ) 메서드는 스레드의 어떤 작업을 중지할 때 호출합니다. interrupt( ) 메서드를 호출하는 대상의 스레드는 interruptException을 처리해야 합니다. 스레드가 sleep( ), wait( ), join( )과 같은 메서드에 의해 Not Runnable 상태일 때 해당 스레드에 interrupt( ) 메서드를 호출하면 interruptException이 발생하여 Not Runnable 상태에서 빠져나옵니다. 다음 예제에서 sleep( ) 메서드에서 interrupt( )를 호출하여 스레드가 빠져나오는 상황을 살펴보겠습니다

**Do it!** interrupt( ) 메서드로 빠져나오기 · 참고 파일 InterruptTest.java

```
01   package thread;
02
03   public class InterruptTest extends Thread {
04        public void run() {
05            try {
06                int i;
07
08                for(i=0; i<10; i++) {
09                    Thread.sleep(3000);          3초 동안 잠들었다가 정수 한 개 출력
10                    System.out.print(i + "\t");
11                }
12            } catch (InterruptedException e) {     InterruptException이
13                System.out.println("wake up");     발생하면 'wake up'을 출력
14            }
15            System.out.println("end");
16        }
17
18        public static void main(String[] args) throws InterruptedException {
```

```
19              InterruptTest test = new InterruptTest();
20
21              test.start();
22              Thread.sleep(3000);
23              test.interrupt();
24      }
25  }
```

> 스레드를 시작하고 3초 후에 interrupt( ) 메서드 호출

**출력 결과**
```
0     wake up
end
```

main( ) 함수에서 InterruptTest 스레드를 생성하고 시작합니다. InterruptTest 스레드는 3초마다 정수를 출력하는 run( ) 메서드를 수행하는데 첫 등장한 sleep(3000) 이후에 0을 출력한 뒤, 다시 sleep(3000)에 의해 Not Runnable 상태가 될 때 main( ) 함수에서 호출된 interrupt( )로 InterruptException이 발생하여 'wake up'을 출력하고 끝납니다.

## join( ) 메서드

한 프로그램 안에 두 개의 스레드가 실행 가능한 상황에서 하나의 스레드가 다른 스레드의 결과를 참조해야 하는 경우 join( ) 메서드를 사용할 수 있습니다. join( ) 메서드는 한 스레드가 다른 스레드를 대상으로 호출하는 메서드입니다. 다음 그림을 통해 내용을 이해해 봅시다.

1부터 100까지 더하는 예제를 살펴봅시다. 한 스레드는 1부터 50까지 더하고 다른 스레드는 51부터 100까지 더하도록 합니다. 그리고 두 스레드의 결과를 합산해 보겠습니다.

```
01   package thread;
02
03   public class JoinTest extends Thread {
04       int start;
05       int end;
06       int sum;
07
08       public JoinTest(int start, int end) {
09           this.start = start;
10           this.end = end;
11       }
12
13       public void run() {
14           for (int i = start; i<=end; i++) {
15               sum += i;
16           }
17       }
18
19       public static void main(String[] args) {
20           JoinTest joinA = new JoinTest(1,50);        ┐ joinA와 joinB라는 스레드 생성
21           JoinTest joinB = new JoinTest(51,100);      ┘
22
23           joinA.start();
24           joinB.start();
25
26           int total = joinA.sum + joinB.sum;          ┐ 두 스레드의 결과를
27           System.out.println(joinA.sum + "+" + joinB.sum + "=" + total);  ┘ 합산해 출력
28       }
29   }
```

출력 결과
```
1275+0=1275
```

출력 결과를 보면 두 스레드의 합이 더해지는 결과가 아니라 joinA 스레드의 결과만 출력된 것을 알 수 있습니다. 어떻게 이런 결과가 나왔을까요? 그 이유는 main( ) 함수의 출력 결과를 화면에 나타내는 시점에 joinA와 joinB의 결과가 다 만들어지지 않았기 때문입니다. 위 결과로만 보면 joinA의 결과만 더해진 것을 알 수 있습니다.

📝 사용하는 컴퓨터에 따라 0 + 0 = 0으로 출력되는 경우가 있습니다. 이는 main 스레드의 출력문이 출력될 때 joinA와 joinB에서 계산한 합의 결과가 만들어지기 전에 main 스레드의 출력문이 수행된 것입니다.

우리가 원하는 결과, 즉 joinA와 joinB를 합산한 연산 결과를 제대로 얻으려면 두 스레드의 결과가 모두 만들어진 이후에 main( ) 함수에서 합을 구해야 합니다. 따라서 main( ) 함수가 실행되는 main 스레드에서 joinA, joinB 스레드에 join( ) 메서드를 호출합니다. join( ) 메서드를 호출하면 앞에서 살펴본 그림처럼 main 스레드는 joinA, joinB 스레드가 종료될 때까지 Not Runnable 상태가 됩니다. 즉 total을 계산하는 시점에는 joinA와 joinB 스레드가 모두 종료된 후이므로 각각 연산한 합을 얻을 수 있습니다.

앞선 예제에서 main( ) 함수 부분을 다음과 같이 수정하고 실행해 보겠습니다.

**Do it!** join( ) 메서드를 활용해 1부터 100까지 더하기(수정)  · 참고 파일 JoinTest.java

```java
01    package thread;
02
03    ...
19    public static void main(String[] args) throws InterruptedException{    ← 예외 처리를 추가
20            JoinTest joinA = new JoinTest(1,50);
21            JoinTest joinB = new JoinTest(51,100);
22
23            joinA.start();
24            joinB.start();
25
26            joinA.join();    ← join( ) 메서드 선언
27            joinB.join();
28
29            int total = joinA.sum + joinB.sum;
30            System.out.println(joinA.sum + "+" + joinB.sum + "=" + total);
31        }
32    }
```

> 출력 결과
> 1275+3775=5050

각 스레드가 시작되면 이전 예제와 달리 main( ) 함수의 결과가 바로 출력되지 않고, 두 스레드의 수행이 끝난 후 합산한 결과가 출력되는 것을 확인할 수 있습니다.

멀티스레딩은 작업이 동시에 진행되는 듯한 장점이 있습니다. 하지만 간혹 한 스레드에서 다른 스레드의 결과가 필요한 경우도 발생하는데, 이럴 때에는 순차로 실행해야 합니다. join( ) 메서드는 스레드 간의 순차 작업에도 활용할 수 있습니다.

# 16-3 동기화란?

## 멀티스레딩과 동기화

만약 여러 개의 스레드가 동시에 같은 메모리의 값을 변경하는 작업을 수행한다면 그 값은 기대하는 값과 크게 달라질 수 있습니다. 이때 여러 스레드가 동시에 접근하려는 공통 메모리와 같은 자원을, **공유 자원** 또는 **임계 영역**(critical section)이라고 합니다. 여러 스레드가 공유 자원을 동시에 처리하면 예기치 않은 오류가 발생할 수 있습니다.

동기화(synchronization)란 멀티스레딩 상황에서 여러 개의 스레드가 공유 자원에 동시에 접근하려 할 때 하나의 스레드만 접근하도록 하고 나머지 접근을 막아(blocking) 순차로 접근하도록 하는 방법입니다. 다음 예제를 통해 동기화를 살펴보겠습니다.

> **Do it!** Bank 클래스 구현하기     • 참고 파일 SyncMainTest.java

```
01  package sync;
02
03  class Bank {          ●── Bank 클래스 선언
04      private int money = 10000;
05
06      public void saveMoney(int save) {   ●── saveMoney( ) 메서드 구현
07          int m = this.getMoney();
08
09          try {
10              Thread.sleep(3000);
11          } catch (InterruptedException e) {
12              throw new RuntimeException(e);
13          }
14          setMoney(m + save);
15      }
16
17      public void minusMoney(int minus) {   ●── minusMoney( ) 메서드 구현
18          int m = this.getMoney();
19
20          try {
21              Thread.sleep(200);
```

```java
22          } catch (InterruptedException e) {
23              e.printStackTrace();
24          }
25          setMoney(m - minus);
26      }
27
28      public int getMoney() {
29          return money;
30      }
31
32      public void setMoney(int money) {
33          this.money = money;
34      }
35  }
36
37  class Park extends Thread {
38      public void run() {
39          System.out.println("예금 작업을 시작합니다.");
40          SyncMainTest.myBank.saveMoney(3000);
41          System.out.println("saveMoney(3000) 작업이 진행되어 잔액이 " +
42                  SyncMainTest.myBank.getMoney() + "입니다.");
43      }
44  }
45
46  class ParkWife extends Thread {
47      public void run() {
48          System.out.println("출금 작업을 시작합니다.");
49          SyncMainTest.myBank.minusMoney(1000);
50          System.out.println("minusMoney(1000) 작업이 진행되어 잔액이 " +
51                  SyncMainTest.myBank.getMoney() + "입니다.");
52      }
53  }
54
55  public class SyncMainTest {
56      public static Bank myBank = new Bank();
57      public static void main(String[] args) throws InterruptedException {
58          Park p = new Park();
59          p.start();
60
61          Thread.sleep(200);
62          ParkWife pw = new ParkWife();
```

Line 37 annotation: Park라는 Thread 클래스 선언

Line 46 annotation: ParkWife라는 Thread 클래스 선언

Line 59 annotation: Park 스레드 시작

Line 62 annotation: sleep( ) 메서드로 0.2초 간 main 스레드 동작을 멈춤

```
63            pw.start();·─────┤ ParkWife 스레드 시작 ├
64        }
65    }
```

**출력 결과**

예금 작업을 시작합니다.
출금 작업을 시작합니다.
minusMoney(1000) 작업이 진행되어 잔액이 9000입니다.
saveMoney(3000) 작업이 진행되어 잔액이 13000입니다.

이 예제에서는 입출금을 하기 위해 Park과 ParkWife라는 두 개의 Thread 클래스가 실행되고 있습니다. 두 개의 스레드가 공유하는 자원은 SyncMainTest에 static으로 선언된 Bank 인스턴스입니다. 코드를 통해 유추해 보면 Park 스레드에 의해 3000원이 입금이 되고 ParkWife 스레드에 의해 1000원이 출금됩니다. 우리가 예상하기로는 잔액이 12000원이 있어야 하지만, 출력 결과를 살펴보면 13000원이 남아 있습니다.

어떻게 이런 결과가 나왔을까요? 이 코드가 실행되는 순서를 그림으로 살펴보겠습니다.

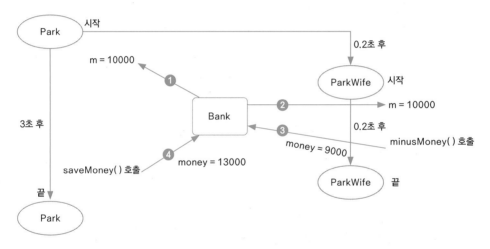

❶ Park 스레드는 시작과 동시에 입금하는 saveMoney(3000)을 실행합니다. 이때 Bank 클래스의 인스턴스 변수 money에서 10000을 가져와 m이라는 지역 변수에 저장합니다.

❷ main 스레드에서 0.2초 뒤 ParkWife 스레드가 시작되고 출금하는 minusMoney(1000)의 연산이 진행되기 위해 역시나 Bank 클래스에서 10000을 가져와서 m이라는 지역 변수에 저장합니다.

❸ ParkWife 스레드에서 minusMoney( )가 수행되는 데 걸리는 시간은 0.2초이며, 이후 Bank의 money 변수에 9000을 저장합니다.

❹ Park은 ❶의 실행으로 저장한 지역 변수 m의 값인 10000을 가져와 3초 뒤, 즉, ParkWife가 Bank의 money에 저장한 뒤에 기존에 가져온 m에 저장된 10000에 3000을 더하여 13000원을 Bank의 money 변수에 저장합니다.

결과적으로 money값은 ParkWife가 연산했던 값과 상관없이 Park이 저장한 13000원이 됩니다.

두 Thread 클래스에서 공유 자원인 Bank 클래스에 접근하는 입금, 출금 작업이 수행될 때 하나의 작업이 다 끝나지 않은 상태에서 다른 작업이 수행되었기 때문입니다. 먼저 시작된 Park 스레드의 saveMoney( ) 메서드가 입금 처리 전에 ParkWife 스레드의 minusMoney( ) 메서드가 실행되어, ParkWife 스레드의 출금 처리가 끝난 이후에 Park의 saveMoney( )로 입금 처리되어 minusMoney( ) 작업 결과와는 상관없이 13000을 저장된 것입니다.

이런 결과가 나오지 않게 하려면 하나의 스레드가 공유 자원에 접근해 작업을 수행하는 동안 다른 스레드가 접근하지 못하도록 해야 합니다. 스레드가 여러 개 실행될 때 공유 자원 접근을 제어하는 방법은 다양 합니다. 우리는 자바에서 제공하는 동기화 방법을 배워 봅 시다.

📧 스레드가 공유 자원에 접근하는 것을 제어하는 방법을 더 알고 싶다면 컴퓨터 관련 학과목 중 '운영체제'를 공부해 보 세요.

## synchronized 예약어로 동기화 구현하기

여러 개의 스레드가 실행될 때 공유 자원에 대한 접근을 제어하는 방법으로 synchronized 예약어로 사용할 수 있습니다. 앞 예제에서는 saveMoney( )와 minusMoney( )의 두 메서드가 공유 자원인 Bank 클래스를 동시에 접근해 우리가 원하는 결과를 얻지 못했습니다. 두 개의 메서드에 synchronized를 사용하면 원하는 결과를 얻을 수 있습니다. 먼저, sync 패키지를 생성하고 앞에서 사용한 코드를 복사한 뒤, 다음과 같이 수정해 봅시다.

**Do it!** synchronized로 동기화 구현하기 • 참고 파일 SyncMainTest.java

```
01  package sync;
02
03  class Bank{
04      private int money = 10000;
05
06      public synchronized void saveMoney(int save) {
07          int m = this.getMoney();
08
09          try {
10              Thread.sleep(3000);
11          } catch (InterruptedException e) {
12              throw new RuntimeException(e);
13          }
14          setMoney(m + save);
15      }
```

```
16
17      public synchronized void minusMoney(int minus) {
18          int m = this.getMoney();
19
20          try {
21              Thread.sleep(200);
22          } catch (InterruptedException e) {
23              e.printStackTrace();
24          }
25          setMoney(m - minus);
26      }
27
28      public int getMoney() {
29          return money;
30      }
31
32      public void setMoney(int money) {
33          this.money = money;
34      }
35  }
36
37  …
```

**출력 결과**

```
예금 작업을 시작합니다.
출금 작업을 시작합니다.
saveMoney(3000) 작업이 진행되어 잔액이 13000입니다.
minusMoney(1000) 작업이 진행되어 잔액이 12000입니다.
```

메서드에 synchronized를 추가하면 하나의 스레드가 메서드를 수행하는 동안 그 메서드가 속해 있는 객체를 잠가서(보통 'lock을 건다'는 표현을 사용합니다) 다른 스레드가 접근할 수 없게 합니다.

출력 결과를 살펴보면 기대한 것처럼 잔액이 12000원인 것을 확인할 수 있습니다. 또한 이전과 달리 saveMoney( ) 작업(예금 작업)을 완료한 후에 minusMoney( ) 작업(출금 작업)을 진행한 것을 알 수 있습니다. 이는 Bank 객체를 먼저 접근한 saveMoney( ) 작업을 완료한 이후에 minusMoney( )가 Bank 객체에 접근할 수 있기 때문입니다. 이처럼 자바에서는 공유 자원에 접근하는 메서드에 synchronized 예약어를 사용하여 간단히 동기화를 구현할 수 있습니다.

## synchronized 블록

동시에 접근하는 것을 제어하고자 하는 코드를 sychronized 블록으로 감쌀 수 있습니다. 앞 예제의 코드를 블록 방식으로 바꾸어 보면 다음과 같습니다.

**Do it!** synchronized 블록 지정하기 · 참고 파일 SyncMainTest.java

```java
01  package sync;
02
03  class Bank{
04      private int money = 10000;
05
06      public synchronized void saveMoney(int save) {
07          synchronized (this) {
08              int m = this.getMoney();
09
10              try {
11  …
16          }
17      }
18
19      public synchronized void minusMoney(int minus) {
20          synchronized (this) {
21              int m = this.getMoney();
22
23              try {
24  …
29          }
30      }
31
32      public int getMoney() {
33  …
```

synchronized 블록 방식에서는 synchronized 예약어 뒤에 바로 붙은 괄호 내부에 공유 자원을 명시해야 합니다. 객체 자료형으로 써주면 되는데, 만약 메서드가 구현된 해당 객체가 공유 자원인 경우라면 this를 사용합니다. 실행 결과는 앞 예제와 동일합니다.

만약 Park 클래스에 있는 run( ) 메서드에 다음과 같이 synchronized 예약어를 사용하면 어떻게 될까요?

```
public synchronized void run() {
    System.out.println("예금 작업을 시작합니다.");
    SyncMainTest.myBank.saveMoney(3000);
    System.out.println("saveMoney(3000) 작업이 진행되어 잔액이 " +
        SyncMainTest.myBank.getMoney() + "입니다.");
}
```

이 경우 run( ) 메서드가 수행되는 객체, 즉 Park 스레드에 lock이 걸리기 때문에 공유 자원인
Bank 객체에 아무런 영향을 주지 않게 됩니다.

만약 run( ) 메서드에 synchronized를 사용하고 싶다면 다음과 같이 블록 방식으로 작성합니
다. 소괄호 안에 공유 객체인 Bank의 참조 변수 SyncMainTest.myBank를 써주면 run( ) 메서
드를 수행할 동안 공유 자원에 대한 동기화가 이루어집니다. 즉 공유 자원 외부에서 synchro-
nized 블록 방식을 사용할 때는 synchronized(SyncMainTest.myBank)와 같이 공유 자원을
명시해 주면 됩니다.

**Do it!** run( ) 메서드에 synchronized 블록 지정하기     · 참고 파일 SyncMainTest.java

```
01   package sync;
02
03   …
41   class Park extends Thread{
42       public void run() {
43           synchronized (SyncMainTest.myBank) {
44               System.out.println("예금 작업을 시작합니다.");
45               SyncMainTest.myBank.saveMoney(3000);
46               System.out.println("saveMoney(3000) 작업이 진행되어 잔액이 " +
47                       SyncMainTest.myBank.getMoney() + "입니다.");
48           }
49       }
50   }
51
52   class ParkWife extends Thread{
53       public void run() {
54           synchronized (SyncMainTest.myBank) {
55               System.out.println("출금 작업을 시작합니다.");
56               SyncMainTest.myBank.minusMoney(1000);
57               System.out.println("minusMoney(1000) 작업이 진행되어 잔액이 " +
58                       SyncMainTest.myBank.getMoney() + "입니다.");
```

```
59                }
60          }
61     }
62
63     …
```

출력 결과

예금 작업을 시작합니다.

saveMoney(3000) 작업이 진행되어 잔액이 13000입니다.

출금 작업을 시작합니다.

minusMoney(1000) 작업이 진행되어 잔액이 12000입니다.

# 16-4 공유 자원의 스레드 대기와 알림

앞서 멀티스레드 상황에서 공유 자원의 동기화가 어떻게 구현되는지 살펴보았습니다. 이번에는 공유 자원이 충분하지 않은 상황을 생각해 보겠습니다. 실제 서비스 상황에서는 공유 자원이 한정된 경우를 자주 마주칩니다. 예를 들어 열차 예매나 수강 신청 등을 할 때 갑자기 트래픽이 증가하고, 데이터베이스와 연결해 자료를 읽고 쓰는 커넥션과 같은 공유 자원을 모든 스레드에게 할당하지 못하는 경우가 발생합니다. 즉, 자원을 할당받지 못하는 스레드가 생기게 됩니다.

> 📝 트래픽(traffic)이란 서버의 데이터 전송량을 의미합니다. 서버가 감당할 수 있는 접속자 수가 일정 수준을 넘어서면 트래픽이 초과됩니다.

> 📝 커넥션(connection)이란 데이터베이스에 어떤 데이터를 저장하거나 읽어 올 때 데이터베이스와 웹 서버를 연결하는 역할을 합니다.

이런 상황이 발생한다면 어떻게 처리해야 할까요? Object 클래스의 wait( )와 notify( ) 메서드를 사용하면 해결할 수 있습니다. 그럼 wait( )과 notify( )를 어떻게 사용하는지 함께 살펴보겠습니다.

## wait( )와 notify( ) 메서드

어떤 도서관에서 '태백산맥'이라는 책을 빌리려는 학생이 여러 명 있다고 가정해 봅시다. 이를 자바 관점에서 보면 '태백산맥'은 리소스(공유 자원)이고, 학생은 스레드입니다. 학생은 책을 빌리고, 읽고, 반납하는데 이렇게 학생이 하는 일을 run( ) 메서드로 구현합니다. 이때 빌린 책을 읽는 시간은 5초(Thread.sleep(5000))로 했습니다.

> 📝 책을 읽는 시간을 5초로 정한 것은 프로그램을 간단히 구현하기 위해 정한 것입니다.

**Do it!** 도서관 프로그램 구현하기 ・ 참고 파일 LibraryMain.java

```
01  package waitnotify;
02
03  import java.util.ArrayList;
04
05  class Library {
06      private ArrayList<String> shelf = new ArrayList< >();
07
```

```
08      public Library() {
09          shelf.add("태백산맥 1");
10          shelf.add("태백산맥 2");
11          shelf.add("태백산맥 3");
12          shelf.add("태백산맥 4");
13          shelf.add("태백산맥 5");
14          shelf.add("태백산맥 6");
15          shelf.add("태백산맥 7");
16      }
17
18      public synchronized String lendBook() throws InterruptedException {
19          Thread t = Thread.currentThread();
20          String book = shelf.remove(0);
21          System.out.println(t.getName() + ":" +  book +  " lend");
22          return book;
23      }
24
25      public synchronized void returnBook(String book) {
26          Thread t = Thread.currentThread();
27          shelf.add(book);
28          System.out.println(t.getName() + ": " + book + " return");
29      }
30  }
31
32  class Student extends Thread{
33
34      public void run() {
35          try {
36              String title = LibraryMain.library.lendBook();
37              Thread.sleep(5000);
38              LibraryMain.library.returnBook(title);
39          } catch (InterruptedException e) {
40              e.printStackTrace();
41          }
42      }
43  }
44
45  public class LibraryMain {
46      public static Library library = new Library();
47
48      public static void main(String[] args) {
```

18행 주석: lendBook( ) 메서드로 LibraryMain.library에 접근

25행 주석: returnBook( ) 메서드로 LibraryMain.library에 접근

32행 주석: Student 클래스 생성

36~38행 주석: 책을 빌리고, 읽고, 반납하는 것을 구현

```
49          Student std1 = new Student();
50          Student std2 = new Student();
51          Student std3 = new Student();
52          Student std4 = new Student();
53          Student std5 = new Student();
54          Student std6 = new Student();
55
56          std1.start();
57          std2.start();
58          std3.start();          스레드 생성
59          std4.start();
60          std5.start();
61          std6.start();
62      }
63  }
```

**출력 결과**
```
Thread-0:태백산맥 1 lend
Thread-5:태백산맥 2 lend
Thread-4:태백산맥 3 lend
Thread-3:태백산맥 4 lend
Thread-2:태백산맥 5 lend
Thread-1:태백산맥 6 lend
Thread-2: 태백산맥 5 return
Thread-3: 태백산맥 4 return
Thread-5: 태백산맥 2 return
Thread-4: 태백산맥 3 return
Thread-0: 태백산맥 1 return
Thread-1: 태백산맥 6 return
```

🔵 스레드가 수행된 결과는 컴퓨터 상태에 따라 차이가 있습니다.

스레드가 공유하는 리소스(공유 자원)는 도서관(LibraryMain.library)입니다. 도서관에 접근해 책을 빌리고(lendBook( )) 반납하는(returnBook( )) 메서드에는 synchronized를 사용하여 동기화를 구현했습니다. 책은 총 7권이 배열에 있고, 학생 6명이 책을 빌려서 읽습니다. 책을 읽으려는 학생(스레드)보다 책(리소스) 개수가 많으므로 모든 학생이 책을 빌려 5초 동안 읽고 반납하게 됩니다.

만약 이 프로그램에서 내가 읽고자 하는 책이 없다면 어떻게 해야 할까요? 다시 말해 책 권수보다 학생 수가 더 많다면 책을 빌리지 못하는 학생이 발생하는데 이 문제를 어떻게 해결해야 할까요?

이번에는 책을 3권으로 줄여 보겠습니다. 오른쪽과 같이 Library의 생성자를 수정한 뒤, 결과를 확인해 봅시다.

```
public Library() {
    shelf.add("태백산맥 1");
    shelf.add("태백산맥 2");
    shelf.add("태백산맥 3");
}
```

실행한 결과는 다음과 같습니다.

**출력 결과**
```
Thread-0:태백산맥 1 lend
Thread-5:태백산맥 2 lend
Thread-4:태백산맥 3 lend
Exception in thread "Thread-3" Exception in thread "Thread-2" java.lang.IndexOutOfBoundsException: Index
    at java.base/java.util.Objects.checkIndex(Objects.java:385)
    at java.base/java.util.ArrayList.remove(ArrayList.java:551)
    at waitnotify.Library.lendBook(LibraryMain.java:18)
    at waitnotify.Student.run(LibraryMain.java:35)
java.lang.IndexOutOfBoundsException Create breakpoint : Index 0 out of bounds for length 0 <3 internal lines>
    at java.base/java.util.Objects.checkIndex(Objects.java:385)
    at java.base/java.util.ArrayList.remove(ArrayList.java:551)
    at waitnotify.Library.lendBook(LibraryMain.java:18)
    at waitnotify.Student.run(LibraryMain.java:35)
```

ArrayList에서 스레드가 불러올 자료가 배열에 남아 있지 않아 오류가 발생합니다. 현실에 대입해 보면 학생이 '태백산맥'을 빌리는데 서가에 남아 있는 책이 없어 빌리지 못한 상황인 것입니다. 책이 반납될 때까지 도서관 앞에서 기다려 문제를 해결할 수도 있지만 그렇게 하면 책이 반납되어 그 책을 빌릴 때까지 학생은 다른 일을 할 수가 없게 됩니다. 그러므로 대기자 명단에 이름과 연락처를 적어 두고 책이 반납되면 알림을 받는 것이 좋은 방법입니다.

이처럼 당장 사용할 수 있는 리소스가 없는 경우 그 리소스를 사용할 스레드를 기다리게 하는 메서드가 바로 wait( )입니다. wait( ) 메서드는 스레드가 사용할 자원이 없는 경우 다른 스레드가 자원을 사용하고 반환한 뒤 사용 가능한 상태가 될 때까지 기다리게 합니다. 이때 기다리는 스레드는 Not Runnable 상태가 됩니다.
그리고 누군가 책을 다 읽고 반납하면 알림으로 스레드를 깨워야 합니다. 이 역할을 하는 메서드가 notify( )입니다. 그럼 wait( ) 메서드와 notify( ) 메서드를 추가해 앞의 예제를 수정해 봅시다.

**Do it!** wait( )와 notify( ) 메서드로 도서관 프로그램 구현하기 • 참고 파일 LibraryMain.java

```java
01  package waitnotify;
02
03  import java.util.ArrayList;
04
05  class Library {
06      private ArrayList<String> shelf = new ArrayList< >();
07
08      public Library() {
09          shelf.add("태백산맥 1");
```

```
10              shelf.add("태백산맥 2");
11              shelf.add("태백산맥 3");
12          }
13
14          public synchronized String lendBook() throws InterruptedException {
15              Thread t = Thread.currentThread();
16              if (shelf.size() == 0) {
17                  System.out.println(t.getName() + " waiting start");
18                  wait();
19                  System.out.println(t.getName() + " waiting end");
20              }
21              String book = shelf.remove(0);
22              System.out.println(t.getName() + ":" +  book +  " lend");
23              return book;
24          }
25
26          public synchronized void returnBook(String book) {
27              Thread t = Thread.currentThread();
28              shelf.add(book);
29              notify();
30              System.out.println(t.getName() + ": " + book + " return");
31          }
32      }
33
34  …
```

> 배열에 책이 없는 경우 대기 상태가 됨 (lines 16~20)

> notify( ) 메서드를 추가해 반납을 알림 (line 29)

출력 결과

```
Thread-0:태백산맥 1 lend
Thread-5:태백산맥 2 lend
Thread-4:태백산맥 3 lend
Thread-3 waiting start
Thread-2 waiting start
Thread-1 waiting start
Thread-5: 태백산맥 2 return
Thread-3 waiting end
Thread-3:태백산맥 2 lend
Thread-0: 태백산맥 1 return
Thread-4: 태백산맥 3 return
Thread-1 waiting end
Thread-1:태백산맥 1 lend
Thread-2 waiting end
Thread-2:태백산맥 3 lend
Thread-1: 태백산맥 1 return
Thread-3: 태백산맥 2 return
Thread-2: 태백산맥 3 return
```

출력 결과를 보면 책을 빌리지 못한 스레드는 wating(대기 중)이 시작되고 책이 반납(return)되는 순간 스레드의 waiting이 끝나고 반납된 책을 빌릴(lend) 수 있는 것을 알 수 있습니다.

## notifyAll( ) 메서드

스레드가 Not Runnable 상태가 되면 CPU를 점유할 수 없다고 설명했습니다. JVM 공식 문서를 살펴보면 notify( ) 메서드는 Not Runnable 상태의 스레드 중에서 임의로 한 스레드에게 깨어나도록 통지한다고 합니다. 가장 오래된 스레드에게 통지하는 것이 아니어서 Not Runnable 상태의 스레드가 여러 개인 경우, 영원히 Not Runnable한 스레드가 있을 수도 있습니다. notifyAll( ) 메서드는 wait( ) 메서드로 Not Runnable 상태가 된 모든 스레드에게 통지를 보내 깨우게 됩니다. 이를 통해 Runnable 상태가 된 스레드는 경쟁에 의해 CPU를 점유합니다. 이 방식은 임의로 한 개의 스레드에게만 통지하는 notify( ) 메서드보다 권장됩니다. 경쟁에서 CPU를 차지하지 못한 스레드는 다시 wait( ) 메서드에 의해 Not Runnable 상태가 됩니다.

이번에는 notifyAll( ) 메서드를 사용해 보겠습니다.

**Do it!** notifyAll( ) 메서드로 도서관 프로그램 구현하기 · 참고 파일 LibraryMain.java

```java
01  package waitnotify;
02
03  import java.util.ArrayList;
04
05  class Library {
06      private ArrayList<String> shelf = new ArrayList< >();
07
08      public Library() {
09          shelf.add("태백산맥 1");
10          shelf.add("태백산맥 2");
11          shelf.add("태백산맥 3");
12      }
13
14      public synchronized  String lendBook() throws InterruptedException {
15          Thread t = Thread.currentThread();
16          while (shelf.size() == 0) {      조건이 되면 반복문을 빠져나가도록 while문 사용
17              System.out.println(t.getName() + " waiting start");
18              wait();
19              System.out.println(t.getName() + " waiting end");
20          }
21          String book = shelf.remove(0);
22          System.out.println(t.getName() + ":" +  book +  " lend");
23          return book;
24      }
```

```
25
26        public synchronized void returnBook(String book) {
27            Thread t = Thread.currentThread();
28            shelf.add(book);
29            notifyAll();   ◄──── notifyAll( ) 메서드로 모든 스레드에 알림
30            System.out.println(t.getName() + ": " + book + " return");
31        }
32    }
33
49    …
50        public static void main(String[] args) {
51            Student std1 = new Student();
52            Student std2 = new Student();
53            Student std3 = new Student();
54            Student std4 = new Student();
55            Student std5 = new Student();
56            Student std6 = new Student();
57            Student std7 = new Student();
58            Student std8 = new Student();
59
60            std1.start();
61            std2.start();
62            std3.start();
63            std4.start();
64            std5.start();
65            std6.start();
66            std7.start();
67            std8.start();
68        }
     }
```

출력 결과

```
Thread-0:태백산맥 1 lend
Thread-7:태백산맥 2 lend
Thread-6:태백산맥 3 lend
Thread-5 waiting start
Thread-4 waiting start
Thread-3 waiting start
Thread-2 waiting start
Thread-1 waiting start
Thread-0: 태백산맥 1 return
Thread-5 waiting end
Thread-5:태백산맥 1 lend
Thread-6: 태백산맥 3 return
Thread-1 waiting end
Thread-1:태백산맥 3 lend
Thread-2 waiting end
Thread-2 waiting start
Thread-3 waiting end
Thread-3 waiting start
Thread-4 waiting end
Thread-4 waiting start
Thread-7: 태백산맥 2 return
Thread-2 waiting end
Thread-2:태백산맥 2 lend
Thread-4 waiting end
Thread-4 waiting start
Thread-3 waiting end
```

좀 더 많은 경쟁 관계를 만들기 위해 학생 스레드를 8개로 늘렸습니다. 책이 반납되면
notifyAll( ) 메서드가 호출되는데, notify( ) 메서드와 달리 모든 스레드에게 알림이 통지되
고 앞서 책을 빌려 간 스레드 외에 나머지 스레드는 다시 기다리는 상태(wait)로 빠져야 합니
다. 그래서 while문을 사용했습니다.

출력 결과에서 표시된 부분을 보면 책 한 권(태백산맥 3)이 반납된 후 기다리던 스레드가 반
납 통지를 받습니다. 이 스레드 중 Thread-1이 책을 빌리고 나머지 스레드는 다시 기다리는
상태가 되는 것을 확인할 수 있습니다.

지금까지 멀티스레딩이 어떻게 구현되는지, 그리고 여러 스레드가 동시에 자원을 공유할 때 유의해야 할 사항을 알아보고 구현하는 방법을 살펴보았습니다.

**'Thread safe하다'는 무슨 뜻인가요?**

질문 있어요

종종 자바 책이나 공식 문서에서 'Thread safe'라는 용어를 만날 것입니다. 'Thread safe하다'는 프로그램이나 코드에서 여러 스레드가 동시에 접근할 때도 자료(데이터)의 정확성, 일관성, 예측할 수 있는 결과를 보장한다는 의미입니다. 즉, 여러 스레드가 동시에 같은 데이터에 접근하거나 변경해도 프로그램이 제대로 동작하고 데이터가 손상되지 않는 상태를 말합니다.

앞에서 살펴봤던 Bank 클래스 예제를 생각해 봅시다. 두 사람이 동시에 같은 계좌에서 돈을 인출한다면, 계좌의 잔액은 양쪽 인출을 모두 반영해야 합니다. 그리고 앞선 인출 작업이 다른 인출 작업과 충돌하지 않도록 보장하는 것이 중요합니다. 우리는 문제가 발생하지 않도록 synchronized 키워드를 활용해 동기화를 구현했습니다. 이 경우 여러 스레드가 하나의 자원에서 동시에 작업해도 안전한 결과를 보장해 준다고 해서 'Thread safe'라고 합니다.

Java 개념을 잡았어!

프로그래밍 언어를 배우는 것은 언어 자체를 배운다기보다는 개발에 활용하기 위한 목적이 큽니다. 즉, 이 책을 통해 자바를 배웠으므로 자바를 이용한 프로그램을 다양하게 구현할 수 있게 됐습니다. 앞으로 개발을 위한 또 다른 학습을 꾸준히 이어나가 보세요. 그만큼 보는 눈이 커지고, 여러분은 멋진 개발자로 성장할 겁니다.

# 되새김 문제

▶ 16장 정답 및 풀이: 627쪽

**01** 스레드와 프로세스의 차이에 대해 설명해 보세요.

**02** 자바에서 스레드 클래스를 만드는 방법은 ❶ [ T　　　　　　　　 ] 클래스를 상속받는 방법과
❷ [ R　　　　　　 ] 인터페이스를 구현하는 두 가지 방법이 있습니다.

**03** 자바에서 동기화를 구현하기 위해 사용하는 키워드는 [ s　　　　　　 ] 입니다.

**★★**
**04** 다음 코드의 출력 결과를 예상해 보세요. 출력 결과가 예상과 다르다면 어느 부분에서 발생한 문제인지 생각해 보세요.

```java
class Counter {
    private int number;

    public Counter(int number) {
        this.number = number;
    }

    public int getNumber() {
        return number;
    }

    public void setNumber(int number) {
        this.number = number;
    }
}

class Adder extends Thread {
    public void run() {
        int n = Exercise5.myCounter.getNumber();
        n = n + 20;
        try {
```

```
            sleep(1000);
        } catch (InterruptedException e) {
            throw new RuntimeException(e);
        }
        Exercise5.myCounter.setNumber(n);
        System.out.println(Exercise5.myCounter.getNumber() + ":Adder");
    }
}

class Substractor extends Thread {
    public void run() {
        int n = Exercise5.myCounter.getNumber();
        n = n - 10;
        try {
            sleep(500);
        } catch (InterruptedException e) {
            throw new RuntimeException(e);
        }
        Exercise5.myCounter.setNumber(n);
        System.out.println(Exercise5.myCounter.getNumber() + ":Substractor");
    }
}

public class Exercise5 {
    public static Counter myCounter = new Counter(10);

    public static void main(String[] args) throws InterruptedException {
        Adder adder = new Adder();
        Substractor substractor = new Substractor();
        adder.start();
        substractor.start();

        sleep(3000);
        System.out.println(myCounter.getNumber());
    }
}
```

**★★**
**05** **04** 에서 초기 Counter가 가지는 number의 값은 10입니다. Adder와 Substractor 두 개의
스레드가 수행되고 난 이후에 가지는 값은 20이어야 합니다. 코드 실행 결과가 20이 되도록 동기
화를 구현해 보세요.

## 01 · 자바 프로그래밍 시작하기　　36쪽

01　컴파일

02　객체 지향 프로그래밍

03　자바 가상 머신(JVM)

04　JDK

05　JRE

06　깃허브 또는 자료실 참고

07　① // ② ; ③ }


## 02 · 변수와 자료형　　67~68쪽

01　O

02　X

03　부동 소수점 방식

04 ~ 06　깃허브 또는 자료실 참고

07　① int ② year ③ = ④ 2018 ⑤ ;

08　①, ③

09　① - ⓒ ② - ⓐ ③ - ⓑ

10　Z, 90, &, 97, a

11　① final ② MY_AGE

12　① (int)ch1 ② (char)ch2


## 03 · 여러 가지 연산자　　86~89쪽

01　① = ② == ③ ? ④ :

02　① 10

03　① 10 ② 10 ③ 11 ④ 10

04　① false ② true ③ false

05　① 2 ② 10 ③ 8 ④ -3

06　① 18 ② 8 ③ 2

07　① 30

08 ~ 09　깃허브 또는 자료실 참고

10　① true ② 50 ③ 10

11　① num1 += 5 ② num1 *= num2

12　① isEven ② (num % 2) == 0

13　++, ==, &&, +=

14　깃허브 또는 자료실 참고


## 04 · 제어 흐름 이해하기　　120~123쪽

01 ~ 05　깃허브 또는 자료실 참고

06　① if ② == 'F' ③ else

07 ~ 08　깃허브 또는 자료실 참고

09　① score >= 90 ② 'B'

10　깃허브 또는 자료실 참고

11　① while ② num++;

12　① int num = 1; ② num <= 10; ③ num++

13　깃허브 또는 자료실 참고

14　깃허브 또는 자료실 참고

15　① num = 1 ② num <= 100

　　③ num % 3 != 0

16　① num++ ② if(sum >= 500) ③ break;

　　④ sum: 528, num: 32

17 ~ 18　깃허브 또는 자료실 참고


## 05 · 클래스와 객체 1　　172~174쪽

01　생성자

02　① 인스턴스 ② 인스턴스 변수

03　메서드

04　캡슐화는 객체의 정보를 내부에 숨기고 외부

에서 접근 가능한 메서드나 인터페이스를 제공함으
로써 객체를 사용할 때 오류를 방지합니다.

정보 은닉은 객체의 메서드와 속성 중 외부에서 접근
할 수 있는 것과 그렇지 못하는 것을 접근 제한자로
제한함으로써 객체 사용의 오류를 막고 모듈화 및 객
체의 안전성을 보장합니다.

**05** 디폴트 생성자

**06** 깃허브 또는 자료실 참고

**07** ① class ② Person ③ int

**08** ~ **12** 깃허브 또는 자료실 참고

## 06 · 클래스와 객체 2          208~209쪽

**01** this

**02** this

**03** 클래스 변수

**04** ① 스택 ② 데이터 영역

**05** ~ **09** 깃허브 또는 자료실을 참고

**10** ① 지역 ② 인스턴스 ③ Static

**11** 깃허브 또는 자료실 참고

## 07 · 배열과 ArrayList          239~240쪽

**01** 같은

**02** ~ **05** 깃허브 또는 자료실 참고

**06** ① 5 ② 15 ③ 컴파일 오류 발생

**07** 깃허브 또는 자료실 참고

**08** ① int number ② numArray

**09** ~ **11** 깃허브 또는 자료실 참고

## 08 · 상속과 다형성          287~288쪽

**01** extends

**02** super

**03** 메서드 재정의(오버라이딩)

**04** 상위 클래스(Employee)에 디폴트 생성자가

없으므로 하위 클래스(Engineer)에서 생성자를 정
의하고 super( )를 사용하여 상위 클래스의 생성자
를 명시적으로 호출해야 합니다.

**05** ① ArrayList⟨Shape⟩ list = new Array
List⟨Shape⟩( ); ② s.draw( );

**06** ① 생성자 ② super( ) ③ super( )

## 09 · 추상 클래스          319~322쪽

**01** ① 추상 메서드 ② 추상 클래스

**02** final

**03** abstract

**04** 템플릿

**05** ~ **06** 깃허브 또는 자료실 참고

**07** ① run( ) ② Bus ③ load( )
(※ 정답 코드는 깃허브 또는 자료실 참고)

**08** 깃허브 또는 자료실 참고

## 10 · 인터페이스          355~357쪽

**01** implements

**02** 추상 클래스

**03** 상수

**04** 다형성

**05** ① 디폴트 메서드 ② 정적 메서드

**06** O

**07** 추상 클래스는 상위 클래스에는 공통 부분을
구현하고 그 외 하위 클래스에 위임할 기능을 추상 메
서드로 선언합니다. 따라서 추상 클래스는 주로 상속
을 위한 정의를 합니다. 인터페이스는 객체가 제공해
야 하는 기능을 선언합니다. 다양한 객체가 인터페이
스를 구현할 수 있고, 객체가 어떤 인터페이스를 구현
했다는 것은 그 인터페이스에 선언된 모든 기능을 쓸
수 있다는 것을 의미합니다. 즉, 인터페이스는 객체가
제공하는 기능에 대한 일종의 계약서와 같습니다.

**08** ~ **09** 깃허브 또는 자료실 참고

## 11 · JDK 기본 클래스     403~404쪽

**01**   equals( )

**02**   a → "abc"    b → "def"

       a → "abcdef"   (a+b)의 새로운 메모리

**03**   Wrapper

**04**   깃허브 또는 자료실 참고

**05**   Class.forName( )

**06**   ~   **07**   깃허브 또는 자료실 참고

## 12 · 컬렉션 프레임워크     464~465쪽

**01**   컬렉션 프레임워크

**02**   제네릭 프로그래밍

**03**   Iterator

**04**   TreeSet에 객체가 추가될 때 정렬되는 방식을
      구현하기 때문입니다.

**05**   ~   **06**   깃허브 또는 자료실 참고

**07**   ① Plastic   ② plasticPrinter
      ③ getMaterial( )

**08**   ~   **09**   깃허브 또는 자료실 참고

## 13 · 내부 클래스, 람다식, 스트림     517~518쪽

**01**   final

**02**   익명 내부 클래스

**03**   람다식

**04**   함수형 인터페이스

**05**   깃허브 또는 자료실 참고

**06**   스트림

**07**   깃허브 또는 자료실 참고

## 14 · 예외 처리     543쪽

**01**   Exception 클래스

**02**   finally

**03**   throws

**04**   throw

**05**   깃허브 또는 자료실 참고

**06**

| | 확인 예외 | 확인되지 않은 예외 |
|---|---|---|
| 발생<br>시점 | 컴파일할 때 예외 처리 여부 확인 | 런타임에 발생 |
| 처리<br>강제<br>여부 | 반드시 처리(try<br>catch / throws) | 처리하지 않아도<br>컴파일 가능 |
| 용도 | 외부 자원과의 상호<br>작용, 예측 가능 예외 상황 | 프로그래머의 실수<br>나 논리적 오류 |
| 주요<br>클래스 | Exception(단,<br>RuntimeException 제외) | RuntimeException 및 그 하위<br>클래스 |

**07**   사용자 정의 예외는 기본 제공되는 예외 클래스(Exception 또는 RuntimeException)로는 적절히 표현할 수 없는 특정 상황을 보다 명확하고 의미 있는 예외로 정의하고 처리하기 위해 사용됩니다. 주로 애플리케이션의 특정 도메인 로직이나 규칙을 위반한 경우에 사용됩니다.

## 15 · 자바 입출력     592쪽

**01**   입출력 기능을 추상화하여 클래스로 제공함으로써 장치(하드웨어)에 독립적으로 프로그래밍할 수 있습니다.

**02**   InputStreamReader

**03**   깃허브 또는 자료실 참고

**04**   보조 스트림

**05**   직렬화

**06**   ① Serialization   ② Externalization

**07**   ① 입력   ② 문자   ③ 기반   ④ 출력   ⑤ 바이트
      ⑥ 기반   ⑦ 입력   ⑧ 문자   ⑨ 보조

**01**

|  | 프로세서 | 스레드 |
|---|---|---|
| 정의 | 실행 중인 프로그램의 독립적 단위 | 프로세스 내에서 실행되는 작업 단위 |
| 메모리 공유 | 독립적 메모리 공간을 사용 | 같은 프로세스 내에서 메모리 공유 |
| 독립성 | 다른 프로세스에 영향을 미치지 않음 | 같은 프로세스 내 다른 스레드에 영향 |
| 속도 | 생성 및 전환 속도가 느림 | 가볍고 빠르게 생성 및 전환 가능 |
| 사용 예 | 웹 브라우저, 텍스트 에디터 등 | 브라우저의 여러 탭, 게임의 물리 엔진과 렌더링 등 |

**02**  ① Thread  ② Runnable

**03**  synchronized

**04**  이 코드에서 결과가 오류가 나는 이유는 스레드 간의 동기화 문제가 발생하기 때문입니다. 이 문제는 구체적으로는 경쟁 때문에 발생하며, 두 스레드(Adder 와 Substractor)가 동시에 myCounter 객체의 number값을 읽고 수정하기 때문에 예상치 못한 결과가 발생합니다. 즉, 경쟁 조건에서 동기화가 구현되지 않았기 때문입니다. 스레드 실행 순서에 따라 달라질 수 있습니다.

**05**  깃허브 또는 자료실 참고

기초
단계

박응용 | 432쪽

김성엽 | 576쪽

박은종 | 632쪽

시바타 보요 저, 강민 역 | 408쪽

시바타 보요 저, 강민 역 | 452쪽

시바타 보요 저, 강민 역 | 424쪽

응용
단계

김창현 | 384쪽

강성윤 | 736쪽

김종관 | 564쪽

나는 어떤
코스가
적합할까?

**A** 파이썬 개발자가 되고 싶은 사람

- Do it! 점프 투 파이썬
- Do it! 점프 투 파이썬 — 라이브러리 예제 편
- Do it! 파이썬 생활 프로그래밍 with 챗GPT
- Do it! 장고 + 부트스트랩 파이썬 웹 개발의 정석
- Do it! 챗GPT + 파이썬으로 AI 직원 만들기

**B** 자바·코틀린 개발자가 되고 싶은 사람

- Do it! 점프 투 자바
- Do it! 자바 완전 정복
- Do it! 자바 프로그래밍 입문
- Do it! 점프 투 스프링 부트 3

**기초
단계**

김동형 | 856쪽

정재곤 | 800쪽

강성윤 | 736쪽

강성윤 | 712쪽

송호정, 이범근 | 696쪽

**응용
단계**

조준수 | 488쪽

전예홍 | 580쪽

김응석 | 576쪽

나는 어떤
코스가
적합할까?

**A** 빠르게 앱을 만들고 싶은 사람

- Do it! 안드로이드 앱 프로그래밍
- Do it! 깡샘의 안드로이드 앱
  프로그래밍 with 코틀린
- Do it! 스위프트로 아이폰 앱 만들기 입문
- Do it! 플러터 앱 개발&출시하기

**B** 앱 개발 실력을 더 키우고 싶은 사람

- Do it! 자바 완전 정복
- Do it! 리액트로 웹앱 만들기
  with 타입스크립트
- Do it! 프로그레시브 웹앱 만들기
- Do it! 깡샘의 플러터&다트 프로그래밍